4 Lk 2 3359 3

Nantes
1902

E. Ernault

Archives de Bretagne

Le mystère de la Sainte-Barbe

Tome 3

ARCHIVES
DE BRETAGNE

RECUEIL D'ACTES, DE CHRONIQUES

ET DE DOCUMENTS HISTORIQUES RARES OU INÉDITS

PUBLIÉ

PAR

LA SOCIÉTÉ DES BIBLIOPHILES BRETONS

ET DE L'HISTOIRE DE BRETAGNE

TOME III

MONUMENTS DE LA LANGUE BRETONNE

LE MYSTÈRE DE SAINTE BARBE

NANTES
SOCIÉTÉ DES BIBLIOPHILES BRETONS
ET DE L'HISTOIRE DE BRETAGNE

M. DCCC. LXXXVII

ARCHIVES

DE BRETAGNE

Le tome III des Archives de Bretagne *(Le Mystère de sainte Barbe)* a été tiré à 350 exemplaires in-4° vergé pour les membres de la *Société des Bibliophiles Bretons*, et à 150 exemplaires in-4° mécanique, pour être mis en vente.

ARCHIVES
DE BRETAGNE

RECUEIL D'ACTES, DE CHRONIQUES

ET DE DOCUMENTS HISTORIQUES RARES OU INÉDITS

PUBLIÉ

PAR

LA SOCIÉTÉ DES BIBLIOPHILES BRETONS

ET DE L'HISTOIRE DE BRETAGNE

TOME III

MONUMENTS DE LA LANGUE BRETONNE

LE MYSTÈRE DE SAINTE BARBE

NANTES

SOCIÉTÉ DES BIBLIOPHILES BRETONS

ET DE L'HISTOIRE DE BRETAGNE

M. DCCC. LXXXV

LE MYSTÈRE
DE
SAINTE BARBE

TRAGÉDIE BRETONNE

TEXTE DE 1557, PUBLIÉ

AVEC TRADUCTION FRANÇAISE, INTRODUCTION

ET DICTIONNAIRE ÉTYMOLOGIQUE DU BRETON MOYEN

PAR

ÉMILE ERNAULT

PROFESSEUR A LA FACULTÉ DES LETTRES DE POITIERS

NANTES
SOCIÉTÉ DES BIBLIOPHILES BRETONS
ET DE L'HISTOIRE DE BRETAGNE

M. DCCC. LXXXV

Al levr man zo kinniget gant anaoudegez vad
En évor da *varz Bro-c'hall*, ma mestr ha ma mignon
Bet 'n hi vue verr, sioaz! eur breizad a galon
Hag eur c'hristen mad a dén, evel pob gwir vreizad.

A LA MÉMOIRE

DE

CHARLES DE GAULLE

CHRÉTIEN FIDÈLE ET BRETON DE CŒUR

ENLEVÉ PRÉMATURÉMENT A LA SCIENCE,

CE LIVRE EST DÉDIÉ

PAR SON RECONNAISSANT ÉLÈVE ET AMI,

ÉMILE ERNAULT.

INTRODUCTION

En présentant à la Bretagne et aux savants qu'elle intéresse des documents nouveaux sur la période moyenne de sa langue et de sa littérature, j'ai l'agréable obligation d'exprimer publiquement ma reconnaissance à M. H. de la Villemarqué, l'illustre initiateur de ce genre d'études dans notre province, sans qui je n'aurais pu entreprendre cet ouvrage. L'excellent traducteur du *Grand Mystère de Jésus* et des *Poèmes bretons du moyen âge*, l'auteur de tant de belles pages sur l'histoire littéraire de la race celtique, était tout désigné pour rendre un autre service à la linguistique et à la littérature, en publiant la *Vie de sainte Barbe*. Il en avait transcrit le texte le plus ancien et avait commencé à le traduire, lorsqu'il a bien voulu me laisser le soin de cette publication, renouvelant ainsi en ma faveur l'acte de désintéressement scientifique qui lui a fait confier l'édition de son manuscrit des *Heures* en moyen breton à M. Whitley Stokes, l'éminent celtologue irlandais. Il m'a aussi communiqué, pour le dictionnaire étymologique dont j'accompagne ce texte, sa copie des *Novelou* et d'une partie du *Mirouer de la Mort*, ouvrages rarissimes. Puissé-je ne pas m'être montré trop indigne de cette honorable confiance, et de la généreuse hospitalité de la *Société des Bibliophiles Bretons*, dans mes efforts pour mettre en œuvre, ou du moins en ordre, et pour compléter encore, par l'étude directe des autres textes qui m'ont été accessibles, les précieux et abondants matériaux laissés si gracieusement à ma disposition !

La première édition connue du *Mystère de sainte Barbe* en breton a été imprimée à Paris, en 1557, pour Bernard de Leau, demeurant à Morlaix, sur le pont Bourret; cf. *Revue celtique*, V, 315-316; VIII, 76. Je n'en ai vu aucun exemplaire. L'un d'eux, incomplet, appartenait, en 1881, à M. de Saint-Prix; M. de la Villemarqué en a fait une copie, que j'ai reproduite, en comblant les lacunes qu'elle présente au moyen de la seconde édition.

On ne connaît de celle-ci qu'un exemplaire, qui se trouve à la Bibliothèque Nationale de Paris (in-16 de 206 pages; coté Y 6186, Réserve). En voici le titre :

AMANT EZ | DEZRAOV BVHEZ | SANTES BARBA DRE RYM, | euel maz custumer he hoary en | Goelet Breiz. | Gant euriou an Itron sanctes Barba | hac he *Officou amplamant*.

(Image de Jésus en croix, entre deux personnes dont l'une est Marie et l'autre peut-être saint Jean.)

E MONTROVLEZ, | Gant IAN HARDOVYN, Imprimer | ha Librer, peheny à chom é Rû, | Bourret (?) M DC XLVII [1].

1. On ne voit que l'extrémité supérieure des lettres de la dernière ligne.

C'est-à-dire :

« Ici commence la vie de sainte Barbe en vers, comme on a coutume de la jouer en basse Bretagne, Avec les Heures de madame sainte Barbe et ses offices, tout au long. A Morlaix, chez Jean Hardouyn, imprimeur et libraire, qui demeure rue Bourret (?), 1647. »

Cette seconde édition répète la première mot pour mot, mais avec une orthographe souvent rajeunie. Je l'ai comparée d'un bout à l'autre à la copie de l'ancienne édition par M. de la Villemarqué, et j'ai indiqué en note les différences ayant quelque intérêt.

La première édition, qui a été si exactement reproduite par la seconde, a pu être précédée elle-même d'une ou de plusieurs rédactions, au moins manuscrites, puisque nous voyons, d'après son titre, qu'on avait déjà coutume de représenter le mystère de sainte Barbe en basse Bretagne. Un passage de la strophe 21 permet de soupçonner quelque lacune dans le manuscrit suivi par le premier éditeur. En effet cette strophe fait mention d'une division du Mystère en plusieurs journées; le prologue où elle se trouve ne rend compte que de la partie de l'action qui se termine avec la strophe 240. On attendrait donc, à cet endroit, un nouveau prologue, qui fait défaut. Il est même assez naturel de penser que la seconde division n'était pas la dernière, parce qu'en ce cas elle aurait compris plus de deux fois le nombre de vers de l'autre (573 strophes au lieu de 240) ; il semble qu'un nouveau prologue serait à sa place, après la strophe 533, pour commencer une troisième journée, ou un troisième acte.

Un mystère français de sainte Barbe fut joué en trois jours, à Compiègne, au mois de juin 1476. Serait-ce là le prototype du nôtre ? Rien ne le prouve. La division ordinaire des mystères était en journées, chacune représentant *en principe* « ce que les acteurs pouvaient dire et les spectateurs entendre en un jour. Mais cette mesure ne fut pas toujours observée[1] ». « Souvent on jouait deux journées en un seul jour, l'une le matin, l'autre après midi[2]. »

La pièce jouée à Compiègne peut donc avoir été, comme l'indique M. Petit de Julleville, le Mystère de sainte Barbe en cinq journées.

Le sujet de sainte Barbe est, après la Passion et la Résurrection de Jésus-Christ, celui qui paraît avoir été représenté le plus souvent ; M. Petit de Julleville donne la liste de douze représentations qui eurent lieu en différentes villes, de 1448 à 1539[3]. Il nous reste deux Mystères français de sainte Barbe : l'un, dont le plus ancien manuscrit est du XVe siècle, renferme 20.000 vers environ, et a cent personnages parlants. Il présente beaucoup de traits qui ne se retrouvent pas dans notre Mystère breton, d'ailleurs bien moins étendu. L'autre a eu plusieurs éditions, au XVIe et au XVIIe siècle ; il est à quarante personnages, et contient environ 3.500 vers. Celui-ci ressemble davantage à la rédaction bretonne; il a, par exemple, les deux rôles de bergers, qui manquent dans le premier mystère breton. Mais on y voit d'autres personnages dont il n'est pas question dans le mystère breton : la reine, épouse de Dioscore; l'empereur Marcian; une femme de mauvaise vie chargée de corrompre sainte Barbe, et qui est au contraire exorcisée et convertie par elle; un aveugle, un boiteux; deux jeunes filles qui gardent sainte Barbe dans sa tour, et qui s'oublient à jouer au *trente-et-un*, etc.[4].

M. Ch. Nisard remarque que presque tous les « cantiques spirituels » qui se débitent par mil-

1. Petit de Julleville, *Les Mystères*, Paris, 1880, t. I, p. 249.
2. Ibid. t. II, p. 39.
3. Ibid., II, 181.
4. Ibid., t. II, p. 478-488.

liers dans les campagnes, traitent des mêmes faits qui furent au moyen âge les sujets des mystères. M. Petit de Julleville, après avoir cité cette observation intéressante, ajoute qu'on peut, par conséquent, les considérer comme des débris de l'ancien théâtre religieux; et « qu'ils portent presque tous le titre d'*Histoire* ou de *Vie*, qui fut si souvent donné aux mystères [1]. » J'ai sous les yeux un cantique breton imprimé à Morlaix, chez Ledan (s. d., 16 pages), intitulé *Histor eus a vuez santez Barba;* cette histoire contient, en abrégé, les principaux traits de notre Mystère, dont beaucoup manquent dans la Vie des saints en prose bretonne (*Buez ar sœnt*) ; par exemple, la demande en mariage (p. 2), la croix tracée avec le doigt sur la pierre, et que rien ne peut effacer (p. 3), les trois fenêtres symboliques (p. 4), etc.

Les mystères ont, en général, l'avantage historique d'exprimer avec une naïveté qu'aucun anachronisme n'effraie les idées, les sentiments du temps et du milieu où ils ont été composés. A ce point de vue, le caractère de sainte Barbe, dans notre mystère breton, est curieux à étudier. C'est un mélange hétérogène de foi vive et enthousiaste, de zèle ardent pour Dieu et la religion, et de sentiments d'une dureté très peu chrétienne [2]. Il lui échappe, dans sa passion haineuse, des contre-vérités étranges : le berger qui n'a pas voulu mentir pour elle est déclaré *parjure* (strophe 382); cette nouvelle convertie traite son père d'*apostat* (str. 714) ! La douce vierge trouve que les malheureux trompés par des prestiges diaboliques ne sont pas assez punis dans l'enfer (str. 356). N'est-ce pas là un trait d' « aimable furie », quelque chose comme

Le rire d'un démon sur les lèvres d'un ange [3]?

Rabelais a nettement dépeint ce caractère, quand il a dit : « Vous sentez en vos cœurs enflammée la fournaise d'amour divin; de charité envers vostre prochain, pourveu qu'il ne soit hérétique [4]. »

Mais malgré ces ombres dans le tableau, l'ensemble du rôle de sainte Barbe excite la sympathie, l'admiration même et la pitié; il a dû faire verser bien des larmes aux rudes spectateurs de sa *passion*, qui, nous le savons [5], ne ménageaient pas ce témoignage de noble faiblesse à la vue des souffrances de son divin Maître et modèle. Il y a même des instants où le tyran Dioscore s'attendrit et parle le langage du cœur, malgré le zèle intolérant qui lui fait croire qu'il remplit un devoir de religion en persécutant si cruellement sa fille, devenue *hérétique* (str. 731). Disons aussi, à la louange de l'auteur, qu'il a fait preuve de délicatesse et de bon goût, en écartant de son œuvre des épisodes de caractère particulièrement choquant, un rôle entièrement burlesque (celui du fou); quelques-uns de ses bourreaux eux-mêmes ont l'air d'être, après la catastrophe finale, touchés de la grâce, et près de s'écrier, comme le valet de don Juan : « Je cours me faire ermite. »

Il y a deux autres mystères bretons qui nous sont parvenus sous leur forme ancienne et à peu près complète : le *Grand Mystère de Jésus* (Passion et Résurrection) et la *Vie de sainte Nonne et de son fils saint David*. Pour ne pas trop grossir ce volume, je ne comparerai les trois mystères du

---

1. Petit de Julleville, *Les Mystères*, t. I, p. 457, n. 2.
2. Comme l'a si bien dit Lord Lyttleton (1753), « he who hates another man for not being a christian, is himself not a christian. »
3. Mme de Girardin.
4. *Pantagruel*, l. IV, ch. 51.
5. H. de la Villemarqué, *Le Grand Mystère de Jésus*, p. 3, str. 1 ; cf. p. LXXXVI.

moyen breton qu'au point de vue de la versification, qui n'était pas la moindre préoccupation de leurs auteurs anonymes.

La différence des vers employés dans ces trois textes est remarquable. Mais les règles générales qui caractérisent cette versification et la distinguent de toute autre sont les mêmes. Je n'entrerai dans le détail, à ce sujet, qu'en ce qui concerne *Sainte Barbe*.

La *Vie de sainte Nonne*[1] renferme sept sortes de vers : ceux de 5, de 6 (vers 809 et suivants), de 8, de 10, de 12, de 16, et même de 20 syllabes (v. 233, 234). — Les vers de 5, de 6 et de 10 syllabes forment des strophes dont les rimes finales sont ainsi réparties : *a a b, c c b* ; les vers de 8 syllabes, ordinairement, et ceux de 12, toujours, forment, soit de ces mêmes strophes, soit des quatrains monorimes. Les vers de 16 et de 20 syllabes n'ont que des rimes plates.

Le *Grand Mystère de Jésus* renferme cinq principales sortes de vers : ceux de 5, de 6, (page 179, col. b, — 180), de 8, de 10, et de 16 syllabes (ces derniers se trouvent p. 77-77 b ; 78, v. 1-2 ; 107, v. 3-4 ; 108, v. 8-9 ; 113 b, v. 3-4). — Les quatre premiers de ces vers forment ordinairement des strophes ou des demi-strophes ; les quatrains monorimes sont très rares (p. 146 b-147 ; 210). — De plus il y a quelques vers de 4 syllabes (p. 19, v. 2-3 ; 75 ; 110 b, v. 1 et 3 ; 166 ; 201), de 3 syll. (p. 57), et des exclamations non rimées, de 1, 2, 3 ou 4 syll., avant un vers qui commence une réplique (p. 44 b ; 21 ; 40 ; 46 b.)

La *Vie de sainte Barbe*, bien moins variée sous ce rapport, n'a guère que des vers de 5, de 8 et de 10 syllabes, presque tous répartis en strophes.

La rime du dernier vers d'une strophe est ordinairement reprise par le premier vers de la suivante, à moins que celle-ci ne commence une nouvelle scène (comme str. 5, 42, 49, etc.)[2].

Les strophes sont rarement divisées en plusieurs répliques, comme str. 583. Quand le dialogue est un peu serré, la strophe est ordinairement remplacée par la demi-strophe, dont deux vers sur la rime précédente, et un sur la suivante (par exemple str. 131) ; plusieurs demi-strophes peuvent se suivre (str. 77, 78 ; 307, 308 ; 748-750, etc.)[3]. Il y a, par exception, des successions différentes de rimes, str. 370, 579, 641.

Un acteur peut même ne dire qu'un vers isolé, qui ne compte pas dans le nombre des 6 que comporte la strophe (voyez str. 78, 130) ; il s'en trouve plusieurs ainsi isolés, str. 238, 622. Le vers isolé de 5 syll., str. 368, est seul de son espèce.

Au commencement des strophes, demi-strophes ou vers isolés, il y a souvent des exclamations de 2 ou 3 syllabes, qui ne comptent ni pour la mesure, ni pour la rime (par ex. str. 26, 27, 570) ; on trouve 4 syll., str. 373, 771 ; 1 syll. (A ! écrit sur la même ligne), str. 796 ; 1 syll., rimant, str. 292 (cf. *Gr. Myst. de Jésus*, p. 201, v. 1) ; 2 syll., rimant, str. 591 ; et, en dehors de ces exclamations initiales, un vers de 2 syllabes, str. 370. Nous parlerons plus loin des particularités de la str. 79.

En dehors des rimes finales, il y a dans *Sainte Barbe*, comme dans les autres monuments de la

---

1. Elle vient de paraître dans la *Revue celtique*, vol. VIII (1887).
2. Voici des exceptions ; quelques-unes peuvent provenir de lacunes ou de transpositions : str. 3, 35, 40, 88, 174, 217, 231, 233, 265, 268, 269, 270, 272, 274, 279, 425, 438, 470, 498, 504, 506, 554, 556, 586, 618, 655, 661, 687, 689, 691, 769, 778, 801, 812.
3. Str. 608, deux demi-strophes sont dites par le même acteur, s'adressant successivement à des interlocuteurs différents. La même cause rompt la chaîne des rimes d'une strophe à l'autre, par exemple str. 52.

versification bretonne *savante* de la même période, un système régulier de rimes intérieures. Ce système peut se réduire à deux principes :

1° L'avant-dernière syllabe d'un vers doit rimer avec une ou plusieurs des précédentes finissant un mot ou formées de la finale d'un mot et du commencement du suivant ; s'il y a une césure obligée, elle doit fournir une de ces rimes.

2° La finale des deux premiers vers d'une strophe (ou d'une demi-strophe) doit rimer avec l'avant-dernière syllabe du 3º, et la finale du 4º et du 5º avec l'avant-dernière du 6º.

L'auteur de *Sainte Barbe* s'est permis de déroger à la première règle au 3º et au 6º vers des strophes de 5 syll., et parfois à d'autres de ces mêmes vers (cf. str. 3); quelquefois aussi la syllabe qui a une rime intérieure est l'antépénultième (str. 52, v. 2; 459, 4; 690, 4; 768, 4, etc.). C'est ainsi qu'il faut expliquer la finale ne *de* quen, 589, 4, où *ed* rime avec un *et* précédent ; et aussi nen *d*eu quen, 384, 6, car l'*n* n'empêche pas la rime; Il n'y a donc pas à rectifier 364, 4, ni 513, 2; cf. 283, 2. Exceptions : 21, 1 ; 355, 4; 656, 5.

La rime intérieure n'est pas toujours absolument exacte, pour les voyelles (dez*aff*, r*eff*us 15, 5 ; cr*ef*, d*iu*in 152, 1 ; guerch*es*, diui*sat* 151, 5) ni pour les consonnes (le*ch*, cleu*as*, 131, 7 ; kne*ch*, neue*z* 300, 2; de*z*, quer*zu* 809, 6, cf. priuil*aig*, mon*archy*, sainte Nonne v. 720) ; mais très souvent les divergences s'expliquent par une variante de prononciation d'ailleurs connue ou facile à expliquer. Cette rime peut être ou seulement suffisante, ou riche ; mais la *consonne d'appui* ne se trouve pas, comme en français, avant la voyelle ; elle se trouve après. Ainsi la 1ª syll. de *unan* rime avec des finales en *u*, str. 184, 1 ; mais plus souvent en *un*; celle de *termen* rime en *er*, 704, 2; 723, 5 ; et en *erm*, 765, 5 ; 786, 2; etc.

Dans les vers de 5 syll., la rime intérieure est le plus souvent à la 2ª; elle est toujours unique.

Dans les vers de 8 syll., sa place la plus fréquente est à la 4ª. Elle peut être double (str. 5, v. 3, 4) ; ou triple (137, 4 ; 156, 4 ; 189, 6 ; 243, 4 ; 256, 5 ; 275, 3 ; 310, 2 ; 311, 6; etc.); ou quadruple :

End*an* po*an* *an* t*an* hac *an* penn 252, 5 ; cf. 446, 2, (602, 1).

Il peut aussi y avoir une seconde rime intérieure, pour ainsi dire, à la première, c'est-à-dire répondant aux mêmes conditions, dans la première partie du vers : Da ob*er* cert*en* ordr*en*et str. 7, v. 6, etc. Ces deux rimes intérieures peuvent être elles-mêmes doublées ou triplées, soit ensemble, soit séparément :

Vn *tour* fourn*is*, de guis discr*et* (str. 8, v. 1 ; cf. 693, 6; 778, 5).
Dan bih*an* h*an* br*as* ez gro*as*ent (438, 3; cf. 670, 3).
Groa da appar*aill* [1], bez v*aill*ant (30, 4; cf. 810, 2).
Espr*es* pre*sour* flo*ur* labo*uret* (419, 3 ; cf. 778, 4; *Gr. Myst. de Jésus*, 181 b, v. 7).

Il peut y avoir trois rimes intérieures :

En n*eff* h*es* n*es* cl*eff*u*ET* cr*ET* diff (788, 3, cf. 30, 30, 5 ; 297, 1).

Que, dans ce cas, l'une des trois soit doublée, et le vers tout entier se trouvera saturé de rime :

---

1. Une syllabe peut rimer avec une autre appartenant au même mot : Ha Joseph Darimatias, 343, 1. Mais ceci n'a lieu ordinairement que dans un mot dont toutes les syllabes ont des rimes.

Ha d-a d-orn enEP E P-EP ploe (806, 2).
Ma m-am flour, courtES ESprESSet. *Gr. M. de Jésus*, p. 25, 1.

Le vers de 10 syll. forme toujours des strophes dans *Sainte Barbe* (sauf 608, 609). Il a une césure obligée, à la 4ᵉ syll., qui, par conséquent, rime avec l'avant-dernière [1]. Il y a encore une autre syllabe du second *hémistiche* (si l'on me permet cette expression impropre) qui rime avec ces deux-là ; c'est le plus souvent la 3ᵉ ou la 2ᵉ. Cette rime est omise rarement, à la faveur d'un long mot qui termine le vers (mot de 6 syll., 224, 2 ; de 5 syll., 223, 6 ; 34, 5 ; 60, 5 ; 204, 3 ; 210, 3 ; etc.; de 4 syll., 224, 1 ; 235, 4 et 5 ; 86, 4 ; 87, 2 ; 102, 2 ; 144, 4 ; 194, 4 ; etc.). Cette rime est remplacée par une seconde non obligatoire, 84, 5 ; 90, 6 ; 194, 2 ; 608, 7, cf. 237, 2 ; elle ne manque, par ailleurs, qu'aux vers 194, 6 ; 234, 2 ; 290, 5 ; 421, 5 ; 537, 4 ; 608 (6), et 609, 1. Il est bien plus fréquent de la trouver redoublée (32, 1 ; 58, 3 ; 64, 3 ; 60, 6, etc.), ou triplée :

Dre honn squi*ent* *ent-ent* an po*ent* qu*ent*aff (205, 3).

Elle peut envahir le premier hémistiche :

Hogu*en* a cr*enn* mar *en* gourchem*en*net 87, 4, cf. 87, 5 ; 91, 3 ; 211, 4 ; 409, 4 ; 412, 15 ; 415, 6, etc.
An mor han tan didan hoz damany 584, 3 ; cf. 93, 5 ; 503, 6 ; 676, 6 ; *Gr. Myst. de J.*, 121, 8.
An re ou*x* [2] bro so pep tro commouet 215, 3, cf. 36, 4.

Mais le premier hémistiche a plus souvent une rime intérieure différente (34, 2, etc.); une des rimes intérieures peut être double :

H*eb* n*eb* reB*RIG* na br*EIG* en hoz m*ECHER* 196, 5, cf. 95, 3 ; 584, 1, etc.
Deux fl*am* am*AN*, comps diff gl*AN* *AN* m*ANYER* 285, 1 ; cf. 86, 5 ; 421, 1 ; 415, 6 ; 619, 5.

Quelquefois il y a en même temps les deux rimes intérieures, au 1ᵉʳ hémistiche :

Ne m-*em* c*AFF*-*AFF* da vez*AFF* quen sa*UANT* 87, 3.

Le second hémistiche peut aussi avoir une seconde rime intérieure (55, 1 ; 37, 4 ; 40, 2 ; 50, 6 ; 56, 1 ; etc) ; cela n'empêche pas la première de pouvoir se multiplier, soit dans le 2ᵉ hémistiche (91, 4), soit dans le 1ᵉʳ :

M*at* eu da *t-at* lac*at* E croEadur 210, 1,

ni le 1ᵉʳ hémistiche d'avoir aussi une rime intérieure spéciale :

Un *tour* fournis fl*AM* d*AM* guis deuIset, 55, 4, cf. 41, 1 ; 464, 3 ; 565, 3.

De ces rimes, la troisième peut se trouver doublée :

Po*en* conten*u* h*EB* n*EB* r*EP*u cruel, 464, 4, cf. 53, 5.

---

[1]. La seule exception se trouve 537, 5, où *seder* doit évidemment être remplacé par *souden*, *dien*, ou mieux *certen* (en changeant au vers suivant *certen* en *perguen*).
[2]. Ce mot rime en o, par exemple 683, 1.

La rime intérieure paraît ne s'être développée avec cette régularité et cette ampleur, souvent fâcheuse, que dans le moyen breton. Elle a disparu du breton moderne, mais elle se retrouve encore employée parfois systématiquement dans une autre littérature celtique, en gallois. La *Grammatica celtica*, 2ᵉ éd., en donne un exemple ancien, p. 968 ; en voici un récent :

> Nid *elai* ger Sinai 'n sâl
> (Mellt Ion, fel coron cerydd)
> O'i gwmp*as*, yn urdd*as* nef
> Ofn mellt erch*yll* a gw*yll* gaid [1].

Il n'est pas si rare qu'on le croirait, tout d'abord, de trouver ce bizarre ornement poétique dans d'autres langues, chez des auteurs qui ne l'ont assurément ni recherché ni évité. J'en rapporterai seulement quelques exemples.

Hémistiches de Boileau : « de sa muse abusée » (satire I) ; « d'un respect affecté, » sat. IX ; « dans leur molle indolence, » sat. X ; de Lamartine : « le signal des alarmes » ; de Musset : « car l'abîme est immense ». On peut ajouter les cas tels que « dans la crasse tracés », Boileau, sat. III.

Vers alexandrins :

> La raison fut son lot,
> Mais de là je conc*lus* que l'homme est le p*lus* sot.
> Et des couvreurs, grimpés au toit d'une mai*son*,
> En font pleuvoir l'*ardoise* et la tuile à *foison*.
>
> BOILEAU.

Comparez le vers de Sénèque :

> Odit verus amor, nec patitur, moras.
>
> *Hercules furens*, v. 538.

Vers de 8 syllabes :

> ... Aux campagnes du *ciel*
> Philomèle chante et s'é*lance*.
> La peur blême et louche est *leur* dieu.
>
> A. CHÉNIER.

> Sans sou*rire* et sans sou*pirer*.
>
> LAMARTINE

> Le moindre *vent* qui d'aventure.
> Que ce *chat* exterminateur.
> Man*gea*, ron*gea* : Dieu sait la vie.
>
> LA FONTAINE.

> Au com*bat* comme à la parade.
>
> DÉROULÈDE.

---

1. *Barddoniaeth fuddugol eisteddfod genedlaetho Caernarfon 1877*. Caernarfon, 1878, p. 115.

INTRODUCTION

C'est Paris qui suit Babylone.
V. Hugo.

Vers de 10 syllabes :

De quel éclat brillaient dans la bataille
Béranger.

Gastibelza, l'homme à la carabine.
V. Hugo.

Vers plus longs :

Sæpe malum hoc nobis, si mens non læva fuisset.
Virgile.

Eclanxan d'ar' joïstoi [1], ep' ômôn chôomenoio.
Hazomenoi Dios huion, hekêbolon Apollôna.
Hoi-oi Trôï-oi hippoi, epistamenoi pedioio.
Toisi de muthôn êrche patêr andrôn te theôn te.
Ê nun dêthunont', ê husteron autis ionta.
Tecnon emon, poion se epos phugen hercos odontôn.
All' i-thi, mê m'erethize, saôteros hôs ke ne-e-ai.

(Homère, *Iliade*, I, 46; 21; V, 222; *Odyssée* I, 28; *Il.* I, 27; *Od.* I, 63; *Il.* I, 32.)

On voit, par l'emploi inconscient qu'en ont fait tant d'illustres poètes, que le système des rimes intérieures n'est pas en lui-même un défaut barbare dans l'ancienne poésie bretonne; mais les versificateurs en ont abusé, en les multipliant à satiété, et surtout en les rendant obligatoires, et en s'en préoccupant beaucoup plus que de la raison et de la poésie. La recherche exagérée des rimes abondantes a produit en moyen breton les mêmes effets désastreux que l'adoration de la rime riche, chez certains poètes français qui ont oublié que le mieux est l'ennemi du bien, et que des vers immortels laissent rimer tout bonnement *curé* avec *naïveté*, *passé* avec *pas né*, *curiosité* avec *pied*, etc.

Le peuple breton n'était sans doute pas insensible au charme physique de ce cliquetis de consonnances que les lettrés se donnaient la peine de faire incessamment tinter à ses oreilles, comme des grelots. Mais si ces complications quelquefois trop laborieuses ne l'empêchaient pas de venir en foule s'édifier et s'instruire aux représentations des mystères, son goût naturel semble l'avoir préservé lui-même de ces exagérations de la forme, dans l'expression poétique de ses idées et de ses sentiments. Nous avons un indice curieux du fait dans la strophe 79 de *Sainte Barbe*, où ne se trouvent pas appliquées les règles relatives au nombre des syllabes et aux rimes intérieures, qui dominent partout ailleurs. Il y a là un couplet de rythme et de caractère populaire, en vers de 7 syllabes (dont le premier est suivi de 4 syllabes). Je n'oserais affirmer que l'auteur de *Sainte Barbe* l'a pris dans la tradition ; mais à coup sûr, s'il l'a composé lui-même, il l'a fait sur d'autres modèles que le reste de son œuvre.

1. La diérèse n'empêche pas la rime avec une diphtongue, en breton (cf. *Sainte Barbe*, 611, 3 ; 676, 1) ; on ne tient pas compte, non plus, de la différence des voyelles brèves et longues, atones et accentuées.

Cette tyrannie de la rime, déplorable au point de vue de l'esthétique littéraire, a eu des conséquences utiles pour la linguistique. La nécessité impérieuse d'avoir « toujours des mots pour les coudre au besoin » a forcé les écrivains à exploiter toutes les ressources d'un vocabulaire déjà peut-être en partie envahi par la désuétude, et par conséquent à nous transmettre des mots que sans cet heureux défaut nous ne connaîtrions pas aujourd'hui. Scarron a exprimé, en se jouant, une vérité scientifique non sans importance, quand il a écrit :

> ... Otant sa berette
> Ou son chapeau; mais un poëte
> Pour exprimer l'étui du chef,
> Dit : bonnet, chapeau, couvre-chef,
> Toque, tapabor, bourguignote,
> Béguin, turban, cale, calotte,
> Casque, salade, heaume, pot,
> Capuchon, barette ; en un mot
> Le plus éloigné synonyme
> Chez nous rimeurs passe à la rime.
>
> Le *Virgile travesti*, l. VIII, v. 473-482.

Sur la seconde partie du présent ouvrage (*Dictionnaire étymologique du breton moyen*), j'ai peur d'en dire trop et de grossir démesurément ce volume, ou trop peu pour l'importance du sujet. Je me contenterai donc, pour le moment, de donner ici un supplément aux indications sommaires de la p. 190.

— Ce signe, placé avant ou après une partie de mot breton, indique qu'il commence ou finit de la même façon que les mots précédents.

cf. *confer*, comparez (mot de même origine que le terme en question).

v., *ou* s. v. *sub verbo*, renvoie à un mot dans un dictionnaire ; quand l'auteur n'est pas nommé, il s'agit de D. Le Pelletier.

v. br. vieux breton (jusqu'au XIe siècle inclusivement).

moy. br. moyen breton (jusqu'en 1600).

b. l. bas latin.

fr. français.

p. participe ; page.

r. rime.

s. syllabe.

m. masculin.

f. féminin.

Am. *Les amours du vieillard* (d'après D. Le Pelletier).

Gw. *Vie de saint Gwenolé* (id).

Pel. D. Le Pelletier.

Gr. P. Grégoire de Rostrenen.

Gon. Le Gonidec.
Trd. Troude.
R. c. *Revue celtique*. (Paris, chez Vieweg).
Cathell. Vie de sainte Catherine, texte moyen breton en prose, *Revue celtique*, vol. VIII (1887).

ERRATA

Page 399. *Veronic, — an, lisez an —*
P. 404, ligne 6, p. 259, lis. P. 259 ; i, e lis. i. e.
— ligne 7, *requez*, lis. *reguez, iryen*.

AMAN EZ DEZROU

BUHEZ SANTE BARBA

DRE RYM

EUEL MAZ CUSTUMER HE HOARY EN GOELET BREIZ

(An aelez a dezrou canaff.)

An Test.
1. Breman, pobl an bet,
Gant fez euezhet,
Hac ez guelhet[1] huy

Ystoar[2] hon cares
Barbara, guerches
Leun a courtesy.

ICI COMMENCE

LA VIE DE SAINTE BARBE

EN VERS

COMME ON A COUTUME DE LA JOUER EN BASSE-BRETAGNE

(Les anges se mettent à chanter.)

Le témoin.

1. A présent, peuple du monde, soyez attentif avec foi et vous verrez l'histoire de notre chère Barbe, vierge pleine de courtoisie.

Variantes de l'édition de Morlaix 1647, cotée Y n° 6186, Bibliothèque Nationale. — 1. Guelliet. — 2. Istoar.

2. *Merch dan roe voe hy*
A Ycomedy,
Den malicius,
Leun a disenor
Ha guerch¹ ac error,
Roe Dioscorus.

3. Dioscorus bras
En em auizas²,
Hac a³ lacas plen

Tut a pep labour
Da ober un⁴ tour,
Ha mecherouryen.

4. Hac y en dyen
Apert ha certen,
Drez voe ordrenet,
En dezrouas sclaer
Euel tut antier
Ha deliberet⁵.

AN INTRODUCTION

5. Entroch⁶, pobl guiryon, deboner,
Gruet silanc ha maz commancer
Antier dre myster disclaeryet
Clouar ystoar sante⁷ Barba
Ma net⁸ gouzvech⁹ pe a¹⁰ lech oa,
Pep stat gant ioa he coffha gruet.

6. An guerches man ameux hanuet,
Da Dioscorus, den ruset,
Rac¹¹ affet a Ycomedy
Ezoa hy merch, leun a guerchdet ;
Eff he care pep heur meurbet
Er nen deuoa quet nemet hy.

---

2. Elle était fille du roi de Nicomédie, du roi Dioscore, méchant homme rempli de félonie, de violence et d'erreurs.

3. Dioscore le grand s'avisa d'employer des ouvriers, et quantité de gens de tous métiers, à faire une tour.

4. Ceux-ci, tout naturellement, s'empressèrent d'exécuter ses ordres, et se mirent à l'œuvre en hommes gaillards et résolus.

LE PROLOGUE.

5. Vous tous, gens fidèles et bons, faites silence afin que l'on se mette à représenter tout entière, sous la forme d'un mystère, la douce histoire de sainte Barbe. Peut-être ne savez-vous pas quel était son lieu de naissance ? En tout cas, on va vous rappeler cette sainte, pour votre plaisir.

6. Cette vierge que j'ai nommée, elle était la fille pleine de pureté de Dioscore, homme rusé, roi incontesté de Nicomédie ; il ne cessait de l'aimer tendrement, n'en ayant point d'autre qu'elle.

VAR. 1. Guerr (recte). — 2. Auizas. — 3. à. — 4. Vn. — 5. Delideret. — 6. Entreoch. — 7. Santes. — 8. *Lisez* ne. — 9. Gouziech. — 10. à. — 11. *Lisez* roe.

7. Mas songas en e fantasy
E*z* galse besaff¹ dre affuy
Gant un re e ty rauiet ;
Hac e*z* laquas, ne dougias den,
Tut a labour, mecheuouryen
Da ober certen ordrenet

8. Vn tour fournis, de guis discret,
En compas iolis diuiset,
De miret, rac ne lamset hy
A eneb e grat digant aff²
Eneb guis, nac he rauissaff³,
Na hep he rentaff deza*ff*⁴ muy.

9. Hoguen quentaff, ne lacaff⁵ sy,
Gant un den a brut en study
He laquas⁶ hy a studias ;

Ha hy, credet, ne voe quet lic,
A disquas tysmat⁷ an pratic,
Er⁸ ententic⁹ chem applicas.

10. Dre he squient e*z* ententas
E*z* oa un Doe nep a croeas
An eff bras, han mor glas assur¹⁰ ;
An tut, han lonzet¹¹, hep quet mar
Ha quement so lem en memoar,
Heaul, ster ha loar, han douar pur.

11. An philosoph bras, a tra sur,
Hep quet a mar nac oa mar fur,
Prepos oscur a murmure ;
Hac a mennas rep¹² he repren,
An ydolou vil ha bilen
Dreis pep termen a soutene.

---

7. Si bien qu'il se mit en tête que quelqu'un eût pu l'enlever de sa maison par méchanceté ; et sans craindre personne, il donna ordre à des hommes de métier, à des ouvriers, de bâtir, suivant les règles,

8. Une tour épaisse, mystérieuse, à son goût, bien divisée en compartiments, pour la garder, de peur qu'on ne la lui enlevât aucunement contre son gré et qu'on ne la ravît pour ne plus la lui rendre.

9. Mais d'abord, le fait est certain, il voulut la mettre à l'école près d'un homme de renom ; et elle n'était pas négligente, croyez-le : elle apprit vite les bonnes méthodes, car elle s'y appliquait consciencieusement.

10. Par son bon sens elle comprit qu'il était un Dieu qui avait créé assurément le vaste ciel et la mer bleue, les hommes et les bêtes, sans aucun doute, et tout ce dont nous avons l'idée : le soleil les étoiles et la lune, et toute la terre.

11. Il est certain que le grand philosophe, quelque sage qu'il fût, sans aucun doute, avançait plus d'une proposition ténébreuse ; il voulut la reprendre durement, il était très zélé partisan de vaines et vilaines idoles.

Var. 1. Bezaf. — 2. Digataff. — 3. Rauissaf. — 4. Dezaf. — 5. Quentaf ne lacaf. — 6. Laquat (recte). — 7. Tizmat. 8. Ce mot manque. — 9. Autentic. — 10. Iuez. — 11. Loznet (recte). — 12. Nep.

12. Hy enn¹ arguas an tra se;
Hac eff quen buhan ahane
Hep dale enn em retreas;
Ha hy bepret, neu deux quet sy,
En Doe Roen bet, parfet detry,
A muy e muy a studias.

13. Goudese uffuel ez guelas
Dious² e habit un ermit bras.
Hy enn enterrogas asqueut
Pe ban deue, hoas na maz ae;
Dre compsou uffuel³ euelse
Na peban oa, na piu oa quet.

14. Eff a respontas dinoas net
E deuotion oa monet
En effet, hep quet contredy,

Da Hierusalem hep remet
Da bez Iesu Crist ministr net
Nen⁴ deuoa quet quen queffridy.

15. Ha hennez ent priuez de*z y*
A disclaeryas, ne tardas muy,
Dou guer pe try an Passion.
Hy dreis pep tra a yoa ioaus
Maz roas dezaff, hep quen reffus⁵,
Credit hetus, ann aluson⁶.

16. Neuse, secret un pieton
A leuzras hy, hep finction,
(Ha hy ytron ha barones,
Dre uffuelter⁷, ne voe quet quen)
Da Alexandry ancien
Da comps plen oz Origenes.

12. Elle discuta avec lui à ce sujet, et, sans balancer, celui-ci se retira aussitôt; elle continua, croyez-le bien, à méditer de plus en plus sur le roi du monde, le Dieu infiniment parfait.

13. Ensuite elle vit avec respect un grand ermite qu'elle reconnut à son habit; elle s'informa avec soin d'où il venait et aussi où il allait; elle lui demanda, comme cela, avec d'humbles paroles, d'où il était et qui il était.

14. Il lui répondit sans détour qu'il allait en dévotion à Jérusalem; qu'il allait certainement, sans désemparer, au tombeau de Jésus-Christ, le grand prêtre pur, et qu'il n'avait point d'autre but.

15. Et, immédiatement, il lui dit en particulier deux ou trois mots de la Passion. Elle en fut on ne peut plus joyeuse, et lui donna, croyez-le bien, une aumône qu'il ne refusa pas.

16. Alors, sans mentir, elle envoya secrètement un homme à pied (toute dame et baronne qu'elle fût: c'était par pure humilité), à la vieille ville d'Alexandrie, pour s'aboucher avec Origène.

Var. 1. En. — 2. Dious. — 3. Vfue. — 4. Hen. — 5. Refus. — 6. Alûsen. — 7. Vfueltet (recta).

17. Eny¹, hep goap², hac a pres
A leuzras antier dan guerches
Flour ha courtes proces Iesus,
Gant Valentin, ha dotrin net
En lies leffrou hep gou quet ;
Maz voe groat he coudet hetus.

18. An holl fez³ dezy gracius
A lennas hep dale ioaeus
Heb abus, ma he queulusquas
Da bout ardant en carantez,
Da quehez[l] Iesu he buhez ;
Hac ent priuez he badezas.

19. He tat pep rout enn⁴ em doutas
Anezy, pan [hy] studias,
Hac he reas, ne fallas quet,

Dan tour a yoa cref ha neuez
Da tremen peb tu he buhez,
Ha goude, euez gouezet,

20. Ez deuz an broys, tut discret,
Da mennat dezy reiff priet ;
Ha ne deuruoe quet concedaff,
Rac maz oa, dren fez, demezet
Da Iesu⁵ Crist, ann ministr net ;
Na ne deuruoe quet nemeta⁶.

21. Chetu aman an dez quentaff ;
Em entroit a recitaff
Guelhaff maz gallaff, quentaff pret ;
Ha dan eil dez ez discuezher
Dich un tra arall, mar galler,
Gant gracc Doe, roen ster, mar queret.

17 Celui-ci, certes, avec une douce courtoisie, s'empressa d'envoyer à la vierge, par Valentin, toutes les pièces du procès de Jésus, et beaucoup de livres contenant la pure doctrine, sans nulle erreur : elle en eut le cœur réjoui.

18. Plein de complaisance, Valentin lui lut aussitôt, avec joie et sans détour, tout ce qui regarde la foi ; si bien qu'il l'amena à être ardente dans l'amour de Dieu, à adorer Jésus toute sa vie, et il la baptisa en secret.

19. Son père, à l'examen, se défia beaucoup d'elle, et il ne manqua pas de la mettre dans la tour qui était forte et neuve, pour y passer toute sa vie. Ensuite, sachez-le encore,

20. Vinrent des hommes du pays, gens de qualité, demander qu'on lui donnât un mari ; mais elle n'y voulut point consentir, car elle était, par la foi, l'épouse de Jésus-Christ, le grand prêtre pur ; et elle ne voulait que lui seul.

21. Voici la première journée ; dans mon introduction je l'annonce tout d'abord, du mieux que je puis.
Dans la seconde journée il vous sera montré autre chose, si c'est possible, avec votre permission et la grâce de Dieu, le roi des astres.

VAR. 1. Pehany (recte). — 2. Goab. — 3. Fell. — 4. En. — 5. Iesus. — 6. Nemutaf (recte).

LUCIFER A DEZROU.

22. Aliance, hos¹ em auancet !
Duet dirazoff, nam ancoffhet;
Hoz em queulusquet dan pret man
En un opinion da monet
Da temptaff² glan holl pobl an bet
Hep fellell quet, het ha ledan.

23. Nobl a commun, guitebunan ;
Do derchell³ suget lequet poan
Bras, bihan ; unan na manet ;
Rac didan scandal' ma goalenn⁴
Ez mennaff affet credet henn⁵
Heb fellell penn⁶, ez vent tennet.

24. Rac se dan pas, dren cas, choaset
Pep a contre ha maz ehet ;
De gouuern affet bezet scaff ;

Na vezet goac na diactiff:
En hoz art, couart na tardiff ;
Ret eu astriff he poursuiuaff.

25. Tut Iesu so oz cloncluaff⁷
Gant depit hon disheritaff⁸
Hac hon diposidaff affo ;
Hoguen mar queret cleuet rez,
Labourat en mat nos ha dez,
En diuez ny a gonezo.

BELZEBUTH A COMPS.

26. Neb oun nac !
Han⁹ bezet sclaer un quarter bro
Da gouuern, ha me en cerno ;
Cristen¹⁰ eno na credo tam
Dre nep rout en em cafout muy,
Rac me lacay plen pep heny
Em damany hac em liam.

LUCIFER COMMENCE.

22. Alliés, en avant ! Venez devant moi, ne m'oubliez pas ; ébranlez-vous à l'instant, afin d'aller tenter tous les peuples de l'univers, sans y manquer, en long et en large.

23. Nobles et vilains, jusqu'au dernier. Mettez votre peine à les tenir soumis, petits et grands, sans qu'il en reste un seul ; car je veux, croyez-le bien, qu'ils soient tous rangés, sans qu'un seul fasse défaut, sous mon sceptre scandaleux.

24. Choisissez donc tout de suite, selon la circonstance, chacun un pays où vous irez ; soyez prompts à le bien gouverner ; ne soyez mous ni inactifs, couards ni négligents, dans vos ruses : il faut les pousser vaillamment.

25. Les gens de Jésus ont décidé, par dépit, de nous déshériter et de nous déposséder bientôt ; mais si vous voulez, entendez-moi bien, travailler ferme nuit et jour, à la fin nous l'emporterons.

BELZÉBUT PARLE.

26. Allons, courage ! Qu'on me désigne un quartier de pays à commander, et je le tiendrai ferme ; nul chrétien n'osera plus s'y trouver désormais, car je mettrai chacun entièrement sous ma domination et dans mes liens.

VAR. 1. Hoz. — 2. Temptaf. — 3. Derchel. — 4. Goalen. — 5. Hen. — 6. Pen. — 7. Concluaf (recte). — 8. Diheritaff. — 9. Lisez ham. — 10. Christen.

ASTAROTH.

27. Çza ! cza !
Me a ray tempest hac estlam
Em quarter bro, huy en guelo flam,
Rac ne seciff tam un camet ;
Me vezo scuemp oz ho temptaff
En ho mechancc da offanczaff
Doe da quentaff, hep tardaff pret.

BERIT.

28. Bo ! bo !
Me a ray maruaill debraillet,
Fez Iesu Crist¹ he ministret,
Enn² andret ma em commetter ;
Na bras na bihan ne mano
Dreizo, enep lech, na pecho ;
Er me goar en³ dro de ober.

LUCIFER.

29. An bet so diuset⁴ seder
En teir queffraun splann eu an guer,
Pep a carter a quemerhet
A un accord ha moz ordren,
Rac ma zouch esper⁵ ha certen,
En he, seven capitenet.

30. Dide, Bezlebuth⁶, Jeputet
Ez roaff aly⁷ hep muy quet,
Chede te pouruaet quentaff ;
Groa da apparaill, bez vaillant,
Ha da em empleig diligant
Espediant do tourmentaff⁸.

ASTAROTH.

27. Çà ! çà ! Je ferai l'orage et la terreur dans mon quartier, vous le verrez bien ; et je ne prendrai aucun repos ; je serai subtil à tenter les gens pour qu'ils offensent tout d'abord Dieu méchamment.

BERIT.

28. Bo ! bo ! Je rendrai terriblement effrontés les ministres de la foi de Jésus-Christ, à l'endroit qui me sera confié : nulle part il n'en restera petit ni grand que je ne fasse tomber en faute : car je sais comment m'y prendre.

LUCIFER.

29. Voilà le monde parfaitement divisé en trois parties, c'est clair : vous prendrez chacun votre quartier, tout d'un accord ; je vous y nomme régulièrement mes capitaines, selon votre mérite évident.

30. A toi Belzébut, mon délégué, je donne seulement l'Asie. Te voilà pourvu le premier : fais tes préparatifs, sois vaillant, emploie-toi avec diligence et avec soin pour les tourmenter.

VAR. 1. Christ. — 2. En. — 3. An (recte). — 4. Diuiset. — 5. isez apert. — 6. Belzebut. — 7. Asy (recte). — 8. Tourmantaf (recte).

Bezlebuth.

31. A! Luciffer [1], ma mestr querhaff,
Me ray em rout, ne fell doutaff,
Hep arretaff, nen nachaff quet,
Da pep heny, dre ma squient,
Pechiff [2] dez nos, gant prepos lent,
An despet do dent; ententet!

AMAN EZ DEZROU AN YSTOAR

Dioscorus.

32. Dioscorus, pompus, haetus, ruset,
Gant pep hunan [3] ezouff breman hanuet,
Roe auoeet affet, na lequet sy;
En bro man glan oar pep unan ganet
Ez ouff [4] antrou Knech [5] ha tnou hep gou quet
Prouincc meurbet galuet Ycomedi.

33. Autrouniez han holl froez anezy
So [6] lem breman didan ma damany;
Memeux enn hy ann [7] audiui muyhaff [8]
Memeux gallout, na ret dout, ha souten
Pan ouff hep sy a ty Maximien
Empalazr plen oar pep den ouz renaff.

34. Gouuernn en splann un queffrann didann [haff
An bet net crenn, euel penn a mennaff;
Net succedaff a raff da quentaff pae;
Bout enn hy dic pacific bizhuyquen
Euel aer flour dam predecessouryen
A mennaff plen certen, euel den gae.

Belzébut.

31. Ah! Lucifer, mon très cher maître, n'en doutez pas, je ferai certainement, sans m'arrêter, que dans mon canton, grâce à moi, tous pèchent jour et nuit, de propos délibéré, en dépit de leurs dents; entendez-le bien!

ICI COMMENCE L'HISTOIRE

Dioscore.

32. Chacun m'appelle maintenant Dioscore le magnifique, l'heureux, l'habile, reconnu roi, que personne n'en doute, dans tout ce pays, sur tous ceux qui y sont nés; je suis, sans mentir, sur les hauteurs et dans les vallées, le seigneur de la grande province qu'on nomme la Nicomédie.

33. Cette seigneurie avec tous ses fruits est entièrement, à présent, sous mon pouvoir; j'y ai la souveraine puissance; j'ai l'autorité, n'en faites pas de doute, et de forts appuis, puisque je suis, sans contredit, de la maison de Maximien, l'empereur qui commande au monde entier.

34. Je veux gouverner avec éclat, comme maître après lui, une partie de l'empire du monde, où je viens de monter sur le trône; j'entends bien rester dans ce royaume tranquille et en paix à jamais, en homme heureux, héritier légitime de mes prédécesseurs.

Var. 1. Lucifer. — 2. Pechif. — 3. Vnan. — 4. Ezouf. — 5. Kenech. — 6. Go. — 7. An. — 8. Muihaff.

35. Memeux un merch net ha derch, so
 [guerches,
A dle bout sclaer ent seder ma aeres
Successoures em deces ¹ an nessaff
Douce ha plesant excellant hac antier
Ha cazr ha mat, hegarat, a stat quer;
Hy ent seder eu ma esper querhaff.

36. Dre se seder ober a prederaff
Vn tour fournis dam guis an iolishaff
Hac an cressaff, mar gallaff, bezaff quet,
De miret net ent secret, credet plen,
En lech distro eno ne guelo den;
Chetu dien ameux plen ordrenet.

37. He dimiziff, credet diff, ne riff ² quet
Nemet certen da muyhaff den so en bet,
Rac se nepret da monet de metou

Ne lesiff quet den en bet, na ret sy,
Da nessat ³ crenn dre nep tenn bet enn hy
Da gomps ⁴ out y, membre, rac me biou.

38. Miret he stat he gloat hac he madou
Hep quet a ffaut, pan ouff baut he autrou⁵;
Rac se, hep gou, me menn dezrou louen
Vn edifice propicc ha difficil
Groaet a pep rout dre gallout tut soutil,
Heruez an stil gentil dirac mil den.

DIOSCORUS.

39. Ma messager quae seder, bez certen,
Da clasq diff flour⁶ presour mecherouryen
A ray diff plen en termen ordrenet
Vn tour fournis dam guis mar de nisaff⁷
Iolis dispar hep mar dren lauaraff
Acomplissaff a mennaff quentaff pret.

35. J'ai une fille pure et belle, qui est vierge, et qui doit, le fait est clair, être sûrement mon héritière, me succéder avant tout autre à ma mort; douce et agréable, excellente et sans reproche, belle et bonne, aimable et imposante, elle est assurément mon espoir le plus cher.

36. Aussi je songe sérieusement à faire une tour épaisse, la plus jolie à mon goût, et la plus solide de toutes, si je puis, pour la garder en secret, croyez-le bien, dans un lieu désert où personne ne la verra : voilà ma résolution bien arrêtée.

37. Quant à la marier, croyez-m'en, je ne le ferai qu'à l'homme le plus considérable du monde ; aussi ne laisserai-je jamais aller jusqu'à elle aucun homme malgré tous ses efforts, sachez-le, ni l'approcher d'aucune façon, ni lui parler : je le jure, car elle est à moi.

38. Je veux garder son rang, sa fortune et ses biens, sans y manquer ; car je suis son maître et seigneur ; aussi, sans mentir, je veux entreprendre gaiement un édifice commode et impénétrable, fait entièrement par l'art d'hommes habiles, d'après un plan superbe aux yeux de la foule.

DIOSCORE.

39. Mon messager, va gaiement, n'y manque pas, me chercher en toute hâte des ouvriers pour me faire dans le terme requis une tour épaisse, du style que je choisirai, d'une beauté sans égale : ce que je dis, je veux l'accomplir assurément au plus vite.

VAR .1. Neces. — 2. Nery. — 3. Da neffat. — 4. Comps. — 5. Autraou. — 6. Dour. — 7. Maz deuisaf (*recte*).

An Messager.

40. Autrou louen, me yel plen auenant¹
De uit² dich flam hep nep blam suramant
Tut mau, sauant, suffisiant hac antier.
Mar deux en bro me caffo neb so din
Eguit ober hoz mecher anterin
Creff³ a bleuin, poupin ha luminer.

Dioscorus.

41. Quae piz tiznat sinchat, hep nep atfer⁴,
Do querchat glan aman en pep manyer
Affet, seder, dre guer deliberet ;
Euit trauell clasq pell an re guelhaff⁵
Memeux archant present do contantaff⁶ ;
Gae ho paeaff a mennaff quentaff pret.

An mecherouryan.

42. Demp seder da ober cher mat,
Rac dre honn queux en onn neux gloat⁷
Hac ezeu honn stat ebataff.

[An Mestr ?]

Me roy dich oar an guin, financc
Hep bezaff breff⁸ na deceuancc
Am cheuancc en hos⁹ auanciff¹⁰.

43. Ha huy ray diffrac, pa ho paeaff,
Er memeux hoant creff da eua [ff] ;
Rac se demp scaff, hep tardaff quet,
Dilacc saczun da diiuniff ;
Vn souben dren pebr a dibriff
Hag¹¹ ez euiff, pan guiliff pret.

Le messager.

40. Joyeux seigneur, j'irai à l'instant vous chercher, sans faute et sans reproche, des hommes gaillards, habiles, capables et actifs : s'il en est dans le pays, je trouverai les plus dignes pour exécuter votre plan avec adresse, force et activité, soin et intelligence.

Dioscore.

41. Va bien vite, sans délai et sans arrêt, pour me les chercher ici de toute façon, avec zèle, et les embaucher résolument ; n'épargne aucune démarche, cherche au loin les meilleurs : j'ai de l'argent comptant pour les satisfaire, et je veux les payer promptement et sans difficulté.

Les ouvriers.

42. Allons gaiement faire bonne chère, car pour notre peine nous avons un salaire, et nous n'avons qu'à faire bombance.

[Le Maître¹²]

Je vous donnerai, après le vin, de l'argent, et sans faute, sans tromperie, je vous avancerai de mes deniers.

43. Et vous ferez diligence, puisque je vous paie, car j'ai une forte soif ; allons donc vivement, sans tarder, déjeuner tout à fait sans gêne. Je mangerai une soupe au poivre et je boirai dès que je pourrai.

Var. 1. à venant. — 2. Deuit. — 3. Gret. — 4. Afier. — 5. Guellaf. — 6. Presant do contentaf. — 7. Gloar. — 8. Bref. — 9. Hoz. — 10. Lisez auancaff. — 11. Hac. — 12. On peut supposer aussi qu'il faut lire en tête de ces deux strophes [Mestr] an mecherouryen, le maître des ouvriers.

AN EIL MECHEROUR.

44. *Raeson en guer a leueret ;*
N'y a ray diffrac pan paet ;
Hennez so dleet da quentaff;
Pan on eux labouret competant
En on seruig ha diligant
ɔʒ eu seant hon contantaff.

AN TREDE MECHEROUR.

45. *Hau! hau!*
Ret on be¹ glat, hep debataff,
Rac biʒhuiquen² ne louenhaff
Quen na ueʒaff, nen nachaff quet,
Paeet net ha contantet plen
Goude ma labour ham sourpren,
Rac hon termen so tremenet.

AN MESTR³.

46. *A me neb pas a fallas quet*
Certen dan termen ordrenet
Nous⁴ paesen en net, hep quet gou ;
Ha rac se eʒ ouff duet seder
Guenech aman e pep manyer
Euit reiff dich sclaer dinerou ;

47. *Rac touchant an paemantou*
Ne caraf quet, dreʒ guelet gnou,
Diouʒ hoʒ dellidou, en louen,
Bout rebellant onʒ contantaff,
Quent se pepret on⁵ hoʒ trelaff
Guelhaff maʒ gallaff, ne raf quen.

Le second ouvrier.

44. Vous avez raison de parler ainsi, nous nous dépêcherons puisque vous payez, c'est la première chose à faire ; puisque nous avons travaillé consciencieusement et diligemment à notre métier, il est convenable de nous satisfaire.

Le troisième ouvrier.

45. Hau! hau! il faut que nous ayons de l'argent sans débat, car jamais je ne me réjouirai, je l'avoue, que je ne sois bien payé et complètement désintéressé après mon travail et ma peine, car notre terme est passé.

Le maitre.

46. Et moi jamais je n'ai manqué, certes, au terme requis, à vous payer exactement, sans mentir ; et c'est pour cela que je suis venu avec vous ici, joyeux de toute façon, pour vous payer en beaux deniers.

47. Car, au sujet des paiements, je n'aime pas, comme vous le voyez clairement, à me faire prier pour vous contenter joyeusement, selon vos mérites : au contraire, ce que je fais toujours, c'est vous traiter du mieux que je puis.

Var. 1. Bet. — 2. Bisuiquen. — 3. Maeutr. — 4. Nouz. — 5. *Lisez en.*

An eil mecherour.

48. Guir a leueret a fet plen,
Hou; quen iolis ne guilis den
Da derchel ¹ certen termen mat ;
Besaff ² ou; ich fals eualse
A ue termen fall, dre ma le ³,
Da nep re, hac amdereat.

(Aman ez arriff messager Dioscorus da comps ou; un mestr mecherour.)

49. Mestr mecanic scientific apliquet,
Ret eu dich don hep fingion monet,
Rac en effet gourchemennet net voe
E; resech ⁴ lem hep quen quem a breman
Tut a mecher guenech sclaer en ⁵ kaer man.
Da presec glan pur buhan ou; an Roe.

An mestr mecherour.

50. Me yel certen guenech plen hep enoe
Da comps breman ma hunan o; an Roe
Hastiff diuoe dren⁶ Doe a auoeaff
Pan cleuaff lem e; eu diff gourchemenn
Me menn pep rout rac muy dout gou;out
[crenn,
Na pe da penn em quemenn bet en haff.

An messager.

51. Me menn membry dihuy notiffaff
E; venn ober un mecher an querhaff
Nan propicza ff nan ca;raff ne raff mar
A ue;o plen dre nep termen en bet
Na quen gentil en nep stil compilet
De;y nepret ne voe quet guelet par.

(An messager a ya da lauaret de mestr e; eu duet an mecherouryen.)

Le second ouvrier.

48. Vous dites vrai, assurément ; je n'ai vu personne aussi bon que vous à payer exactement le terme : vous être infidèles, dans ces conditions, serait, sur ma parole, une mauvaise action, et une inconvenance de la part de chacun.

(Ici arrive le messager de Dioscore pour parler à un maître ouvrier.)

49. Maître ouvrier, savant et zélé, il faut absolument que vous veniez sans faute, car il a été ordonné positivement que vous alliez tout de suite, sans délai, avec des hommes de métier, hors de cette ville, pour parler aussitôt au Roi.

Le maitre ouvrier.

50. J'irai certainement avec vous sans difficulté, parler tout de suite moi-même au roi. Je me hâterai beaucoup, j'en atteste mon Dieu, puisque j'apprends qu'on me l'ordonne. Je veux en tout cas, et sans plus de doute, savoir exactement pour quelle raison il me mande en sa présence.

Le messager.

51. Je veux, sur ma foi, vous annoncer qu'il entend faire une œuvre qui soit la plus précieuse, la plus commode et la plus belle sans doute qui existe en aucun lieu du monde : jamais on n'aura vu sa pareille, jamais rien de si beau n'aura été accompli en aucun genre.

(Le Messager va dire à son maître que les ouvriers sont venus.)

Var. 1. Derchell. — 2. Bezaf. — 3. Ma lle. — 4. Lise; yesech. — 5. An (recte?) — 6. Dien.

52. *Hep faut, Autrou, gant gnou beʒet louen,*
Credet seder, tut quer, mecherouryen
En berr termen a duy plen bet en och
Euit ober an mecher a querhet.
Eʒ int lud¹ fur ha sur ha musuret ;
Chetu y neʒ² ouʒ donet daued och.

AN MESTR MECHEROUR.

53. *Deʒ mat golou³, Autrou, a glan coudet*
A pedaff plen dreiʒ quement den so en bet
Dichuy pepret seul maʒ vihet⁴ seder
Pan cleuis flam dinam houʒ⁵ mandamant
E duiʒ tiʒ mat hep nep debat batant
Espediant, diligant hac antier,

54. *Da guelet glan an tro man pe en⁶ manyer*
Eʒ galhe quet beʒaff groaet affer⁷ quer
Teig an mecher ouʒ eux sclaer prederet
An materi hac an diuision
An lech, an place, an spacc hac an faczon
Ret ha raeson oae diff guiryon⁸ donet.

DIOSCORUS.

55. *Duet mat ha muy lem em ty va vihet*
Moʒ contanto pep tro huy en guelo net
Hep faut en bel mar queret ma crediff
Un tour fournis flam dam guis deuiset
Mar plig guenoch entroch pan edouch duet
A ordrenhet ha ret en gruehet diff.

---

52. Seigneur, vous serez, j'en suis sûr, heureux de la nouvelle : croyez-le bien, des ouvriers, hommes habiles, vont venir bientôt en votre présence pour faire le travail que vous voudrez. Ce sont des hommes sages, sûrs et exacts ; mais les voici qui viennent vers vous.

LE MAITRE OUVRIER.

53. Je vous souhaite, seigneur, de tout mon cœur, le bonjour, plus qu'à tout homme du monde ; salut à jamais, tant que vous vivrez ! Lorsque j'ai entendu que vous me mandiez formellement, je suis venu aussitôt, sans nulle hésitation, ni délai, avec activité, zèle et diligence.

54. Pour voir clairement à présent de quelle façon pourrait être très bien exécutée l'œuvre, quelle qu'elle soit, que vous avez en vue ; pour savoir la matière et la disposition, le lieu, l'emplacement, l'espace et la façon ; en droit et en raison, il fallait bien agir ainsi.

DIOSCORE.

55. Soyez le bien venu, le très bien venu chez moi ; je vous contenterai de toute façon, vous le verrez bien, sans faute, si vous voulez m'obéir. Puisque vous êtes venu, il faudra que vous ordonniez entre vous et que vous me fassiez une tour épaisse, arrangée bien à mon goût.

VAR. 1. Tut. — 2. Net (*recte*). — 3. Goulou. — 4. Vihe. — 5. Bout. — 6. An. — 7. Affet (*recte*). — 8. Guyrion.

An mestr¹ mecherour.

56. Me menn pep hent hep nep fent hoz sentiff
Ha credet pleu dreis² pep termen en gruiff
Her dra beuyff hep niff³ ez douguiff pris
Dihuy dien certen hac ordrenet
Huy dle pep guis bout dre ampris priset
Hac enoret meurbet gant an bedis.

57. Me ray hoz tour cazr haflour ha fournis
En termen breff, bras ha creff⁴ doz denis
Gent⁵ hep fentis ma ampris so en guis se
Hep fellell tro me labouro douz grat
Hac a ray sclaer pep quever mecher mat
Heruez e stat en houz grat da pat re.

58. An quentaff pret ez eu ret, credet se,
Caffout daffar, me a goar an doare
Rac honn dale eu se ne falhe quet,

Ha mein ha coat a pep hat en stat man
So ret detri⁶ on be ny rac muy poan
Guitebunan, pe⁷ effemp glan manet.

Dioscorus.

59. Hoz holl daffar, na ret mar, preparet ;
A pep danffuez ynez diasezet
Breff a queffet, noz em doutet quet tam ;
Ha glas ha sech oar an lech, na nechet,
Gant cals a mis dre ampris deuiset
Am euz affet dastumet ahet cam.

60. Duet, moz reo affo, ne fallo tam
Ha mar⁸ guelhet treux ha het affet stlam
Ha mein ha fram dinam en ber amser
Maz selhemp plen⁹ dien hac ordrenet
An contenance hann apparicʒanczdet
Maz vezo net dezrouet ent¹⁰ seder.

(Aman Dioscorus a ya da discuez dan mestr mecherour an lech han danffuez da ober an tour.)

Le maitre ouvrier.

56. Je veux en toute façon vous obéir sans feinte, et croyez bien que je le ferai par-dessus tout ; tant que je vivrai, je ne craindrai pas de vous porter le respect qui vous est dû assurément : vous devez être honoré, servi et vénéré du monde entier.

57. Je ferai votre tour belle, polie et épaisse, en peu de temps, grande et solide, à votre goût, jolie, à coup sûr ; c'est ainsi que je l'entends ; sans y manquer, je travaillerai à vous satisfaire et je ferai une œuvre bonne à tous égards, en son genre, propre à vous plaire et à durer longtemps.

58. En premier lieu il faut, croyez-le, avoir des matériaux, je connais la chose ; car il ne faudrait pas que cela nous retardât ; il faut avant tout que nous ayons immédiatement des pierres, et du bois de toute espèce, ou bien nous serons tous arrêtés court.

Dioscore.

59. Sans doute, préparez tous vos matériaux ; vous trouverez bientôt, n'en doutez point, toute sorte de matières à votre disposition ; j'ai assemblé peu à peu sur les lieux tout cela, bois vert et bois sec, à grands frais, par livraisons distinctes ; ne vous inquiétez pas.

60. Venez, je vais vous conduire sans faute, que vous voyiez bien tout, au long et au large, pierres et charpentes, d'un coup d'œil ; nous regarderons sérieusement comme il faut la quantité et la qualité des approvisionnements, pour qu'on puisse commencer rapidement.

(Ici Dioscore va montrer au maître ouvrier le lieu et les matériaux pour faire la tour.)

Var. 1. Mœstr. — 2. Dreiz. — 3. Hat dra beuif heb nif. — 4. Cre. — 5. Gant. — 6. Detry. — 7. Pa. — 8. Maz. — 9. Selhem plein. — 10. En.

61. Sellet aman diff breman an manyer
Hac estimet treux ha het sellet sclaer
Presant antier dre esper moderet
Ha pan querhet dezreuet rac pret en
Houz holl daffar, nen deux mar, so daren;
Ententet beu, sellet teu an deu quet ?

AN MESTR MECHEROUR.

62. Autrou louen, credet pleu ordrenet
Bezet seder daun amser maz querhet
Effezo net commanczet, na ret sy,
Rac cazr ha flam ha dinam enn amser [1]
Ha pan eu net dastumet eut seder
En pep manyer antier an matery.

63. Ha ez vihet seruiget quen detry,
Oll en holl bro nep tro ne vezo ty
Par doz heny, me a certiffi se;
Hoguen heb chom dre ezom quent commance
Hon bezet creff, heb bezaff breff, cheuance
Caffout finance pep chance hon auanczhe.

DIOSCORUS.

64. Dalet archant paramant [2] enn autre;
Cza! commancet, moz pet, labouret cre,
Hac euelse dreis [3] pep re dre de gnou
Ouz contantiff hep niff [4], ne filliff quet.
Bezet seder en manyer maz querhet
Na faut en bet ne queffet em metou.

---

61. Voyez-moi ici maintenant la façon ; faites vos estimations en long et en large, regardez bien, sans rien omettre, avec attention ; et commencez quand vous voudrez, car il est temps. Tous vos matériaux sont prêts, il n'y a pas de doute ; comprenez bien, examinez : ne le sont-ils pas ?

LE MAITRE OUVRIER.

62. Joyeux seigneur, croyez bel et bien que quand vous le voudrez, soyez-en sûr, on commencera immédiatement ; car le temps est beau, brillant et sans nuage, et les matériaux sont assurément rassemblés avec un soin irréprochable.

63. Et vous serez servi si parfaitement que jamais dans tout le pays il n'y aura de maison pareille à la vôtre, je vous le certifie ; mais pour que nous ne nous arrêtions pas par dénuement, avant de commencer, il faut que nous ayons assez d'argent pour n'être pas à court. De toute façon quelque monnaie nous avancerait.

DIOSCORE.

64. Tenez, voilà de l'argent avant de vous y mettre ; çà, commencez, je vous prie, travaillez fortement ; et alors mieux que personne, c'est évident, je vous contenterai sans peine, je n'y manquerai pas. Vous pouvez être bien sûrs que vous ne me trouverez point en défaut.

VAR. 1. En ay. — 2. Parauant (recte). — 3. Dreiz. — 4. Nif.

AN MESTR.

65. Me a ray baut hep faut, Autrou,
Pa onn eux dannez ha dezrou
Ha huy guelo gnou quent dou mis
Ef fiziff seder mecherour
Diouz connançamant an tour
Pan guelhet ma labour fournis.

DIOSCORES.

Or cza! gruet pep tro en houz guis.

AN MESTR.

66. Ma lut, dinesset¹ ha gruet cher;
Chetu archant contant antier
Leiz an gibicer² dinerou
Roet douz paeaff, nenn nachaff quet,
Rac se, hep fellell, trauellet;
Contantet rihet heb quet gou³.

AN QUENTAFF MECHEROUR.

67. Memeux, nen deux sy, binhuyou,
Scuezr⁴ ha reulenn ha linennou
Ha morzolou ha loaou plat
Ha hoaz em euz guell quisellou,
Mar bez ezom⁵, ha patronnou,
Pan eux dinerou dezrou mat.

AN TREDE MECHEROUR.

68. Eguit ober un mecher mat
Pan vez an daffar hegarat
En pep stat dam grat ha natur
Na da ober un moguer plen
Mar be an matery dien,
Ne caffech un den ma quen fur.

(An mestr ann cuffr a diuis gant e mecherouryen euit ober ho mecher.)

LE MAITRE OUVRIER.

65. Je ferai beaucoup, sans faute, seigneur, puisque nous avons des matériaux et une gratification; et vous verrez clairement, avant deux mois, d'après la base de ma tour, quand vous aurez sous les yeux mon travail achevé, que je suis un ouvrier diligent.

DIOSCORE.

66. Or çà, faites tout à votre guise.

LE MAITRE.

Mes gens, approchez et faites bonne chère : voilà de bon argent comptant; ma sacoche est pleine de deniers donnés pour vous payer, je ne le nie pas; travaillez donc, n'y manquez pas : vous serez satisfaits, sans mentir.

LE PREMIER OUVRIER.

67. J'ai assurément des instruments, une équerre, une règle et des lignes, des marteaux et des truelles; j'ai aussi d'excellents ciseaux, s'il en est besoin, et des modèles, puisqu'il y a de l'argent d'étrennes.

LE TROISIÈME OUVRIER.

68. Pour faire un bon ouvrage, quand les matériaux sont excellents et en tout à ma convenance et à mon goût, pour faire un mur massif, si la matière est bonne, vous ne trouveriez pas un homme qui soit aussi habile que moi.

(Le maître d'œuvre parle à ses ouvriers pour qu'ils fassent leur métier.)

VAR. 1. Denesset. — 2. Gibecer. — 3. Gaou. — 4. Scueyt, lisez Scuezr. — 5. Ezomp.

69. Çza, denesset, na tardet muy
Cleuet entroch¹ ma‌ edouchuy;
Grueomp ny un auision²
Ha be‌omp abil ha dilacc
Auisomp glan aman an spacc
Han lech, han placc hac an facҙon.

AN EIL MECHEROUR.

70. Cleuet huy ma opinion :
Herne‌ ma estimation
Me caffe raeson consonant
E‌ torret aman buhan flam
Euit guelet a caffet tam,
Rac non be blam, an fondamant.

AN TREDE MECHEROUR.

71. Ha me preder daun atferant
Effe un termen auenant
Dam entendamant seblantet
E‌ clasquemp aman dre manyer
An fondamant coant hac antier,
Dre‌eu em esper prederet³.

AN MESTR.

72. Ha! ha!
Ret ve e‌ ve prim estimet
Hac aman gentil compilet
Musuret ha diuiset mat,
Mar guelhe goall on tamalhe,
En nep fæcҙon ha ræson ve,
Mar caffe na ve en e grat.

---

69. Çà, approchez sans plus tarder; écoutez, tous tant que vous êtes : faisons une inspection, et soyons habiles et diligents ; remarquons bien ici l'espace et le lieu, la place et la façon.

LE SECOND OUVRIER.

70. Ecoutez, vous, mon avis : j'estime que nous aurions de bonnes raisons pour creuser bien vite ici la terre, afin de voir si l'on ne trouverait pas une base solide, de peur d'être blâmés.

LE TROISIÈME OUVRIER.

71. Et moi je pense en cette affaire que ce serait une chose convenable (c'est, du moins, mon opinion) que nous cherchions ici de quelque façon à fixer la base, bonne et solide : j'y ai bien réfléchi dans mon esprit.

LE MAITRE.

72. Ha! ha! Il faudrait que cela fût promptement examiné et exécuté ici avec soin, après avoir bien pris les mesures et les dimensions : s'il voyait un défaut quelconque, il nous blâmerait ; et il aurait raison, s'il trouvait que cela ne fût pas à son gré.

VAR. — 1. Entreoch. — 2. à vision. — 3. Les neuf strophes suivantes (72-80) manquant dans l'ancienne édition sont suppléées ici d'après celle de la Bibliothèque Nationale.

AN EIL MECHEROUR.

73. Cza! cza!
Dezrouom ô¹ flour da labourat
Ha fur ha foll à eoull mat
Ne fell e nep stat debat muy.

AN TREDE MECHEROUR.

Labouromp pez a soingomp ny,
Darbareryeu ha pep heny
Pret eu hoary à binhuyou.

AN MESTR.

74. Dizouguet mein oar houz queniou²
Ha raz ouz an knech à bec'hyou,
Rac pret eu dezrou pe poues,
Ha huy dre fæçon maczonet,
Diouz an reulen ha linennet,
Cza trauellet, na selset³ poes.

AN QUENTAFF DARBAREUR.

75. Me crogo en vn men quen does
Ma eu douguy franc euit an goes⁴
Pan delhen⁵ gant an poes froesaf,
Nac int mat⁶ ponher da merat,
Me dougo hep gaou bec'hyou mat,
Pan delhen⁷ dan stat tiz mat pladaf.

AN EIL DARBAREUR.

76. Houp! hau! hau!
Heman an sclær en⁸ ponheraf!
Ret eu difme piz discuyzaf,
Neb rout outaf ne allaf quet,
Hoguen arre me essaeo
Oar poes ma chouc a men dougo,
Oar vn dro pa emeux gourtoet.

LE SECOND OUVRIER.

73. Çà! Çà! Commençons bravement à travailler, sages et fous, de bonne volonté : il ne faut plus aucun débat.

LE TROISIÈME OUVRIER.

Travaillons ; à quoi pensons-nous donc, aides et tous tant que nous sommes ? Il est temps de jouer de nos instruments.

LE MAITRE.

74. Apportez sur votre dos des pierres et des charges de chaux, là-haut : car il est temps de commencer ou d'y renoncer ; maçonnez-moi cela de la bonne façon, à la ligne et au cordeau ; or çà, travaillez, ne regardez pas au poids.

LE PREMIER AIDE-MAÇON.

75. Je prendrai une pierre avec tant d'énergie que je la porterai carrément, quelque peine que j'en aie, dussé-je être accablé du poids ; quelque lourds qu'ils soient à manier, je porterai, sans mentir, de bons fardeaux, dussé-je en être écrasé sur la place.

LE SECOND AIDE-MAÇON.

76. Houp! hau! hau! Celle-ci est la plus lourde, c'est évident ; il faut absolument me délasser : je ne puis plus en venir à bout. Mais je vais essayer de nouveau ; et je la porterai sur mon cou sans plus d'arrêt, pour me rattraper.

---

1. *Lisez* dezrouomp. — 2. *Lisez* queinou. — 3. *Lisez* sellet. — 4. *Lis.* angoes. — 5. *Lis.* dlehen. — 6. *Lis.* mar. — 7. *Lis.* eu sclaer an. — 8. *Lis.* dlehen.

AN EIL MECHEROUR.

77. Lest hoz saffar, ha darbaret ;
Ne ret en certen tra en bet
En effet nemet quaquetal.

AN QUENTAFF DARBAREUR.

Pe gounezet huy ouz crial
Nac ober tourmant na scandal
Pan dlehech farezal¹ eualhen ?

AN TREDE MECHEROUR.

78. Cza ! trauellet ! labouret ten !
Dizouguet affo oar hoz pen
Mein ha raz guen, pa goulennaf.

AN EIL DARBAREUR.

Dalet, hastet, labouret scaf.

(Aman e can an mecherouryen.)

79. Euelhen en² gounit gloat, hac ebataf,
Euelhen eu gounit gloat,
Mar da moues dan marchat
Ha caffout compaiguun³ mat
Hac e reo da euaf;
Euelhen eu gounit gloat, hac ebataf.

(Dioscorus a quace da clasq vn mestr à scol dâ disqu[i]ff e merch).

80. Orcza ret eu am desen nen deu quen,
Querchat buhan dif breman aman plen,
En berr termen certen pan ordrenaf,
Vn cloarec mat dam grat à pep statur
Den squientus gracius à musur,
Astat natur clasq dif sur han furhaf⁴

LE SECOND OUVRIER.

77. Ne faites plus de bruit, et aidez-nous : vous ne faites, en réalité, autre chose que caqueter.

LE PREMIER AIDE-MAÇON.

Que gagnez-vous à crier et à faire du tumulte et du scandale ? Est-ce que vous devriez faire de pareilles farces ?

LE TROISIÈME OUVRIER.

78. Çà, à l'ouvrage ! Travaillez dur ! Apportez vite sur votre tête des pierres et de la chaux blanche, puisque je vous en demande.

LE SECOND AIDE-MAÇON.

Tenez, hâtez-vous, travaillez promptement.
   (Ici les ouvriers chantent.)

79. C'est ainsi qu'on gagne de l'argent et qu'on s'amuse,
C'est ainsi qu'on gagne de l'argent,
Quand la femme va au marché
Et qu'elle trouve un bon compagnon
Qui la mènera boire,
C'est ainsi qu'on gagne de l'argent et qu'on s'amuse.

(Dioscore envoie chercher un maître d'école pour instruire sa fille.)

80. Or çà, il faut, c'est là ma volonté, me chercher vite ici, sur-le-champ, et en peu de temps, puisque je l'ordonne, un bon clerc qui m'agrée en toute chose, un homme sensé, gracieux et convenable, d'un bon caractère ; cherche-moi bien le plus sage.

1. *Lis*. farczal. — 2. *Lis*. eu. — 3. *Lis*. compaignun. — 4. Ici finit la lacune de l'ancienne édition.

AN MESSAGER.

81. Me ya tizmat ¹ *sinchat hep trellataff*
Da clasq unan dich breman dianaff
A aznauaff da bezaf guelhaff den
So en bro man a nep unan ganet
Rac se me menn ez re cren quemennet
Euit donet doz guelet hep quezquen ².

DIOSCORUS.

82. Rac se seder, messager, bez certen
Groa dezaff net donet a coudet plen
En berr termen, na ra quen, bet en ouff;
Maz liquiff scaff gant aff an quentaff pret
Ma merch guerch ³ *pur so am natur furmet*
Ret eu affet e donet daued ouff.

(An messager a comps ouz an mestr a scol hac a
lauar).

83. Mestr magister, den antier, souueren,
Duet ouff tiz mat douz querchat e stat plen
Bezet certen, na quen ne soutenaff,
Da donet glan a breman bet en ⁴ *roe*
Da comps out aff ent scaff, ha dreiz aff roe
Ez duiz dinoe ⁵ *dren Doe a auoeaff.*

AN MESTR.

84. Pan gourchemenn me ya crenn bet enn
[*haff*
Da guelet rez, hep mez, pe fell dezaff,
An pret quentaff, tardaff ne mennaff quet
Ha ioaus bras ouff bep ⁶ *pas dren dra se*
En e seruig me am em empliche
Dreist ann holl re pan guelhe effe pret.

LE MESSAGER.

81. Je vais tout de suite, sans m'arrêter et sans perdre la tête, vous chercher ici quelqu'un sans reproche, que je connais pour être le meilleur des hommes nés en ce pays; aussi veux-je qu'il soit sur-le-champ mandé pour venir vous voir immédiatement.

DIOSCORE.

82. Va donc, messager, sans crainte, et fais-le venir de bon gré bientôt en ma présence, c'est tout ce que tu as à faire ; que je mette promptement près de lui ma fille, vierge pure née de mon sang : il faut absolument qu'il vienne me trouver.

(Le messager parle au maitre d'école et dit :)

83. Maitre magister, homme distingué, je suis venu à la hâte vous chercher avec empressement (soyez sûr de ce que j'avance), pour que vous veniez tout de suite vers le roi pour lui parler promptement : je viens de sa part, certes, je le jure par le Dieu que j'adore.

LE MAITRE.

84. Puisqu'il l'ordonne, je vais à l'instant jusqu'à lui, pour le voir, sans honte, selon sa volonté ; je ne veux point tarder. Et je suis de toute façon très joyeux de cette circonstance : je m'emploierais à son service de préférence à tout autre, s'il le jugeait à propos.

VAR. 1. Tymat. — 2. Heb quet quen. — 3. Guerc'h. — 4. *Lis.* An. — 5. Diuoe. — 6. Pep.

(An mestr a scol a salut Dioscorus).

85. De‡ mat natur, Autrou fur, assuret
A pedaff glan dreis¹ pep unan ganet
Dichuy pepret gant effet hep quet sy,
Chetu me hael² duet uffuel do‡ guelet
Dre gourchemenn e‡ ouff crenn quemennet
Na ne moa quet, credet, quen queffridi.

DIOSCORUS.

86. Duet mat meurbet affet ra vihet huy,
Mestr a squient, hep bout lent, duet en ty ;
Ret eu hep sy dichuy, hep fa‡iaff,
Quemeret flam en ho‡ gouuernamant
Ma merch guerches espres hac a presant,
Rac den sauant suramant ou‡ santaff.

AN MESTR A SCOL.

87. Nen douff quet din dan fin de dotrinaff ;
Nac anterin euit diciplinaff
Ne mem caffaff da ve‡aff quen sauant ;
Hoguen a crenn mar en gourchemennet
Diff he disquiff, en gruiff, ne filliff quet
Diou‡ ma gallout parfet ha competant.

DIOSCORUS.

88. Gruet hou‡ gallout, nep rout nen³ em
    [doutiff ;
Lequet hy fresq hep bout bresq da desquiff⁴ ;
Hac ou‡ quiriff, credet diff, ne riff quen ;
Mou‡ contanto pep tro, huy guelo gnou,
Me roy dich gloat en hou‡ grat ha madou ;
Dou‡⁵ holl poanyou, hep gou, ou‡ gruiff
    [louen.

LE MAITRE D'ÉCOLE salue Dioscore.

85. Salut, sage seigneur ! je vous souhaite bien le bonjour, croyez-le, mieux qu'à aucun homme du monde. Je suis venu vous trouver en toute humilité ; vous m'avez mandé par ordre exprès, et je n'ai pas eu d'autre raison de venir, sachez-le.

DIOSCORE.

86. Soyez entièrement le bienvenu ; maître judicieux, entrez chez moi sans hésiter ; il faut, sans contredit, que vous preniez sous votre direction expresse, dès à présent, ma fille vierge : car je sais avec assurance que vous êtes un homme savant.

LE MAITRE D'ÉCOLE.

87. Je ne suis pas digne de l'instruire jusqu'au bout ni de lui donner un enseignement complet : je ne me trouve pas assez savant. Mais si vous exigez absolument que je lui fasse l'école, je n'y manquerai pas, selon mon pouvoir, avec soin et conscience.

DIOSCORE.

88. Faites votre possible : je ne douterai de vous en aucune façon ; faites-la étudier avec zèle et sans légèreté, et je vous aimerai, croyez-moi, de tout cœur ; je vous contenterai de toute façon, vous le verrez bien ; je vous donnerai argent et biens à votre gré ; je vous déchargerai, sans mentir, de toutes vos peines.

VAR. 1. Dreiz. — 2 Hæl. — 3. Ne. — 4. Disquif. — 5. Ou‡ (recte.)

DIOSCORUS (a comps ouz e merch.)

*89. Duet, ma merchic doucic heuiziquen
E*$\tilde{z}$ *guelaff pret affet* [1] *da sellet plen
E*$\tilde{z}$ *vech certen pep termen ordrenet
Da disquiff mat ha stat ha pligadur
Euel merch mat hegarat ha natur
Ha douc*$\tilde{z}$ *ha pur e statur musuret.*

SANTE [2] BARBA (a respond [3] de tat).

90. Ma tat mat quer, antier gruet a quer-
                                              [het,
Rac desiraff a raff, na [4] *nachaff quet,
Be*$\tilde{z}$*aff affet diciplinet seder
En pep squient euident autentic
Philosophy ha muy hac an phisic,
En holl pratic me menn em aplicquer.*

DIOSCORUS.

91. C$\tilde{z}$*a ! ma*$\tilde{z}$ *ouchuy heb neb sy magister,
Disquit de*$\tilde{z}$*y signiffi ann li*$\tilde{z}$*er ;
En berr amser antier na differet
Ma*$\tilde{z}$ *gallo gent heb neb fent entent plen
Philosophy, astrology dien
Da comps pergen* [5] *ou*$\tilde{z}$ *brashaff den so en bet.*

AN MESTR.

92. Be$\tilde{z}$*el certen en berr termen men cret
Herue*$\tilde{z}$ *an ment an squient ententet
So de*$\tilde{z}$*y net atribuet seder
E*$\tilde{z}$ *gouzue*$\tilde{z}$*o neb tro ne fallo tam
An holl latin anterin ha dinam
Da pre*$\tilde{z}$*ec flam heb nam en pep amser.*

DIOSCORE parle à sa fille.

89. Venez, ma chère et douce fille. Je vois que désormais il est grand temps de veiller à ce que vous soyez instruite de toute façon, pour apprendre à faire ce qui est bon, utile et convenable, comme une bonne fille, aimable et gracieuse, douce et pure, et pleine de sagesse.

SAINTE BARBE répond à son père.

90. Mon bon et cher père, faites tout ce que vous voudrez, car je désire, je ne le nie pas, être bien soigneusement instruite en toute science certaine et authentique, dans la philosophie et aussi dans la physique : je veux qu'on m'enseigne toutes ces connaissances.

DIOSCORE.

91. Or çà, puisque vous êtes sans nul doute un maître, apprenez-lui entièrement le sens de la lettre ; ne tardez pas, pour qu'en peu de temps elle puisse entendre bel et bien et véritablement la philosophie, l'astrologie, et en parler pertinemment avec le plus grand personnage du monde.

LE MAITRE.

92. Soyez certain qu'en peu de temps, je crois (d'après la mesure de l'intelligence qui lui a été départie, vous m'entendez), elle saura, imperturbablement, le latin tout entier, pour le parler purement et sans jamais faire de faute.

VAR. 1. Affer. — 2. Santes. — 3. Respont. — 4. Neu, *lise*$\tilde{z}$ nen. — 5. Perguen (*recte*).

An mestr (da sante Barba).

93. Barba[ra] glan, breman en pep manyer
Pan ouch roet diff affet, credet sclaer,
Gant houz tat quer, me preder antier glan,
Frisq houz disquiff, credet diff, ne riff quen,
Da vout espres cloaregues, mestres plen
Heb dougiaff den certen en termen man.

Sante Barba.

94. Allas! moz pet, ma mestr net, lequet
          [poan
Dam disquiff pur natur en Scriptur glan,
Rac an tra man dreis pep unan an bet
Em calon glan breman en pep manyer
A guir coudet ententet ent seder
Am eux antier em esper quemeret.

An mestr a scol.

95. Rac se heb muy, moz pet huy, studiet,
Bezet parfet ha rez hac enezhet ;
Gent ententet, na fellet, pan ouz pedaff,
Hael[1] maz guelo tut an bro hac ho tat
Ez vihet spes certes cloaregues mat
Pep tro do grat sinchat heb trellataff.

96. Astrologues, philosophes spessaff,
Ententet diff ouz gruiff, pe ez viziff claff;
Eun[2] art muyhaff ez mennaff quentaff pret
Discuez dich glan a breman an manyer
An scripturou[3] en dezrou en dou guer,
Rac maz ouch sclaer hac antier a speret.

Le maitre, à sainte Barbe.

93. Barbe pure, puisqu'à présent vous m'êtes entièrement confiée, croyez-le bien, par votre cher père, j'entends vous instruire complètement; sachez-le, je n'y manquerai pas, pour que vous soyez une savante accomplie ; oui, je le ferai sans craindre personne.

Sainte Barbe.

94. Hélas! je vous prie, cher maître, prenez la peine de m'instruire parfaitement sur la sainte Ecriture ; car c'est la chose du monde, entendez-le, que j'aurais le plus à cœur d'approfondir.

Le maitre d'école.

95. Pour cela je vous prie seulement d'étudier. Soyez sage et attentive, prêtez l'oreille, entendez bien, je vous prie, pour que les gens du pays et votre père voient clairement que vous serez devenue, selon leur intention, une très grande savante, à force de travailler opiniâtrément et sans distraction.

96. Je ferai de vous une astrologue, une philosophe transcendante, entendez-vous ? ou bien je serai malade. Je veux d'abord vous montrer à fond, dès à présent, la science des Ecritures ; je commencerai en deux mots, parce que vous avez un esprit clair et puissant.

Var. 1. Hæl. — 2. Eun. — 3. Scripturiou.

SANTE BARBA.

97. *Mestr a squient, memeux gent ententet*
Houz holl scriptur assur, hac apuret
Heb faut en bet em coudet ez edy
Cuit euidant entendamant antier
Bede guelet affet bezet seder
Ann holl myster a ster hoz matery.

AN MESTR.

98. *Bezcoaz en bet ne roe quet guelet muy*
Squient en den quen certen hoz heny
Me re dichuy heb sy ann brut muy haff
Ret eu a pret ez guelhet ent seder
En houz leffrou euffrou ann doeou quer
So bras ha sclaer dre guer da disclaeryaff.

DIOSCORUS.

99. *Cza! Magister antier heb differaff*
Diff leueret a pret, oz requetaff,
Heb variaff nac erraff quentaff pret
Ac eff so quet ma merch net disquet mat
En scripturyou an doeou da gnouhat;
Compset tiz mat¹, an stat na debatet.

AN MESTR.

100. *Autrou louen a quement den so en bet*
Dre neb ampris dam guis ne guilis quet
He quen parfet, credet, da sellet acc
Ha me en goar heb mar na digarez
An doeou bras de cas a diasez
Dezy ruez nos dez a discuez gracc.

SAINTE BARBE.

97. Maître judicieux, j'ai bien compris, assurément, toute votre Ecriture, et mon esprit en garde sans faute, très évidemment, la pleine intelligence ; au point de voir tout à fait, soyez-en certain, tout le mystère, tout le sens de votre doctrine.

LE MAITRE.

98. Jamais au monde l'on n'a vu, certes, personne avoir une intelligence telle que la vôtre : je n'hésite pas à vous donner la palme. Il faut, certes, que vous voyiez bientôt dans vos livres les œuvres des chers dieux ; œuvres qui sont grandes et magnifiques à expliquer par des paroles.

DIOSCORE.

99. Ah ! çà, maître excellent, sans plus différer, dites-moi tout de suite, je vous prie, sans faute et sans erreur, si ma chère fille est bien instruite et versée dans les Écritures des dieux ; parlez vite sur ce point, et sans vain détour.

LE MAITRE.

100. Joyeux seigneur, de tous les habitants de ce monde, je n'en ai point connu, je crois, qui fût, en aucune façon, aussi parfait à voir : je le sais, sans aucun doute, et le dis franchement, les grands dieux contribuent à ce prodige ; ils la comblent de grâces jour et nuit.

VAR. 1. Tymat.

Dioscorus.

101. Deux, Barba [ra], gant ioa dirac ma
[facc,
Rac a certen da guelet plen en placc
So diff soulacc a hir spacc pep facçon [1]
Na nemeux quet tra en bet nemet huy
Tra a carhenn nac a fizyenn enn hy
A neb heny dre estimacion [2].

An mestr.

102. Noz bezet muy dreiz y presumpcion [3]
Rac crenn enn hy ann holl perfection
A queffet don gant raeson deboner
Ha me cret plen na caffet den en bet
A neb squient a ve quen ententet
Na quen parfet ne caffet quet seder.

Dioscorus (a lauar da mestre merch sante Barba).

103. Ret ez chenchet, maz vihet dibreder
Presant gant y em ty mat ha fier
A hir amser ha moz remunero
Quendelchet hy muy ouz muy en squiant
Heb bezaff bau gruet hy diff mau sauant
Ho [4] suramant gant hoant moz contanto.

Sante Barba.

104. Me so soezet oar ann bet man
Pan em songiaff a muyhaff poan
An dra man am groa souzanet
Ouz guelet en pep ploe doeou
Manyer errol a ydolou
Dre fantasiou dezrouet.

Dioscore.

101. Viens, Barbe, avec joie devant mes yeux, car, certes, te voir en face est pour moi de toute manière une joie durable. Et vous, je n'ai rien au monde que j'aime tant ; nul, parmi tous, en qui j'aie plus de confiance et d'estime.

Le maitre.

102. N'ayez plus d'inquiétudes à son sujet : car vous trouverez en elle toutes les qualités, intimement unies à une excellente raison ; et je crois bien que vous ne trouverez personne au monde qui soit si bien doué, si intelligent, si parfait : vous ne le trouverez pas, sûrement.

Dioscore dit au maitre de sa fille sainte Barbe :

103. Il faut que vous délogiez, que vous soyez sans souci désormais avec elle dans ma maison, bonne et superbe ; vous y resterez longtemps, et je vous récompenserai. Continuez à l'entretenir de plus en plus dans les sciences ; sans vous ralentir, rendez-la-moi polie et savante ; et sûrement je m'empresserai de vous satisfaire.

Sainte Barbe.

104. Ce monde me surprend, quand j'y réfléchis ; et voici ce qui m'étonne et m'afflige le plus : c'est de voir chez toute race des dieux, des sortes de vaines idoles créées par la fantaisie.

Var. 1. Facçon. — 2. Estimation. — 3. Presumption.

105. Me da quentaff ne credaff quet
Imagiou bouzar imparfet
O deffhe *galloet en bet man
Na doen plet en bet do fetou
Na do templ na do exemplou
Nen dint nemet gou ha souzan.

106. Ret eu saczun ez eux unan
A guere² ann bet het ha ledan
An douar an tan ha pep planet
An heaul an loar han aer certen
Glau hac auel ha buguel den,
Tomder, yenyen³ ordrenet.

107. Ret eu diff gouzout heb dout quet
Diouz un re pennac dre acquet
Vn tra⁴ so troet me en⁵ preder
Imagiou anu ydolou man
Ne oun pe dre fet en bet man
Ez grueont glau na pe en manyer.

108. Fablou hac erroron gouyer
En ho caffaff an quentaff guer
A drouc esper ez prederet
Ne caffaff quet en ho fetou
Dre neb apoe effent doeou
A drouc euffurou ez dezrouet.

---

105. Pour moi, je ne crois pas, d'abord, que des images sourdes et imparfaites aient du pouvoir sur ce monde, et je ne fais aucun cas de leurs histoires, de leurs temples, ni de leurs actions, qui ne sont que mensonge et tromperie.

106. Il faut nécessairement qu'il y ait un être qui ait fait le monde au long et au large : la terre, le feu, et chaque planète, le soleil, la lune et l'air, certainement ; la pluie et le vent, et l'enfant de l'homme ; la chaleur, et la froidure régulière.

107. Il faut que je sache sans aucun doute, en m'informant auprès de quelqu'un, cette chose qui m'est entrée dans l'esprit. Les originaux de ces idoles, je ne sais comment ni de quelle façon ils font du bien en ce monde.

108. Je trouve, au premier abord, que ce sont des fables, des erreurs, des mensonges, des inventions malicieuses ; je ne vois rien, dans leurs histoires, qui montre leur divinité : ces actions étaient faites dans de mauvaises intentions.

VAR. 1. O deffe. — 2. Gueure. — 3. Yenien. — 4. An tros. — 5. Lise en em?

SANTE BARBA (a lauar de mestr.)

109. Mestr magister, a manyer mat
Compset diff pleu dam louenhat
Oll ann holl stat na trellatet :
Imagiou ann ydolou man
Pe ban ind y ? compset huy glan ;
Me so dre re man souzanet.

AN MESTR (a respont dan ytron sante Barba).

110. Ma merch a squient, ententet ;
An re man biou glan au bet ;
An dra se parfet credet acc,
Y dreist muy a gloriffio
Quement en ho fet a credo
Hac o' receffuo en ho gracc.

SANTE BARBA.

111. Me ne galhenn quet caffout space
Do sellet neb termen en facc
Na nem be grac en neb facçon
Do caret nepret, na ret sy,
Rac ho cas so un fantasy ;
Me ho queff y abusion.

112. Compset huy pe a nation
Piu viont y, heb finction,
Diff ann oll facçon sarmonet
Na pebez tut ez reputat
Neb [1] *pe uit re ez goreat*
Na pen stat ez int translatet.

SAINTE BARBE dit à son maître.

109. Maître magister aux manières aimables, parlez-moi clairement pour me satisfaire, et ne vous écartez point de ma question : les originaux de ces idoles, d'où viennent-ils? Parlez-moi franchement : cette pensée me trouble.

LE MAITRE répond à madame sainte Barbe.

110. Ma fille judicieuse, sachez-le, ceux-là sont les possesseurs du monde entier ; croyez-le bien, ils glorifieront extrêmement tous ceux qui croiront à leur histoire, et ils les recevront dans leurs bonnes grâces.

SAINTE BARBE.

111. Je ne pourrais point trouver le loisir de les regarder jamais en face, ni me résoudre en aucune façon à les aimer, croyez-le bien, car leur histoire n'est que de la fantaisie ; et je trouve que c'est une tromperie.

112. Dites-moi sans feinte de quelle nation et qui ils furent; exposez-moi tout au long pour quelles gens on les prenait, en quelle qualité ils furent élevés et en quel état ils sont actuellement.

VAR. 1. Ha, *lis.* na.

AN MESTR.

113. *Tut autentic, em apliquet*
En euffrou santel da guelet ;
Dichuy affet men repeto
Dirac pep drem lem voe an reman
Hac a buhez mat en stat man,
Dren goar glan pep unan an bro.

114. *Me comps dich oll a Apollo*
A Venus saczun, ha Juno,
Mercurio, Petro [1]*, so scaff,*
Pallas assur ha Saturnus
Jupiter, ha Bel [2] *ha Venus* [3]
Doeou galloudus da usaff.

SANTE BARBA.

115. *Impossibl eu, a deseuaff,*
Heruez quement a ententaff
Ez galhent y scaff bezaff quet
Doeou creff na beu na seuen
No deueux [4] *gallout na souten ;*
A maru yenn [5] *ez int tremenet.*

AN MESTR.

116. *Supposet effent, ententet,*
An maru yen so plen ordrenet
Dann holl re ganet en bet man.
Vn cas en dra se so dleet
Nen deux den cuit na limitet,
Meruell so ret heb sellet poan.

LE MAITRE.

113. Je vous le répéterai toujours : c'étaient des personnages distingués, qui s'appliquèrent à faire des œuvres saintes devant les hommes, et qui menèrent une bonne vie en ce monde, comme le sait parfaitement chacun en ce pays.

114. Je vous parle de tous : d'Apollon, de Vénus aussi bien que de Junon, de Mercure, de Pluton, c'est clair à voir ; de Pallas aussi, de Jupiter, de Bel et de Vénus, qu'il faut regarder comme des dieux puissants.

SAINTE BARBE.

115. Il est impossible, je pense, d'après ce que je comprends, qu'ils puissent être aucunement des dieux, pleins de vie et de vigueur : ils n'ont pas de pouvoir, pas d'appui ; ils ont passé par la froide mort.

LE MAITRE.

116. Quand ils l'auraient fait, entendez-le bien, la froide mort est imposée à tous ceux qui naissent en ce monde ; c'est là une chose obligatoire, personne n'est exempt ni hors de portée de cette loi ; il faut mourir, malgré qu'on en ait.

---

1. *Lisez* Pluto ! — 2. *Var.* Habel. — 3. *Lis.* Belus ? — 4. No deux. — 5. Yen.

117. *Nobl ha commun, ha pep unan*
So suget, allas! dan cas man,
Bras ha bihan en pep manyer
V'nan an crim legitimet [1]
Dindan an ster na preseruet
Nen deux quet, gouezet seder.

SANTE BARBA.

118. *Pe dre abec eu ez lacquaer* [2]
An termen quen garu maz maruer?
Honnez so seder mecher bras
Bezaff ordrenet, credet plen,
An maru da dastum tut humen
Na piu voe plen en ordrenas?

119. *Ret ez eux un Doe a croeas*
An heaul, an loar han douar bras,
Hac a ordrenas an dra se

Dre un pechent groaet en bet man
Maru disaczun da pep unan,
Na bras na bihan na manse.

120. *Dre se ez eu oll an holl re*
Suget da meruell euelse
Nemet an Doe se nen de quen;
Rac eff e hunan eu an penn
A ra de guis, hac a dispen,
Dreiz aff ez omp crenn diffennet.

AN MESTR.

121. *Vn drouc propos a esposet;*
Rac un doe e hunan an bet
Ez gouuernnhe quet, calet ve,
Guit eb un tam [3] *an firmamant*
An mor han douar egorant,
Na ve mar sauant en antre.

117. Nobles et vilains, chacun, hélas! est entièrement soumis à cette obligation, grand ou petit ; il n'y a, sachez-le bien, sous les étoiles, personne qui ait été préservé et exempté de cette expiation.

SAINTE BARBE.

118. Et par quelle cause a été établi ce terme fatal de la mort? C'est là, certes, croyez-moi, une grande œuvre, d'avoir ordonné que la mort moisonnât l'espèce humaine. Qui donc a porté cette loi ?

119. Il y a nécessairement un Dieu qui a créé le soleil, la lune et la vaste terre ; c'est lui qui a porté cette loi impitoyable de mort pour chacun ; qui a ordonné que pour un péché commis en ce monde, petit ni grand n'y échappât.

120. C'est pourquoi tous les hommes de toute race sont ainsi sujets au trépas, excepté ce Dieu seul : car c'est lui-même qui est le chef, qui fait à son gré et qui défait : c'est lui qui nous soutient tous.

LE MAITRE.

121. C'est une mauvaise doctrine que vous exposez là : qu'un dieu seul gouvernât le monde, ce serait bien dur ; le firmament en même temps que la mer, et la terre immense! Quelle que fût sa science, il n'y suffirait pas.

VAR. 1. Ligitimet. — 2. Lacquaet. — 3. Guitebunan.

122. Ha quement den en soutenhe
A dle bout losquet, men crethe,
Hernez an drase a leqff,
Rac nen deu gou hou docou ny
A gonuarn an bet drezedy[1]
Rac y membry en re muyhaff.

Sante Barba.

123. Ne caffaff quet na ne credaff,
Diouz an squient a ententaff,
Ez dlehent y scaff bezaff quet
Azeulet real eual doe;
Quent se un termen am euoe
Eu e neb ploe ez auochet.

124. Unan a gueure glan an bet
A dle gant glor bout enoret
Eual doe parfet galloedus,

Hac en berr respet, credet huy,
Me gouzuezo, ne vezo sy,
Daran e matery gracius.

An mestr.

125. An bet a error rigorus
So en hoz couraig ha fachus
Da vout confus ouz abuser;
Bout renseudic[2] *heretiques*
A mennet ueb nep goap apres
Rac se moz les en hoz esper.

(Aman he mestr he les he hunan hac a ya buanec digant y; ha neuse e queff un Ermit pirchirin peheny a lauar :)

---

122. Et quiconque l'affirmerait doit être brûlé, à mon avis ; oui, je le jure, car ce n'est pas un mensonge : nos dieux gouvernent le monde tel qu'il est. Ma parole ! ce sont eux qui sont les êtres suprêmes.

Sainte Barbe.

123. Je ne trouve pas, et je ne crois pas, d'après ce que j'ai de raison, qu'ils doivent être réellement adorés comme des dieux ; aussi c'est un de mes soucis qu'ils soient honorés chez aucun peuple.

124. Quelqu'un a fait le monde entier, et doit recevoir de glorieux honneurs comme un dieu parfait et puissant ; et dans peu de temps, croyez-moi, je saurai sans faute une partie de ce qui concerne ce dieu tout aimable.

Le maitre.

125. Un monde de dangereuses erreurs est en votre esprit ; il est fâcheux que vous soyez abusée et jetée dans le trouble. Vous voulez, sans mentir, devenir bientôt une misérable hérétique ; je vous laisse donc dans vos idées.

(Ici le maître la laisse seule et la quitte en colère ; alors elle trouve un Ermite Pèlerin, qui dit :)

Var. 1. Di ezedy. — 2. Reseudic.

126. Me meux da monet hep quet sy
En secret da un queffridy
Ret eu deffry dispartiaff
En pirchirindet affet rez
Da bez Jesus gant mil truez
Dre guir carantez eu ez aff.

127. E youll mat heb debataff
Ez aez gant ancquen don prenaff
Ha da gouzaff an muyhaff poan
Euit hon refren¹ a penet
E pligas gant aff queutaff pret
Bezaff ganet oar an bet man.

128. Rac se me yelo an dro man
Da guelet e bez gant fez glan
Ma hunan quent ez ehaniff

Na bizhuiquen dre den en bet
Quen nen guilliff ne tardiff quet,
Gouezet, na ne arretiff.

129. En Ycomedy pan reziff²
Diouz merch an roe ne ³ auoeiff
Ez goulenniff, ne filliff guer,
An alusen⁴ en un monet
Er hy so merch guir inspiret
En gracc Roen bet, men cret seder.

(Aman an Ermit a queff sante Barba hac he salut.)

130. Dez mat dich, Ytron deboner.

---

126. J'ai à aller sans faute, en secret, pour une affaire : il faut que je parte à la hâte, en bon et saint pèlerinage, pour la tombe de Jésus, avec beaucoup de compassion : c'est un véritable amour qui m'y pousse.

127. De son plein gré, sans hésiter, il est venu nous racheter par ses tourments, et souffrir les peines les plus graves pour nous retirer du châtiment : il a voulu, avant tout, naître en ce monde.

128. Aussi irai-je de ce pas voir son tombeau avec une foi pure ; j'irai seul sans me reposer ; et jamais, pour qui que ce soit, sachez-le, je ne m'attarderai ni ne m'arrêterai, que je ne l'aie vu.

129. Quand je serai à Nicomédie, je ne manquerai point de demander à la fille du roi, je l'avoue, l'aumône pour mon voyage : car c'est une fille bien inspirée, dans la grâce du roi du monde, je le crois bien.

(Ici l'ermite trouve sainte Barbe et la salue.)

130. Bonjour à vous, bonne dame.

Var. 1. Retren (recte). — 2. Lisez viziff. — 3. Lis. en ? — 4. Lis. aluson.

SANTE BARBA.

Ha dichuy glan en pep manyer.
Leueret diff plen, ma den quer,
Pe en carter ouz douguer huy
Pe a contre ez dibaleet ;
Moz pet, ent seder leueret
Em requet ha na tardet muy.

AN ERMIT.

131. Tout batant a Alexandry
Ez deuaff affet, na lequet sy,
Hag ez aff membry hebiou.

SANTE BARBA.

Huy a bale dren broezou
Hac a goar re a doareou,
Compset diff houz guenou louen,

A huy e nep lech a cleuas
Comps a un Doe nep a croeas
An eff bras, hac a furmas den.

AN ERMIT.

132. En Alexandry ancien
Credet sacuzn ez eux un den
So hanuet plen Origenes ;
Hennez so cristen ha den fur
Hac a goar prezec e lectur,
Me ouz assur, crocadures.

SANTE BARBA.

133. Ac eff so quet, leueret spes,
Den sauant antier hep eres
Da comps en expres a Iesu ?
A eff en beu a ezneu quet
Piu eu redemptor glan an bet ;
Ententet, pe leueret hu ?

SAINTE BARBE.

Et à vous aussi, de toute façon. Dites-moi donc bien, cher homme, de quel côté vous vous dirigez, et de quel pays vous venez : je vous en prie, dites-le-moi exactement, et ne tardez pas à répondre à ma demande.

L'ERMITE.

131. Je viens tout droit d'Alexandrie, à l'instant, n'en doutez pas ; et, ma foi, je m'en vais continuer ma route.

SAINTE BARBE.

Vous voyagez de pays en pays, et vous savez bien des choses ; que votre bouche me parle sans contrainte ; avez-vous entendu quelque part parler d'un Dieu qui a créé le grand ciel et qui a formé l'homme ?

L'ERMITE.

132. Dans la vieille ville d'Alexandrie, croyez-le bien, il est un homme que tous appellent Origène ; c'est un chrétien et un sage, qui sait enseigner ce qu'il a lu, je vous l'assure, ma fille.

SAINTE BARBE.

133. N'est-ce pas, dites-le-moi bien, un homme tout à fait savant et sans malice, qui puisse parler expressément de Jésus ? Est-ce qu'il ne sait pas bien quel est le saint Rédempteur du monde ; entendez-moi ; qu'en dites-vous ?

AN ERMIT.

134. Me a lauar dich lem hep mu
Ez goar certen quen contenu
Comps a Iesu hac e buhez,
A signiffy e passion
Credet expres en pep raeson
Ez goar sarmon an guiryonez.

135. Eff a entent oll glan an fez
Ha so e ampris he discuez
Nos ha dez hac en deuez pres
Ouz sarmon dan tut en study
Ha lenn quen sclaer an matery
Dirac pep heny alies.

SANTE BARBA.

136. Quacc bet enn haff a muyhaff pres
A mennaff en berr gant erres;
Bout cristenes eu ma desir;
Rac se affo me leuzro plen
Bet enn haff secret hep quet quen
En berr termen, pan eu den guir.

AN ERMIT.

137. Huy, ma mestres, so a lesir;
Memeux, membry, queffridy hir;
Me pet Doe Roen tir douz miret.
Or cza! gruet ioa, me ya ma hent
Gruet houz materi dre squient [1]
Heb ober hep [2] *fent ma sentet.*

L'ERMITE.

134. Je vous le dis tout net et tout simplement : il sait assurément parler tout au long de Jésus et de sa vie, et du sens de sa Passion ; croyez-le, il sait prêcher exactement la vérité en toute raison.

135. Il comprend à merveille toute la foi, et son occupation est de l'annoncer nuit et jour : il ne perd pas un instant, pour prêcher les hommes d'étude, et souvent il lit d'une voix claire la doctrine devant tout le monde.

SAINTE BARBE.

136. Je veux bientôt lui envoyer quelqu'un en toute hâte : tout mon désir est d'être chrétienne ; aussi je m'empresserai de lui adresser bien vite un messager secret, puisque c'est un homme de bien.

L'ERMITE.

137. Madame, vous avez du loisir ; pour moi, j'ai, sur ma parole, un long voyage à faire ; je prie Dieu, le roi de la terre, de vous garder. Or çà ! salut, je vais en route ; faites votre affaire avec prudence, et sans faute, croyez-moi.

---

1. Les 115 vers suivants, jusqu'à la strophe 157, manquant dans l'ancienne édition, sont suppléés ici d'après celle de la Bibliothèque Nationale. — 2. *Lisez* nep.

Santes Barba.

138. An alusen[1] quent hoz monet
Ouz bezo pa ouz euz gourtoet,
Dalet et en houz queffridy.

An ermit.

Doe a pedaf ne allaf muy
Da bout en pep lech guenechuy
Ioa dich hep sy heuiziquen.

Santes Barba de seruicher.

139. Ret ezchet na tardet muy
En effet en vng queffridy,
Da Alexandry euidouf,
Bede vn christen ordrenet,
Da comps outaf gant guelhaf pret,
En secret hac ouz bezet couf.

An seruicher.

140. Meyel affo huy à gallo prouf,
Hoguen na cleuet nemedouf
Rac certen ouf mar be prouffuet
Effen lacaet garu dan maru yen,
Heb reuil euel vn bilen,
Na ne ven gant den soutenet.

Santes Barba.

141. Allas ma car huy à goar parfet,
Ema ma fizyancc auancet,
Enoch pepret hac ouz pedaf,
Ezeuet[2] tizmat en stat man
Mat ha lem tat[3] houz drem breman,
Bet enhaf glan hep ehanaf.

Sainte Barbe.

138. Vous aurez l'aumône avant de partir, puisque je vous ai retardé; tenez, allez à vos affaires.

L'ermite.

Je prie Dieu (c'est tout ce que je puis) d'être partout avec vous; joie et salut à vous, maintenant!

Sainte Barbe à son serviteur.

139. Il faut que vous alliez sans plus tarder en commission, pour moi, à Alexandrie, vers un bon chrétien, pour lui parler aussitôt en secret : songez-y.

Le serviteur.

140. J'irai vite, vous pourrez en juger; mais que personne que moi ne le sache, car je suis certain, si le fait était prouvé, qu'on me mettrait cruellement à mort, sans ménagement, comme un vilain, et que personne ne me soutiendrait.

Sainte Barbe.

141. Hélas, mon ami, vous savez parfaitement que ma confiance entière est toujours en vous; et je vous prie d'aller vite, en l'état où vous êtes, immédiatement devant vous, à la hâte, sans vous arrêter que vous ne l'ayez trouvé.

---

1. *Lisez* Aluson. — 2. *Lis.* Ez ehet. — 3. *Lit.* rec.

142. Compset dre madeleʒ deʒaf,
Parguen¹ parfet en requetaf,
Eʒ dileuʒro scaf quentaf dif
Buheʒ Doe Roen bet scriuet gent,
Gant vn re antier e querent,
En vn legent a ententif.

AN SERUICHER.

143. Me ya affet ne aretif,
Na nos na deʒ quen na veʒif
Gantaf maʒ complif² en priueʒ
An oll effet am queffridy,
Pep vn guer ha[c an] matery
Han paʒ³ so en hoʒ study yueʒ.

AN SERUICHER A COMPS OUZ ORIGENES.

144. Doe roʒ groay plen louen Origenes,
Me so affet diʒleuret, credet spes,
Gant vn giserches⁴ courtes en espreset,
Merch à enor da[n] Roe Dioscorus,
Caʒr ha plesant ha so ardant hoantus
Da vout haetus gracius diuset

145. Compaignunes espres dan guercheset,
Da veʒaf plen à certen christenet ;
Racse ouʒ pet eʒ leuʒrhet affet scaf
Vn re preueʒ dre carenteʒ deʒy,
Vnam⁵ ouʒ tut he dacho en study,
Da chom ganty vn remsy da scriuuaf.

---

142. Dites-lui bien que je le prie très poliment de m'envoyer au plus tôt, avec quelqu'un des siens, la vie de Dieu, le roi du monde, écrite soigneusement en un langage que je comprenne.

LE SERVITEUR.

143. Me vais, certes, sans m'arrêter ni jour ni nuit, que je ne sois arrivé près de lui, pour lui parler en particulier de tout le sujet et la raison de mon message ; je lui expliquerai jusqu'au dernier mot l'intention que vous avez.

LE SERVITEUR parle à Origène.

144. Dieu vous rende pleinement joyeux, Origène. Je suis envoyé exprès, sachez-le bien, par une vierge courtoise, l'honorable fille du roi Dioscore, belle et agréable, qui a un ardent désir d'être choisie bienveillamment par la grâce

145. Comme compagne des vierges, et d'être baptisée selon les rites. Aussi vous prie-t-elle d'envoyer bien vite, par amour pour elle, un particulier, quelqu'un de vos gens, qui la fasse étudier et qui reste avec elle un peu de temps, pour écrire.

. 1. *Liseʒ* perguen. — 2. *Lis.* compsif. — 3. *Lis.* peʒ. — 4. *Lis.* guerches. — 5. *Lis.* unan.

ORIGENES A LAUAR DE SERUICHER.

*146. An' pebez grace so digacçet
Ha pebez tensor ygoret
Gant Doe Roen bet antreet sclaer
Pan men he seurt merch en guerchdet
Bezaf rez en fez badezet,
Bout martiret eu à preder.*

*147. Merch da vn Roe ez avoeer
Haznat dymat gant poellat taer,
He disober à predero,
Pan guelo chenchet he creden,
Ha hy badezet men' crethen
Neuse ten eff he dipenno.*

148. Doe Roen tron he garre donc[1]
*Rac ef en nef he receuo,
Hac he logio ne fallo quet,
En ioae general en dalaes,
Triumphant euel vn sances*[2]
En creis les an martyriset[3].

ORIGENES A LAUAR DE SERUICHER.

*149. Doe dreist muy ra ve graciet,
He bout seder emquemeret
Da miret guerchdet en bet man,
Pliche da Doen tat à natur,
Dreist an holl re ez gouffe sur
An holl lectur an scriptur glan.*

ORIGÈNE dit au serviteur.

146. Ah! quelle grâce est envoyée, quel trésor découvert par la permission évidente de Dieu, le roi du monde, puisque la fille du roi, une telle vierge, veut être régulièrement baptisée dans la foi! C'est le martyre qu'elle cherche.

147. Fille d'un roi parfaitement connu pour sa méchanceté, il voudra la tuer, dans son emportement furieux, quand il verra qu'elle a changé de croyance, qu'elle est baptisée; je crois bien qu'alors il la décapitera cruellement.

148. Dieu, le roi du ciel, la récompensera, car il la recevra au paradis et ne manquera pas de l'établir dans la joie universelle, là-haut, triomphante comme une sainte, au milieu de la cour des martyres.

ORIGÈNE parle à son serviteur.

149. Dieu soit souverainement remercié de ce qu'elle est fermement déterminée à rester vierge en ce monde. Plaise à Dieu, le bon père, qu'elle sache sûrement mieux que personne tout l'enseignement de la sainte Ecriture.

---

1. *Lis.* Ha. — 2. *Lis.* hen : — 3. *Lis.* garredono. — 4. *Lis.* santes. — 5. *Lis.* martyreset.

150. Me a leuzro sacʒun vnan
Aray ' hac à laquay poan
Dreist pep vnan e pep manier
An holl legent maʒ entento
Doe he vuheʒ ha piu veʒo
Oar vn dro ne faʒio guer.

ORIGENES A QUACC E CLOAREC VALENTIN DA COMPS OUZ SANTES BARBA.

151. Quae presant, chapelan antier,
Gant heman glan, ha sell manier
Da ober da mecher anterin
Euel den fier à manier mat ;
Desq an guerches da diuisal,
Da entent en mat he latin.

152. Len deʒy cref an stat diuin
Hac an natur an scriptur diu
Hac an diciplin an Dreindet
E mam guerches hac à Iesu,
Ha pe dre termen contenu
Effoe pep tu constituet.

153. Dre occasion da donet
Da veʒaf den pan dueʒ en bet,
Remontrer² ha na man et guer
Deʒy hael an auielou
Hep erroll han abostolou
Han offerennou en dou guer.

154. Miret pepret eʒ vihet fier
Da discueʒ deʒy an liʒer,
Hac à guer en guer disclaeriet
Articlou an feʒ neueʒ flam,
Gant dotrin disciplin dinam
Ahet cam rac na vech blamet.

150. J'enverrai certainement quelqu'un qui fera en sorte, en prenant de la peine, qu'elle comprenne en toute façon mieux que personne l'histoire sainte tout entière, la vie de Dieu et sa nature, qu'elle sache tout cela sans se tromper d'un mot.

ORIGÈNE envoie son clerc Valentin parler à sainte Barbe.

151. Va présentement, bon chapelain, avec cet homme, et trouve moyen d'accomplir en entier ce qu'on te propose, en homme distingué, de bonne façon ; apprends à cette vierge à parler et à entendre bien son latin.

152. Enseigne-lui bien les choses divines, le sens de la sainte Écriture, le mystère de la Trinité, la mère vierge de Jésus, et la naissance miraculeuse du Sauveur,

153. Lorsqu'il eut occasion de venir au monde, pour être homme. Montrez-lui bien, sans en manquer un mot, les évangiles et les épîtres, sans erreur, et les messes, en deux mots.

154. Prenez garde toujours de dédaigner de lui montrer la lettre ; expliquez-lui mot à mot, l'un après l'autre, les articles de la foi nouvelle, sa doctrine, sa morale pure, de peur qu'on ne vous blâme.

1. Il manque ici un mot d'une syllabe. — 2. Lisez Remontrot.

*155. Hac an passion sarmonet
Pep propos clos ha disposet,
Hac en effet badezet hy,
Rac bout cristenes à desir,
Ha meruell guerch euel merch guir,
Hennez eu hir he pridiry.*

*156. Ha diouz he hoant chomet ganty,
Na flachet nep rout diouty
Quen na entento hy fier
Piu eu Doe ben gleu ha seuen,
An Roe croer ha souueren,
Hac ef fihet plen ma den quer*[1]

*157. Ha ma gourchemennet seder
De graczou mat a poellat quer
Ha dezy antier leueret*

*Ez desiraff, mar benaff hael,
Da lenn dezy ann Aviel
Monet un quentel de guelet.*

VALENTIN.

*158. Me y a oarse hep dale quet,
Eualhenn pan gourchemennet,
Ha pret eu monet a credaff.*

VALENTIN DA SERUICHER SANTE BARBA.

*Or cza! comp breman a hanen
Net daued y, pa onn diuenn;
Squeomp en hent crenn, pret eu tennaff.*

---

155. Prêchez la passion en discours parfaits et bien disposés; et administrez-lui le baptême, car elle désire être chrétienne et mourir vierge, comme une sainte fille : c'est là son plus grand souci.

156. Et, selon son désir, restez avec elle; ne la quittez point qu'elle ne comprenne parfaitement quel est le Dieu vivant, le Dieu brillant et bon, le roi créateur et souverain, et vous serez tout à fait mon ami.

157. Ayez soin aussi de me recommander bien à ses bonnes grâces; et dites-lui que je désire vivement, si je vis, lui enseigner l'Évangile et aller la voir un peu.

VALENTIN.

158. Sur ce, je vais sans délai, puisque vous l'ordonnez ainsi; et il en est temps, je crois.

VALENTIN au serviteur de sainte Barbe :

Or çà! partons maintenant d'ici pour aller la trouver, puisqu'elle nous mande; battons la route avec vigueur, c'est le moment de se hâter.

---

1. Ici finit la lacune de l'ancienne édition. — 2. VAR. Diuen.

MESSAGER SANTE BARBA.

159. Eomp tiʒmat en un ebataff,
Querʒomp stard, ne fell quet tardaff,
Euel tut scaff, heb vacaff quet,
Rac ma mestres son⁴ en desir
Don guelet ny beu, dreʒ eu guyr,
Er non be pirill na hir pret.

VALENTIN.

160. Me so seder deliberet
Her drem beʒo nerʒ da querʒet,
Et, pan querhet, pa oʒ pedaff,
Er mem be hoant da bout gant y
Euit hep nep dout comps out y
Dreʒ edy em study muyhaff.

MESSAGER SANTE BARBA.

161. Aman eʒ renquet arretaff
En un lech priueʒ ha beʒaff,
Ha me yal scaff hep tardaff quet
Da lauareʒ² deʒy fier
Eʒ ouch duet guen eff em queuer
Eual maʒ oa sclaer prederet.

VALENTIN.

162. Et oar se, ha na daleet³.

SERUICHER SANTE BARBA.

Ytron guiryon ha raesonet,
Doe Roen bro rouʒ salud⁴ bepret ;
Chetu me duet am queffridy
Digant Origenes presant
A dileuʒr mau un den sauant
Dich contant a Alexandry.

LE MESSAGER DE SAINTE BARBE.

159. Allons vite, comme par amusement ; marchons ferme, il ne faut pas tarder ; sans nous arrêter, allons en gens expéditifs ; car ma maîtresse désire nous voir en vie, cela est certain ; allons, de peur de tomber dans le danger, et d'avoir des ennuis.

VALENTIN.

160. Je suis fermement résolu à marcher tant que j'aurai de la force ; allez quand vous voudrez, je vous prie ; car je voudrais être auprès d'elle pour lui parler, sans aucun doute : elle est l'objet de toutes mes pensées.

LE MESSAGER DE SAINTE BARBE.

161. Ici il faut vous arrêter et rester caché ; et je vais aller promptement lui dire sans détour que vous êtes arrivé en même temps que moi, comme c'était convenu.

VALENTIN.

162. Allez donc, et ne tardez pas.

LE SERVITEUR DE SAINTE BARBE.

Juste et judicieuse dame, que Dieu, le roi du monde, vous protège toujours ! Me voilà revenu de mon message ; j'arrive d'auprès d'Origène, qui vous envoie avec joie et sans difficulté un savant homme d'Alexandrie.

1. *Liseʒ* so. — 2. VAR. Lauaret. — 3. Dalleet. — 4. Saluo (*recte*).

163. Manet eu tuhont en un ty;
Ret eu sellet an tu maz duy
Daued ouchuy espediant
Rac an scriptur pur assuret
A discuezo dich huec en requet [1]
Quen ne gouihet competant.

SANTE BARBA.

164. Chede ary, bez diligant,
Quae tizmat hegarat batant
Hep ober seblant, bez antier,
Sell dezaff facƷon da donet
Bet en ouff hoantec ha secret
Heb dougiaff quet donet seder.

165. Ha me a ray glan an manyer
A bezaff claff an quentaff guer
Dre manyer euit differaff

Diouz ma tut a drouc study
Rac aoun enep hent na vent y [2]
Dre affuy ouz ma decriaff.

AN SERUICHER.

166. Rac se a breman graet [3] an claff,
Ha me ya iscuit dauitaff
Quentaff maz gallaff, ne raff quen.

SANTE BARBA.

Quae affo, mir nen guelo den [4].

AN SERUICHER.

Chetu me duet doz guelet plen
Hon materi so ancien,
Ret eu dimp certen tremen hent
Ha monet secret dauet y
Rac non guelhe den [5] neb heny
Da discuez dezi hoz squient.

163. Il est resté là-bas dans une maison, il faut regarder comment il pourra venir vers vous, sans danger, car il vous montrera bien volontiers en secret la sainte Écriture, jusqu'à ce que vous la sachiez parfaitement.

SAINTE BARBE.

164. Te voilà arrivé; sois diligent, aie la bonté d'aller tout de suite, sans donner l'éveil, fais-y attention, pour lui donner moyen de venir jusqu'à moi en secret, comme nous le désirons, sans qu'il ait à craindre.

165. Je ferai mine d'être malade bientôt, pour trouver moyen de vivre retirée de ma famille infidèle; de peur qu'ils ne viennent, par envie, à me décrier de quelque façon.

LE SERVITEUR.

166. Faites donc tout de suite la malade, et je vais promptement le trouver, sans perdre de temps, le plus tôt que je pourrai.

SAINTE BARBE.

Va vite, et prends garde que personne ne te voie.

LE SERVITEUR.

Me voici venu vous voir pour le motif que vous savez; il faut absolument que nous marchions pour aller la trouver en secret, sans que personne nous voie, afin que vous lui montriez votre science.

VAR. 1. Querel. — 2. Na veny. — 3. Guer. — 4. Ce vers manque dans l'édition de la Bibl. Nat. — 5. Ce vers, qui manque dans l'édition gothique, est suppléé d'après celle de la Bibl. Nat.

VALENTIN.

167. *Rac se euelhenn deomp enn hent.*

VALENTIN.

*Ytron guiryon ha raesonet,
Dez mat golou a glan coudet
Dich pepret parfet a pedaff :
Gant Origenes espreset
Ezouff dre e grace digaczet
Douz guelet heb quet arretaff.*

SANTE BARBA.

168. *Duet mat ra vihet da quentaff!
Joaus meurbet, ententet scaff,
Ouff pa ouz guelaff, nen nachaff quet,
Pan prederaff ne songaff mu
Dreizouchuy plen bout contenu
En fez Jesu introduet.*

VALENTIN.

169. *Me a certiffy ez vihet
En nebeut amser, mar quevet,
Ez ententet gonezet rez
An Auyelou* ¹ *dezrou mat ;
Hoguen quentaff gant guelhaff stat
Ef fell hoz lacat* ² *en badez.*

170. *Jesu pep tu en e buhez
A ordrenas en diasez
Dann holl re e ffez* ³ *badezaff
Chetu hael ann Auyelou
A comps e buhez en dezrou
Dich e euffrou a dezrouaff.*

VALENTIN.

167. Eh bien ! mettons-nous donc en route.

VALENTIN.

Juste et judicieuse dame, je vous souhaite pour toujours, de bon cœur, bon jour et joie ; j'ai été envoyé exprès par la faveur d'Origène pour vous voir sans m'arrêter.

SAINTE BARBE.

168. Soyez le bienvenu, d'abord ! Sachez bien que je suis très joyeuse de vous voir, et je ne le cache pas ; car je pense, et c'est mon unique préoccupation, être par vous, sans délai, initiée complètement à la foi de Jésus.

VALENTIN.

169. Je certifie que vous le serez en peu de temps, si vous le voulez, et que vous comprendrez, sachez-le bien, les Évangiles, pour commencer ; mais d'abord je veux vous bien disposer à recevoir le baptême.

170. Jésus a constamment en sa vie ordonné à tous, expressément, de baptiser dans la foi. Voici les évangiles authentiques, qui nous parlent de sa vie dès le commencement. Je vous exposerai ses œuvres.

VAR. 1. Auielou. — 2. Locat. — 3. Effez.

171. An Scriptur glan da bihanaff [1]
A renquet da entent quentaff
Hep variaff ha bezaff fier
Ha studiaff plen heb en oe
En euffrou hac e compsou Doue
Rac eff so guir roe ha croer.

172. Da liguez humen dazprener,
Autrou special ha saluer,
Croer ha barner soueren,
A deuz [2] aman da vout ganet
A corff un merch leun a guerchdet
Da doen penet dre caret den.

SANTE BARBA.

173. Ach Doe, Autrou, pe quen louen
Eu ma speret ham coudet plen
Houz bout duet certen bet en ouff

Ouz trugarez dam badezaff
En fez Jesu Crist an mistaff,
Anezaff eu ma muyhaff couff.

174. Ret eu y'uez ma badezaff
Hep fellell hent an taul quentaff ;
Rac se oz requetaff affo
Ez riziff a plen cristenez [3]
Da Doe an Roe bras ha goases
E nep diezues nam leso.

175. Dre guir amour em sicouro
A pep estlam flam em lammo,
Pan caro, ha ne fallo quet,
Ha mar deu den a neb [4] heny
Dam persecutaff dre affuy
Eff am groay reconciliet.

---

171. Il faut au moins comprendre d'abord l'Écriture sainte, et s'y tenir, et étudier jusqu'au bout, sans se lasser, les œuvres et les paroles de Dieu, car il est le vrai roi, le créateur.

172. Rédempteur de la race humaine, son Seigneur particulier et son Sauveur, créateur et juge souverain, il est né ici-bas du sein d'une vierge pure, pour porter notre châtiment ; tant il aima l'homme.

SAINTE BARBE.

173. Ah Dieu ! seigneur, que mon esprit et mon cœur sont donc joyeux que vous soyez venu jusqu'à moi ! Veuillez me baptiser dans la foi de Jésus-Christ la plus pure : c'est à lui que je songe sans cesse.

174. Il faut me baptiser, sans y manquer, au plus vite ; je vous supplie, que je sois promptement une vraie chrétienne, et la servante de Dieu, le grand roi. Il ne me laissera en aucune misère.

175. Par pur amour il me secourra, il me délivrera de toute crainte, quand il voudra ; non, il n'y manquera pas ; et si quelqu'un vient, qui que ce soit, à me persécuter par envie, il me rendra la paix.

VAR. 1. Vihanaf. — 2. Deux. — 3. Christenes. — 4. Nep.

VALENTIN.

176. *Ma merch quer, guir a leueret,*
Rac piu pennac dre guir acquet
En caro parfet, credet diff;
En sicouro, ne fallo quet,
En quement termen so en bet
Salu [1] a glan coudet e pidiff.

(Sante Barba a stou dan nouglin.)

177. *Breman en fez oz badeziff*
Da auantaig quent e flachiff
Doz seruichaff ez liquiff poan,
Moz badez en fez, gouezet,
En hanu an Tat han Mat [2] apret
A ung [3] effet han Speret glan.

SANTE BARBA.

178. *Hoz trugarecat an mat man*
A raff dich pep tro hac o poan;
An eur en bet man oz ganat
Ra ue benniguet ent seder
Gant Doe, ma Roe ha ma croer,
Hac an amser ma ouz magat.

VALENTIN.

179. *Credet seder hac a cher mat*
Ez voe suramant Mab Doen Tat
A deuz e grat ha dreis natur
Oar an bet net da quempret quic
Ma on gueure meubet guenuydic
Ouz mernell mic oar hon sigur [4]

VALENTIN.

176. Ma chère fille, vous dites vrai ; car quiconque aura bien soin de l'aimer parfaitement, croyez-moi, il ne manquera pas de le secourir de toute façon, pourvu qu'on le prie d'un cœur pur.

(SAINTE BARBE se met à genoux.)

177. Maintenant, je vous baptiserai dans la foi, et de plus, avant de partir, je mettrai tous mes soins à votre service. Je vous baptise dans la foi, sachez-le, au nom du Père, et puis du Fils, et en même temps du Saint-Esprit.

SAINTE BARBE.

178. Je vous remercie vivement de ce bienfait et de votre peine ; Dieu, mon roi et créateur, bénisse l'heure où vous vintes au monde et le temps qu'on vous a nourri !

VALENTIN.

179. Croyez-le bien et de bon cœur, ce fut assurément le fils de Dieu le Père qui daigna, par un moyen surnaturel, venir prendre en ce monde une chair pure, et qui nous a rendus bienheureux en mourant avec un corps semblable aux nôtres.

VAR. 1. Salut. — 2. *Lis.* Map. — 3. Vn. — 4. Figur (*recte*).

180. Rac en laucroas bras a tra sur
E₃ dougas hon cas, mo₃ assur,
En scriptur e₃ eu figuret
Penaux e₃ deu₃e ann effou
Da doen penet ann pechedou
Dre hon euffrou, nen dengou quet.

181. Goude e₃ ae₃, pan oa fae₃et
Gantaff e holl poan oar an bet
Hac amantet hon torfetou
Dann ifferu yen gant ordren mat
En un claeryen¹ bras a stat
E grat da querchat² an Tadou.

182. Arre pan ae₃ eff en effuou
Ha ma₃ ase₃as ent hasou
An tu dehou de Autrou Tat

E₃ dileu₃ras³ net en bet man
En effet grace an Speret glan
Hac an traman a voe ha₃nat.

183. De Abestel do uffuelhat
Euit certen ho louenhat
Ma₃ a₃yent o⁴ grat en stal man
Da pre₃ec an fe₃ ane₃aff
Muy ou₃ muy ha de publiaff⁵
Ha pe₃ voe de₃aff gou₃aff poan.

SANTE BARBA.

184. Ma mestr Jesu, dreis pep unan
Guenn vet⁶ ma speret en bet man
Drei₃ ouchuy glan pan vionff ganet
Pridiri⁷ bout en ho soulen
Am groa cuit franc a pep ancquen
Hac am tremen d'iou₃ pep penet.

180. Car sur une grande croix, je vous l'assure, il a expié nos crimes; et il est marqué dans l'Écriture qu'il viendrait des cieux porter le châtiment des péchés que nous avons commis, ce n'est pas un mensonge.

181. Ensuite, après avoir accompli toute son œuvre en ce monde et lavé nos forfaits, il voulut, dans sa sagesse, aller dans l'enfer glacé, accompagné de beaucoup d'éclat et de majesté, avec l'intention bienveillante d'y chercher les patriarches.

182. Quand il remonta aux cieux, où il s'assit glorieusement à la droite de Dieu son père, il envoya en ce monde la grâce du Saint-Esprit (c'est un fait qui fut évident),

183. A ses apôtres, pour les rendre humbles et aussi pour les réjouir; pour qu'ils allassent de plein gré, aussitôt, prêcher sa foi, et publier de plus en plus la passion qu'il avait eue à souffrir.

SAINTE BARBE.

184. Mon maître Jésus, quel bonheur suprême je sens en mon cœur d'être née par vous à la grâce! La pensée que vous me protégez me délivre de tout souci et me soulage de toute inquiétude.

VAR. 1. Claerien. — 2. Querhat. — 3. Dileuras. — 4. 0. — 5. Pupliaf. — 6. Guen vet. — 7. Pridiry.

VALENTIN.

*185. Delchet ho prepos disposet,
Ha gant guir credenn diffennet
Na vihel temptet en bet man
Ha oar hoz querchenn* astennet
Aroez an glan croas ha boaset
Couffhat pepret an Speret glan.*

Aman ez arriff DIOSCORUS.

*186. Pebez manyer en mecher man?
Compset diff lem, piu en heman
So duet aman, na pe en manyer
Ez eu eff duet em* houz metou?.
Ret en cleuet an secredou*
A compset houz dou, un dou guer.*

SANTE BARBA a respond de tat.
(Ha Valentin a ya e hent.)

*187. Hep drouc en bet bezet seder
Oa hon compsou, ma autrou quer,
Na drouc esper ne prederenn;
Hoguen hep sy me so dihael
Rac se ez gris don edonet *
Euit ma guelet, credet henn *.*

SANTE BARBA.

*188. Houz bout drouc contant pan sant-
                                    [senn
Ne rasenn quet lem he* quemenn
Hoguen a crenn ne gouzyenn* quet
Dren pez maz discuez bout mezec
Me en queff piz den gouyzyec
Hac ez deuz hoantec em requet.*

VALENTIN.

185. Gardez bien ce bon propos ; et, avec une foi vive, défendez-vous contre les tentations de ce monde ; faites sur vous le signe de la sainte croix, et habituez-vous à songer toujours à l'Esprit saint.

Ici arrive DIOSCORE.

186. Qu'est-ce que cela veut dire? Parlez-moi franchement : quel est cet homme qui est venu ici, et de quelle façon est-il arrivé jusqu'à vous ? Il faut entendre un ou deux mots des secrets que vous vous disiez entre vous.

SAINTE BARBE répond à son père.

(Valentin se retire.)

187. Il n'y avait aucun mal dans nos paroles, soyez-en certain, cher seigneur, et je n'avais aucune mauvaise intention ; mais, sans mentir, je suis incommodée, c'est pourquoi je l'ai fait venir jusqu'ici pour me voir, croyez-le bien.

SAINTE BARBE.

188. Si j'avais pensé que vous fussiez mécontent, je ne l'aurais pas fait mander : mais je ne le savais point du tout ; il a bien l'air d'être médecin : je le trouve tout à fait savant, et il est venu obligeamment sur ma demande.

VAR. 1. Querhen. — 2. Lisez en. — 3. Secretou. — 4. E donet (recte). — 5. Hen. — 6. E (recte). — 7. Gouzien.

189. Groat eu net seder ma speret
Yach heb un blecc dre un reczet
Ameux recevet em credenn
Rac nen deux cleffuet en bet man
Na ue frealset, curet glan,
Gant heman didan poan an penn.

DIOSCORUS.

190. Moz reo ¹ breman ahanenn ²
Dan lech maz vihet miret tenn
Oar poan an penn me diffenno
Nac ay neb termen den en bet
Euit neb quentel doz guelet
Ha se miret na fellet tro.

191. Me ya hep nep abaff affo
Dam tour neuez, me gouzuezo
Certen eno ac eff so quet

Logerieze propieze euit se
Douz logiaff rac goall dre ma lle
Ret eu ne ve ³ effe groaet.

192. Rac me menn gant guir houz miret
Na vech dre tut creff deceuet,
Dre se affet bezet seder
En ouz liquiff, ne filliff tam,
Enn haff da miret a het cam
Eguit tremen flam ann amser.

AN MESTR MECHEROUR a quemenn Dioscorus da guelet ac ef so groat mat fondament e tour.

193. Discuez breman glan an manyer
Dann Autrou hep gou en dou guer
So ret seder, hep differaff,
A uen deu real hep maliczе
Ha cazr ha creff e difficze
Coant ha propieze hep maliczaff.

189. Mon esprit est tout à fait calmé, sain et sans blessure, grâce à une recette que j'ai reçue dans mon entendement, car il n'y a maladie en ce monde qui ne fût soulagée et guérie entièrement par cet homme, y allât-il de sa tête.

DIOSCORE.

190. Je vais vous emmener d'ici en un lieu où vous serez soigneusement gardée ; je défendrai, sous peine de la vie, que personne au monde aille jamais vous voir, sous aucun prétexte ; prenez bien garde de manquer à mes ordres.

191. Je vais vite, sans nulle crainte, à ma tour neuve ; là je saurai avec certitude s'il n'y a pas une habitation propice à mon dessein pour vous loger hors de danger ; sur ma parole, si ce n'est fait, il faut que cela se fasse.

192. Car je veux, comme c'est mon droit, vous empêcher d'être trompée par des hommes forts ; aussi, soyez-en sûre, je ne manquerai pas de vous y faire garder à vue, pour y passer votre temps.

LE MAITRE OUVRIER demande à Dioscore de voir si la base de la tour est bien posée.

193. Il faut maintenant, certes, sans différer, montrer en deux mots à mon maître, sans mentir, si la construction n'est pas irréprochable, et son édifice fort et beau, élégant, commode et sans défaut.

VAR. 1. Mo reo. — 2. Ehanen. — 3. Ret eu ma ne ve (recte).

An eil mecherour.

*194. Mat ve e donet, a credaff,
De apetit de visitaff,
Hennez en guelhaff quentaff pae.*

An mestr mecherour.

*Autrou real, principal hep dalae
Hoz tour flour net ameux dezrouet gae
Maz ouff gant yoae a esmae diffraet
Pan guelaff flam pebez commanczamant
Am eux affet dezrouet competant,
Memeux repant, ma noz em contantet.*

*195. Duet gueneff hael en quentel de guelet
Pe en façzon ez eu don consonnet
Maz leuerhet¹ affet hep arretaff
Ac eff so quet commanczet competant*

*Coant ha iolis a deuis souffisant
Cazr ha vaillant parissant en santaff.*

Dioscorus a yu da guelet an tour.

*196. Mecherour mat dam grat a pep statur
Ouz dalchaff plen sounenen ha den fur
Dam pligaduⁿ oux eux sur figuret
Vaillant meurbet ez labouret seder
Heb neb rebeig na breig en hoz mecher
Coant hac antier ez eu sclaer prederet.*

*197. Ret ve gant striff ez ve eff achiuet
Maz liquiff scaff enn haff hep tardaff quet
Ma merch guerch net da miret a het spacc
Me dalcho hy hep sy heuiziquen
Certen eno nep tro ne guelo den
Cre na seuen dre nep termen en facc.*

Le second ouvrier.

194. Il serait bon qu'il vint, je crois, le visiter selon son goût. Ce serait bien là le meilleur parti.

Le maitre ouvrier.

Prince et royal seigneur, j'ai commencé gaîment et sans délai votre jolie tour, et je suis joyeux et sans inquiétude quand je vois quel bon commencement j'ai fait avec adresse ; je serai fâché, si vous n'en êtes pas content.

195. Veuillez venir avec moi à celle fin de voir de quelle façon l'œuvre est conçue ; pour que vous disiez bien sur-le-champ si elle est commencée avec art ; je trouve qu'elle parait élégante et jolie, assez bien disposée, belle et solide.

Dioscore va voir la tour.

196. Je vous tiens pleinement pour un bon ouvrier, à mon gré, de toute façon, et pour un homme sage et distingué ; vous avez sûrement bien fait pour me plaire ; vous travaillez tout à fait bravement, sans nul reproche, sans faute dans votre ouvrage, qui est clairement conçu et bien exécuté.

197. Il faudrait qu'il fût achevé vivement, pour que j'y mette vite, sans tarder, ma fille, vierge pure qu'on y gardera quelque temps ; je la tiendrai là désormais, sans faute, et là certes, aucun homme ne parviendra à voir son visage.

Var. 1. Leueret.

198. Heb dale muy me study he dicaczc
Pan eux heb vice propiczc logeiczc acc
Camprou ha place dilacc en pep façzon
De herberchiaff rac scaff he logaff¹ hy
A crenn enn haff a mennaff ne raff sy
Euel ma spy heb muy dilacion².

199. Barba, ma merch net he derc ³ ha
[guerch glan,
Denesset lem dirac ma drem breman,
Huy eu noman dreis pep unan ganet
Ma holl esper singulier ha querhaff
Ham holl buhez nos dez seul maz vezaff
Ac e caraff muyhaff nen nachaff quet.

200. Rac se seder emeux sclaer prederet
Ober fournis flam dam guis diniset
Vn tour flour net doz mirel hep quet sy,
Enn haff affet secret ez vihet plen
Pergen ⁴ eno na no guelo neb den
Bezet certen bizhuyquen nep heny.

SANTE BARBA.

201. Ma tat quer, pebez pridiry
Na pe dre deseu eu dihuy ⁵
Na pez ouz eux huy studiet
Ma lacat gardis en prison
Priuet a gracc en pep façzon ?
Re diraeson ez sarmonet.

202. Hep caux nac abec em lequel,
Rac nep guis ne dellezis quet
Bezaff prisonet, credet diff ;
Hoguen crenn pan gourchemennet
Ret ha raeson eu diff monet
Noz ⁶ eux aret am requetiff.

198. Sans plus tarder je compte l'amener, puisqu'il y a assez de logement commode et sans défaut, des chambres, et de la place suffisante en toute façon pour la loger ; car j'ai l'intention bien arrêtée de l'établir ici, selon mon désir, sans plus de retard.

199. Barbe, ma fille, pure et chaste vierge, approchez à l'instant en ma présence. C'est vous qui êtes en ce monde, plus que personne, mon espoir le plus cher, ma vraie vie, nuit et jour, tant que j'existerai ; je vous aime par-dessus tout, je ne le cache pas.

200. C'est pourquoi j'ai songé sérieusement à faire une tour épaisse, belle, disposée à mon gré, une tour élégante, pour vous y bien garder : vous y serez parfaitement en secret et à votre aise, et personne ne vous verra plus désormais, soyez-en sûre.

SAINTE BARBE.

201. Mon cher père, quel souci prenez-vous, et quelle est votre intention ? A quoi pensez-vous, de me mettre dans une dure prison, privée de tout agrement. Vos paroles sont peu sensées.

202. Vous le faites sans cause et sans raison, car je n'ai nullement mérité d'être emprisonnée croyez-moi ; mais puisque vous l'ordonnez absolument, il faut et il est juste que j'aille : je n'ai aucun recours contre vous.

VAR. 1. Logeaf. — 2. Dilation. — 3. Perch *recte*. — 4. Perguen (*recte*). — 5. Dichui. — 6. Nez (*recte?*).

DIOSCORUS.

203. *Memeux desseu her da beuiff*
Ouz drouc ha pirill ouz miriff
Guelhaff maz guilliff ne riff quen,
Rac se tizmat [1] *sinchat batant*
Et enn haff espres em presant
Bezet diligant ouz antren.

(Aman dou autrou bras a querent sante [2] Barba so soezet oar an pez a ra he tat dezy, hac ez lauar an eil de guile.)

AN QUENTAFF AUTROU.

204. *Me so meurbet soezet, na lequet sy,*
Pan cleuaff glan gant pep unan an cry
Ann amloary drenn inconuenient
Bout hep raeson hon ytron prisonet
Rac se deomp hel hep repel de guelet
Guell vihe net, men cret, bezaff aet quent.

205. *Ny so seder a tra sclaer he querent*
Ouz imp hep mar men goar ez aparchent
Dre hon squient entent an poent quentaff
Pe dre abec hoantec ez eu laecaet
Perac pirill pe hep guir da miret
Ret eu clenet an guir fael, credet scaff.

AN EIL AUTROU.

206. *Eomp diouz he tat tizmat ha dauet*
          [haff
Euit gouzout an holl dout dioutaff
Pez voe dezaff lacat scaff quentaff pret
E merch guerches dre exces hep raeson
En lech gardis re dispris en prison
Heb quen faezon [3] *ez eu don prisonet.*

DIOSCORE.

203. Ma résolution bien arrêtée est, tant que je vivrai, de vous garder de mon mieux de mal et de péril ; aussi, sans plus différer, allez immédiatement dans cette tour en ma présence ; entrez-y promptement.

(Ici deux grands seigneurs, des parents de sainte Barbe, sont surpris de la manière dont son père la traite, et l'un d'eux dit à l'autre :)

LE PREMIER SEIGNEUR.

204. Je suis très surpris, n'en doutez pas, d'entendre tout le monde crier avec angoisse pour cette indignité : notre dame être ainsi emprisonnée sans raison! Allons donc bravement la voir sans retard : il eût bien mieux valu, je crois, y être allés plus tôt.

205. Nous sommes vraiment ses parents, la chose est claire ; je sais qu'il nous appartient sans doute de nous informer, adroitement, d'abord, du motif qui fait qu'on veut la mettre dans cette tour ; de quel droit ? pour la garder de quel péril ? Croyez-m'en, il faut éclaircir le fait.

LE SECOND SEIGNEUR.

206. Allons trouver son père, bien vite, pour savoir de lui tout ce qui en est ; ce qui l'a porté, tout à coup, à cet excès de rigueur, de mettre sans raison sa fille vierge en un lieu cruel et déshonorant, en prison ; car il l'a bel et bien emprisonnée, sans plus de façon.

VAR. 1. Tymat. — 2. Santes. — 3. Faeczon.

207. Memeux auis pep guis hac en discret
En deueux sclaer en esper prederet
E; galhe net bout rauiset seder
Gant tut neant heb e hoant digantaff
Rac se e; menn de goulenn bet enhaff
E; duehent quentaff ent scaff gant guelha
[cher ¹.

AN QUENTAFF AUTROU.

208. Nen deu heb guir rac pirill e; mirer
Ne falle cam ² e blam enep amser
Quent se seder e;eu sclaer esper mat
Enaff affet ha leatet ³, medest,
He eue;hat de grat ha lacat prest
Outaff e; rest derchell onest he stat.

AN EIL AUTROU.

209. Non obstant se e; vihe dereat
De;aff eff lem en dren ⁴ goulen quenyat
Ou; an tut mat so e hat a natur
Quement nen groae en se e; falhe plen
Ha mechantis ha dispris a guis yen
Ne rae quel plen termen a un den fur.

AN QUENTAFF AUTROU.

210. Mat eu da tat lacat e crocadur
En lech parfet secret da miret sur
Rac malheur ha disauanturdet ⁵
A ell be;aff ha coe;aff, ne raff sy,
Dre se seuen e; dle plen pep heny
Ou; vileny hac ou; affuy miret.

207. Je suis tout à fait d'avis, après réflexion, qu'il a songé mûrement dans son esprit qu'elle pourrait bien lui être enlevée sans son consentement par des gens félons ; aussi veut-il qu'on vienne d'abord la lui demander ouvertement.

LE PREMIER SEIGNEUR.

208. Ce n'est pas sans raison qu'on la garde du danger ; il ne faudrait point l'en blâmer aucunement : au contraire, il est évident qu'il a de bonnes intentions, et qu'il agit en toute loyauté, je l'atteste. C'est à lui à la surveiller à son gré et à faire en sorte qu'elle soit fidèle à son devoir.

LE SECOND SEIGNEUR.

209. Malgré cela, il serait convenable à lui de demander franchement l'autorisation des gentilshommes de sa famille : il aurait grand tort d'y manquer, ce serait une méchanceté, un froid dédain qui seraient indignes d'un homme sage.

LE PREMIER SEIGNEUR.

210. Un père peut bien mettre son enfant en lieu mystérieux, pour la garder à l'abri de tout malheur, de toute mésaventure qui pourrait lui arriver ; je n'en fais pas de doute. Aussi, chacun doit se garder soigneusement de toute interprétation maligne ou envieuse.

1. Lise; E; duehent scaff quentaff gant guelhaff cher. — VAR. 2. Falhe tam (recte). — 3. Lealtet. (recte). — 4. Lise; en drem goulen quemyat. — VAR. 5. Desauanturdet.

An eil autrou.

211. *Ret eu prezec oul aff huec en requet*
A clasq dezy a deffry un priet
Maz vezo net demezet, rac pret ve;
Guelet affet nen deueux quet detry
Buguel ganet oar an bet nemet hy
Quen queffridy bet e ty nem dire.

An quentaff autrou.

212. *Greomp a pret gant effet un trete*
Dre carantez aneuez entreze
An guelhaff ve ha maz ve demezet
Hac ancouffhat an holl displigadur [1]
So dezy great affet heb sellet cur,
Ret eu sigur effe sur apuret.

An quentaf autrou.

213. *Dez mat golou autrou à glan coudet*
A pedaf plen pleist [2] *quement den so en bet*
Dichui pepret gant effet hep quet gou,
Chetu ny duet doz guelet credet plen
Eguit sezlou houz quaehaezlou louen
Da [3] *comps dich plen vn termen ou guenou.*

Dioscorus.

214. *Duet ma* [4] *meurbet ra vihet dam metou,*
Compset diffhael uffuel hol [5] *quaehaezlou*
Vu guer pe dou hep gou moz sezlouo,
Ha leueret apret pan ouz pedaf
An matery ouz queffridy muyhaff
Au poent quentaf en scaf hep tardaf tro.

Le second seigneur.

211. Il faut lui parler doucement, pour le prier de lui chercher sérieusement un époux, afin qu'elle soit bel et bien mariée, car il est temps, quand on songe qu'il n'a au monde aucun autre enfant qu'elle; c'est là tout le sujet qui m'amène chez lui.

Le premier seigneur.

212. Faisons-les bientôt conclure entre eux un nouveau pacte d'amitié : le mieux serait qu'elle fût mariée, et qu'elle oubliât entièrement et sans réserve tout le déplaisir qui lui a été fait; oui, il faut que la chose soit définitivement réglée.

213. Je vous souhaite bien le bonjour, seigneur, du fond du cœur, et vous salue, sans mentir, au-dessus de tous les hommes. Nous sommes venus vous voir, croyez-le bien, pour avoir le plaisir d'apprendre de vos nouvelles, et pour vous dire un mot de nos propres bouches.

Dioscore.

214. Soyez les très bien venus auprès de moi ; veuillez me dire franchement ce qui vous amène, en un mot ou deux ; je vous écouterai, sans mentir. Dites-moi vite, je vous prie, le principal sujet de votre message ; et sans perdre de temps, expliquez-vous.

---

1. Il manque 116 lignes après ce vers dans l'édition de 1557. — 2. *Lisez* dreist. — 3. *Lis*. ha. — 4. *Lisez* mat. — 5. *Lis*. hoz.

AN EIL AUTROU.

215. Dich hep nep mar clouar ny lauaro
Beʒet certen louen an termen so,
An re ouʒ bro so pep tro commouet
Douʒ requetif ha douʒ pidif yueʒ
Gant cals à hoant ardant ha caranteʒ
Effe preneʒ aneueʒ demeʒet

216. Barba hoʒ merch so pep derch en
[guercdet[1]
Ret en hep si clasq deʒy vn priet,
Pa nouʒ eux quet aer en bet nemet hy,
Rac se sellet hac auiset seder
Piu aue seant souffisant hac antier
Maʒ preʒequer ober an matery.

AN QUENTAF AUTROU.

217. Ententet bref vn tra cref eu dihuʒ[2]
Merch e sort goat neb stat he lacat hy
Dre neb studi na neb presumption
Heb ober quet torfet nac orchaedis
He lacat tam so iffam dre ampris
En lech dispris neb guis nac en prison.

218. Me goar dich acc e racc tut à facʒon
So courouczet [guelet] he sort ytron
Hep achaeson na raeson prisonet,
Rac se sellet gant effet competant
He contantaf heb beʒaf non sauant,
Ret ve presant eʒ ve quant amantet.

LE SECOND SEIGNEUR.

215. Nous allons vous dire poliment, et sans nous fâcher, soyez-en certain, de quoi il s'agit. Vos sujets sont partout disposés à vous adresser, dans l'ardeur de leur zèle et de leur affection, une requête et une prière, pour que vous célébriez prochainement un mariage dans votre famille :

216. Votre fille Barbe est dans tout l'éclat de la virginité, il faut sans faute lui chercher un époux puisque vous n'avez au monde qu'elle d'héritière ; voyez donc et avisez sérieusement, afin de trouver quelqu'un d'assez considérable et distingué pour qu'il puisse être question de lui à cette occasion.

LE PREMIER SEIGNEUR.

217. Je vous dirai en peu de mots que c'est fort, de votre part, de mettre une fille de son sang, sans motif ni soupçon, sans qu'elle ait commis de crime ni de galanterie, de la mettre, par une audace infamante, en un lieu déshonorant, en une prison.

218. Je sais pertinemment que les gentilshommes de sa famille sont courroucés de voir une dame de son rang emprisonnée sans cause ni motif. Voyez donc, sans négligence, au moyen de lui donner satisfaction : il faudrait que l'affaire s'arrangeât promptement à l'amiable.

1. *Lisez* guerchdet. — 2. *Lis.* dihuy.

DIOSCORUS.

219. Ne dleaf tam credet flam bout blamet
Rac huy en goar plen a quement den so en
  [bet
Ne caraf [quet] tra ganet nemet hy
Ouz pe[p] pirill me desir he miret
Parfet seder quen quer ha ma speret
Na ne dui quet an secret mazedi.

220. Rac naue quet rauisset credet huy
Diguenef plen gant den à neb heny
E liquif hi en vn ty da miret,
En vn tour cref so groaet teu ha neuez
Calet ha clos gant prepos a costez
Eno effez nos ha dez annezhet.

AN EIL AUTROU.

221. Autrou clouar nendeux mar mat arel
Hoguen comps re à se ne falhe quet
Deliberet hennez gruet naret quen
Ez en [1] pret he demezet seder
Na pe en bro oar peb tro ez roher
Bezit den fier e queuer ho termen.

AN QUENTAF AUTROU.

222. An holl breis [2] dre ampris à guis plen
So en study à comps dirhuy [3] dien
Fall ha seuen certen ha pep heny
Ez roechuy dezy vn priet [4]
Rac an mat glan commun vnan an bet
Ha ma nen gruet ez felhet naret sy.

DIOSCORE.

219. Je ne suis point du tout à blâmer, croyez-le bien, car de toute la race humaine je n'aime qu'elle, vous le savez parfaitement. Je désire la garder préservée de tout danger, aussi précieusement que moi-même; je ne veux pas qu'elle sorte de la cachette où elle est,

220. De peur que quelqu'un ne vienne à me la ravir, voyez-vous; je la ferai garder dans une maison, dans une tour solide que je viens de bâtir, épaisse, massive, bien close, retirée comme il convient; c'est là qu'elle est logée jour et nuit.

LE SECOND SEIGNEUR.

221. Doux seigneur, vous faites bien, sans doute; mais voilà assez parlé à ce sujet. Délibérez maintenant (c'est ce qu'il y a à faire, car il est grand temps de la marier), pour savoir en quel pays et à qui elle sera donnée. Soyez ferme dans vos justes prétentions.

LE PREMIER SEIGNEUR.

222. Tous les habitants, d'un commun accord, vilains et gentilshommes, sans exception, vous parlent avec force pour que vous lui donniez un époux, car c'est l'intérêt général du monde, et vous auriez tort de ne pas le faire, soyez-en sûr.

1. *Lisez* Ez eu duet pret: — 2. *Lisez* brois. — 3. *Lisez* dichuy. — 4. Il manque un mot d'une syllabe; *lis.* vn guir priet:

Dioscorus.

223. Me ya affet en secret danety
Eguit gouzout en pep rout diouty
Darn he study hac he opinion
Her me ray rez dre madelez dezy
Lauarez net à pret hep contredy
He pridiry heb excusation.

An quentaf autrou.

224. Remontret huy à guir affection
Ez grueomp ny deliberation
Hep finction dre raeson deboner
Hac ezomp sclaer antier deliberet
Da reif dezy en berr remsy priet
Vn prince meurbet he groay net dibreder.

(Dioscorus aya da comps ouz e merch.)

225. Ma merch clouar huec hegar à caraf,
Nam refus quet em requet a netra,
Ma sintif groa dreis pep tra nara quen,
Te eu hep sy ma study hep muy quet
Ma aer querhaf quentaf oar guellaf pret
Ma holl secret, ma condet [1], men cret plen.

226. Raese seder compset vn guer certen
Dif heb neb gou diouz houz guenou louen,
Beu ha seuen dien heb vileny,
A huy neb em [2] dre neb seur [3] oz deur quet
Dre carantez bout yuez demezet
Ha quemeret vn priet heb quet sy.

Dioscore.

223. Eh bien ! je vais la trouver seul, à cet effet, pour savoir d'elle-même, autant que possible, son goût et son intention. Par bonté pour elle, je lui ferai dire nettement, tout de suite, et sans admettre d'excuse, quel est son avis.

Le premier seigneur.

224. Remontrez-lui que c'est par vraie affection que nous donnons ce conseil, et par pure raison, sans mentir ; et que nous sommes tout à fait décidés à lui donner d'ici peu de temps pour époux un grand prince qui la délivrera de tout souci.

Dioscore va parler à sa fille.

225. Ma douce fille, ma bien chère et aimable fille, ne va point rejeter ma requête : obéis-moi ponctuellement. C'est toi seule qui fais mon souci ; tu es ma plus chère, ma première, ma meilleure héritière, mon cœur, ma vie intime, je le sais.

226. Parlez-moi donc sans feinte ; que votre bouche me dise gaiement, vivement et sans vain détour, si vous ne voulez pas quelquefois vous marier, vous aussi, par amour, et prendre un époux légitime.

1. *Lisez* coudet. — 2. *Lis.* eur. — 3. *Lis.* feur.

(Santes Barba à respont de tat.)

227. Ma tat mat net pardonet dif,
Na poaniet quet dam requetif,
Et¹ me dimizif ne rif quet
Da den en bet, bezet seder,
Oar an bet man en neb manier,
Chetu da² esper disclaeriet.

Dioscorus.

228. Petra so dide hoaruezet
Na sentes³ à vout demezec⁴
Ha quemeret vn priet mat
Autrounez à pris puissant,
Cazr ha iolis ha souffisant
So suramant ouz da hoantat.

Santes Barba.

229. Dre neb peden ne rohen grat,
Rac ner⁵ deu ma cas na ma stat,
Diouz ma poellat prietat den,
Pardonet dif her ne rif quet,
Drese oar pep tro me ho pet
Em lesset, ha na compset quen

Dioscorus.

230. Me arav dit dre depit ren
Ez mirui staut⁶ gant fin anquen,
Meu toe dit certen am guenou,
Aman quen diguir mez miro,
Den à neb sort nez conforto
Oar nep tro ha te guelo gnou.

Sainte Barbe répond à son père.

227. Mon bon père, veuillez me pardonner ; ne prenez pas la peine de me prier, car pour me marier, je ne le ferai point, avec aucun homme en ce monde, soyez-en sûr. Vous voilà fixé sur mon intention.

Dioscore.

228. Que t'est-il arrivé, pour que tu ne veuilles pas consentir à te marier à un bon époux ? Des seigneurs puissants et d'une excellente prestance ne manquent pas pour souhaiter ta main.

Sainte Barbe.

229. Je n'y consentirais point, malgré toutes leurs prières, car ce n'est pas mon idée ni ma vocation, selon moi, de me marier. Pardonnez-moi, je ne le ferai point ; aussi je vous prie instamment de me laisser et de n'en plus parler.

Dioscore.

230. Je te ferai mourir de froid dépit, à force d'angoisse, je te le jure de ma bouche ; je te garderai ici si rigoureusement que personne ne t'apportera aucune distraction d'aucune sorte : tu le verras bien.

1. *Lisez* er. — 2. *Lis.* ma. — 3. *Lis.* nasentes ? — 4. *Lis.* demezet. — 5. *Lis.* nen. — 6. *Lis.* stanc.

56 LE MYSTÈRE DE SAINTE BARBE

Dioscorus aya da lauaret dan autrounez an respont.

*231. Clenet seder, ma tut quer ham querent,
Ne allaf quen* [1] *en effet caffout hent
Dren* [2] *nep squient heruez à ententaf
Rac dre nep ten na peden ne men quel,
Oar nep study membry quempret priet,
Ne deuzeur quet dam requet concedaf.*

232. Quen digarez, dram fez, nemeux be-
  [zet
Hoguen dram Doe me groay quen enouet [3]
Gant angoesdet [4] *hac eoull boet maz lo* [5]
*Me leso scaff enn haff da gouzaff poan
An fin despet de coudet en bet man.
Heb leiff na coan eno glan ez mano.*

AN QUENTAFF AUTROU.

*233. Pe en fantasy ez venn hy studiaff
Na pe en manyer ez preder amseraff
Ma em soezaff pan couffhaff* [6] *a raff re
Ha hy affet ouz guelet hep quet sy,
Nouz eux en bet car* [7] *ganet nemet hy
Drouc ve dezy mar en contrarihe.*

AN EIL AUTROU.

*234. Spes he lesell so dich guell enell se
En he ampris quen ne em* [8] *auisse
Ha goude se pan guelhe effe pret
Diouz a cleuhe ez caffe dereat
Bezaff* [9] *en bet affet ha prietat,
Maz rohe grat lizmat hep debat quet.*

(Aman an autrounez a quemer conge diouz Dioscorus.)

Dioscore va dire la réponse aux seigneurs.

231. Ecoutez bien, mes chers amis et parents, je ne puis, en vérité, trouver moyen de réussir, d'après ce que je vois; car malgré mes efforts et mes prières, je vous le jure, elle se refuse absolument à prendre un époux; elle ne veut point accéder à ma demande.

232. Je n'ai pu, sur ma foi, obtenir d'elle d'autre explication. Mais, par mon Dieu! je l'ennuierai tellement qu'elle moisira dans les ténèbres et la faim : je la laisserai là à souffrir en ce monde, malgré qu'elle en ait; elle y restera sans dîner ni souper.

Le premier seigneur.

233. Quelle fantaisie s'est-elle mise en tête? De quelle façon pense-t-elle passer son temps? J'en suis tout surpris, quand j'y songe. Elle voit pourtant bien que vous n'avez d'autre héritière qu'elle au monde! Malheur à elle, si elle s'obstinait dans cette conduite.

Le second seigneur.

234. Il vaut bien mieux que vous la laissiez comme cela dans son entêtement, jusqu'à ce qu'elle se ravise; et dans la suite, quand elle verrait qu'il est temps, d'après ce qu'on lui dirait, elle trouverait à propos de vivre dans le monde et de se marier : elle y consentirait vite et sans difficulté.

(Ici les seigneurs prennent congé de Dioscore.)

1. *Lisez* quet. — 2. *Lis.* dre. — 3. Var., enoet. — 4. Angoesdet. — 5. Loedo (*recte*). — 6. Couffhaf. — 7. Ear. — 8. Hem. — 9. Bezat.

An quentaff autrou.

235. *Monet breman buhan ouz tu hon*[1] *bro*
A mennomp plen, na den non surpreno;
Da se affo oar pep tro ny so prest
Pa na`menn hy oar nep condicion[2]
Ober hon spy nac hon opinion
He fachaeson[3] *a son re disonest.*

An eil autrou.

236. *Guell eu monet rac duet en pret me-*
 [dest
Rac sotony so enn hy manifest
Out y ez rest derchell onest he stat
Groaet heb neb mar an memoar a caro
Er ent espres certes ny he leso
Ha groaet pep tro an pez a guelo mat.

Dioscorus.

237. *Pan mennet lem dirac ma drem quef-*
 [nyat[4]
Hoantec ha huec ouz houz trugarecat
Ouff e pep stat a mat ha pligiadur
Rac me presant so mechant tourmantet
Gant y seder antier corff ha speret
Maz ouff meurbet outraget, bezet sur.

An quentaff autrou.

238. *Joa dich entre dou, Autrou fur.*

Dioscorus.

Ha dichuy mat ha pligiadur.

An eil autrou.

Peuch dich, Autrou mat a natur,
A pedaff parfet, bezet sur,
Ha mil pligiadur assuret.

Le premier seigneur.

235. Maintenant, nous sommes décidés à revenir promptement dans notre pays, et personne ne nous en empêchera : nous sommes tout prêts à partir, puisqu'elle ne veut, à aucune condition, remplir notre intention et nos espérances; son dédain est assez malséant.

Le second seigneur.

236. Il vaut mieux nous en aller, car le moment est venu, je l'atteste : sa sottise est évidente ; il ne lui reste qu'à bien se tenir. Qu'elle fasse, au surplus, ce qu'elle voudra, car certes nous l'abandonnons expressément; qu'elle agisse en tout comme elle le trouvera bon.

Dioscore.

237. Puisque vous voulez prendre tout desui le congé de moi, je veux vous témoigner sincèrement ma reconnaissance de vos bons procédés ; car je suis à présent cruellement tourmenté par elle, de corps et d'esprit, sachez-le bien : elle m'a vivement outragé.

Le premier seigneur.

238. Joie à vous cependant, sage seigneur.

Dioscore.

Et bon plaisir à vous.

Le second seigneur.

Paix à vous, seigneur débonnaire ; je vous souhaite aussi, soyez-en sûr, mille agréments.

---

1. *Lisez* an. — Var. 2. Condition. — 3. Fathaeson. — 4. *Lisez* quemyat.

DIOSCORUS.

Joa dich ha muy seul ma; vihet.

(Aman ez cont do bro, hac ez lauar an eil de guile :)

AN QUENTAFF AUTROU.

239. *Pez a auis dichuy muy haff*
A Barba hon cares nessaff
Ma em soezaff ne allaff muy
Araff glan breman gant anoaez
Pan songiaff oll en he follaez
Hac en drouguiaez anezy.

AN EIL AUTROU.

240. *Dren pez a guelomp lesomp hy*
Rac me credet ne duiff quet muy
Dre nep pridiry bishuyquen
Da reiff cusul dissimulet

Dezy pa na sent, ententet.
Na de darempret, credet plen.

DIOSCORUS.

241. *Memeux da monet heb quet sy*
Gant effet en un queffridy ;
Monet enn hy a studiaff
Rac se oar pep tro me ho pet
Oar ma tour flour ez labourhet
Tenn ha qualet, pan ouz pedaff.

242. *Dich a crenn ez gourchemennaff*
En pep guis hac ez diuisaff
E achiuaff, heb tardaff quet,
Ha gruet din ¹ *hep quen dou prenest*
Diouz septentrion ent onest
Da arhuest dre fest aprestet.

DIOSCORE.

Joie et bonheur à vous, toute votre vie.

(Ici ils s'en vont dans leur pays, et ils se disent l'un à l'autre :)

LE PREMIER SEIGNEUR.

239. Quelle est votre opinion réfléchie sur Barbe, notre proche parente ? Je m'étonne on ne peut plus, en ce moment, et m'afflige en songeant à tant de folie et à tant de malice de sa part.

LE SECOND SEIGNEUR.

240. D'après ce que je vois, nous devons la laisser ; pour moi, croyez-m'en, je ne viendrai plus désormais, pour aucun motif, lui donner de sages conseils qu'elle ne suit pas, ni lui rendre visite, sachez-le bien.

DIOSCORE.

241. Il faut que je m'en aille pour une affaire importante, qui réclame ma présence ; aussi, je vous prie instamment de travailler dur et ferme à ma gentille tour.

242. Je vous recommande expressément, et vous ordonne positivement de l'achever sans tarder ; ayez soin de ne me faire que deux fenêtres artistement disposées pour regarder du côté du nord.

1. VAR. Dif.

243. Ha pan duyff, ne silliff quet,
Moz groay suramant coutantet,
Heb faut en bet, na lequet sy,
Dichuy lem memem gourchemenn
Her me ya breman ahanenn,
Coll a rahen mar tarthenn muy.

AN MESTR MECHEROUR a comps ouz e tut.

244. Ret eu dimp presour labourat
Heb finction a calon mat
Hac on bezo gloat ha madou
Pan duy dan kaer hep ober sy
Goude bout groaet e quesfridy ;
Aet pep heny de binhuyou.

AN EIL MECHEROUR.

245. Petra voen secret aquetou

A compsech oar un dro hoz dou
Huy han Autrou a guiryou bras?

AN MESTR MECHEROUR.

Diff a crenn ez gourchemennas
En e guis hac ez diuisas
Ober hep noas ne fallas quet
Dou prenest onest en creis dez
Chetu an façzon han guiryones[1]
Entromp[2] ny yuez so bezet.

AN EIL MECHEROUR.

246. Ma nen deueux quen ordrenet
Hennez affo a vezo groaet
Nouzeux aret a arretiff[3]
Pa on eux ehaffn[4] a danfuez
Ny ho lacay cuit[5] quent try dez
En o diasez da bezaff[6].

243. Et quand je viendrai, je ne manquerai pas de vous contenter, assurément, sans faute, n'en doutez pas ; je me recommande bien à vous, car il faut que je m'en aille : je ne pourrais tarder plus longtemps sans dommage.

LE MAITRE OUVRIER parle à ses gens.

244. Il faut, sans mentir, nous hâter de travailler de bon cœur ; et sachez-le, nous aurons de l'argent et des biens, quand il reviendra à la maison, après avoir fait son affaire. Que chacun aille à ses outils !

LE SECOND OUVRIER.

245. Quel était le secret dont vous parliez tout à l'heure avec tant d'animation vous et le prince ?

LE MAITRE OUVRIER.

Il m'a recommandé instamment de faire, sans faute, comme c'est son intention arrêtée, deux fenêtres raisonnables, au midi. Voilà, en toute franchise, ce qui s'est passé entre nous.

LE SECOND OUVRIER.

246. S'il n'a ordonné que cela, ce sera vite fait. Vous n'avez rien qui vous arrête : puisque nous avons assez de matériaux, nous les mettrons en place avant trois jours d'ici.

1. VAR. Guirionez. — 2. Entreomp. — 3. Lisez arretaf. — VAR. 4. Ehafn. — 5. Euit. — 6. Badezaf.

An quentaff mecherour.

247. *Ret eu a pret hep arretaff*
Ho ober ha deliberaff
An poent quentaff ha bezaff prest
Pa en deneux crenn gourchemennet
Deomp ny dreis pep tra ez groahet
Nen deux quet pe tardhet, me dest [1].

Sante Barba.

248. *Perac na rechuy manifest*
Quichen e quichen tri frenest,
A vise, me dest, onestoch,
Me queff houz stat arabadou
Guelet noz eux groaet hep quet gou
Nemet dou a pan dezrousoch.

249. *En tra man a pell ez fellsoch*
An quentaff mis na diuissoch [2]
Credet entroch ez gruesoch gou
En un tour quen flour labouret
Ez eu bihanez gouzuezet
Na ell bout guelet nemet dou.

An mestr mecherour.

250. *Hoz tat eu heb faut hon autrou*
A archas dimp plen e guenou
Nemet dou hon oa dezrouet
Na rasemp ny muy ent dien
Na ne crethemp ny bizhuiquen
Ober quen, pan eu ordrenet.

Le premier ouvrier.

247. Il faut vite, sans s'arrêter, les faire, et songer d'abord à nous y disposer : puisqu'il nous a recommandé expressément et, avant tout, de les faire, il n'y a pas à tarder, je l'atteste.

Sainte Barbe.

248. Pourquoi ne feriez-vous pas ouvertement trois fenêtres côte à côte ? Ce serait plus convenable, je vous l'assure. Je trouve que vous faites des bévues, quand je vois que vous n'avez fait que deux fenêtres depuis que vous avez commencé.

249. Vous avez commis là une grande faute, de ne pas faire le plan dès le premier mois ; croyez-moi, vous avez eu tort : dans une tour travaillée avec tant de soin, c'est un défaut, sachez-le, de ne voir que deux fenêtres.

Le premier ouvrier.

250. C'est votre père, sans mentir, c'est notre maître qui nous a commandé de sa propre bouche de n'en point faire d'autre que les deux que nous avions commencées ; et nous n'oserions jamais en faire plus, puisque c'est son ordre.

---

1. Ce vers manque dans l'édition de la Bibliothèque nationale. — 2. Ce vers manque aussi dans l'édition de 1647.

Santè Barba.

251. *Nep oun ouz buhez noz bezet*
Lequet try hac espediet,
Ouz iff sentet, na tardet muy,
Ha me a pep blam ouz lammo
Diouz pep den hac hoz souteno,
Moz goaranto, ne rezo sy.

An mestr mecherour.

252. *Tamallet remp mar groahemp try,*
Ha pardonet diff ne riff muy
Rac dimp ny ez notiffias
Dre guyriou cruel euel henn
Endan poan an tan hac an penn
An dra se crenn on diffennas.

Sante Barba.

253. *Me houz miro nouz bezo noas*
Dre nep unan euit an cas [1]
Endan poan bras, me hoz assur,
Ha suramant me contanto
Ma tat, nep stat noz debato
An dra se pep tro me so sur.

An mestr.

254. *Pan eu pep stat hoz pligiadur*
Ny a ray try, bezet sigur,
Dre musur pan honn assuret,
Hoguen yuez mar on bez blam,
Debat na tempest nac estlam,
Ez rencquet dinam ma lamet.

Sainte Barbe.

251. N'ayez point de peur pour votre vie ; mettez-en trois, et dépêchez-vous ; ne tardez point à m'obéir, et je vous dégagerai de tout blâme, et je vous soutiendrai contre tous ; je vous garantis que vous n'aurez point de mal.

Le maitre ouvrier.

252. Nous serions blâmés si nous en faisions trois : pardonnez-moi, je n'en ferai pas une de plus, car il nous a notifié sa volonté en termes très durs, et nous a défendu absolument la chose, sous peine du feu et de la tête.

Sainte Barbe.

253. J'empêcherai que personne vous inquiète pour ce motif, sous peine d'être bien puni, je vous l'assure ; et j'apaiserai certainement mon père, de sorte qu'il ne vous fera aucun reproche : je suis tout à fait sûre de mon fait.

Le maitre.

254. Enfin, puisque vous nous exprimez ce désir, nous en ferons trois, bien mesurées, soyez-en certaine ; mais aussi si l'on nous blâme, si l'on nous fait des reproches et des scènes violentes, il faudra que vous me tiriez d'embarras.

Var. 1. Ameas.

Sainte Barba.

255. *Nep oun an tra se nou* [1] *bezet.*
Me ya heb fellell da sellet
Oar un tro a me caffo quet
Vn bannhech [2] *dour net da quentaff*
Dan feunten mat so diadreff
Ma hunan ha heb den guen eff
Er hoant so em eneff da euaff.

(Aman ez queff an feunten sech.)
Allas!

256. *A feunten, huy oa an leunaff*
A yoa quet en bet a credaff
Ha pa ouz sellaff ouz guelaff sech
Na maz [3] *guell bout aet an pret man*
Euelse na pe dre moean
An dour glan breman ahanech?

(Aman ez stouff oar he [4] douglin.)
257. *Autrou, a croeas glas ha sech*
Dileuzvet plen, mar plig guenech
Aman oar an lech na nechet
Dour sacr dihaer en la [5] *man*
Maz euiff saczun ma hunan
An dra man ma dizouzanet [6].

258. *Huy goar heb mar dre hoz caret*
Emeux ent espres dileset.
Au bet; receuet ma pedenn
Ha reit diff dont [7] *mat eu stat man*
Euit euaff anezaff glan
Quent monet breman ahanenn.

(Aman ez queff an feunten leun.)

Sainte Barbe.

255. N'ayons pas peur de cela. Je vais, sans faute, voir si je ne trouverai pas quelque part une goutte d'eau pure, d'abord à la bonne fontaine qui est par derrière; j'y vais seule et sans que nul m'accompagne, car mon âme a envie de boire.

(Ici elle trouve la fontaine tarie.)

Hélas !

256. Ah ! fontaine, vous étiez la plus remplie qui fût au monde, je crois; et quand je vous regarde je vous vois sèche. Où peut s'en être allée, à présent, votre eau pure et de quelle façon?

(Ici elle se met à genoux.)

257. Seigneur qui avez créé le vert et le sec, daignez envoyer sur le champ, s'il vous plait, une eau pure et sacrée dans cette source, pour que je me désaltère seule ici : accordez-moi cette grâce.

258. Vous savez sans doute que par amour pour vous j'ai complètement abandonné le monde ; recevez ma prière et donnez-moi à l'instant de bonne eau pure, pour que j'en boive avant de m'éloigner de ce lieu.

(Ici elle trouve la fontaine pleine).

1. *Lisez* noz? — Var. 2. Bannech. — 3. Ma. — 4. E. — 5. Lauacr (*recte*). — 6. Dizouzanet. — 7. Dour (*recte*).

259. *Breman, feunten, ez out leun tenn*
A dour sacret ha me cret crenn
Pa nen caffsen ez marusen mic,
Bezcoaz en bet man den ganet
Ne taffhas dour guell saouret
Da neb a ve quez sechedic [1].

260. *A un hat dau dour probatic*
Maz voe groaet an paralytic
Saluet dic e holl pistigou
Eno heb neb goab [2] *gant map Doe*
Dan pret ha dan eur ma en deursoe [3]
Euel guir roe an holl ploeou.

261. *Dezaff ez rentaff acc graczou*
A digacc e grat e [4] *madou*
Diff drez eu gnou ouz an tnou man

Doucc ha huec e trugarecat
A raff noz [5] *ha dez gant fez mat*
Ha da heul e grat lacat poan.

262. *Ma corff ham speret en bet man*
A gourchemennaff dezaff glan
Maz quemero breman an cur
A hanouff er pa en couffhaff
En pep guis ez reioyssaff
Ha dreizaff em em caffaff fur [6].

(Aman sante Barba a ra gant he bes [7] glebyet en feunten un croas en men pebeny so hoaz enn haff, hac ez lauar :)

263. *Feunten, so leun mat ha natur*
E quichen an tour a dour pur
Guenez en mur me figuro
Vn croas bras glan en creis an men
En heueleb euit pep den
Ez chommo bizhuiquen eno.

259. Maintenant, fontaine, tu es pleine, jusqu'aux bords, d'une eau sacrée ; et je crois bien que si je ne l'avais eue, je serais morte sur la place. Jamais homme né en ce monde n'a goûté d'eau qui eût meilleur goût pour quiconque a soif.

260. Tu es comme l'eau de la piscine probatique, où le paralytique fut entièrement délivré de ses douleurs, par le fils de Dieu, sans mentir, à l'instant et à l'heure où il plut au vrai roi de tous les peuples.

261. Je lui rends mille actions de grâce pour m'avoir comblée si clairement ici-bas, et par bonté, de ses biens ; je le remercie avec un tendre amour et avec foi, jour et nuit ; et je mets ma peine à suivre sa volonté.

262. Je lui recommande bien mon corps et mon esprit en ce monde, pour que désormais il prenne soin de moi. Quand je songe à lui, je suis toute réjouie ; et par lui je me trouve rassurée.

(Ici sainte Barbe fait sur la pierre, avec son doigt mouillé dans la fontaine, une croix qui y est encore, et dit :)

263. Fontaine, qui près de la tour es pleine naturellement d'eau pure, avec toi je vais former sur le mur une grande croix au milieu de la pierre ; de sorte qu'elle reste à jamais là, visible à chacun.

VAR. 1. Schedic. — 2. Goap. — 3. Deurfoe (*recte*). — 4. He. — 5. Nos. — 6. Sur (*recte*). — 7. Bez.

264. *Dezy heb abaff me affo*
Ha neb pep quentel he guelo
Me¹ hazeulo goa vezo eff
Pan finnezo ne caffo splann
Queuer hanter na trederann
Na queffrann na nep rann ann neff.

265. *Heman so dour flour amourabl*
Da guelchiff penn den connenabl
Net hac etabl nen deu fabl quet
Gant Jesu Christ an ministr pur
Ez eu biniguet bezet sur
Dre e pligadur assuret.

266. *Ma refection da donet*
A quemeriff ne filliff quet
En placc man affet, credet diff,

Da dibriff del ha mel quelyen
Euit pitance da sustance plen
Nem bezo quen dam souteniff.

267. *Aman pep hent emem rentiff*
A quement anhez ma veziff
Da dibriff ha da pidiff Doe
Na flachiff quet en requet den
Nemet en nos da repos plen
Eguit tremen plen diouz enoe.

268. *Monet a hanen a mennaff*
Euit retez, da annhezaff
Dan tour flourhaff oar guelhaff pret
Eno pep nos ez reposiff
Hac aman en dez ez beziff
Hennez a riff ne filliff quet.

264. Je la baiserai sans crainte, et celui qui la verra jamais et ne l'adorera pas, malheur à lui ! Quand il mourra, il n'aura ni le tout, ni la moitié, ni le tiers, ni une portion ou une partie quelconque du ciel.

265. Ceci est une eau douce et agréable, propre à laver la tête de l'homme; pure et sans souillure : comment ne le serait-elle pas, puisque Jésus-Christ, le ministre sans tache, a daigné sans aucun doute la bénir ?

266. Ma nourriture désormais, je ne manquerai pas, assurément, de la prendre en ce lieu; je mangerai des feuilles et du miel d'abeille pour me soutenir; je n'aurai point d'autre pitance.

267. Je me rendrai toujours ici, en quelque lieu que j'habite, pour manger et prier Dieu ; je n'en bougerai sur la requête de personne, sauf la nuit pour me reposer, et pour échapper à tout danger.

268. Je veux m'en aller d'ici aujourd'hui pour habiter cette tour si belle et si soignée ; là, chaque nuit je reposerai, et je serai ici le jour; voilà ce que je ne manquerai pas de faire.

1. Ne (recte).

269. Ydol a drouc scol d ipolicc
Lenn a scandal hac a malicc
Hac a pep drouc vice difficil
Bescoaz ¹ ne guelat en oat den
Tra oar douar me en goar plen
Da quen bilen na da quen vil.

270. A ! fy a quement nacion
So en fantasy abusion
Dre da facçon inraesonabl ²
Ha quement den a cret en ot
A quarhenn heuel eueldot
Rac te so sot ha dinotabl.

271. Te so da pep re deceuabl
Da sellet e hanu ³ ha dampnabl
Inconuenabl drouc renablet

Quement az azeul az heulyo
Dan iffern yen da chom eno
Na distro no deuezo quet.

272. Crachet ez visaig heb flachaff
A raff dit ha da depitaff
Da disprisaff en muyhaff ment
Ariff dit depret ⁴ heb quet sy
Na nez dougiaff quet muy eguet quy
Nez eux teaut na fry na squient.

273. Ne cleuez na ne guelez hent
Quent se a pep rout ez out lent
Groaet dre fent instrument pentet
Te nez eux buhez na bezaff
Bec na dant na pe gant santaff
Bras ez quasaff, nen nachaff quet.

269. Idole sauvage et pleine de mauvais enseignement, de scandale, de malice et de toutes sortes de vices raffinés, jamais on n'a vu de mémoire d'homme, je le sais, rien sur la terre qui soit aussi laid et aussi odieux que toi.

270. Ah ! fi de toute nation que tu rends le jouet de l'erreur, vaine illusion : je voudrais que tout homme qui croit en toi fût semblable à toi, car tu es sotte et méprisable.

271. Tu es trompeuse pour tous ; ta vue est odieuse et damnable, inconvenante et maudite : tous ceux qui t'adorent te suivront dans l'enfer glacé, et ils y resteront sans espoir de retour.

272. Je te crache au visage sans bouger, et je te défie, et je te mépriserai toujours souverainement ; et je ne te crains pas plus qu'un chien : tu n'as ni langue, ni nez, ni esprit.

273. Tu n'entends et tu ne vois goutte, tu es même dépourvue de toute espèce de sens : ouvrage artificiel, machine coloriée, tu n'as ni vie ni être, ni bouche, ni dent, ni organe sensible ; je te hais grandement, et ne le cache pas.

1. Var. Bezcoas. — 2. Irraesonabl. — 3. Lisez chanfn. — 4. Var. papret (recte).

274. *An dyaoull glout dre art soutil*
Eguit deceff breff heb reuil
Partabl ha gentil ha bilen
A un hat vil az compilas
A coat pe men ez quemenas
Sot ez nodas na allas quen.

275. *Te nen dout na beu na seuen*
Nemet un tra ort disordren
Vn men maru yen heb quen en bet
Ne alhes fifual na bale
Euit neb eres¹ alesse
Nemet un re az doucque quet.

276. *Fy ahanot tra assotet*
Maledicion so ouz donet
Oar quement az cret heb quet sy

Enn iffern yen certen men goar
Ez vezint dampnep² heb quet mar
En glachar ha mil amloary.

(Aman ez pet Doe oar he doulin en e cambr.)

277. *A ! Roen tron, guyrion deboner,*
Ma mestr, ma Doe ha ma croer
Ma saluer, douceder ma speret
Ma study ham affection
Ham holl soulacc en pep faczon
Ham reffection raesonet.

278. *Moz pet seder em preseruet*
Ouz temptacion³ da donet
Ma miret net pa ouz pedaff
Maz viziff glan pan iff an bet
Nam bezo na bech na pechet
Pan duy an pret da decedaff.

274. Le diable sensuel, par un art perfide, pour tromper bientôt sans ménagement ni distinction et nobles et vilains, te composa d'une vile matière, te tailla en bois ou en pierre, et te fit sotte, ne pouvant mieux.

275. Tu n'as ni vie ni vigueur, tu n'es qu'un objet sale et inconvenant, une froide pierre morte, et rien de plus : tu ne peux remuer ni marcher, quoi qu'on te fasse, à moins que quelqu'un ne t'emporte.

276. Fi de toi, chose insensée ; la malédiction va tomber sur tous ceux qui croient en toi ; dans l'enfer glacé ils seront, j'en suis assurée, damnés, dans mille douleurs et angoisses.
(Ici elle prie Dieu, à genoux, dans sa chambre).

277. Ah ! roi du ciel, juste et bon, mon maitre, mon Dieu et mon créateur, mon Sauveur, la joie de ma pensée, mon amour et mon affection, et ma seule consolation en tout, et mon légitime soutien !

278. Je vous en prie instamment, préservez-moi de la tentation à l'avenir ; gardez-moi pure, je vous prie ; que je sois sans tache quand je sortirai de ce monde ; que je ne sois chargée d'aucun péché, quand viendra le moment de mourir.

Var. 1. erasse. — 2. Dampnet (recte). — 3. Temptation.

279. A! Redemptor a enor bras
Quer map Doe an Roe a croeas
An mor glas dre compas assur
Ann heaul, hann loar, en gloar parfet
Ann eff han douar preparet
Ann holl bet hann steret net pur.

280. Huy a deux en bet men cret sur
Da meruell mic oar hon sigur[1]
Gant poan ha laur assuret
Dre se moz pet houz bezet couff
Ma mestr glan, breman ahanouff
Nam leset da prouff ancouffhaet.

Dioscorus a deu e veig.

281. Monet dan kaer a prederaff

Ha pret eu monet a credaff
Guelet a raff ez tardaff re
Pell so na viouff[2] lem em ty
Ha ne menna arretaff muy
Rac bout ennhy ma study ve.

AN MESSAGER.

282. Mar daleet, ententet se,
Ne oun enouar pe hoarffhe
Rac lies re a bale teu
Na mar be neb ampris dispar
Groaet gant den estren me en goar
Effe dich glachar re[3] dareu.

(Dioscorus a deu e queffridy hac a ya de tour.)

---

279. Ah ! vénérable Sauveur, cher fils de Dieu, du roi qui créa la mer azurée dont il mesura l'immensité, la glorieuse lumière du soleil et de la lune, le ciel et la terre dont il fit notre demeure, les étoiles pures et le monde entier !

280. Vous êtes venu au monde, je le crois assurément, afin de mourir sous notre figure, avec beaucoup de douleurs et de souffrances ; aussi, je vous prie, pensez à moi maintenant, ô mon divin maître, et ne me laissez pas oubliée dans l'épreuve.

DIOSCORE revient de son voyage.

281. Je songe à revenir chez moi, et il est temps d'aller, je crois ; je vois que je tarde trop, il y a longtemps que je n'ai été dans ma maison, et je ne veux plus m'arrêter car mon désir est d'y être rentré.

LE MESSAGER.

282. Si vous tardez, écoutez bien, je ne sais pas du tout ce qui arriverait, car beaucoup de gens sont en marches continuelles, et s'il y avait quelque entreprise extraordinaire faite par un étranger, je crois que ce serait pour vous une douleur toute prête.

(Dioscore revient de ses affaires, et va à sa tour.)

VAR. 1. Figur (recte). — 2. Viouf. — 3. Glat chare.

283. *Me ya da guelet rac pret eu*
Ma tour labouret a nen deu
Achiuet beu dren deseuaff [1]
Euel ma emoa plen ordrenet
Pe en façzon quent ma mouel
Ez vihe groaet heb arretaff.

(Aman, pan sell ouz an tour ha guelet groact try frenest, ez lauar dan mecherour :)

284. *Vahout a uhel ez guelaff*
Try frenest seul maz arhuesta | ff |
Hac emem soezaff quentaff pret
Oar an mecherour labouret [2]
Perac ez aez prob da ober
Na pez en deueux sclaer prederet.

285. *Deux flam aman, comps diff glau an*
[*manyer*
Pe en requet ez eux te groaet seder
Em tour flour quer antier na differ quet
Plen try frenest da arhuest en creis dez,
Comps an raeson dison han guyrryonez
Heb digarez discuez piu eu bezet.

286. *Memoa dit cren ha tenn gourchemennet*
Dre gueryou spes espres na grases quet
Prenest en bet dre neb fet nemet dou
Perac oarse arre ezoude ael
Da ober quen pa emoa plen ordrenet ?
Gouzuez affet ha cret ez eux groaet gou.

---

283. Je vais voir, car il est temps, si ma tour n'est pas faite et achevée selon mon intention, comme j'avais ordonné avant de partir qu'on l'exécutât sans retard.

(Ici, quand il regarde la tour et voit qu'on a fait trois fenêtres, il dit à l'ouvrier :)

284. Je vois là-bas, en l'air, trois fenêtres, en regardant bien ; et je suis surpris au premier chef, de la façon dont l'ouvrier a travaillé. Pourquoi est-il allé faire cela ? Et quelle est sa véritable intention ?

285. Allons, viens ici, et me dis franchement ce qu'il en est. A la requête de qui as-tu donc fait à ma belle et bonne tour, que j'aime, réponds, ces trois fenêtres qu'on voit au midi ? Dis ta raison sans bruit, dis la vérité, et, sans chercher d'excuse, explique-moi qui en est cause.

286. Je t'avais commandé expressément, en termes fort clairs, de ne faire absolument que deux fenêtres, sous aucun prétexte. Pourquoi donc t'es-tu avisé d'en faire plus que je ne t'avais rigoureusement ordonné ? Sache et crois bien que tu as eu tort.

1. Deceuaf. — 2. *Lis.* labourer.

LE MYSTÈRE DE SAINTE BARBE

AN MECHEROUR.

287. Houz merch heb faut, ententet baut,[1]
 [*Autrou,*
A archas plen diff perguen e guenou
Ouz a[2] *an ou amoa gnou dezrouet*
Ez groasenn net en effet an trede[3]
Maz respontis gant auis en guisse,
Rac blam dram le à se nem deurie quet.

288. Hac, emezy, gruet try espediet.
Moz diblammo pep tro noz bezo quet
Carez en bet : quent se net credet dif,
Pan duy me[4] *tat gant cher mas*[5] *ebatus,*
E queffridy net de ty gracius
Heb dout[6] *doutus haetus oz escusif.*

289. Neuse tymat neb stat ne trellatif
Ez is ma hent heb neb fent ha sentif
Pardonet dif ne rif ne fillif muy,
Dre neb study ouzichuy bizuiquen,
Na faut en bet credet en requet den,
Ne rif dich plen perguen dre neb heny.

DIOSCORUS.

290. Diot, sotin, babouin, mastin quy,
Mez punisso vn tro ne rezo sy,
Ha te ha hy deffry moz castizo
Ne ellez tam bout diblam suramant,
Sintif ouly an douas te variant
Bilen, mecbant[7]*, truant, ten amanto.*

L'OUVRIER.

287. C'est votre fille, sans mentir, entendez bien, seigneur, qui m'a commandé expressément de sa propre bouche qu'en plus de deux que j'avais déjà commencées j'en exécutasse une troisième Je lui répondis sagement ce que vous venez de dire, car je vous jure que je ne voulais pas en avoir le blâme.

288. Allons, dit-elle, hâtez-vous d'en faire trois. Je vous excuserai entièrement, et vous ne recevrez aucun reproche : car, croyez-moi bien, quand mon père reviendra à sa chère maison, joyeux et content, son affaire terminée, sans aucun doute je réussirai à vous justifier.

289. Alors, je ne le cacherai point, je me résignai aussitôt à céder et à lui obéir. Pardonnez-moi je ne le ferai plus ; je ne vous manquerai plus jamais pour aucun motif, et je ne commettrai plus aucune faute envers vous à la requête de personne.

DIOSCORE.

290. Imbécile, sot, babouin, fils de chien, je vais te punir sévèrement ; je vous châtierai sérieusement, elle et toi. Non, tu n'es point sans blâme ; devais-tu t'aviser de lui obéir, vilain, malheureux, misérable ! Tu le paieras !

VAR. 1. Haut. — 2. *Lisez* ouzpenn. — 3. Il y a ici une lacune de 57 vers que nous suppléons au moyen de l'édition de 1647. — 4. *Lisez* ma. — 5. *Lisez* mat. — 6. *Lisez* bout. — 7. *Lisez* mechant.

AN MESTR MECHEROUR.

291. Na rif quet rac me à redo,
Guell ve dif appell lesell bro.
Crouc ram dougo mar ho gourteif,
Ahanen creu em em tennif
Pan ouch en hou҃ pret ou҃ sefif¹,
Pardonet dif ne tardif muy.

AN EIL MECHEROUR.

292. O presset meurbet e҃ duet huy,
Petra so à hy² na roy
Hep quet contredy dimpny gloat?

AN MESTR.

Gloat,
Ha huy et oar lerch da querchat
Rac me bi҃uiquen louenhat,
Neraf dre e gloat na e madou,

Pa na caffen² lech da techet
Digantaf scaf nen nachaf quet,
Em la҃fe⁴ affet aguetou.

AN EIL MECHEROUR.

293. A re fin eu ho Latinou,
Allas me entent hou҃ fentou
Me pet drou҃ darnnou de [҃] rou mat,
Oar ho҃ quilben ra disquenno
Rac suramant huy ou contanto,
Gruet affo ma ou be҃o gloat.

AN MESTR.

294. Pan marusen ne cretsen mennal,
Pa na deu҃ien pi҃ ha ti҃mat
Heb quempret queniat digataf,
Quen disac҃un euel vn cas
E҃ menne breman gant an ba҃,
Hac vn cle҃ef noas ma la҃af.

LE MAITRE OUVRIER.

291. Non, car je vais me sauver. J'aime beaucoup mieux quitter le pays ; que la potence m'enlève, si je vous attends. Je m'esquiverai d'ici, pendant que vous êtes à votre repas, excusez-moi, je ne tarderai point.

LE SECOND OUVRIER.

292. Oh ! vous êtes bien pressé ! Comment ! est-ce que vous n'allez pas nous donner de l'argent ?

LE MAITRE.

De l'argent, allez après lui en chercher ; car pour moi jamais je ne jouirai de son argent ni de ses biens ; et si je n'avais trouvé moyen de le fuir promptement, je l'avoue, il n'eût pas manqué de me tuer tantôt.

LE SECOND OUVRIER.

293. Ah ! votre latin est trop subtil. Hélas ! je comprends vos feintes ; et je souhaite que, pour étrennes, quelques tuiles vous tombent sur la nuque ; car, sûrement, vous allez nous payer. Faites vite, que nous ayons de l'argent.

LE MAITRE.

294. Fallût-il mourir, je n'aurais osé lui en demander ; si je ne me fusse esquivé aussitôt, sans prendre congé de lui, il voulait me tuer sur-le-champ, avec un bâton et une épée nue, sans pitié, comme un chat.

1. Lise҃ cedif : — 2. Lis. huy. — 3. Lis. cafsen. — 4. Lis. la҃se.

AN TREDE MECHEROUR.

295. Na pe dre follaez eu dezaf,
Nara diffrae ha hon paeaf
Drouc cref eu dezaf lardaf quet,
Et aleste ¹ cren bet enhaf,
Da mennat archant digantaf
Don paeaf oar an guelhaf pret.

AN MESTR.

296. Ha huy et seder marqueret,
De pidif rac me neudif quet,
Euit tra en bet credet dif²,
Rac suramant menn namanthe
Ha de guis eff am punisse
Mar dahenn re de enouiff.

297. Dre se, credet lem, ez chemmiff
Entroch et ha gruet e pidiff
Rac pardonet diff nen diff quet

Sellet houz unan an manyer
Da comps outaff an quentaff gruer
Gruet seder an pez a querhet.

AN EIL MECHEROUR.

298. Pez digarez so hoaruezet
Pe dre sy czompny priuet
Non contante quet affet prest ?
Rac se huy hon satiffio
Suramant hac hon contanto
Pe uy ouz punisso don fest.

AN MESTR.

299. Palamour plen da un prenest
Pan voe lacquaet try manifest
A faeczon onest en creis dez
Nendeu quet contant a santaff
Nemet a ment ann ou quentaff
Try da muyhaff en guelhaff fez.

LE TROISIÈME OUVRIER.

295. Mais quelle est sa folie, qu'il ne se hâte pas de nous payer ? C'est un peu fort, qu'il tarde tant ! Allez-vous-en le trouver pour lui demander de l'argent ; que nous soyons payés au plus vite.

LE MAITRE.

296. Allez donc l'en prier si vous voulez ; pour moi, je n'irai pas, pour rien au monde, croyez-moi ; car, sûrement, je le paierais ; et il me punirait à sa manière, si j'allais trop l'ennuyer.

297. Aussi, croyez-moi bien, je m'en abstiendrai ; allez vous tous le prier ; car je n'irai point, excusez-moi. Voyez vous-mêmes la manière de lui parler le plus tôt possible ; enfin, faites ce que vous voudrez.

LE SECOND OUVRIER.

298. Quel événement sert de prétexte et nous empêche d'être promptement satisfaits ? Allons, vous nous paierez, vous nous désintéresserez, assurément, ou nous allons vous punir à notre guise.

LE MAITRE.

299. C'est à cause d'une fenêtre, quand on en a mis trois qu'on voit si bien tournées au midi ; il n'est content, je le sais, que du nombre des deux premières ; trois lui semblent trop, sur ma foi.

1. *Lisez* alesse. — 2. Ici finit la lacune de l'édition gothique.

300. Pa em em quemeris da discuez
Dezaff dan knech an tour neuez
Neuse priuez ez dicoezas
En un arragamant holl antier
Ouz guelet try prenest prest sclaer
Dren disemper a quemeras.

301. Terriff ma penn creun a mennas
Pa na ue tut guir a miras
Hac en arretas an drase
Neuse mar cruel en guelis
Dioar an lech ez didechis
Hac ez achapis en guis se.

302. Et, mar guellet gruet hoz trete,
Ha gant comps courtes martese
Ez groahe ma ouz be cheuance
Et[1] me net nendiff quet de ty
Na ne meux pe raff oul aff muy
Nac ouz heny e aliance.

AN EIL MECHEROUR.

303. Et, coz penn heig en drouc me-
[chance
Ha huy hac eff gant hoz cheuance
Chetu ny dre chance auancet
Ouz bezaff flour, ouz labourat
Ouz clasq dellit ha gonit gloat
Pe en stat ezomp baratet.

AN MESTR.

304. Ma coscor ne allaff goret.

DIOSCORUS (a comps ouz e merch).

Orcza !
Leueret espres demezell
Pez ouz oa huy hem doz[2] emmell
Am tourell na pez a sellech
Maz rech ober plen try frenest ?
Diff respontet ha bezet prest
Re manifest em detestech.

300. Quand je me mis à lui montrer d'en bas la tour neuve, alors il eut dans son cœur un emportement de rage, et il fut pris de désespoir, en voyant trois fenêtres achevées.

301. Il voulut me casser la tête, mais de braves gens l'en empêchèrent, et l'arrêtèrent alors ; le voyant si furieux, je m'enfuis de ce lieu et j'échappai ainsi.

302. Allez, faites votre compte si vous le pouvez ; et en parlant courtoisement, peut-être vous fera-t-il avoir de l'argent : car moi je n'irai point chez lui ; et je n'ai plus rien à faire avec lui ni avec personne de sa famille.

LE SECOND OUVRIER.

303. Allez à la male heure, vieille tête branlante, vous et lui, avec votre finance ! Eh bien ! nous voilà fort avancés d'avoir si bien travaillé, et cherché à mériter et à gagner de l'argent. Oh ! comme nous avons été trahis !

LE MAITRE.

304. Mes bonnes gens, je ne puis qu'y faire.

DIOSCORE parle à sa fille.

Or ça !
Dites-moi donc, mademoiselle, ce que vous aviez à vous mêler de ma tourelle, et quelle était votre intention, en faisant faire trois fenêtres ? Répondez-moi promptement ; il est manifeste que c'était par haine contre moi.

1. VAR. Er. — 2. Lisez doz hem.

305. Dou didan hac unan dan knech
Ne onn perac en ho lacaech
Na pez a songech pan rech plen
Ober try frenest en creis dez
Na pez a signiffy ryez
Comps diff preuez ma ne vez quen.

Sante Barba.

306. Muy a ra try a sclaerien
Euit na ra dou en louen
Rac se certen ez ordrenis
Dan mecherour en labour glan
Ho lacat dam grat en stat man
Rac homan eu breman an guis.

Dioscorus.

307. Les diff da riot haz sotis
Lauar ent flam pe dre ampris
Voe dit nep guis ho deuisaff.

Sante Barba.

Me menn dich iscuit recitaff
Try frenest en re onestaff
Da sclaerhat muyhaff, ne raff sy.

Dioscorus.

308. Comps diff breff pez a signiffy
Na pe en tra ez sclaerha muy ;
Lauar da studi manifest.

Sante Barba.

Oar un dro moz responto prest.
Rac tri person so en tron onest
En un test, en un maieste,
A un coudet, a un edit
Vn ster, un esper, un merit,
Vn apetit, un deite.

---

305. Deux en dessous et une en haut, je ne sais pourquoi vous les avez mises, ni ce que vous songiez en faisant faire trois fenêtres au midi. Qu'est-ce que cela signifie ? Parle-moi franchement, du moins.

Sainte Barbe.

306. Trois donnent plus de clarté que deux, le fait est certain ; c'est pourquoi j'ai ordonné à l'ouvrier d'en faire artistement trois ainsi, selon mon goût : c'est maintenant la mode.

Dioscore.

307. Laisse donc ce vain et sot prétexte ; et dis-moi franchement pour quelle raison tu les as ainsi choisies.

Sainte Barbe.

Je vais vous le dire tout de suite : trois fenêtres, c'est ce qu'il y a de plus convenable, pour éclairer le mieux, je le sais.

Dioscore.

308. Dis-moi en un mot ce que tout cela signifie, et en quoi cela éclaire mieux ; dis ta pensée franchement.

Sainte Barbe.

Je vais vous répondre à l'instant. Parce qu'il y a trois personnes dans le ciel brillant, qui ont une seule nature, une seule majesté, une seule pensée, une seule puissance, une seule dignité, un seul désir, une seule vertu, une seule volonté, une seule divinité.

Dioscorus.

309. *Pebeʒ quaquet a compset¹ te?*
Vn tra terribl impossibl ve,
Pas an dra se eʒ hoarffe quet.

Sante Barba.

309. *Men lauar hac en goar parfet*
En galloul diuin an Dreindet
Eʒ eu unyet heb quet sy
An Tat han Map nen deu goap quet
Didan un ster han glan Speret
A unn effect hep contredy.

310. *Leal, egal hep contraly*
Vn saczun commun hag² uny
Vn matery un aliance
Vnan, un van, a un manyer
Vn opinion deboner
Vn guer, un cher, heb differance.

311. *A un spes, hac a un essance*
Vn moean hac un conuenance
Vn sapiance, un liance net
Vn mat, un stat a un natur,
Vn grat, un poellat, un statur,
Vn musur pur, un cur furmet.

Dioscorus.

312. *Nen deu henneʒ aʒnaueʒet*
Gant neb den, men goar plen, en bet
En effet nemet guenede,
Na pe en glenn e chom henneʒ?
Lauar heb mar da digareʒ,
Pebeʒ folleʒ a compseʒ te?

Dioscore.

309. Quel fatras me débites-tu là? Il est bien impossible qu'il existe une pareille merveille.

Sainte Barbe.

Je le dis et je le sais parfaitement; dans le pouvoir divin de la Trinité sont intimement unis le Père et le Fils, sans mentir, avec la même dignité, et le Saint-Esprit, avec la même puissance, sans contredit.

310. Ils sont absolument égaux, sans différence; c'est une communauté bien unie, une alliance substantielle, une unité tout à fait complète, un seul esprit divin, une seule parole, une seule félicité, sans distinction.

311. Une seule substance, une seule essence, une seule vertu, une seule beauté, une seule sagesse, une seule unité, un seul bien, un seul état, une seule nature, une seule bonté, une seule activité, une seule immensité, une seule mesure infinie, une seule providence.

Dioscore.

312. Ceci n'est connu, je le sais fort bien, de personne au monde, que de toi; et dans quel pays demeure cet être? dis-moi jusqu'au bout ta pensée. Quelle sottise tu racontes là!

---

1. *Liseʒ* compseʒ. — Var. 2. Hac.

313. Dampnet eu net nep en crethe
Ha trompet eu cals eualse
Dre an dra se rac nen deu quet
Possibl aesibl en disciplin
Oar hon doeou quet [1] *anterin*
Effe neb fin determinet.

SANTE BARBA.

314. A drouc squient ez ententet
Rac un tra contrel da guelet
Vihe lauaret, na ret dout,
Ez vez heb gou hoz doeou fall
So men goar ha bouzar ha dall
Leun a pep goall, a neb gallout.

315. Nen dint a daffnez da vezout
Mat [2] *na sauant na da santout*
Na da bout en nep rout soutil

Ha neb a cret en ho fetou
So milliguet drenn holl bedou
Rac y so heb gou doeou vil.

DIOSCORUS.

316. Lauar diff espres pe dre stil
Eu dit breff na dougnez reuil
Dam doeou gentil abill acc.

SANTE BARBA.

Crachet oar pep tro en ho facc
A rahenn ha pan caffenn spacc
En pep placc en ho effaczenn
Lous, louidic ha milliguet
Dyaoullou vil drouc compilet
Gant tut dampnet dre fals credenn.

---

313. Celui qui le croirait serait damné tout net, et fort trompé : car il n'est pas facile, il n'est pas possible de penser que nos dieux augustes sont seulement des êtres périssables.

SAINTE BARBE.

314. Vous l'entendez mal : car, n'en doutez pas, ce serait une chose contraire à l'expérience, de dire que vos mauvais dieux sont véridiques, eux qui, je le sais, sont sourds et aveugles, remplis de défauts et sans pouvoir.

315. Ils ne sont pas d'une nature propre à avoir de bonnes qualités, à savoir, à sentir, ni à réfléchir en aucune façon; et celui qui a foi dans leur histoire est maudit dans tous les mondes : car ce sont, sans mentir, de vilains dieux.

DIOSCORE.

316. Dis-moi donc en peu de mots ce que tu as, à ne pas porter respect à mes dieux si bons et si sages.

SAINTE BARBE.

Je leur cracherais bien à la face si j'en trouvais l'occasion ; je les détruirais en tout lieu, ces sales démons, puants et maudits, odieusement fabriqués pour la superstition, par des réprouvés.

1. *Lisez* quer. — 2. *Lis.* mau.

DIOSCORUS.

317. Comps aman breman buhan crenn,
Lauar diff heb goap pe da penn
Eu dit tenn, na pez a mennez
Blasfemaff a cre ma doeou
Na prezec guer ho oberou
Sotoniou a dezrouez.

318. Lauar diff crenn piu eu hennez
Heruez da manyer a querez
Na pe a rez e compsez te
Lacat en despit eguit try
Ma doeou bras dre fantasy
Da sotony ho descry re.

SANTE BARBA.

319. Me recit an diuinite
Hac an melit an deite
Hac an maieste dereat

So en baradoes composet
Dre mister diuin an Dreindet
Compilet hac ordrenet mat.

320. Eno suramant Doe an Tat
A prederas gant cals a stat
E grat mat hac e pligadur
Ober an bet net drezedy
Ha quezquement penn so enn hy
Euel mazedy en Scriptur.

321. Eff roe a croeas a tra sur
Heb quet a dout e gallout pur
Quement croeadur so furmet
Hac a gueure ann eff pep queuer
Hann holl planedou hep gou guer
Ann heaul an loar[1] *han holl steret.*

DIOSCORE.

317. Parle-moi bien vite, et dis-moi, sans mentir, à quel but tu tends, et quelle est ta prétention, de blasphémer si fort mes dieux? Ne dis plus mot de leurs œuvres, car tu n'as proféré que des insanités.

318. Dis-moi donc clairement à qui tu rends un culte et de quel droit tu parles pour décrier, par fantaisie, mes grands dieux, au profit de trois autres? Ta folie les rabaisse étrangement.

SAINTE BARBE.

319. Je confesse un Dieu, une divinité glorieuse, une majesté suprême qui forme au paradis, par un ordre admirable, le mystère de la Sainte-Trinité.

320. C'est là, assurément, que Dieu le Père, dans sa sagesse et pour son bon plaisir, résolut de faire le monde tel qu'il est, avec tout ce qui s'y trouve : c'est ainsi que le marque l'Ecriture.

321. Ce fut lui, sans aucun doute, qui dans sa souveraine puissance créa et forma toute créature : il fit l'immensité du ciel, et toutes les planètes, sans mentir, le soleil, la lune et toutes les étoiles.

1. *Lizez* loer.

322. Quentaff dinoe[1] ez voe croeet
En baradoes ha composet
Ann Alez affet, heb quet sy,
Hac eme [2] ann Ael uhelhaff
Hanuet Luciffer an sclerhaff
Out aff re scaff quempret affuy.

323. Dre ourgouill bras ha fantasy
Ez mennas plen dreis pep heny
Caffoet ann audivi muyhaff
En espres en les celestel [3]
Ha bezaff pep tu quen uhel
Euel an supernel haenaff [4].

324. Neuse tizmat ez leuzrat scaff
En e ourgoill denn em brouillaff
Dre procuraff an quentaff crim

Da un prison don disonest
En poan hac en cry manifest
Doe e tempest ne ra estim.

325. Eff he aliance a chance priim
A caczal heb goap dann abim
Leun a venim inestimabl
Da chom bizhuiquen heb quet fin
E mil estrenva ha iayn
En lech villain abhominabl.

DIOSCORUS.

326. Nen deu quet da caquet etabl
En neb faeczon na raesonabl
Na conuenabl, na notabl quet,
Nen deuoa neb gracc mar quaczet [5]
E Ael eternel euel se
Heb bout a darre gourreet.

---

322. D'abord, certes, furent créés et formés, au paradis, les anges ; le premier d'entre eux, le plus brillant, nommé Lucifer, devint bientôt jaloux de Dieu.

323. Dans l'excès d'un orgueil insensé, il voulut avoir expressément l'autorité suprême sur tout être, dans la cour céleste, et être en tout aussi élevé que l'Eternel lui-même.

324. Mais aussitôt il fut précipité, et son orgueil confondu, pour avoir causé le premier crime ; il fut jeté dans une prison profonde et déshonorante, au milieu des tourments et des cris : Dieu ne fait point de cas de sa fureur.

325. Lui et ses alliés furent envoyés soudain dans l'abîme plein d'une horreur indicible, pour y demeurer sans fin, à jamais, avec mille tortures effroyables, dans ce lieu terrible et affreux.

DIOSCORE.

326. Ton caquet n'est point raisonnable, il n'a ni vérité, ni convenance, ni caractère sérieux : ce Dieu n'avait aucune bonté, s'il envoyait ainsi son ange éternel aux abîmes, sans espoir de relèvement ;

VAR. 1. Diuoe. — 2. Lisez effoe ? — VAR. 3. Lez celestiel. — 4. Lis. haelaff. — VAR. 5. Caczo (recte).

327. *Hac enit bech a un pechet*
Goude enn eff e bout eff groaet
En caczet en un qualether,
A ban oa an Aelez coezet
Oar se da Doe nen deuoe quet
Compaingnunez en bet seder.

SANTE BARBA a respont.

328. *A pan guelas Doe an croer*
Ez oa goulloet a tra seder
Cals an nvuer e cadoeryou
Ez prederas sclaer ober den
Dre e gallout heb neb southen [1]
Do cargaff a plen heb quen gou.

329. *Heb reux neuse ez gueure dou*
Da nezaff affet priedou
Maz rosent hadou en louen

Froez ha lignez da annhezaff
An sigou goulloet da quentaff
Rac se voe dezaff forgaff den.

330. *Neuse dinoas o lacas plen*
En un lech plaesant da antren
En deuoa certen ordrenet
A ioa galuet affet, me dest,
Delectation lech onest
Baradoes terrest aprestet.

331. *Eno Lucifer, drouc speret,*
A deuz do temptaff quentaff pret,
Dre affuy meurbet credet voe
Ma o lacas dan pas a scaff [2]
Dre an drouguiaez anezaff
Da quentaff da offensaff Doe.

---

327. S'il l'envoyait à un dur châtiment, pour s'être chargé d'un péché, après l'avoir créé dans le ciel. Depuis la chute des anges, Dieu n'eut donc plus aucune compagnie.

SAINTE BARBE répond.

328. Quand Dieu le créateur vit ainsi devenus vides un grand nombre de sièges, il pensa sérieusement, pour les remplir, à faire l'homme par sa souveraine puissance : ceci n'est point une fable.

329. Alors il fit sans difficulté deux êtres humains pour être époux et produire heureusement une famille, une race qui vint occuper les sièges laissés vides : tel fut son dessein en formant l'homme.

330. Alors il les mit, dans l'état d'innocence, en un lieu agréable à voir, qu'il avait créé et arrangé exprès, et qui était appelé, je l'atteste, l'aimable séjour des délices, le paradis terrestre.

331. Là, Lucifer, le mauvais esprit, vint les tenter aussitôt, et ce fut par grande jalousie, croyez-le ; si bien qu'il les amena bien vite, dans sa malice, à offenser Dieu.

VAR. 1. Souten (*recte*). — 2. Ascaf.

332. *Eff a deuz quen prest oar estoe*[1]
Do tennaff a scrap dre apoe
Da pechiff ouz Doe an roe pur
Dre un tam auall re qualet
Ann guezenn ayoa diffennet
O trompas affet bezet sur.

333. *Pan guelas Doen Tat ho natur*
Na rent nep stat e pligiadur
Na nac oant fur nac eui us
En ho quaczas ne fallas quet
Da prouff poan ha doan oar an bet
Ne viont quet, credet, haetus.

334. *En melcony maugracius*
Pep rout en uun hiruout doutus
Huanadus ha confus re

En ho leuzras Doe an Croer
An lech maz edoent, dren conter,
En unn hirder re amdere.

DIOSCORUS.

335. *Crueldet bras voe an drase;*
Perac heb neb goall mar galse
Na ra eff pep re da uezaff
Quen parfet heb quet contredy
Dre ho squient maz mirsent y
Outaff dre affuy faziaff?

336. *Sotis ha follaez oa dezaff*
Mar guilly miret permettaff
Na remedaff scaff quentaff guer
Ho ober a pechet net flam
Legetim cuit heb dellit blam
Na doen estlam en neb amser.

332. Il vint à bout, à force d'efforts, de les amener à pécher méchamment contre Dieu, le saint roi, au sujet d'un fatal morceau de pomme de l'arbre défendu ; et il les trompa, sachez-le bien.

333. Lorsque Dieu le Père vit ce qu'il en était, qu'ils ne faisaient aucun cas de sa volonté, et qu'ils avaient le malheur de n'être pas sages, il ne manqua pas de les envoyer éprouver de la peine et du souci par le monde, et ils ne furent pas joyeux, croyez-le bien.

334. Pleins de tristesse et de douleur, d'inquiétudes et de confusion, gémissants et soupirants, Dieu le créateur les renvoya, dit-on, du lieu où ils étaient, dans un état fâcheux et désagréable.

DIOSCORE.

335. C'était là, sans contredit, une grande cruauté : pourquoi, s'il le peut, ne fait-il pas tous les hommes sans défaut, assez parfaits pour s'abstenir sagement de l'offenser par envie ?

336. Quelle sottise et quelle folie de sa part, de ne pas leur permettre, s'il le pouvait, et de ne pas ainsi les rendre d'un seul coup purs de tout péché, soumis à la loi, irréprochables, et sans expiation à supporter jamais!

VAR. 1. E stoe.

SANTE BARBA (a respont).

337. Drenn abec man en pep manyer
Ez viont sugiet ent seder
Y hac o sper heb differaff
Da vout enn iffern eternel
Dren pechet guyr originel,
En repel cruel iselhaff.

338. Doe an Tat pan voe mat gantaff
A dileuzras dren cas a scaff
Eguit amantaff quentaff pret
E map mat hegarat natur
Da quemeret quic ha figur
En un guerches pur assuret.

339. Neuse dezy notiffiet
Dre Gabriel gant vueltet

Voe ann secret oar an bet man
An eil person din an Dreindet
Aioa enn hy crenn disquennet
Ha conceuet dren Speret glan.

340. Goude espres an Guerches man
En ganas net oar an bet man
Heb ancquen na poan neb manyer
Guerch ha glan homan a manas
Heb caffout nech, na ne pechas;
Mister bras voe an cas a sclaer.

341. Pan oa bezet en bet seder
Dou bloaz ha tregont, a conter,
Ha tri mis antier moderet [1],
Neuse affet an Princet bras
Heb caux nac abec ha dre cas
A pourchaczas gant diblasdet

SAINTE BARBE répond.

337. Voilà pourquoi ils furent sujets, certes, eux et leur race, sans distinction, à aller à l'abîme éternel de l'enfer, à cause du péché originel, dans une cruelle réprobation.

338. Dieu le Père, quand il jugea à propos, envoya, à ce sujet, pour réconcilier bientôt le monde, son Fils si bon et si aimable, prendre chair et figure humaine dans le sein d'une vierge très pure.

339. Alors, Gabriel lui annonça humblement que ce mystère s'était accompli en ce monde ; que la seconde personne de la sainte Trinité était descendue en elle, et y avait été conçue par l'opération du Saint-Esprit.

340. Ensuite, cette vierge pure le mit au monde sans aucune douleur ni souffrance ; elle resta vierge et sans souillure ni péché ; c'est là évidemment un grand mystère.

341. Quand il fut resté au monde trente-deux ans, dit-on, et à peu près trois mois entiers, alors les grands princes, sans cause ni motif, firent en sorte, dans leur haine cruelle,

---

1. Ce vers manque dans l'édition gothique.

342. *Ef fize seder quemeret*
Hastiff dre drouc striff ha liffret
Ha condampnet heb sellet pas
Dren predersont ez gruesont plen
Eno ez lacat Doe ha den
Euit lignez humen en croas.

343. *Ha Joseph Darimatias*
A hane crenn en disquennas
Hac en lacas, ne fallas quet,
En un bez teu beu ha neuez
Maz sauas[1] *net dan trede dez.*
Dren Aelez ez voe discuezet.

344. *Heb quet a sy dan Mariet*
An bez aedo goloet
Hac eff resuscitet net glan

Hac aet da querchat an Tadou
Dan iffern puant ouz an tnou[2],
Out aff heb gou effiout louan.

DIOSCORUS.

345. *Me ne cretaff tam an traman*
Ez deuzye quet oar an bet man
Ha doen e hunan an poan se
Nemet un Doe sot riotus
Euit un cur so maleurus
Ha confus nen nem abusse.

346. *Nen doa quet e cas an drase*
Mar boa Doe freals eualse
Euit un dle na dellezas
Donet neb rout da vezout den
Na[3] *gouzaff garu an maru yen*
Euit lignez humen en croas.

---

342. Qu'il fût saisi avec une violence sacrilège, livré et condamné sans égard. Ils firent comme ils l'avaient résolu ; et l'Homme-Dieu fut mis en croix pour le genre humain.

343. Joseph d'Arimathie l'en descendit, et ne manqua pas de le mettre dans un tombeau épais, nouvellement taillé dans le roc vif ; mais il sortit glorieusement le troisième jour, comme les anges l'annoncèrent

344. Sans détour aux Maries, du tombeau, qui était scellé ; et il ressuscita, plein de vie, après avoir été chercher dans l'abîme horrible des enfers les patriarches ; ceux-ci furent, sans mentir, bien heureux de le voir.

DIOSCORE.

345. Je ne crois rien du tout de cela ; je ne pense pas qu'un Dieu, à moins d'être fou et aventureux, ait pu venir en ce monde souffrir lui-même un pareil supplice et s'exposer à tant de confusion pour une affaire si pénible.

346. Ce n'était pas le cas, si Dieu était bienheureux, que pour une dette qui ne l'engageait pas, il vint se faire homme,-et souffrir une mort froide et cruelle, pour le genre humain, sur la croix.

VAR. 1. sauas (recte). — 2. Ce vers manque dans l'édition gothique. — 3. Na da (recte).

Santes Barba.

347. Ha goudese ez gourreas
Euel Autrou enn effou bras
Maz asezas ne fallas quet
A dehou da Doe an Tat natur
Uniet en Dreindet net pur
Drezedy en Scriptur furmet.

348. Grace an Speret glan oar an bet
A dileuzrat plen ordrenet
Da confortaff net en quentel
Gant un son guiryon hac onest
Dan ty maz oant y manifest
Ouz ober fest ann Abestel.

349. Vn dro chetu ez duy cruel
Euel guir barner eternel
Gant un stat uhel euel penn
Da barnn an bet, na lequet sy,
So glan didan e damany
Ne eil* neb heny e diffen.

350. Eno pebez tro vezo henn
Pan duy ann eff gant clezeff guenn
Oar un coffabrenn crenn en aer
Neuse pep de place a caczo
Diouz ho dellit o merito
Pep anezo en guello sclaer.

351. Petra a vezo groat en seder
Dirac penn henn ont pan conter
En lech na alher differaff
Gant poan ha dout ha hiruout bras
Ez caczo pep unan dan cas
Pan duy an pas de guir tassaff.

Sainte Barbe.

347. Ensuite, il s'éleva en maître dans les grands cieux, où il s'assit, certes, à la droite de Dieu le Père, dans l'union de la Sainte-Trinité ; c'est ce que marque l'Écriture.

348. Il envoya, selon sa promesse, la grâce de l'Esprit-Saint, en ce monde, aux apôtres assemblés solennellement dans une maison, pour les affermir et les instruire dans le bien et dans la vérité.

349. Et voilà qu'un jour il viendra sévèrement, juge équitable et éternel, dans la pompe glorieuse d'un roi, juger le monde, qui, sachez-le, est tout entier sous sa domination ; nul ne peut s'y soustraire.

350. Oh ! quel spectacle ce sera, quand il viendra du ciel, avec une épée nue, sur un nuage élevé ! Alors il mettra chacun à sa place, et il traitera tous les hommes selon leur mérite, comme ils le sentiront bien.

351. Que pourra-t-on faire quand il faudra compter avec ce juge, sans délai possible ? Il enverra, dans la peine et les gémissements douloureux, chacun à sa place, quand viendra le moment d'une juste rétribution.

Var. 1. Ell (recte).

352. *Heman eu Doe a auoeaff*
So leun a gallout heb doutaff
Plen ouz renaff en muyhaff tron
Enel Doe ha den heb quen sy
En triumph meurbet ez edy
Dreis pep heny en unyon.

353. *Bout en e gracc en pep façzon*
Eu hep muy ma affection
Ham deuocion raeson eu
Rac eff eu ann Autrou louen
Redemptor an bet credet plen
A re souten da ped [1] *den beu.*

354. *Huy houz eux hep gou doeou teu*
Groaet a pep saffar drouc dareu
Ha nen dint na beu na seuen

Ymagiou hacr, simulacret,
Na galhent neb quentel guelet
Na prezec quet en requet den.

355. *Dyaoullou bras vil ha bilen*
En creis sistern ann iffernn yen
Dampnet bezhuiquen en penet
Eu neb a cret ho deffe gallout [2]
Heb remet en bet na ret dout
En cant mil hiruout deboutet.

356. *Euo heb fin determinet*
Ez chommint na ne flachint quet
Condampnet dre ho pechedou
En mil tourmant en creis an tan
En un fournaesat gant Satan
Hoaz ez eu bihan ho poanyou.

352. C'est là le Dieu que je reconnais : il est plein d'un pouvoir incontestable, il gouverne d'une manière absolue au haut du ciel, comme Dieu et homme, sans contredit ; il triomphe glorieusement au-dessus de tous dans l'union divine.

353. Etre entièrement dans sa grâce, voilà tout mon désir et mon vœu, bien raisonnable : car c'est lui l'heureux seigneur, le rédempteur du monde, croyez-le bien, celui qui soutient tous les vivants.

354. Pour vous, vous n'avez que des dieux épais, faits de toute sorte de matière mal apprêtée, et qui n'ont ni vie, ni vigueur : des images, de vains simulacres qui ne peuvent en aucune façon voir ni parler à la requête de personne,

355. De grands démons hideux et repoussants ; au fond de l'abîme de l'enfer glacé sont damnés à jamais dans les tourments, tous ceux qui croient en leur puissance, sans aucune rémission, croyez-le bien, et dans mille gémissements de désespoir.

356. Là, sans fin aucune, ils resteront, et n'en bougeront pas ; condamnés pour leurs péchés, dans mille tourments au milieu du feu, dans la même fournaise que Satan ; encore leurs peines sont-elles trop légères.

1. *Lisez* Pep. — 2. Ce vers a une syllabe de trop et manque de rime intérieure.

Dioscorus.

357. A! paillardes! pautres esou,
Penaux e3 deu yen a3 guenou
Blasfemaff ma doeou louen
Hac y heb goall dre ho gallout
Ou3 gouuernn an bet heb quet dout
Hac en pep rout o3 ma souten.

358. Me ray dit cruell meruell yen;
En placc man breman oar en¹ men
E3 renty dyen da eneff
An despet dan stinn² a3 ligne3
Me3 lamo pep tu a buhe3,
Me toe dam fe3, gant ma cle3eff.

(Sante Barba a pet Doe de diffenn, ha neuse un men bras en em digoras hac he cuzas ouz he tat a predere neuse he lazaff.)

359. Ach! Autrou splann, croer ann eff,
Mo3 pet net pleu, be3et guen eff,
Ha cleuet ma leff pep queuer
A coudet huec, me hou3 requet,
Dre guir amour em sicourhet
Nam leset quet en qualetder.

Dioscorus.

360. Ma3 eu hy aet? compset seder,
Mar buhan, na pe en manyer?
Na pe dre mister, leueret,
E3 guell bout, na pe dre souten
En he loncas breman an men,
Na pe dre termen ordrenet?

Dioscore.

357. Ah! coquine, fille dévergondée, comment ta bouche ose-t-elle blasphémer froidement mes dieux bienheureux, eux qui, sans faute, par leur puissance, gouvernent évidemment le monde, et me soutiennent de toute façon!

358. Je te ferai cruellement sentir la froide mort; en ce lieu même, à l'instant, sur cette pierre, tu vas rendre l'âme; malgré ta naissance et ta race, je t'enlèverai complétement la vie, je le jure par ma foi, avec mon épée.

(Sainte Barbe prie Dieu de la défendre, et alors une grande pierre s'ouvrit et la cacha à son père, qui voulait alors la tuer.)

359. Ah! Seigneur glorieux, créateur du ciel, je vous en prie instamment, soyez avec moi, et écoutez mes cris d'un cœur miséricordieux, je vous en supplie; vous me secourrez avec un tendre amour, et vous ne me laisserez pas dans cette extrémité.

Dioscore.

360. Où est-elle allée si vite, et de quelle façon? Parlez donc! Et par quel mystère, dites-le-moi, et par quel secours, cela a-t-il pu se faire? Sur quel ordre la pierre l'a-t-elle engloutie à l'instant?

Var. 1. An (recte). — 2. Stin.

361. Me so dibaraill maruaillet
Ne onn pelech eʒ eu techet
Na ne gouffenn quet maʒ edy
Pe hy so en douar separet
Na pe en tu eʒ eu cuʒet,
Maʒ ouff soueʒet, na lequet sy.

362. Chetu cas bras a fantasy
A huy neb pas he guelas hy
Dre nep sy ouʒ dispartiaff
Nac ouʒ monet glan ahanenn;
Respontet ha leueret crenn,
Dichuy crenn eʒ gourchemennaff.

Messager Dioscorus a respont dezaff.

363. Dren Doe diuoe a auoeaff
Ne guilis quet, ententet scaff,

Dich en tocaff nen nachaff quet
Pan gouffenn en lauarhenn flam
Na nem deurffe quet caffet cam
Euit hy tam na bout blamet.

Dioscorus a goulenn ouz Claudin.

364. Na te ? peʒ eux te prederet ?

Claudin.

En un lech pennac dre acquet
Eʒ crethenn effe em tennet
De hem cuʒet na nen deu quen [1]
Ret eu en douar pe oar tech
Rac heb abaff pa e quaffech
E laʒhech ha ne douchech den.

---

361. Je suis dans un étonnement sans pareil, je ne sais où elle s'est enfuie et ne saurais dire où elle est, soit que la terre l'ait engloutie, soit qu'elle soit cachée quelque part ; et j'en suis extrêmement surpris.

362. Voilà un singulier événement ! Ne l'avez-vous pas vue s'en aller de quelque côté, et s'échapper d'ici ? Répondez et dites-moi franchement, je vous l'ordonne expressément.

Le messager de Dioscore lui répond.

363. Par le Dieu que j'adore, certes, je ne l'ai point vue, sachez-le bien, je vous le jure et ne vous le cache pas ; si je le savais, je vous le dirais bien : je ne voudrais pas souffrir aucun tort pour elle, ni encourir de reproche.

Dioscore demande à Claudin.

364. Et toi, qu'est-ce que tu penses ?

Claudin.

Je croirais qu'elle s'est retirée subtilement quelque part pour se cacher, il n'y a pas de doute : elle est allée dans la terre ou s'est enfuie, car, sans ménagement, si vous la trouviez, vous la tueriez, sans craindre personne.

---

1. Ce vers semble altéré : liseʒ cuzet nen deu quet quen !

DIOSCORUS.

365. Ret eu gouzout piu he souten
Rac me ya tizmat a stat plen
Da gouzout a den an menez
En quarter se he guelse quet
Mar he caffaff an quentaff pret
Me laquay da miret vetez

366. En un prison em guiryonez
Da gouzaff poan ha bihannez
Na dezhe¹ buhez ne vezo
Nemet en tourmant dicoantis
Didan goart en lech start gardis
Rac dam guis me he punisso.

MESSAGER Dioscorus.

367. Gruet he miret, na sellet tro
En un lech certen hac eno
Gruet maz chommo na flacho quet.

CLAUDIN.

Ne gouzffech vann he cannaff²
Na bout rust nac ouz he fustaff
Dissimulaff pa ouz pedaff gruet.

(Aman Gueguen ha Riualen a ya dan menez da miret hoz deuet.)

RIUALEN.

368. Ha! Gueguen, Gueguen.

GUEGUEN.

Petra so a mall? Riualen³.

RIUALLEN.

A ny ya, Gueguen, dan menez
Da miret hon deffuet vetez
Hac eno, dram fez, on bezo
Amser euit ober cher mal
Me meux a crenn silsiguenn plat
Ha boutaillat a guin mat so.

365. Il faut savoir qui la soutient. Je vais bien vite, et avec soin, m'informer si quelqu'un de la montagne ne l'aurait pas vue dans ce quartier; si je la trouve tout de suite, je la ferai garder aujourd'hui même

366. Dans une prison, en vérité, pour y souffrir peine et misère; et il n'y aura de vie pour elle que dans le tourment et l'opprobre, gardée rigoureusement dans un lieu étroit; car je veux la punir à ma guise.

LE MESSAGER DE DIOSCORE.

367. Faites-la garder, sans rien craindre, en lieu sûr; et faites qu'elle reste là et n'en bouge pas.

CLAUDIN.

Vous ne sauriez le battre d'aucune façon, ni la frapper rudement : dissimulez, je vous en prie.

(Ici Gueguen et Rivallen vont à la montagne garder leurs brebis.)

RIVALLEN.

368. Ha! Gueguen, Gueguen.

GUEGUEN.

Qu'y a-t-il de si pressé, Rivallen?

RIVALLEN.

Allons-nous, Gueguen, à la montagne garder nos brebis aujourd'hui? Là, par ma foi, nous aurons du temps pour faire bonne chère. J'ai d'excellentes saucisses et une bouteille de bon vin.

1. Lisez dezhy? VAR. Bez he. — 2. VAR. Quet rann (recte). — 3. Riuallen.

LE MYSTÈRE DE SAINTE BARBE

GUEGUEN.

369. Ya, dempny ha me benujo ;
Daz hem auance a te danczo
Cza ! comp affo, non guelo den.

RIVALLEN.

Pebez hoary on be ny quen ?
Mar bez anezr yenien
Deomp, Gueguen, don em pourmenaff.

GUEGUEN.

370. Guell eu deompny frisq diuiscaff
Da mellat ha da ebataff,
Euit hon em tommaff a mat.

RIVALLEN.

Heman so taul sech a brech mat
A ya tizmat hac a pat pell.
Horell !

GUEGUEN.

A te teux affet guelet guell
Heb fellell tam gant ma cammell,
Horell !

(Aman ez guelont sante Barba ouz techet rac he tat ; hac ez lauar Riualen drouc.)

371. Hau ! cleu !
Lauar a te goar ma za Barba
Ac eff so hoaruezet netra
Na perac tra eu eza hy ?

GUEGUEN.

369. Oui, allons, et je ferai de la musique ; avance-toi, et tu danseras ! Çà, allons vite, que personne ne nous voie.

RIVALLEN.

Quel autre divertissement aurons-nous ? S'il fait froid, allons, Gueguen, nous promener.

GUEGUEN.

370. Il vaut mieux quitter nos habits pour nous amuser à jouer à la soule, et nous bien échauffer.

RIVALLEN.

Voilà un coup sec, d'un bon bras, qui vient vite et qui dure longtemps. Allons !

GUEGUEN.

As-tu jamais vu faire mieux ? Sans manquer, avec ma crosse, allons !
(Ici ils voient sainte Barbe fuir devant son père ; et le méchant Rivallen dit :)

371. Ah ! tiens !
Dis-moi si tu sais où va Barbe ? Est-ce qu'il est arrivé quelque chose ? Pourquoi s'en va-t-elle ?

GUEGUEN mat.

Tau, Riualen, pe laz dimp ny
Ema en he pres, ha less y,
Sco oar da hoary ha diuoe.

RIUALLEN.

372. Vn tra so hoarnezet me toe
Chede peguen buan an Roe
Ez due en ploe quen enoeet
Oar lerch he merch ha de querchat
Vn tra so groaet nac eu quet mat
Hac ez eu pep stat debatet.

GUEGUEN.

373. Nac eguit se............
Morchet az eux, me nemeux quet.

RIUALLEN.

Vn dra a treux he deueux groaet
Hac ez eu ouz knech ditechet
Dez em cuzet nen deu quet gou
Allas! ma car, na lauar quet
Es te¹ hy neb quentel guelet
Ouz darempret en on metou.

GUEGUEN.

374. Ne falhe quet lauaret gou
Eff a trouche creun hon pennou
An Autrou, euel da dou quy.

RIUALLEN.

Me en goar breff mar he queff y
E lazo yen gant villeny
Hac e groay net espediet.

LE BON GUEGUEN.

Tais-toi, Rivallen : que nous importe ? Elle est pressée, laisse-la, et sois bien à ton jeu.

RIVALLEN.

372. Il est arrivé quelque chose, je le jure : vois comme le roi va vite par la campagne tout fâché, pour chercher sa fille. Il s'est passé quelque chose qui n'est pas bien ; et il y a, en tout cas, quelque différend.

GUEGUEN.

373. Et pour cela, tu t'inquiètes ? Moi je ne le fais pas.

RIVALLEN.

Elle a fait quelque chose de travers, et s'est enfuie sur la montagne pour se cacher, il n'y a pas de doute. Hélas ! mon ami, ne dis pas que tu l'as vue d'aucune façon se promenant près de nous.

GUEGUEN.

374. Il ne faudra pas mentir : le maître nous couperait la tête, comme à deux chiens.

RIVALLEN.

Je sais fort bien que s'il la trouve il la tuera avec une froide cruauté, et s'en débarrassera immédiatement.

VAR. 1. Effe.

Dioscorus (a goulenn e merch).

375. *Leueret diff flour, pastouret,*
A huy uffuel houz eux guelet
Ouz donet quet en houz metou
Barba ma merch mar be querzhet [1]
Aman ouz knech, na ditechel,
Respontet, ha na compset gou.

An berger mat RIUALLEN.

376. *Ententet baut heb faut, Autrou,*
Ha me compso plen am guenou
Mar queret sezlou en louen
Me e neb guis ne gnilis quet
Duet en menez man na goureet [2]
Nen nachenn quet en requet den.

DIOSCORUS.

377. *Me toe dam quil, map an bilen,*
Me roy dit mau oar ann auen
Ma ne compsez plen certen diff
A te neb quentel he guelas
Euit an dez en menez bras
Mar nachez un pas ez quasiff.

(Goudese ez goulenn ouz an drouc berger.)

378. *Na te? A te goar? lauar diff*

AN DROUC BERGER GUEGUEN.

Mar queret sellet ha crediff
Derchell houz hent ha ma sentiff
E discuezif ne filliff quet
Rac me he guelas a pasou
Ouz tremen membry hebiou,
Secret aquetou sezlouet.

DIOSCORE demande sa fille.

375. Dites-moi donc, bergers, si vous n'auriez point vu venir près de vous Barbe, ma fille, de peur qu'on ne la cherchât? Ne s'est-elle pas enfuie sur ces hauteurs? Répondez, et ne mentez pas.

LE BON BERGER RIVALLEN.

376. Entendez bien, seigneur, et, sans faute, ma bouche vous dira la vérité, si vous voulez bien m'écouter. Je ne l'ai vue en aucune façon, ni entendue venir sur cette montagne : sans quoi personne ne me ferait le nier.

DIOSCORE.

377. Je le jure par mon dos, fils de vilain, je te donnerai un bon coup sur la mâchoire, à moins que tu ne me dises franchement si tu l'as vue de quelque façon aujourd'hui, sur la grande montagne : si tu me le caches, je vais te mettre au pas.

(Ensuite il demande au méchant berger.)
378. Et toi? Sais-tu? Dis-le-moi.

LE MAUVAIS BERGER GUEGUEN.

Si vous voulez bien regarder et m'en croire, et continuer votre chemin comme je vous le dirai, je vous la montrerai, sans faute : car je viens de la voir aller par ici, pas à pas, je le jure ; elle se cachait, sachez-le.

1. *Lisez* Querchet. 2. VAR. Na gourret; *lisez* na gouezet, *ou* gouzuezet ?

379. Me guelas dison ouz monet
He hunau, ha hy' quen poanyet ;
An bet a calet ez rede
Ne gortose den neb heny
Na clenet neb rout comps out y
Na dale muy ne deuruihe.

DIOSCORUS.

Pa he caffenn me quelennhe !

RIVALLEN a lauar da Gueguen.

380. Lauar, pautr vil, map eguile,
Perac heb dellit eu dide
He discuez euelse dezaff
Breman heb truez he canno

Heb neb abaff pan e caffo
He pourmeno maz vezo claff.

GUEGUEN.

381. Mar groa follez, dius dezaff
Me e carhe fustet mat gont aff
Na forz ne raff mar bezaff cuit.

SAINTE BARBA.

Ma malloez quentaff a roaff dit,
Coz paillart fell dre da Jellit
Maz duy gant depit da guitot
An Azrouant dicaraute;
Dre da sotis ouz ma discuez
Ched en¹ boutez a dellezset.

---

379. Je l'ai vue sans bruit marcher seule, et bien en peine : elle courait vite le pays, sans vouloir attendre personne, ni écouter personne lui parler, et sans consentir à s'arrêter.

DIOSCORE.

Si je la trouvais, je la corrigerais !

RIVALLEN dit à Gueguen.

380. Dis, mauvais garçon, fils de l'autre, qu'est-ce que tu avais à la lui dénoncer sans raison ? Maintenant il la battra sans pitié et sans égard, quand il la trouvera ; il la mènera de façon à la rendre malade.

GUEGUEN.

381. Si elle fait des folies malgré lui, je voudrais qu'il la battît bien ; et que m'importe, si j'en suis quitte ?

SAINTE BARBE.

Je te maudis tout d'abord, méchant garnement, traitre, comme tu le mérites! Que le démon impitoyable vienne à toi plein de rage, pour la sottise que tu as eue de me dénoncer. Voilà le sort que tu as mérité.

VAR. 1. Cheden (recte).

*382. Me pe' dre barnn ez duy oarnot
Maledicion en un lot
Dre da fals riot assotet
Te ha da deuet affet pur
Maz chanchy te hac y figur,
Paulr a droue natur pariuret.*

(Neuse ann droue berger so conuertisset en un men mabr hac e deffuet e quelhyen raden.)

Hac ez lauar sanre Barba.

*383. Chede te tizmat translatet
Gant Doe Roen neff te haz deffuet,
Dre e mour gallout heb quet gou
Conuertisset neu deu quet gaez [1]
Out te hac y maz chemy aez [2]
Euel langoustez [4] dren maesou.*

Sante Barba a sell ouz ann eff.

*384. Jesu, heb faut te eu, Autrou,
A ra quen sclaer da oberou
Da euffurou knech tnou a gnou plen
Te az eux sur transfiguret
An paillart vil eff he milet
E manyer preffuel nen deu quen.*

*385. Galuet pep stat quelyen raden
A vez en maesou en louen
Euel goez quelyen maz menont
Eno bishuiquen heb quen sy
Dirac pep den en testeny
Pe a signiffy ez viout.*

---

382. Je prie Dieu que sur toi vienne justement un sort de malédiction, à cause de ta folle et fausse audace ; que toi et tes brebis vous changiez de figure, mauvais garçon, parjure !

(Alors le méchant berger est changé en marbre, et ses brebis en sauterelles.)

Et Sainte Barbe dit :

383. Te voilà promptement transformé par Dieu le roi du ciel, toi et tes brebis, grâce à sa puissance suprême, sans mentir ; te voilà changé, ce n'est pas une plaisanterie ; et tu resteras ainsi, comme elles sous forme de sauterelles par les champs.

Sainte Barbe regarde le ciel.

384. Jésus, c'est toi, sans aucun doute, Seigneur, qui fais si clairement éclater tes œuvres de toutes parts ; c'est toi, assurément, et personne autre, qui as transformé ce méchant effronté, et fait de ses bêtes de vils insectes.

385. Ce sont bel et bien des sauterelles des champs ; elles resteront là à jamais, sous forme de sauterelles sauvages, pour servir de témoignage devant tous de ce qui leur est arrivé.

1. *Lisez* Pet. — Var. 2. Gaes. — 3. aes. — 4. Langoustes.

An berger mat.

386. Bezcoaz en neb hent quement spont
Ne guilis quet hac ez redont
En ouff parfont ma confontaff
Guelet penaux ez eu auset
Ma compaig(n)un ha fortunet
Ne oun quet en bet maz redaff.

387. Dre an drouguiaez anezaff
Oar e drouc neuz ouz discuez scaff
Heb exceptaff na dougiaff quet
Barba de tat a drouc natur
He goulenne dre maleur
Ez eu en ordur mailluret.

388. Chetu eff hac eff he deffuet
Dre mechantis conuertisset

En ampreffanet heb quet sy
Maz int heffuel da goez quelyen
Pe en stat da quelyen raden
Da doen bizhuiquen testeny.

389. Da quement den ha pep heny
So en broman nac en damany
Chetu y peguen diffigur
Heb ressort en ho transportat
Ne on penaux en ho ausat
Dren pautr dimat a drouc natur.

390. Ne chemiff muy me so sigur
Na me nam deffuet, bezet sur,
Rac maleur, moz assur crenn,
Ve chom vetez en menez man
Eza detry maz ouch y[1] *glan*
Eomp guytibunan a hanenn.

Le bon berger.

386. Jamais de la vie je n'ai vu chose si épouvantable ! Ma confusion est à son comble, quand je vois quel est le sort et le malheur de mon compagnon : je ne sais plus du tout où me réfugier.

387. Pour la méchanceté qu'il a eue de montrer malignement, sans égard et sans crainte, Barbe à son père cruel qui la demandait dans une mauvaise intention, il est tombé dans une hideuse situation,

388. Lui et ses brebis ; les voilà donc changées, pour sa méchanceté, en insectes : elles sont semblables à des sauterelles, à des sauterelles sauvages, pour porter témoignage, à jamais,

389. Devant tout homme de ce pays et de ce domaine. Oh ! comme ils sont défigurés ! Comme ils sont changés sans retour ! Je ne sais comment ils ont été arrangés ainsi, à cause de ce méchant garçon sans cœur.

390. Je ne resterai plus, bien sûr, ni moi ni mes brebis, car ce serait certainement un malheur de rester aujourd'hui sur cette montagne. Allons vite, tous tant que nous sommes, quittons ce lieu.

1. Var. Ouchi ; *lis.* ouchuy.

DIOSCORUS a croc en e merch.

391. A! quaffet out! heb neb souten
Ret eu dit meruell! Ne ell den
Da sicour certen, te en goar;
Breman gant un baz ez laziff
Quic ha crochenu ez dispenniff
Quent ez flachiff ne liquiff mar.

392. Orcza oar da reux nez eux car
Eust neb coantis mar dispar,
Nac e holl douar à carhe
Lacat e quic oar da figur
Na ve eff mar mat à natur
Da doen da laur diffur ve¹.

393. Cza, paillardes, deux a llesse
Heb tardaff un barr adarre
Sus! oar zu se² pe moz reo

Ma ne queffez nerz da querzet
Ez vizy diampeig stleiget,
Na den en bet nez remedo.

394. En amguin me az trahino
E ry an bleu hac az breuo
Mez promeno ne vezo sy
Me ray guiridic da quic noaz
Maz yeno gant poan hac anoaz
Queut euit henuoaz³ da goazy.

DIOSCORUS a comps ouz e tut.

395. Ham bezet a ne cleuet huy
Heerun calet heb contredy
Da lacat oar nezy dyen
En un prison abandonet
Ha maz chomo na flacho quet
En poan, an bet heb guelet den.

DIOSCORE saisit sa fille.

391. Ah! je te trouve! Sans nulle défense, il faut que tu meures! Personne ne peut te secourir, tu le sais bien; je vais te tuer avec un bâton, te mettre en pièces, peau et chair, avant que je bouge d'ici, n'en doute point.

392. Or çà, en ton malheur tu n'as pas d'ami dans toute la terre; quelle que soit ta singulière beauté, qui voulût, malgré toute sa bonté, exposer sa vie pour toi ni porter ta peine, ce qui serait de la folie.

393. Allons, effrontée, viens-t'en sans plus tarder. Sus! par là, ou je vous mènerai! Si tu ne trouves pas de force à marcher, tu seras traînée sans rémission, et personne au monde ne te portera secours.

394. Je te traînerai par les cheveux, sans pitié, et je te briserai le corps; je te promènerai ainsi, je ferai souffrir ta chair nue, si bien qu'avant cette nuit tes veines se glaceront de peine et d'angoisse.

DIOSCORE parle à ses gens.

395. Donnez-moi vite, entendez-vous? des fers durs pour lui mettre et l'abandonner dans une prison : qu'elle y reste dans la douleur, sans bouger et sans voir personne au monde.

1. Cette strophe manque dans l'édition gothique. — VAR. 2. Oarzuse. — 3. Hennoaz.

396. Orcza! lequet na rezet quen
Oar he diuesquer do aeren
Vn bernn hernn yen gant vileny
Na gallo neb faczon monet
A hanenn na bezaff tennet
Na lamet an lech maz edy.

Dioscorus a ra he miret en prison didan poan an buhez.

397. Clenet entroch, maz edouch uy
Oar poan ouz speret miret hy
Rac dichuy ez notiffiaff
Mar achap quet dre neb abec
Me houz groay certen buanec,
Ouz ich am bec ez prezeguaff.

398. Troet eu pep guis da disprisaff
Ma doeou louen so ouz renaff

Dre se gouzaff ne allaff quet
Gant y cuit mar ho despite
Hac un cas bras ve an drase
Da pep re na ne ve dleet.

399. Dimp ez eu crenn gourchemennet
Effent dre fauor enoret
Hac ho quaret muy eguit den
Pep quentel hac o azeuliff
A guir coudet hac o pidiff
Na her dre beuiff ne riff quen.

400. Dich a crenn me gourchemenn plen
He miret apert ha certen
Rac mar da gant den digueneche
Da meruell moz dibouzello
Pe ere an chouc moz crougo
Oar noch pep tro me vezo trech.

396. Or çà! ne manquez pas de mettre à ses jambes, pour les lier, une grande quantité de fers froids et odieux ; qu'elle ne puisse, en aucune façon, s'en aller, ni être tirée d'ici, et enlevée de son cachot.

Dioscore la fait garder en prison, sous peine de la vie.

397. Ecoutez, tous tant que vous êtes! Gardez-la, sous peine de la vie! car je vous certifie que si elle échappe, par quelque moyen que ce soit, je vous mettrai en rage, je vous le dis de ma propre bouche.

398. Elle est tout à fait disposée à mépriser mes dieux bienheureux et tout-puissants ; mais je ne puis souffrir qu'elle les dédaigne ainsi : ce serait un tort grave de la part de tout homme, et cela ne doit pas être.

399. Il nous est rigoureusement commandé de les honorer respectueusement et de les aimer toujours plus que personne, et de les adorer du fond du cœur, et de les prier ; et je ne veux y manquer de ma vie.

400. Je vous ordonne expressément de la garder avec soin et vigilance ; et si personne vous l'enlève, je vous ferai mourir en vous éventrant, ou je vous pendrai par la nuque ; je viendrai toujours à bout de vous.

MESSAGER DIOSCORUS.

401. Me miro quen start ha mar tech
Nac eu hy mar rep da nep lech
Na tnou na knech dre neb iechet
Heb neb abaff me he caffo ;
Ha dich en pep heut me reuto
Rac me miro na techo quet.

CLAUDIN.

402. A se neb rout no͜z emm doutet
Rac en lech certen me en cret
Ef jezo credet miret mat
Nac a hano ne flacho tam
Quen ne golennhet, credet flam
Drenn eneff am mam hac am tat.

403. Ne ve quet ma cas na ma stat
Mar achape na dereat

Quent se dymat hac ingrat net
Venn dre ma goap mar achape
Diguen eff dispris en guis se
Hac un tra ve nam deurffe quet.

DIOSCORUS.

404. Oar ho͜z buhe͜z y a ve͜zet
Ha me ya scaff heb tardaff quet
Da gouzaff[1] affet meredo
Oll an mecher dan barner bras
Ha pan guelo breman an cas
Da poanyou diblas he tasso.

405. An drase gour ne sicouro
Rac quement den so plen en bro
A ve͜zo affo commouet
Da rout he enep en pep guis
De ten da tourmant dicoantis
Da ve͜zaff gardis punisset.

LE MESSAGER DE DIOSCORE.

401. Je la garderai si strictement que si elle s'enfuit quelque part, en haut ou en bas, quelles que soient sa ténacité et sa vigueur, je la trouverai sans difficulté, et je vous la rendrai toujours ; car je l'empêcherai de s'échapper.

CLAUDIN.

402. N'en doutez aucunement ; car elle sera gardée en lieu sûr, je le sais ; et de là elle ne bougera point que vous ne la demandiez, croyez-le bien ; j'en jure par l'âme de ma mère et de mon père !

403. Je ne remplirais pas bien et convenablement mon devoir, si elle s'enfuyait, je serais au contraire traître et perfide, sans mentir, si elle m'échappait ainsi au mépris de vos ordres ; c'est une chose que je ne souffrirai pas.

DIOSCORE.

404. Vous en répondez sur votre vie. Cependant je vais vite de ce pas conter toute l'affaire au grand juge ; et quand il aura examiné le cas, il la punira de peines sévères.

405. Et personne ne l'en défendra ; car tous les gens de ce pays seront bien vite amenés à être tout à fait contre elle ; et on la conduira à un affreux supplice, pour qu'elle soit punie sévèrement.

1. *Lisez* contaff.

Dioscorus a clem e merch ouz an Prouost.

406. Prouost bras, un cas au brassaff
Ameux dinergont da contaff
Di chuy muyaff nen nachaff quet
An Doeou louen heb quen sy
Ro miro pep tro huy ho ty
Ouz vileny seul maz vihet.

An Prouost.

407. Autrou louen, soueren ordrenet,
Duet mat em ty a deffry ra vihet
Diff leueret a pret pan ouz pedaff
Petra neuez so euez hoaruezet
Maz ouch aman duet breman oar an fet ;
Buanecaet ouch meurbet, a credaff.

Dioscorus.

408. Gant ma couraig ez arragiaff
En pep manyer pan prederaff

Quen claff ez aff na gallaff muy
Dre penn ma merch en he guerchdet
So da un Doe em auoeet
Na goar den en bet maz edy.

An Prouost.

409. Dren drouguiaez han follaez anezy
Lesell disquenn neb fals credenn enn hy
A sotony ez menn hy studiaff
Mennat neb stat lacat na debat quet
Dispenn hon rez dre vn fez neuez duet
Gruet he donet a pret da procedaff.

410. Me ray gardis doz guis he punissaff
Dirac an dut ha he persecutaff
Ma ne car scaff renoncaff quentaff pret
He Doe neuez hac an fez an ezaff
Espres presant ha he seramantaff
An poent quentaff me groay dreiz aff claffuet.

Dioscore accuse sa fille près du prévôt.

406. Grand prévôt, c'est un cas des plus graves que j'ai à vous conter sans honte et sans détour ; que les dieux bienheureux vous gardent de tout mal et de toute misère, vous et votre famille, tant que vous vivrez.

Le prévôt.

407. Joyeux seigneur, souverain légitime, soyez le très bien venu chez moi, et dites-moi tout de suite, je vous prie, ce qui est ainsi arrivé de nouveau, pour que vous soyez venu de la sorte à ce propos ; vous êtes très irrité, je crois.

Dioscore.

408. J'enrage dans mon cœur de toute façon quand j'y songe ; cela me rend malade, je n'en puis plus. C'est au sujet de ma fille vierge, qui s'est adonnée à un Dieu dont personne au monde ne sait où il est.

Le prévôt.

409. Quelle méchanceté et quelle folie à elle, de laisser s'introduire dans son esprit une fausse croyance ! Elle veut donc, dans sa sottise, détruire, le fait est sûr, notre loi par une foi nouvelle ? Faites-la venir vite, qu'on instruise le procès.

410. Je la ferai punir sévèrement, à votre gré, et poursuivre publiquement, si elle ne veut pas immédiatement renoncer à son Dieu nouveau et à cette foi ; je la ferai torturer tout d'abord, et la rendrai malade pour lui.

411. Bezet oar se heb dale dereet
Diraz ouff plen dan termen ordrenet
Heb faut en bet auancet pan oz pedaff
Eguit gouzout na ret dout diout y
Darun he esper antier he pridiry
Pe dre study eu dezy variaff.

DIOSCORUS.

412. Soezeu heb mar gant glachar na mar-
[uaff
Nos dez dreiz y enn hy pan studiaff
Consideraff a raff nen nachaff quet
Dirac ma drem eza lem de hem coll
Da vout en dout dre hiruout ha bout foll
He droue ioull ann oll e groay collet.

413. Me ya outraig gant conraig, arraget
Cuit davyt y dan ty espediet

Maz eu lacaet da miret, credet diff,
En un lech clos gant propos disposet
Creff ha diguir em desir da miret
En hernn cernet drez guelhet ma crediff.

414. Hac a hane arre e dereiff
Dirac hoz facc en place e digacziff
E distlegiff credet diff ne riff quen
Maz vezo glan aman dirac an bet
Heb neb rioig na coïg * interroget
Hac en clasquet em requet affet plen.

415. Digor diff prim heb estim an ty man
Ha dere flam na dale tam aman
Pep tu unan breman na chan quet
Ann nemesell da meruell dre dellit
Ez prederaff quentaff he liuraff cuit
Euit merit he depit recitet.

411. Sur ce, qu'elle soit, sans délai, amenée devant moi régulièrement, et produite sans faute, je vous prie; pour savoir d'elle, n'en doutez pas, ce qu'elle veut et ce qu'elle pense, et dans quel but elle change de foi.

DIOSCORE.

412. C'est bien étonnant que je ne meure pas de douleur : nuit et jour je me tourmente à son sujet; je considère, je l'avoue, qu'elle va se perdre en ma présence, de gaieté de cœur, et que sa malheureuse folie et son entêtement vont causer sa ruine entière.

413. Je vais, dans ma fureur violente, la trouver promptement à la maison où on la garde, croyez-moi, en un lieu clos et bien disposé à cet effet, car j'ai voulu qu'on la retienne fortement et durement, chargée de fers, vous pouvez m'en croire.

414. Et de là je l'amènerai devant vous sur-le-champ; je la traînerai, croyez-le bien, pour qu'elle soit ici devant le monde, interrogée dans les formes, sans ménagement et sans détour, et examinée à ma requête expresse.

415. Ouvre-moi vite et sans difficulté cette maison, et délivre-moi sur-le-champ, ne tarde pas, cette demoiselle pour qu'elle meure comme elle le mérite. Je veux la livrer tout de suite pour qu'elle subisse les conséquences de son entêtement.

VAR. 1. Coig.

CLAUDIN.

416. *Chetu an nor so ygoret*
Sellet huy a nendeu hy quet
Drez voe ordrenet miret mat
Pep un darun he dishouarnaff
Mar leueret diff a ry ' scaff
Heb quet arretaff de scaffhat.

DIOSCORUS.

Cza! oarse groa piz ha tizmat.

Dioscorus are e merch ouz he cannaff bede an prouost ouz lauaret dezy.

417. *Donet so ret na sellet pas*
Da guelet cher an barner bras
Heruez da cas ma ez casso²
Da vezaff certen pourmenet

A crenn en noaz ha hoaz lazet
Na den en bet nez remedo.

AMAN ho presant dan barner.

418. *Prouost, ho stat na debatet*
Euel barner deliberet
Eu cleuet fet un torfetou³
Ha rac se emeux dereet
Homan dich glan dirac an bet
He muntraff gruet, na dougiet gour.

419. *Ne guel neb heny he sicour*
Rac se gant estlam diamour
Espres presour flour labouret
Gruet dezy cruell meruell yen
Heb fellell tro na allo den
Reiff dezy retren he penet.

CLAUDIN.

416. Voilà la porte ouverte; voyez si elle n'est pas, selon vos ordres, bien gardée : je vais me mettre immédiatement en devoir de la débarrasser de tous ses fers, si vous me le dites.

DIOSCORE.

Allons ! dépêche-toi.

DIOSCORE conduit sa fille jusqu'au prévôt, en la battant et en lui disant :

417. Il faut venir sans remise vers la face du grand juge pour qu'il t'envoie, comme tu l'as mérité, être promenée toute nue, et ensuite mise à mort; personne au monde ne t'en dispensera.

Ici il la présente au juge.

418. Prévôt, ne composez pas avec votre devoir : comme juge régulièrement institué, vous avez à entendre la cause d'une criminelle que je vous ai amenée en conséquence ; faites-la mettre à mort devant tout le monde, sans craindre personne.

419. Personne ne peut la secourir ; aussi, travaillez dans toutes les formes, avec une sévérité sans mélange ; faites-la souffrir cruellement la froide mort, sans y manquer ; personne ne pourra la soustraire au châtiment.

VAR. 1. Ary; *lis.* a riff. — 2. Tasso *(recte).* — 3. Torfetour *(recte).*

420. *Beçet diff a crenn dispennet*
Heb nep truez ha labezet
Plen pourmenet pan ouz pedaff
Fustet hy garu quen na maruo
Dicuff, dicar ha moz caro
Gruet maz finuezo a tro scaff.

AN PROUOST.

421. *Autrou louen, certen en termen scaff*
Me ray dezy membry renonciaff
An pret quentaff[1] *heb tardaff sy*
De doe neuez ha de fez gouzuezet
En hoz presant ma hoz em contantet
Heb faut en bet teuet na compset muy.

AN PROUOST a comps ouz sante Barba.

422. *Denesset glan, aman en damany*
Da comps diff lem dirac ma drem heb muy
Pez fantasy ouz eux huy studiet
Maz leueret ha maz mennet seder
Dispenn heb gou euffurou hon doeou quer
Na pez mecher ouz eux scler prederet.

423. *Allas ! truez ouz buhez hoz beçet*
Ouz fals credenn a crenn hoz em tennet
Nouz em list quet en parfet oz pedaff
Da uout nep pas en cas a ell noasat
Doeou hoz bro ouz[2] *nep tro ha hoz tat*
Heuliet e grat tizmat hac e[3] *gantaff.*

420. Qu'on me la mette en pièces, sans nulle pitié, et qu'elle soit lapidée; qu'on la promène, je vous prie, et qu'on la flagelle durement jusqu'à ce qu'elle meure ; sans ménagement, sans miséricorde, faites-la vite mettre à mort, et je vous en saurai gré.

LE PRÉVOT.

421. Joyeux seigneur, soyez-en bien assuré, je vais la faire promptement renoncer, je vous jure, à son Dieu nouveau et à sa foi, sachez-le ; et en votre présence je le ferai vous donner satisfaction, sans faute. Allons, silence, ne parlez plus.

LE PRÉVOT parle à Sainte Barbe.

422. Approchez donc ici à ma portée, pour me parler à moi seul en face. Quelle fantaisie vous a prise pour que vous ayez et que vous avouiez hautement l'intention de détruire les œuvres de nos chers dieux? Et quelle peut bien être votre pensée ?

423. Hélas ! ayez pitié de votre vie ; retirez-vous entièrement de l'erreur ; ne demeurez pas, je vous en prie instamment, dans un état qui pourrait faire tort aux dieux de votre pays et à votre père ; suivez sa volonté à l'instant, et marchez d'accord avec lui.

1. Ajoutez Ha scaff ! — VAR. 2. Oar (recte). — 3. Et (recte).

424. Huy eu seder antier e aer querhaff
En e decet a dle net succedaff
Ha iouissaff quentaff ne lacaff sy
En e madou knech ha tnou en louen
Ha ploe ha kaer ha bout sclaer soumeren
Heb dougiaff den certen oar pep heny.

425. Coll dre follaez ann autromiezou
A perz hoz tat an stat hac an madou
An manerou an kaeryou heb gou quet
En deueux plen certen en retenu
Dedur dien en termen contenu
Dichuy pep tu chetu da vout sugiet.

426. Rac se seder gant esper prederet
Amantaff glan aman dirac an bet
Dan docou net a pret oz requetaff

An disprisance ann offrance¹ setancet
Deze gant queux en hoz reux oz eux groaet
Rac se affet amantet pa oz pedaff.

427. Ha pedet y deffry heb variaff
Gant unyon guirvon doz pardonaff
Humiliaff deze scaff quentaff pret
Gruet em requet ententel an fet so
De² ho raeson y don ouz pardono
Ha hoar³ pep tro ez vezo guenn hoz bet.

428. Enoret y dreist muy seul maz rihet
Hac en facson⁴ oz groaint garedouet
Oar ez querhet pepret heb arretaff
Ho azeuliff hac ho pidiff yuez
Gant cals a hoant ardant ha carantez
Hac en ho fez noz⁵ dez diasezaff.

424. Vous êtes assurément sa plus chère héritière, vous devez lui succéder à son décès, jouir, je n'en doute point, heureusement de tous ses biens, montagnes et vallées, et être partout la souveraine légitime de la campagne et de la ville, sans craindre personne assurément.

425. Allez-vous perdre par votre folie ces domaines du côté de votre père, cet état, ces biens, ces manoirs, ces villes, qu'il a, sans mentir, sous plein pouvoir, cette haute et constante fortune, qui doit vous appartenir un jour?

426. Décidez-vous donc sérieusement, je vous prie, à faire amende honorable devant tout le monde, sans délai, aux dieux immortels; amende honorable avec regret, pour le mépris offensant que vous avez eu le malheur de leur témoigner.

427. Priez-les sérieusement, sans faute et de bon cœur, de vous pardonner; humiliez-vous d'abord bien devant eux sur ma prière, entendez-vous? Ils vous pardonneront entièrement, dans leur sagesse, et vous serez comblée de toute sorte de bonheur.

428. Honorez-les par-dessus tout, tant que vous vivrez, et ils vous récompenseront un jour, pourvu que vous vouliez toujours les adorer et aussi les prier avec un zèle et un amour ardents, et demeurer ferme jour et nuit dans leur foi.

VAR. 1. Offance (recte). — 2. Dre (recte.) — 3. Oar. — 4. Saeson (recte). — 5. Noz.

Sainte Barba.

429. Memeux un Doe a auoeaff
Heb quet a mar hac a caraff
Hac a azeulaff ne raff quen
Na ne filliff quet, na ret sy,
E caret pep tro muy oz muy
Euit neb heny bishuyquen.

430. Heman en Doe ben a seuen
Iesu Crist mistr an ministr plen
Neb a ren souueren enn neff
En haff muyhaff heb dougiaff den
Hac en e oberou louen
Ez fiziaff certen ma eneff.

431. Maz vezo pep termen gueneff
Dam miret oz pep goall ha leff

Dre e grace eff e pep queffuer
Rac eff en Doe neb a croeas
An mor han douar dre caras
Han neffuou bras e compas selaer.

432. Eguit hoz ydolou gouyer
Ne lessenn quet bezet seder
Caret an croer souueren
Hoz doeou fall so dit aluez
No deueux chetu neb buhez
Groaet a pep danuez en goez den.

433. Coz ymagiou ha traou ven
Forget a pep tra hac a men
No deueux souten na renaff
Vnan dre moean Satanas
Heb comps guer gou o dezrouas
E cas so re bras da tassaff.

Sainte Barbe.

429. J'ai un Dieu que je reconnais sans doute, et que j'aime et que j'adore de tout mon cœur ; et je ne manquerai point, sachez-le, de l'aimer toujours de plus en plus, à jamais, envers et contre tous.

430. C'est lui le Dieu vivant et véritable, Jésus-Christ, le grand prêtre plein de sainteté, qui règne en souverain au ciel ; c'est à lui avant tout, c'est à sa divine puissance que, sans craindre personne, je confie mon âme,

431. Afin qu'il soit toujours avec moi pour me garder entièrement de tout mal et de tout malheur, par sa grâce : car c'est lui le Dieu qui a créé la terre et la mer, comme il l'a voulu, et les grands cieux, dont il a mesuré l'immensité.

432. Pour vos idoles mensongères, je ne laisserai pas, soyez-en sûr, d'aimer le créateur souverain. Vos dieux sont mauvais et impuissants ; ils n'ont, voyez-vous, aucune vie, étant faits de toute matière, sous forme humaine.

433. Méchantes images, vains objets fabriqués en pierre ou en n'importe quoi, ils n'ont pas d'appui ni d'empire : celui qui avec l'aide de Satan les a imaginés, celui-là, sans mentir, a commis un crime indicible.

434. Me menn dich antier disclaeryaff
Pe a hent na piu roen quentaff
A grueren forgiaff ne raff sy
Ann ydolon han doeon ven
Traou a drouc sort disordren
Ne caffech quen em testeny.

435. Quentaff stat a ydolatry
Commancʒet en bet credet huy
Voe membry en Assiriaff
Dre drouc inginn au roe Nymus¹
Goude meruell e tat Belus
A guereu confus ho usaff.

436. Pan oa maru e tat digantaff
Euit fauor da enoraff
Eʒ guereu forgiaff quentaff pret
Un taeson bras en diaseʒ
En façzon se voe e buheʒ
Sellet pe en feʒ eʒ reffuet ².

437. A aour pur eʒ voe figuret
Ann ydol se ha gourreet
Hac eno pepret credet sur
Da pep quentel en aʒeule
Euel doe hac enn auoee
Pas nen groase pan vise fur.

438. Neuse crenn eʒ gourchemennas
A certen hac eʒ ordrenas
Dan bihan han bras eʒ groasent
Enor guyʒebunam¹ dan roe
Fall seuen certen heb enoe
Hac euel doe enn auoesent.

439. Ha chetu y dre fall squient
Ha dre sotony varient
Ouʒ monet enn hent ha sentiff
Da aʒeuliff nen nachiff quet
Ann ydolou⁴ fall dre bout dalet
Maʒ viont dampnet oʒ crediff.

434. Je veux vous expliquer complètement d'où et par qui est venu d'abord ce système de forger des idoles, des faux dieux, objets méprisables et criminels ; je veux vous en porter témoignage.

435. Sachez que le premier mode d'idolâtrie a commencé en ce monde dans l'Assyrie, je vous le jure ; le roi Ninus, après la mort de son père, Bélus, introduisit, par une pensée fatale, cette déplorable coutume.

436. Quand son père fut mort, pour l'honorer particulièrement, il fit aussitôt fabriquer et poser une grande statue, tel qu'il était de son vivant ; voyez quelle était son idée.

437. Cette idole était faite d'or pur, et élevée sur un piédestal ; et là, croyez-le bien, il l'adora constamment et la reconnut pour un dieu ; ce qu'il n'eût point fait, s'il eût été sage.

438. Alors il ordonna expressément et commanda à tous, petits et grands, de rendre ainsi honneur au roi et de le reconnaître pour Dieu ; quelle infamie, en vérité !

439. Et les voilà qui dans leur erreur et leur folie étrange, se mettent en route pour obéir ; pour adorer la méchante idole : il fallait qu'ils fussent bien aveugles ! Si bien qu'ils se damnèrent, par cette croyance.

VAR. 1. Nimus ; liseʒ Nynus. — 2. Vefuet ; lis. veʒ quet ? — 3. guyrebunan, lis. guytebunan. — 4. Liseʒ Ydol.

An Prouost.

440. Les da saffar ha lauar diff
Na da quet e mouz sell ouz iff
Ret eu ez gouiziff yuez
Piu a ro dit autorite
Da entent an cas au drase
Hennez a re un tra neuez.

441. Ouz it un pas ne diasez
Prezec oar ho stat nos na dez
Na oar un buhez so affez bras
Hennez so cas a fantasy
Da comps da den ha bileny
Goa ann heny en publias.

Sante Barba.

442. An diaoul gourmant pan Satanas [1]
Oz bezaff goac en em lacas

Dre un cautel bras en cas man
Enn ydol vil drouc compilet
Ahane e compse bepret
Maz voe deceffuet an bet glan.

443. Nobl ha comun ha peb unan
A gueure doueou a souzan
Da vout glan en ho damany
Han rese bepret a pedent
Peb quentel hac a azeulent
Na quen squient ne gouzvent muy [2].

444. Deceuet voa plen pep heny
Dre conuetis à heresy
Hac ydolatry manifest,
Ne doa fez na rez gouzzezet,
Justice na still mueguit miset [3]
Ne doa quet net ho fet modest [4].

Le prévot.

440. Cesse de faire tant de bruit, et parle-moi; regarde-moi sans faire la moue ! Il faut que je sache qui t'a donné autorité pour traiter ainsi de ces questions. Voilà qui serait une chose nouvelle !

441. Cela ne te convient point du tout de parler de leur fait, ni jour ni nuit, ni de leur vie si auguste : c'est là une vaine imagination, de parler à personne de ces blasphèmes. Malheur à celui qui les a fait courir !

Sainte Barbe.

442. Le démon avide, à cette nouvelle, se mit, comme il est de nature subtile, par une grande perfidie, dans cette vile et malencontreuse idole ; de là il parlait toujours, si bien que tout le monde fut déçu.

443. Nobles et vilains, chacun se fit des dieux trompeurs pour se soumettre entièrement à leur pouvoir ; ce sont ceux-là qu'ils adoraient et qu'ils priaient constamment : ils avaient assez peu de raison pour le faire !

444. Chacun, trompé par sa passion, tomba dans l'hérésie et l'idolâtrie avouée : ils n'avaient ni foi ni loi, sachez-le, justice ni raison, pas plus que des bêtes ; leur conduite n'était pas bonne, je vous l'assure.

1. Var. Santas (recte). — 2. Il y a, après ce mot, une lacune de 57 vers dans l'édition gothique. — 3. Lis. mllet. — 4. Lis. medest.

445. En opinion disonest
Pan duc au maru garu da arhuest,
Do ren' en tempest hac estlam
Dau inffern don abandonet,
Ezae oll da vezaff collet
Holl pobl an bet guitebuntam :

446. Ydolatry so quen iffam
Quen yen quen vilen ha quen stram
Leun a pep nam da bout blamet
Vn ydol so diabolic,
Dall a pep goall hac fall ha lic
Ha louuidic ha milliguet.

447. Quement ho car men goar parfet
Nac ho azeul nac ô heul quet
Heb remet en bet dampnet en [1]
Prest diestim en abim yen

Da chom heb neb sy bizuiquen
En poan ancquen da pep den beu.

An Prouost.

448. Lauar potres a te deseu
Gant da saffar bezaf dareu,
Nac eu mat[2] beu ez ezneuez
Da Doue fall so heb neb gallout
Auoe groaet martir gant hiruout
En cals à dontez[3] em boutez.

449. Les da saffar haz digarez
En depit dit quent penn try dez,
Me ray daz buhez finnezaf
Dirag ma drem lem heb remet,
Ez rizr certen pourmenet
Rac duet en pret da procedaff.

Aman ez comps an Prouost ouz e peu[4] ar berreau.

445. Dans cette erreur coupable, comme la mort à l'aspect affreux venait les jeter au fond de l'enfer, sans secours, dans l'horreur et l'épouvante, le genre humain allait être entièrement perdu :

446. L'idolâtrie est si infâme, c'est un crime si laid et si odieux, si digne d'horreur et de blâme ! Une idole est une chose diabolique, aveugle, mauvaise, pleine de désordre et de vice, d'infamie et de malédiction.

447. Tous ceux qui les aiment, je le sais parfaitement, qui les adorent et les suivent, sont damnés sans aucune rémission et sans égard, à l'instant, en l'abime glacé, pour y rester éternellement dans une souffrance insupportable à tout homme vivant.

Le prévôt.

448. Dis-moi, effrontée, penses-tu avoir bientôt fini tout ce train ? Ton méchant Dieu que tu regardes comme si vivant, n'a pas de pouvoir : il a été martyrisé douloureusement. Tu te jettes dans beaucoup d'embarras.

449. Finis tout ce bruit et cette discussion ; malgré que tu en aies, avant trois jours, je mettrai fin à ta vie. Je vais te faire à l'instant promener en ma présence, sans faute ; car il est temps d'agir.

(Ici le prévôt parle à son premier bourreau.)

1. *Lisez* eu. — 2. *Lis.* mar. — 3. *Lis.* dout ez. — 4. *Lis.* pen.

450. Ça bourreuyen pan ordrenaff
Duet en presant de tourmantaff,
He diuisquaf da quentaff gruet
En noas pill heb strill à dillat,
Heb beʒ an¹ goac gruet he lacat
A youll mat na debatet.

AGRIPANT.

451. Seder en manier maʒ querhet
Heb fellell tro eʒ veʒo groael
Gourchemennet ha na ret quen.

CLAUDIN.

Chetu ny heb mar penar den,
Prest da ober gant esper plen
Quement temen.² à ordrenet.

LOUPART.

452. Y aʒ² en sur hag assuret
Pan deʒ reuhomp⁴ ne fell homp⁵ quet
Nendeux quen remet en bet man.

GLOUTON.

Abau ouch barner en kær man
Nem guelloch⁶ nepret credet glan
En sort cas man oʒ ehanaff.

AN PROUOST.

453. Orça tiʒmat heb trellataf
Creguet ennhy espediaf
Diuoe⁷ scaff ha beʒaff prest¹,
Gruet deʒr heb dilacion,
Gouʒaff maru cruel ha felon
Rac he sarmon so disonest.

450. Çà, bourreaux, je vous l'ordonne, venez la tourmenter en ma présence: dépouillez-la d'abord toute nue, sans qu'il lui reste un morceau de vêtement; mettez-la impitoyablement en cet état; allons, n'hésitez point!

AGRIPANT.

451. Il sera fait exactement comme vous le voudrez; vous n'avez qu'à commander.

CLAUDIN.

Nous voilà, sans faute, quatre hommes prêts à faire de bon cœur tout ce que vous ordonnerez.

LOUPART.

452. Oui, bien sûr, quand nous nous y mettons, nous ne manquons point: il n'y a plus de rémission en ce monde.

GLOUTON.

Depuis que vous êtes juge en cette ville, vous ne m'avez jamais vu, croyez-le bien, négligent en pareil cas.

LE PRÉVOT.

453. Or çà, vite et sans hésiter, saisissez-la, et soyez prêts à l'expédier promptement: faites-lui sans délai souffrir une mort cruelle et ignominieuse, à cause de ses discours pervers.

1. *Lisez* bezan. — 2. *Lis.* termen. — 3. *Lis.* ya. — 4. *Lis.* dezreuhomp. — 5. *Lis.* fellhomp. — 6. *Lis.* guelsoch. — 7. *Ajoutez* ent? — 8. Après ce vers finit la lacune de l'édition gothique.

AGRIPANT.

454. Na ret heb mar nemet arhuest
Honn sellet hac e͞z vihet test
Peguen onest e͞z tempester.

Aman an bourreuyen a diuisq sante Barba.

CLAUDIN.

Duet, Damesell, ma o͞z selhet [1]
Ma͞z guelher penaux o͞z ausset [2]
Nen deux ober a differaff.

LOUPART.

455. Ore͞za, dinoet [3] *diuisquet scaff*
No͞z be quet spacc da dilac͞zaff
Ret eu gou͞zaff an goa͞zhaff cher.

GLOUTON.

Chetu an querdenn a goulenner

A meux pouruaeel ent seder
Rac ma͞z eux mecher a eren.

AN PROUOST.

456. Euel tut apert ha certen
Graet de͞zy gant storm un pourmen
Na manet auen na guenou
Na re͞zo frotet competant
Ma͞z ay an goat ti͞zmat batant
An nyouabrant [4] *bet en plantou.*

457. Clesquet bi͞zier hueru ha neruou
A ne calet en ho͞z melou
Ha gante heb gou de͞zrouet
Heb reuil auil [5] *de pilat*
Be͞zet em requet fustet mat
Sinchat [6] *ti͞zmat her dre pathet.*

AGRIPANT.

454. Vous n'avez, en vérité, qu'à examiner : regardez-nous, et vous serez témoin qu'on va la battre de la bonne façon.

(Ici les bourreaux déshabillent sainte Barbe.)

CLAUDIN.

Venez, mademoiselle, qu'on vous regarde, qu'on voie comment vous allez être traitée : il n'y a pas à différer.

LOUPART.

455. Allons, dépouillez-vous entièrement. Vous n'aurez pas beaucoup de temps à attendre : il faut souffrir le pire traitement.

GLOUTON.

Voici les cordes qu'on demande ; j'ai eu soin de me les procurer, car il y a besoin de la lier.

LE PRÉVOT.

456. En gens experts et habiles, promenez-la en la battant, qu'il ne reste mâchoire ni lèvre qui ne soit vigoureusement frappée ; que son sang coule tout de suite, des sourcils à la plante des pieds.

457. Procurez-vous de durs bâtons, et des nerfs de bœuf solides ; et avec cela, commencez à la frapper cruellement, sans égard ; qu'elle soit, je vous l'ordonne, bien battue, immédiatement et continuellement, tant que vous durerez.

VAR. 1. Selher (recte). — 2. Ausser (recte). — 3. Diuoe. — 4. Niuabrant. — 5. Reuil auill. — 6. Sinchant.

458. *Orcza ! dou ha dou dezrouet*
Presant gant y espediet
Na fellet quet pan oz pedaff
Quic nac esquern na espernet
Na brech na garr dre neb arret
Bezet torret heb arretaff.

459. *Ober dezy renunciaff*
De doe diuoe hac auocaff
Honn docou muyhaff quentaff pret
Ha ma nen groa men lauar tenn
Ne mano enn hy goazyen
Na vezo a crenn dispennet.

AGRIPANT.

460. *Breman quen cruel ez guelhet*
He pourmenaff heb tardaff quet
Gant bizyer calet credet diff
Ha neruou tenn a egennet
Ez vezo he quil quen pilet
Na alhe quet he remedaff[1].

AN PROUOST.

Bez vaillant ha ma ez contantiff.

AGRIPANT.

461. *Huy guelo guou pan dezrouiff*
Quen diguir en he martiriff
Her dra illiff ne filliff quet
Rac se saczun compaignunou
Grueomp un fret tost oar he costou
Maz vezo heb gou darnouet.

CLAUDIN.

462. *Me so seder deliberet*
Couloux ha huy ma en gouzuihet
De fustaff affet na ret sy.

LOUPART.

Me toe dam rez me ray dezy
Cza ! dalet a ne cleuet huy
A treux ho fry hac ho diu gueux.

458. Allons ! commencez deux à deux, à présent, à la châtier ; n'y manquez pas, je vous prie ; n'épargnez chair ni os, ni bras ni jambe, sans vous arrêter : qu'elle soit brisée sans aucun repos.

459. Faites-la renoncer absolument à son Dieu et reconnaître tout de suite nos dieux suprêmes ; et si elle ne le fait pas, je le dis carrément, il ne restera veine dans son corps qui ne soit déchirée entièrement.

AGRIPANT.

460. Vous allez, sans tarder, la voir promener cruellement, à grands coups de bâton, croyez-le, et de durs nerfs de bœuf ; son dos sera si bien battu, qu'il n'y aura pas de remède.

LE PRÉVOT.

Sois ferme et je te récompenserai.

AGRIPANT.

461. Vous verrez bien, quand je commencerai, que je la martyriserai cruellement, tant que je pourrai, je n'y manquerai pas ; allons, compagnons, faisons pleuvoir les coups sur ses côtes, qu'elle soit mise en pièces, sans mentir.

CLAUDIN.

462. Je suis bien déterminé, comme vous, sachez-le, à la battre violemment.

LOUPART.

Je le jure, par ma foi, je lui en donnerai. Allons ! tenez, entendez-vous, en travers du nez et des lèvres.

1. *Lis.* remediff.

GLOUTON.

463. Me menn en pep stat lacat queux
Dezy seder da ober reux
Dan gallout ameux ez queusaff.

AN PROUOST.

Ça! ça! ma tut, gruet brut he reputaff
Ober diff rust mat ha iust he fustaff
Start heb tardaff ent scaff na scuizaff quet
He pilat tiz ha piz gant hoz bizyer
Na manet corn troat na dorn na dornnher
Euel tut fier hoz mecher prederet.

464. Gant an freillou hann neruou dezrouet
Oar he gorre arre heb dale quet
Stram difframet heb neb respet gruet hy
Poen contenu heb neb repu cruel

Bet gouzaff maru gant tauliou garu maruel
Maz guelhet hael cruel he ysili.

465. Na leset penn a un tachenn enn hy
Na dispenhet hastet pe songet huy
A hir remsi oarnezy tourniet
Clesquet yuez a neuez scourgezou
Coulmet calet a pret en hoz metou
Gant e heb gou an taulou dezrouet.

466. Er me quentaff ne gallaff gozaff quet
Guelet dreizy membry iniuriet
Hon doeou net so parfet muy eguet acc
Rac se breman loman heb chanaff
Penn troat squeit hy dezy espediaff
He deballaff gruet scaff en muyhaff gracc.

(Aman hoz em queffont scuys¹ hac ez lauar Agripant.)

GLOUTON.

463. Je veux la faire souffrir de toutes façons, et la tourmenter tant que je pourrai.

LE PRÉVOT.

Çà! çà! mes gens, tenez à l'honneur de la bien châtier! Battez-la-moi bien dur et bien fort, sans faute, sans tarder et sans vous lasser; frappez-la à coups redoublés de vos bâtons; qu'il ne reste pas un coin de main ou de pied qui ne soit meurtri; faites votre métier en gens consciencieux.

464. Commencez, sans délai, avec les fléaux et les nerfs de bœuf, à l'accabler de plaies; rendez-la déchirée, méconnaissable; faites-la subir, sans égard et sans relâche, de cruelles douleurs, jusqu'à lui donner la mort à force de coups violents, si bien qu'on voie à nu les os de ses membres.

465. Ne laissez pas en elle la moindre place qui ne soit déchirée. Hâtez-vous, à quoi pensez-vous donc? Déchargez sur elle une grêle de coups, pendant longtemps; allez vite chercher de nouveaux fouets, aux nœuds durs, et avec eux, commencez à frapper sans faute.

466. Car moi, je ne puis aucunement souffrir, je le jure, de voir injurier, par elle, nos dieux si purs, si souverainement parfaits; aussi, à l'instant même, sans vous arrêter, frappez-la à coups redoublés, de la tête aux pieds; maltraitez-la de votre mieux.

Ici ils se trouvent lassés et Agripant dit:

VAR. 1. Scuyz.

467. Quen scuiz ezaff na allaff muy
Autrou, sellet a guelet huy
Andeu hy deffry castizet.

AN PROUOST.

Gruet diff he quic quen pistiguet
Ha he crochen quen dispennet
Heb respet en bet pilet hy.

CLAUDIN.

A huy na guel ann ysily
He corff noaz ha hoaz an goazy
A nendeu hy dispartiet.

LOUPART.

468. Mer diaoul unan so manet

Na ell cruel bezaff guelet
Mar martiret en effet eu.

GLOUTON.

Ma¹ placc me goar ezeu daren
Da sellet plen da pep den beu
Memeux deseu na ezneu den.

AN PROUOST.

469. Ententet presant tirantet
Clesquet diff un pip asquipet
Heb faut en bet na tardet muy
Euit he ruylla euelhenn²
Dren kaer man breman buhan tenn
Ret eu crenn he disquenn enn hy.

---

467. Je suis si fatigué, que je n'en puis plus ; seigneur, regardez et voyez si elle n'est pas sérieusement châtiée.

LE PRÉVOT.

Faites-moi sa chair pleine de douleurs et sa peau en lambeaux ; frappez-la sans aucun égard.

CLAUDIN.

Ne voyez-vous pas les membres de son corps à nu, et aussi ses veines ? N'est-elle pas mise en morceaux ?

LOUPART.

468. Du diable si une seule veine est restée sans qu'on la voie, tant elle est en effet cruellement martyrisée.

GLOUTON.

Je crois qu'à présent elle est prête, qu'on peut la montrer à tout homme vivant sans que personne la reconnaisse.

LE PRÉVOT.

469. Écoutez à présent, bourreaux. Cherchez-moi, sans faute, un tonneau bien conditionné, et ne tardez pas ; il faut la mettre dedans, pour la rouler ainsi rapidement par la ville.

VAR. 1. En. — 2. Lisez ruyllal euelhenn.

110 LE MYSTÈRE DE SAINTE BARBE

AGRIPANT.

470. Chetu an pip ann orriplaff
Ameux quet caffet da quentaff
Euit he ruyllaff rac scaff eu.*

AN PROUOST.

Oreza heb mar mar douch dareu
Gruet diff hoz brud euel tut beu
Spes heb deseu hac ezneuet
Ezouff me barner general
Oar pep heny ha special
Gant gallout real ha calet.
471. Rac se cven me gourchemenn net
Ez clesquet tachou heb gou quet
Ha bezet scoet muy eguet mil
A plen en pip dren discribaff

De ruyllaff ha de scandalaff*
Gruet he linuraff da bezaff vil.

472. Cza cza en hent ma tut gentil
Tumpet tizmat oar he azquil
An coz tra vil heb reuerance
Dre un toull en pip da tripal
Ha gruet gant trubill he ruyllaf
Nen den quet egal e balance.

473. Sus sus ganty gruet diligance
Gruet maz santer an differance
Da abondance hac auancet
Ha gruet he costou darnou glan
He holl membrou dren tachou man
Vnn esel bihan na manet.

AGRIPANT.

470. Voici ce que je viens de trouver : c'est le tonneau qui lui fera le plus de mal en roulant ainsi, car il est léger.

LE PRÉVOT.

Allons, vous êtes prêts, sans doute ? Faites votre métier, en gens habiles, adroitement et sans égard ; et sachez que je suis grand juge de tous et de chacun, avec un pouvoir solide et redoutable.

471. Aussi, je vous commande expressément de chercher des clous, sans faute ; et qu'on en enfonce plus de mille dans le tonneau, comme je le prescris, pour la rouler et la torturer ; livrez-la à ce supplice qui la défigurera.

472. Çà ! çà ! En route, mes gentils garçons ; faites-la vite tomber sur la nuque, sans nul égard, cette vile créature, dans un trou du tonneau, pour y danser ; et faites-la rouler douloureusement, sans jamais garder son équilibre.

473. Sus ! sus ! faites diligence avec elle ; faites qu'elle sente le supplice ; avancez vite, et que ses côtes soient mises en morceaux, et tous ses membres aussi par ces clous : qu'il ne lui reste pas la moindre partie intacte !

VAR. 1. Scan. — 2. *Lis.* ruyllal. — 3. *Lis.* ruyllal.

474. Na¹ vezo dam youl toullet
He quic guiridic ysiguet
Na espernet quet pan ouz pedaff²
Pez anezy espediet
En pep cacefoul³ gourfoullet
Bezet decriet hastet scaff.

CLAUDIN.

475. Naret estim me en primhaff
De ren plen ha de pourmenaff
Quent discuizaff me he claffo.

LOUPART.

Cza! cza! labour me sicouro.

GLOUTON.

Labouromp hon peuar oar tro

Nac ouch mat⁴ piz huy a scuizo
Chetu so quent ez vezo prest.

AGRIPANT.

476. Grueomp un tourny manifest
Maz gouzaffuo maru da arhuest
Gant cals a tempest hac estlam.

CLAUDIN.

Hau hau.
Quen scuiz ezaff⁵ ne allaff tam
Ruillaff muy an dompny iffam
Mar sellomp⁶ tam en hon blamher.

---

474. Que sa chair délicate soit, comme je le veux, transpercée et harassée; n'en épargnez pas un seul lambeau, je vous prie; hâtez-vous; qu'elle soit cahotée et honnie par tous les carrefours.

CLAUDIN.

475. Soyez tranquille, c'est moi qui serai le plus prompt à la conduire et à la mener ainsi. Avant que je me repose, je la rendrai bien malade.

LOUPART.

Çà! çà! travaille, je t'aiderai.

GLOUTON.

Travaillons tous quatre ensemble. Vous avez beau être fort, vous vous lasserez, voilà ce qui arrivera avant qu'il soit peu.

AGRIPANT.

476. Faisons tous nos efforts pour qu'elle voie et qu'elle souffre la mort, dans l'agitation et l'épouvante.

CLAUDIN.

Hau! hau!
Je suis si las que je ne puis plus la rouler. Ne sommes-nous pas déshonorés? Si nous nous arrêtons à regarder, on nous blâmera.

---

1. *Lis.* ra. — VAR. 2. Pedan. — 3. Carefoull (*recte*). — 4. Mar (*recte*). — 5. Ezan. — 6. *Lis.* fellomp :

LOUPART.

477. Tau tau
Arriuet omp a plen en kaer,
Maz guelo un darnn an barner
A hy seder na ruiller acc.

AGRIPANT.

Me cret diouz an pip pau diplacc
Ez en a certen maru yen sclacc
Gant an druill dracc² maz en caczet.

CLAUDIN DAN PROUOST.

478. Oreza chetu ny arriuet
Me cret ezen acc tracaczet
A huy ouz deux² quet he guelet hy.

AN PROUOST.

Digueret un guez oarnezy
Maz guiliff hael he ysily

Ha nen dindy dispartiet
Rac me ent espres a deseu
Hac a cret net nac eu quet beu
Ha mar deu ez eu² deceuet.

479. Louuidien yen, bilenet,
A hoary eu ouz eux huy groaet?
A huy na guelet sellet hy
Pegnen iolis ehem discuez
Me cret peb tu ez eu truez
Out y ent prinez oz bez huy.

480. Cza! cza! dezreuet, fustet hy.
Na manet un pez anezy
Goazy nac ysily dien
Quemeret diff tiz hoz bizyer,
Ha scourgezou calet seder,
Ha gruet antier he quenderen.

LOUPART.

477. Tais-toi! tais-toi!
Nous sommes arrivés en plein dans la ville; que le juge voie un peu si on ne l'a pas bien roulée.

AGRIPANT.

Je crois que quand on la tirera du tonneau, on la trouvera certainement glacée par la mort, tant elle a été heurtée et cahotée dans cette course.

CLAUDIN au prévôt.

478. Or çà, nous voici arrivés; je crois qu'elle est bien malmenée : ne voulez-vous pas la voir?

LE PRÉVÔT.

Ouvrez-lui donc, que je voie bien ses membres, s'ils ne sont pas disloqués; car je pense et je crois bien qu'elle n'est pas vivante; si elle l'est, je suis bien trompé.
479. Sots que vous êtes! froids vilains, est-ce un jeu que vous avez fait? Regardez-la, ne voyez-vous pas comme elle paraît en bonne santé? Je crois bien que c'est parce que vous avez eu pitié d'elle en secret.
480. Çà! çà! commencez à la fustiger! Qu'il ne reste pas en elle un morceau, ni veine, ni membre, qui ne pâtisse. Prenez-moi vite vos bâtons et des fouets bien durs, et amenez-la à bout.

VAR. 1. Drac. — 2. Deur (recte). — 3. Lisez ouff?

AGRIPANT.

481. Ny ne gouffemp pe rahemp quen
Rac quen scuiz stanc omp gant ancquen
Na alhemp certen tremen muy.

AN PROUOST.

Au! tut mechant, faez ouch gant y
Mar he leset euel ma edy
Effiet huy louuidien
Ha huy tut an roe auoeet
De sernig noz em empliget
Moz queff neanet ma ne ret quen.

482. Carguet heb errol gant holen
He gouliou, ma tut louen

Hennez certen he sourpreno
Hac he groay stanc gant fin ancquen
Maz maruo prest gant mil estren
Na quen termen ne predero[1].

CLAUDIN.

483. Rac nam be tamal, me sallo ;
Gant holen bras quen ne gloaso.
Me he froto, maz mano claff.

AGRIPANT.

Me ray dezr, heb faziaff
Gant holen calet, credet scaff,
Hernez a credaff, gouzaff poan.

AGRIPANT.

481. Nous ne saurions plus qu'y faire, car nous sommes si fatigués de notre peine, que nous ne pourrions continuer.

LE PRÉVOT.

Ah ! misérables, vous êtes vaincus par elle ! Si vous la laissez comme elle est, vous serez des sots. Vous qui êtes les gens du Roi, en titre, vous ne vous employez pas à son service ! Je vous trouve des hommes de rien, si vous ne travaillez plus.

482. Remplissez-moi, sans faute, ses plaies de sel, mes braves gens : cela va certainement l'émouvoir et lui causer de vives douleurs, si bien qu'elle mourra bientôt dans mille tourments, et elle n'aura pas besoin d'autre supplice.

CLAUDIN.

483. Pour qu'on ne me blâme point, je la salerai, je la frotterai de gros sel qui la fera souffrir et la rendra bien malade.

AGRIPANT.

Je vais, sans faute, avec du sel dur, la tourmenter, croyez-le bien.

1. *Lis.* souteno :

CLAUDIN.

484. *Damesell, sellet an pret man*
Nouzeur¹ huy gouly quen bihan
Na sant glan a breman an sall.

AGRIPANT.

Na me ne filliff tam am goall
Ha gou ve ma blam nam tamall
Rac me ouz groay fall mar gallaff.

AN PROVOST.

485. *Oreza! dan drot gruet he frotaff*
Calet ga² piz heb discuizhaff
Ober dezr scaff ez claffuo
Gruet dezr langour ha tourmant
De rebeig he drouc teig mechant.
Ret eu presant enn amanto.

486. *Et fresq clesquet na fellet tro*
A reun un sae ha me paeo
Ha gant y affo me o pet
Frot et detry he goulyou
Ann penn han lost hann koll coston
Oll knech ha tnou pan dezrouhet³.

GLOUTON.

487. *Me ameux a sae pouruaet*
So garu diheffuel da guelet
Me ne guisquenn quet, credet diff.

LOUPART.

Ro aman hael ma e gueliff
Diouz an labour ez sicouriff
Hau! cleu diff ha sent ouziff scaff.

CLAUDIN.

484. Demoiselle, regardez à présent : vous n'avez si petite plaie qui ne sente tout à fait le sel, maintenant.

AGRIPANT.

Et moi je n'y manquerai pas, par ma faute, et ce serait mentir que me blâmer ou m'accuser, car je vous mettrai en mauvais état, si je puis.

LE PRÉVOT.

485. Or çà! frottez-la promptement, dur et serré, sans repos, pour la rendre bien malade, donnez-lui langueur et tourment; il faut, à présent, qu'elle expie ses blasphèmes et son coupable entêtement.

486. Allez vite chercher, sans faute, une robe de crin que je paierai ; et frottez-en vite et fort ses plaies, je vous prie ; commencez, à la tête, à la queue, en haut, en bas, à toutes les côtes !

GLOUTON.

487. Je me suis pourvu d'une robe qui est excessivement rude à voir ; je ne la mettrais pas sur moi, croyez-le.

LOUPART.

Donne-la donc ici, que je la voie. Je t'aiderai dans ce travail. Ha! écoute et obéis-moi vite.

VAR. Nouzeux (recte). — 2. Ha (recte). — 3 Derouhet.

GLOUTON.

488. Petra a nezo groaet quentaff?
Ret eu he tarauat gant aff
Hac he frottaff heb tardaff quet.

AN PROUOST.

Oreza! gant y espediet
Euit nep poan na ehanet
Bescoaz goaz pret ne cometas
Euit comps quet he caquetou
Na reiff debaill an maruaillou
Hac a euffrou hon doeou bras.

AGRIPANT.

489. Punisset eu glan dre an cas;
Dre he ysily pur diblas
Eza an gloas me hoz assur.

AN PROUOST.

Oreza! tizmat dam pligiadur
Lequet hy en lech clos oscur
Da miret sur hac assuret
Bede guelet ententet so
Pe a quen ril maru eu ez maruo
Gruet ahano ne flacho quet.

490. Rac me menn glan dirac an bet
E mil tourmant gant tirantet
He liuraff affet heb quet sy
Da bout heb reuil mutilet
Quic ha crochen ha dispennet.
Dre le¹ em requet miret hy.

GLOUTON.

488. Que fera-t-on d'abord ? Il faut la frotter, la frotter sans tarder, avec cette robe.

LE PRÉVOT.

Or çà ! faites promptement, et ne cessez pour aucune fatigue. Jamais elle ne commit pire action que de débiter son vain caquet et de décrier les merveilles et les œuvres de nos grands dieux.
489. Elle en est bien punie ; dans tous ses membres pénètre une douleur cuisante, je vous assure.

LE PRÉVOT.

Or çà ! vite, comme je le dis, mettez-la dans un lieu clos et obscur, pour y être gardée en sûreté ; jusqu'à voir, s'entend, de quelle mort ignominieuse elle mourra. Faites en sorte qu'elle n'en bouge pas.

490. Car je veux, devant tout le monde, la livrer aux bourreaux pour mille tourments, n'en doutez pas ; pour qu'elle soit, sans égard, mutilée, déchirée, chair et peau ; aussi, gardez-la sur ma requête.

VAR. 1. Druse (recte).

Claudin.

491. *Me lacay certen heb quen bry*
En un prison a melcony
En un abry diamiabl
En un lech ort ha disordren
Re vil hac auil ha bilen
Dirac pep den hac inrenabl.

(Aman ez laquaer en prison.)

492. *Duet dan drot nac ouch mar notabl*
Da un toull vil abhominabl
Dre insortabl¹ drouc renablet.

An Prouost.

Mir neb tro na achapo quet
Endan poan a rezaff cannet
Bezet hoarnet a pret mat.

Sante Barba a ra he oraeson en prison, ha quen buhan Jesus a deuz de confortaff.

493. *Jesu, pep tu huy en muyhaff*
Dich oar pep tro em emroaff
Hac oz pedaff da quentaff pret
Pliget guen ech rez euezhat
Ma corff ham speret a pret mat
Na viziff neb stat trelatet.

494. *Ma mestr douce huec, me hoz requet*
En lech maz edouff ham couffhet
Nam ancouffhet quet pa ouz pedaff
En e desir gant un tirant
So vil disaour ha gourmant
Ha so e hoant ma tourmantaff.

Claudin.

491. Je la mettrai, certes, sans aucune considération, dans une triste prison, en une demeure incommode, un lieu sale et plein de désordre, vil, odieux, vilain pour tout le monde, et détestable.

(Ici on la met en prison.)

492. Venez vite, malgré votre haut rang, dans un trou vilain et abominable, peu commode, et de mauvaise mine.

Le Prévot.

Garde bien qu'elle n'échappe, sous peine d'être battu. Qu'on la mette aux fers tout de suite.

Sainte Barbe fait sa prière en prison, et aussitôt Jésus vient la consoler.

493. Jésus, vous êtes le maître suprême; c'est à vous, de préférence à tout autre, que je me donne; et je vous prie d'abord qu'il vous plaise de bien veiller désormais sur mon corps et mon esprit, pour que je ne m'égare point.

494. Mon bien doux maître, je vous en supplie, songez à moi au lieu où je suis; ne m'oubliez pas, je vous prie, aux caprices d'un tyran méchant, odieux et sensuel, qui veut me tourmenter.

Var. 1. Oit infortabl.

495. Rac se dihuy eӡ supliaff
Ma croer, daӡprener querhaff
Da reiff diff scaff heb tardaff quet
Oar neӡ ey ¹ deffry squient
Maӡ reniff o enep heb fent
Gant ann hent a pacientet.

JESUS a comps en barados².

496. Me ya cloar dan douar espacet ³
En stat uffuel en quentel da guelet
Vn guerches net affet na lequet sy
So diff antier seder seruicheres
Eguit ma guir eӡ eu hir martires
Rac maӡ ten fres ⁴ proces an heresy.

497. Dre ma caret en penet eӡedy
En un prison condon a melcony
Gant mil gouly enn hy dre casty bras
Rac ma caret credet punisset reӡ
Gant tut tirant dihoant, dicaranteӡ,
Blam na cammeӡ nos deӡ ne delleӡas.

AN AEL.

Barba, beӡ ioauӡ ⁵, dre an cas
Eӡ deu Jesus dre e graciusdet
Roen sent en quentel daӡ guelet.

SANTE BARBA.

498. A! pebeӡ grace a digace Doe
Dam confortaff plen am enoe
Heman eu ma roe ham croer
Ma mestr, clouar e trugareӡ,
Am reiouis a pep triste ӡ
E carante ӡ a discue ӡ sclaer.

495. Aussi, je vous supplie, ô mon créateur, mon rédempteur bien cher, donnez-moi, sans tarder, la vertu de résister à mes ennemis et de les vaincre même par le moyen de la patience.

Jésus parle dans le paradis.

496. Je vais doucement descendre sur la terre, afin de voir une humble vierge, bien pure, sachez-le ; elle est ma servante dévouée, et pour ma cause, elle souffre un long martyre ; car on la met en jugement pour sa foi.

497. Elle est en peine par amour pour moi, dans une prison, un abîme de misère, percée de mille plaies qui la font beaucoup souffrir ; elle est punie, sachez-le, parce qu'elle m'aime, par des bourreaux sans cœur et sans pitié; elle qui n'a jamais, jour ni nuit, mérité de blâme ou de châtiment.

L'ANGE.

Barbe, sois joyeuse de ma nouvelle : Jésus, le Roi des saints, vient gracieusement te voir.

SAINTE BARBE.

498. Ah ! quelle grâce Dieu m'envoie pour me consoler pleinement de mon angoisse ! C'est lui, mon Roi et mon Créateur, mon Maitre doux et miséricordieux qui change en joie toute ma tristesse, en me témoignant si clairement son amour.

VAR. 1. Oarneze y. — 2. Baradoes. — 3. Lis. separet? — 4. Tenfres. — 5. Lis. louan?

JÉSUS.

499. Pebez sclaerion debouer
Leun a odeur ha saour quer
A digacc antier a cher mat
Gonde pep langour ha sourpren
Ez aff yach franc am holl ancquen
Duet en certen dam louenhat.

500. Bezcoaz suramant ne sentat
Guell sauour[1] na ne recourat
Nac e nep stat ne guelat quet
Pan santaff an huez anezaff
Am holl ancquen em retreu scaff
Maz reiouissaff dreiz aff net.

501. Me eu Iesu pep tu dre meuz[2] truez
So duet gant ioa dreis[3] pep tra dre da fez
Euit discuez dit yuez maz vezaff
Mestr hac autrou knech [ha] tnou heb gou quet
Oar quement den certen a ren en bet
Ouz iff affet ez eu ret procedaff.

502. Memeux gallout pep rout ne fell doutaff
Dreis pep heny me heb muy en muyhaff
Gouuernn a raff ha renaff quentaff pret
An bet man glan breman en pep manyer
Euel guir Doe, Mestr ha Roe ha croer
Me re sclaerder dan loar ha dan steret.

499. Quelle agréable clarté, quelle douce et suave odeur répand sa bienheureuse présence ! Après tant de maux et de douleurs me voici guérie et libre de toute angoisse : il est venu m'apporter la joie.

500. Jamais, certes, on n'a senti plus suave parfum ; jamais, dans nulle situation, on ne s'est vu plus heureux ; quand je sens son agréable odeur, je suis dégagée de tous mes maux, et je goûte en lui une joie sans mélange.

Jésus.

501. Oui, c'est moi Jésus, qui, par grande pitié, ai voulu venir, surtout à cause de ta foi ; il faut que je te montre que je suis le Maître et Seigneur, sans mentir, en tout lieu, et sur tout homme qui vit en ce monde ; c'est à moi qu'on doit avoir recours.

502. J'ai tout pouvoir, n'en doute pas ; c'est moi qui suis élevé au-dessus de tous, je gouverne et je règne souverainement dans ce monde, comme vrai Dieu, Maître et Roi, et Créateur ; je donne la clarté à la lune et aux étoiles.

VAR. 1. Saour. — 2. Meur (recte). — 3. Dreiz.

503. Beden neffhou¹ e; eu pront redondet²
An martir bras han gloas han diblasder³
A; eux affet gouzaffuet ha cret diff
E; out ardant plesant em carante;
Ha cret en mat en pep stat nos ha de;
Guen e; yne; dre da je; e; vizijf.

504. Me ray heb sy deffei⁴ da gouliou
Salu pesq fresq acc digrac⁵ dre ma gracçou
Gudoe⁶ an taulou han poanyou han souzan⁷
A;eux gant couf euidoun aproufuet,
Dre da squiant ha da patientet
Ma;eu affet guen da vel en bet man.

505. Da ioaou bras goude gloas an cas man
E; tennö dit hac euit merit glan,
Goude pep poan e; y buan dan neff,

Dan ioa heb fin equeffin an drindet
Cuit à pep doan hac a souzan an bet
Da speret net a pen⁸ pechet creten.

506. Me re;o plen gou;ne; certen guene;
Quement ma;y em quify en priue;
Ma carente; nos de; à discue;in,
Dit euidant suramant dre coantis
Ma guir cares vi;y espres ressis
Nac en nep guis en languis nes lisif.

507. Dre guir amour presour e; secourin
Hac on; piril gant desir e; miris,
Parfet cret din enny ne; lisin quet
Ha te yne; em carante; be; fier,
Ferm ha prudant vaillant sauant antier
Pepret preder à saluder da speret.

---

503. Elle est montée aussitôt jusqu'aux cieux, la gloire de ce martyre, si douloureux et si pénible, que tu as souffert courageusement; et, crois-le bien, tu es l'objet de mon ardente affection; je serai, à cause de ta foi, jour et nuit avec toi.

504. Je guérirai entièrement tes plaies par ma grâce, pour que tu sois bien heureuse en ce monde, après les coups, les peines et les tourments que tu as soufferts pour moi, avec courage et patience.

505. Après la souffrance, cette épreuve méritoire t'amènera de grandes joies! Tu iras vite au ciel, après toutes tes douleurs; à la joie sans fin, auprès de la Trinité, sans aucun souci, loin des angoisses du monde, et l'esprit pur de tout péché, crois-le bien.

506. Je serai assurément avec toi, sache-le; partout où tu iras, tu me trouveras à tes côtés; je te donnerai, nuit et jour, des preuves évidentes de mon amour et de ma tendresse; tu seras expressément ma chère amie, et je ne te laisserai point dans la peine.

507. Je me hâterai de te secourir avec un véritable amour, et je te garderai soigneusement du danger; crois-moi, je ne t'y laisserai point; et toi aussi, sois constante dans mon amour; sois ferme et prudente, courageuse, sage, irréprochable; songe toujours à sauver ton âme.

---

1. *Lis.* neff hont; — Var. 2. Redondor. — 3. *Lis.* diblasdet. — 4. Defry *(recte).* — 5. Dirac; *lis.* dilacc? — 6. Goudoe, *lis.* goude. — 7. Après ce mot, il manque 58 vers dans l'édition gothique. — 8. *Lis.* pep.

508. Meray heb sy quen reconcilies [1]
Mary [2] espres da les an guercheset,
Glorifiet carguet à maleudy
Eno heb gou e mil ioaou louen,
Rez affezy en deduy bizuiquen
Men gret a plen ne fell quen testeny.

SANTE BARBA

509. Autrou louen dreiz pep heny
Penaux en bet e priset huy,
Euit queffridy quen bihan,
Beza euelhen disquennet
En stat quen vffuel dam guelet
Duet mat ra vihet en bet man.

510. Ma quer autrou à pep souzan
Ezoun frealset curet glan

Hac à peb poan disouzanet,
Ouz ho guelet duet dauedoun
Quement anquen ayoa enouff
Ameux oll da prouff ancounhet,

511. Nac oa ma quic mat [3] isignet
Ma crochenn ha mar dispennet
Ezoun remedet heb quet gou
Ha me groaet net na lequet sy,
Aman oar an lech guenet [4] huy,
Na santan muy ma goulyou.

512. Leun à soulacc en houz graczou
Pan queret ez discuezet gnou,
Ez en huy en autrou louen,
Hac ez ouch Doué Roue ha crouer,
Da lignez humen dasprener,
Saluer ha barner souueren.

508. Je t'accorderai, sans faute, la grâce de te joindre au chœur saint et glorieux des vierges; là, sans mentir, au sein de mille joies, tu goûteras la félicité éternelle, je te l'assure; il n'en faut pas d'autre témoignage.

SAINTE BARBE.

509. Seigneur à la majesté suprême, comment donc daignez-vous, pour un si faible objet, descendre ainsi me voir, dans ma bassesse ? Soyez le bienvenu en ce monde.

510. Mon cher Seigneur, je suis consolée et entièrement guérie de toute douleur, et déchargée de toute peine, en vous voyant venu vers moi ; tout ce que je ressentais d'angoisse, je l'ai oublié complètement.

511. Bien que ma chair fût si meurtrie et ma peau si déchirée, je suis guérie, sans mentir ; me voilà rendue, par vous, à la santé, sur-le-champ : je ne sens plus mes plaies,

512. Étant comblée de soulagement par vos grâces. Quand vous voulez, vous montrez bien que vous êtes le Seigneur puissant, Dieu, Roi et Créateur, rédempteur du genre humain, son sauveur et son souverain juge.

1. *Lis.* reconciliet. — 2. *Lis.* Maz y. — 3. *Lis.* mar. — 4. *Lis.* guenech.

513. Guenech affet ma coudet plen
So reiouysset ha nen den quen[1]
Ma zonn dreiz pep den lounen haet[2]
Dre an meur douzder hoz gueryou
Ezoun groaet glan am holl poanyou,
Ouziff heb gou ezeu gnouet.

514. Ach Doue huy rane graciet[3]
Am bout dre hoz grace soulacet
Flam ha lamet preseruet pur,
Presant digant an tirant bras
Pe heny ouz iniurias
Hac oz blaffemas a tra sur.

515. Ach! mastin diual dinatur
Leun a droue finz hac a iniur
Hac a ordur droue figuret
Nen deueux grace e neb faczon
Na neb heny e nacion
Muy eguet con diraesonet.

516. Ach! Doe roe an tyr ma miret
Em credenn ha ma diffennet
Nam ancouffhet quet pa oz pedaff
Ham delchet ferm en pep termen
Maz guilliff ho enep heb quen
Bezaff sountteren ha renaff.

517. Houz seruicheres espressaff
Ez rennaff bezout heb doutaff
Ma mestr muyhaff a curaff acc
Hoantec ha huec en hoz requet
Da gouzaff ma poan oar an bet
Allas meurbet ham bezet grace.

518. Ach guenn ma bet oz caffet space
Douz guelet plen louen en face
A pep soulace em pourchacet
Na ne queinaff quet eut seder
Bezaff martyres en esper
Ma mestr deboner, em queret.

513. Tout mon être est réjoui par vous parfaitement ; je suis la plus heureuse des créatures ; la grande douceur de vos paroles m'a soulagée de toutes mes peines, je le sens assurément.

514. Ah Dieu ! soyez béni de m'avoir consolée par votre grâce, délivrée et conservée pure, malgré l'effort du cruel tyran qui vous a tant injurié et blasphémé.

515. Ah! chien méchant et dénaturé, rempli de perfidie et d'injustice, et de vices hideux, lui ni personne de sa nation n'ont plus de grâce, en aucune manière, que des chiens sans raison.

516. Ah ! Dieu, roi de la terre, gardez-moi dans ma croyance et défendez-moi ; ne m'oubliez pas, je vous prie ; rendez-moi ferme et inébranlable, que je puisse, malgré eux, triompher et vaincre.

517. Je veux, sans aucun doute, être absolument votre servante ; ô mon maître souverain que j'aime tant, daignez m'accorder la grâce de souffrir avec joie, pour vous, ma peine en ce monde.

518. Ah ! que je suis heureuse de trouver l'occasion de vous voir face à face ; vous me procurez toutes les consolations ; et je ne gémis point, assurément, d'être martyre, quand je pense, ô mon bon maître, que vous m'aimez.

1. Vers sans rime intérieure. — 2. Lisez louenhaet. — 3. Ici finit la lacune de l'Édition gothique.

JÉSUS.

519. Na laca mar, meʒ car dispar, parfet
Rac se daʒ prouff affeʒ couff eʒ ouff¹ duet
Euit miret na ues quet templet scaff
Hac eʒ eʒom heb chom parasomet
Em quiffy plen e termen ordrenet
Oʒ da miret pepret heb arretaff.

520. Beʒ paciant pan duy da tourmentaff
Ma galu pepret eʒ coudet secretaff
Ha me duy scaff daʒ confortaff en² mat
Rac ent espres seruicheres nessaff
Familier singulier ha querhaff
Eʒ quemeraff quentaff a muyhaff grat.

521. Me menn oʒ meʒ pur reʒ da eueʒhat
Maʒ guilly prouff eʒ ouff ouʒ da coufflat
Miret da stat a youll mat nos ha deʒ

Heb mar a riff net diff³ ne dougiff den
Na allo muy neb heny bishuniquen
Gour da sourpren na chomy plen en feʒ.

522. Me discueʒo dit un dro dre roueʒ
Quen excellant seblant a caranteʒ,
Dre penn da feʒ yueʒ maʒ gouʒueʒv,
Eʒouff Autrou knech ha tnou disouʒan
Oar pep heny membry bras ha bihan
An bet man glan so emlan ma damany.

523. Me eu⁴ certen Doe ha den pe heny
A deuʒ en bet apret nen deux quet sy
Euit heb muy reiff redimation
Da hat Adam a estlam mo lammas
Dre meruell yen gant mil ancquen en croas
Me ho prenas, an cas so bras da son.

JÉSUS.

519. N'en doute pas, je t'aime d'un amour incomparable ; et sache que je suis venu pour ton bien, pour te garder de toute tentation ; tu ne seras point abattue par tes douleurs, et tu me trouveras toujours à te protéger constamment.

520. Sois patiente, quand on viendra te tourmenter ; appelle-moi toujours du fond du cœur, et je viendrai aussitôt pour te bien consoler ; car je te prends, dès maintenant, avec plaisir, pour ma servante la plus intime, la plus distinguée et la plus chère.

521. Je veux veiller avec soin sur ta pudeur, pour que tu puisses voir que je pense à toi ; je te protègerai avec zèle, jour et nuit, sans craindre personne, crois-le bien ; nul ne pourra jamais te surprendre et t'empêcher de rester fidèle à la foi.

522. Je te montrerai, dans ma faveur, un gage si éclatant d'amour, à cause de ta foi, que tu sauras bien que je suis le Seigneur absolu du monde entier, le maître de tous, grands et petits, et que l'univers est sous ma puissance.

523. C'est moi, certes, qui suis l'Homme-Dieu qui vint au monde au temps marqué, dans l'unique but de racheter la race d'Adam : je la sauvai en mourant sur la croix avec mille tourments. Je fus son rédempteur, chose merveilleuse à dire !

VAR. 1. Ezout. — 2. Lis. a. — 3. Ne din, liseʒ cret diff. L'auteur de l'édition de la Bibliothèque Nationale a compris sans doute ne diff (diouʒit), je ne te quitterai pas. — 4. Eo.

524. Laca real¹ liberal da calon
Da pridiry euit affection
Em passion guiryon ha deboner
Ha bez heb sy muy oz muy paciant
Na douc reuir da desir neb tirant
Bez fier feruant ha prudant hac antier.

525. Eguit martir na pirill na hirder
Oar an bet man na poan en neb manyer
Na flaich da cher, me az remunero
Rac en neff hont euit a pep spont contrel
Mez lacay aes em palaes celestel
En lech uhel nen deux ael noz guelo.

526. A pep estlam cret diff flam mez lammo
Ha neb heb guir diguir az martiro
Men punisso eno men leuzro prim
Ann Dyaoul bras diblas azgas a scrap
Gant foultr ha tan digant² Satan en atrap
De ren heb goap.a diffrap dan abim.

527. Me ya espres, Guerches, na ra estim
Dit heb neb fent³ na vez lent me enctim⁴.
Ez riziff prim a crim daz redimaff
Mar bezez guir em desir martires
Na laca mar douce goar eual cares
Ez y certes dam grues gant an nessaff.

SANTE BARBA.

528. Ach Autrou Doe a auoeaff
Douce ha huec oz trugarecaff
Net parfetaff ouz ho ⁵ bezaff duet
Heb e dellit dam visitaff
Ha heb deport dam confortaff
En stat muyhaff nen nachaff quet.

524. Applique bien ton cœur à la méditation affectueuse de la passion que je souffris par bonté pour vous ; et sois, sans faute, de plus en plus patiente : n'aie point d'égard à la volonté d'un bourreau : sois fière, fervente, sage et sans reproche.

525. Qu'aucun martyre, aucun danger, aucune angoisse en ce monde, ni aucune espèce de tourment, n'ébranlent ta résolution ; et je te récompenserai ; car, au ciel, là-haut, loin de toute crainte ennemie, je te mettrai à l'aise dans le céleste palais, sur un siège élevé, en vue de tous les anges.

526. Je te délivrerai, crois-le bien, de toute misère; et celui qui te martyrisera cruellement et sans raison, je le punirai, et j'enverrai vite le démon odieux, cruel et avide, avec le feu de la foudre, pour le précipiter et l'enchaîner dans l'abîme, auprès de Satan.

527. Je m'en vais, ô vierge, ne t'inquiète pas ; tu n'as point à t'effrayer, je te l'assure. Je serai prompt à te préserver d'outrage, si tu m'es bien fidèle dans ton cœur, ô martyre ; n'en doute pas, tu seras ma douce amie, admise dans le chœur de celles qui m'accompagnent partout.

SAINTE BARBE.

528. Ah! Seigneur Dieu que j'adore, je vous remercie bien tendrement et vivement d'être venu, sans que je le mérite, me visiter et me consoler aussitôt de la manière la plus ineffable.

VAR. 1. Ara. — 2. Lis. gint? — 3. Sent. — 4. Enetim. — 5. Au lieu de Ouz ho, il faudrait Houz.

529. A Jesu Christ an ministr net
So duet quen uffuel dam guelet
Gant sclaerder meurbet heb quet sy
Pam guelas gardis en prison
Heb soulace na grace neb faeçon
En eston hac en melcony.

530. Doe a goar pebez amloary
Pez hirder ha puantery
Pan deuz en ly an sclaeryen
Ha pe en poan ez oann manet
Goude ann anequen han penet
Amoa gouzaffuet muy eguet den.

531. Hoguen ma mestr quer sonneren
Am guenre heb gou quen louen
Maz ouff certen dreis pep heny

Gantaff de guis reiouisset
Ham goulion nen deu gou quet
So closet net no guelhet muy.

532. Na goat na deffoul na gouly
Ne ' caffe den plen neb heny
Ma ysily chetu y net
Ha groaet salu pesq fresq heb esquem
Cazr ha mat penn ha troat ha drem
Map Doe roe lem a ros remet.

533. Pebez douceder eu em speret
Pan prederaff e rezaff duet
Dre e uffueltet daued ouff
Da touchaff flam quement ameux
Ysily ha fizy ha dieux
Breman a neb reux nemeux couff.

529. Et Jésus-Christ, ministre saint, a daigné venir me visiter avec une grande splendeur, quand il m'a vue en une dure prison, sans aucune consolation, dans l'angoisse et la tristesse.

530. Dieu sait dans quel état déplorable, quel souci et quelle misère j'étais, quand sa lumière vint chez moi, et dans quelle peine j'étais plongée, après avoir souffert des tourments et des supplices surhumains.

531. Mais mon cher maître souverain me rendit, sans mentir, si joyeuse, que, j'en suis sûre, nul ne l'est davantage; et mes plaies, ce n'est pas une feinte, sont fermées entièrement; on ne les voit plus.

532. Personne ne trouverait en moi trace de meurtrissure ni de plaie sanglante; voilà que tous mes membres, sans exception, sont sains et pleins de vigueur; mon visage et mon corps entier ont retrouvé leur fraîcheur, grâce au remède que m'a apporté le fils de Dieu.

533. Quelle douceur je sens en mon âme, quand je songe qu'il a daigné venir vers moi, toucher mon être tout entier, mes membres, mon visage, ma bouche ! Je ne me souviens plus d'aucune souffrance.

VAR. 1. Na.

An Provost a ra digacc sante Barba.

534. Duet flam aman pep unan ahanech
Guytebunan pur buan oar an lech
Entroch, ma flech, pemp pe huech ezech scaff
Et da querchat tizmat sinchat batant
Barba guerches ent espres em presant
Espediant dam hoant de tourmantaff.

535. Gruet he donet a pret da procedaff
Ent aereet sentet heb arretaff,
Maz guiliff¹ scaff quentaff heb tardaff quet
A hy so quet trellatet he credenn
Pe hy clos² dez noz en propos tenn
Ret ven³ gouffenn bezet tenn quemennet.

536. Quae baut, Claudin, ma den din-
[haff]
Piz ha tizmat de querhat⁴ scaff
Da punissaff heb tardaff quet
Barba nac eu hy mar ytron
He digaeze dan placze a facson
Gruet, ma tut mignon, he donet.

CLAUDIN.

537. Dirac hoz facc, credet acc, digacet
Dram fez rezo affo, ne tardo quet,
Heb faut en bet affet maz procedo
Rac se rscuit me a ya da guilt
Euit seder he deren heb quen sy
Certen nembry⁵ ha huy he castizo.

Le prévot fait amener sainte Barbe.

534. Que chacun de vous vienne ici sur-le-champ ; allons, mes garçons, que cinq ou six gaillards vigoureux aillent me chercher immédiatement, et sans perdre de temps, Barbe, la vierge, pour que je la tourmente à mon gré.

535. Faites-la venir tout de suite, enchaînée, pour qu'on procède au supplice ; hâtez-vous d'obéir, que je voie tout d'abord si sa croyance n'est point changée, ou si elle persiste dans son opiniâtreté ; il faut que je le sache ; qu'elle soit amenée sans égard.

536. Va donc, Claudin, mon meilleur serviteur, va vite la chercher ; qu'elle soit punie sans tarder; amène Barbe en ce lieu, quoiqu'elle soit grande dame ; faites-la venir, mes chers amis.

CLAUDIN.

537. Par ma foi, elle sera amenée, sans tarder, en votre présence, croyez-le bien, pour qu'on procède sans faute au supplice ; je vais donc la chercher bien vite pour la conduire devant vous, je vous le jure, afin qu'elle soit châtiée par vous.

VAR. 1. Huillin. — 2. *Lis.* so clos. — 3. Ven (*recte*). — 4. Querchat. — 5. *Lis.* membry.

An Prouost.

538. Quae diff tizmat ha bez sinchat a tro
Na dalae tam na cam pe mez blammo
Diuoe affo neb tro na gourto muy
Groa he donet gant effet competant
An meschantes en espres em presant
Maz guiliff coant an seblant so gant y.

Claudin a digor an prison.

539. Duet, demezell, en hon belly
Ret eu donet a clenet huy
Nendeux muy a dilacion
Lacat neb faczon essony
Dre den en bet ne ellet huy
Lest heb sy houz rebelyon.

540. Donet en maes zo dich racson
Maz ehemp dan les ent saeson
Tempest, eston, ha melcony

Az eux da gouzaff ne raff mar
Ha cals a anequen, me en goar,
Hac a glachar hac ambary.

Claudin so abaisset ouz he guelet salu.

541. Leueret plen piu en heny
So bezet ent¹ lech guenechuy
Maz eu heb sy hoz goulion
Ne onn pe dre grace effacet
Nemet an doeou heb gou quet
A ne bezet en hoz metou?

542. Bras ha sclaer en ho oberou
Oll drenn holl bet hac ho fetou
Ho euffurou a gnou en louen
Neb a queront ne fellont quet
En denez lem heb quem remet
Rac se ho caret a dle den.

Le prévot.

538. Va vite, et fais ton tour promptement : ne t'arrête point d'un pas, ou je t'en blâmerai ; n'attends plus un instant ; fais-la venir, la misérable, en ma présence, pour que je voie dans quel bel état elle est.

Claudin ouvre la prison.

539. Venez, demoiselle, en notre pouvoir ; il faut venir, entendez-vous ? Il n'y a plus de délai possible ni de répit à espérer de personne : quittez, sans faute, votre rébellion.

540. Il faut que vous sortiez, que nous allions de ce pas devant la cour. Tu vas souffrir, je n'en doute pas, bien des tortures et des supplices raffinés ; bien des tourments, je le sais, des douleurs et des angoisses.

Claudin est stupéfait de la voir en bonne santé.

541. Dites-moi donc quel est celui qui est venu en ce lieu avec vous, que vos plaies sont si bien disparues, je ne sais par quel pouvoir ? Les dieux, sans doute, sont venus vous trouver ?

542. Leurs œuvres sont grandes et éclatantes dans tout l'univers ; les effets de leur puissance sont merveilleux. Celui qu'ils chérissent ne manque pas d'avoir d'eux toutes sortes d'assistance ; aussi faut-il les aimer.

---

1. *Lis.* en.

543. *Duet gueneff gleu* [1] *beu ha seuen*
Bede an barner souueren
Pan eu an termen ordrenet
Er duer [2] *en pret maz proceder*
Ha heruez hoz cas oz lasser
Hon mecher so deliberet.

CLAUDIN *he presant dan barneur.*

544. *Chetu hy, Autrou, heb gou quet,*
Guen eff adarre dereel
Dich da guelet en hoz metou
Hac ez raff mil souz anezy
He guelet curet, na ret sy,
Na guilir muy he gouliou.

545. *Me crethe un re an doeou*
A ue bezet en he metou
Ha dre ho gracziou en louen
En deueux hy ratiffiet

He holl aucquen hac he penet
Na tra en bet ne voe quet quen.

546. *Nen deux gouly na ve dien*
Bezcoaz muy grace dirac face den
Neb termen ne voe ordrenet
Rac quen cruel he ysily
Ha quement goazenn so enn hy
A noe guenompny disgruiet.

AN PROUOST.

547. *Cza! cza!*
Dirac ma face bezet acc digaczet
Duet demesell diabell em sellet
Oz iffaffel denesset rac ret ve
Guelet seder antier pe prederet
Na pe en manyer effe deliberet
A ne galhet ober quet hoz trete.

543. Venez avec moi, brillante de vie et de santé, devant le grand juge, puisqu'il l'ordonne; le moment est venu de procéder au jugement et de vous traiter comme vous le méritez: c'est là notre devoir.

CLAUDIN la présente au juge.

544. La voilà, seigneur, sans mentir, ramenée par moi en votre présence; et je suis fort étonné, croyez-le bien, de la voir guérie, et sans trace de blessures.

545. Je crois que quelqu'un des dieux sera venu et qu'il l'a gracieusement délivrée de toutes ses peines et ses souffrances : il est impossible qu'il en soit autrement.

546. Elle n'a plus aucune plaie, en vérité! Jamais personne n'a vu faveur plus miraculeuse : car nous avions cruellement brisé ses membres et déchiré toutes les veines de son corps.

LE PRÉVOT.

547. Çà, çà! Qu'elle soit vite amenée devant moi. Venez, demoiselle, qui me regardez de loin ; approchez de moi, car il est nécessaire de bien voir ce que vous pensez, et de décider si l'on ne pourrait pas arranger votre affaire.

VAR. 1. Gleo. — 2. Duet *(recte)*.

548. Jngrat meurbet deffaet ha calet re
Uech en hoz cas ha diblas dren drase
Heb mar mar ke hay re a vahe quen
Nep disprisance nac offance setancet
Dan docou bras allas nac ho casel
Hac y meurbet ouz hoz caret net plen.

549. A guelet huz hoz ysily dien
Houz goulion saluet heb gou louen
Gant e seuen ne voe quen me en goar
Rac se pep guis doen¹ pris deuiset
Ha fez deze dreis pep re a dleet
Rac effihet pardonet heb quet mar.

550. Distreit hoz drem oute lem gant me-
 [moar
Hac² y pep tro dreist quement so ho car
Quesquen³ dispar clouar me en goar plen

Dre se pep hent, gruet squient ha sentet,
Azeulet y heb sy seul maz vihet
Hac ho caret parfet ha na ret quen.

SANTE BARBA.

551. Penaux ez galhent y dien
Heb bezaff na beu na seuen
Reiff souten da den e pouet
Coz imagou ha traou mut
Nen dint nemet souzan dan dut
Jnfam ha put drouc reputet.

552. Ydolou barbou badouet
Groaet dre art gant an cornardet
Heb guelet na cleuet seder
Traou vil ort a drouc fortun
En pep place digrace disaezun
Ne compsent oz negun un guer.

548. Vous seriez bien ingrate, bien mauvaise, bien dure et sans cœur si, dans votre situation, vous témoigniez aucun mépris, vous faisiez aucune offense volontaire aux grands dieux, ou si vous aviez le malheur de les haïr, eux qui vous aiment si fort.

549. Ne voyez-vous donc pas que vos membres ont été guéris heureusement de leurs blessures, par eux, et personne autre, je le sais? Aussi devez-vous, plus que personne, leur témoigner le respect et la foi auxquels ils ont droit, et vous serez pardonnée, sans aucun doute.

550. Tournez vers eux votre visage avec reconnaissance, car ils vous aiment souverainement, d'un amour tendre et sans pareil, je le sais; ayez donc la sagesse d'obéir; adorez-les parfaitement tant que vous vivrez, et aimez-les, sans faute, de tout votre cœur.

SAINTE BARBE.

551. Comment pourraient-ils donc, eux qui n'ont ni vie ni vigueur, soulager quelqu'un dans ses peines? Méchantes images, objets muets, ils ne sont que des causes d'erreur pour les hommes, des êtres infâmes, odieux et de mauvais renom.

552. Les idoles, stupides épouvantails faits par l'artifice de vils fripons, n'ont ni vue ni ouïe, en vérité; objets repoussants et malencontreux, sans aucune grâce ni bonne qualité, ils ne peuvent dire mot à personne.

---

1. Il faut probablement ajouter ici *an*. — 2. *Laset rac*. — VAR. 3. *Quez quen*.

553. Un tra meurbet ha caletter
En dan tut sauant hac antier
Eum amser na consideront
Guelet ex ind i finccion
Fantasi hac abusion
En neb raeson na consonont.

554. Hennez so error ignorant
Mennat dastum en argumant
Effent competant neb andret
Heb caffout gallout na souten
Dre fantasy louuidien
Ez riont certen ordrenel.

555. Me da queutaff no prisaff quet
Na no caraff tam un camhet
Nac en he quet nem em haetaff
Quent se peyret na lequet sy
En ho casaff ne allaff muy
Muy eguet qui ho deffiaff.

556. Quement an eze ara cont
A nezo dampnet en bet hont
En iffernn parfont ha spontabl
En aucquen ha reux nen deux quen
Ha poan ha tourmant ha quantren
Ha cant mil sourpren inrenabl[1].

557. Neb a ros diff remet etabl
So da pep heny amiabl
Plen ha renabl[2] ha notabl acc
Eff eu map Doe beu ha seuen
Oz pep hiruont a re souten
Da quez quement den so en grace.

558. Da heuelep rep e neb place
Ne caffes saour da pourchace
Amour na grace e nep faczon
Rac reusidic ha milliguet
Ouch dren droue credenn maz tennet
Noz eux fez en bet muy eguet con.

553. C'est une terrible chose que de voir des hommes doués d'intelligence et de raison qui ne s'aperçoivent pas que ce sont des fictions, des imaginations trompeuses, sans réalité et sans consistance.

554. C'est l'effet de l'ignorance et de l'erreur que de vouloir prouver que ces idoles aient aucune puissance ; sans pouvoir, sans appui, elles furent, à coup sûr, fabriquées par la fantaisie des sots.

555. Pour moi, je ne les estime ni ne les aime aucunement, et ne me plais point avec elles : au contraire, je ne cesse, n'en doutez pas, de les haïr tant que je puis, et de les mépriser plus que des chiens.

556. Tous ceux qui en font cas seront damnés dans l'autre monde, au fond de l'horrible enfer où il n'y a qu'angoisse et misère, que peine et tourment, et rage, et mille souffrances intolérables.

557. Celui qui m'a donné un remède salutaire est aimable pour chacun : il est grand, bon et auguste ; il est le fils du Dieu vivant et véritable, qui soutient contre toute souffrance tous ceux qui sont dans sa grâce.

558. Mais pour cette race odieuse, tu n'obtiendrais aucun bienfait, ni amour, ni grâce : car vous êtes des misérables, maudits à cause de votre mauvaise croyance ; vous n'avez pas plus de foi que des chiens.

VAR. 1. Irenabl. — 2. Renall.

559. An Doe excellant roe an tron
So en baradoes pep saeson
En unyon quen consonant
Ha quement den certen men goar
A cret enn haff ne lacaff mar
So dezaff car me en goarant.

560. En ioa ha deduy paciant
Ez vezont oll en o holl hoant
En soulacc triomphant antier
Da pep pret en ho apetit
En grac diuin hac infinit
Dimpny en seruic ¹ ez recitet ².

561. Te so calet me en preder
A calon eguit sarmoner
Quet a douezder na quemerez
Da doen ³ penn na credenn enn haff

Muy euit qui naz em raliaff
Quae da gozaff an goazhaff huez.

562. A te eno naz ⁴ vezo mez
En iain goude da finuez
Nos dez en lastez pan vezy
En creis an cisternn inffernal
En tan ha tourmant ha scandal
En un hual maz tripaly.

563. Da docou fent ne alhent muy
Reiff dit pardon nac esony
Rac maz indy abusion
Au diaoul gourmant dicoantis
Az delch de lot dre da sotis
Da bout abois de prison.

(An prouost a ra ober tan cuit e tourmentaff.)

559. Le Dieu suprême, le roi du ciel habite éternellement le paradis, dans sa Trinité auguste; et tout homme qui croit en lui lui est cher, je le sais et je vous l'affirme.

560. Ils sont tous au comble de leurs désirs, dans un bonheur constant, un triomphe, une joie sans mélange; leur cœur a toujours ce qu'il souhaite, au sein de la grâce infinie; c'est ce que nous apprend l'Écriture.

561. Mais on a beau te prêcher, tu es dur de cœur, je le vois; tu n'as ni amour, ni foi pour le Dieu souverain, et tu ne te conduis pas mieux qu'un chien; va-t'en souffrir la terrible puanteur!

562. N'auras-tu pas de honte, là, après ta mort, quand tu seras torturé nuit et jour dans l'ordure, au sein de la citerne infernale, dans le feu et l'horrible tourment, trépignant, enchaîné?

563. Tes faux dieux ne pourront plus te donner ni pardon ni répit, car ils ne sont que vaine tromperie; le démon sensuel et hideux te tient, grâce à ta sottise: tu lui appartiens, il t'aura dans son cachot.

(Le prévôt fait faire du feu pour la tourmenter.)

Var. 1. En scruit (recte). — 2. Lisez reciter. — 3. Douen. — 4. Na.

564. A! paillardes certes heruez raeson
Diseruiget ez eux net affet don
Punission en façzon disonest
Rac se gardis dam guis mez punisso
Na den en bet me cret nez remedo
Dit oar un dro affo men rento prest.

565. Cza tirantet denesset ha gruet fest
Me menn heb quem ober lem un tempest
Garu da arhuest heb neb rest aprestet
Aman breman unan en pep manyer
Gruet diff un tan cleuet noman an guer
Chetu seder ameux sclaer prederet.

566. Goudesc fresq et da quemesq clesquet
A dou en dou flambesou heb gou quet
Gante affet ez eu ret credet diff

Lesquiff dam post[1] tenn ha tost he costou
En he crochenn gruet tenn porfolennou
Me groay darnou heb gou pan dezrouiff.

AGRIPANT.

567. Flambesou dou pan dezrouiff
Bezet seder a quemery
Hac elliquiff ne filliff quet.

CLAUDIN.

Ha memeux unan aman groael.

GLOUTON.

Ha me yuez so neuez duet.

LOUPART.

Chetu azcezc pan vent drecet
Ameux oar ma chouc diouguet
Ha pan querhet en ho tretiff.

---

564. Ah! effrontée, certes, tu as bien et dûment mérité une punition ignominieuse : je te châtierai durement, à ma façon, et personne au monde, je crois, ne te guérira ; je vais te faire immédiatement payer tous tes outrages !

565. Çà, bourreaux, approchez, et faites fête ! Je suis résolu à faire un supplice cruel à voir ; allons, apprêtez-vous tout de suite ; et faites-moi du feu, entendez bien ce que je dis ! Voilà ce que j'ai décidé.

566. Ensuite, allez vite me chercher deux à deux des torches, avec lesquelles il faut que vous lui brûliez cruellement les côtes, près de ce poteau ; faites sa chair se couvrir d'ampoules ; je la mettrai en pièces, sans faute, quand je commencerai.

AGRIPANT.

567. Soyez sûr que je vais prendre deux torches, et que je ne manquerai pas de les faire servir.

CLAUDIN.

J'en ai une toute prête.

GLOUTON.

Me voilà arrivé aussi.

LOUPART.

En voici beaucoup que j'apporte sur mon dos ; quand elles seront préparées et que vous le voudrez, je les emploierai.

1. Ce mot manque dans l'édition de la Bibliothèque Nationale.

An Prouost.

568. Cza auancet na lest quet hoz pidiff
Quent se pep hent gruet heb fent ma sentiff
Heel maz gueliff quet dibriff ne riff quen
He lacat garu heb rebaru dan maru mic
An coz tra treut a drouc feut reuseudic
Na compso quic ¹ he doe lic bizhuiquen.

569. Hoz em sicour disaour de sourpren
Gruet poz pedaff ent scaff heb dougiaff den
Rac se certen gruet he haeren en mat
Oz un post prenn gant querdenn tenn men bry
Oll he corff noaz gruet poaz hac he goazy
He ysily gruet huy da disgruiat.

Agripant.

570. Ro aman crenn ann querdenn yen
Pe deux certen da aeren tenn.

Loupart.

Ma leset gant y heb diffenn
Me stago tost ouz ann post prenn
Gant ma cordenn hoz em tennet.

An Prouost.

A dea!
Sus sus gant y espediet.

Glouton.

571. Neb aoun e buhez noz bezet
Penaux pennac pan eu staguet
Ez uezo credet auset mat.

Agripant.

Cza turpion a faczon mat
Ret en dimp trauell da guellat
He lacat en em diuatet.

Le prévot.

568. Çà, avancez, ne vous laissez pas prier, mais obéissez-moi sans faute. Je ne mangerai point que je ne l'aie vu mettre à mort sans pitié, la misérable et perverse nature : elle ne parlera plus désormais de son mauvais Dieu.

569. Mettez-vous ensemble à la tourmenter impitoyablement, je vous prie, et sans craindre personne. Pour cela, liez-la bien à un poteau de bois, avec des cordes solides, et brûlez son corps nu et ses veines ; faites ses membres se déchirer.

Agripant.

570. Donne vite ici ces froides cordes, ou bien viens la lier solidement.

Loupart.

Laissez-la-moi sans défense, je l'attacherai bien dur au poteau de bois, avec ma corde ; retirez-vous.

Le prévot.

Ah dea! Sus! sus! dépêchez-vous !

Glouton.

571. N'ayez point peur ; n'importe comment, quand elle sera attachée, elle sera bien arrangée, croyez-le.

Agripant.

Çà! mes braves compagnons, il nous faut travailler de notre mieux et la mettre en un triste état.

Var. 1. Guic ; lis. gric.

CLAUDIN.

572. Gant an flambesou heb gou quet
Grueomp he crochenn quenn dispennet
Ha na lesomp quet hon pediff.

LOUPART.

Ho dastum ma hon' alumiff
A riff flour ha mo₃ secouriff
Ma requetiff ne gourteiff² quet.

GLOUTON.

573. Gruet diligance hac auancet
Peuar flambes so alumet³
Hastet ne fell quet arretaff.

AGRIPANT.

Orsus gant y espediaff
Ret eu diguir he martiraff
Bet gouzaff an cruelhaff maru.

GLOUTON.

574. Besco₃ e nep ploe ne uoe taru
A nihe certen ma quen garu
Dirac da baru na quen maruel.

LOUPART.

Me ray espres quement esel
So enn hy chetu quen cruel
Na ue₃o aguel ne guelo.

CLAUDIN.

575. Quic ha goa₃y me disgruio
Gant ma flambeux hac he reuso
Tost me rosto ne ue₃o sy.

CLAUDIN.

572. Avec nos torches, faisons que sa peau se déchire, et ne nous laissons pas prier.

LOUPART.

Je vais les ramasser pour les allumer, et je vous aiderai ; je n'attendrai pas qu'on me demande.

GLOUTON.

573. Faites diligence, hâtez-vous. Voilà quatre torches allumées ; allons, il ne faut point s'arrêter.

AGRIPANT.

Or sus ! dépêchons-la ; il faut la martyriser sans pitié, jusqu'à ce qu'elle souffre la mort la plus cruelle.

GLOUTON.

574. Jamais, en nul pays, aucun taureau n'aura été certainement si farouche devant ta barbe, ni si terrible que moi.

LOUPART.

Je veux faire souffrir à chacun de ses membres de si cruels tourments, qu'elle pleure toutes ses larmes.

CLAUDIN.

575. Je déferai sa chair et ses veines avec ma torche, et je la torturerai : je veux la bien rôtir, sans faute.

VAR. 1. Ho (recte). — 2. Gortoin. — 3. Lise₃ preparet :

AGRIPANT.

An deu darnou houz costou huy
Ha cleuet na sarmonet muy
A queffet huy an hoary mat.

GLOUTON.

576. *Enit houz doe fall en goall stat*
Ezouch en poan ha huanat
Nac oa mar mat en pompadech.

LOUPART.

Torret eu hiziu ma diu brech
Gant an ancquen ameux gnenech
Quen nac ouff oar an lech nechet.

CLAUDIN.

Ha prouost an deu hy rostet
Sellet penaux ezeu auset
En un drouc amplet ezedy.

(An Prouost a gourchemenn dan tirantet he canaff gant morzolou.)

577. *Cza sergantet clesquet na tardet muy*
Morzolou [1] *calet hastet pe songet huy*
Gruet oar nezy un tourny an muyhaff
Oar un aneffne dileffn ha drouc effnet
Lequet a cren he penn na diffennet
Bezet pilet heb respet pa oz pedaff.

578. *Estart* [2] *asardet na cesset bezet scaff*
Ma tut habil gruet uil he mutilaff
Bede gouzaff quentaff an muyhaff poan
Maz rento glan aman dirac an bet
Gant dissemper ha hirder he speret
Maz ay apret gant penet an bet man.

AGRIPANT.

Vos côtes ne sont-elles pas en lambeaux ? Écoutez, vous ne dites plus rien : trouvez-vous le jeu à votre goût ?

GLOUTON.

576. Pour votre méchant Dieu vous êtes en un triste état, en peine et en souffrance, vous qui vantiez tant sa bonté !

LOUPART.

Mes deux bras sont brisés maintenant, par la peine que vous me donnez ; je suis épuisé.

CLAUDIN.

Eh bien ! prévôt, n'est-elle pas rôtie ? Voyez, la voilà arrangée ! Elle est dans un mauvais cas !

(Le prévôt ordonne aux bourreaux de la frapper avec des marteaux.)

577. Çà ! sergents, cherchez sans plus tarder de durs marteaux, hâtez-vous. A quoi songez-vous donc ? Frappez-l'en à tour de bras ; mettez sa tête sur une enclume dure et mal polie, n'y manquez pas ; et battez-la sans respect, je vous prie.

578. Ferme et fort ; ne cessez point, mes habiles gens ; mutilez-la sans pitié ; qu'elle souffre le plus possible, pour qu'elle rende l'âme devant tout le monde, dans la douleur et le désespoir ; qu'elle quitte la vie au milieu des tourments.

1. *Lis.* Morzol ? — 2. *Lis.* Start.

Aman ez quemeront hoz morzolou hac ez lauar
                    Agripant.
579. Me ameux ouz ma clun unan
    Nac eu quet glan an bihanaff.
                    Claudin.
Memeux un arall eualdaff.
                    Loupart.
Heman eu¹ pep pas an brassaff.
                    Glouton.
Ma heny sclaer eu² pounerhaff
Ret eu he dourpilat³ gantaff
Heb chanaff mar caffaff spacc.
                    An Prouost.
580. Distreit squeit hy heb sy bras ha bian⁴
Dreizy iffam pautret stram dren draman

Ouch lem breman an traman so haznat
Rac me guel piz ezouchuy tiz scuizet
Diouz hoz taulou heb gou ha darnouet
Bezet lazet em requet a pret mat.

                    Agripant.
581. Gruemp oar nezy un tourniat
    Gant an morzolou a gouhat
    Uil he pilat quen na plado.

                    Claudin.
Cza labour ha mez sicouro
Dues a goasq da hem clasq ha sco
Crouc ren dougo a ffallo⁵ tam:

(Ici ils prennent leurs marteaux, et Agripant dit :)
579. J'en ai un sur ma cuisse, qui n'est certes pas le plus petit.
                    Claudin.
J'en ai un autre pareil.
                    Loupart.
Celui-ci est bien le plus grand.
                    Glouton.
Le mien est évidemment le plus lourd. Il faut que je l'en accable, sans me reposer, s'il y a moyen.
                    Le prévôt.
580. Revenez, frappez-la sans faute, grands et petits ; vous voilà déshonorés vilainement ici par elle, mes garçons, la chose est claire, car je vois bien que vous êtes tout à fait fatigués. Mettez-la donc en pièces par vos coups, et tuez-la vite, je vous l'ordonne.
                    Agripant.
581. Faisons pleuvoir sur elle les coups de nos marteaux, dru comme grêle ; battons-la bien, de façon à l'écraser.
                    Claudin.
Çà, travaille et je t'aiderai, prends ton élan, dur et serré, et frappe ; que la potence enlève celui qui la manquera!

Var. 1. En. — 2. En. — 3. Dourpilant. — 4. Bihan. — 5. à fallo.

LOUPART.

582. Ny membry so ganty iffam
Ne lesomp¹ prest gant mil estlam
Hac on bezo blam dre dra man.

GLOUTON.

Bezcoaz dram sy² nem boe muy poan
Na tra quen calet en bet man
Eguit an penn man ne ganat.

AGRIPANT.
583. Ha ha.
Quen scuiz ezaff na allaff pat.

CLAUDIN.
Ha me so yuez em fez mat
En drouc stat ez edomp ganty.

LOUPART.
Honn³ em tennomp ha lesomp hy.

GLOUTON.
Hennez grueomp na tardomp muy
Rac bezcoaz non boe ny muy poan.

SANTE BARBA.
584. Doe roen ploeou autrou en neffuou
[glan
A guenre net treux ha het an bet man
An mor han tan didan hoz damany
Hann heaul hann loar en ho gloar preparet
Douar hac aer han ster en sclaerder net
Oll oz youll⁴ composet heb quet sy.

LOUPART.

582. Par ma foi, nous sommes vaincus par elle. Nous n'en venons pas à bout, après tant de peine ; et nous serons blâmés.

GLOUTON.

Jamais, ma foi, je n'eus plus de mal ; jamais il n'est né rien au monde de plus dur que cette tête.

AGRIPANT.

583. Ha ! ha ! Je suis si las que je ne puis plus durer.

CLAUDIN.

Et je le suis aussi, en bonne foi. Elle nous met dans un bel état !

LOUPART.

Retirons-nous et laissons-la.

GLOUTON.

Oui, faisons cela sans tarder; car jamais nous n'avons eu plus de peine.

SAINTE BARBE.

584. Dieu, roi des peuples, seigneur des cieux sans tache, vous avez fait tout cet univers, la mer et le feu sont en votre pouvoir; le soleil et la lune sont vos œuvres glorieuses ; la terre et l'air, et les étoiles à l'éclat pur, tout cela a été créé par votre volonté.

VAR. 1. Nac lromp; lisez nac ezomp! — 2. Dramsi. — 3. Hon. — 4. Ajoutez net.

585. *Huy eu seuen souueren pep heny*
Plen a ren cref en nef gant audiffuy
Hoz gallout huy a multiply muyhaff
En pep manyer antier ha pan queret
Dre guir amour douce flour ez secouret
Nam ancouffhet parfet en hoz pedaff.

586. *Iesu Iesu pep tu ma conduet*
Pan guelet glan pebez poan oar an bet
Dre hoz caret han penet mazedouff
Am eoul franc mazouff stanc gant anequen
Ham sicouret moz pet a coudet plen
Rac bizhuiquen ne queffent quen en ouff.

587. *Allas moz pet bepret hoz bezet couff*
Dreist pep unan en bet man a han ouff
Mar¹ guilliff prouff ezouff en hoz couffha
Reit diff gallout an hirnout da souten

An martyr bras allas ha diblas yen
A ver diff plen certen gant estren va.

AN PROUOST.

588. *Pe songet huy louuidien*
Orsus seuet ne tardet quen
Pebez aneguen ouz sourpren huy
Na squeit pepret heb quempret mez
Pep tu contenu heb truez
Pelhoch buhez na discuez muy.

AGRIPANT.

589. *Iffammet omp a ne domp ny*
He bout quen pell en hon belly
A ne domp ny louuidien.

CLAUDIN.

Mezequaet omp net ne de quen
Ma ne lequeomp garu dan maru yen
Nac eu mar plen he pourmenomp.

585. C'est bien vous le souverain de chaque être ; vous régnez aux cieux avec une grande autorité suprême, et votre pouvoir s'étend à l'infini. Vous portez secours à chacun, comme vous le voulez, avec un tendre amour ; ne m'oubliez pas, je vous en prie instamment.

586. Jésus, Jésus, conduisez-moi toujours, car vous voyez dans quelle peine en ce monde et dans quel tourment je suis pour votre amour. C'est de mon plein gré que je souffre ces terribles angoisses ; secourez-moi, je vous en prie de tout mon cœur, ou je ne trouverai plus de force en moi-même.

587. Hélas ! je vous prie, souvenez-vous toujours de moi plus que de personne en ce monde ; que je sente que vous pensez à moi ; donnez-moi la force de soutenir ce tourment, ce martyre, hélas ! si pénible et si affreux, qu'on me fait souffrir avec une cruauté raffinée.

LE PRÉVOT.

588. A quoi pensez-vous, sots que vous êtes ? Allons, debout, ne tardez plus ! Quelle fatigue vous prend, que vous ne continuez pas à frapper sans ménagement et sans honte de tout côté ? Elle ne donne plus signe de vie.

AGRIPANT.

589. Nous sommes déshonorés, n'est-ce pas ? Après l'avoir eue si longtemps en nos mains ; ne sommes-nous pas des sots ?

CLAUDIN.

Nous sommes honnis complètement si nous ne la mettons point à mort, quoique nous la menions rudement.

VAR. 1. Ma.

LOUPART.

590. Cza! cza! gant y espediomp
Gant pep a baz quen ne lazomp
Mar da digueneomp on trompo.

GLOUTON.

Squeomp hy pront ha oar un dro
A taulou garu quen na maruo
Pelloch en bro ne guelo ioa.

AN PROUOST.

591. A dea
Squeit pepret na dougiet netra
Nemet tremen amser ne ra
Ret eu breman ia dre ma le
Ez rento seder he speret
Gant est lam glan ha poan an bet
Ne caffe quet he remethe.

592. Oreza squeit gant barr adarre
Quein ha torr has igoar[1] gorre
Rac me a garhe effe sonn
Heb respet en bet fustet hy
A taulou dimez oarnezy
Hoz hoary menbry so dissoun.

(Aman ez troucher he diu bronn[2].)

593. Squegiet diff astriff he diu bronn[3]
Quen disaczun ha da un gonn
Digoar he poull calon gronnet
Mar guelher frost he holl costou
Gant trauell hac he bouzellou
Gruet hy entre dou badouet.

LOUPART.

590. Çà, çà, dépêchons-la; chacun avec un bâton, jusqu'à ce que nous la tuions; si elle nous échappe, nous serons bien trompés.

GLOUTON.

Frappons-la vite ensemble à grands coups, jusqu'à ce qu'elle meure; elle n'aura plus de joie en ce pays.

LE PRÉVOT.

591. Ah dea! frappez toujours, ne craignez rien : ce n'est qu'un passe-temps pour elle! Il faut, maintenant, sur ma parole, qu'elle rende l'esprit pour de bon, au milieu des tourments et des souffrances en ce monde; elle ne trouvera personne qui la guérisse.

592. Or çà, encore une volée de coups, sur son dos, son ventre et sa tête, car je voudrais la voir raide morte. Fustigez-la, sans aucun respect et sans honte, à grands coups; par ma foi, vous y allez mollement.

(Ici on coupe ses mamelles.)

593. Arrachez-moi violemment ses mamelles, sans plus de façon qu'à une truie; tirez-les de sa poitrine, qu'on voie toutes ses côtes à nu et ses entrailles, que la douleur la fasse défaillir.

VAR. 1. Ha digoar (recte). — 2. Diu bruff. — 3. Vronn.

594. A hast hastiff be;et liuret
Dan maru yen certen gant penet
Na esperancc¹ quet pa ou; pedaff
Pe; ane;y rac bi;huiquen
Her dre ue; na beu na seuen
Be;et certen ne louenhaff.

595. Ober he bue; finue;aff
Dirac ma bisaig quent flachaff
A drast hastaff heb tardaff quet
Breman aman em damany
Creffhaff ma; guelhet auset hy
Dime; de;y espediet.

AGRIPANT.

596. Autrou
Me ameux ung contell sellet

On² squeiche quen prest arhuestet
So neue; lemmet a credaff.

LOUPART.

Ma contell a pell en guelhaff
Huy a guelo quen blouch ho trouchaff
Habasq ha scaff heb dougiaff den.

CLAUDIN.

597. Ma lest gant y louuidien
Memeux un braquemart³ certen
On⁴ squeigo quen plen me en goar
Breman aman dirac an bet
Effe;int mat ha blouch trouchet
Ha dispennet nen deux quet mar.

---

594. Hâtez-vous, qu'elle soit livrée à une mort froide et douloureuse ; n'épargnez nulle partie de son corps, je vous prie ; car jamais je n'aurai de joie, soyez-en sûrs, tant qu'elle sera en vie et en santé.

595. J'ai grande hâte de voir mettre fin à sa vie en ma présence, avant que je parte d'ici ; maintenant, sur mes ordres, traitez-la le plus mal que vous pourrez, et expédiez-la sans égard ;

AGRIPANT.

596. Seigneur, j'ai un couteau, voyez, qui les mettrait en pièces devant vous : il vient d'être aiguisé, je crois.

LOUPART.

Mon couteau est de beaucoup le meilleur ; vous le verrez les couper parfaitement, tranquillement et en un clin d'œil, sans rien craindre.

CLAUDIN.

597. Laissez-moi avec elle, sots que vous êtes, j'ai un braquemart, assurément, qui les tranchera très bien, je le sais, à l'instant, devant tout le monde ; elles seront coupées tout net et séparées, il n'y a point de doute.

1. *Lise;* espernet. — VAR. 2. Ou. — 3. Braquemar. — 4. Ou.

Agripant.

598. Lest diff heb abaff houz saffar
Maz [1] zqueign quen iolis dispar
Maz aint heb mar dan douar yen.

Claudin.

Te so sot ma ne gouzot quen
Homan so lem euit tremen
Nen deuz pez en den na plenhe.

Agripant.

599. Nemeux quet deseu ez benhe
Aoun ameux e stat mar goat re
Me a crethe ez maruhe prest.

Claudin.

Autrou
An deu hy a faeczon onest

Nac oa mar squemp gant he tempest
Chetu y me dest onesthael.

An Provost.

600. Euidant presant contantet
Ouff pep quentel ouz he guelet
Lapidet ha punisset mat
Lest hy en he saff an tra foll
Da mervell mic yen heb quen roll
En un coll ann oll e holl grat [2].

Sante Barba.

601. Ach doe ma roe ha ma croer
Ma souueren ma dazprener
Ma protecteur a faueur bras
Ma mestr quer seder antier glan
Ma ioa ma coudet en bet man
Dreist pep unan te goar an cas.

Agripant.

598. Finissez donc tout ce tapage ; je vais les couper si bien, si parfaitement, qu'elles tomberont du coup sur la terre froide.

Claudin.

Tu es sot si tu ne sais que cela ; celui-ci est aigu, et passerait sur le corps en aplanissant tous les obstacles.

Agripant.

599. Je ne crois pas qu'elle vive ; j'ai bien peur pour elle, si elle saigne trop ; je crois qu'elle va mourir.

Claudin.

Seigneur, n'est-elle pas bien arrangée ? Elle qui était si vive et si violente, la voilà calmée, je l'atteste.

Le prévôt.

600. Je suis à présent bien satisfait de la voir mutilée et bien punie ; laissez-la debout, la folle qu'elle est, mourir froidement, sans autre cérémonie, en perdant tout son sang.

Sainte Barbe.

601. Ah ! Dieu, mon roi et mon créateur, mon souverain, mon rédempteur, mon protecteur si bienveillant, mon maitre si cher et si puissant, ma joie, ma pensée unique en ce monde, tu sais mieux que personne mon état.

Var. 1. Mo (recte.) — 2. Lis. goat.

602. An poan an doan hann hiruout¹ bras
Dirac da enep en pep pas
A raer diff allas a tra sur
Pliget guenez ma cuezhat
Gant guir carantez ha fez mat
Mar bez neb stat da pligiadur.

603. Te eu heb gou ma autrou pur
A re da pep re e eur
Da darun bout fur hac eurus
Da re arall ez rez gallout
Ha meur a den plen heb quen dout
A lequez pep rout hiruoudus.

604. Me az pet a coudet haetus
Euel maz out holl galloudus
Nam les confus nac abuset
Groa diff bout ferm en pep termen
Euit nep tro na allo den
Ouz iff bizhuiquen dre penet.

605. Consolation da donet
A esperaff nen nachaff quet
Da caffet affet heb quet sy
Goude ma tribulacion
En baradoes pan duy saeson
En garredon am melcony.

606. Eguit martyr na pridiry
Na poan an bet na contredy
Na soucy na punission
Ne lisiff quet oz caret acc
Hac impetraff mar caffaff spacc
Pourchacc da gracc en pep faczon.

AN PROUOST.

607. Gruet maz ouchuy gant cry dilacion
Ober dan place he digacc dre faeczon
Ma tut mignon gruet randon he donet
Euit guelet a nen deu quet seder
Dre peb² proces chenchet spes he esper
Delchet ma guer antier mar em queret.

602. Tu sais la peine, le tourment, le supplice qu'on me fait devant ta face, hélas ! Daigne veiller sur moi, avec une vraie et fidèle tendresse, si c'est là ton bon plaisir.

603. Tu es, sans mentir, mon vrai seigneur ; tu donnes à chacun son sort ; aux uns d'être sages et heureux, aux autres tu accordes le pouvoir ; et tu envoies toutes sortes de maux à bien des hommes, sans doute.

604. Je te prie, avec confiance, puisque tu es tout-puissant, de ne pas me laisser dans la confusion et l'opprobre : rends-moi ferme de toute façon, pour que nul ne puisse me vaincre par la douleur.

605. J'espère, je l'avoue, trouver à l'avenir une grande consolation après tant de tribulations, quand viendra le moment d'être récompensée de ma peine, au paradis.

606. Pour aucune torture, aucun souci, aucune peine, aucun outrage, aucune angoisse, aucun châtiment, je ne laisserai pas de vous aimer tendrement ; et j'obtiendrai, si je le puis, votre grâce abondante.

LE PRÉVOT.

607. Cessez vos cris, tous tant que vous êtes, pour me l'amener sur-le-champ, mes chers amis ; faites-la venir tout de suite, pour voir si ses sentiments ne sont point bien changés par ce supplice ; faites fidèlement ce que je vous dis, si vous m'aimez.

1. Lis. Souzan. — VAR. 2. Neb (recte).

Agripant.

608. Dirac houz drem autrou lem heb remet
Ez uezo acc en houz face digaczet
En berr respet teuet ha na ret sin.

Oreza comp baut heb quet a ffaut Claudin
Deurt y sclaer gant un cher anterin
Da lacat fin en he holl termenyou.

Claudin.

Euel tut pront comp redomp hou dou.

Claudin da sante Barba.

609. Duet demesell rac ny en menellou
Da prezec baut heb faut ouz an autrou
Vn guer pe dou heb gou maz sezlouo.

Claudin dan Prouost.

Chetu hy duet ententet an fet so

Bet en och rez sellet yuez he tro
Nep he sello affo he guelo claff.

An Prouost.

610. Ret eu sellet ne fell quet arretaff
Pe a¹ martir ez ranquir conspiraff
An pret quentaff he liuuraff ne raff mar
Soezet ouff net credet me han bedis
He guelet franc na meru stanc gant languis
He soutilis am abays dispar.

611. Denessa lem ouz ma drem gant memoar
Ret en oar¹ reux heb quen queux ez eux car
Oar au douar men goar hac az goarant
Ret ez out sclaer ha noter sorczeres
Vng art magic so ez quic reusidiguez
Hac a mir spes na maruez em presant.

Agripant.

608. Devant votre face, seigneur, sans délai, elle va être amenée ; il ne faudra pas longtemps ; assez parlé, suffit !

Or çà, allons vite, sans faute, Claudin, la trouver gaillardement, pour mettre fin à toutes ses lenteurs.

Claudin.

Allons, courons tous deux en hommes agiles.

Claudin à Sainte Barbe.

609. Venez, demoiselle, parler un mot ou deux, sans faute, au seigneur dont nous sommes les serviteurs, afin qu'il vous entende.

Claudin au prévôt.

La voici venue jusqu'à vous, sachez-le bien ; voyez son état ; quiconque la regardera verra vite qu'elle est malade.

Le prévôt.

610. Il faut considérer sans retard à quel supplice on doit se déterminer à la livrer au plus tôt ; je suis fort surpris, croyez-le bien, et tout le monde aussi, de voir qu'elle n'est pas morte dans ses tourments ; son habileté à prolonger sa vie me cause un étonnement sans pareil.

611. Approche devant ma face, avec respect. Il faut, sans contredit, qu'en ton malheur tu aies un ami sur la terre qui te défend, je le sais ; il faut, le fait est clair et notoire, que tu sois sorcière ; tu as dans ta chair un charme magique, misérable, qui t'empêche de mourir en ma présence.

1. *Lis.* da ! — Var. 2. Voer.

Sante Barba.

612. Jesu eu ma car am goraut
Rac e ampris so souffissant
Neb a plaut en e carantez
Ne ell den e sourpren en bet
Quen na guelò ez nezo pret
Dre se e caret dleet nez.

An Prouost.

613. Les da saff'ar haz digarez
Hac a un termen certen bez
Ezout un dez maz finuezy
Quement so nez remethe quet
Men toe dit parfet heb quet sy.

Sante Barba.

614. A te na goar petra a ry
Groa goazhaff quentell a elly

Dirac da fry ez defflaff
Nez prisaff ha nez dougiaff quet
Muy eguet un diot assotet
Na a tra en bet nez pedaff.

615. Doe eu am mir na pirillaff
Quen na pligo plesant gantaff
Ma liuraff etren nanauon
Ne alhet quet ma cret detry
Ma lazaff euit neb affuy
Na neb heny az nacion.

An Prouost.

616. Euit da cry na da rebellion
Cret lem em les ne cafles neb raeson
Tra sot stroton glouton ha disonest
Me ray da tro affo nez nezo guell
Quent ez ferchy ez coezy em libell
Gant mil trauell quent pell da meruell prest.

Sainte Barbe.

612. Jésus est l'ami qui me défend, et son pouvoir suffit : celui qu'il a en affection ne peut être ébranlé par personne au monde, jusqu'à ce qu'il ne voie l'heure venue ; aussi doit-on l'aimer.

Le prévôt.

613. Laisse là ton bruyant caquet et tes vaines raisons, et sois certaine d'une chose : c'est que tu es au jour où tu mourras. Tous les hommes nés en ce monde ne t'en empêcheraient pas, je te le jure expressément.

Sainte Barbe.

614. Ne sais-tu pas que faire ? Fais-moi le plus de mal que tu pourras, je te défie en face ; je ne t'estime et ne te respecte point, pas plus qu'un sot et qu'un imbécile ; et je ne te demande rien au monde.

615. C'est Dieu qui me garde de péril ; et jusqu'à ce qu'il lui plaise de m'envoyer au séjour des âmes, vous ne pourrez point me tuer, quelque envie que vous en ayez, ni toi, ni aucun de ta nation, sache-le bien.

Le prévôt.

616. Tu as beau crier et te révolter, tu n'auras point raison devant mon tribunal, crois-le bien, folle éhontée, sensuelle et perverse! Je te ferai promptement ton affaire, et tu n'en seras pas mieux. Avant que tu ne m'échappes, tu tomberas sous ma loi : tu vas mourir au milieu de mille souffrances.

Var. 1. Nanaoun.

617. Diuisquet hy lequet hy manifest
Da go zaff maru yen ha garu da arhuest
He fet me dest ne rest nemet eston
Na bizhuiquen eguit den neb heny
Nen daff neb rout na ret dout diout y
Na raff dezy doen he punission.

618. Queczet hy lem dirac ma drem bre-
[man
Enn holl ruou knech ha tnou gant souzan
Sclaer dren kaer man breman dirac an bet
He lacat hoaz gant anoaz en uoaz pur
Maz guelher mic he quic hac he figur
Gruet hy sigur en ordur mailluret.

619. A place en place bezet dilace quaczet
A ru de¹ ben gant sourpren ha penet

Orsus rustet na cesset sentet scaff
Na fellet tro et affo me ho pet
Dan maru garu yen heb quen termen en bet
Bezet liuret apret heb arretaff.

AGRIPANT.

620. Neb oun noz bezet da quentaff
Me menu meruell sclaer ma ne raff
Dezy ent scaff finuezaff yen.

CLAUDIN.

Me ray dezy quent bizhuyquen
Ez diferchiff ne dougiff denn
Ez maruo maru mic yen eno
Gant poan hac estlam diamour
Tristidic euzic heb sicour
Na neb amour ne receuo².

---

617. Déshabillez-la, mettez-la toute nue pour souffrir une mort froide et dure à voir ; sa vie, je l'atteste, finira dans les supplices ; et jamais, pour qui que ce soit, je ne la quitterai d'un pas, croyez-moi, que je ne lui aie fait endurer son châtiment.

618. Menez-la maintenant devant moi, dans toutes les rues, en haut et en bas, en la tourmentant ; dans toute la ville, devant tout le monde, menez-la violemment toute nue, qu'on voie entièrement sa face et sa chair, et qu'elle soit couverte et chargée d'ignominie.

619. De place en place qu'elle soit conduite, sans s'arrêter, d'une rue à l'autre, dans les tourments et la douleur. Or sus ! châtiez-la sans cesse, obéissez vite, n'y manquez pas, je vous prie ; qu'elle soit livrée tout de suite, et sans aucun délai, à une mort froide et cruelle.

AGRIPANT.

620. N'ayez point de peur : je veux mourir si je ne la fais périr promptement.

CLAUDIN.

Avant de la lâcher-jamais, je la ferai, sans craindre personne, mourir de froide mort, sur la place, au milieu de la souffrance d'une horrible torture ; d'une mort triste, affreuse, sans secours, sans ami qui la soutienne.

VAR. 1. Da. — 2. Lis. secouro.

AN PROUOST.

621. *A se moz pet na fellet tro*
Rac me a diabell ouz sello
Me aznauezo neb so scaff
Hac ann heny a fazio
Bezet certen men pourmeno
Men fusto quen na uezo claff.

AGRIPANT.

622. *Orcza tizmat heb debataff*
Mignon ha frisq houz diuiscaff
Crenn a mennaff heb tardaff tro.

GLOUTON.

Duet en place me hoz dilaczo.

LOUPART.

Ha me presour a secouro.

CLAUDIN.

Ha me dram le a ereo.

SANTE BARBA.

623. *Doe tryumphant excellant roe an tron*
Ma lequel huy en preseruation
En pep faczon rac an con disonet
Na gallint quet moz pet a coudet pur
Guelet ma quic an chic[1] na ma figur
Hoz pligiadur bezet sur procuret.

LE PRÉVOT.

621. N'y manquez point, je vous prie, car je vous regarderai de loin ; je saurai qui fait mollement son devoir ; et quiconque sera en faute, soyez certain que je le mènerai à coups de bâton, et qu'il en sera bien malade.

AGRIPANT.

622. Or çà, vite et sans débats, je veux vous déshabiller proprement et complètement ; je ne serai pas long.

GLOUTON.

Venez ici, que je vous délace.

LOUPART.

Et moi je vous aiderai bien vite.

CLAUDIN.

Et moi, par ma foi, je la lierai.

SAINTE BARBE.

623. Dieu triomphant, roi souverain du ciel, préservez-moi, de toute façon, de ces chiens impurs, je vous en prie instamment ; qu'ils ne puissent voir ma chair, ni mon corps nu ; que votre volonté soit faite !

VAR. 1. Auchic.

624. Map an guerches en eres nam leset
Da uout dren kaer antier uituperet
Ma gouloet gant onestet quentaff
Allas moz pet parfet a coudet flam
Quer autrou din anterin ha dinam
Na lest y tam en blam dam diffammaff.

(Iesus a quacc e ael de golo.)

625. Ma ael quae ruel euelhenn
Ha quemer un couricher¹ guenn
Ha disquenn pan gourchemennaff
Da golo clouar ma cares
Barba ma merch ha ma guerches
Ma guir martyres espressaff.

626. Dinisquet eu net da quentaff
Hoaz en noaz pill da pirillaff
De ren ent scaff heb tardaff quet
Gant cry ha hu dren holl ruou
En un pilat tost he costou
Dren drou guiaezou dezrouet.

627. Golo ent scaff an quentaff pret
He figur a natur pur net
Na gallint quet he guelet tam
Dre neb uision disonest
Rac se golo hy manifest
A faczon onest heb estlam.

628. Guisquy yuez a neuez flam
Gant un dillat fin ha dinam
Groa diff a pep cam he lammet
Ha groa dezy bout paciant
Ha na maruo² tam suramant
Eguit tourmant an tirantet.

(An ael a golo figur ³ sante Barba.)

629. Barba Barba dreist pep tra guenn da
   [bet
Chede me crenn eualhenn disquennet
Gant doe roen⁴ bet dileuzret heb quet sy
Da goulo sur da figur natural
Gant lien gent heb fent euel cendal
A liu cristal leal heb contraly.

---

624. Fils de la Vierge, ne me laissez pas dans cette situation odieuse, d'être chargée d'opprobres par toute la ville ; couvrez-moi plutôt honnêtement, je vous en prie, hélas ! de tout mon cœur, cher Seigneur de toute pureté ; ne les laissez point me diffamer honteusement.

(Jésus envoie son ange la couvrir.)

625. Mon ange, obéis-moi tout de suite, prends un voile blanc et descends, je te l'ordonne, pour en couvrir doucement mon amie, Barbe, ma fille, ma vierge, ma généreuse martyre.

626. On l'a dépouillée toute nue, pour la mener, sans tarder, dans cet état honteux, avec des cris et des huées par toutes les rues, en lui frappant violemment les côtes ; voilà à quelle indignité elle est exposée.

627. Couvre promptement son corps chaste et pur, pour qu'ils ne puissent point voir sa chair de leurs regards déshonnêtes ; couvre-la devant tous, modestement, pour la préserver.

628. Revêts-la d'un habit fin et sans tache ; défends-la-moi de toute souillure, et rends-la patiente ; elle ne mourra point, assurément, malgré les mauvais traitements des bourreaux.

(L'ange couvre le corps de sainte Barbe.)

629. Barbe, Barbe, tu es bienheureuse ! Me voici descendu, par l'ordre exprès de Dieu, le roi du monde, pour couvrir ta nudité d'un vêtement brillant aussi délicat qu'une tunique de fin lin.

Var. 1. Courricher. — 2. Varuo. — 3. Ce mot manque dans l'édition de la Bibliothèque nationale. — 4. Roe'n.

630. *Gantaff affo pep tro me҃ gouloy*
Na guelo den bi҃huiquen neb heny
Da ysily menbry na da figur
Chede te glan aman dirac an bet
Gouloet prest gant fest a onestet
Ne҃ guelhet quet dre nep fet ma cret sur.

631. *Map doe an tat an roe mat dreis na-*
[tur
Am digac҃as eguit an cas assur
Da҃ gueleiff pur rac iniur assuret
An tirantet carguel a raffetou
Ne galhent quet guelet da secredou
Rent acc grac҃ou dan autrou e҃ coudet.

Sante Barba.

632 *A doe roen effou me so gouloet*
Ra vihet huy a defry graciet [1]

O҃ bout dilen҃ret dauedouff
Dam miret o҃ me҃ an guez᷉man
Hac o҃ uituper an kaer man
Couff en denoe glan a hanouff.

633. *Breman ent scaff e҃ gallaff prouff*
Pan out duet a plen bet en ouff
En deuex couff a hanouff sur
Rac se huec e trugarecat
A raff splann ha huy e cannat
An roe mat a pep stat natur.

634. *Pan eu e grat he pligiadur*
Ma miret spes o҃ oppressur
E҃ ouff dreist musur eurus
Lamet ouff certes a esmae
Goude quement estlam amoae
Ha me diffrac da uent [2] *ioaeus.*

630. Je t'en couvrirai entièrement, pour que personne ne voie jamais ton corps ni tes membres, je le jure; te voici pure devant le monde, revêtue solennellement d'un voile pudique; on ne te voit point, crois-le bien.

631. Le fils de Dieu le Père, le roi souverainement bon m'a envoyé exprès pour te couvrir chastement et te préserver d'outrage; les bourreaux pleins de vices ne pourront point voir ta nudité; rends grâce au Seigneur, du fond de ton cœur.

Sainte Barbe.

632. O Dieu, roi des cieux, je suis vêtue! Soyez à jamais béni, d'avoir envoyé vers moi, pour me garder, cette fois, de la honte et de l'opprobre de toute cette ville ! Il s'est souvenu de moi.

633. Il se souvient de moi, sans doute, j'en ai la preuve, puisque tu es venu jusqu'à moi ; aussi je le remercie bien vivement, le roi souverainement bon, et vous qui êtes son messager.

634. Puisque c'est son bon plaisir de me garder de tout outrage, je suis extrêmement heureuse et libre de tout émoi, après tant de traverses ; je suis devenue joyeuse en un instant.

1. Ces deux vers ne sont pas exacts; on peut conjecturer qu'il y avait primitivement:
    A Doen effou me so gouloet,
    B҃et huy a defry graciet.

Var. 2. Vout (*recte*).

635. Cant mil deduy delicius
Dre hoz queffridy gracius
So en ouff haetus diuset
Guelet ma bout dre he souten
Cuzet gant honestet net plen
Dreist pep den ez ouff ioussaet [1].

AN AEL.

636. Neb oun az buhez naz bezet
Gouzaff glan da poan oar an bet
Gant pacianlet pan ez pedaff
Ha me certiffy ezr net
Dan pales entre an guercheset
Guer [2] da bet oz e apetaff.

(Aman ez disparty an ael hac [ez] lauar an Prouost.)

637. Cza tirantet pa [3] songet huy
A ru de ben gant uileny
Reet hy ha na faziet

Ha bezet rust oz he fustaff
A taulou piz heb discuizaff
Maz rento scaff heb tardaff quet

638. Gant poan ha hirder he speret
Re effen [4] a huy na cleuet
An holl bet coezet [5] dren fet man
Rac se me deseu mar deu [6] muy
Ez tenno an bet credet huy
Vu fez dezy bras ha bihan.

AGRIPANT.

639. Na ray quet euit an pret man
Rac en berr respet credet glan
Ez tremeno gant poan an bet.

CLAUDIN.

Y a uezo sur assuret
Demesell hoz em trauellet
Ret eu hoz desquet da redec.

635. Par votre office gracieux, mille joies délicieuses ont inondé mon cœur ; quand je vois que, par son appui, je suis couverte avec modestie, je suis plus heureuse que personne.

L'ANGE.

636. N'aie aucune peur pour ta vie; souffre patiemment ta peine en ce monde, je te prie ; et je t'assure que tu iras droit au ciel parmi les vierges ; ton sort est heureux et digne d'envie.

(Ici l'ange s'en va, et le prévôt dit :)

637. Çà, bourreaux, à quoi pensez-vous ? Menez-la d'une rue à l'autre, durement, et n'y manquez pas ; frappez-la durement à coups redoublés et sans relâche, pour qu'elle rende, à l'instant,

638. L'esprit, dans la peine et l'angoisse. Tout le monde, entendez-vous ? est dans un grand étonnement à son sujet ; aussi, je crois que si elle continue à vivre, elle attirera chacun à sa foi, grands et petits.

AGRIPANT.

639. Elle ne le fera point à présent ; car, en peu de temps, croyez-le bien, elle trépassera dans la souffrance.

CLAUDIN.

Oui, assurément. Demoiselle, hâtez-vous ; il faut qu'on vous apprenne à courir.

1. *Lisez* louenset. — VAR. 2. Guenn (*recte*). — 3. Pe (*recte*). — 4. *Lis.* effez. — 5. *Lis.* soezet. — 6. Beo, *lisez* beu.

LOUPART.

640. Na uizet na fall na goallec
Ny hoz groay breman buanec
Nac eu mar huec ez prezeguet.

GLOUTON.

Dren doeou me so darnoet
Scuiz gant poan ha hogos manet
Na ne allaff quet monet muy.

AGRIPANT.

Nonneux nemet tourmant ganty.

CLAUDIN.

641. Allas pouesomp lesomp hy.

LOUPART.

Ne ellomp en neb rout out y.

GLOUTON.

A huy na guel he ysily
Ne santech destoull[1] na gouly
Nac ynt saluet net a detry
A pep casty chetu hy glan.

AN PROUOST.

642. An dompny iffam dren draman
Dre mil fortun guy tebunan
Menell glan gant homan an placc
A nen douchuy louidien
Ne lequet a uil ha bilen
Da gouzaff an maru yen em[2] facc.

LOUPART.

640. Ne soyez point mauvaise ni négligente ; nous allons vous faire enrager, malgré votre doux langage.

GLOUTON.

Par les dieux ! je suis brisé, harassé de fatigue, et près de rester là ; je ne puis plus aller.

AGRIPANT.

Nous n'avons que du souci avec elle.

CLAUDIN.

641. Hélas ! arrêtons, laissons-la.

LOUPART.

Nous ne pouvons point en venir à bout.

GLOUTON.

Ne voyez-vous point ses membres où l'on n'aperçoit plaie ni meurtrissure qui ne soit tout à fait guérie ? La voilà délivrée de toute blessure.

LE PRÉVOT.

642. Ne sommes-nous pas déshonorés en cette occasion ? Après tant de supplices divers, je la trouve saine et sauve. N'êtes-vous pas des sots, de ne pas la faire, devant moi, mourir de male mort ?

VAR. 1. Deffoull (recte). — 2. Lis. en.

643. Claudin quemer hy re hy acc
Dan bourreuyen heb muy ¹ gracc
Liffr hy dilacc en pep facçon
De tat tizmat na debat muy.
Ha groaet effolaez anezv
Quae ganty heb dilacion.

644. Nemet cry ha rebellion
Diouty ha confusion
En pep facçon heb quen gounit
Na ne alhemp rep dre neb bell
He lacat quet parahet guell
Da meruell ha hy ouz dellit.

645. Quaezc hy hastiff maz uiziff cuit
Dirac e eneb gant despit
Dezaff recit pe cuit en

Ha na allaff quet affet pleu
Euit neb langour na sourpren
He caezc dan maru yen dre den beu.

CLAUDIN.

646. Heb quet a mar me so dareu
De rentaff plen rac me enzeu²
Heb quet a deseu ez eu pret
He caezc dan placc en pep facçon
De liuraff de tat mat ha don
Ma opinion eu monet.

647. Duet demesell ha na fellet
Bede hoz tat na debatet
Lacat remet ne ellet tam
Ha groael heb neb mat ³ a caro
A hanoch de goalch pa hoz dalcho
Me cret eno oz bezo blam.

643. Claudin, prends-la des mains des bourreaux, et conduis-la tout de suite pour la livrer immédiatement à son père ; ne balance point ; et maintenant qu'elle a fait sa folle, emmène-la sans délai.

644. Nous n'obtenons d'elle que cris, révolte et toute sorte de tumulte, sans aucun profit ; et nous avons beau faire de notre mieux, nous ne pouvons point, par aucune violence, la mettre à mort, comme elle le mérite.

645. Emmène-la vite, et sans ménagement, en présence de son père, que j'en sois débarrassé ; dis-lui pourquoi ; raconte-lui que je ne puis, au moyen d'aucun supplice, d'aucun tourment, la faire tuer par aucun homme vivant.

CLAUDIN.

646. Sans aucun doute je suis prêt à la rendre ; car je l'avoue, il est temps, sans plus délibérer, de la renvoyer, et de la livrer, purement et simplement, à son père : tel est mon avis.

647. Venez, demoiselle, sans y manquer ; venez trouver votre père, et ne résistez pas, car vous n'y pouvez rien ; et quand il vous tiendra, qu'il fasse de vous, ma foi, tout ce qu'il voudra ; je crois qu'alors vous aurez des reproches.

1. *Lisez* quen. — 2. *Lis.* ezneu. — VAR. 3. Mar *(recte)*.

648. Autrou onest chetu estlam
Sellet hoz merch franc youanc flam
Euit cam na lam suramant
Ne ue neb guis conuertisset
Na chencha [1] creden ne men quet
Ha hy martyret competant.

DIOSCORUS euel den arragiet.

649. Me ray ouz breig hoz rebeig tut me-
[chant
Fall ditaluez nos dez no deuez hoant
Pobl ignorant dihoant diauantaig
No deueux flam ouz iff tam neb amour
Na poanyont dic dre aplic ma sicour
Tut glout loudour disaour dicouraig.

650. Me guel fournis heb un bris he bi-
[saig
Gouly na goat en penn na troat na taig [2]
Muy auantaig a langaig hac a cher
So creun enn hy a guelet huy dien
Euel maz oa nemet ioae netra [3] quen
Bizcoaz termen ne resont plen quen quer.

(Dioscorus a quemer Sante Barba diuar an dornn hac he re en menez).

651. Cza paillardes dilaes da holl esper
Renonce dan bet hac az speret preder
Duet eu [4] amser maz ranquer ober quen
Dueux [5] dan menez yuez maz finuezy
Da meruell yen heb quen termen membry
Nez uezo muy neb respy bizhuyquen.

---

648. Honnête seigneur, voici un cas embarrassant. Voyez votre fille pleine de vie, de vigueur et de fraîcheur : pour aucun supplice, aucune douleur, elle ne veut se convertir, ni consentir à changer de croyance; elle a pourtant été torturée consciencieusement.

DIOSCORE, comme un homme en ragé.

649. Je vous accablerai de reproches, misérables, méchants paresseux, qui ne veulent travailler ni jour ni nuit, gens ignorants, indolents, sans mérite, qui n'ont pas pour moi le moindre zèle ; ils ne font rien, ne prennent aucun soin pour me servir, ces sales gloutons, qui n'ont ni cœur ni esprit.

650. Je vois son visage sans une égratignure, pas une plaie, pas une tache de sang, de la tête aux pieds ! Elle est, ne le voyez-vous pas ? aussi enjouée qu'auparavant ; elle ne respire que la joie ; jamais ils n'ont pu rien faire de bien !
(Dioscore prend sainte Barbe par la main et la mène à la montagne.)

651. Çà, effrontée, quitte tout espoir ; renonce au monde et fais des réflexions sérieuses; le moment est venu où tu n'as plus que cela à faire. Viens à la montagne où tu mourras ; viens-y périr misérablement, sans retard, je le jure : tu n'auras plus nul répit désormais.

---

1. Lisez chench a. — VAR. 2. Raig. — 3. Nera. — 4. En (recte). — 5. Lis. deux.

652. Coz pautres ort disacort disordren
A te deseff bout creff na quen seuen
Na alhe den ouz it plen neb heny
Me discuezo dit affo a tro scaff
Ez eu me breff heb deseff en creffhaff
Orsus rusaff ne mennaff tardaff muy.

SANTE BARBA a ra he pedenn.

653. Jesus ma autrou ma coudet
Ma esper douczder ma speret
Parfet meurbet oz requetaff
Ez ententet oz ma pedenn
Liberal real eualhenn
An dra man crenn a diuennaff.

654. Qentaff affet en oz pedaff
Pan duy dam buhez finuezaff
Gruet diff coezaff en guelhaff fin

Maziff espres gant guir esper
Dan ioa triumphant hac antier
En tron deboner anterin.

655. Iuez dichuy ez supliaff
Pliget guenech net permetaff
Hac assantaff da quentaff placc
Da quement den em[1] souteno
A guir coudet hac am pedo
Ez uezo pep tro en ho gracc.

656. Dre guir amour me a uenn pourchacc
Dam querent parfet credet acc
Ez rohech spacc en pep faczon
Na maruhynt quet en[2] contredy
Heb caffout corpus Domini
A deffry ha confession.

652. Vile coquine, fille révoltée et pleine de désordre, crois-tu être si forte, si vigoureuse, que personne ne puisse venir à bout de toi ? Je te montrerai bientôt, et sans peine, que c'est ma volonté, sans aucun doute, qui est la plus forte ; allons ! je ne veux plus tarder ni traîner ainsi !

SAINTE BARBE fait sa prière.

653. Jésus, mon Seigneur, ma vie, mon espoir, l'amour de mon âme, je vous en prie bien vivement, écoutez ma prière et exaucez-la généreusement. Voici ce que je vous demande.

654. Je vous en prie, d'abord, quand ma vie finira, accordez-moi une bonne mort, pour que j'aille, tout droit, au but de mon espérance, à la joie, au triomphe éternel, au ciel, au bonheur infini.

655. Je vous en supplie aussi, daignez permettre et accorder expressément que tous ceux qui me serviront d'un cœur pur et qui me prieront, restent toujours en votre grâce.

656. Dans ma grande tendresse, je veux obtenir pour mes amis, croyez-le bien, que vous leur donniez le moyen de ne point mourir sans se confesser et recevoir dévotement le corps du Seigneur.

VAR. 1. Am (recte). — 2. Lis. hep.

657. Quement heny dre union
A couffhay ma passion
Gant denocion deboner
Ha dez ma martyr en miro
Han nos quent saczun a yuno
Dan re man pep tro ez roher

658. Place ha respit da doen uitoer
En pep bataill moz asailher
Euel fut fier mar em queret
Reit deze audiui squient
Da uout creff oar ho ezreuent
Hac en pep hent pacientet.

659. Ha da quement ma ententet
En enor dichuy heb muy quet
A guir coudet am requeto

Ha dreist pep tra a couffhay
Ma martyr ha ma pridiry
Ha diff heb sy a suplio,

660. Ouz tourmant huy o goaranto
Hac a pep pirill ho miro
An tra se pep tro me ho pet
En stat a grace en pep faczon
Lequet y dre compassion
Quer autrou guiryon raesonet.

661. Han groaguez espres brasesou
An re so nes ma caresou
Gruet y gant gnou mammou louen
Maz duy leal ho bugalez
Da quempret an stat a badez
Dre trugarez ma ne uez quen.

---

657. Tous ceux qui, s'unissant à mes souffrances, y songeront avec une tendre dévotion, honoreront le jour de mon martyre, et jeûneront pieusement la veille, qu'il leur soit donné toujours

658. Le temps et la place nécessaires pour remporter la victoire dans toute bataille qu'ils auront à soutenir, en gens de cœur ; Seigneur, si vous m'aimez, donnez-leur la force et le talent de triompher de leurs ennemis, et la patience en toute occasion.

659. Et quiconque, entendez-le, en votre honneur seulement, me priera d'un cœur pur, se souviendra surtout de mon martyre et de mes angoisses, et m'invoquera avec confiance,

660. Vous le garantirez de tourment, vous le garderez de tout péril, je vous en prie instamment ; mettez-le complètement en état de grâce, par pitié, cher Seigneur, juge équitable.

661. Et surtout les femmes enceintes, qui sont particulièrement mes amies, faites-en devant tout le monde des mères joyeuses ; que leurs enfants viennent à bien, pour recevoir la grâce du baptême ; par pitié, du moins, accordez-le-moi.

662. Croer an ster ha saluer den
Me a suply dichuy dien
Dreist quement termen so en bet
Na lest neb amser ma querent
En cry na inconuenient
Ach doe roen sent am ententet.

663. Gruet a peb crim legitimet
Hac a maru subit limitet
An reman hauuet po֊ pedaff
Na uent quet temptet en bet man
Pan finue֊int ma֊ ue֊int glan
A pep sou֊an da nihanaff.

664. Pan duy an pret da decedaff
Na caff'o Sathan neb anaff
Ma֊ galhe scaff procuraff quet

Oar ne֊oy dampnacion
Dre pechet maruel ha fellon
Nac occasion resonet.

665. Euit an reman so hanuet
Pliget guenech huec em requet
Ma quer autrou net prometaff
E֊ duynd y da saluacyon
Cuy¹ heb sy a dampnacion
Ha do anauon pardonaff.

666. Quement o֊ car... ² a caraff
Euit ey e֊ suppliaff
Han enor quentaff neraff sy
So dich pep tu atribuet
Dreist pep re rac mar ³ eu dleet
En holl requet a meuledy.

662. Créateur des étoiles et sauveur des hommes, je vous le demande instamment, plus que toute autre chose, ne laissez jamais mes amis dans le malheur ou l'angoisse. O Dieu, roi des saints, écoutez-moi !

663. Faites, je vous prie, que ceux que je viens de nommer soient exempts de tout crime, et préservés de mort subite; qu'ils ne soient point tentés en ce monde ; et que, du moins, quand ils mourront, ils soient libres de toute inquiétude.

664. Quand viendra le moment de mourir, que Satan ne trouve aucune tache qui puisse causer leur damnation : aucun péché mortel, aucune faute grave commise de propos délibéré.

665. Pour ceux que je viens de nommer, daignez, cher Seigneur, à ma requête, me promettre, dans votre bonté, qu'ils parviendront au salut, qu'ils ne tomberont point dans la réprobation, et que vous pardonnerez à leurs âmes.

666. Tous ceux qui vous aiment, je les aime; c'est pour eux que je vous prie. A vous d'abord tout honneur, toute gloire ; à vous toute sorte de louanges, par-dessus tout, comme il est juste.

VAR. 1. Cuit (recte.) — 2. Il manque un mot, peut-être hac. — 3. Ma֊ (recte).

667. Autrou real heb contraly
Chetu antier ma matery
Dichuy deffry clarifiet
Ham holl requetou en louen
Ameux remonstret credet plen
Quent gouzaff maru yen ha penet.

668. Chetu me dan placc digaczet
Maz uiziff yuez labezet
Meruell so ret ha dlaet eu
Ha raeson meurbet heb quet a ' mar
Eu diff doen ancquen me en goar
Da se clouar ez ouff dareu.

669. Quer autrou louen me ezneu
Ret eu un dro da neb so beu
Gouzaff an maru teu nen deu quen

Ha honnez en guez diuezaff
Gant doe ordrenet da quentaff
A pan uoe dezaff forgiaff den.

670. Dre se moz pet a coudet plen
Ez pligio guenechuy dien
Receu beu seuen ma eneff ¹
Hac ez cleuhet ouz ma pedenn
Maz ay franc ha hael euelhenn
Gaul hoz gourchemenn crenn en neff.

671. Ach doe roen bet receuet eff
Pan ay dren termen digueneff
Cuit a pep leff hac a cleffuet
Euel ho quer seruicheres
Ma mestr clouar ha ho cares
En neb diezres nam leset.

---

667. Seigneur tout-puissant, voilà que je vous ai exposé toute ma requête ; je vous ai fait mes humbles demandes, avant de subir le dernier supplice.

668. Me voici amenée à l'endroit où je dois être massacrée ; il faut mourir, c'est mon devoir, et il est bien juste, sans doute, je le sais, que je supporte cette peine : j'y suis toute résignée.

669. Cher Seigneur tout-puisant, il faut, je le reconnais, que tout être vivant souffre une fois la mort fatale, et cette fois est la dernière. C'est une loi portée dès le commencement par Dieu, quand il créa l'homme.

670. Aussi, je vous prie de bon cœur qu'il vous plaise de recevoir favorablement mon âme; je vous en supplie, écoutez-moi ; qu'elle aille droit au ciel, sur votre ordre exprès.

671. O Dieu, roi du monde, recevez-la quand, au dernier moment, elle sortira de mon corps, exempte de toute douleur et de toute maladie ; mon tendre maître, ne me laissez pas dans la misère, moi qui suis votre chère servante et votre amie. ²

1. Ce mot est de trop. — Var. 2. Ene.

672. En pales entren guercheset
Ma quer autron huec ma lequet
Ha receuet ma requetou
Dre guir carantez ham bezet
An re ameux creun goulennet
Pardonet net ho pechedou.

JESUS a lauar dan ael.

673. Quae hael ma ael gant quahezlou
Euidant triumphant dan tnou
Ha lauar dre compsou louen
Dam seruicheres espreset
E compaignunez¹ an guercheset
Emeux receuet affet plen

674. He requet hy ha muy dien
Ha hoaz a grataff ne raff quen
Oar quement terment² so en bet

Ha rac se rez lauar dezy
Ez concedaff presant ganty
Quement so dreizy supliet.

675. Ha hoaz pan mennse dre requet
He diuise ne false quet
Heb faut en bet nen deux quet sy
Rac me he car hy en goar plen
Entren holl guerchesou louen
A se donc certen testeny.

AN AEL.

676. Barba ma hoar clouar heb amloary
Entent a pret cleu net ma queffridy
Me certiffy dit heb sy ent dien
Ezout gant doe da guir roe auoet
Da hol mennat so dit pep stat gratael
Ha concedet ha permetet cret plen.

---

672. Placez-moi dans votre palais parmi les vierges, ô cher et doux maître, et recevez mes prières : accordez-moi ceux que je vous ai demandés par pur amour, et pardonnez-leur tous leurs péchés.

Jésus dit à l'ange :

673. Va vite, mon ange, porter là-bas des nouvelles triomphantes ; dis joyeusement à ma servante dévouée que je l'ai admise volontiers dans la compagnie des vierges,

674. Sur sa requête expresse, je le déclare absolument ; dis-lui donc bien que je lui accorde présentement tout ce qu'elle a demandé.

675. Et si elle m'avait fait encore d'autres requêtes, elle les aurait obtenues sans faute, il n'y a point de doute ; car je l'aime, elle le sait bien, entre toutes les vierges bienheureuses ; porte-lui-en le témoignage assuré.

L'ANGE.

676. Barbe, ma douce sœur, écoute sans trouble et entends bien mon message : je t'annonce expressément que tu es bénie de Dieu, ton vrai roi, et que toutes tes demandes te sont accordées et concédées, sache-le bien.

1. *Lis.* Compaignunes, sans E. — 2. *Lis.* termen.

677. Gourre da drem ha selllem hep tremen
O₃ an neffuou cleu ma quache₃lou louen
En berr termen e₃ duy da reuelaff¹
Ma₃ reposy en ty celestiel
Guir martires en les ann abestel
Goude meruell en bresel cruelhaff.

678. Doe a re dit euit da meritaff
Grac₃ou meurbet dre da requet quentaff
An re muyhaff na brassaff ne raff mar
A uoe nepret oar an bet roet plen
Na conceuet² na groaet en requet den
Dre neb termen gou₃ne₃ certen men goar.

679. Dalch da² amprisgant vaillantis dispar
Ha gou₃aff hoa₃ a⁴ anoa₃ eff a₃ car
Me en lauar ha te en goar parfet

Tremen an poan be₃ uictorianes
Les pep desir ha be₃ guir martires
Prudant santes en grues an guercheset.

SANTE BARBA.

680. Ma quer autrou roen neffuou golouet
Huy o₃ eux acc dre ho₃ grace digac₃et
Vn uoe₃ re₃ net carguet a meledy
Da comps diff crenn apoes an penn dren e⁵.
Dirac an bet ma₃oa cleuet seder
Oll pep un guer antier e matery.

681. Autrou a grace ho₃ soulacc mo₃ gracy
A digacc plen certen dreist pep heny
Ho₃ cannat huy dam reconciliaff
Gantaff affet reiouisset net glan
Eu ma speret credet oar an bet man
Ne sautaff poan breman na neb anaff.

677. Lève ton visage, regarde bien le ciel, sans le quitter des yeux ; et écoute la joyeuse nouvelle que je vais t'annoncer : tu reposeras dans le céleste palais, vraie martyre, dans la cour des apôtres, après être morte dans la lutte la plus cruelle.

678. Dieu te donne, parce que tu le mérites, de grandes grâces sur ta demande expresse : les plus grandes et les plus importantes, sans doute, qui aient jamais été concédées, en ce monde, à la requête de personne, sache-le bien.

679. Soutiens ton combat avec un courage sans égal, et souffre encore tes maux : il t'aime, je te le dis, et tu le sais bien. Passe ce moment pénible ; sois victorieuse ; laisse tout désir terrestre, sois une vraie martyre, une sainte pleine de sagesse, dans le chœur des vierges.

SAINTE BARBE.

680. Cher Seigneur, roi des cieux brillants, vous m'avez fait la grâce de m'envoyer une voix pure, pleine de mélodie, pour me parler en haut, très clairement, devant tout le monde ; si bien que ses paroles ont été entendues jusqu'au dernier mot.

681. Seigneur, je vous remercie de la grâce que vous m'avez faite de me consoler en m'envoyant plutôt qu'à toute autre votre messager pour me rassurer. Il a tout réjoui mon cœur en ce monde, croyez-le bien ; je ne me sens plus de peine ni de souffrance.

1. Lise₃ e₃ duy dy da renaff. — VAR. Concedet (recte). — 3. Dam. — 4. Lise₃ da. — 5. Æl, lise₃ aer.

682. Ho*z* prediry an deduy ma*z* spiaff
Dre trugare*z* ha carante*z* be*z*aff
Ioaus ue*z*aff enn haff pan songiaff acc
Gouden martir han pirill han hir pret
Am eux certen gant ancquen soutenet
E*z* ouff meurbet confortet a het space.

683. Autrou pep bro reit diff un dro ho*z*
[grace
Gruet diff recour ho*z* amour dre pourchacc
Dirac ho*z* facc en soulacc ma*z* plac*z*iff
Rac se seder ma mestr quer ma speret
Ameux dich tenn ha crenn gourchemennet
E recess gruet dan pret ma*z* decediff.

DIOSCORUS.

684. Ore*z*a affet pan out duet ma cret acc
Gueneff breman aman buhan dan place
Dirac ma facc heb grace en neb fac*z*on

Eu berr amser cret seder e*z* meruy
A un maru yen gant ancquen heb quen bry
Ne*z* ne*z*o muy membry dilacion.

685. Da sotony ha da rebellion
So dit heb sy deffry occasion [1]
Punission pep fac*z*on heb gonit
A*z* eux diuoe dren doe a auoe*z*
Gou*z*aff maru yen gant ancquen heb quen
[froe*z* [2]
Cheden an [3] aroe*z* na ra soe*z* a coe*z* dit.

686. Pan eu troet affet em appetit
Dan maru cruell quent pell dre da dellit
E*z* liquiff cuit gant depit eguit plen
Terriff ma hoant so presant tourmantet
Ha ma couraig ham raig [4] quen arraget
Na alhenn quet dre neb fet sellet den.

---

682. Votre sollicitude et le bonheur où j'espère être bientôt par votre grâce et votre amour, me comblent de joie, quand j'y songe ; après le tourment, le danger et le long supplice que j'ai souffert avec tant d'angoisse, me voilà, en un instant, toute réconfortée.

683. Seigneur de toute la terre, accordez-moi votre grâce ; faites que j'obtienne votre amour, et que je trouve en votre présence une consolation durable ; ô mon cher maître, je vous ai recommandé expressément mon âme ; recevez-la au moment de ma mort.

DIOSCORE.

684. Or çà, puisque te voilà venue avec moi jusqu'ici, sache bien que tu vas mourir devant moi, sans espoir de grâce, et sans égard, d'une mort pleine d'angoisses ; tu n'auras plus de délai, je le jure.

685. Ta folie et ta rébellion en sont la seule cause : toutes sortes de châtiments, sans profit, voilà ce que te vaut le Dieu que tu adores. Tu vas souffrir avec angoisse la froide mort, c'est là tout le fruit de ton obstination ; voilà le sort qui t'est réservé, ne t'en étonne pas.

686. Puisque j'en ai pris la résolution, je te mettrai, dans ma fureur, tout de suite à mort, cruellement, comme tu le mérites, pour satisfaire mon ardent désir et ma colère enflammée : sans quoi je n'oserais, en vérité, regarder un homme.

1. Ce vers manque dans l'édition de la Bibliothèque Nationale. — VAR. 2. — Quentro e*z*. — 3. Ce mot est de trop ; il manque, avec le précédent, dans l'édition de la Bibliothèque Nationale. — 4. Caig.

Sainte Barba.

687. An setance cruell ha felon
Dicuff digrace en pep façzon
Punission inraesonabl
Eu dit ha depit euit den
Ma lacat me garu dan maru yen
Nendeu quet termen conuenabl.

688. Maleur obscur incurabl
Disaour ha dyamorabl
Dinaturabl a drouc aplic
Diuat eu un tat en stat man
Laʒaffe buguel cruel glan
Na bout¹ moean da poan an quic.

689. Pan neʒ tat mat an neb statur
Me so aʒ hat hac aʒ natur
Dre neb murmur ne procurses
Ma laquat me garu dan maru yen
Dre neb pridiri biʒhuiquen
Quentse certen eʒ tremenses.

690. Me so pep stat emdiuades
Da merch haʒ quic reuseudigues
Ha te expres dre eres glan
Anden da goall eu ma laquat
Dan maru garu fell dre drouc poellat
Nen dout quet guir tat en stat man.

691. Aʒ natur fur me a furmat
Dre gallout doe hac a croeat
Aʒ hat hac aʒ goat en stat prim
A reʒ eʒ heueleʒ deʒa
Gant un termen a estrenua
Dre abec ung tra oʒ Caym !

Sainte Barbe.

687. C'est de ta part une décision cruelle, inique, méchante, impitoyable, une punition imméritée et qui doit révolter tout le monde, que de me livrer durement à la froide mort : il n'y a à cela aucune convenance.

688. C'est un forfait infâme, impardonnable, affreux, une méchanceté dénaturée, monstrueuse et perverse, en un père, de tuer ainsi, cruellement, son enfant, et d'être l'instrument de son supplice.

689. Si tu étais bien mon bon père, tu ne me ferais jamais, ni par tes paroles, ni par tes actes, subir durement la froide mort, à moi qui suis sortie de ton sang ; non, jamais tu ne le voudrais !

690. Je suis pourtant ta fille orpheline, ta chair malheureuse ; n'est-ce pas un crime de ta part que de vouloir, par dépit, me mettre méchamment et cruellement à mort ? Tu n'es pas en cela un vrai père.

691. J'ai été formée de ta nature, créée, en un instant, de ton sang et de ta chair, par la puissance divine ; et voilà que, par un crime énorme, tu vas, d'une certaine façon, ressembler complètement à Caïn !

Var. 1. Vont.

692. A gueure scaff an quentaff crim
A homicit inlegitim
Dre un uenim drouc estimet
Ez lazas Abel cruel yen
Hennez uoe scaff an quentaff den
A maruas dre aucquen en bet.

SANTE BARBA.

Na bout muntrer disemperet
Nendeu quet fest nac honestet
Da princc en bet na lequet mar.

695. Te a dle certen me en goar
Bezaff cuff uffuel euel car
Ha bout clouar ha hegarat
Ha gouuernn iustice policzet
Dan bras han bihau glan ha net
Drez uoe ordrenet a pret mat.

DIOSCORUS.

693. Sotony azeux studiet
Entent diff beu na deseu quet
Euit da caquet monet cuit
Me ray dit quent pell meruell rep
Euel¹ ha sell² disheuelep
Yen dienep e pep depit.

SANTE BARBA.

DIOSCORUS.

696. Tra iffam na comps tam am stat
Ma les drezouff dam en³ couffhat
Pe me mat pe a drouc natur
A maru disonest hac estren
Ez laziff na ne dougiff den
Hennez so certen termen³ sur.

694. Roe auoet ne dle quet cuit
Bezaff dre malice homicit
Na nendeu licit na uitoar

---

692. C'est lui qui fit le premier crime d'homicide illégitime : plein du venin de l'envie, il tua, avec une froide cruauté, Abel, le premier homme qui mourut violemment en ce monde.

DIOSCORE.

693. Tu as appris de sottes histoires, mais, entends-moi bien, ne crois pas en être quitte avec ton vain caquet : je vais te faire subir une mort cruelle, impitoyable, froide, sans honneur et sans consolation.

SAINTE BARBE.

694. Un prince reconnu ne doit point commettre d'homicide par méchanceté : ce n'est ni permis ni glorieux d'être un atroce meurtrier ; ce n'est heureux ni honnête pour aucun prince, n'en doutez pas.

695. Tu dois assurément, je le sais, être doux et affable comme un ami ; indulgent, aimable ; rendre loyalement et habilement justice aux grands et aux petits, selon la loi antique.

DIOSCORE.

696. Infâme, ne parle point de mon rang, laisse-moi m'en souvenir moi-même ; que je sois bon ou mauvais, je te tuerai, sans craindre personne, d'une mort déshonorante et étrange, voilà qui est certain.

1. *Lis.* cruel. — 2. *Lis.* fell. — VAR. 3. Tremen.

Sante Barba.

697. Yuez ne dalchaff quet cret pur
Effez diff tat dre neb statur
Rac pan ues sur ha musuret
Ne ues quel hoantec a te cleu
Da ober office gour un bourreu
A eneb bleu ez eux cleuet [1].

698. Dre da moean ez viouff ganet
Ha penaux pennac ha maguet
Ouff guenet affet ha cret plen
Effe an tra se tra neant
Ouziff heb guir mar bes tirant
Ha teig mechant en presant den.

Dioscorus.

699. Na comps oz iff muy bizhuiquen
Les pep esper ha bez certen
Ez laziff mic yen heb quen bry
Me rento dit oll da follaez
Da sotony haz drouguiaez
Rac en drouc finuez ez coezy.

Sante Barba.

700. A te na macses quet ez ty
March ha casec heb dieguy
Caz ha qui ha muy mar bihent
Propicc dit eguit meritaff
Hac ho emplig daz seruichaff
Heb ho lazaff an quentaff poent.

701. Rac se sotony disquient
Eu dit bout quen y en na quen lent
Hac a drouc hent ez pretendez
Ma lacat dan maru mic dicar
Dre ampris dicoantis dispar
Heb memoar na neb digarez.

Sainte Barbe.

697. Aussi, je ne crois pas, sache-le bien, que tu sois aucunement mon père : car si tu l'étais, assurément, tu ne voudrais point, entends-tu ? faire l'office du valet d'un bourreau, ni toucher à un de mes cheveux, toi qui m'as nourrie.

698. Et pourtant, je suis née de toi et tu m'as élevée ; crois bien que ce serait à toi une indignité d'être mon injuste bourreau, et une méchanceté en face des hommes.

Dioscore.

699. Ne me parle plus désormais ; quitte tout espoir, et sois certaine que je te tuerai froidement, sans aucun égard ; je te paierai de toute ta folie, de ta sottise et de ta méchanté, car tu feras une mauvaise fin.

Sainte Barbe.

700. Ne nourrirais-tu pas cheval et jument, sans difficulté, chat et chien, et d'autres animaux, s'ils t'étaient utiles ? Ne les emploierais-tu point à ton service, sans les tuer tout d'abord ?

701. C'est donc à toi une sottise déraisonnable, d'être assez cruel, assez dur, pour vouloir, méchamment, me mettre à mort, par une action impitoyable et monstrueuse, sans raison et sans excuse.

1. *Lis.* az eux beuet :

DIOSCORUS.

702. Na prezec diff muy oz truez
Rac me certiffr dit yuez
Ez out ez dezuez dinezaff
Na nez eux remet en bet muy
Dilacion nac essony
Er me spy da espediaff.

SANTE BARBA.

703. A te na dleses quet quentaff
Tremen amser ha differaff
Da rihanaff ha bezaff yen
P'alamour dam mam en draman
Ez dleses flam ¹ auisaff glan
Ma preseruaff breman an poan ².

704. Vn tra disonest hac estren
En dit ober e seurt termen
Dirac pep den ha rileny

Az dornn da hunan neb manrer
Garnouff me tam em ³ neb amser
Bout muntrer so bourreuery.

DIOSCORUS.

705. Tau em requet na quaquet muy
Ha les diff ann oll da holl cry
Cret detri na achapy quet
Egnit da comsou caffuous
Na da poellat huanadus
Da holl escus so reffuset.

706. Rac re pell ez eux trauellet
Dam depitaff gant goazhaff pret
Dre se ez eu ret heb quet sy
Didan poanyou garu ez marvhes
Euel tra neant mechantes
Dre da proces a cresy.

DIOSCORE.

702. Ne me parle plus de pitié, car je te certifie que tu es à ton dernier jour, et que tu n'as plus de délai ni de répit à attendre en ce monde, car je veux me débarrasser de toi.

SAINTE BARBE.

703. Ne devrais-tu pas attendre et différer, pour reprendre ton sang-froid, du moins? Pour l'amour de ma mère, tu devrais bien te résoudre à me préserver maintenant de tout mal.

704. C'est un crime étrange à toi, de faire pareille chose devant les hommes ; c'est une infamie : que de ta propre main tu sois en aucune façon mon meurtrier, c'est un assassinat.

DIOSCORE.

705. Tais-toi, je te le dis, et cesse de bavarder; cesse-moi tous ces cris, et sache bien que tu n'échapperas pas, avec tes paroles plaintives, ni tes efforts et tes gémissements : je rejette toutes tes raisons.

706. Car trop longtemps tu as fait en sorte de m'exaspérer ; aussi, il faut absolument que tu meures dans des peines cruelles, comme une vile criminelle : tu es condamnée pour ton hérésie.

1. *Lis.* seutl.[— 2. *Lis.* poen: *On attendrait* Ma preseruaff car poan. an penn. — 3. *Lis.* en.

Sainte Barba.

707. Allas peguen bras fantasy
Peguen diraeson fellony
Diabry heb occasion
Eu dit ent seder dre eres
Ma ober heb guir martires
Dre da exces heb quet raeson.

708. Pan ren[1] heb muy compassion
Da lacat ganty unyon
Ha raeson am vtron honest
Ha te seder da quemeret
Ez cusul ent dissimulet
Ne rahes quet torffet me dest.

709. Hoguen a facçon disonest
Diblas hastiff ha manifest
Euel den ditest ditestabl

Ez em gouuernez ez crezny
Quen disaczun euel un quy
Nen dout dre neb sy amyabl.

710. Nen dout quet parfet nac etabl
Nac e nep facçon raesonabl
Nac amourabl na notabl quet
Ma lacat dimal dinatur
Dan maru garu re dre maleur
Ha me az natur figuret.

Dioscores.

711. Couls eu tenel na rebell quet
Pan eu em prepos disposet
Remet en bet nez eux quet tam
Ret eu diff sclaer deliberet
Da depechaff nen nachaff quet
Pe bout suget da caffout blam.

Sainte Barbe.

707. Hélas ! par quel caprice, par quelle méchante folie, sans excuse et sans raison, vas-tu me rendre martyre, dans ta fureur odieuse et injuste !

708. Si la Pitié venait amener la Concorde et la Raison, la bonne dame, et que tu les prisses sagement à ton conseil, tu ne ferais point de crime, je l'atteste.

709. Mais tu te conduis évidemment avec une précipitation coupable, en homme détestable et avide, sans plus d'élévation dans les idées qu'un chien : tu n'as point de qualités aimables.

710. Tu n'es point soigneux de l'équité, et n'as point souci de la raison : quelle indigne cruauté, que de me mettre à mort violemment, sans pitié, père dénaturé, moi qui suis née de ton sang !

Dioscore.

711. Autant vaut te taire et ne point te révolter contre ce que j'ai fermement résolu. Tu n'auras point de répit : il faut décidément que je te tue bien vite, ou l'on aura lieu de me blâmer.

1. Lis, uez ?

712. A hanot da huuan estlam[1]
Az eux dellezet a het cam
Ne alhenn tam da diblam quet
Rac quen contrel en da dellit[2]
Na alhes neb faczon gonit
Bezaff dre merit acuitet.

SANTE BARBA.

713. An moch hann con hann leonet
Hann chatal hann aneualet
A uez pepret nendeux quet sy
Cuff hac uffuel ouz ho quelin
Hac ho mac quer hac anterin
Han yar he poucin han briny.

714. Apostat gat ydolatry
Dren cas man out hoaz ezout muy

Goaz euit quy heb consciance
Rac an crim az eux estimet
So a enep guir conspiret
Ha concluet dre drouc setance.

715. A enep police ha liczance
Vn euffur rust dyiust heb sustance
Hac en aliance offance bras
Dihegarat ha dimat glan
Da recun dirac pep unan
Da den en bet man en an cas.

716. An doude hastiff ha diblas
Heb quet ent seden ober noas
Commetaff allas an cas man
Ober diff meruell heb dellit
So dit meurbet drouc apetit
Diproffit ha dimerit glan.

712. Tu as peu à peu mérité toi-même ton châtiment, et je ne saurais t'excuser : car ton crime est si odieux que tu ne peux aucunement réussir à te faire justement acquitter.

SAINTE BARBE.

713. Les pourceaux, les chiens et les lions, et toutes sortes d'animaux, sont toujours, le fait est sûr, tendres et doux envers leurs petits, et ils ont bien soin de les nourrir ; il en est de même des poules et des corbeaux.

714. Tu es ici un apostat par ton idolâtrie, et plus encore, tu es pire qu'un chien sans conscience, car le crime que tu as médité est conçu contre tout droit, et c'est une sentence inique.

715. C'est une œuvre cruelle, injuste, sans raison, contre tout droit et toute loi ; c'est un grave attentat devant la nation ; un acte de rigueur impitoyable de la part de qui que ce soit, et qui excite l'horreur de tous.

716. N'es-tu point trop prompt et trop dur, de commettre un pareil acte, hélas ! sans que j'aie fait aucun mal ? Me faire mourir sans que je le mérite, c'est là, de ta part, une bien mauvaise pensée, un crime sans profit.

1. Ce vers n'a pas de rime intérieure satisfaisante ; si c'est le dernier mot qui a été changé, il a pu remplacer *tan flam*. — VAR. 2. Delit.

717. *Den inhumen en termen man*
A drouc eoll foll da holl poan
*A leque*z *breman dimanyer*
Dre un fall ampris dam dispenn
Hoguen un tro te guelo crenn
*Dre da drouc tenn e*z *goulenher.*

DIOSCORUS.

718. *A paillardes a drouc esper*
A te menn lem dre disemper
Tra dimoder disemperet
Pour neant eu dit recitaff
Na da clasq remet procedaff
Rac da gouzaff ne mennaff quet.

719. *Me ne ni*z*iff tam iffamet*
Euit da goall na tamallet
Rac blamet gant an bet seder

Venn en effet etreu bedis
Diff effe neant mechantis
Ober e sort ampris dister.

SANTE BARBA.

720. *A te goar pe*z *a lauarher*
*Gant da drouc neux es discue*z*her*
Chede an cher a raher dit
*Den en e coantis ne*z *priso*
*Oar an douar na ne*z *caro*
*Na quen ne ne*z*o da proffit.*

721. *Cri*z*der disemper dimerit*
Malediction heb gonit
Inlicit heb necessite
Iffam a pep blam suramant
*E*z *dalcho peb re a neant*
Hac un mechant a drouc antier [1].

---

717. Homme inhumain, tu mets ici, dans ta folle fureur, toute ta peine à me détruire, par un cruel forfait, mais un jour, tu verras qu'on te demandera compte de cette méchante action.

DIOSCORE.

718. Ah! effrontée! que crois-tu faire, dans ton désespoir, créature exaltée? C'est en vain que tu débites tout cela et que tu cherches à gagner du temps : car je ne veux point te souffrir.

719. Je ne serai point du tout déshonoré ni blâmé à cause de toi, mais je serais en effet blâmé par le monde, entre tous les hommes, si je ne pouvais mener à bonne fin une résolution si simple.

SAINTE BARBE.

720. Sais-tu ce qu'on dira? On te montrera pour ta férocité, voilà l'accueil qu'on te fera : nul homme ne t'honorera de son estime, en cette terre, et ne t'aimera ; voilà quel sera tout ton profit.

721. Cruel désespoir, infamie, malédiction sans nulle compensation! Pour ce crime, qui n'est point nécessaire, chacun te regardera assurément comme un malfaiteur digne de tout blâme, un perfide, un monstre affreux.

---

1. *Lis.* antre.

722. *Hoaʒ eʒ duy dit pernersite*
Ha depit hac iffamite
Dirac pep re ha droue eur
Na laca dout en hiruout bras
Eʒ y glan da tau Sathanas
Dan ifferna bras me aʒ assur.

723. *Ne uoe quet da ambout¹ bout sur*
Rac me aʒ les en oppressur
Groa da pligiadur assuret
Ne liuiriff mur biʒhuiquen
Ouʒit un guer a neb termen
Beʒ certen nac onʒ den en bet.

(Aman sante Barba a ra he oraeson.)

724. *Autrou doe roen ster ma speret*
Pa dur diff glan tremen an bet
Oʒ ich parfet a erbedaff
Gruet en deʒ hiʒiu en diueʒ
Ma mestr clouar dre trugareʒ
Entren aeleʒ e annheʒaff.

725. *Em heur maruel em em guelaff*
Na nem deur mur contraliaff
Na resistaff ne mennaff quet
Rac raeson guirryon deboner
Eu diff quemeret ent seder
Ann amser euel maʒ querhet.

726. *A pebeʒ soulace so placet*
Na pebeʒ ioaou so em coudet
Pan songiaff affet heb quet sy
Beʒaff en deduʒ reliet²
Compaignunes dan guercheset
Ach Doe roen bet peʒ meleʒy.

(Aman an diaulou a incit Dioscorus da hastaff lazaff he merch.)

722. De plus, il t'arrivera devant tout le monde un malheur cruel et infamant, n'en doute point; tu iras au grand enfer, je t'assure, dans le feu de Satan, au milieu des gémissements.

723. Ce n'est pas à toi d'être rassuré, car je te laisse à ta punition. Fais ce qu'il te plaira : je ne te dirai plus un mot, sois-en certain, ni à personne au monde.

(Ici sainte Barbe fait sa prière.)

724. Seigneur Dieu, roi des étoiles, je vous recommande expressément mon âme, quand je quitterai ce monde; faites-la, par votre miséricorde, demeurer aujourd'hui enfin parmi les anges, ô mon tendre maître.

725. Je me vois à ma dernière heure, et je ne veux plus résister en aucune façon; car il est bien juste et raisonnable que je prenne le temps comme vous me le donnez.

726. O quel soulagement j'éprouve, et quelle joie me remplit le cœur, quand je pense que je vais être reçue dans le bonheur, en compagnie des vierges; ah! Dieu, roi du monde, quelle gloire!

(Ici les diables excitent Dioscore à se hâter de tuer sa fille.)

VAR. 1. Hembout. — 2. *Lis.* raliet.

Sathan a comps.

727. C'za maz ouchuy ma oliance
Denesset clenet ma setance
Ny so dre mechance offanset
Collet eu pep façzon hon guir
Dimp en espres gouden desir
On beze hir ouz e miret.

728. Dioscorus so abuset
A meux oun creff ha deceffuet
Gant e merch affet a credaff
Rac hy pey tro assello guis
Hac a lacay flam he ampris
De deuis de subuertissaff.

BEZLEBUT.

729. Ro diff an gallout heb doutaff[1]
Da monet apret dauetaff

Ha me rar dezaff ne raff sy
Quent euit hemoaz ez lazo
Mat ha teun hac he dipenno
Mic yen emo maz maruo hy.

SATHAN.

730. Allas ma car chede arry
Laca enn haff heb tardaff muy
Creffhaff ma hilly drouguvaez.

BEZLEBUT.

Men lacay en dinez gant mez[2]
Maz arrago oll gant follaez
Na caffo den rez anezaff
Me va oar se heb dale quet
Terribl a cruel de guelet
En stat dibuellet de tretaff.

SATAN parle.

727. Çà, mes alliés, tous tant que vous êtes, approchez ; écoutez ma volonté. Nous éprouvons un échec ; nous perdons entièrement nos droits, après avoir tant souhaité de les garder.

728. Dioscore est, j'en ai grand'peur, abusé et trompé fortement par sa fille ; elle cherchera et trouvera le moyen de détruire sa résolution comme elle le voudra.

BEELZEBUT.

729. Donne-moi l'autorisation expresse d'aller tout de suite le trouver, et je le ferai la tuer avant cette nuit, je te l'assure ; il la mettra froidement à mort, en lui tranchant la tête.

SATAN.

730. Hélas ! mon ami, voilà ce qu'il faut faire : mets en lui, sans tarder, le plus de fureur que tu pourras.

BEELZEBUT.

Je lui ferai honte à la fin ; j'en ferai un fou furieux dont personne ne pourra venir à bout. Sur ce, je vais, sans délai, le trouver, pour le mettre dans cet état d'exaspération atroce et cruelle.

VAR. 1. Redoutaff. — 2. Lis. gant mezen duez.

DIOSCORUS.

731. Soezet ouff pront na confontaff
En douar ha na separaff
Pa em em songiaff¹ a muyhaff pres
Ma bout dre feut quen reuseudic²
Guelet ma merch flam so am quic
Dre drouc aplic heretiques.

732. Hy oa ent seder ma aeres
Am oa principal em pales
Mat hac aes certes dre raeson
Hae ezeu aet dre e³ ampris
Da bezaff cristen heb quen pris
Rac se he liquis en prison.

733. Nem moa soulacc enep faczon
Nemet hy na refection
Affliction na melcony

Hy ayoa da prouff em couffha
Ne ancouffhenn quet dre netra
Ma holl ioa⁴ na nemoa muy.

734. A pebez follaez voe dezhy
Na pez faczon a sotony
Ouz iff dre neb sy faziaff
Mar he⁵ lazaff mic bizhuiquen
Pelhoch en bro nen⁶ guelo den
Euit neb termen ouz renaff.

735. Hac ezeu ret heb arretaff
Diff dre ampris accomplissaff
Heb variaff ne⁷ tardaff pret
Da uolante cre an doeou
So offancet dre he fetou
Gant he compsou nendeu gaou quet.

DIOSCORE.

731. Je suis étonné que la terre ne s'ouvre pas pour m'abimer, quand je songe au terrible malheur que j'ai de voir ma fille, née de ma chair, coupable d'hérésie.

732. Elle était la plus proche héritière que j'eusse dans mon palais, elle était bonne et raisonnable, et voilà qu'elle s'est avisée, sans égard pour moi, de devenir chrétienne ; aussi je l'ai mise en prison.

733. Je n'avais d'autre consolation ni d'autre joie qu'elle, point d'autre affection ni d'autre souci : elle était l'objet de toutes mes pensées ; je ne l'oublierai pour rien au monde ; elle faisait tout mon bonheur.

734. O quelle folie de sa part, et quelle sottise de m'offenser ainsi ! Si je la tue, jamais plus personne ne me verra dans ce pays.

735. Il faut pourtant que, sans tarder, je me décide à accomplir, sans faute, la puissante volonté des dieux, qui sont offensés de ses actions et de ses paroles, la chose est certaine.

VAR. 1. Pa em songiaff. — 2. Reusidic. — 3. Au lieu de *dre e*, lisez *flam dre* ? — 4. Ioa oa (*recte*.) — 5. *Lis.* ne ? — 6. *Lis.* nem. — 7. *Lis.* na.

736. Sisterru infernal ha calet
Da hem igor mar dout goret
Gant mil crueldet intretabl
Ma laca iffam hac amguin
A dehast¹ euel un mastin
En un iain abhominabl.

737. Allas abim inestimabl
Diuergont parfont ha spontabl
Ehanffn dampnabl da em aplic
Digor peb rout dam angloutaff
Gant orror ha dam deuoraff
Groa diff ent scaff finueʒaff mic.

738. Ma coudet so quen tristidic
Ma em guelet quen reusidic
Quen louidic quen milliguet
Ha beʒaff suget affet pur .

Da muntraff ma goat ham natur
A maleur eʒouff furmet.

BEZLEBUT.

739. Dioscorus na refus quet
Groa da mecher deliberet
Naʒ em arret quet pa eʒ pedaff
Dirac an tut persecut hy
Euel un coʒ caʒ ha laʒ hy
Quae deʒy de hespediaff.

DIOSCORUS.

740. Ne omn en nouar peʒ araff
Coll ma squient mar eʒ sentaff
Heb mar araff nen nachaff quet
Rac un study so em conscience
Ha mar benn rust ouʒ ma sustance
Aliance a ne offancel .

---

736. Abime infernal ouvre-toi, si tu es chauffé, avec tes mille tourments cruels, que je sois, infâme et misérable, jeté à la hâte, comme un chien, dans une affreuse torture !

737. Hélas ! abime aux profondeurs immenses et épouvantables, ouvre-toi vite pour me damner; ouvre-toi entièrement pour m'engloutir dans ton horreur et me dévorer; fais-moi mourir l'instant !

738. Mon cœur est si triste que l'on me voit misérable, infâme et maudit; exposé à être le meurtrier de mon sang et de ma race ; ah ! je suis bien malheureux !

BEELZEBUT.

739. Dioscore, ne refuse pas de faire ton devoir, ne t'arrête point, je te prie ; persécute-la devant tout le monde, comme un chat furieux, et tue-la ; va à elle pour l'expédier.

DIOSCORE.

740. Je ne sais point que faire : je vais perdre l'esprit, je le sais, si j'obéis, car j'ai un scrupule de conscience ; et si je suis trop dur pour ma fille, la famille s'en offensera.

VAR. 1. Adehast.

BEZLEBUT.

741. A sotis ezout auiset
Te goar heb desen ezeu ret
Effe amantet ent seder
An ordur hac an iniurou
A lauare plen he guenou
Han fals guiryou an doeou quer.

DIOSCORUS.

742. Pan quaffenn moean na manyer
Da tremen an cas a tra sclaer
E ober me a differhe
Hoguen ne onn quet affet don
Ac an doeou aes dre raeson
Enep façzon am pardonhe.

CONSCIANCC a comps.

Hoz em lemet an morchet se
Rac mar eu gruet un pechet ve
Hac a tennhe da muy grezance.

DIOSCORUS.

743. Piu ouchuy na pe aliance.

CONSCIANCE.

Me eu a deffury consciance
So duet quentaff doz diauance
A un drouc setance offanczabl
Ouz eux en esper quemeret
Dre un ampris drouc auiset
Nac eu quet dleet nac etabl.

BEELZEBUT.

741. Quel sot scrupule ! Tu sais qu'il faut absolument punir les odieuses injures que sa bouche a proférées, et les outrages qu'elle a faits aux grands dieux.

DIOSCORE.

742. Si je trouvais quelque moyen d'éviter cette extrémité, certes, je différerais l'exécution : mais je ne sais point si les dieux, dans leur haute sagesse, me pardonneraient jamais.

LA CONSCIENCE parle.

Otez-vous de cette inquiétude : cette action serait un péché qui vous attirerait d'autres malheurs.

DIOSCORE.

743. Qui êtes-vous, et de quelle famille ?

LA CONSCIENCE.

Je suis la Conscience, qui suis accourue pour vous détourner de cette mauvaise et coupable résolution que vous avez prise ; de cette action malavisée, injuste et illégitime.

Dioscorus.

744. Ane dihuy¹ quet procedabl
Em² pep facçon ha raesonabl
Ha conuenabl ha notabl acc.

Conscianc.

Tra disheuelep en pep placc
Hac un cas rep a enep gracc
Vue dit³ pourchacc e nep facçon
Lazaff hoz merch so un guerches
A ue disemper hac eres
Hac exces a enep raeson.

Bezlebut (acomps a eneb Conscianc.)

745. Pe a lech ez duet huy ytron
Gant hoz contenancc brabancçon
Et da sarmon hoz sotony.

En un lech arall ha brallet
Ahanen crenn hoz em tennet
Lest hoz quaquet na compset muy.

Dioscorus.

746. Petra a hoarffe na compse hy
Ha lauaret he queffridy
Pan roaff me dezy odiancc
Compsou mat a clenaff ganty
Ha douceder so en⁴ he matery
A nen deu hy eu consciancc.

Bezlebut.

747. Mar lequez enn hy da fiziancc
Ez taulo breff en deceffuancc
Gant he loquancc⁵ ez offancço
A enep an doeou louen
E sarmon dit gant depit yen
Na quen termen ne souteno.

Dioscore.

744. N'est-elle pas plutôt d'accord avec la raison, la convenance et la justice ?

La Conscience.

Ce serait pour vous une chose inouïe, un crime odieux et repoussant, que de chercher à tuer votre fille vierge ; ce serait une méchanceté désespérée, un excès contraire à toute raison.

Beelzebut parle contre la Conscience.

745. D'où venez-vous, madame, avec votre mine fanfaronne ? Allez prêcher vos sottises ailleurs et retirez-vous d'ici promptement. Finissez votre bavardage, et taisez-vous.

Dioscore.

746. Pourquoi ne parlerait-elle pas, et ne dirait-elle pas ses raisons, puisque je lui donne audience ? Elle me fait entendre de bonnes paroles, et la douceur est dans son langage : n'est-ce pas elle qui est la Conscience ?

Beelzebut.

747. Si tu mets ta confiance en elle, elle va te tromper et t'égarer par son éloquence. Elle te parle outrageusement contre les dieux bienheureux, et elle ne fera pas autre chose.

1. Lis. a ne deu hy. — 2. Lis. en. — Var. 3. Ve dich. (recte). — 4. Ce mot manque dans l'édition de la Bibl. Nat. — 5. Éloquance.

CONSCIANCE.

748. *Deux aman pront mez responto*
Oar poan am penn men quelenno
Hac en cusulyo dre' proffit.

BEZLEBUT.

Ya da malieze inlicit
Hac abusion heb gonit
Ha nep merit ne acquite.

CONSCIANCE.

749. *Me menn seder ez preserffhe*
E merch guerches hac e lesse
Hac ez mirhe ne lazhe quet.

BEZLEBUT.

Da un drouc tenn em ² quelennet

Rac neuse oll effe collet
Heb caffet remet en bet man.

CONSCIANCE.

750. *Perac ne se na pen moean*
Effe eff collet en bet man
Dren draman na pe en manyer.

BEZLEBUT.

Chede so me lauaro sclaer
Rac mazeu blaffemet seder
An doeou quer ha souueren
Ganty hy hac iniuriet
Rac se gouzuez beu ez eu ret
Effe amantet affet plen.

LA CONSCIENCE.

748. Viens ici, je te répondrai promptement ; je l'instruirai au péril de ma tête, et je lui donnerai des conseils pour son profit.

BEELZEBUT.

Oui, par malice illégitime, par une tromperie sans fruit, sans rien qui la justifie.

LA CONSCIENCE.

749. Je veux qu'il laisse la vie à sa fille vierge, et qu'il se garde de la tuer.

BEELZEBUT.

Vous lui donnez un conseil pernicieux : car alors il serait entièrement perdu, sans aucun remède en ce monde.

LA CONSCIENCE.

750. Pourquoi cela ? Comment donc serait-il par là perdu en ce monde ?

BEELZEBUT.

Je vais le dire clairement : c'est parce que les dieux souverains sont blasphémés et injuriés par elle ; aussi, sache-le bien, il faut qu'elle soit rigoureusement punie.

VAR. 1. Conclusion de. — 2. *Lis.* en.

751. Hac ezeu ret nen deu quet quen
Dezaff quentaff he lazaff yen
E' dornn e hunan heb quen bry
Euit heb muy satiffiaff
Ann iniur hac e apuraff
Ha reparaff he drouc anffy.

CONSCIANCE.

752. Pebez faczon a sotony
Euit stat a ydolatry
Vue dre neb sy mar be hy quet
Laequaet da meruell heb dellit
Hep occasion na gonit
Dre un depit en ecitet.

753. Muntrer fier disemperet
Gant an tut effe reputet
Rac se iffamet meurbet ve

Mar lazhe glan e neb manyer
E merch guerches dre drouc esper
En crizder e perseuerhe.

DIOSCORUS.

754. Digracius outraius re
En hoz gueneou an guiryou se
Ne omn pe dre e congreat
Hoguen ma dihast re hastiff
A mennet lem dre hoz imbliff
Ouz iff astriff ezouch dimat.

BEZLEBUT.

755. Ma sent quentaff a muyaff gral
Ha les hy gant he tourniat
Ne cleur neb mat digant y
Me az assur ez mailluro
En un sotis ez disprizo
Dreiz y nep tro ne ffezo muy.

751. Il faut absolument qu'il commence par la tuer froidement, de sa propre main, sans nul égard, pour satisfaire et réparer l'outrage et expier son crime.

LA CONSCIENCE.

752. Quelle sottise ce serait, de la faire mourir par amour pour l'idolâtrie, sans qu'elle l'ait mérité, sans raison ni profit, par froid dépit !

753. Il serait regardé par les hommes comme un meurtrier odieux ; il serait couvert d'infamie, si, persévérant dans sa résolution cruelle, il tuait sa fille vierge.

DIOSCORE.

754. Ces paroles de votre bouche sont dures et outrageantes. Je ne sais qui vous y a autorisée, mais vous voulez me condamner trop vite dans votre sévérité : vous êtes extrêmement désobligeante à mon égard.

BEELZEBUT.

755. Obéis-moi plutôt de bonne grâce : laisse-la faire tout ce bruit, tu n'entendras d'elle rien de bien, je te l'assure ; elle t'enveloppera dans quelque sottise, et te méprisera, voilà tout ce que tu peux attendre d'elle.

VAR. 1. Ve (recte). — 2. An, lis. yen : — 3. Murtrer. — 4. Lis. congeat. — 5. Imbriff. — 6. Dispriso (recte).

CONSCIANCE.

756. Allas pe guen bras fantasy
Ha peguen yen eu da heny
An deux muy estimacion
Da lacat a rer ne raer muy
En un pechet heb contredy
Maz coezr en damnacyon.

757. Te goar espres dre da raeson
Ez eu dit meurbet pechet don
Enep facçon ha disonest
Lazaf neb stat da croadur
So teig mechant diauantur
Da un den fur dinatur prest.

BEZLEBUT.

758. Guell ue ez maru da arhuest
Eguit bout dreiz y manifest
An doeou ouest detestet

Hac eff an droman glan an roe
Mar en gouzaffhe quet metoe
En pep ploe en diauoehet.

759. Hac an bro oll a ue collet
Hac en drouc credenn em tennet
Rac se sellet pez torffet ue
Ha gentil ha bas en cassent
E tut quer hac e holl querent
E aparchent hac e hente.

CONSCIANCE.

760. Hac effe propiczc e uicze
Gant estrenua ez lacahé
E merch euelse da neant
Da vout reputet affet guir
Mar he groa dre neb art martir
Entrenn holl tut guir un tirant.

LA CONSCIENCE.

756. Hélas! quelle illusion profonde et fatale est la tienne! N'as-tu donc plus de raison? On ne fait pas autre chose, sans contredit, que t'entrainer à un péché qui t'amènera à la damnation.

757. Tu sais parfaitement, par ta raison, que c'est à toi un péché très grave, de toute façon, un crime, de tuer ton enfant : c'est une méchanceté odieuse et dénaturée de la part d'un homme raisonnable.

BEELZEBUT.

758. Il vaudrait mieux la voir morte, que de voir par elle hautement haïs les dieux véritables ; et s'il le souffrait, lui le roi de tout ce pays, je le jure, on le désavouerait en tout lieu.

758. Et le pays tout entier serait perdu, et tomberait dans l'erreur; voyez donc quel forfait ce serait ! Ses amis et ses parents, ses alliés et ses proches, tous le haïraient, nobles et vilains.

LA CONSCIENCE.

760. Est-il à propos pour cela qu'il mette odieusement sa fille à mort ? S'il la martyrise aucunement, il sera regardé, par tout homme juste, comme un tyran.

VAR. 1. Peguen (recte.) — 2. Liz. e nep? — 3. Ez ve (recte). — 4. Bro man (recte). — 5. Gouzaffue. — 6. Euicze (recte).

761. Natur a ue cre pour neant
Dicoantis dioboissant
Ygnorant ha dicarantez
Bilen ha yen heb retenu
Derchell drouc termen contenu
Heb quempret a neb tu truez.

BEZLEBUT.

762. Les eff net em requet vetez
Na comps outaff¹ muy ent priuez
Hac yuez naz em discuez muy.

CONSCIANCE.

A gloutondre da fellony
E analopaff nerraff sy
En da study dre drouguiez
Hac e lacat lem denn em coll
En faecẓon se en drouc eoull
Maz coeẓo ann oll en follaez.

DIOSCORUS.

763. Ne onn pez a riff² en dinez
Nemenz neb hoant de carantez
Na biẓhuiquen deẓ ne ueẓaff
Oar an douar ma he quarhenn
Quent se da meruell euelhenn
Squegiaff he quilbenn e mennaff.

BEZLEBUT.

Hennez a pell eu an guelhaff.

CONSCIANCE.

764. Allas na ret quel pa ouẓ pedaff
Rac trugarez a dle beẓaff
Vset quentaff nen nachaff quet
Enel tat ouẓ e croeadur
A dle beẓaff mat dre natur
Ha douce ha pur ha musuret.

---

761. Ce serait violer les puissants droits de la nature; y désobéir cruellement, les méconnaître sans pitié, avec une froide perfidie et sans honte; agir avec une constante méchanceté, sans aucune miséricorde.

BEELZEBUT.

762. Laisse-le maintenant, je te prie; ne lui parle plus en particulier; et ne te montre plus.

LA CONSCIENCE.

Ah! monstre avide, ton but est de l'envelopper par ta méchanceté perfide, je le sais; et de le faire ainsi se perdre par mauvais vouloir, pour qu'il tombe dans la folie.

DIOSCORE.

763. Je ne sais que faire enfin. Je n'ai nul désir de son amour, et jamais de la vie je ne l'aimerai. Aussi, je veux lui couper le cou et la mettre à mort.

BEELZEBUT.

C'est bien le meilleur parti.

LA CONSCIENCE.

764. Hélas! ne le faites point, je vous prie, car la miséricorde a ses droits. Agissez plutôt, avec votre enfant, en père bon et tendre, sage et modéré, comme le veut la nature.

VAR. 1. Outa. — 2. Arrin.

Bezlebut.

765. Ret effe hy sacriffiet
Euit reparaff quentaff pret
Ann iniur so groaet heb quet sy
Dre he compsou dan doeou louen
Rac se delchet ferm ho termen
Euit tremen diou; pep heny.

766. Ha mar' gruet quen mil uileny
Diou; tut an bro ou; be;o huy
Ne ne;o heny na crio
Quen rep ou; enep heb neb pris
Hac en maes an bro en ho guis
Dre ampris y ou; banisso.

Consciancc.

767. Na raint quet eff ho treto
Quent' plaesant ma ho contanto
Oar pep tro hac a sello tu

Euell prince fier ha souueren
Eff a caffo ferm e termen
Do gouuern certen contenu.

Dioscorus.

768. Tenet ha na saffaret mu
Leset dime larg ho; argu
Rac chetu an conclusion
He dipennaff' ne lacaff sy
A riff heb neb true; de;y
Ne deueux muy remission.

Consciancc.

769. Guell digare; a hoarue;o
Rac eff dre guir en em miro
Eguit neb tro ne la;o quet
Et' un stat a enep natur
En pe; a menne; dre' me;eur
Ha drouc auantur procuret.

Beelzébut.

765. Il faut qu'elle soit sacrifiée pour réparer tout d'abord l'injure qu'ont faite assurément ses paroles aux dieux immortels ; tenez donc ferme à votre résolution, sans prendre garde à personne.

766. Si vous ne le faites pas, vous aurez mille affronts des gens du pays : il n'y en aura point qui ne crie contre vous violemment, sans nul respect; et ils feront en sorte de vous chasser d'ici.

La Conscience.

767. Ils ne le feront point : il les traitera si bien qu'il trouvera moyen de les contenter en tout ; il parviendra à les gouverner constamment, en prince puissant et légitime.

Dioscore.

768. Taisez-vous, ne faites plus de bruit, et laissez-moi bien loin vos arguments, car voici la conclusion : je la décapiterai sans pitié et sans délai.

La Conscience.

769. Il arrivera quelque chose de mieux : celui-ci, dans sa justice, se gardera bien de la tuer. Ce que tu veux faire par malheur est une action dénaturée et funeste.

Var. 1. Ma. — 2. Quen (recte). — 3. Dispennaf. — 4. En, lis. er. — 5. Da.

Dioscorus.

770. *Denesset seder leueret*
Diff me houz dou a un coudet
Heb dale quet na songet muy
Pe dre abec ez prezeguet
Nendeu a nebeut ez breutet
Disclaeriet net houz queffrydy.

Dioscorus da Bezlebut.

771. *Cza ! respontet a cleuet huy.*

Bezlebut.

Neon pe mirez anezy
Nemet tristez nez uez dreizy
En fantasy ez studiez.

Dioscorus da Consciance.

Hau consciance
Pez a leueret huy ynez.

Consciance.

772. *Me a lauar heb digarez*
Leset drouc prepos a costez
Ha dre carantez houz bezet
Truez ouz ho merch so guerches
Ha so ouz goat emomades[1]
Ann exces heuz[2] *em dileset.*

Bezlebut.

773. *Orcza oar se pez a ue gruet*
Penaulx[3] *ez uezo goloet*
Na dissimulet da quentaff
Diouz Maximian pep manyer
So un den cazr empalazr quer
Pe dre ez galher differaff.

Dioscore.

770. Approchez et dites-moi bien tous deux, également, sans tarder et sans hésiter, sur quel motif vous vous fondez. Le sujet de ce procès n'est pas peu de chose ; expliquez clairement votre pensée.

Dioscore à Beelzébut.

771. Çà, répondez ; entendez-vous ?

Beelzébut.

Je ne sais pourquoi tu la gardes ; tu n'as par elle que tristesse ; c'est un pur caprice.

Dioscore à la Conscience.

Ha ! Conscience, qu'en dites-vous à votre tour ?

La Conscience.

772. Je dis, sans détours, que vous laissiez de côté votre mauvaise résolution. Ayez, dans votre tendresse, pitié de votre fille vierge et orpheline, née de votre sang ; fuyez cette extrémité odieuse.

Beelzébut.

773. Or çà, comment donc fera-t-on pour cacher et dissimuler la chose à Maximien, l'homme puissant, l'empereur bien-aimé ; comment pourra-t-on lui en dérober la connaissance ?

Var. 1. Emdmades, *lis.* emdluades. — 2. Houz *(recte)* — 3. Penaulx.

CONSCIANCE.

774. *Eguit fauor nac enoraff*
Den a nep coantis nac e dougiaff[1]
Ez dlehe eff scaff liuraff tam
E merch da meruell euelse
Heb dymerit gant depit re
Mar groahe ez dellezhe blam.

775. *Ha hoaz muy eff a ue iffam*
Ha pobl an bet guytebuntam
Gant cals a estlam en blamhe
Ha doe gardis en punisso
Da neant eff en[2] *dismanto*
Hac un dro ez hoaruezo se.

BEZLEBUT.

Na rar tam, les diff da rambre.

DIOSCORUS.

776. *Allas ma cas so diblas re*
Ha mil[3] *glachar eu ma doare*
Impossibl ue en crethe den
Pebez ancquen a soutenaff
Rac me so certen mar en groaff
Ez arragaff pez maruaff yen.

BEZLEBUT.

777. *Ret eu dit e ober certen*
Pe an doeou quer soueren
En berr termen az sourpreno
Da bout heretic bizhuyquen
Effez dalchet ne ue quet quen
Gant quement den aue en bro.

LA CONSCIENCE.

774. Pour aucune faveur, ni par honneur ou par crainte pour personne, devrait-il ainsi livrer dans sa colère sa fille à la mort, sans qu'elle le mérite? S'il le faisait, il serait digne de blâme.

775. Il serait tout à fait infâme; et tous les hommes du monde le blâmeraient avec horreur : Dieu le punira sévèrement, et le détruira : voilà ce qui arrivera un jour.

BEELZÉBUT.

Mais non ; laisse donc tes rêveries.

DIOSCORE.

776. Hélas ! mon sort est cruel, et je suis accablé de mille chagrins. Nul ne saurait croire quelle angoisse je souffre ; car je suis sûr que si je le fais, j'enragerai ou j'en mourrai.

BEELZÉBUT.

777. Il faut, certes, que tu fasses cela, sans quoi nos chers dieux souverains te puniront bientôt ; tu serais regardé seulement comme un hérétique, désormais, par tous les gens du pays.

1. *Lis.* na e prisaff: — VAR. 2. Ce mot manque dans l'édition de la Bibl. Nat. — 3. Mill.

Consciancc.

778. *Ret ez duy persecution*
Oarnot espres en berr saeson
Enn ifferun¹ don heb quen gonit
Quaez crez ez y ne filly tam
Dirac stat Sathan dan tan flam
Gant mil estlam en un lam cuyt.

Bezlebut.

779. *Et coz groach louhec louuidic*
A huy dre goab hoz em aplic
Penn treut reusidic milliguet
Da rezaff contrell euelhenn
Et noman buan ahanenn
Me gourchemenn ouz em tenhet².

Consciancc.

780. *Orcza moz les en hoz esplet*
Ha gruet hoz mecher dre querhet
Ne compsiff² quet en hoz metou
Duet out da penn hac eff tennet
En dampnacion da monet
Dann ifferun cernet heb quet gou.

Bezlebut.

781. *Orcza heb faut pan ouch autrou*
Moz pet apret discuezet gnou
Deomp hon dou ha huy dezrouet
De lacat diff¹ garu dan maru yen
Gruet dezy franc gouzaff ancquen
Ne fell quen pan ne tremenet.

La Conscience.

778. Il faut que bientôt tu sois châtié au fond de l'enfer, sans autre profit : tu ne manqueras point d'y être un misérable esclave, devant Satan, dans le feu ardent, où tu tomberas avec mille épouvantes.

Beelzébut.

779. Allez, vieille sotte ! est-ce par moquerie que vous vous obstinez, tête sèche et maudite, à nous contrecarrer ainsi ? Allez-vous-en bien vite ; retirez-vous, je vous l'ordonne.

La Conscience.

780. Or çà, je vous laisse à votre affaire. Faites votre œuvre comme vous voudrez, je ne vous parlerai plus. Tu as réussi ; le voici sûrement amené à la damnation future, dans l'abîme de l'enfer.

Beelzébut.

781. Or çà, puisque vous êtes bien le maître, je vous prie de nous le montrer à tous deux. Commencez par me la mettre froidement à mort. Faites-la souffrir cette peine, et ce sera fini, quand elle sera morte.

Var. 1. Infern. — 2. Tennet. — 3. Compait. — 4. Dit.

DIOSCORUS.

782. *De dibennaff nen narhaff* [1] *quet*
Gant un crizder disemperet
Ezaff affet nem deux [2] *quet muy.*

(Dioscorus a dipenn e merch.)

Stou da penn me menn da crennaff
Aman gant anoaz haz lazaff
Euit reuiraff ma auffy.

(Dioscorus a disemper.)

783. *Peguen diraeson fellony* [3]
Dirac pep den eu ma heny
Diabry ha diconsciance
Monet daz lazaff [4] *en stat man*
Disaczun am dorun ma hunan
Andeu houman drouc contenance.

784. *Gant crueldet a drouc setance*
Ha drouc cher ha disemperance
Ha perseuerance offanczabl
Da bezaff mut persecutet
Gueneff aman dirac an bet
Ne caffaff quet ma fet etabl.

BEELZEBUT.

785. *Eu ha guiryon ha raesonabl*
Rac contantet neuden quet fabl
Eu guenet conuenabl ha plen
An doeou bras ann holl casou
Ann ordur hac an iniurou
Breman heb gou ezint louen.

DIOSCORE.

782. C'en est fait ; je vais la décapiter dans ma fureur.

(Dioscore coupe la tête de sa fille.)

Baisse la tête, je veux la couper sur-le-champ et te tuer sans pitié, pour satisfaire ma colère.

(Dioscore se désespère.)

783. Quelle est ma cruelle folie devant tous les hommes ! Aller te tuer ainsi sans scrupule, sans conscience, sans pitié, de ma propre main ! N'est-ce point là un crime !

784. Par une sentence cruelle, par d'odieux traitements, et un acharnement coupable, je t'ai persécutée aveuglément devant le monde ; je ne trouve pas mon action équitable.

BEELZÉBUT.

785. Si, elle est juste et raisonnable ; car, ce n'est point une fable, tu as parfaitement satisfait les grands dieux pour tant d'injures et d'outrages de toute sorte ; maintenant, ils sont bien contents.

VAR. 1. Narall, *lis.* nachaff. — 2. Deur *(recte)*. — 3. Fellonni. — 4. Lacat *(recte)*.

DIOSCORUS.

786. Cza comp pa na reomp¹ quen
Achinet eu ferm an termen
Amoa a certen ordrenet
Da ober heb truez dezy
Yuez a un tu chetu hy²
Ne fell comps muy espediet.

JESUS.

787. Quae hael³ mat na debat quet
Beden martires espreset
Digace he speret daued ouff
An guerches clouar Barbara
Am car parfet muy eguet tra
He deren dan ioa emoa couff.

AN AEL.

788. Ach ma hoar pan eu separet
Diouz da corff antier an speret
En neff heb neb cleffuet cret diff

Dirac an test an maieste
Gant gallout real heb dale
Euel maz eu dle en reiff.

789. Deux gueneff da hent ma ez ren-
[tiff
Diligant hac ez presantiff
Quentaff maz guilliff ne riff quen
Entren guercheset heb quet sy
En ioae meurbet hac en deduy
Nac eux fin dezy bizhuyquen.

JESUS.

790. Cleu Sathanas diaoul bras a cas crim
Digor heb grap⁴ en un strap ann abim
Leun a venim ha frim inestimabl
Glan gan⁵ tan gor deuor Dioscorus
Lazr glout outraig diauantaig fachus
Qui auffyus couffus diescusabl.

DIOSCORE.

786. Eh bien! allons; j'ai fermement accompli ce que j'avais résolu de faire sans pitié pour elle; la voilà morte, n'en parlons plus.

JÉSUS.

787. Va sans hésiter, bon ange, trouver la martyre; amène-moi son âme. La douce vierge Barbe, qui m'aime parfaitement et par-dessus tout, je veux la conduire à la joie.

L'ANGE.

788. Ah! ma sœur, puisque ton âme est séparée de ton corps, je vais la conduire tout de suite, comme elle le mérite, sache-le bien, au ciel, loin de tout mal, en présence de la majesté divine, qui m'y autorise.

789. Viens avec moi, que je te mène promptement et te présente au plus tôt au chœur des vierges, dans la joie et le bonheur infinis et qui n'auront point de terme.

JÉSUS.

790. Ecoute, Satan, chef criminel des démons, ouvre à l'instant l'abîme plein d'amertume et de glace horrible; dévore de ton feu ardent Dioscore, ce voleur glouton, ce tyran cruel et odieux, ce chien envieux, ce perfide sans excuse.

VAR. 1. Comps pa na narcomp. — 2. Chemhy. — 3. Hael Ael (recte). — 4. Lis. goap. — 5. Gant (recte.)

BEZLEBUT.

791. Groa cher mat hac ebat Sathan
Dioscorus so confus glan
En deueux groael breman an crim
Lazaff e merch a yoa guerches
Gant cher disemper hac eres
A gueure certes heb estim.

SATHAN.

792. Hen ac≥¹ so certen termen prim
Gourchemennet eu legetim²
Digueriff abim an ty man
Maz duy gant touffoul dan goulet
Presant antier corff ha speret
Nen deueux remet en bet man.

793. Ordrenaff tizmat en stat man
Foult³ ha curun dre fortun glan
Quemesquet a tan breman scaff
Hac et⁴ presant gant tourmant bras
De dirumpaff⁵ an quentaff pas
Dann iffern diblas az gassaff⁶.

DIOSCORUS.

794. Me sant tourmant presant ouz displan-
[taff
Dionz an neff hont gant un gront maz spon-
[taff
Ne on mazaff raczaff da cuzaff quet
Hastomp techomp entromp ma tardomp muy
Redomp breman guitebunan dan ty
Rac na vemp ny heb sy discoufiet.

BEELZÉBUT.

791. Réjouis-toi bien, Satan ; Dioscore est couvert de confusion : il vient de commettre le crime de tuer sa fille vierge ; il l'a fait dans un accès de fureur, et sans pitié.

SATAN.

792. C'est là, certes, un ordre bien légitime, que j'ouvre l'abime de cette demeure pour qu'il aille au fond, dans un tourbillon, à l'instant, tout entier, corps et âme, et sans aucun remède.

793. Je veux qu'à l'instant même, la foudre et le tonnerre, mêlés de feux, le précipitent avec grande violence dans l'enfer horrible et odieux.

DIOSCORE.

794. Je sens qu'une tourmente descend là-bas du ciel avec bruit; j'ai peur, je ne sais où aller me cacher pour l'éviter. Hâtons-nous de fuir, rentrons en courant à la maison, de peur d'être entièrement détruits.

VAR. 1. Hennez (recte). — 2. Legitim. — 3. Fooltr. — 4. Er, lis. en. — 5. Ditumpaff (recte.) — 6. Lis. azgassaff.

795. *Oun bras am eux oar ma reux nan*[1]
   [*eux gruet*
Vn tenn infamm ha cam da bout blamet
Vn dout meurbet em speret credet so
Rac he doe hy so dreist muy dre diuis
Euel[2] *hastart*[3] *en e art ha gardis*
Mar groa ampris de guis em punisso.

796. *A! ret eu meruell quent pell ha lesell*
   [*bro*
Den a neb stir ouz pirill nem miro
Me sant an dro diff affo oz donet
Maz iff certen dann iffernn yen menbry
Da chom perguen bishuiquen heb quen sy
Ma brassony an[4] *groa disconfiet.*

BEZLEBUT a comps ouz Dioscorus.

797. *Tirant truant gourmant diauantaig*
Qui disaour loudour a drouc couraig
Ne alhes flach heb ataig mez saicho
Dan iffernn yen bizhuiquen en penet
Ez y seder antier corff ha speret
Lacat remet en bet ne alhet tro.

798. *En mil tourmant neant me az planto*
Perpetuel cruel te a guelo
Certen eno neb tro ne vezo fin
Da bizhuiquen perguen en estrenua
Bilen qui rep disheuelep heb ioa
Ez i deza breman ia dan iayn.

795. J'ai grand'peur d'avoir fait, pour mon malheur, un coup blâmable, un crime infâme. Je redoute beaucoup, dans mon cœur, la puissance de son Dieu; s'il s'y met, il va me punir à sa façon, avec une grande sévérité.

796. Ah! il faut mourir avant peu et quitter cette terre; personne, par nul effort, ne peut me garder de ce péril. Je sens venir le moment d'aller à l'enfer glacé, je le jure, pour y demeurer à jamais; mon orgueil m'a perdu.

BEELZÉBUT parle à Dioscore.

797. Misérable tyran, glouton odieux, chien vil, sale et méchant, tu ne saurais bouger: je vais te jeter tout de suite dans l'enfer glacé; tu y resteras à jamais dans les tourments tout entier, corps et âme; on n'y saurait trouver aucun remède.

798. Je te jetterai dans mille tourments, homme de rien; tu vas voir, pour souffrir toujours cruellement, là-bas, sans aucune fin; tu vas aller pour jamais dans la torture et l'émoi, chien odieux, vilain, qui n'as point fait de bien.

1. *Lisez* nam. — 2. *Lis.* cruel? — VAR. 3. Hastar, *lis.* ha start: — 4. *Lis.* am.

CLAUDIN.

799. Allas allas cals diblasdet
Eu bout gant tourmant dismantet
An roe affet ne deux quet sy
Ny so en fin orfelinet
Ouz guelet honn penn dispennet
Disgroaet eu net Ycomedy.

800. Techet a riff ne tardiff muy
Breman dan kaer gant pridiry
Ha poan ha cry melcomiet
Guelet pe en faecçon hon penn
Aman heb flaig oar an tachenn
Oll quic ha crochenn dispennet.

801. O pebez tourmant dicoantis
Ha teig mechant a neantis
Dre e sotis drouc auiset

So duet de guelet an pret man
Mazeu groaet neant gant an tan
Vn tan¹ bihan nen deux manet.

AN TIRANT ARALL².

802. Ann oll dann oll ezeu collet
An quic han crochenn dispennet
Bleauenn en bet ne caffet muy
Nac en quen munut ambludet
Nac un poult renn ne caffenn quet
Na neonn en bet maz edy.

CLAUDIN.

803. Me crethe effe he doe hy
Ouz e punissaff ne lacaff³ sy
Eu a study an hoary man.

CLAUDIN.

799. Hélas! hélas! quelle horreur, de voir le roi ainsi foudroyé! Nous voilà orphelins, notre chef est perdu; Nicomédie est ruinée.

800. Je vais fuir à la ville, dans la douleur et les cris de désolation; voyez comme notre chef est là sans mouvement, sur la terre, tout déchiré, chair et peau!

801. Oh! quel tourment effroyable, quel état affreux, quelle ruine il vient de s'attirer par sa sottise malavisée! Le feu l'a anéanti, il n'en est pas resté un débris.

L'AUTRE BOURREAU.

802. Il est entièrement perdu, tout déchiré, chair et peau; on n'en trouverait pas un cheveu, tant il est réduit en petits morceaux; on n'en trouverait plus un atome; je ne sais point où il est.

CLAUDIN.

803. Je crois que c'est son Dieu à elle qui, pour la punir, le livre à cette fin déplorable.

VAR. 1. Tam (recte). — 2. All. — 3. Lis. raff.

E Compaingnun.

Ac eff a caffe an moean
Euit e lacat en stat man
Dreizaff ehunan neb manyer.

Claudin.

804. A ya
A te na goar ez lauarer
E nezaff eff Doe an croer
Hac an daz prener sonneren.

E Compaingnun.

Honn em tennomp na songeomp¹ quen
Rac me so meurbet spontet yen
Mazouff gant ancquen sourprenet.

Claudin.

Rac se demp² dan kaer pan querhet.

Valentin.

805. Allas pez truez so coezet
Na pebez exces dileset
Nan crueldet concluet voe
Na pebez presum inhumen
Uoe he lacat garu dan maru³ yen
Ha hy da den na rae enoe.

806. Rac hy parfet da caret Doe
Ha da doen enep e pep ploe
Dezaff euel roe auoet⁴
He lazas heb guir an tirant
Dre e drouc teig euel mechant
Ez eu en neant dismantet.

Son compagnon.

Est-ce qu'il trouverait moyen, par lui-même, de le mettre en cet état ?

Claudin.

804. Eh! oui. Ne sais-tu pas qu'on dit qu'il est le Dieu créateur et le rédempteur souverain ?

Son compagnon.

Ne songeons qu'à nous retirer, car je suis glacé d'épouvante et saisi d'angoisse.

Claudin.

Allons donc à la ville, puisque vous le voulez.

Valentin.

805. Hélas! quel triste événement! à quel excès il s'est porté! La cruauté est donc accomplie! Oh! quelle tyrannie inhumaine, de la mettre froidement à mort, elle qui n'a fait de mal à personne!

806. Parce qu'elle aimait Dieu parfaitement et lui portait honneur en tout lieu, comme à un roi reconnu, le tyran l'a tuée sans aucun droit! et pour sa méchanceté cruelle, il a été détruit.

Var. 1. Songiomp. — 2. Dam. — 3. Garo dan maro. — 4. Auouet.

VALENTIN baelec [1] a enterr sante Barba.

807. Ach Barba Barba guenn da bet
Breman eʒ out nen deu dout quet
En neff receffuet men cret plen
Entren [2] guercheset heb quet sy
En triumph meurbet ha deduy
Nac eux fin deʒy biʒhuiquen.

808. Me aʒ enterro nam guelo den
Dre carantez en un bez yen
Ha pan galhenn quen Doe en goar
Eʒ rahenn dichuy special
Franc hac antier ha liberal
A coudet leal eual car.

809. Hiʒiu [3] eu lem e pep memoar
Dre termen certen me en goar
Rac se heb mar me lauar sur

Eʒ aeʒ da corff flour da gournez
Ha da eneff splann dann anhez
An peuare deʒ a querʒu [4].

810. Aduocades en les Iesu
Vizy biʒhuiquen contenu
Groa pep tu maʒ instituher
Ma speret net discarguet glan
A quement pechet so en bet man
Ha diouʒ Sathan en pep manyer.

811. Ha gracʒou prob cuit ober
Seruig ha dellit meritoer
Pep amser ha perseueraff
En euffurou mat heb neb arfer [5]
Didan gallout doe ma croer
Na quen esper ne prederaff.

LE PRÊTRE VALENTIN enterre sainte Barbe.

807. O Barbe, Barbe, que tu es heureuse ! Tu es à présent, sans aucun doute, reçue au ciel, je le crois fermement, parmi les vierges, dans le triomphe et le bonheur infinis qui n'auront point de terme.

808. Je t'enterrerai sans qu'on me voie, avec tendresse, dans une froide tombe ; si je pouvais faire plus, Dieu le sait, je le ferais pour vous généreusement, sans hésiter, et de bon cœur.

809. C'est aujourd'hui un jour mémorable, assurément ; le jour où ton doux corps alla au lieu de repos, et ton âme à la céleste demeure, le quatrième jour de décembre.

810. Tu seras toujours une puissante avocate en la cour de Jésus : fais que mon esprit soit entièrement dégagé de tout péché, et libre du joug de Satan.

811. Fais-moi obtenir les grâces nécessaires pour que je serve toujours dignement le Seigneur, et que je persévère dans les bonnes œuvres, sans interruption, sous la loi de Dieu mon créateur : c'est là tout mon désir.

VAR. 1. Baellec. — 2. En renc. — 3. Hizio. — 4. Querzo. — 5. Affer, lis. atfer.

812. *Me ray un chapel da guelet*
Diuoar da beς hac annheς net
Hac aman affet eς credaff
Eς tremeniff flam ma amser
Oς seruichaff doe ma croer
Na quen esper ne quemeraff.

813. *Hac an place man da mianhaf*
Pan duy an deς da finueςaff
Eς desiraff nen nachaff quet
Bout enterret en hoς metou
Mar plig gant doe guir roen plocou
Reiff diffe gracou golouet.

812. Je ferai construire une chapelle, un lieu consacré, sur ta tombe ; et c'est ici que je veux passer mon temps à prier Dieu mon créateur : voilà tout mon désir.

813. C'est ici encore que je désire, quand viendra mon dernier jour, être enterré auprès de vous, si Dieu, le vrai roi des hommes, veut bien m'éclairer de sa grâce.

LE MYSTÈRE DE SAINTE BARBE

DICTIONNAIRE

ÉTYMOLOGIQUE

DU BRETON MOYEN

ABRÉVIATIONS

B. — *Mystère de sainte Barbe*. Le chiffre indique la strophe; suivi d'un astérisque, il se rapporte à l'édition de la Bibliothèque Nationale. Deux nombres unis par un trait d'union signifient que le mot se trouve entre deux strophes, dans une indication scénique. Au commencement des articles, B est sous-entendu.

C. — *Catholicon*. C ms. manuscrit latin 7656 de la Bibl. nat.; C *a*, éd. de 1499, Bibl. nat., x 1429 + + a ; c'est celle qui a servi à l'édition Le Men ; C *b*, éd. in-4°; C *c*, éd. de 1522, cf. *Revue celtique*, I, 395, 396.

H. — *Middle Breton Hours*, edited... by Whitley Stokes. Calcutta, 1876.

J. — *Le grand mystère de Jésus*... par le vicomte Hersart de la Villemarqué, membre de l'Institut. Paris, 1866. Le chiffre indique la page, *b* la deuxième colonne. Dans cette édition, l'*u* consonne est transcrit *v* (Préface, p. VIII).

Jér. — Prise de Jérusalem par Titus (d'après D. Le Pelletier).

M. — *Le Mirouer de la Mort, en Breton... imprimet è S. Frances Cuburien*, 1575.

N. — Vie de sainte Nonne. Le chiffre indique le n° du vers, d'après une nouvelle édition que j'ai préparée et qui paraîtra prochainement.

Nl. — *An novelou ancien ha deuot... ymprimet e Qvemper Corentin...* MDCL. Le chiffre indique la strophe.

P. — *Poèmes bretons du moyen âge*, publiés... par le vicomte Hersart de la Villemarqué, membre de l'Institut. Paris, 1879. Le chiffre indique la strophe.

Z² — *Grammatica celtica*, 2° édition, Zeuss-Ebel, Berlin, 1871.

Dans ce dictionnaire, la lettre *y* vient après l'*i* ; et pour la place des mots qui contiennent *i* et *j*, *u* et *v*, on a eu égard, non à leur orthographe, mais à la prononciation ; ainsi *i* et *u* représentant les sons *j* et *v* se trouvent après *i, j, y*, et *u, v*, représentant les voyelles *i* et *u*.

Pour les références au vieux breton, voir le *Vocabulaire vieux-breton* de M. Loth, Paris, 1883.

DICTIONNAIRE
ÉTYMOLOGIQUE

DU BRETON MOYEN

A

1. **A** ah ! ô ! 31, 357, 726, J 182, 195 ; *a dea !* B 570, 591. *A* semble un signe celtique de vocatif dans *a feunten*, B 256, *a Deuy*, N 1025, cf. vieux gallois *a*, *ha*, vieil irlandais, *a*, *á*, *ha*, cornique *a*, = gr. ὦ ; mais dans la plupart des cas, le moy. bret. *a*, *ha*, vient du français *ha !* de même que le bret. moderne *ha*, qui n'adoucit pas l'initiale du mot suivant comme le font les mots celtiques ci-dessus.

2. **A** de (génitif et ablatif latins), 5 ; *eʒ eo a tut prudant* elle est (née) de parents sages, N 206 ; *a se* [exempt] de cela, J 127 ; là-dessus, J 205 ; [plein] de, N 15 ; [pourvu] du J 6 b ; *a vn opinion*, du même avis, N 191 ; *just a guer hac oberiou*, juste en parole et en actions, J 119 b ; *a baʒ ho laʒaff*, les tuer avec un bâton, N 1917, on dit aujourd'hui *gant eur vaʒ* ; *an mestr a scol*, B 82-83, auj. *ar mestr skol* ; H ; P ; écrit *à*, 5°, 79°-80°. Prép. contractée dans *ann* du, *am* de mon, *aʒ* de ton ; supprimée devant les autres adj. possessifs ; on a pourtant *an matery a ho prophecion*, lisez-ou, J 234 b. Pour sa forme avec les pron. personnels, voy. *ahanen*, *aneʒaff*. Elle forme des expressions adverbiales avec des noms ou des adjectifs auxquels on l'unit quelquefois en un seul mot dans l'écriture : *a stat*, *a treux*, *aneueʒ*. L'affaiblissement de l'initiale suivante est qqf. noté : *aʒeʒ en deʒ*, de jour en jour, C a ; il est prouvé par la rime intérieure dans *tommaff* A *mat*,

B 370, prononcez comme aujourd'hui *a val*, (pour) de bon ; voy. *aba*, *agoeʒ*. A a qqf. un sens partitif : *doe a danveʒ*, qui avait du bien, P 44 ; de là des locutions analogues au fr. rien *du tout*, comme *den a neb heny*, nul quel qu'il puisse être, B ; cf. *ne deux a nep re*, il n'y a personne, J 68, *ne gra... a nep bech a pechet*, il ne fait point de péché grave, N 562. *A* reste tel quel devant un *a* : *a Alexandry*, B 162. En Léon, on dit qqf. dans ce cas *ac'h* qui semble ancien, cf. *ah-an-ouff*. La forme *ab* dans *Joseph ab Arimathya*, P 43, est purement latine. V. br. *a*, corn. *a*, gall. *o*, *a*, *oc*, vannetais *a*, *ag* = lat, *e*, gr. *ἐx* ; v. irl. *a*, *as*, léon. *a*, *ac'h* = lat. *e*, *ex*, gr. ἔξ, gaul. *ex-*. Voy. *eh-affn* et *eux*. L'*a* et l'*o* viennent peut-être d'une confusion avec * *a(p)o*. Cf. *Rev. celt.*, VI, 45.

3. **A** pron. rel., qui, 19, J. 9 ; ne forme qu'une syllabe avec la voy. précédente, dans *netra a ye*, quelque chose qui soit, J 9 ; se sous-entend : *un tra so*, une chose qui est, B ; ce qui ; s.-ent. : *chetu so*, voilà ce qui est, B ; que, N 292 ; ce que : *chede arry* (de *a gry*) voilà ce que tu feras, B 730 ; *a querhet*, ce que vous voudrez, J 45, *a queret*, ce que vous voulez, N 1147. En bret. mod., *a*, dans tous les sens ci-dessus, adoucit l'initiale suiv. V. br. *a*, qui, v. irl. *(s)an*, *a*, *-n*, ce que, qui, que, corn. *a*, v. gall. *a* ; M. Rhys a montré en cette dernière langue des traces de l'ancienne consonne finale, probablement *n*. (*Revue celtique*, VI, 51-57, cf. V, 462.)

4. **A** particule qui se met entre le sujet ou le compl. direct et le verbe, dans les prop. affirmatives, J 3 b, P, H ; *a*, 131*. Adoucit la consonne suiv. : *Ne gonn en noar peʒ a graff*, N 20, prononcez *a raff* ; *ara* ; il fait, J 9 b ; voy. *raff*, *allaʒ*, *veʒaff* ; redouble qqf. la cons. suivante : ... *assello guis*, cherchera le moyen, B 728 = *a s.* ; cf. *arry* (*a* 3) et *affaut*. Ne forme qu'une syllabe avec la voyelle précédente, dans *petra a hoarffe*, B 746 ; *A te a anaffe* (4 syll. en tout), P 232 ; se sous-entend : *autrounieʒ... so*, B 33. Se combine avec les pron. personnels, dans *am*, *aʒ*, *an* ; se supprime devant les autres. V. gall. *a*, corn. *a*, originairement le même mot que *a* pron. rel. ; *ann dour a verv*, ' l'eau bout,' veut dire proprement '(c'est) l'eau qui bout. Le patois gascon emploie de même son pron. relatif *ké*. — Lisez *(Me) a yel*, J 184 b ?

5. **A** particule identique à la précédente, dans les phrases interrogatives avec conjugaison personnelle, *a cleuet huy ?* 771, *a guelet huy ?* 650, *a queffet huy ?* 575, cf. *ha glevaʒ-te*, as-tu entendu, Barʒaʒ-Breiʒ, VI si cette expression doublement archaïque (on attendrait *a glevjoud-te*) répond bien au gall. *a glywaist ti ?* L'*a* est supprimé dans *cleuet huy*, B, cf. *gwelaʒ-te*, as-tu vu, Barʒ.-Br., VI ?

6. **A** est-ce que... ? devant le sujet : *a te cleu ?* 697, *a huy... a cleuas ?* 131*, *a me... a fallas quet ?* 46 ; J 74, N 503, 607, 1517, H ; devant l'attribut : *a quen striʒ en hent ?* le chemin est-il si étroit ? J 62 b ; avec négation : *a me nam euz lech ?* n'ai-je pas lieu ? J 21 ; *a ne cleuet huy ?* B 395, *a nen deu ?* 283, 467, *a nen douchuy ?* 642, *a ne domp ny ?* 589 ; J. 21 ; voy. *an*. Si, interrogatif entre deux verbes : *da gouʒout a den... he guelse quet*, B 365 ; N 182, J 28 b, 205. La forme complète est *ae* devant une voy. ; cependant on a *a eff... a eʒneu ?* B 133 ; c'est le même mot que le suivant.

7. **A** et, 328 ? J 1 3, N 231, P 43 (cf. Le Pelletier au mot *cré*) ; devant une voy., dans *a ealeʒ*, et les anges, P 278 ; écrit ordinairement *ha*, *hac*.

8. **A** il va : *eʒa* 489, *mar da*, 79*, N 315, P ; *oll gant an mateʒ eʒ a*, la servante l'emporte tout, J 201 ; *ma ʒa ma sae me guyniluy ?* où emportez-vous ma robe ? J 104 b, litt. où va ma robe avec vous ? tournure encore en usage auj. *Goaʒ oʒ goaʒ eʒa diff*, je vais de pis en pis, N 1111. Gall. *a*, corn. *a*, = * *agi*, gr. ἄγει, irl. *ato-m-aig*, cf. lat. *adigit me* ; voy. *ya* et *aff*.

9. **A** pour *aʒ*, de ton, H 11, cf. vann. *ha*, *ha ʒ-* ton, de * *ah* = *ath ?* La prononciation *a* pour *aʒ* est encore attestée par le vers *gra goap aʒ port, aʒ sort ordur*, P 241, cf. pour les rimes *a stryff, iffam, flam dyamour*, P 239.

10. **A** pour *aʒ*, te : *me a pet*, je te prie, P 222 ; tréc. *me a pet*, id., *me a pade* = léon. *me aʒ padeʒ*, je te baptise. Il faut aussi admettre la prononciation *a*, à cause de la rime, dans *Maria me aʒ pet*, N 743.

11. **A** pour *an*, le, devant *r* : *a re man*, ceux-ci, N 1517. Le P. Maunoir écrivait en un seul mot *are*, ceux ; on trouve *ar* devant *r*, H p. 53. Voy. *a lech se*. C *a*, *anrearall*, les autres Cf. *Rev. celt.*, III, 396.

Aba, J 123 b, *aban* J 103 b, 452*, *a ban* B 327, = *a pan* B 248, 669, J 20 b, 142 b, N 1945, Nl 392 depuis que, litt. *ex quando* ; auj. *aba*.

Abades, abbesse C., du lat. *abbatissa* ; **abat,** abbé C., Vie de S. Gwennolé (Le Pell., s. v. *cador*) ; cartulaire de Landévennec, *abbatt*. du l. *abbatis* ; **abaty,** abbaye, N 164, 1722, C. *abatti*, N 1948, *abbati* N 1883, *abbaty* N 1788, de *abat* et de *ti*, maison. Auj. id. Cf *Rev. celt.*, III, 397.

Abaff, timidité, peur, émoi, scrupule, *heb* — 264, 364; *hep* — P 117 ; Nl 308 Mf 58 v° *hep* — *quet*, P 127, *hep nep* — B 191, Jér. On ne trouve que l'adj. **abaff,** étonné, embarrassé, dans J 183, 217, N 1740 ; couard, pusillanime, C ; *abaf*, effrayé, H, cf. *abaff*, humble, abaissé, Nl 436. C'est aussi le seul emploi du mot en bret. actuel. L'abbé Henry, dans sa liste de mots peu connus, donne « *abaf pe ambaf*, étourdi, niais, timide. » (*Kanaouennou santel*, 1842, p. 1.) Trée. *aboff*, haut Léon *abaf*. **Abaffi,** étonner, Jér., *abaffet*, étonné, N 1110. Emprunté aux langues romanes : en poitevin *abaffé, ébaffé*.

Abaisaff, j'ai honte (de dire), N 676 ; *abays* (3 syll.), il étonne, J 610, *abaisset*, ébahi, B 540-541, *abaysset* (4 syll.), id., J 215 b ; *abaisset*, « esbahi, » *Ca, Cb*. Du fr. *ébahir*, comme *achap* de *échapper*.

Abandon : *Nep ho em—e gloutony*, ceux qui s'abandonnent à la gourmandise, J 13, *abandonas*, il abandonna, J 129, *abandonet*, abandonné, désolé, B 395, J 165 b ; *abandonnet*, Nl 180, du fr.

Abardahez, 4 syll., soir, J 156, *abredahe*ʒ, 4 syll., J 202 b ; *chede an de*ʒ *abredahe*ʒ *clos*, voici que le jour à tout à fait baissé, J 208 ; *abredahe*ʒ *eu ane*ʒʒ, c'est le soir, J 161 ; *abretdahe*ʒ, C. Léon. *abardae*ʒ, m., trécorois *abardé*, haut cornouaillais *aberde* (*Bar*ʒ*a*ʒ-*Breiz*. 387). Peut-être pour *aprethae*ʒ, d'un verbe *apretnat*, voy. *apret*. La dernière syllabe se confond qqf. en bret. moderne avec *deiʒ* jour, par « étymologie populaire. » Le ʒ devait être doux. Le P. Grég. et Le Gon. donnent aussi *pardae*ʒ.

Abarz *em couraig*, dans mon cœur, J 191 b ; *abar*ʒ, dedans, P. var. *ebar*ʒ ; *abar*ʒ et *ebar*ʒ, C ; *a par*ʒ avant (deux jours) N 778 ; vann. *abarh*, léon. *ebar*ʒ, (di)*abar*ʒ, dans, *abar*ʒ avant ; v. br. *guparth*, remotus ; gall. *(s)parth*, m. côté, Rev. celt. II, 333, irl. *-scert, -scerdd*.

Abasaat *dan cas* —, étonné de cet événement, Nl 267, pour *abaisset* ?

Abec, cause, raison, 118, 337, J 35 b ; *Ca, Cb ; oar* —, afin que, Jér. Léon. *abek*, m. cause ; *abéki, abégi*, contrefaire qqn. M. Perrot, *Manuel... des écoles primaires*, livre de l'élève, p. 74. donne *abeghi*, blâmer, prétexter. Cf. v. irl. *adbar*, glossaire d'O'Clery *aba*, cause ?

Abece, alphabet ; **abeceer,** qui apprend ses lettres, C ; du fr. abc.

Abel, B 692, C, Abel.

Abeuffriff, abreuver, part. *abeuffret*, C., du v. fr. *abeuvrer* ; **abeuffriech,** abreuvoir, C, de *lech*.

Abhominabl, abominable. 325, 492, 736, *abominabl*, Ca ; **abominabldet,** abomination Ca. *abhominabldet*, Cb, Cc, du fr.

Abil, habile, habilement, 69, P, C ; (rit, bien choisi, N 605 ; avec raffinement, J 123 ; sagement, N 581 ; *abill*, B 316 ; comparatif *abiloch*, sup. *abila*ff, Ca, Cb, Cc, *abillaff, abilhaff, Cms* ; du fr.

Abim, 325, J 97 b, Nl 335, C, *abym*, J 11, 125 b, Nl 137, *abism, Cms*, abime ; **abimet,** abimé, précipité, *Doctrinal ar christenien*. Nantes, 1616, str. 20 d'un *Dialog entré an ael, hac ar pec'heu*ʒ*r*, qui semble plus ancien ; du fr.

Abit, habit, N 157, C ; *an* — *a humanite*, la forme humaine, J 23 ; **abitaff,** et *habitaff, Ca*, habiter ; p. *abitet, Cb, Cc*, du fr.

Abols, 3 syll. : *bout — de prison*, être soumis, sujet à sa prison, 563. Du fr. *obéir*; voy. *oboissaff*, vann. *aboeisein*, et. *fournis de fournissaff*.

Abondance : *da —*, et de plus, 473 ? *abundance*, abondance ; **abundaff**, abonder, C ; du fr.

Aboun *march*, fiente de cheval, Ca, *abon march* Cb, *aboun march*, Cms, léon. *aboun*, gall. *ebodn*, *ebod*. De ερ;ος, cheval, voy. *ebeul*, et d'un mot correspondant au gr. ὄνθος.

Abostol, apôtre, P, C ; *apostol*, N 53 ; pl. *abestel*, B 183, 348, 677, J 50 b, 51, 199, N 91, P ; *abestell*, P 24, *ebestel*, Nl 112 ; **apostolic**, apostolique, Cc, *appostolic*, Ca, du lat. *apostolus*. Le pl. est auj. *ebestel*.

Abostol, épître, C, pl. *abostolou* Cms, B 153° ; **abostoler**, « épistolier, » C. Du lat. *epistola*, sous l'influence de *abostol* ; car on attendrait *estol*, d'après *escop*. — **Abraham**, Abraham, H 18.

Abrant, f. sourcil C. *an nyou-abrant*, B 456 ; *an diou abrant*, Nl 41, Cb ; **abrantec**, qui a de grands sourcils, C. Auj. *abrant*, f ; corn. *abrans*, moy. irl. pl. *abrait* et *dâ brûad* ; macédonien ἀβροῦτες, cf. gall. *amrant*, m., paupière ? Voy. *bleu*.

Abreman, maintenant, N 1 ; dès maintenant, B 83, N 47 ; désormais, N 383 ; voy. *breman*.

Abry, abri, demeure, séjour, 491, J 142 b ; protection J 38 b, 140 b ; *en un —*, (amours) réunies, J 27 b ; *e drouc abri*, en mauvais état, N 1897 ; *de abry*, à sa maison, Nl 76, *e pep abry*, Nl 546 ; du fr.

Absant, absent, J 189 b, C ; **absence**, absence Cb, absence Cc ; **absentaff**, absenter, Ca, *absantaff*, Cc, *absantif*, s'absenter N 542 ; du fr.

Absoluaf, j'absous, N 1266, *absoluaff* et *assolff*, absoudre, C, p. *absoluet*, C, fut. *absoluo*, N 1321 ; **absoluenn**, absolution, N 1257, C, *absoluenn*, P ; Du lat. *absolvere*.

Abstinaf, pratiquer l'abstinence, N 451, *abstinaff*, « abstiner, » C, *ma abstiny (diouz guin)*, N 635 ; **abstinanc**, N 633, *abstinance*, N 1231, C, abstinence ; du fr.

Abus, tromperie, *heb —*, 18, *hep —*, J 151 b ; **abus**, il trompe, J 140 b, N 638 ; *ouz abuser*, B 125, p. *abuset*, B 604, 728, J 200 ; *nen em abusse*, B 345, auj. *abusi* (actif) ; cf. ar Goat precius ec'heux... *abuset*; Doctr., Dial. 12; **abusion**, tromperie, B 111, 553, 748, J 168, C ; du v. fr. *abusion*.

Ac, dev. une voy., est-ce que : *ac an nor a yoa digoret ?* J 217 ; *ac evalse Ez respontez ?* J 77 ; *ac eff so quet*, est-il, B 133 ; *ac eff so hoaruezet netra*, B 371 ; *ac eff a fell muy dihuz quen ?* J 40 b ; *ac eff so muy*, y en a-t-il encore ? N 1132. Si, entre deux verbes : *ne onn quet... ac an doeou... am pardonhe*, B 742, respont... *ac ahanode ez prezegue*, J 104 ; *leueret... ac ef so hoz esper*, N 194 ; *leueret ac eff so quet ma merch... disquet*, B 99 ; cf. N 828. Ce dernier sens est le plus primitif; dans l'interrogation directe on sous-entend un mot comme *daoust*, savoir (si), souvent exprimé en bret. mod. Le sens propre est « et » ; voy. *hac*. On voit par les exemples comment *eff* a formé peu à peu avec *ac* une locution conjonctive entre deux verbes ; auj. *hag-hen*.

Acc, beaucoup, tout à fait, 100, P, *ac*, Mf 8 v° ; *ace disaeczon*, J 13 ; *buhan —*, N 203 ; *— a gracc*, N 119, *trugarecat —*, J 40, *ne gon —*, J 27 b, *men cret —*, J 87 b. Le sens propre était « assez » : *liffrinj —*, N 270 ; *parfet — da*, assez sage pour, N 198 ; *muy eguet —*, extrêmement, B 466, cf. « assez et plus qu'assez » Amyot, *Solon*, V ; *punisset acc*, J 112, *= acece blecet*, J 111 b ; *asce*, assez, C. Ecrit *ac*, *acz*, par le P. Grég. et *ac*, J 99 b. C'est une abréviation de *acece*, cf. *ac acece eu*, c'est bien assez, J 99 b. Le son de *c* doux, *ç*, *cc*, *cz*, *czc*, *zc*, n'était pas le même que celui de *s*, cf. les rimes *bras*, *acc*, *dilzcc*, *digacas*, J 87 b. Le P. Grégoire de Rostrenen, au commencement du XVIII° siècle, dit que dans *ac*, etc., le *ç* est un *s* prononcé plus fortement qu'en français, et que *çz* équivaut à *ss*. Auj. les sons *ç* et *s* se confondent comme en fr.

Accent, accent; **accentaff**, « accenter » (accentuer), C ; du fr.

Acceptabl, J 30, 55 b, acceptable ; *e* **acceptuf,** l'accepter, m'y résigner, J 46 ; du fr.

Accident, accident ; **accidental,** accidentel, Cb ; du fr.

Accomplissaff da, acquiescer à, 735 ; *acomplissaff,* accomplir, 39 ; *nao mis... fournis acomplisset,* Nl 424; du fr.

Accoquinet, dérobé, retenu par fraude, N 1637 ; du fr. acoquiner.

Accord : *a un —,* d'un commun accord, 29 ; *accord,* Cb. *acord,* Ca ; **accordabl,** « accordable, » *canaff acordabl,* chanter d'accord ; **accordaff,** Cb, *acordaff,* « acorder ; » **accordance,** concordance, Ca ; du fr.

Accusaff, Ca, *accus.* Cb, accuser ; prétérit, *accusas,* J 120 b, éd. 1622, 157 ; p. *accuset* Cb ; **accusatiff,** accusatif, C ; **accusation,** accusation, J 121, éd. 1622, Cc ; **accuseur,** accusateur, f. *accuseres,* C ; du fr. Voy. *achus.*

Accutumance, Cb, f VI b, Cc, accoutumance ; du fr.

Acece, assez, J 99 b, 108 b, 111 b, *acçece,* J 155, *açceçe,* B 507 ; *asece, ascceç,* Cb, *açseçe,* Cc ; vann. *açés,* P. Grég., *asséss,* dict. de l'A., assez ; du v. fr. *açeç,* beaucoup (*Romania,* I, 166) ; auj. « assez ». Voy. *acc.*

Ach, ah ! 173, J 31 (étonnement), N 114 ; hélas ! J 14, N 92 ; *ach ! autrou Doe,* P 28, *ach Doe,* B 173 ; *ah,* N 77. Gall. moy. *och* (pour appeler), corn. *ogh,* hélas ! *ogh govy,* ah ! malheur à moi, cf. *ach goa me,* N 1657, J 126. En v. irl. *uch,* moy. irl. *ach,* hélas.

Achaeson : *hep —,* sans motif, 218* ; probablement par *ch* français ; du v. fr. *achoison, occasionem.*

Achantaff (ch fr.), enchanter, C ; **achantour,** enchanteur, sorcier, J 76 b, C ; f. *achantoures,* C ; **achanterez,** enchantement, Cb, Cc ; du fr. Le *Ca* donne en fr. *achanter, achantour ;* cf. *arragiaff.*

Achap (ch fr.), échapper, J 165 ; *hep achap,* sans qu'il pût échapper, Nl 355 ; *da —,* te délivrer, te faire échapper, J 112 b ; *achap,* il échappe, B 397 ; Mf 4 ; *mar achape,* B 403, *rac na achape,* J 70 ; p. *achapet,* J 216 b ; vous échapperez, J 165 b, fut. *achapy,* B 705 ; prét. *achapis,* 301 ; du fr.

Achiff (ch fr.), fini, C, *achiu,* N 1371, 1700 ; *acheff,* Cb ; *achieff,* entièrement, Cb ; *achiff fournis,* tout à fait fini, Ca ; **achiuaf,** *achiuaff,* accomplir, Ca, *acheuaff,* Cb, *achiffaff,* Cms ; *achiuaff,* B 242 ; *achief* (ici), finit, J 237, P, *achifher,* qu'on achève ! J 54, *achefheur* (rime en er), (où) s'achèvera, J 21 b ; *achiuet* (prononcez *achivet,* rimes B 197, J 43 b), achevé, fini, B 786, N 1281 ; accompli, N 1702, J 30 b, 43 b, Nl 51, *acheuet,* Cb ; *achiuet beu,* B 283 ; **acheuus,** « explétif ou finitif, » Cb, **acheuadur,** « antiereté, » Cb ; **achiuament,** accomplissement, Ca ; *acheuament,* Cb ; du fr.; le Cath. écrit « achiver ».

Achus, accusation, J 103, prob. par *c'h* bret., d'un verbe 'achusaff, tiré du latin *accusare.*

Acolistet, rendu acolyte, N 1686 ; **acolit,** acolyte, C ; du fr.; cf. vann. *juistr = jésuite. Akolist,* garçon, compagnon, Troude, dict. fr.-br. 915 b ; *acolist. Sermon gret var maro Michel Morin,* Guingamp, p. 44.

Acostez, de côté, en un lieu écarté, 220*, *a costez,* Ca ; léon. *agostez,* voy. *costez.*

Acquet : *dre —,* avec soin, 107, par ruse, 364, *dre guir —,* 176 ; *en —,* avec souci, J 37 ; du v. fr. *aguait,* attention vigilante, pl. *aguets* (M. Thurneysen); cf. léon. *akuiletenn,* du fr. *aiguillette.* A *dre acquet,* comparez : « soupçonné d'avoir *par aguet* fait mourir Tatius. » (Amyot, *Numa Pompilius,* IV.)

Acquite, il justifierait, 748 ; *accuitaff,* payer, récompenser, N 1372, *accuitaf,* absoudre, délivrer, J 26 b, *acuitaff,* Nl 287, v. 1, *acuytaff,* Nl 287, v. 3 ; *dem acuitaff,* pour se sauver, Nl 442 ; *acuitaff,* se faire absoudre, N 356 ; s'acquitter de ses obligations, N 157 ; *do em acuytaf,* pour s'acquitter de leurs engagements, J 214 b ; *acuytas,* il délivra, J 128 b, var. *a cuitas,* rime en *et,* J 117 ; *em acuytas,* se sauva Nl 199 ;

acuitet, acquitté, B 712, *acuytet*, J 182 b, *acuytet*, soustrait au danger, délivré, Nl, 71, 73 ; *a poanyou... hon geure acuytet*, Nl 240; *acuytat*, fut sauvé, Nl 277 ; 3 syll.; du fr. acquitter. L'*u* se prononce encore en bret.

Acrenn, entièrement, tout à fait, absolument. N 552 ; *a crenn*, N 240, *a cren*, P 140, *cren*, P 182, *crenn*, P 76, 162 ; auj. *a-grenn*, *krenn*. Voy. *crenn*.

Actif, activement, J 54 ; (justifié) par l'événement, J 43 b ; **action**, action ; **actionic,** petite action, *Cb* ; **netor,** acteur, C ; **actuel,** 3 syll. : *vice* — péché actuel, Nl 115; du fr.

Acuyt, exemption : *Diouz preuet douen* —, (l') exempter des vers de terre, Mf 7 v°. Voy. *acquite*.

Aczoupaff, choper, C ; du v. fr. achopper, assouper, h. Léon *assoupi*. *Açzoup*, achoppement, Grég.

Adal, depuis, H 53. —*maz*, dès que, Nl 68, 528 ; léon. *adal ma*. Voy. *tal*.

Adam, Adam, J 4, C, Nl 405. *Adam* rime à *cafuoez*, P 5, et P 1 à *condampnet*, cf. *ehanffn condampnet*, P 181, ce qui témoignerait d'une pron. *adaff*.

Adarre, 393, J 72, 87 b, P, C : *a darre*, Nl 443, B 326, *à darre*, 326*, de nouveau. Auj. *adarre*, = v. irl. *aithirriuch*, datif de *aitherrech*, répétition, répéter, moy. irl. *aitherracht*, il répéta, prés. *atesregù* = *ate-ex-regù*, cf. v. irl. *eirgim*, je me lève, lat. *e-rigo*, v. gall. *circam*. Rev. celt., VI, 26-29. La suite des idées a dû être : relever, reprendre. Voy. *beure*, *haznat*.

Adeo *adiu ma mab Devy*, N 1074, 2 syll., *adieu*, N 1075, 3 syll.; N 139 et 728, 2 syll.; *à dieu*, 2 syll. Mf 3, *adieu* ; auj. *adieu* (et *ada*, terme enfantin) ; du fr.

Adevry, sérieusement, J 208 b ; avec autorité, J 30 b ; *adevry mat*, J 231 b ; *goelaff a devry*, J 3, *a deury*, Nl 478, *a deuri*, N 514, *a deffri*, N 1440; expressément, B 420 ; *a deffry*, var. *a devry*, P 55, *deffri*, P 72, *deffry*. P 263 ; *deury*. Nl 485, *deuffry*, Nl 501 ; auj. *a-zevri*, avec attention, corniq. *diffry*, gall. *difrif*, sérieux ; irl. *deithfireach*, pressé (Stokes).

Adiabell, de loin, Cms, J 88 ; tréc. *id*. Voy. *pell*.

Adilarch, après, par derrière, Ca, *adilerch*, Cb, de a de et *dilarch* = *di-larch*, trace, à Sarzeau *lark*, léon. *lerc'h*, corniq. *lerch*, *lyrch*, gall. *llyr*, irl. *lorg*, m.

Adit. *A diouch a vuhel an Eal mat da Doue cannat un* — *A reuelas clos da Ioseph bout Herodes en despit*, Nl 430, un jour (?). Peut-être du lat. *aditus*, dans le sens vague de son synonyme *antre*.

Administraff, administrer, C ; du fr. — **Adoe-**cam, peu à peu, *Doctrinal*, Dial. 1, voy. *doen*.

Adolecentet, adolescence, C ; du fr.; avec le suffixe *-tet* = lat. *-tâtis*.

Adonay, 4 syll., *oz cana*, o — Nl 450, Adonaï.

Adoptaff, adopter ; **adoptiff,** adoptif ; **adoption,** adoption, Ca, Cb, Ce ; *adopcion*, Cms ; du fr. — **Adorout,** ils adorent, rime en *or*, vers prob. du XVIe s. sur une bible à M. Milin ; du fr.

Adreff, par derrière, en arrière de, N 485, P 42, C ; *a dreff*, B 479, P 128 ; *adref*, J 156 b, N 484; *a dref an clezef se*, au revers de cette épée, N 1451 ; tréc. *adrenv*, léon. *adre*, de a et *treff dos*, cf. irl. *druim*.

Aduerb, adverbe, C ; du fr.

Aduerser, adversaire, J 69 b ; **aduersite,** adversité, C ; du fr.

Aduertissaff, avertir, Ca, *aduertisaff*, Cc, *aduertisydy*, avertissez-les, N 1408 ; prét. *avertissas*, J 197 b ; du v. fr. *advertir*.

Aduocndes, avocate, 810, P ; Nl 110; *auocat*, avocat, C, *aduocat*, Ca, Cb (au mot *abec*), plur. *aduocadet*, N 1494; **aduocazey,** intercession, N 1339, *aduocaty* (rime en *acc*), Nl 518. Auj. *alvokad*, avocat; du v. fr. *advocat*.

Ae (1 syll., comme cela a toujours lieu avec cette diphtongue), il allait, 13, 445*, léon. *ae, ea,* moy. gall. *aei*, corn. *ee* = *age*. Voy. *aff*.

Aedy : *eʒ* —, il est, Nl 151, *pan* —, puisqu'il est, N 472, 531, 1777, *maʒ aedy an myłet*, où sont les animaux, Nl 237, *aeda*, il était, N 1780, *me aedoae* (2 syll.), j'étais, N 533, *pan aedoff*, quand je suis, N 331; 1884, *eʒaedouff*, je suis, N 1857 (rime en ofl); *pan aedouch*, puisque vous êtes, N 1324. Voy. *edy, ameur*.

Aegr, aigre et « aigreté, » *Cb* ; **aegraff,** aigrir, C ; **aegrder,** « aegreté, » Cc ; du fr. Le Cath. écrit « aegrir. »

Ael, ange, B,N 1, J 69, P, C ; *eal*, Nl 332 (rime el), plur. *aeleʒ*, B 327, 724, J 74 b, N 1364, *Nouel*. 11; *ealeʒ*, P 278, Nl 330 ; *aleʒ*, B 322, 322* ; **nelle**, petit ange, Nl 36. Auj. *ael, eal, él*, plur. *eleʒ, aele,* corn. *ail*, pl. *eledß* ; du lat. *angelus,* d'où gall. *angel* ; cf. v. br. *aior*, auj. *eor,* ancre, du bas-lat. *'angora. Aeleʒ* rime en *et,* J 98 ; cf. tréc. *elet*.

Aenep, contre, J 79, J 66 b, 93, C, *a enep, Cb,* s. v. *assaut,* B 410, H 13 ; auj. *a-enep*.

Aenn, j'allais, N 1145 ; auj. *aenn, eann, enn* = gall. *awn*. Voy. *aff*.

1. **Aer,** l'air, 106, 350, 584, J 13 b, 231;Nl 228, P, C ; *ear,* Nl 141, (rime en *aer), Cb,* auj. *aer, ear, èr* , du fr.

2. **Aer,** héritier, 34, 216*, C, *hear, Cb* ; plur. *aereʒ,* dans *quet aereʒ,* cohéritiers, Ca, *quetareʒ, Cb;* fém. *aeres,* B 35, 732 ; **neraig,** héritage, J 96 b (var. *heritaig)*; du v. fr. *hoir*, cf. *achaeson* achoison.

3. **Aer,** on va, H, gall. *eir,* = *'agi-r*. Voy. *aff*.

Aeren, lier, 396, J 58 ; *e aeren tenn,* (s.-ent. il faut) l'attacher bien, J 107 b, var. *eare'n; eren,* C ; p. *aereet,* 3 syll., B 535, J 126 b, 103 b, var. *ereet; ere,* licou, C ; léon. *eren,* lier, p. *ereet, ere,* lien ; vann. *ariein, ariet, ari ;* tréc. *erein,* lier (des fagots), *kevre,* lien de fagots, m., pl. *kevreo,* de *'com-re*. La prem. syll. de *aeren* doit être une prép.; voy. *ery*. La syll. *re, ry,* ne peut guère correspondre au v. gall. *ruim,* Rev. celt., I, 95 ; cf. plutôt irl. *airgithir,* il est lié, O'Donovan, suppl. à O'Reilly ; v. br. *ac-i(n) — ri(g)-miniou,* scratu, v. irl. *(ad) — riug* = *'ate-rigû* ou * 'ad-rigû*, je lie Z² 428 (cf. *ren,* conduire, p. *reet,* rac. *reg*). De * *aʒren*? Voy. *baelec*.

Aes, écrit *aeʒ,* 383, aisément, certes, *aes,* 383*; *aes,* à l'aise, 525, *ays, Cb ; aes,* heureux, 732, N 898, commode, N 1394, 1514 (désir) satisfait, N 241, aisément, doucement, N 1912, P ; *aise, Ca,* commodité, occasion, N 158 ; **neuet,** tranquillisé, N 688, 1266 ; *n'en doa quet aeset* (lis. *aeset)*, Nl 406, ce n'était pas aisé; **nealbl,** facile, aisé, J 65, 220 ; du fr.; v. fr. *aisible*. Superlatif, *aessaf : brases aessaf,* dans un état de grossesse avancé, N 682 ; l'idée est la même que dans le fr. « embonpoint. »

1. **Aet,** allé, 204, 344, J 94, 210 b, N 117, 328, 1664, P ; *aet eu... diguenef,* (mon oreille) est tombée, J 74 ; *aet omp,* nous sommes devenus, N 1740 = *'agatos; 2. aet allez* J 203 b = * *'agite ; 3. aet* qu'il aille, B 244, J 104 b, P ; *aet gueneoch*, J 118 b, *aet oar e scoace e fallacou,* N 1644, =* *agato*. Voy. *aff*.

Aeur (2 syll., rime en *e* et en *ur,* N 1317), heur, bonheur ; *dre* —, heureusement, N 955, avec plaisir, N 1317, *dre e* —, dans sa grâce, sa bienveillance, N 1013, *dre da* —, N 1160, 1201 ; *a eur mat,* bonne chance à, N 1059 ; *ma aeur,* mon état (de femme enceinte), N 483 ; **aeurus,** 3 syll., heureux, N 702. Voy. *eur*.

Aez, il alla, 809, J 181 ; *eʒ aeʒ,* B 127, 181, Nl 165, *mar daeʒ,* var. *mar aeʒ* J 194 b; *aeʒ* P ; gall. *aeth,* irl. *-acht* = *'ag-ta*. Le *t* peut s'expliquer par le même suffixe qui se trouve dans κόπ-τω ; lat. *nec-to,* all. *flech-ten ; aeʒ* est contracté dans *an den... ayeʒ* P 104, = *a yeʒ,* avec *y* euphonique ; cf. *me aiel* j'irai, P 21, *a yoae* qui était, P 106. Voy. *deuʒ, aff*.

Af, J 70 b, *aff,* C, un baiser ; **afet,** verbe, baiser, Ca, *affet, Cb ; afvet... doʒ dou dorn,* inf. J 46 b ; *pe*

26

da eʒ eu afet (celui) qu'il a baisé, J 70 b ; prét. en affas P 131 ; var. en effas P 80 ; oʒ affif P 79 ; do corff...
eʒ afif J 160 b ; an den... maʒ afifme... deʒaff J 70 ; deʒy... me affo, B 164 ; corn. amme, du lat. amare.

1. **Aff,** je vais : eʒ aff 126, P ; eʒaf B 126*, eʒaff 782 ; je deviens (malade, fatigué), 408, 467 ; eʒafme vais-je, irai-je, J 124 b, ma ʒaf où je vais, J 20 b ; eʒ af fall je deviens faible, N 860 ; maʒ aff si je vais, nen daff P 42 ; auj. *an* ; de *'aam, 'agâmi* ; sanscr. *ajâmi* pousser (Stokes) ; irl. *aig,* va ! = lat. *age,* gr. ἄγω. Voy. *a* 8, *ema, aeʒ.*

2. **Aff,** lui, complém. d'une prép. : *out aff* P 81, Nl 106, *gant aff* N 508 ; *enn aff* P 174. Voy. *haff.*

Affaut *gouʒout,* faute de savoir, parce que je ne sais pas, J 123 b ; du v. fr. *à faute,* cf. Amyot, *Lycurgus* xxii.

Affection, affection, 277, J 53, 223 b, C, Nl 137 ; Doctr. Dial. 24 ; désir, n'a que 3 syll., B 353, par exception, *ion* en ayant régulièrement deux ; du fr.

Affermaff, affirmer, Ca, *affirmaff* Cms ; participe *affermet* Cb ; **affirmation,** affirmation Cc ; **affermeur,** celui qui affirme, Cc ; du fr.

1. **Affet,** tout à fait, certes, expressément, 6, J 20, 22 b, 24 b, 41 b, 52 b, N 1950, P 40, 63, 134 ; *afet* J 186 b, Mf 3, *afvet* J 100 b (plutôt que « baisé ») ; *affet,* var. *avet* J 187 ; explétif qui se joint à d'autres, comme *affet don* B 742, — *guir* 760, — *plen* 750, — *pur* 382, 738, — *quer* 54* ; ces adjectifs sont employés adverbialement, *affet* vient du v. fr. a fait, affait, « entièrement » (Dict. de Godefroy, s. v. fait), cf. « tout à fait, » comme le vann. *akoubik,* bientôt, vient du v. fr. *a cop, acoup,* auj. « tout à coup ; » cf. *affaut.*

2. **Affet,** effet : *dre* —, P 117 ; *gant* —, J 53, en effet ; *hep quen* —, certes, J 231 b ; du fr. *effet.*

1. **Affez,** variante de *affet* 1 : *ho bueʒ so affeʒ bras* 441 ; pour le ʒ, cf. *queʒquement.*

2. **Affez,** aie, 519, par assimilation pour *'aʒ feʒ de aʒ veʒ,* comme le tréc. *a pe* = léon. *aʒ peʒ de 'aʒ beʒ.* Voy. *affoe.*

Affezy, tu seras, 508*, pour *a veʒy.* par l'analogie de *'effeʒy* = *eʒ veʒy.*

Affin, du v. fr. affin, lat. *affinis* ; **affinite,** affinité, C ; du fr.

Affliction, affliction, 733 ; du fr.

Affo, vite, 25, 60, 369, J 46 b, 60 b, 107 ; tôt, C ; dès ce moment, N 345 ; léon. *afo,* de *fo,* ardeur ; du lat. *focus.*

Affoe, (que) tu eus, P 196, var. *a ffoe* P 221 ; *aff voe,* var. *af voe* P 206, = *aʒ voe,* P 201. Voy. *affeʒ.*

Affrique, l'Afrique, C ; du fr.

Affunt : *hac a claf quen scaff han* —, P 265, signifie, je crois, « et tombent malades aussi vite qu'une brebis ; » mutation nasale pour *dauat,* C ; vann. *avat,* cf. Rev. celt. III, 58. Voy. *eunn.*

Affuy, envie, méchanceté, 7, 165, 175 ; opinion défavorable, 210 ; *auffy* 751, *auffi* 751* ; *afvi* J 22, *afvy* J 129 ; *affvy* Nl 13, *avy* P 245, *auy* Nl 64, C ; *auy mat,* bonne envie, Cb, *dre affuy* B 335, *dre avy* Jér. (Le Pelletier, *s. v. dienn*) ; **auiuff,** envier, C ; **auffyus,** envieux, B 790 ; *auius,* C, *an auius,* l'envieux, N 638, *afuyus* J 11 (3 syll.) ; auj. *avi, anvi, avius* ; du fr.

Agace, g. agace, l. agatha, Cms. D. Le Pell. donne *agaʒ* pie (agasse) et Agathe ; cf. *Agaʒ,* nom de femme, écrit au XIIIᵉ siècle. (Cartulaire de Landévennec, 57.)

Agoez, ouvertement, C, *agueʒ* Cb ; *a goeʒ an bet,* « coram populo, » N 1156, *a goeʒ an bet,* N 1847, *a goueʒ an bet* N 744, Nl 551 ; la mutation est exprimée dans *auoeʒ,* C. Le Pell. donne *ahoueʒ,* en public, gall. *yn ngwydd* ; cf. irl. *fiad,* en présence de, rac. *veid,* voir, cf. *gouʒuout.*

Agreabl, aimable, agréable, J 191 ; du fr.

Agremuni, aigremoine, C ; du fr.

Agripant, 453, *Agrypant*, 450°, nom de bourreau.

Agroasenn, *agroasen* Cb ; *a groasenn* Ca, églantier. *Amgroas*, *angroas*, fruits de l'églantier, P. Grég., *egroes*, fruits sauvages, Le Pell., vann. *langroëssenn*, *enn angroëss*, églantier, L'A., gall. *egroes*, fruits de l'églantier. Probablement d'un adj. *acroes = *acrensis*, cf. v. fr. aigrais, violent, acharné (Godefroy). Le plur. v. br. *aceruission* glose *hirsutis*, de même que le v. br. *ocerou* ; cf. v. br. *aarecer*, gl. *cianti*, = (a) *arc-acr-i, v. br. *arocrion*, atroces, v. irl. *aicher*, vif, dur, lat. *acer*, gr. ἄκρος, aigu, gaul. AXPOTALVS, Schuermans, Sigles figulins, p. 61 ?

Agueton, 292*, *aquetou* 245, 378, *aguentou*, Mf 10, récemment, naguère. *Aketao*, *eghetau*, Pell.; cf. *a-gent*, auparavant. Voy. *quent*. Vann. *keti ketan*, à l'envi. La prem. syll. de *quentaff* rime en *et*, B 773.

A guezou, J 204, *aguizyou* C ; quelquefois. Léon. *a-vechou*. Voy. *guez*.

Aguilletenn, aiguillette, C ; plur. *aguilleton* Cb, Cc ; auj. *akuilletenn* ; du v. fr. aguillete.

Ahn ! ah ! ah ! (cri en arrachant un clou) J 158 b ; *a ha !* en route, J 75.

Ahanan, d'ici, J 52 b (rime en *ann*), par licence pour *ahanen*.

Ahane, de là, 12, 343, J 167, 215, P 132 (en dehors de la rime), *a hane* P 94, 157, Ca ; tréc. *ac'hane*, léon. *ac'hano*, qui est plus ancien. Voy. *ahano*.

Ahanoch, de vous, 534, J 50, pour *ahanoch*, par licence.

Ahanen, d'ici, 745, N 485 ; *a hanen* B 158, 268, *eux a hanen*, d'ici, N 11 ; *ahanenn* B 362, N 151 ; *pell ahanenn* J 42, *a hanenn* J 110 b, N 30 ; *ahamenn*, N 387.

Ahano, 489, *a hano* 402 ; *ahano* J 169, II, de là ; *a hano* (certains) de cela, J 58 ; de là, P 274 ; en léon. *ac'hano*, gall. *o hono*, de lui. M. d'Arbois de Jubainville, Et. gram. 28, tire *ac'hano* de *a, ac'h*, de, avec *an*, article, et un pronom **do*. Le second élément *an, on*, rappelle plutôt *an* dans *an-eʒaff*, de lui ; il peut dériver de *a, o*, cf. *oar-n-*, sur. Le vann. *a inou*, de là, = *a eno*. Le suffixe dans *ahan-o* rappelle celui de l'irl. *occo*, apud eum, cf. Rev. celt. VI, 51. M. Stokes divise *a-han—*, et compare *han-bout*.

A hanoch, de vous, J 53, léon. *ac'hanoc'h*, gall. *o honoch*.

Ahanode, de toi, J 103 b (= *ahanot-te*) ; *ahanot* B 276, *a hanot* B 712, de toi ; *ahanot*, de toi-même, « ultro, » J 86 ; léon. *ac'hanod*, gall. *o honot*, cornique *ahanas*.

Ahanof, de moi, J 144 b, *a hanof* J 32 b ; *ahanoff* N 1114 ; *a hanouf* J 75, *a hanouff* B 262, 587, 632. Léon. *ac'hanoun*, gall. *o honof*, cornique *ahanaf*.

A hanomp, de nous, Nl 90. Léon. *ac'hanomp*, gall. *o honom*.

Ahe : *eʒahe*, il irait, J 36 b.

Ahel, essieu, axe, C, auj. *ael*, m., gall. *echel*, fém.; dérivé d'un mot gaulois **axis* (v. irl. *ais*, char f., O'Reilly ?) = lat. *axis*. Voy. *asquell* et *esel*.

Ahenn : *eʒ ahenn*, que j'aille, 151 ; *ne dahenn*, je ne pourrais aller, J 133 ; *mar dahenn*... de enouiff, B 296.

Ahet, le long de, durant, H, — *nos*, J 61 b ; *a het deʒ*, P 231 ; *a het pemdec bloaʒ*, N 116 ; *ahet e crochen*, tout de son long, J 114 b ; *ahet corden*, (se pendre) à une corde P 203 ; *ahet fun* P 261, 280 ; *ahet cam*, pas à pas, P 274 ; peu à peu, B 59 ; *miret a het cam*, B. 192. Auj. *a-hed*, *hed*. Voy. *het*.

Ahimp, 2 syll. : *eʒahimp*, que nous allions, J 182 b ; *aimp*, 2 syll. : *maʒ aimp*, N 129, *maʒ a hymp* Nl 32, *maʒ ahymp* Nl 91 ; *maʒ ayimp* 168, *maʒ ahimp* Nl 298, *maʒ a himp* Nl 342.

Ahint : *maʒ —*, qu'ils aillent, J 20 b.

1. **Ay** (1 syll.), il ira : *pan —*, 671, N 1888, P 16, 250 ; *eʒ ay* J 36 b, *eʒay* N 1646, *maʒ ay* J 47, Nl 377. Quand le sujet vient avant, on met *yel, iel* (même différence qu'entre *eu* et *so*, il est). Le vers *Yaha ay, bras ha bihan*, P 278, est corrompu ; on attendrait *ayel* (ou *a duy*) *hep sy, bras ha bihan*, (tous) viendront, grands et petits.

2. **Ay !** are ! J 74, 108, 146.

Alnt, 1 syll., *maʒ —*, qu'ils iront, 598.

Alouzomp, au-dessus de nous Nl 89 (rime en *u*). Voy. *diouʒ*.

Alournaff, C, citer, ajourner à comparaître ; **auiornamant**, ajournement, citation, N 1419, lis. *aiournamant ?* Du fr.

Aloutaff, ajouter C ; **adioutadur**, additamentum, Cb, Cc ; du fr.

Alamandes, des amandes ; du pl. v. fr. *alamandeʒ*, Ca. *Alamandes*, gal. alamande ; *gueʒenn alamand*, g. alamandier, Cb. Léon. *alamandeʒ*, amandes.

Alan, Alain, N 1417, C. — **Alançon**, Alençon Mf 4.

Alarm, alarmes, N 849 ; du fr.

Alazn, haleine, C, *aʒlan* Nl 140 ; **alaznaff**, haleter, C, *tennaff e alaʒn Cb*, auj. *tenna he alan*, tirer son haleine. Métathèse d'*anatl*, gall. *anadl*, f., v. irl. *anál*, f., rac. *an*, souffler. Voy. *eneff. Alaʒn* = léon. *alan, halan ; aʒlan* = tréc. *aelan*. Le vann. *anal* vient d'une forme plus ancienne *anazl* ; voy. *balaʒnenn, malaʒn*. M. d'Arbois de Jubainville, *Rev. celt.*, III, 397, explique un surnom de 1242, *Alanasbacq*, par *Alan-Habasc*, « haleine douce ; » *Alan* semble plutôt le nom bret. Alain.

Ale, allée C ; tréc. *ale*, m., quelquef. f., du fr.

A lech se, de ce lieu N 1289, pour *an lech se* ; *allesse* J 208, *a llese* B 393, *alesse* 393*, offrent les deux assimilations de *n* et de *ch* ; *alesse* B 275, J 61 b, 203 est analogue à *a re man* ; voy. *a 11, an 2*. Le moy. bret. *abreman* et le bret. mod. *a du-ʒe* de chez vous, ont été formés de *breman, tu-ʒe*, déjà débarrassés, par l'usage, de l'article qui les précédait originairement. *Al lec'h se*, Gwerʒiou Br. Iʒ. I, 356.

Alexander, Alexandre P 246, lisez *Alexandr*, 3 syll., rimant à *antre* ; **Alexandry**, Alexandrie, B 16, 151.

Alhe, pourrait, *na — den ouʒit*, B 652 ; *na —*, J 188, *ne — J 11* ; *ne allhe eʒ ve quen*, J 178 ; *ne alhemp*, nous ne pourrions, B 644, *na alhemp* B 481 ; *na alhenn* je ne pourrais B 686 ; *ne alhent* ils ne pourraient B 503 ; *na alher* on ne pourra B 351, *ne alhes*, tu ne pourrais B 797, *alhes* B 275, *alheʒ* 275* ; *ne alhet* on ne pourrait B 615, 797, J 13 b ; *ne alsent* ils n'eussent pu Nl 552 ; par mutation initiale, du verbe *gallout*.

Alhuez, m., clef, C ; *pevar —*, quatre clefs, J 166, 217 b ; pl. *alhueʒou Cb*, N 1696 ; **alhuezer**, C, serrurier, fém. *alhueʒeres* Cms, Cb, *alhueʒereʒ* Ca ; **alhuezet**, fermé à clef, J 1697 b. Léon. *alc'houeʒ*, tréc. *alc'houe*, gall. *allwydd*, m., *allwedd*, f. corniq. *alweth, alwheth*, vocab. cornique *alved*, clousura, *dialhyet*, clavis. M. d'Arbois de Jubainville, *Et. gram.*, 50, tire *alc'houeʒ* du lat. *clavis* ; mais il n'est pas vraisemblable que l'*ou* du bret. mod. vienne ici de *aw=aw*, ni qu'il y ait eu primitivement un *c* avant *l* dans ce mot commun aux trois idiomes bretons. Peut-être rac. *alc*, cf. lat. *arca*.

Aly, conseil, H ; *drouc —*, mauvais conseil, J 16, P 174 ; *dre e aly*, dans sa sagesse, N 16 ; *un aual a drouc aly*, une pomme fatale Nl 395 ; **aliaff**, conseiller H ; *eʒ alias*, 3 s., il te conseilla, t'instruisit J 129 b. *Aliaff* semble identique à *aliaff* allier ; en v. fr. s'allier veut dire s'obliger, s'engager à, et le bret. *aliaff* signifie engager quelqu'un à faire quelque chose ; cf. v. fr. *alli*, m., alliance, ligue, complot. Léon. *ali*., conseil.

Aliaff, allier C ; *eʒ omp ny... Ouʒ Roue'n velly gant Mary alyet* (réconciliés), Nl 139 ; **alliance**, alliance 3 syll., J 28 b ; alliés B 22, 727, P 169, famille, race, B 302, 715, 740, 743 ; *alianʒ* Mf 67 ; du fr.

Aliborum, Aliboron, « docteur imbécile » J 111 ; du fr.

Alienaa, *Natur humen un den he* — Adam perdit l'humanité Nl 476 ; du fr. *aliéner.*

Alies, 3 syll., souvent, B 135, N 159, H, C ; *alyes* Nl 64 H ; *alyes* Nl 169, *a lies* Nl 474, *alieux* J 119 b, forme plus ancienne ; *a-lieus,* H, *alieus Cb, Cc* f° v ; *a lieux, Cc* f° 111 v°. Voy. *lies.*

All, autre Nl 515 ; B 801* — 802*, auj. *all,* gall. *all,* gaulois *allo-s,* d'où *Allobroges* « ceux qui viennent d'un autre pays » ; gr. ἄλλος. Voy. *arall* et *eil.*

Allaf, je puis : *outaf ne allaf quet,* 76* ; *ne allaff,* 239, 398, 476, J 66 ; *ne allas* B 274 ; *a aller... de ordrenaf,* qu'on peut ordonner, J 41 b, *na allo den... ouziff,* B 604 ; *na allo* B 419, *ne allo* B 521 ; *a all.* J 117 b ; par mutation, de *gallout.*

Allas ! hélas ! 548, J 86 b, 129 b ; *Nouel.* 2 N 149, 176 ; Am. du vieill. (Le Pell., s. v. *distac*) ; P 74 ; *allas,* lat. *proth dolor* (lisez *proh dolor*) Ca, Cb, *allas Doe !* ah Dieu ! Jér. (Le Pell. s. v. *dinoe*) ; *allas,* (pourquoi) donc, J 131 ; *allas ! ma mestr quer, grit cher mat* allons, mon cher maître, réjouissez-vous, J 9 ; *allaz !...* *Deo gratias !...* P 41. On dit de même en trec. : *alas, hast kaer !* allons vite ! dépêche-toi ! Du v. fr. *allas.*

Allegaff, alléguer J 24, C ; *allegaff* je dis (la raison) J 35 b ; je demande (à être prêtre) N 1671 ; *alleguet,* Cb, Cc, *alleget* Ca, allégué ; **allegation,** g. allegance, l. *allegatio* Ca ; c'est peut-être *alleganc* qui est le mot breton, et *allegation* le fr. ; du fr.

Allegoric, allégorique C ; du fr.

Alleluya, *Nouel ! Nouel !* — ! Nl 325.

Alouer, bailli C ; *alouër,* Grég., *alouërr,* l'A. du v. fr. *alloué.*

Alouret, doré C, léon. *alaouret,* de *ad-auratus* cf. léon. *alvokad* de *advocatus.*

Alteraff, changer en mal, C ; **alteration,** entrechangence Cb ; du fr. altérer, altération.

Alum, alun ; C, *alum glace,* alun de glace, Cb auj. *alum,* m ; du fr. ; cf. *patrom* de *patron.*

Alumaff et **alumiff,** allumer Ca, Cb ; *alum,* il allume, Cb ; *alumet* allumé B 573 ; *alumiff,* j'allumerai B 572 ; **alumer,** l. incentor, g. embrase(u)r Cc ; du fr. On ne dit plus aujourd'hui que *alumi.* Beaucoup d'anciens verbes en *a* ont pris de même la terminaison *i* ; celle-ci, sous la forme *ein,* a presque supplanté *a,* en vannetais.

Alumell, alumelle (lame) C ; du v. fr.

Aluson, aumône C ; B 15 ; *alusen* 15* (rime en on) ; *alusen* (rime en on) B 129 ; *alusen* rime en en, Nl 253 ; *alusum,* Cb, *alusen* Cb, f° 111, b ; Cc, *allusen* Cc f° vi, v° ; *aluzen,* dans maistre Pathelin (*Rev. celt.,* IV, 452) ; plur. *alusenou* N 227 (la rime demande *alusunou*) ; **alusoner,** aumônier, Ca, *alusuner* Cb, Cc, *alusonnier* Cms. Trec. *aluzon,* léon. *aluzen,* gall. *elusen, alwysen,* du lat. *eleemosyna.*

1. **Am** (*a* 2, avec pron. pers.), de mon, J 61, N 92 ; *an profit am queffridy,* l'avantage de mon affaire N 167 ; *an fin... am buhez,* P 26 ; *sae am foll,* la robe de mon fou, J 104 b ; *duet am queffridy,* venu de mon message, B 162 ; *deomp... am sal,* N 250 ; *am youll franc,* de mon plein gré J 20 b, *am eoll* « à ma volonté » C ; *am goall,* par ma faute B 484 ; *am goall nam tamallet,* ne me reprenez pas de mes fautes, P 221 ; lis. *Am gallout [glan],* par ma propre force, J 177 b.

2. **Am** (= *a* 3 et *a* 4 avec pron. pers.), me, J 14, 57 b, N 152 ; qui me, N 119, 518, P 280 ; *am eux* j'ai N 214, *ameux* B 36, J 7 b, *am oa* j'avais J 195 b, *amoa* J 226 b, N 241 ; *am oae* j'eus B 634, *amoae* que j'eus J 180 b ; *am bezo* j'aurai J 18 *am be* j'aurais N 695, etc. Littéralement « il est, il était à moi » (après un régime) ou « qu'il est à moi », etc. ; ainsi le trec. *ia, am euz avis,* répond au franç. « oui, m'est avis » (comme on dit *ia, a gredan,* litt. « oui, que je crois »). *Me am euz* veut dire proprement « c'est moi que j'ai » ; cf.

le gall. *mi a garaf*, j'aime, = ' ego qui amo '. Voy. *ham*. *Me a moar*, var. *me a moae* P 14, lisez probablement *me a goar* je sais, cf. P 76.

3. **Am** = *a o*, si, avec le pron. infixe de la 1re pers. : *approff am be*, essayer si j'aurais N 1116.

4. **Am** et mon, H. Voy. *ham*.

5. **Am** pour *an*, le, devant *b*, H; en 1266, *Rev. celt.*, III, 398 ; en 1607, *Ker-am-bars*, *Rev. celt.*, II, 215, cf. gaël. *am bard*, et la forme bretonne *im* devant *m* en 1426, *Rev. celt.*, II, 207.

Amaill, émail. C ; **amaillet**, émaillé C*b* ; du fr.

Aman, ici J 3, N 8, P, H, C ; *en stat aman*. litt. dans cet état ici, J 55 b ; auj. *aman, ama*, gall. *yman, yma* = *in-man*, « dans le lieu ». Voy. *amen* 2 et *man*.

Amanen, beurre Jér. Le Pell., *s. v. aman*; *amanenn* C. Auj. *aman, amanen* ; gall. *ymenyn*, corniq. *emenin*, v. corn. *emmeni n*, dérivé de *emmen*, irl. *im, imb*. (thème neutre en *en-*) pour *inguen* = lat. *unguen* substance grasse, allem. provincial *anke, anken*, m., beurre, rac. sanscrite *anj*, oindre (Siegfried).

Amant, *a ra auant*, lisez *amant, an oll drouc ober* il fait pénitence de toute faute Mf 53.

Amantaf, expier J 197 b ; secourir qqn. J 149 ; *amantaff* expier, arranger les choses B 338 ; *amantaff... da*, faire amende honorable à, B 426 ; *ma no amantez* si tu ne les expies Mf 10 ; *amantet* expié, B 181, 741 ; réparé J 91 b ; *amantet*, faites amende honorable, B 426 ; *en amantet*, vous le paierez, J 163 b, 164 ; *me... a amanto* je m'amenderai N 380, *ten amanto* tu le paieras B 290* ; (v. fr. je l'amenderois. Grillon des Chapelles, *Esquisses biogr. de l'Indre*. Paris 1865, t. III, p. 314) ; du fr. *amender*. Voy. *namanthe*.

Ambary, peine, souci, 540. Voy. *amloary*.

Ambassader, ambassadeur N1 318 ; **ambassat**, ambassade J 179 b ; du fr.

Ambludet, réduit en poudre, 802 ; *ambludi*, fouler aux pieds le blé, *Manuel... des écoles primaires...* par M. Perrot, curé de Taulé, livre de l'élève, p. 75 ; Le Gon. écrit *ambleüdi*. Formé de *am* gaul. *ambi*, gr. ἀμφί, et de *bleut*, farine.

Ambolismal, (année) embolismale, C ; du fr.

Ambout : *da ~*, 723, *da hambout* 723*, manière d'être, état. Voy. *hanbout*.

Ambr, ambre P 90, C ; du fr. — **Ambroes**, Ambroise, C ; du fr.

Ambuig. *Me gray...* — *do dystrugaff* N1 65 ; *dre ~*, N1 359, embûches ; du fr.

Amdere, désagréable 334 ; démesuré, excessif, déréglé, *Vie de S. Gwennolé* (Le Pell., *s. v. amzere*) ; **amdereat**, inconvenant, B 48, Léon. *amzere*, composé de *dere, dereat*, et de la particule négative *am*, v. irl. *am*, gall. et corniq. *af,* = * sâmi- (Siegfried) ; voy. *hanter*.

1. **Amen**. *Flam Amen quenomp*, chantons de bon cœur : Amen ! N1 109.

2. **Amen**. *Guyr Roue'n goulaou so deuet dan traou laouen Da douen hon blam, hon sam bete amen* N1 405 probablement pour *aman*, ici, à cause de la rime.

Ameur. *Me en heny ameur cruciffiat* je suis celui qu'on a crucifié J 178 (var. *am cruciffiat*). On attendrait *a cruciffiat*; l'analogie de cette tournure a dû influer sur l'archaïsme *ameur cruciffiet*, qu'on m'a crucifié ; *ameur* = *am* 2 et *eur* on est, cf. v. gall. *rymawyr* = *ry-m-a-wyr*, mihi sit (*Rev. celt.*, VI, 44). M. Rhys regarde cette dernière forme comme déponentielle, et synonyme de l'actif *rimawy*. En breton *eur*, *oar* (Le Gonidec), *oar*, P. Grég. est un vrai passif, comme en lat. *itur* on va, ou *estur* dans le v. lat. *potestur* (*quod tamen expleri... potestur*, Lucrèce, III, 1024). *Eur* est formé de *eu*, il est, et de *r* ; *oar* est analogue à *wyr* dans *rymawyr*. La forme même de *oar* témoigne de son ancienneté ; car elle ne se rattache à rien dans la langue moderne. Voy. *eux*, *ouff*. Il doit y avoir *a* 4 dans *rymawyr*, cf. *aedy*.

Amguin : en — me aɀ trahino je te traînerai douloureusement, 394 ; iffam hac amguin, infâme et misérable, 736. De am, ambi et de *cuin = gall. cwyn, plainte. Voy. couen et queinyff.

Amy, ami Nl 159. Ce mot fr. est resté en vann.

Amiabl, 3 syll., aimable 557, C ; **amyabl,** B 709, qui fait pardonner, J 91 ; **amiabidet,** amitié, C ; **amiaplat,** faire amitié, C ; du fr. amiable, qui se disait autrefois des personnes. (Amyot, Lycurgus, VIII.) Voy. scafhat.

Amiegues, 4 syll., sage-femme N 898 ; emiegues, C ; léon. amieges, vann. mam-diéguéss par étymologie populaire, d'après mam, mère. Peut-être de *amhiyâcissû, rac. i, aller, cf. lat. amb-i-re, gaul. ambactos, serviteur (rac. ag), voy. ema, et gr. ἀμφίπολος, servante.

Amiral, amiral Cms ; du fr.

Amit, amict C ; habit de religieuse (fém. : me he dougo) N 234. Du fr., que le Cath. écrit lamitte.

Amioary, 3 syll., peine, souci, 204, 276, 530, 676, J 226 b ; amboari 2 syll. Mf 39 ; ambary, B 540. Tréc. ambloari, ambloarin, Mystère de Sainte Tryphine. Troude donne aussi en tréc. amblari : prob. composé de am. Cf. cornouaillais metre affliction, souci, D. Le Pell.; vann. bulari, agitation, l'A.

Amnesec, voisin, Ca, amneseuc Cb ; ameseuc, Cc : **amueseguez,** Ca, ameseguez, Cc, voisinage ; léon. ameẓek, ameẓegieẓ, vann. ameẓéc, amiseguiah. (L'A.) De *ambi-ness-âcos. Voy. nes.

Amonetaff, ammonetaff, admonester, exhorter ; da ober mat, à bien faire, Ca ; part. ammonetet, C ; amonetet Cc, amonestet Cms ; **amoneter,** da ober mat, amonesteur de bien faire ; amonesteur, id.; **amonetus,** hortatiff ; **amonetabl,** amonestablez ; **amonition,** amonestance Cb ; du fr., que le Cath. écrit amonester ; pour la chute de s, cf. detin.

Amouc, retard ; hep —, J 100 ; hep – muy J 104 b (hep amoucq muy, Grég.) ; goala mouc, var. goar amour, lis. goal amouc, sans retard, sans remise, P 281 ; gall. amwc, qu'il défende, Rev. celt., VI, 17 ; de am— amb de ambi, et -ouc, qui se trouve dans doug il porte ; infinitif en gall. amwyn secourir, cf. dwyn, moy. bret. doen, irl. ro-uic, tulit (M. Rhys). Voy. Amoueẓ.

Amouez : da —, te relâcher, J 120 b (éd. 1622). De amouc, cf. gall. amwyth défense, Rev. celt., VI, 26, et les inf. annoueẓ, maeẓur. Kendamoueẓ, émulation, Le Pell., = *com-do-amb-uc-t(i-s).

Amour, amour, charité, 175, 359, 649, J 189, N 1200, 1853, P 156, Nl 208 ; maistre Pathelin, Rev. celt., IV, 452 ; amie, amante, C ; **amourabl,** aimable, agréable, B 265, 710 ; **amoureux,** amoureux, C, auj. amourous ; du fr.; vann. én amẓer amourabl, in tempore opportuno, Pedenneu aveit santeflein en deuḋ, Vannes, 1869, p. 134, du v. fr. amourable, aimable.

Ampar, impair C ; du fr., cf. tréc. diẓanpar.

Amparfaret, tout effaré P 112, participe d'un verbe = gall. ymbalfalu, aller à tâtons, cf. palfalu, palfu, id. cf. amparfal Le Gon., ampafalek (mains) engourdies, Feiẓ ha Br. 23 août 1873 ; laouën parfalecq, paffalecq, morpion, Grég., pafala aller à tâtons, Pell. De am'bi) et palf.

Amparlet mat, affable, du v. fr. bien emparlé, C.

Ampechaf, empêcher J 31 b, 115 b, ampechaff C ; ampeschaff Cms ; ampechet embarrassé (dans) J 53 ; **ampeig,** obstacle, ce qui arrête, N 705 ; **empechement,** empêchement, Cb, Cc ; du fr. Tréc. te ẓou em anpech, tu es dans mon chemin.

Amplastr, emplastr, a lousou glas, emplâtre C ; du v. fr. emplastre. (— des herbes vertes, Cj.

Amplec : Querẓ d'a Jerusalem ha Beẓlem drouc amplec, Jér. Le Pell. traduit (à tort sans doute) « va à Jérusalem et à Bethléem mal connu ». La rime demanderait emplec ; c'est peut-être le mot **amplet** dans en un drouc amplet, en piteux état, B 576, du fr. emplette.

Ampoe : *Goude se da trugarecat Doe Eȝ tresont dinam ho ampoe* P 146, est rendu par « désormais ils passèrent dévotement leur vie à remercier Dieu ». Le premier vers a une syll. de trop ; *tresont* ne peut guère venir de *treiff* tourner (il faudrait *trosont*) ; je soupçonne qu'on doit lire *gresont*, ils firent. *Ampoe* semble une forme nasalisée de *apoe*, effort.

Ampoent. *E mam hon —*, sa mère, notre soutien Nl 109, altération de *apoe*, amendé par la rime ; cf. le mot précédent, et *da map hon aȝboue*, ton fils notre appui, Nl 97.

Ampoeson, poison C ; nom tiré du fr. *empoisonner*.

Ampreſſan, ʽrubeta, toxicum', C ; vermine, pl. *ampreſſanet*, insectes, B 388. Léon. *amprevan*, insecte ; de *am = ambi*, qui marque ici l'idée de généralité, *preff*, ver et *an*, suffixe du diminutif.

Ampreſſaſſ, synon. de *hastaff*, C ; *espres ampresset*, extrêmement pressé, J 50 b ; du fr. *s'empresser*.

Ampreſtaſſ, emprunter, C ; part. *amprestet*, Ce ; *ampresti* que j'emprunte, N 68, pour *amprestiff*, à la rime. Léon. *ampresta* ; du fr. *emprunter*, mais sous l'influence de *prestaff* prêter ; l's de la forme *emprunster* n'est pas étymologique.

Ampris, 57 ; intention, résolution, 234, 679 ; *e —*, son vœu, son intention, 135 ; son pouvoir, 612 ; *lacay... he — da*, mettra ses soins à, 728 ; *an pris* (votre) dessein, instigation (var. *ampris*) J 233 ; *pe dre —*, dans quelle intention, B 307 ; *dre neb —*, B 100 ; *dre —*, par l'effet, par les actes, B 56 ; (disposé) pour le travail, B 59 ; *so iſſam dre ampris*, ce qui est un acte odieux, B 217* *ampris*, g. *amprise*, Cms ; du v. fr.

Amſer, f., temps N 115, P, C ; *amser* et *amȝer*, H *ampser* Mf 5 ; *pell amser*, longtemps, N 241 ; *pep —*, toujours, N 999 ; vie : *ma —* N 1281 (*chom enhy*, 1282) ; *da —*, J 15 ; **amſeraſſ,** passer le temps, B 233, *amseraſ* 233* ; **amſeryaſſ,** temporiser, C. Auj. *amȝer*, fém. ; v. gall. *amser* ; v. irl. *aimser*, *amser*, *am* ; rac. douteuse, cf. *Rev. celt.*, III, 32, 33.

Amuce, aumusse, C ; du fr., que le Cath. écrit *aulmuce*.

1. **An,** le, la, les, J 3, 18 ; N 1, 10, 18, 28 ; *unan an sent*, un des saints, N 14 ; *moan voar an reau*, minces sur la gelée N 286 ; *a breman graet an claſſ*, N 166 ; *maȝ aseȝas... an tu dehou de... Tat*, il s'assit au côté droit de son père B 182, cf. *an costeȝ dehou*, P 167, voy. *tu* ; *en despet da*, en dépit de, B 358, J 78 b, 80. *An bloeȝ man*, cette année, Cath ; qqf. on sous-entend *man* : *an fetou*, ces faits N 18, cf. trév. *unan an deio*, un de ces jours (haut bret. « l'un des jours »). Le Ca écrit en un seul mot *antuman, anknech, antraman, antuhont*. Rime en *en*, *Pan dlehenn mervel gant an poan*, J. 18 ? Voy. *ann*.

2. **An,** du, de la, des, == *a 2* et *ann 1* : *ho leuȝras... an lech* 334 ; *an lech hont*, de là-bas N 3 ; *me compso ... an merit* N 167 ; *an bet heb guelet den*, sans voir homme du monde, B 395 ; *an aval glas Eſſ ne debras tam*, J 4 ; *bount* (lis. *bout*) *an douar sepȝret*, P 36 ; *an treit dan penn*, des pieds à la tête, J 108 ; *an penn... bet an troat*, J 33 ;*an knech dan tnou*, C ; *an guiȝuidigueȝ an froueȝ man*, N 419 ; *darn a an guiryoneȝ* J 226 (*a an* en une syllabe ; var. *a'n*) ; *gorroet an douar*, H ; *pan iſſ an bet*, P 25 ; *pan ay ma speret an bet man*, N 1888. La distinction entre *an 1* et *an 2* subsiste dans le dialecte de Batz (Croisic) : *enn treideo dann daol*, les pieds de la table. Cornique *an preson govyn onon*, e carcere quaerere unum, *Gr. celt.* 346.

3. **An** == *a 6* avec *n* pour la négation *ne* : *An deu* n'est-il pas, J 204 b, *andeu*, *andeueſſ* n'est-ce pas, C ; *an deu eſ quet* n'est-il pas J 111 b, *andeu hy* B 467, *an deu hy* B 576, *an deu quet* B 61, J 91 ; *an deu da goall eu*, n'est-ce pas que c'est un tort à toi, B 690, *an doude* B 716, *an dompny* B 476, 642 ; *an douchuy* n'êtes-vous pas J 112, 234, *an deuȝ den* n'y a-t-il personne J 110 b ; *an deux muy* B 756 ; *an doa* n'était-il pas J 207 b, Nl 72 *an n'en doa*, id., Nl 330 *an ne gueleȝ te* ne vois-tu pas J 112 b, lis. *a* ; *a ne gousode* J 112 b, en 4 syll., lis. *an g*. Formes complètes : *a nedeu me*, n'est-ce pas moi, J 59 b ; *anedindy* ne sont-ils pas N 1507.

4. **An,** de *a 8* et *an 1* : *eȝan glat*, la fortune s'en va N 621.

5. **An,** et le, P 264. Voy. *han* et *ar* 4.

6. **An,** qui le, de *a* 3 et *(e)n* : *han mam... an ganas* Nl 56. On dit de même dans le dialecte de Batz : *enn dut an helie,* les gens qui le suivaient.

Anaf, trouble : *memeux anaf dioutaff* je suis troublé à cause de lui, N 532 ; J 101 b (voy. *meur*) ; *anaff* défaut, tache, B 664, P 245 ; blessure B 681 ; **anaffet,** troublé N 559 (écrit *auaffet* N 604, 652) ; *claf hac anaffet,* mutilé, difforme, blessé N 1021 ; *auaffet* N 503 ; **anaffus,** frappé, troublé, N 1177, écrit *auaffus* N 515 ; *poaniaou anaffus,* peines douloureuses Mf 63 v°. V. gall. *anamou,* gl. *mendae ;* gall. *anaf,* v. irl. *anim.* M. Loth, *Vocabulaire v. br.* 39, admet en moy. bret. un doublet *anim,* contraire aux lois phonétiques ; mais le ms. de Ste Nonne porte en deux mots *hep quet a naim ,* 976. Cf. ὄνομαι, blâmer ?

Anaff, C, orvet, petit serpent qu'on dit aveugle ; *anauff,* C in-4 ; franç. *auuain, Ca, Cb, Cc ;* **anafun,** Cms. En petit Tréguier *annaf,* vannetais de Sarzeau *ènan ;* léon. *anv,* Pell.; corniq. *anaf* stellio. Ce mot semble identique au précédent ; cf. *Rev. celt.,* V, 218. A Brest, *anus dall.*

Anaffon, âmes des défunts, P 276, Nl 127, *anaffuon* N 1267, *anafuon* H, *anaffoun* Nl 180 rime à *abandonnet, an afvon* J 13, *anauon* B 665, C, *anavon* P 218, léon. *anaon,* irl. *anmin,* plur. de *anim* = moy. br. *eneff.*

Anbrun, sorte d'herbe, l. *salatrum,* Ca ; *ambrun* Cb. Cf. *embrune,* airelle, Littré.

An chic : *guelet ma quic an chic na ma figur,* 623, *au chic* 623*, lis. *autentic nam figur ?*

Ancien, 3 syll., ancien, vieux : *Alexandry* —, 16 la vieille Alexandrie (cf. *Dioscorus bras,* 3 ; *Annas felon,* J 75 b) ; *ancien* J 7 b, 47, C ; (à nous) vieillards, J 53 b ; *custum eu dihuy ancien* c'est une vieille coutume chez vous J 117 ; *roen belly ancyen,* le dieu puissant, l'ancien des jours, P 190 ; *hep sy, ansien* P 101, lis. *hep sy ancien,* délivré de ses fautes passées ? *ancyen !* ô vieillard, P 232 ; **anciendet** (4 syll.) : *an —,* l'antiquité, les anciens, N 1384 ; *dre anciendet,* anciennement, *Cb, dre ancientet Cc,* tréc. *ansien* (3 syll.), ancien ; *den ansien,* vieillard ; du fr.

Anclin, une inclination, un salut : *greomp ung anclin... dan Trindet,* N 656 ; **anclinaff,** s'incliner, C, *dan naou glin anclinaff* se mettre à genoux N 900 ; *anclinaff* s'incliner, Cb; *anclynas* il inclina (la tête) Nl 52, 217, *ez anclinas* il s'inclina Nl 561 ; part. *anclinet Cb, Cc* ; du v. fr. *encliner.* Les noms formés par la suppression de la terminaison d'infinitif sont fréquents en breton. Voy. le suiv.

Ancoff'hat, oublier P 15, *ancouffat,* var. *acouffat,* P 71 ; *ancouffat* B 212, C ; *ancoufha,* oublie ! J 198 ; *ancouffhaet,* 3 syll., oublié, B 280, *ancouffhas,* oublin Nl 87 ; **ancouffhus,** oublieux Ca, Cc, *ancouffhaus* Cc ; **ancofun,** oubli H ; *nam ancoffet,* var. *ancouffet,* ne m'oubliez pas, P 28 ; *ancouffhet Cb ; nam ancouffhet,* id., B 585, *nam ancouffhet quet,* id., B 516 ; *ancouffet,* que vous oubliiez B 494, *nam ancoffhet,* B 22 ; *ancouffhenn* j'oublierais B̃ 733, *ancounhet* oublié 510* (rime en *ouf*) ; **ancoffnez,** oubli C, *ancouffnez* Cms. Léon. *ankounaat, ankounac'hat,* oublier, tréc. *ankouat ;* l'n léonnais s'est dégagé de la nasale *ff,* comme dans *karann* j'aime = *caraff,* et vann. *kaniblen* nuage = *couffabren ;* cf. *ancounhet.* Le léon. *ankounac'h,* oubli, me paraît tiré de l'inf. *ankounac'hat* = *'an-coff-ahat,* cf. *ancofua* de *ancoffhat* et *ancouffaus,* léon. *ankounac'huz,* tréc. *ankouails. Ancoffnez* = *an-coff-nez,* cf. *fur-nez, cuf-naez.* Gall. *anghofio,* oublier, de *an* privatif, v. br. *an,* v. irl. *é,* = *en,* de *'n* (lat. *in,* gr. ἀ, etc.) et *couff.*

Ancontraff, C, rencontrer ; du v. fr. *encontrer.*

Ancou, m., la Mort, personnifiée, N 80, C, *ancquou* N 1346 ; *ez duy an Anquou ... pan troy en haf,* la Mort viendra quand il lui plaira, P 227. (Voy. *troy.*) Léon. *ankou ;* v. br. *ancou,* mot passé en haut breton, l'*Ankou,* selon M. le Cte Régis de l'Estourbeillon (*Légendes bret. du pays d'Avessac,* p. 5, extrait du *Bull. de la Soc. Arch. de Nantes,* 1882, t. XXI). Gall. *angeu,* v. irl. *ëc,* = *'enc-,* de *'nc,* cf. νέκυς.

Aner *an lestr,* ancre de navire, *Cb, ancre an lestr* Ca ; **ancraff,** ancrer, Ca ; du fr.

Andre, André J 59, Cb Cc; *Andreu* P 51, **Ca.**

Andret, endroit, quartier, 28; *eʒ —,* en ta faveur, J 57 b; *em andret* Nl 487; *en andret an cas*, à ce sujet Nl 505, *en — sur*, sur un terrain solide, dans une condition honorable, équitable, J 235 *e pep —*, de toute façon, N 196, 1051, *pep —*, N 1042; Nl 170; *dre nep —*, en aucune façon, N 714; *nep —*, J 35 b; *pebeʒ —*, de quelle part ? N 662; *a drouc —*, d'un mauvais naturel, J 84 b; *souffisant enn —*, assez digne pour, J 41; auj. *em andret*, à mon endroit; du fr.

Andullien, andouille, C; pl. *anduillou,* Cb, *anduill* Cc; du fr.

Anduras, endura, souffrit Nl 444; du fr.

Aneffne, 2 syll., enclume 577, *anneffn* Ca, Cb, *anneff* Cc. Léon. *anneo*, vann. *annean.* f., irl. *inneoin.* t., datif *indeoin*, Cormac; de *ande-bn-is*, ἀντίτυπος ? Voy. *boem*.

Aner, corvée C, du l. *angarium* ; en léon. *en aner*, en vain.

1. **Anes,** C, *anaes* Cms malaise, de *an-* privatif et de *aes*. C'est sans doute *anes* qu'il faut lire, J 6 b, au lieu de *aneʒ* (var. *aues*, rime en *es*). — 2. **Anes,** Agnès, Cms.

Aneual, C, animal ; masc.; *daou —,* Nl 144; *— goeʒ,* bête sauvage, C; pl. *aneualet* B 713, N 1195; Nl 140, *anevalet, Nouel* 9; **aneualic,** petite beste Cc; **aneualus,** abondant de bestes Cb, Cc; léon. *aneval*, pl. *ed*, gall. *anifail*, du lat. *animal*.

Aneuez, bientôt (au futur), 215°; nouvellement, naguère, J 104; de *a* 2 et *neueʒ*.

Anezaf, de lui J 6 b; *aneʒaf rac nen cafaf quet*, car lui je ne le trouve pas, J 216 b (peut-être l'auteur avait-il dans la pensée une tournure comme *aneʒaf… ne cafaf tam*, cf. *an aual… eff na debras tam* J 4); *aneʒaff* de lui N 432; *an feʒ —,* la foi en lui, B 173; *aneʒaff eu ma muyhaff couff*, B 173; *aneʒaff eff* de lui-même, B 804; écrit *aenesaf*, J 108 (var. *aneʒaff*); *aneʒaff*, H, *a neʒaff* N 517. Léon. *aneʒhan*, tréc. *anean*. Pour la première syllabe *an-,* voy. *ahano*. M. d'Arbois de Jubainville, *Rev. celt.*, I, 91, voit dans la seconde *eʒ* le pronom irl. *-d, -id*; cf. *deʒaff*, à lui ; cette syllabe ne se trouve qu'à la 3ᵉ pers., sauf dans des formations analogiques récentes. Pour la terminaison de *aneʒaff*, cf. v. gall. *racdam*, devant lui = *rac-d-(h)am*. Voy. *eff*. C'est probablement l'*h* de *ham* = *sam*, irl. *som*, qui se trouve dans le vannet. *anehon* ; on trouve même *quenavé-ʒou*, sans lui, l'A. Voy. *aneʒof*.

Aneze, d'eux 556, J 22 b, Mf 3, H ; *a neʒe*, Nl 411 ; *nem boe quet… aneʒeff* (lis. *aneʒe*, rime en *e*), je n'en ai pas reçu (de ces dix écus) N 1508. C'est probablement pour avoir été employés ainsi dans des phrases négatives, avec un sens partitif, que ces mots *ahanouff, aneʒaff*, etc., ont fini par remplacer à volonté les pronoms indiquant l'accusatif: *nem boe quet aneʒe* peut se rendre par « je ne les ai pas eus ». Voy. *aneʒo*.

Anezi, d'elle ; souvent explétif : *greomp an guironeʒ —,* faisons justice, N 1496 ; *mar beʒ aneʒy yenien*, B 369 ; *hogoʒ deʒ eu aneʒy*, J 185 ; *quent bout deʒ aneʒy*, J 61 ; *eʒ dle beʒaf feʒ aneʒy… enhaf* il faut qu'il y ait en lui de la bonne foi, N 1465, 1466 ; *pret eo… anheʒy* N 913 ; cf. *lyst ho digareʒ aneʒy*, J 219 b ; *aneʒy*, de là (de Béthanie), J 17 b ; d'elle, P 237, *a neʒy-* Nl 379.

Anezo, d'eux, P 115. Léon. *aneʒho*. cf. gall. moy., *onadunt*, auj. *naddynt*. Voy. *aneʒe*.

Anezof, de lui H, rime avec *tro.* Vann. *anehon, anehou*; cornique *anoʒo, anotho*. Voy. *ahano* et *aneʒaff*.

Anfigur, sans figure, certes ? ou ' en figure , en personne ? J 182.

An fin, enfin N 635 ; du fr. Tréc. *anfin.*

Angau, l'Anjou ; **Angiuin,** Angevin, C ; du fr.

Angloutaff, engloutir 737 ; du fr.; représenterait un verbe *englouter*.

Angoes, angoisse, Cb, J 124 b, 181 b, N 115, Nl 210, Mf 58 vᵒ, *an goes*, peine, charge, B 75°; **angoesdet,** angoisse B 232, C ; **angoessnt,** « angoissier », C ;**angoessus,** « angoisseux », C ; du fr.

Anhez, logement, demeure, 267, 809, *annheʒ* 812 ; *anneʒ* Nl 63 ; **annhezaff,** loger, faire demeurer, B 724 ; peupler, remplir (des sièges) 329 ; habiter, 268 ; *anheʒaf,* 268° ; *anheʒas* il mit (dans une tombe), J 156 ; *pan anneʒas,* quand elle prit place, P 168 ; *anneʒet* logé, placé, N 657]; *anneʒhet* 220°. Léon. *anneʒ,* meubles, *anneʒa,* meubler ; tréc. *dianniein,* déloger. Gall. *annedd* f. demeure, *anneddu* habiter ; cf. irl. *anad,* demeurer?

An hoaz, demain : *bed an hoaʒ,* N 1915 (rime en *an*); *da penn an hoaʒ,* dès demain, P 252 ; *oar penn an hoaʒ* pour demain J 61 (var. *oar choaʒ*) ; **arhoaz** Ca, Cb. Je crois que dans *peban out?* Ha hoaʒ *maʒ y,* pan *chenchy rout?* P 241, *ha hoaʒ* veut dire « et de plus » et non « et demain ». Le léon. *varc'hoaʒ* = *oar choaʒ* : le vann. *arhoaʒ* contient aussi une prép.; le tréc. *arhoaʒ* peut s'expliquer des deux façons, mais à condition d'admettre l'antiquité de la forme *arhoaʒ* du Cath.; car la prép. *ar* n'existe que dans des composés anciens, tant en trécorois qu'en moy. breton *écrit*. Quoiqu'il y ait quelques exemples du changement de *n* en *r* en moy. bret. (voy. *knech*), je crois que les deux formes *an hoaʒ* et *arhoaʒ* étaient originairement distinctes, *an hoaʒ* = *le lendemain,* et *arhoaʒ* = *demain* ; cf. *a arhoaʒ,* crastinus, Cb.

1. **Ann,** le, la, les, 20 ; *ann penn,* 486 ; *ann audiui,* 33, *an* 33° ; *ann goat, ann nos,* J64 ; *ann Anquou* J 35, *ann abec* J 35 b, *ann* J 44 b ; H. Le Cath. écrit ordinairement *an* devant une consonne et *ann* devant une voy. : *anneil heguile, anneil tu he guile; anrearall,* Ca. Auj. *ann,* vann. *enn* ; v. bret. *ann* (devant *aor*); la forme *in* se trouve dans des noms géographiques (XV° siècle, *Rev. celt.,* II, 207, 208). Corniq. *an,* irl. *an, an t,* v. irl. *-sin t,* neutre *-san,* de la racine pronominale qui se trouve dans le sanscrit *sa,* gr. 6, v. lat. accus. *su-m, so-s* (cf. *Rev. celt.,* V, 461-466, VI, 321). Voy. *se, hi.* Le v. gall. *hirunn, quem,* doit être pour *irhunn,* auj. *yr hwn.*

2. **Ann,** du, de la, des ; *annoll oll,* « de tout en tout » C, auj. *enn holl d'ann holl.* Voy. *an* 2.

Anna, Anne, f. Nl 260 ; C ; du l. *Anna.* Léon. *Anna.*

Annas, Anne, m. J 75 b ; Nl 43 ; du l. *Annas.*

Anneu, trame, filasse, *anneuenn,* trame Ca ; *anneuffenn* Cms ; **anneuyff,** ourdir Ca ; *anneuyet* commencé, *anneu ceiʒ,* trame de soye Cb, Cc, léon. *anneu* ; tréc. et gall. *anwe* ; de *gueaff* tisser, et de *an-,* prép.

Annichillaff, « *uide in goapat* » C ; *annichilaff* Cb, Cc; peut-être se rire, déjouer les efforts de ; du fr. *annihiler.*

Anniuerser, Ca, *aniuerser* Cb, anniversaire ; du fr.

Annoer, *onnoer, ounner,* génisse, C. En léon. *ounner,* tréc. *annoar*; dim. **onnerlc** Cb, v. *youanc.* v. *gall. enderic,* jeune taureau, gall. *anner* génisse, irl. *ainder* jeune femme, que M. Windisch compare à ἀνθηρός fleuri, cf. ἀθάριοι, vierges, (hésychius).

Annoet, temps, C. Composé de *oat,* âge ; cf. gall. *addoet,* temps, délai.

Annoez, 2 syll., chagrin, douleur, P 99 ; *anoeʒ* P 219, *annoaʒ* Nl 88, *anoaeʒ* 2 syll. B 239, P 75 ; *anoaʒ* B 618, 679, 394 ; J 134 ; *annoaʒ* Nl 60, 107 ; *claff gant annoaʒ...* e *laʒaff* malade d'envie de le tuer Nl 124 ; **annoazder,** Nl 59, **annoazet,** Nl 498, id.; **anoazet,** contristé J 104 b (var. *a noaʒet*); *annoaʒet* Nl 96; *na anoaʒeʒ,* ne vous tourmentez pas, J 61. Tréc. *annoaʒ* chagrin (surtout d'un petit enfant) *annoaʒet* chagriné, qui pleure (1er n nasal). De *anoaeth,* composé sans doute de *goaʒ* pire ; cf. *sioaʒ,* hélas.

Annouez, C, admonester, avertir. Cf. v. br. *anno,* gl. *sugerendum et persuadentum,* moy. gall. *annoc,* auj. *annog* exhorter, *annos* exciter, de *ande-uc ?* Voy. *amouc* et *amoueʒ.* Le P. Grég. donne *annog* comme ancien breton, au mot « exhorter ». Cf. *annaoue* et *anaolle,* monitoire, P. Maunoir ; *aʒnavoë, anaoué,* anathème, P. Grég.; *aʒnawe* D. Le Pell., *anaoue* m. Le Gon. D. Le Pell. dit que « ce mot est devenu rare ». Le *ʒ* de *aʒnavoë, aʒnawe,* vient prob. d'une métathèse ; cf. *alaʒn* et *aʒlan, aroueʒ* et *aʒroue.*

Annunciaff *an auiel*, annoncer l'évangile, Cb, Cc ; du fr.

Annuy, 2 syll., peine, Nl 516 pl. *anny aou* Nl 41 ; du fr. *ennui* dans le sens ancien.

Anquen, souci, douleur, J 111, 25 b ; N 253 ; P 101 ; H ; *anquen* et *ancquen* C, *ancquen* B 340, J 86 ; *anquenn* J 111 b ; plur. *anquenou* J 44 b ; *anqueniaou* Nl 531 ; **anquenet,** tourmenté, affligé, N 1597, 1855. Auj. *anken*, gall. *anghen*, même racine que *ancou*.

Anrumet, enrhumé, C ; du fr.

Anserret, C, enclos, enserré ; du fr.

Ant, raie C ; auj. *ant*, creux entre deux levées de terre ; vann. *andenn*, raie ; gall. *nant*, vallée, corniq. *nans* gaul. *nanto* gl. *valles*. d'où *Nantua* et le mot *nant* petit torrent, en Savoie. Cf. *a*ɀ*r de nai*ⱳ-.

Anthiphon, antienne C ; du v. fr. *antiphone*.

Antechet, « entachiez, l. *infectus.* » C ; du fr. *entiché*. Voy. *teig*.

Anterien. *En hy nao mis en lech dister e*ɀ *voue'n Saluer — Pan voant fournis accomplisset voe ganet scler anterin.* Nl 424. lis. *Saluer anterin... e*ɀ *voe ganet dre detin?*

Anterin : *an ster —*, tous les astres, P 39 ; *fest —*, grande fête, P 156 ; intègre, pur. N 660 ; entier, franc (envers qqn) N 569 ; entièrement, B 40, J 41 ; N 656 ; *anteryn*, pure, = *integra et casta*, Nl 170 ; du v. fr. *enterin*, cf. *entériner*.

Anterinas, il enterra, ensevelit ? J 152 b.

Anticipaff, anticiper C, part. *anticipet* Cb, Cc ; **anticipation,** id.,*Cb* ; du fr.

Antierist, C, antichrist ; *antecrist* Cb, Cc ; du v. fr. *antichrist*.

Antier, 2 syll. entier, entièrement, N 1352 ; J 8 b, 42 b ; *entier oll*, id., Cb ; *antier le tout*, J 13 b ; (juge) intègre N 1435 ; intègre, sans reproche de, J 119 b, *antyer*, Nl 173, *antier muntreur*, meurtrier fieffé J 16 b ; *lut —*, gens sérieux B 4. *Un eur avenant hac antier*, P 107, *rend per integram horam et dimidiam*, soit qu'il y ait une faute de copiste, pour *hac hanter*, et demie (p. 152), parce qu'on dit habituellement *eun eur hanter*, une heure et demie, et non *eun eur hag hanter* ; soit que l'auteur ait traduit *integram* par *antier*, et exprimé vaguement l'idée de *dimidiam* par *avenant* (une bonne heure).

Antioche, 3 syll., Antioche P 55 rime en *e* ; du fr.

Antoan, Ca, *Anton* Cb, Cc Antoine ; auj. *Anton* ; du fr.

Antre, entrée C ; *dre nep —*, d'aucune façon, J 58 b, P 246 ; *a droue —*, de mauvais caractère, J 234, *un mechant a droue antier*, lis. *antre*, B 721 ; *enn antre*, à l'entrée ? explétif J 47 ; *na ve mar sauant en —*, quelque savant qu'il fût (litt. dans son esprit) B 121 ; *dalet archant paramant* (var. *parauanti enn —*, (pour commencer) B 64 ; *Y a ha mar be gouꝛvet. Rac se reif archant enn antier Eguyt nach repouꝛ pep re Da nep en mire a ve ret* J 221, lisez : *Ya ha mar be gouꝛue[ꝛe]t ; Racse reif archant enn antre Eguyt [en] nach rep ouꝛ pep re* ; voy. *rep. Hep atre*, sans cause, J 114, lis. *antre* (rime en *ant*). Du fr. *entrée*. L'expression *en antre* revient à peu près à ces autres, si souvent employées comme explétif : *quentaff pret, quentaff guer*, etc. Cf. « ayant donc Numa fait ces choses à son entrée » (= à son avènement), Amyot, *Numa*, VII.

Antren, entrer 203, J 49, 207 b, Ca, Cc, H ; Mf 55, *entren* Cb, Cc, *antreas* il entra, P 68 ; *antreet* entré J 111, 213 ; *entrez*, J 50 b *antreyt* entrez J 47 ; fut. *antreo* J 35 b ; *antreomp* entrons, H ; dérivé de *antre*, comme *autren* de *autre*.

Antrugar, impitoyable P 65 ; *an trugareꝛ garment*, Nl 553, lisez *antrugar e*ɀ *garment* ; Mf 7 v° ; gall. *annhrugar*, de *an* et *trugar*.

Anuoat, tanaisie, C. *Argoat, arhôat*, Pell., *aroaꝛ* Maun., *arwad, arwaꝛ*, m., *gwaꝛ*, f., *oaꝛ*, vann., *gwéꝛ*, Le Gon.

Anuoet, Ca, *anouet* Cb le froid, auj. *anoued,* cf. vann. *aouit,* engelure. Gall. *annwyd,* froidure.

Aoun, 1 syll., peur 165, J 64 b, N 883, C; *aoun,* var. *oun,* J 202; **aounic,** Ca, *aounye* Cc; **aounus,** Cb, peureux; *rac aoun... na,* de peur que, P 130. Léon. *aoun,* corniq. *own;* gall. *ofn,* v. irl. *omun.* Voy. *chaffn.*

Aour, or 437 N 97, Nl 38, H, *aoür* Mf 4 (1 syll.) *our* C; auj. *aour,* v. gall. *aur;* du lat. *aurum.*

Apaeser : *eʒ* —, qu'on apaise, J 36; *appaesaff,* apaiser, C; *appessy* apaiser, soulager, N 898 (rime en *i*); part. *appaeset,* Cb, Cc; du fr.

Aparchant *da abostol,* appartenant a epistre, Cb : *e aparchent,* ses parents, ses alliés, B 759, J 7; *aparchant,* lis. *aparchent* (rime en *ent*), parent, N 641; *dre apparchant,* pertinenter, Cb; **aparchent,** il appartient, *(ouʒ imp,* à nous) B 205; *apparchant,* il appartient, il est convenable, J 51; *an peʒ a aparchant ouch...* ce qui regarde, ce qui a rapport à, Cb f° vi v°; *apparchentaff* convenir, C; du fr.Cf. Rev. Celt. III, 228.

Aparissuet, apparu N 413; *que vous apparaissieʒ* J 194; prét. *apparissas* P 90, 154, *apparissaff* apparaître C; **apparissant,** eminens, Cb; *apparissent,* g. id., Cc; **appariezanezdet,** apparence, aspect B 60; **apparition,** apparition C. Du v. fr. *apparir, apparissant, apparissance.*

Apell, de loin Ca, Cb, *appell* (je préfère) de beaucoup, 291°, *a pell eʒ fellsoch,* B 249; auj. *a-bell,* de loin.

Apellaff, en appeler d'un jugement, Ca; *appellaff a emgann,* provoquer, Cb; **appellatiff,** appellatif; **appellation,** appellation, Ca; du fr.

Apert (ouvertement), — *ha certen,* bien certainement, 4; 400, N 1253; du lat. *apertè.* Le Cath. renvoie de *appert* à *nobl;* cf. vann. *apertis,* industrie, léon. *ampart,* robuste, agile, actif, Le Gon.

Aperz, de la part de, J 127 b, N 318, *a perʒ* B 425; auj. *abeurʒ;* vann. *aberh.* Voy. *perʒ.*

Apetaff, désirer 636; je désire, N 156; *appetaff,* désirer, Cb; je désire N 450, N 1673; **apetit,** désir, volonté, B 308, 686; zèle, ardeur, goût, J 46 b, N 130, 216; *de apetit,* B 194, *de appetit* N 791, à son gré; *appetit* désir, J 26 b, 40 b; bonheur, ardeur, N 1370; « appetit », C; *drouc apetit* mauvaise humeur, mécontentement, N 628; *drouc appetit,* mauvaise passion, convoitise coupable, J 84 b; **appetus,** appétible Cb; du v. fr. *appeter, appetit.*

Aplen, certes J 78; *a plen* (je sais) parfaitement J 65 b; en plein (dans la ville) B 477; *a plen cristenes,* tout à fait chrétienne, B 174; tréc. *a-blén,* « plané », adv. du mot *plen.*

Aplic : *dre* —, avec zèle, application, 649; *a drouc* —, (action) venant d'une mauvaise intention, 688; *dre drouc* —, 731; **appliquaff,** appliquer C; *applicaff* Mf 2; *huy... hoʒ em aplic... da veʒaff,* vous vous obstineʒ à être, B 779; *da em aplic,* prépare-toi, B 737; *chem applicas,* elle s'appliqua B 9; *me menn em apliquer* je veux qu'on m'exerce, B 90; *tut... em apliquet,* des gens qui se sont appliqués, exercés à, B 113; *em em appliquet,* (moi) qui me suis appliqué, N 333, avec une ellipse du verbe être, encore usitée en bret., *apliquet* laborieux, appliqué, B 49; du fr.; on dit en haut bret. *une explique* pour une explication. Le bret. *aplik,* le but, au jeu de billes, semble identique au moy. br. *aplic,* malgré son synonyme *alp,* qui peut en être tiré par analogie.

Apocalips, Ca, *apocalyps* Cc apocalypse; du fr.

Apoe : *dre* —, avec effort, 332; *dre neb* —, par aucune preuve solide, aucune raison ? 108; *en e* —, sous sa protection J 8; *reiff diff apoe* Monet, m'accorder la grâce d'aller, P 207; *appoe,* fr. id., C, *da map hon aʒboue,* ton fils, notre soutien Nl 97; *da Map... hon appoue* Nl 178; **appoeaff,** « appoier » C. Des mots v. fr. qui sont devenus *appui, appuyer.* L'orthographe *aʒboue* montre que *ʒ* n'était pas toujours prononcé devant une consonne. Voy. *haʒnat.*

Apoes, *an penn* à tue-tête, 680; auj. *a boueʒ ar penn.* Voy. *poes.*

Apollo, Apollon 114 ; du lat.

Apostat, apostat 714, Cc ; *appostat,* Ca ; du fr.

Apparaill, appareil, préparatifs, B 30, Ca, Cc ; *appareil,* Cc, *appareill ;* **apparailliaff,** Ca, Cb, appareiller, préparer ; du fr.

A'pparance, apparence ; *dre* —, apparemment, Cb ; *apparance,* Cc ; du fr.

Apparitoer, « appariteur, l. apparitor » C. Le P. Grég. traduit ce mot bret. par « pariétaire », plante (du v. fr. *apparitoer,* God.) Il y a peut-être quelque erreur dans le Cath.

Appartenance, appartenance Cb, Cc ; du fr.

Appenteic, Cb, *appenteice* Ca, appentis ; du fr.

Appoentaff, appointer, C ; « appointement, br. id. » C ; du fr.

Appolinn. An Idol *fin,* — Nl 370.

Appotiquaer, apothicaire, ou épicier, Ca, *apotiquaer* Cc ; **appotiquaererez,** « appotiquairerie, espicerie » Ca ; **apotiquaerez,** « apoticairie », Cc, *appotiquaerez Cms ;* du fr.

Appotum, Ca, *apotum* Cc, apostume. Vann. *apotum,* L'A. Du fr.

Apprantaff, imprimer C, du fr. *empreinte,* que le Cath. écrit *apraínte ;* cf. angl. *to print.*

Appreciaff, apprécier, C ; du fr.

Approff, éprouver, voir si : — *ambe,* éprouver si j'aurais, N 1116 ; *aproufuet* éprouvé, souffert, 504* ; auj. *aprou ;* du v. fr. *aprouver.* — **Appropriaff,** approprier, C ; du fr.

Apres, avec empressement, 125 ; = *a pres,* vite, bientôt, P 261. Voy. *pres.*

Aprestaff, apprêter J 47 b ; *em em* —, je m'apprête, J 99 b ; *aprestet* apprêté, B 242, 330, prêt J 47 b, apprêtez-vous, B 565 ; du v. fr. *aprester.*

Apret, de bonne heure, tout de suite, vite, J 17, N 131, 957, P 237, 243 ; à temps, H ; *a pret,* J 5, 69 b ; N 64 ; *à pret* 223* ; *apret mat* de bien bonne heure, N 243 ; *a pret mad,* bien vite N 1286 ; *apret don,* il n'y a qu'un instant, N 704 ; auj. *abred,* à temps, et de bonne heure. Voy. *pret.*

Apuraff, expier 751 ; *apuret* examiné, éclairci, 212* ; éprouvé, approfondi 97 ; accompli, vérifié, J 32 b, 144 b ; *an cur apuret,* la charge qui lui était confiée ? N 752 ; du fr. *apurer.*

Ar pour *an,* article devant *r,* H ; *ar zecter,* var. *ar secter,* la secte, J 14 b. M. d'Arbois de Jubainville a cité (*Rev. celt.,* II, 215) des exemples de *ar,* à partir de 1613-1614 (en Léon), et de *er, her,* depuis 1549 (en Vannes), p. 213. D'après M. de la Villemarqué (*Mém. de l'Académie des Inscr. et Belles-Lettres,* t. XXIV), nous aurions dans l'inscription de Lomarec, *irhaema* + *inri,* « illius cujus est J.-C. In regem, » un exemple beaucoup plus ancien de la forme *ir,* en armoricain. Cf. v. br. *ac-i-riminiou.* Auj. *ar,* vann. *er,* devant les consonnes sauf les dentales ; v. gall. *ir,* gall. moy. *yr, er ;* auj. *yr* ne se met plus que devant les voyelles. Voy. *a* 11, *an, ann, hon, quen, knech, un.*

1. **Arabat,** adj. : *querz* —, c'est bien horrible, Jér. ; auj. *arabad eo,* c'est défendu, tréc. *abad.*

2. **Arabat,** n. *ne* —, ni les sornettes qu'il dit, N 1620 ; pl. *arabadou,* sottises, B 248, J 201 b ; **arabadus,** (homme) « âgé qui fait horreur par sa difformité... » Am. du vieillard, selon Le Pell. ; peut-être plutôt « qui radote » cf. Sauvé, *Prov. et dictons,* n° 169 ; gall. *arab,* facétieux, plaisant.

Arabi, Ca, *Araby* Cc Arabie ; du fr. — **Arabi,** arable, C ; du fr. Voy. *arazr.*

Arall, autre, 21, P 201, C ; *un* —, B 579 ; *diou* —, J 29'; *tro* — l'autre fois, P 125 ; *an re arall* P 57,

C; *bro arall*, pays étranger, N 31 ; *arall, aral*, H. Vann. *arall*, irl. *araile, alaile*, gr. ἀλλ-ήλων, mots formés par la répétition de *allos* (voy. *all*), avec dissimilation.

Arat, l. *aro*, g. *arer* (laboureur) ; *Ca, Cb*. Voy. *araẓr*.

Arauc, devant, avant (adv.), H ; *arauc, a rauc*, C ; *araucq*, en avant, P 42, de *a* et *rauc*, variante de *rac*.

Araẓr, charrue *Cb, Cc, araṛ Ca* ; auj. *arar, arer* ; gall. *aradr*, v. corn. *ara(ter)* ; du lat. *aratrum*, selon M. Loth ; mais il n'est pas impossible que le mot *aratron* ait été gaulois, cf. *taraẓr, louaẓr*.

Arbalastr, arbalète C ; **arbalastrer,** arbalétrier Cc ; *arbalestrer* Cms ; du v. fr. arbalestre.

Arbitr, arbitre ; **arbitraff,** arbitrer ; **arbitrag,** *Cms*, arbitag, C, arbitrage ; du fr.

Arch, arche, huche, coffre, C, H ; *arch an boet* arche de la viande, *arch an calon*, thorax ; *archguele* « chaslit ou sponde » C ; auj. *arc'h*, gall. *arch* ; du lat. *arca*.

Archael, archange J 127 b, C ; plur. *archaeleẓ* P 26, *archealeẓ* P 278 ; tréc. *arc'hel, arc'haele*, = *arc'h*, du lat. *arch —*, et *ael*.

Archant, argent 41, 64 ; J 15 b, 61 b, 85 ; Jér. (Le Pell., *s. v. crac*) ; *argant*, N 97, H, C, mot pluriel, comme auj. : *dalet hoẓ archant, yt gant e* J 86. Léon. et tréc. *arc'hant*, vann. et cornou. *argant* ; v. bret. *arga(nt)*, corniq. *argans*, v. irl. *argat*, cf. gaul. *Argento-ratum*. Ce mot est peut-être un ancien emprunt au lat. *argentum*.

Archas, il commanda, 250, 250*, 287 ; cornique *arghaf*, gall. *archaf* je commande, je commandai ; irl. *arco*, je prie, lat. *precor*, all. *ich frage*.

Archbaelec, *Ca*, *arc bealeuc* Cms, archiprêtre.

Archdiagon, *Ca, Cb*, *arch diagoun* Cms, archidiacre ; **archdiagondet,** archidiaconé, C ; auj. *arriagon*, de *'arc'hiagon*, gall. *archiagon* (à côté de *archddiacon*).

Archedeclin, P 156 ; *archeteclin* P 215, (ch fr.) architriclin, majordome ; du v. fr. archedeclin.

Archenaff, chausser, *Ca*, part. *archenet, Cb, Cc* ; **archenat,** chaussure, *Ca* ; *archenat da roe, Cc, archenaff da roe, Cb*, chaussure du roi ; auj. *diarc'hen*, sans chaussure. Gall. *archen*, chaussure, *archenad* habillement ; v. gall. *archenatou*, chaussures.

Archer, (ch fr.) huissier, archer, C, Mf 71 v° ; du fr.

Archescop, archevêque, C, *archescob* N 1710 ; **archescobdy,** archevêché N 1742, 1757 ; fém., d'après N 1758 (*he quemeret*). Auj. *arc'heskop, arc'heskopti*.

Archet, dans maistre Pathelin. *Aluẓen archet hop ysy* (Rev. celt., IV, 452) veut dire « cercueil, » selon M. Loth (R. C., IV, 456 ; V, 227). Une édition « qui compte parmi les plus anciennes » (Rev. celt., IV, 452) porte *archer*, deux autres *ae cher* ; M. de la Villemarqué a supposé *ac cher*. Le Cath. donne *harchet den maru*, châsse, auj. *arched*, m. (du v. fr. *archet*, coffret).

Ardant, ardent, P 263 ; J 30, 209 b, N 1045 ; — *en caranteẓ* B 18, — *gant caranteẓ* N 471 ; — *dre caranteẓ* Nl 510 *an — caranteẓ*, l'ardent amour, J 175 ; — *hoantus*, ardemment désireuse, 144* ; du fr.

Arem, airain C, du fr.

Arer, « arcur » laboureur, C. Voy. *araẓr*.

Argantier, argentier, *Ca, arganter*, Cms, archanter *Cb, Cc*., du fr.

Arganton, « l. *columbina, quedam herba* » *Ca* ; *archanton Cb*. Cf. fr. *argentine*, Littré.

Argat, hucher *Cms*, entre les mots *arch* et *arch an boet* ; erreur pour *archat*, dérivé de *arch* (plein un coffre), cf. Rev. celt., 1, 399.

Argoez, intersigne C ; *euel e coar dre un argouez, comme une statue en cire ?* N 902 ; *aroez* signe, présage, B 685 ; *aroez an glan croas,* B 185 ; *aruez* signe P 19, *oarez* var. *aruoez,* signe, P 235 (rime à *hoar*); *aruoazou* signes ? N 1474 ; **arvezaf,** j'indique, N 650. *Argoez, argouez,* sont des orthographes étymologiques (comme *agoez*) ; *aruez, aruoez,* devaient se prononcer *arwez* ; auj. *arouez.* La forme *oarez,* amenée par la rime, s'appuyait peut-être sur une prononciation spéciale, cf. tréc. *noade,* aiguille = *nadoez,* dial. de Batz *gouader* chaise = *kadoer.* Une autre métathèse a lieu dans *azroue* P. Maunoir, pour *arouez* ; « il y en a qui prononcent *azre-winti,* » dit D. Le Pell., pour le dérivé *arwezinti.* Une forme plus ancienne que *arouez* est *aroued,* dans *arouedma,* qui glose *signaculum* dans la vie de saint Pol de Léon (*Rev. celt.,* V, 456). Cf. cornouaillais *arouez,* f. rhumatisme, tréc. *aroue* : gall. *arwydd,* m, signe, v. irl. *airde,* n., = *are-vidion,* analogue à l'allem. *Verweis* remontrance, rac. *vid* ; cf. norrois *viti,* marque.

Argouron, dot C ; **argourouaff,** doter, Cb, Cc *argourouet* doté, Ca. En léon., id. ; en vann. *argouvreu,* gall. *argyfreu,* = *are-co-br-oves.* Autrefois *argobrou,*] *argobraoui,* Pell. ; rac. *bher* porter, comme φερνή.

Argu, discussion, dispute, 768 ; affaire (conclue) J 215 ; **arguiff,** arguer, argumenter, C, *arguas* elle l'argumenta, (le) reprit, B 12 ; *na arguet* (3 syll.) ne refusez pas, J 143 b ; **arguemant,** argument, argumentation, argument ; Ca, Cc ; *argumant,* Cb, B 554 ; **arguer,** « argueur » Ca, pl. *arguerienn,* Cb ; **argumentation,** argumentation, Cc ; du v. fr. *argu,* m., *arguement,* etc.

Arhoaz, demain, voy. *An hoaz.* La prép. *ar,* (voy. *Armor*) n'a été conservée en breton comme mot distinct que par les Vannetais, qui lui ont affecté les emplois de *oar.* On trouve en vann. *har* en 1554, et *ouar* en 1572 (*Rev. celt.,* II, 213). *Ar,* gall., *ar,* v. irl. *air,* gaul. *are,* = περί, sanscr. *pari,* lat. *per,* cf. παρά.

Arhuest, regarder, contempler (act.) 242, 285, 445*, 454 ; *arhvest* N 279, J 99 b, *aruest* Nl 466, neutre : *arhuest da,* assister à, N 461, 462. *Dren arhuest cant* parce que cent le regardent N 1483 (cf. *dirac mil den* B 38)*arhuesta*[*ff*] je regarde B 284 ; *arhvestas,* il contempla, J 102 b ; *ez arhuestet* on vavoir, ou vous verrez, J 144 b ; *arhuestet,* voyez, B 596 ; *na archuestet* ne regardez pas, ne lisez pas votre leçon N 1085 (rime en *it*) *na aruestomp* n'y regardons pas Nl 454. Léon. *arvesti* ; cf. goth. *far-vait-l,* spectacle, rac. *vid.*

Arimathia, Arimathie, 4 syll. J 151 b ; 5 syll. J 152 b ; *Arimathya,* 5 syll., P 43.

Arismetic, arithmétique, C ; du fr., que le Cath. écrit *arismétique.*

Aristot, Aristote C ; du fr.

Armaff, armer N 849, C *armet* armé, Cb, Cc, J 64 b ; **armeurer,** armurier C ; **armou,** armes, P 112, 114, C ; *tut a armou,* hommes d'armes, J 166 b ; *tut a armaou,* Nouel 14 ; **armel,** armoire C. V. gall. *arm.,* arme, v. corn. *armell,* armoire ; du lat. *arma, armarium.*

Armor, « terre après la mer » Ca, *aruor* Cb, Cc ; **Armory,** l'Armorique, N 440 ; *an mor armoric,* la mer armorique, N 1393. Auj. *Armor* et *Arvor* ; du gaul. *are* près de, *mori* mer. En 1271, *Armorium, Rev. celt.,* III, 398.

Arraig bras, une grande rage ; maladie, difformité N 1129 ; **arragaff,** enrager B 776 ; *arragiaff,* j'enrage B 408, *arragiaf* J 167 b ; *arraigas* il enragea, Nl 163 ; *arraget* enragé, furieux, B 413, 686, J 22, 84 b, C ; *arragiet* B 648-649 ; *arraigent* impf Nl 553 ; *arrago* il enragera, B 730 ; **arragamant,** rage, fureur, B 300, *arraigiamant* J 22 b ; du fr. *aragier,* enrager. *Arrag* par apocope, comme *ampoeson.*

Arre, encore, de nouveau, 76*, 182, 414, J 54, P 162, 223, C, H ; encore, de plus, J 12 b ; Nl 49 *arre,* var. *atre,* J 103. Je suppose que *Hep goap Macabre are an Dance,* P 244, doit se corriger en *Hep goap Macabre a ren Dance* (ren = re'n). Macabre conduit la danse. *Stouaffarre,* reclino, Cb f° III b ; *stouaff* arre Cc. Auj. *arre, are* ; contraction de *azre,* cf. *adarre.*

Arret : *dre neb —,* par aucun répit, 458 ; *nouzeux aret a arretiff* (var. *nouz eux... arretif*) vous n'avez pas d'obstacle pour arrêter ? 246 ; *noʒ eu.x* (var. *neʒ eux*) *aret am requetiff*, vous n'avez pas de décision dont j'appelle? 202 ; *mors arret* frein pour arrêter, C, *hep nep arret* sans s'arrêter Nl 506 ; du fr.

Arretaff, arrêter, s'arrêter, 247, 416 ; Nl 715, 869, C ; *hep arretaff*, B 31, *hep quet arretaf* J 26, *hep arretaf* 31* N 1273 (rime en *a*) ; *hep arreta* P 63 (rime en *a*) ; *hep arretaff* Nl 528 (rime en *a*) ; *hep arrety* N 1497 (rime en *i*) ; *arretet* arrêté Nl 449 ; *naʒ em arret !* B 739 ; *hoʒ em arretet !* J 116 b ; ... *en arretas an drase*, ... l'empêcha de faire cela, B 301 ; *ne arretiff*, je ne m'arrêterai pas, B 128, *ne aretif*, 143* ; *arreto cessera*, J 55 b ; *mouʒ arreto* J 210 b ; *na arretomp !* J 17 ; *dre* **arretaig**, par empêchement, en étant arrêté, N 1142 ; du v. fr. *arestage*. Voy. *aʒrectet*.

Arretaou. *Dalchet en* — retenu aux arrêts, en prison Nl 181, 529 ; plur. de *arret*.

Arrymo, il liera, enchaînera, P 250 ; vann. *arimein* ; du fr. *arrimer*.

Arriu, arrivé J 324, *arrif* J 60 b, *ary* B 164 ; *arryuff* Nl 41 par apocope de **arriuet**, arrivé, B 477, J 134 b, N 339, *arryuet* Nouel 1, cf. *echu, fournis*.

Arrinout, arriver J 188 b, *arriff* il arrive B 48-49, 185-186 ; *arriuas* arriva J 4 ; *arrifhe* arriverait, atteindrait, J 137*, *pan arriusont* Nl 310 ; du fr.

Arrogance, arrogance C ; **arrogant**, arrogant N 610 ; du fr.

Arrousaff, « arrouser » C, part. *arrouset* Cb, Cc ; **arrousadur**, arrosement ; **arrousabl**, arrosable Cb.

Arsaill, Ca, *assaill, aissaill* Cb assaillir, part. *assaillet* Cb, *asailher*, on attaque B 658 ; *assailler* J 69, *ho assailse*, qui les eût attaqués, P 246 ; **araaut**, assaut, Ca, *assaut* Cb ; **assailleur**, l. invasor, Cc ; du fr. *assaillir, assaut*, peut-être avec influence de la prép. celtique *ar*. Le Cath. écrit en fr. *arsaillir*.

Art, art C, industrie, J 88 b, talent (de jouer) J 146 ; *enn art muyhaff*, dans le grand art B 96 ; artifice B 24 ; *dre* —, B 552 ; *dre neb* —, B 760 ; *dre* — *soutil* B 274 ; *dre* — *dium oe clasq miret* P 111, (var. *diuin*, lis. *diuir?*) ; *ung* — *magic*, B 611 ; *nep* — *dyaoul* P 176 ; mot fém. : *he poursuiuaff* B 24. Pl. *arduo arts*, sciences, N 1098 ; artifices, J 80. Léon. *ardou ann diaoul*, les artifices du diable, trec. *ober ardo*, faire des manières ; du fr. *art*.

Articl, article, C, pl. *articlou* Cb, *articlou an feʒ*, articles de foi, B 154 ; — *feʒ* N 1045 ; — *feiʒ* N 650, *artriclou feʒ* N 546 ; **artist**, homme de génie, artiste, J 177 ; du fr.

Aruez. *Quement en* —, tous ceux qui la considèrent, de la rime ; **aruez**, air, aspect : *an maru so peurgaru e arueʒ*, Mf 7 v° ; *an maru eʒ eo garu e arueʒ* Mf 71. D. Le Pell. donne *arveʒ* comme synonyme d'*arvest*, considérer ; cf. *arveʒ*, m., mine, façon, air, Troude. Léon. *arvechou*, minauderies ; à Plougonver *arveiou fall*, grimaces, gestes, *arviou*, Bueʒ ar pévar mab Emon Morlaix 1866 p. 31. Voy. *arhuest*.

Aruoarz, 2 syll. *dre* — *marʒus e rusaff*, le tromper par des fascinations magiques N 1476. *Aruoarʒ* semble proprement l'infinitif du verbe v. br. *ar-uuo-ar-t hui*, « vos fascinavit », v. irl. *ad-ob-ra-gar-t* ; il serait = *are-vo-gar-ti-s*, cf. gall. *gwahardd* prohibition ; v. br. *diuuohart* « sine impedimento, nemine contradicente » *Cart. de Redon*, p. 752. Voy. *garm*.

Arzorn, poignet C ; *arʒornn* P ; pl. *arʒornou* Mf 7 v°. Léon. *arʒourn* gall. *arddwrn* = *are-durno-*.

Asardet : *estart* —, 578 (lis. *start*), essayez ferme, = hasardez ? ou *a sardet*, et dur, cf. trec. *ʒart*, gaillard ?

Ascension, P 34, C, du fr.

Asclez, sein de robe Ca ; *ascre* Cb, Cc ; **asclezec**, « celuy qui a geron ou sain » C, *ascreec* Cb au mot *barlen*. Léon. *askre*, m. gall. *asgre* ; dérivé du lat. *axilla* ?

Ascloedenn, copeau C, auj. cornouaill. *askloeden, askleuden*, gall. *asglodyn*, dérivés du bas latin *ascla*, provençal *ascla*, de l. *astula* pour *assula* (Thurneysen).

Ascolenn, chardon C. Léon. *askolen*, f., vann. *oskalen*; cornique *askellen*, gall. *ysgallen*; v. bret. *scal.*; cf. gr. σκόλυμος. L'*a* initial est pour *e*, cf. *astandart*.

Ascorn, os J 136, C; pl. *esquern* Cb; **ascornic**, petit os, Cb, Cc; tréc. *askorn*, léon. *askourn*, gall. *ascwrn*, == *ascurno-*, de *ascu-* == v. lat. *ossu* (d'où *ossu-arium*, ossuaire), par une dérivation analogue à celle du lat. *diu-rnus*, cf. *Bull. de la Fac. des L.* de Poitiers, III, 352. Voy. *quelorn*.

Asen, âne H, Nl 8, Cb; *asenn* Ca, Cc; *asennes* ânesse Ca, Cc. Auj. *aʒen*, gall. *asen*, du lat. *asinus*.

Asez, siège, repos, H; **asezaff**, s'asseoir, C, H; *aseʒaf* J 7; *aseʒas* s'assit B 182, 347, *aseʒet* assis J 7 b, 80 b; Cb; *eʒ aseʒet* que vous vous asseyiez, J 50 b; *aseʒet* asseyez-vous, J 54, 159 b, N 543, *aseʒit*, id. J 7 b; *aseʒ* il s'assied; **asezer**, assoyeur, l. assessor, Cb, *aseʒeur* Cc. Léon. *aʒeʒa*, tréc. *aʒean*; du lat. *assidere*. **Asin**, assise l. assisia, Cms; du fr.

Asy, l'Asie 30; du fr.

Asple, C; du fr. — **Aspiraff**, aspirer C; du fr.

Asq, cornière Cms, auj. *ask* entaille, gall. *asg* offense? Probablement du v. fr. *osche*, entaille.

Asquell, aile C; **asquellerochenn**, « chuette », Ca; chasse-souris lis. chauve-souris, Cb, Cc, litt. « aile de peau »; **asquellet**, ailé Cc. Auj. *askel*, f., gall. *asgell*; du lat. *axilla*.

Asqueut, (interroger) humblement 13; *an Eal a reuelas gant joa bras hac asqeut*, Nl 61. (rime en *et* == *astut*... *he saludas* Nl 22; *astut he saludas* Nl 84, 172; *caras asquet*, Nl 177, *asquet*, certes, Nl 565 semble le même mot que *astut*. Voy. le suiv.

Asquipet : un pip —, un tonneau bien conditionné, 469; du v. fr. *esquiper*. Tréc. *stipan*, attifer, de *'squipaff*, cf. *standillon* == échantillon. Pour la substitution de *a* à *e*, cf. *astandart*; *akipet*, S. Tryph. 406.

Assaign, enseigne J lij; *assaign* enseigne l. intersignium, Cb, Cc; du fr.

Asanyll, (provisions) tout à fait (consommées) Jér. Voy. *dyspayllet*.

Assant : a vn —, d'un commun accord, N 1380; *a drouc —* (vous) qui aimez le mal J 97; adj. consentant à, J 163, 233; *dan cas eʒ voe assant*, elle y consentit, Nl 173; *seis bloaʒ bras assant* sept années entières, certes, Nl 278 (pour *assur*, à cause de la rime); **assantaff**, permettre, accorder, B 655; « assentir » C; *assentaff* Cb; *me en assant*, je l'approuve, J 39 *Gildas en assur* (lis. *assant*, rime en *ant*), Gildas le reconnaît, N 748; *dan... sarpant eʒ assantas* Nl 396; *se .. à assantaff* je le reconnais Ml 2; **assentement**, Ca, Cb, assantement Cc assantamant Cms assentiment; du v. fr. *assent*, *assant*, *assente*, verbe *assenter*.

Assemblaff : beʒa —, ensemble estre, Cb f° 5 v° b; *beʒaff* assembla Ca, Cc, auj. *assambles*; du fr.

Assidu, C, du fr.; *dre assidu*, assiduclament. Cb.

Assignation, C, du fr.; **assinaff**, assigner, C, *assinaff* j'assigne, je désigne comme, J 56; *asinet* assigné Ca; *assignet* Cb, Cc; du fr. Cf. la prononciation vulgaire *siner* pour *signer*.

Assiriaff, 4 syll., Assyrie 435, *Assirlaf* 435*; rime en *aff*; du l. *Assyria*, avec nasale finale comme en tréc. *Annan*, Anne; *Fontanellan*, La Fontenelle.

Assotaff, « assotir » C; *assotet* (homm.) sot, fou, étourdi; B 276, 614, J 72; Nl 124, 311 (action) insensée B 382; du fr.

Assumption, assomption P 46, 166; du fr.

Asur, assurément 630, J 5, N 1065, P 280, Nl 170; *beʒet assur*, soyez-en sûr, Nl 444; **assurance**, sûreté, assurance, Ca, Cb, Cc, assurance, P 241; *dre assurance*, certainement, N 824; du fr.; **assuriff**, assurer, C, *me ouʒ assur*, B 132, *me hoʒ assur* N 818, Nl 249 *moʒ assur* N 412; *me aʒ assur*

B 722, *mez assur* J 78 ; *hon assurer*, on nous assure, Nl 308 ; *assuret* (vous nous) rassurez B 254 ; *assuret...
a doubla*, assuré de doubler P 272 (var. *asseuret*) ; (l'Écriture) infaillible, J 23 ; *dre augur assuret*, fort dans la science des augures, N 767 ; *assuret*, assurément, J 28, N 868, P 180 ; du fr.

Astandart, bannière, C ; du v. fr. estendard. — **Astaroth,** nom de démon, B 26 à 27.

Astat : *he bleau —*, ses beaux cheveux J 4 b ; *a stat*, B 181 ; *a stat*, clairement, parfaitement, J 207 b.

Astenn, étendre J 32 b, 114 b, 135, C ; *de nem —*, à se pendre, P 263 ; *doz —*, pour vous disperser ? ou vous étendre par terre, vous renverser ? J 85 b, *astennaff* étendre Nl 231 ; *en astennat* on l'étendit Nl 466 ; *en em astennas* il s'étendit Nl 211 ; *astennet* étendu J 138 (éd. 1622) N 215, C ; (nappe) mise; J 49 b ; étendez, B 185, J 160 ; mettez (la nappe) J 49 b ; *dre astenn*, largement, l. propensius, Cb. Auj. *astenn*, gall. *estyn ;* du lat. *extendere*.

Astralab, « astralabe » C ; du fr.

Astriff, vite 593, *astrif* vivement, violemment J 207 ; *a hast hac astir ha diablas*, var. *astiry*, J 78, lis. *astriv ha diblas* (prononcé *divlas*) ; proprement « avec effort ». Voy. *striff*.

Astrologi, C, *astrology* B 91, astrologie ; **astrologues,** femme astrologue B 96 ; **astronomian,** astronome Ca, g. id., Cc ; *astronomiam* Cb ; du v. fr. astronomien.

Astut, misérable J 86 b ; stupide, terrifié, J 219 ; *sarmon astut dan dut cre*, prêcher humblement aux hommes puissants, P 55 ; (saluer) humblement, Nouel 22, 172 ; *daou loezn mut, astut meur*, deux vils animaux Nl 300 ; **astudic,** très chétif. Am. du vieill. (Le Pell., s. v. *dargut*). Auj. *astud*, misérable, cf. *Rev. Celt*. VI, 68. Peut-être le *t* vient-il d'un *k*. Voy. *asqueut*.

Atachet, lié, attaché Cc f° IIII v° ; du fr. — **Ataig :** *heb —*, sans tarder ? 797. Du fr. *attache* ?

Atau, toujours, P 264. Léon. *atao* ; cf. gall. *eto*, encore ? *(Rev. Celt.* VI, 57.)

Atcaret, aimer de rechef C. Voy. *adarre* et *caret*.

Atcoan, Ca, *atzcoan* Cb, Cc, second souper ; **atzcoaniaff,** Cc, *azconiaff*, manger après souper ; tréc. *hadkoann, hadkoanian*.

Atcoezaff, rechoir C ; part. *atcoezet* Cb, *atzcoezet* Cc ; tréc. *hadkouean*.

Atfer : *hep nep —*, sans retard, 41 (*afer* 41°) ; *heb neb arfer*, sans interruption, 811, lis. *atfer* (rime en *at)* ; *affer* 811° ; Nl 66 ; *hep nep atfer* sans aucun doute N 1426 ; sans aucune hésitation, ou sans aucun retard, N 1570 ; *hep atfer* sans doute ? N 436. D'après l'explication de M. de la Villemarqué, *atfer* signifierait « état, manière d'être » dans le vers *coffat he atfer mecher so*, P 208 ; mais ne pourrait-on pas lire *hep atfer* ? Voici comme j'entendrais la strophe : A la fin du monde on verra une calamité, un bouleversement sombre et terrible ! Il faut (y) penser *sans retard*, avant que vienne le moment où à la face du jour, l'homme apprendra, sans aucun ménagement, quel sera son sort (éternel). *An Eal mor* (lis. *mat*) *gant atfer A comps out y fier* = avec respect Nl 118. *Hep atfer*, sans hésitation Nl 178 ; sans doute, certes, Nl 426. Cf. gall. *adfer*, corniq. *aduer*, action de rapporter, de *at* + *ber*, rac. *bher*, porter. Pour le changement de *v* en *f*, cf. *ez foe*, tu eus, P 212. Voy. *atferant* et *azerant*.

Atferant : *dann —*, au contraire, d'un autre côté 71 ; dérivé de *atfer*. Voy. *azerant*.

Atis, suggestion : *dre guir —*, par une bonne pensée, N 582, 606 ; *a guir —*, bien intentionné N 675, *a drouc atys*, par une mauvaise inspiration, P 259 ; aide, secours ,J 229 b ; *dre atys an Sarpant*, Nouel 3 ; *dre drouc atys*, Nouel 30 ; *a drouc atys*, Nl 543 ; *me ho3 attis*, je vous y engage, N 1251. *Atis*, P. Grég. Cf. le v. fr. *atisier, aticier*, et *enticer, enticher*, angl. *to entice*, exciter ; il y a peut-être eu une confusion populaire avec *attissaff*, attiser, Vann. *astissein*, exhorter, exciter, l'A.

Atrap : en —, en la saisissant, 526 ; *a atraper*, qui est attrapé, saisi, P 251 ; *atrapet*, pris, J 76 b ; *atrapo* attrapera, J 165 ; du fr.

Atreffa : *ay tu da hunan*. var. *A'treff an tut da hunan* J 77 b ; M. de la Villemarqué traduit « retourne chez toi : cache-toi » ; le sens littéral est peut-être « rentre (et mets-toi) de ton côté, à part ». *Atreffa* est l'impératif d'un verbe *atreffiat*, formé soit d'une expression adverbiale *atreff*, corn. *adré*, vers la maison, gall. *adref* ; cf. gall. *adrefu*, retourner chez soi, irl. *atreba* il habite, gaul. *Atrebates* habitants (d'où Arras), (voy. *treff*,) soit plutôt: de *adreff*, en arrière, comme *araucqdi* avancer, P. Grég. de *arauc*, en avant.

1. **Atret**, fr. Id. C ; **atreduff**, l. rudero, as, Cb, Cc Auj. *atredou*, tas d'ordures ; en haut bret. *atrets*.

2. **Atret :** *pe dre —*, pour quelle raison J 142 ; par quel abaissement ? J 51 b ; *me caffo... ma —*, je trouverai moyen d'arriver à mes fins, J 115 b ; *tut... a droue —*, gens scélérats, cruels, J 33 ; *ey ay hon stat en droue —*, notre sort, notre vie finira mal, J 116. Troude donne *e droue atred*, m., en flagrant délit. Ce mot et le précédent viennent du v. fr. *atrait, airet*, provision, amas, préparatifs, intrigue, caractère : *a droue atret* répond à *de male atret* (du lat. *attrahere*).

Atribuet, 4 syll. attribué, réparti, 92, 666 ; du fr.

Attisaff *an tan*, attiser le feu, C ; du fr. Vann. *asstisein*, attiser, l'A.

Attorn *guenn*, « atour a femme » Ca, *attorn* Cc ; du f. *atour*.

Au par u ou v voyelle.

Au ! ohé ! (cri de joie) J 119 ; hélas ! J 44 b ; malheur ! J 84 ; cf. *hau*.

Auctorite, autorité J 85, C ; *en — ... en laca Ysay*, (témoignage) mis en valeur par Isaïe, J 23 ; *autorite*, B 440, *auterite* C ; *autorite* Cms ; **auteriteaff**, autoriser C ; **auctorizabl**, Ca, *autorizabl*, Cc autorisable ; du fr.

Audiance, audience, C ; **audiancer**, audiencier, Cb, Cc ; du fr.

Auditoer, auditoire, C ; *auditor* (rime) Nl 75 ; du fr.

Audiui, autorité, puissance, 33, 323, N 260 ; — *squient*, force d'esprit ? B 658 ; *audiffuy*, avec rimes en *eff*, B 585. Cf. rouchi « avoir l'*audivi*, avoir l'audace, la hardiesse ». Le gloss. roman de Roquefort donne *audivi, audivit*, autorité, crédit ; le dict. de Trévoux cite ces mots comme anciens, et ajoute : « On dit auj. *audiat*. » Provençal *audei*, f. hardiesse, audace (Honnorat.)

Auffret, « Auffroy, l. *Aufredus* » C ; n. pr. encore existant en Bretagne. Au IXᵉ siècle *Altfrid*.

Augur, augure, présage, N 767 ; du fr. — **Augustin**, n. pr., C ; du fr.

Auron, C auronne ; du fr.

Auruspicy, science des aruspices, Nl 770 ; du l. *aruspicium*.

Ausaff *coaf* Cms. préparer à souper ; *ausaf an bredou*, préparer les mets, J 6 ; *da em aux*, prépare-toi J 203 ; *auset* arrangé, traité B 386, 571 ; (mets) préparé, J 208 b ; préparez, J 49, 200 b ; traitez (-la) B 595 ; *aushymp*, nous préparerons J 200 b ; *ey auso*, qu'il prépare, J 47 ; *ausset* on traiterait B 454. Léon. *aoza*, préparer, tréc. *ôzan* ; de *aoz*, façon, pour *naoz*. Voy. *penaux*.

Ausill : *a —*, Cc, *a ausil* Cb, d'osier ; **ausillec** Ca, *ausilec* Cb, *ausileuc* Cc, oseraie ; **ausillenn**, C, osier. *Ausill*, gl. *vimina*, vie de s. Pol de Léon, *Rev. celt.*, V, 420. Auj. *aozil*, m. Emprunté aux langues romanes : anc. bas latin *ausariæ*.

Austelery, demeure, hôtellerie, Nl 67 ; du fr.

Auster : *provost —*, juge sévère, J 121, éd. 1622 ; qui vit dans l'austérité, N 451 ; d'une manière austère, N 390 ; du fr.

Aut, rive C. Léon. *aot*, corniq. *als*, v. gal. *allt* colline, v. irl. *alt*, rive escarpée, hauteur ; c'est le même mot que le lat. *altus*, haut, et que l'allem. *alt*, vieux ; rac. *al*.

Autenn, rasoir C, *autennye bihan* petit rasoir Cc. Léon. *aotenn*, f., v. bret. *altin*, gl. ferula ; gall. *ellyn*, m., v. corn. *elin*, v. irl. *altan*. f. La racine est probablement *art*, pierre (irl.)

Autentic, authentique, C ; adv. *ent* —, Cb ; (science) exacte B 90 ; *tut* —, personnes honorables, B 113, J 175 b (N 331, écrit *antentic*) ; réellement, J 199 b (rime en *et*, ce qui indique la prononciation par *n* nasale) ; selon les règles, N 1131 ; *antenticq*, N 1814 ; (s'appliquer) soigneusement, B 9* (*ententic*, B 9), N 333, écrit *antentic :* du fr.

Auter, autel P 224, C, H ; **auterag,** autellage, l. altarium, Cb ; **auter** rime en *eur*, P 212 ; ce mot vient en effet de *auteur* = gall. *allor*, irl. *altóir :* du lat. *altare*.

Autramant, J 108 b, *autremant*, C, autrement ; tréc. *pe'tramann*, ou bien ; du fr.

Autrecuidance, Cc, *autrecuidance* Ca, outrecuidance ; du fr.

Autren, accorder, octroyer, Ca, J 26, 32 b, consentement, Cb ; *autren drouc*, consentement en mal. Cb ; *autreas* 3 syll. accorda 146*, J 163 b, *autreet* accordé J 31 b, P 285, Nl 408 ; accordez, P 8 ; *autrehet*, que vous accordiez J 34 b ; *autreis* j'ai permis N 398 ; *ny a autreo* nous accorderons N 220 (ces trois mots forment 4 syll., *a* se joint à l'*y* de *ny*) ; d'*autre*, autorisation, P. Grég., du fr. *octroi*, cf. Rev. Celt. III, 223.

Autroniecat, dominer C ; **autroniez,** seigneurie, C, Nl 88, 4 syll., *autrouniez* B 33, pl. *autroniezou* 5 syll., domaines, B 425 ; du suiv.

Autrou, seigneur, monsieur ; C ; *e — Tat*, Dieu son Père, B 182 ; J 4 b ; N 114 ; P 26, 27 ; C, H ; *aotrou* N 146, *autro* N 92, *autraou* 38* ; Nouel 9 ; pl. *autronez* seigneurs, messieurs, J 5 b, 216 b ; N 302, 543, 1731 ; P 160, H ; *autrounez* 228* ; N 472 (rime en *oni*), 710 (id.) 1707 (id.). Léon. *aotrou*, cornou. *ôtraou :* gall. *alltraw*, parrain, *athraw*, maitre, instituteur ; corniq. *altraw* beau-père = *altravú*, gén. -*vonos*, cf. v. irl. *altram*, nutritio ; même rac. que le lat. *alere, altor*. Voy. *itron*.

Av par v ou u consonne.

Aval, pomme Nl 456, J 4, *aual* Nl 81, C ; *auall* B 332, N 477, pl. *aualou* Cb ; **aulenu** pommier Ca. Cc, *guezenn aual* Cb, Cc ; **aualyc,** petite pomme Cc. Auj. *aval*, m., gall. *afal*, m., v. gall. *abal*, v. irl. *aball*, gaul. *avallo*, gl. poma. Cf. vieux haut allemand *aphol*, lithuanien *obulys*, pomme ; v. h. a. *opaz*, auj. *obst*, fruit. *Dybri naual*, Nl 179, *dibr'in aual*, Nl 327, manger la pomme.

Aualopaff, envelopper qqn, le perdre, le tromper, 762 ; du fr.

Auampe, « auampie de chauss » Ca, *alsin*)s *beyg an troat*, Cb ; du fr. *avant-pied*, par le changement de *ié* en *é*, cf. *bodre, lore*.

Auance. *Auber an — ho ranczon*. faites l'avance de leur rançon N 1911 ; *dam* —, pour m'avancer dans la perfection N 1232 ; *auanc*. avantage, profit, N 633 ; secours, assistance, J 95 b ; *auance*, offrande, don, Nl 268 ; **auancement,** avancement, C ; du fr.

Avancezaff, avancer, C ; *auance* payer (notre rançon) Nl 137 *don auance* pour nous sauver Nl 433 *auanc* il paie Nl 390 *auance*, avance(-toi), B 369 ; *daz em auance*, J 88, *da em auance* J 95 ; *auancet*, nous voilà bien) avancés, B 303, *aduancet*, sauvé Nl 520 (confiance) absolue, 141* avancé (dans la perfection) N 584 ; *dre chance avancet*, par pur hasard J 28 b ; *en signifiance avancet*, en signe évident de ce que, J 117 ; *auancet*, donné, offert Nl 158, *avancet* Nl 297 ; *auancet*, avancez B 411, 473 ; *hos em auancet*, B 22 ; *a auancet*, que vous protégiez Nl 384 ; *avancet*, approchez, J 225 b, *avancit* J 132 ; *auanciff* j'avancerai, j'avantagerai, B 42 (lis. *auancaff*, rime en *aff*, au présent) ; *auancehe* (nous) avancerait, nous ferait du bien, B 63, *advancent* ils offraient (des présents) Nouel 19, *auancent* Nl 38 ; du fr.

Auantaig, avantage, N 1024, C : *muy —a langaig*, et même (elle a) plus de paroles, B 650; *dd —*, et de plus, B 177, (rime avec la première syll. de *flachiff*, comme en général *aig* et *aich* riment à *ag* et *ach* par *j* et *ch* fr.) ; du fr.

Auantur, aventure N 354, C ; *dre —*, par aventure, J 103 b, Cb ; *— mat*, bonne chance N 928 ; *drouc auantur*, mésaventure, malheur, J 82 b, P 115; *da..., à...*, J 158 b ; *conseru prudant ma auantur*, (ô Dieu) protège ma vie N 395 ; *da bout vaillant e auatur*, que sa conduite soit brave, N 1046 ; du fr.

Avarice, avarice J 12 b, 85; **auaricius**, 5 syll., N 614 ; *avaricyus*, J 12, avaricieux, avare ; du fr.

Ave *gratia* (3 syll.) l'Ave Maria (gratia plena) N 498, *he saludas Dre un Ave* Nl 84 ; *greomp joa Da Maria dre un Ave*, Nl 344.

Auel, vent 106, N 126, 1109, P 65, C ; *arel* N 874; **auelaff**, venter, Cb, Cc ; **auelec**, plein de vent Ca, *aueleuc* Cc. Léon. *avel*, tréc. *awel*, f ; gall. *awel*, f. = *avella, grec ἄελλα, éolien αὔελλα, rac. *av*, souffler.

Auen, joue, mâchoire, 377, C ; fém. : *an niou avenn*, J 79 ; **auennat**, C, coup sur la joue. Troude, dict. br.-fr., fait à tort ces mots masc. En gall. *afwyn* rênes ; du l. *habêna*.

Auenant, (j'irai) avec plaisir, 40 ; *un termen —*, une bonne chose, 71 ; *avenant* (terme) convenu J 168 b, heureux, J 55 ; *un eur avenant*, une bonne heure P 107 ; pour la rime : *avanant* aimable, avenant, P 78, *auanant* agréable à Dieu, heureux, Nouel 20 ; du fr.

Auiel, 3 syll. évangile N 463, C, *aviel* B 157, pl. *auielou* 153*, N 456, *auyelou* B 169, *auielou* 169*; auj. *aviel* pl. ou *curniq. awayrl, aweyl* ; du lat. *evangelium*.

Auil : re vil hac — *ha bilen* (lieu) vil, odieux, horrible, 491 ; *heb reuil — de pilat*, à la battre sans égard, cruellement, 457 ; *reuill auill*, 457* ; composé de *vil*. Cf. v. fr. *avilance, avillance*, mépris.

Auis *a diaraoc*, auisement par devant, Cb, *memeux —*, m'est avis, 207, *ameux avis* J 193, *= avis eu dif* J 235 b ; *avis*, P; *dre avis*, avec sagesse J 102; *dre hoz drouc avis*, par votre injustice J 118 b ; *memoa drouc avis*, j'étais malavisé J 233 ; *hoz aduis* votre avis, J 81 (rime en *a*) ; du fr. On dit encore *'m eus avis*. Le composé *diavis* malavisé, ne doit pas être confondu avec *dievez*, vann. *dieueh*.

Auisaff, aviser C ; *— ... ma preseruaff*, à me sauver, B 703, *avisaf* J 116 b ; *pa em avisaf*, quand j'y songe, J 167 b, *pan emavisaf* quand je songe J 25 ; *pez a auis dichuy*, que vous semble de ...... B 239 ; *dahem avys*, pensés-y, J 62 (c'est du moins le sens qui me semble probable) *aviset* avisez, rentrez en vous-même, J 221 b, B 216* ; *chenchomp guis hac en em auisomp*, convertissons-nous, Nl 448 ; *auiset* (tu t'es) avisée de... B 741 ; *drouc auiset*, malaviseB 743 ; *auiset mat*, bien avisé, Cb ; *pan em avisas*, quand il rentra en lui-même J 79 b ; *en em auizas* B 3, *en em avisas* 3* ; *ne auisent pas*, ils ne se possédaient pas de rage, J 123 ; *auisomp*, avisons, examinons B 69 ; *quen ne em auisse*, jusqu'à ce qu'elle se ravisât B 234 ; du fr.

Auision : *gruemp ny un —*, tenons conseil, 69 ; du v. fr. *avision* (vision, songe).

Auoeaff, 3 syll., rendre hommage, saluer (un souverain) N 320 ; *avoeaf* reconnaître, honorer (Dieu) N 966, *avoeaf*, lis. *avoeaf* consoler J 212 ; *dren Doe a auoeaff* par le Dieu que j'adore, B 50, *avoeaf* J 100 ; *avoeer*, on reconnaît 147* *roe auoeet*, roi reconnu B 32, cf. 481 ; écrit *auoet* B 676 ; *vn Doe auoeet* Mf 2 ; *so da un doe em auoeet*, qui s'est donnée, dévouée à un dieu B 408 ; *em avocet*, lis. *avoeet*, (il s'est) déclaré (roi) J 108 b ; *auoehet*, qu'on reconnaisse (comme dieux) B 123, *auoeiff* je reconnaîtrai B 129, *avoeif* J 149 ; *auoesent* qu'ils reconnaissent B 438 ; *auoez* 3 syll., prononcé *auoeez*, tu reconnais B 685 ; du fr. *avouer*.

Auoeance. *Dre —*, par honneur, pour lui faire honneur Nl 373, dérivé du précédent.

Auoeltr, homme adultère, « auoiltre », Ca, *auoultry*, fém. *auoultres*, Cb ; **auoeltriez**, *auoultriez*, crime d'adultère, « auoiltrie » Ca, *auoltriez* Cb, *avoeltriez* H ; du fr.

Auon, Cb, *auonn* Ca, fleuve. Le P. Grégoire donne comme ancien bret. *avon, aven, avonn* ; cf. Pondaven, etc. Cornique *avon*, gall. *afon*, f., = *Abona* (géographe de Ravenne), auj. l'Avon; dérivé de *ab*, irl. *abh*, fleuve; cf. gaul. *ambe*, *rivo* (glossaire d'Endlicher), sanscr. *ambu* eau, lat. *imber* (cf. *accipiunt inimicum imbrem*, Énéide, I, 123) ὄμβρος pluie, lat. *am-nis*; *Hamn*, nom de rivière, Cartulaire de Landévennec.

Auortaff, avorter; **auorton,** avorton C; du fr. Léon. *avoltin*, avorton; *arvokin*, t. d'injure; cf. *Buez ar pévar mab Emon*, p. 276.

Auu, foie C, auj. *avu*, corn. *aui*, gall. *afu*, v. irl. óa = *aua, génitif moy. irl. *aé*, lis. *áe* (Stokes).

1. **Az,** de ton (= a 2 avec pr. pers.) *ez deu... az guenou* 357; *pan ay az corff* P 250; *az disquiblyen* J 57 b; *darn... az secret* J 60 b; *branc az iouanctet* P 244; *Foll az hol mat haznat atau, Nemet pemp planquen... Ne day ez querchen a tensor*, P 264, c'est-à-dire, je crois, « Insensé, de toutes tes richesses, il est bien certain que tu n'emporteras avec toi que cinq planches (en fait) de trésor »; *az goude* après toi, P 70 (cf. léon. *a-c'houde*, ensuite); *me trugareca Doe... az bout duet*, je remercie Dieu que tu sois venu, litt. de ton être venu, de ta venue, P 82; cf. vann. *ha pout* = 'ah bout, *az bout* = « tibi esse ».

2. **Az,** te, qui te, = *a 3* ou *a 4* avec pron. pers. : *quement az azeul*; 271; *me az goano* N 88, *me az supply* N 892; *me az erbet (me az* en 1 syll.) P 224; *az eux* tu as 373, 693, J 18 b, 85, N 956, *azeux* J 61 b; *az vezo*, tu auras J 18 b, *az ve* que tu aurais J 66. On trouve à la fois dans les *Poèmes Bretons az voe* tu eus, 201 *affoe* 196, *aff voe* 206, *a hoae*, var. *a voue*, 207; le renforcement de *v* en *f* constitue une seconde mutation en sens contraire de la première (*v* étant un affaiblissement de *b*). Le léon. *az poe* tu eus, a renforcé directement la lettre radicale. Voy. *a* 10.

3. **Az** = *a 3* avec *ez* ? *An froez az doguez*, le fruit que tu portes P 202; on attendrait *a doguez*. Dans la strophe 196, ... *pemzec guez az stoeaz dan place A enor dan pemzec solacz Affoe*, je crois qu'il faut lire *ez stoeaff*, et traduire : quinze fois je me prosterne sur place, en l'honneur des quinze joies que tu éprouvas.

4. **Az,** et ton : *goude da glat plat, az cador, An hol cosquor daz enoraff* P 264, = je crois, « après toute ta richesse, et ton siège d'honneur, et toute la foule qui t'honorait ». Voy. *haz*.

Azerant, adj., partial : *hep bout nep queuer azerant*, sans pencher d'aucun côté, sans faire acception de personnes, N 1486. Probablement pour *azveranz*, = *atferant*.

Azes : *ez —*, que tu allasses, J 213 b.

Azeuliff, adorer 399 (rime à *quentel*). C; *azeul* il adore B 271, 447* J 174, Cc; *azeulaff* j'adore B 429; *azeule* adorait, B 437 *azeulent* adoraient B 443; *azeulet* adoré B 123, adorez ! B 550; le d est resté dans *adeulas*, N1 424; léon. *azeuli*, gall. *addoli* < du l. *adorare*. Le fr. *adorer* a donné *a orifu*. H 9; yoy. *adoront*.

Aziff, mûr Cms, = *azo, hao*, vann. *anv*, P. Grég.; *anve, aneu*, L'A. Gall. *addfed*, mûr, v. bret. *admet* (raisin) sec, = vann. *anved-ein* P. Grég., *anehueddein*, L'A., mûrir, gall. *addfedu*. Le léon. *dour hanvoez*, eau croupie, eau de fumier, est le tréc. *dour haoe*, semblent avoir le même suffixe que le corniq. *arvez*, mûr, moy. irl. *abaid*; le vann. *deure-anho*, L'A , cornou. *dour-hav* (Troude), = *azff*. De *adm-* = *admos*, cf. gr. ἀδμήνειν, être en bonne santé, Hésychius, ἀδ-ινός, dru, ἁδ-ρός, dru, mûr ?

Azfritaff refrire Cb, s. v. *fritaff*. Voy. *adarre*.

Azgas, odieux, exécrable, criminel, 526, J 13, 86 b, 97, 114 b, 204 b; superl. *az gassaff* B 793; Troude donne « *azgas*, étrange ,surprenant ; « de *az-* et *cas*, haine; gall. moy. *go-ateas*, Mabin. 3,301.

Azyent : *maz —*, pour qu'ils allassent, 183; *ez az ient* N1 442; *maz az yent* N1 162, s'ils étaient allés.

Aznauout, connaître C; *aznauez* je connais B 81; *aznaffe* reconnaîtrait, P 232, 235; *aznauezet* connu Cb, B 312, J 67 b; (var. *anauezet*), *aznauezo* connaîtra B 621, *aznavihez* vous saurez J 164, *aznavoe* connut J 202 b, 211 b; **aznauoudec,** connaisseur C; **aznauoudeguez,** C, *aznauodaeguez* Cms, connaissance, *aznavoudeguez* reconnaissance, H. Léon. *anaout*, *anaoudek*, *anaoudegez*. Anaout, gall. *adna-*

bod = 'ate-gna-butis, cf. v. gall. *am-gnau-bot*, conscience, irl. *aithnim*, je sais. Voy. *haznat*. *Aznavoe* répond au cornique *annabow*, gall. *adnabu*.

Azquil, nuque 472, 1ʳᵉ syll. rim. en *at*. De *at*, *az*, et de *quil*.

Azr, serpent, couleuvre, C; *aezr*, Nl 81 : *azr an quoat*, « couleuvre de bois », Ca, *azr coat* Cb, *azr guyber* couleuvre d'eau, C, (lisez « vipère »). Auj. *aer* f. gall. *neidr* f., pl. *nadroedd* ; v. bret. *natrolion*, adj. plur. « qui a rapport aux serpents » ; v. irl. *nathir*, m., gén. *nathrach*, serpent d'eau ; cf. lat. *natrix*, id., litt. « nageuse ». Voy. *neuf*.

Azrec, componction, contrition, N 150, C ; *hep aezrec*, sans regret Nl 207 ; **azrecat**, avoir componction des péchés, C., *azredecat* Cms. *Azrec'h* tristesse, affliction, Pell. ; *azreo* lis, *azrec* tristesse, P. Maun. Le breton semble se décomposer en *az-rec'h*. Corniq. *eddrek*, pl. *edrege* ; irl. *aidrech*, *aithrechas*, *aithirge* ; latinisé en *arreum*, Zimmer, *Glossae hibernicae* ; gothique *idreiga*, qui paraît emprunté au celtique (Stokes). Cf. *Beitr.* II, 216.

Azrectet : *hep quempret* —, veut dire je crois, « sans me repentir », litt. sans prendre regret, J 99 b ; M. de la Villemarqué a traduit « sans prendre caution ». Var. *hep quemeret arretet*. *Azrectet* semble dérivé de *azrec*.

Azrouant, 3 syll., ennemi, C ; démon B 381, J 15, 115, P 239, H ; *azroant* ennemi P 238, 260, pl. Cb, *ezreuent* ennemis, H 3, *adzrouant*, démon, Nl 543 ; pl. *ezrevent* P 193, 242, **azrouantelez**, inimitié Cc ; **azrouantus**, l. hosticus ; *dre azrouant*, *dre azrouantelez*, l. hostiliter, Cb. Léon. *aeraouant*, démon, pl. *erevent*. On pourrait expliquer ce mot par « tourmenteur », en le rapprochant de *azrec* : sa terminaison indique un dérivé d'un ancien participe présent. La rac. verbale peut aussi être la même que dans le v. bret. *inruetir* « incitat? » gall. *rheuo*, se mouvoir, auquel M. Stokes compare l'allem. *regen*.

B

Babilon, Babilone, C ; du fr.

Babouin, 3 syll., singe, t. d'injure, 290° ; **babouinaff** *an uisag*, C souiller le visage, *babouynaff Cms* ; du fr. *babouin* ; b. lat. *bebuinare* (XIII° s.) peindre des figures grotesques (Brachet).

Bac, C bac, bateau ; du fr. ; fém. comme auj. *bagule vihan* Ca petit bateau, *bagic bihan Cms*.

1. **Bacc**, bât, C, *bace Cms* ; du v. fr. *bast*. — 2. **Bacc** *crampoeʒ*, C, pâte pour faire les crêpes, *bace Cms* ; tréc. *bas*, h. bret. *basse*, f ; du v. fr. *paste?* cf. *bacc* 1 et *baradoes*.

Bach, croc, C ; auj. *bac'h* f., gall. *ƀach* m., irl. *bacc*, m. Voy. *diuach*.

Bacheler, bachelier C ; **bachelery**, « bachelerie » Cb, Cc ; du fr.

Bacinet, « heaume ou bacimet » C, *bacinet*, g. id, *Cms* ; *bacinet*, g. bacimet, Cb ; **bacinaff**, part. *bacinet*, heaulmer, Cb.

Bacin, bassin, vase, J 51, C ; du v. fr. *bacin*.

Baculaff, « baculer, l. baculare » (battre) C ; du v. fr.

Badalen, dague, C ; du v. fr. *badalaire*, Cath. s. v. *dac*.

Badet (yeux) éblouis, obscurcis, N 1125, 1543, 1796 ; *na vady* (prends garde) que tu ne nous trompes, N 1648 ; *en* **badou**, en maladie, J 147, var. *badaou* ; en frénésie P 114 ; *eʒ ay da hol mat dan badou*, que tout ton bien soit perdu, N 1646 ; **badouet**, défailli B 593 ; sot, B 552. M. Loth admet à tort que *droue noʒ badou*, dans maistre Pathelin, peut signifier « (avoir) mal la nuit durant », *R. c.*, IV, 454 ; V, 226. Léon. *bada*, être étourdi ; *badinella*, éblouir par un choc à la tête, Troude ; h. l. *badaillet*, *bataillet*, *badaouet eo va fenn*, la tête me tourne ; tréc. *batet*, *batorlet*, étourdi, assommé ; cf. *bac'h* timide, étourdi, à Saint-Mayeux ; vann. *bahein*, être déconcerté. V. bret. *bat*, frénésie ; corniq. *bad*, *badt*, stupide, *badus* lunatique ; cf. v. irl. *báith* « idiota », goth. *bauths*, muet, sourd, insipide. Cf. *baʒaillat* ; même racine que *baʒ* ?

Badez, baptême : *an stat a—*, 661, N 1120 ; *lacat en badeʒ*, B 109 ; **badezaff**, baptiser, 170, C, H, *badeʒaf* N 916 ; *moʒ badeʒ* B 177 ; *badeʒas*, B 18, J 104 ; *eʒ badeʒat*, on t'a baptisé, P 279 ; *badeʒet*, batipsé 146° N 914, P 150, baptisez B 155 ; fut. *badeʒiff* B 177 *badeʒo* N 936 ; **Badezour** : *an —*, Jean-Baptiste J 104, C, H. **Badizient**, 3 syll., baptême N 980, P 149 ; *badiʒyent* C. Léon. *badeʒ*, *-a*, *-our*, *badisiant* ; gall. *bedydd -io*, *-iwr*, corniq. *bedidhia*, *bedidhians* ; d'une rac. tirée du lat. *baptiʒo*.

Baec, bègue Cb ; cf. le *Bec*, surnom en 1260, R. c., III, 400 ? Du fr.

Baeguel, bêlement ; **baeguelat**, bêler C ; auj. *begiat*, corn. *begy* braire ; cf. gall. *beichio* mugir = irl. *béccim* crier.

Baelec, 2 syll., prêtre N 1671 ; P 140, C ; *baeleuc, bealeuc, Cms ; baellec* 806ᵃ-807ᵃ ; pl. *beleyen* N 523 ; fém. *baelegues*, C ; et **baeleguer**, on t'ordonne prêtre, N 1697 ; part. *beleguet*, N 1684 ; **baeleguez**, 4 s., prêtrise N 1688, C. Auj. *belek*, vann. *bellek* de *baʒloc, *baglde*, gall. *baglog*, qui a un crochet, irl. *bachlach*, rustre, dérivé du lat. *baculus*, bâton (pastoral). On trouve *baelec* en 1260, R. c., III, 399 ; ce mot a marché plus vite que *daerou*. Voy. *daʒrou*. *Baʒldc* a donné en léon. *baʒloaek*, béquille, par étym. pop. d'après *baʒ* et *loa*, voy. *deʒrou* ; le vannet. *mâleu* béquilles = gall. *baglau* avec le même changement de *b* bret. en *m* que *mac'hbonal*, séparé à tort de *baʒvalan*, Gloss. v. br. 182 ; cf. vann. *dareu* = *dagrau*.

Baetes, bette, C. Tréc. *boetes*, du plur. fr. *bettes*.

Bagat, assemblée ; — *chatal*, — *galantet*, C ; plur. *a bagadou*, par troupes, prophétie de Gwinglaf (Le Pell.). Léon. et gall. *bagad*, gaél. *bagaid*, troupe ; *bagaid, bagailt*, grappe, gall. *bagad*, corn. *bagas* ; en gall. *bagwy* a les deux sens ; du l. *bacca, baca*, Thurneysen.

Bagol, sain, robuste, *Doctrin. ar ch.* str. 2. *Eur plac'h var an oll bagol a jolis*, anc. imprimé, Pell. Gall. *magoll* engraissé (Richards), cf. vann. *divaq*, maigre (Le Pell.). Voy. *maeʒur*.

Baguet, poche ou bourse, J 210 ; *baguet* bagage, Am. du v., Pell., v. *bag, distac* ; du v. fr. *bagues* ; à Montbéliard *baigotte*, poche (M. Contejean).

Bahu, Cms, bahut ?

1. **Baill**, « bausen » Cms ; auj. *baill*, qui a une tache blanche au front, gall. *bal*, cf. gr. φαλιός, id. (Hésych.) Pell. cite en fr. *baillet*, id.; cf. v. fr. « cheval bay, *baille* en front », God. En irl. *bal*, m., tache ; gall. *bali*, m. tache blanche au front des chevaux.

Balance, balance C ; balance, équilibre B 473 ; *nenn dey... en —*, il ne sera pas ébranlé, P 169 (cf. l'emploi de *brancel* P 265 ; **balanzcaff**, balancer C ; du fr.

1. **Balauenn**, papillon C. *Balavenn, balavennicq* — *Dolle, melvenn*, Grég. ; *balafen, malaven*, Pell., qui cite d'après un nouv. dict. ms. *balenic* Doue. *Balafen, malafen*, f., Gon. tréc. *melvenn*. Cf. gall. *pilai* ? fr. *phalène* ?

2. **Balauenn** *erch*, flocon de neige, Cms. Vann. *malhuenn*, f, L'A ; léon. *malʒenn* Grég., Gon., Troude. *malʒen* Pell. Le *b* moyen bret. vient d'une confusion avec le mot précédent. Peut-être le *ʒ* du léon. est-il produit par l'analogie du syn. *calʒenn*, Grég. *K'alʒenn* f. Trd. Voy. *maluenn*.

Balazn, genêt Cb, *balaʒnenn*, C ; **balaznec**, genetaie C. *Balan-du*, nom d'homme, charte de 809. Cart. de Redon, p. 192. Au XIIIᵉ s. *balanec, banalec, benalec, banaʒlec*, R. c., III, 400. Léon. *balan*, genêt. tréc. et île de Batz (h. léon.) *baelan* = *baʒlan*, cf. *Ploubaʒlanec*, tréc. *Plaerannec* ; vann. *belann, benale*. L'A.; gall. *banadl*, corniq. *banathel* ; même rac. que lat. *genista* (Stokes). Dans plus. patois français, *balai* veut dire genêt. Le br. *balaen*, balai, qu'on tire du v. fr. *balain*, flagellum, peut venir de *balaʒn* : cf. corniq. *bannolan*, balai.

Balbouzat, balbutier ; **balbouzer**, bègue C. Léon. *balbouʒa* ; du fr.

Bale, se promener, marcher, voyager, 275 ; *ouʒ vale*, J 206 ; prés. *bale* 131, 282, J 193 ; fut. *baleo* J 42. Auj. *bale*, cf. *bali*, avenue.

Balen, baleine C, pl. *balenet* Cb ; *balen*, P. Grég.; du fr.

Balet, al's *scubell* g. id., l. *cheruchus*, Cb, Cc, balai ?

Bali, fr. barbecane, l. *procastrium*, C, *baly* Cc.

Ballin, g. id. l. sarabara, secundum usum presentem, licet aliud significat sarabara, C*a;* nam sarrabella sunt brache (braccae) C*c.* V. fr. *ballin* petit matelas (Finistère), God.; auj. en haut breton et en poitevin tissu grossier.

Balsamit, fr. id. ou bammier, l. balsamus C ; *balesamit Cms* ; du lat.

Baltasar, Nl 160, *Balthasar* Nl 142, roi mage.

Balu, « perche qui soustient la raya a prendre beste » C.

Baluent : *salo a pep —* Nl 206 ; *glar na —*, Nl 109. Souci, propr. tempête, de *barr* a et *guent*.

Bam, baume C ; **bamaff**, part. *bamet*, oindre de baume, *Cb* ; du v. fr. *bamme*, C.

Ban, vieille truie C. Léon. *bano, banv,* id.; v. irl. *banb,* porc, gall. *banw.*

Bandenn, bande, lien, C ; *dre un banden*, ensemble, P238, *en vn bandenn* N 1405, (rime en *ann*, par exception pour *ant* ; auj. *en eur vandenm*, id.); *a banden*, id., Nl 105 ; *e pep bandenn*, de toute façon ? N 1150; du fr.

Banel : *e nep —*, en aucun lieu, N 1488 ; léon. *banel,* f.; du fr. *venelle*.

Banier, *Cb* ; **banyer**, C, bannière, auj. *banniel* m.; du fr.

Bannech, goutte J 144 b N 938, C ; *bannhech* B 255 *banneech* 255* ; *n'a guelo bannec'h quet* il ne verra goutte, Jér.; *banhe Cms* ; J 201 (rime en *ech);* plur. *banechou* H, *bannechaou* Nl 16; **banneye**, gouttelette Cc. Léon. *banne, bannec'h ; banneɀ,* Pell.; tréc. *bannac'h.* Le corniq. disait « ne voir, n'entendre, ne dormir goutte », *banna, banné ;* irl. *banna* goutte v. irl. *banne,* lait, cf. *bann,* jet.

Bannissaff, bannir, exiler, proscrire, C ; *banissaff Cb banissaf* N 1479, part. *banisset* Cc N1528, fut. *banisso* B 766; **banissement**, bannissement, *Cb, banissement* Cc ; du fr.

Banquedou, banquets 297 ; du fr.

Banves, banquet P 156. Léon. *banveɀ,* m. Le Gon., *banveɀ,* Pell. vann. *bannhuéss* L'A. M. de la Villemarqué a comparé l'irl. *bainfheis,* f., noces ; je penserais plutôt au plur. franç. banquets, cf. *barreɀ* f., du fr. *ballets.*

Bara, J 55 b, 202 b, N 427, C, H, pain ; **baraer**, panetier, C, boulanger *Cb,* fém. *-es* C. Auj. *bara,* m., d'où le fr. *baragouin ;* gall. et corn. *bara,* de **barg,* cf. gall. *eira,* neige, *bera,* pile, de **erg,* **berg ;* v. irl. *bairg-en,* pain, de * *bargina;* rac. sanscr. *bharj* griller, lat. *frīgo,* gr. φρύγω.

Baradoes, paradis 330 ; 559 (rime en *aes*), 605, J 141 b ; P 190, Mf 71 v°; B 319 (rime en *os*), *Cb* ; *barados* 319* ; Nl 12, B 495-496, (*baradoes* 495*-496*) ; J 98, 142 b ; J 35 b ; *baradoues, baradoɀ,* H ; *baraɀoeɀ, baɀaɀoes* C. Fém. : *en hy,* J 35 b ; *he roas,* Nl 12. Léon. *baradoɀ,* vann. *baraoues ;* du b. lat. *paradēsus*. Le *b* vient d'une mutation grammaticale, après l'article. Voy. *pal, trindet.*

Barat, fraude, tromperie, N 1622, P 97, 186, C ; **barataff**, frauder, C, *baratet,* trompé, privé de son salaire B 303 ; **barater**, « barateur, tricheur » C. V. br. *brat* gall. *brad* v. irl. *mrath,* plus tard *brath.* Voy. *bratellat.* Pour l'insertion en breton du premier *a,* qui a passé dans le provençal *barat,* etc., cf. vannet. *darask* et *drask,* grive, L'A.; cornou. *duluɀ* truite = léon. *dluɀ.*

Baraz, « barate » C. Léon. *baraɀ,* f.; *baracɀ,* Grég., tréc. *balaf,* cornou. *bares,* = **barath ;* même racine que *barill*.

Barba, sainte Barbe, 5 ; qqf. pour *Barbara,* par ex. 101 ; *Barbara,* 1, 787. Léon. *Barba,* tréc. *Barban ;* vann. *Barbe,* L'A.

Barbaou *Hervé,* l'épouvantail de Hervé, Jér.; *idolou barbou* idoles, vains épouvantails, B 552. *Barbaou,* m., être dont on fait peur aux enfants, Le Gon. Cf. v. fr. *baboue,* f. épouvantail d'enfant ; *barbeu,* loup-garou, God.; angl. *bugbear ?* Voy. H. de la Villemarqué, *La légende celtique,* p. 264.

Barbari, Barbarie C ; du fr.

Barber, barbier, fém. -*es* C*b*, C*c* ; *barbieres* C*a* ; du fr.

Barc, barque ; *barg,* « barche, » C ; du fr.

Barff, barbe C ; *ober barff,* C*b* ; *baru* P, B 574 ; *dirag da barv,* J 114 ; *barf* C*c* ; **barfuec,** barbu C*a, barffec* C*ms, barfeuc* C*c* ; **barfueguye,** peu barbu C*b*. Au IX*e* s. *Barbi-difeith,* Cartul. de Redon, 66 ; léon. et tréc. *barv,* m., vann. *barhue,* fém. (L'A.) ; gall. *barf,* f. ; du lat. *barba*.

Barguet, busard C, auj. *barged,* m., corniq. *barges, bargos,* gall. *barcud.*

Barill, barril C ; dim. **barillic,** C*b* ; du fr.

Barlenn, giron, J 160, C*b* ; *barlen* C ; **barlennec,** celui qui a un giron C. Auj. *barlen,* f. gall. *barlen,* f.

Barn, jugement J 65, H ; *barnn,* P 274 ; *dre barnn,* par punition B 382 ; *barn en les y-lis,* C*c,* bar dre *l. y.,* C*b.* **Barn,** juger J 178 b, N 963, H ; condamner, J 113 b, 116 ; *barnn* B 349, P 162, C, prés. *barnaf* J 119 b, *barn* J 116 ; *barn !* N 611 ; *barnas* J 114 b, *eɀ barnat* il fut condamné J 106, part. *barnet* J 82, 98 b, C ; *varnet* C*ms* fut. *barno* J 115 b, 178 b ; **barner,** juge, J 94 b, 163 b, N 1426, C, H ; *barneur,* B 543-544 ; *barneur* jugement C*b* (par erreur). Je crois qu'il faut lire *barn* au lieu de *barn,* P 286, dans une strophe ajoutée au texte primitif, comme le dit M. de la Villemarqué (*Poèmes bret.,* p. 155), mais qui est ainsi un distique de forme irréprochable :

> *Maɀ sonche den certen en maru hac ouɀ pep baru peguenn garu eu*
> *Bihɀuyquen en lech ne peche na ne hoarshe her dre ve beu ;*

« Certes, si l'homme songeait à la mort, (s'il pensait) combien elle est impitoyable envers tous (litt. à la barbe de tous), jamais nulle part il ne pécherait, et ne rirait de sa vie. » Auj. *barn* f., jugement. gall. id. irl. *barn,* juge (Cormac) ; même rac. que *breut ?*

Baron, baron, C, seigneur, P 23 b, pl. *baronnou* C, *baronou* C*b.* Jér. (Pell., s. v. *mareca*) fém. *barones* B 16, C ; *baronnes* C*ms* ; **baroniez,** baronie C, *baronniez* C*ms* ; du fr.

1. **Barr,** branche C, P ; — *dour binniguet,* aspersoir ; — *an quelyen,* « esmouchouer », — *raesin,* « rames de raisin », C ; *barrou drein,* rameaux épineux, J 105 b ; *barraou coat,* branches Nl 135 ; *hep barr dillat,* J 134 b, sans un lambeau de vêtement ; *ne chommas barr,* Nl 220 ; *hep repos bar,* Nl 565 ; *un barr,* B 393. « *Bâr* se dit au sens de négative... comme... brin, pas. point. » Pell. ; **barr** *an penn,* sommet de la tête, C, *bar an pen* Nl 135. Le sens propre est celui du v. irl. *barr,* m., « extrémité touffue » ; bret. mod. *barr* m. grappe, branche, sommet, comble ; corniq. *bar* sommet, *baren* branche ; gall. *bar* m. sommet, touffe ; cf. Thurneysen, Keltoromann. 44-45.

2. **Barr** *auel,* coup de vent, N 1109 ; *hep — nerɀ,* sans aucune force, J 72 b ; *gant* —, (frapper) à grands coups, B 592 ; auj. *bar, barrad,* m. accès ; cf. gall. *bár,* m. colère, pl. *baroedd* ; irl. *báir,* lutte.

Barrabas, Barrabas J 117 b.

Barrenn, barre, — *an nor* « la barre de luys », C, prob. du fr. ; cf. pourtant *barɀenen,* Pell., *barɀennen* f. Gon. verrou.

Barret, « barret » C ; *eur barreten,* une calotte, Am. du v., Pell. ; **baretet,** vêtu d'une barrette, C*b* ; du fr.

Barroos, barre C*ms* ; du fr. barreaux ? — **Bartol,** Bartole, l. Bartoldus, C.

Barz, ménétrier C. Auj. *barz.* Le *Barze,* n. pr. en 1284, fém. *Barza* (latinisé), commencement du XII⁰ siècle, R. c., III, 400. Gall. *bardd,* v. gall. *bardaul* poétique ; v. irl. *bard,* gaul. *bardos,* chanteur;

Bas : *ha gentil ha —*, 759, nobles et vilains ; auj. *baz,* peu profond, tréc. *baz a speret,* qui a peu d'esprit ; corniq. *bas,* gall. *bas;* prob. du latin vulgaire *bassus.*
barde.

Basilic, Cc, *basiliq* Cb, basilique Ca basilic ; du fr.

Bastart, batard ; f. **bastardes,** C. *Bastart,* n. pr., XI⁰ s., Cartul. de Redon ; surnom, Cartul. de Landévennec ; plur. *an Vastardou,* XII⁰ s., ibid.; du fr.

Batailh, bataille, 658, J 69, P ; du fr.

Batant, immédiatement, J 216; *tizmat —,* B 456, J 138 b (éd. 1622); *tizmat... —,* B 164, 203; *tout —,* B 131 ; *vatant,* Nl 278. Tréc. *bremā-zouden vatan,* Buez ar p. mab Emon, p. 374 ; — *vantan,* p. 391 ; du v. fr. *batant,* id., resté dans « tout battant neuf ».

Bateau, bateau Cms ; du fr. — **Bateller,** C batelour, *batellour* Cms ; du fr.

Bau, lent, timide, 103 ; **bauet,** C, qui a les mains gelées. Cornou. *baw,* engourdi, léon. *bawet; baw,* engourdissement, frayeur, Pell. de **bag-vos,* cf. v. irl. *com-baig* « confregit ».

Baudre, baudrier C ; du v. fr. *baudré.*

Baut *ha larg* c'est tout ung C. bien, largement, gaîment B 38, 65, 376, certes Nl 422, etc.; *peur —,* très glorieusement ? Nl 8 ; du v. fr. *baut,* d'où *s'ébaudir.*

Baz, bâton 294*, 391, N 1768, C. J 110; fém. : *homan,* J 110 b ; *bazz,* Cms ; pl. *bizyer,* B 460, *bizier* 457, bâtons ; — *squeul,* échelons, Cb ; **bazaff** *an squeul,* mettre des échelons à une échelle, C ; **bazat,** coup de bâton, St Gw. Pell. Auj. *baz* f., pl. *bisier* vann. *bah, bac'h* (confondu à tort avec le moy. br. *bach,* Keltorom. 39) cf. gall. *bath,* m., coin pour frapper la monnaie ; irl. *bat,* m. bâton. L'angl. *bat* semble d'orig. celt. ; le bret. *baz* représente un gaulois **batta* d'où peut-être le lat. valg. *batuere* battre. Voy. *badet.*

Bazaillat, bailler, C ; du fr.; le Cath. donne basiller et bazaillement. Du bas lat. **badac'lare,* dérivé de *badare,* être béant, qui semble d'origine celtique. Voy. *badet.*

Bazoul *cloch,* Cms, (battant de cloche), auj. *bazoul ;* vann. *bahoule* L'A. cf. v. fr. *batail,* ital. *batocchio.*

Beaul, cuve C. Léon. *beol,* f., du b. lat. *bacula,* comme *baill,* m., baille, baquet ?

Beauselenn, fiente de beste menue, C, vann. *bouzile,* m. L'A. cf. fr. *bouse.*

Bec, bouche 273, 397 ; face : *ho bec d'am bec lequet* ! S. Gw., Pell.; en —, en face J 195 b ; teint, visage : *da ober — da,* J 201 ; bec, pointe, C ; *becq* (d'une épée) N 1430 ; pl. *ober begou* (des teints) J 201 b ; **beyg** *an troat,* syn. d'*auampe, Cb ;* **beguec,** beschu C. Auj. *bek,* m., *begek ;* Le Pell. donne *bechec,* cf. *beyg.* Du fr. selon Keltorom. 45 ; c'est certain, du moins, pour *beyg.*

Bece, vesce C, auj. *bes, bens,* f.; du fr.

Bech, poids, fardeau, J 13 b, 25 b, N 149, C, P; *un — a sechet,* grande soif, Nl 50 pl. *bec'hyou* B 74*; **bichyaff,** charger C. *bechyaff,* p. *et,* Cc, *bezchyet,* **bechyus,** onéreux Cb. Tréc. *bec'h,* m., gall. *baich,* m., de **baccis, *bhad-cis,* lat. *fascis ?* (Stokes).

Bechenn, cornette C, de *beyg* bout (du pied), cf. *bechec,* Pell., v. fr. *beschu,* Cath.

Beelzebut, 3 syll. N 786, *Belzebuth* B 25-26, *Bezlebuth* 30, *Belzebut* 30*.

Beguel, nombril C, J 99; auj. *begel,* m., gall. *bogail,* m. et f.; en patois du Maine *bellille,* Pell.; du lat. *bu(c)ella,* Keltorom. 40.

1. **Bel,** soule (grosse balle à jouer) C. *Mell,* Pell.; *meéll,* f., L'A. cf. *mell,* articulation.

2. **Bel.** *Jupiter ha Bel ha Venus* 114, *Habel* 114*; il y a erreur : Vénus est déjà nommée, et le vers n'a pas de rime intérieure. **Belus,** 435.

Beler, cresson C. Léon. id. m., gall. *berwr,* irl. *biolar;* cf. esp. *berro,* basque *itur-belharra* (propr. herbe de fontaine).

Bell, bataille, guerre, C, P, N 1431 ; violence : *dre neb —,* B 644; désespoir : *en — bras* J 96 b ; douleur : *hep bel,* Nl 34; **bellaff,** batailler C; **beller,** C; **bellour,** Cms combattant, f. *belleres* C, *belloureʒ Cms;* **bellus,** batailleur C. Gall. *bel* tumulte, guerre ; du lat. *bellum.*

1. **Belly,** bailli C; du fr. — 2. **Belly,** f. pouvoir, puissance, 539, J 22, P; *Dôe, Rôe —,* S. Gw.; *Roue'n —,* Nl 34, *Roue'n velly* Nl 139, 288, *roe velly* B 334. *An'froeʒ aʒ dogueʒ eʒ belly,* le fruit que tu portes dans ton sein, P. 202 (litt. en ta puissance, en toi). Auj. *beli,* f.; du v. fr. *bailie.*

Ben *a ru de —,* d'une rue à l'autre 619. Auj. *e ben,* f.; corniq. *y-ben,* m. et f.; cf. *pennac?*

Bennet, Benoît *Cms;* du fr.

Benaff, couper; — *an mein,* tailler les pierres, C; tourmenter de douleurs cuisantes, N 870, *benaf* N 1134 *am ben,* (douleur) qui me perce J 127 b; *ne gallaf quen gant guentl hac anquen em bener* N 894, cf. Je n'en puis plus, on me déchire! (La Fontaine); **benadur,** taille (de pierres); **bener** *an mein,* tailleur de pierres C; **benus,** taillable, *dre ben,* sculptabiliter. *Cb.* Auj. *ben* (pierre de) taille, *bena, bener;* irl. *benim,* cf. gr. πε-φνεῖν, tuer.

Benedicite, *pater reuerant,* bénissez-moi, Révérend Père, N 1258, mot lat.; **benediction,** bénédiction N 1118, P; du fr.

Beneficc, bénéfice (bienfait) *Cb, benefice Ca;* pl. *beneficʒou* bienfaits J 128 b, 236 b; **beneficet,** bénéficié C; du fr. Le v. gall. *binfic* vient du lat. *beneficium* (pron. *-kium).*

Benhuec, instrument, outil *Cb, Cc; benhuec, Ca;* pl. **binhuyou,** 3 syll. outils 67, 244, J 135 b, 145 b (dés à jouer); *me* **benuyo,** 3 syll. je ferai de la musique B 369. Tréc. *benvek,* pl. *binvio.*

Benin, venin, poison J 54 b, N 1168; méchanceté, *uenim* B 692 horreur, misère, *venim* B 325; *uhel a velim* (croix) haute et infâme J 114 b; **venimet,** (abîme) horrible J 97 b; vous vous fâchez, J 232 b; **venimus,** (froid) mordant, J 11 ; du fr.

Beniuolance (bienveillance) C; du lat. *benevolentia.*

1. **Benny,** « corne, l. *musa,* cornemus ». C. Tréc. *sac'h ar benio,* cornemuse, L. *biniou,* d'où fr. id.

2. **Benny** *an neut* « uoluc, l. *pannus* », C. Auj. *beni, bini,* f, bobine.

Bennige, lisez *bennig,* bénir, N 1764 *beniʒien* 3 syll. N 1132 *biniʒyen* C; part. *benniguet* Nl 18, J 140 (éd. 1622), P, *benniget* J 127 b *beniguet* J 4, N 891, 1218, *binniguet,* B 178, C, *biniguet* Cms s. v. *barr;* B 265, J 56 b, 57; prés. *bennigaf* N 1770 *benigaf* N 949; *benig* N 236, 1852 (avec un petit *c* au-dessus du *g;* fut. *benigo* N 937, 1131, 1814; **benignedenn,** bénédiction N 1139. Léon. *biniʒien,* part. *beniget;* du lat. *benedico;* **bennoez,** bénédiction N 927, 1158, 1694, P, *benoeʒ* N 1068. Léon. *bennoʒ,* vann. *benoeh;* du lat. *benedictum.*

Bep *pas,* de toute façon B 84 *(pep,* 84*); *beb maʒ maruent,* à mesure qu'ils mouraient, Nl 224; cf. **bepret,** toujours 12, N 18, 155, 1385Nl 1, etc., *bepred* N 543 ; la 1re syll. rime en *o,* B 162 (tréc. *bopret),* corniq. *beppres;* **bemdez,** chaque jour Nl 72, *bemdeiʒ* (rime *eʒ*) Nl 346; *pemdeʒ* Mf 4. Par mutation de *pep,* etc., cf. *R. c.* IV, 467.

Ber, broche C, pl. *you Cb* auj. id., m., gall. *bêr,* f., cf. l. *veru.*

Bernaff, couler C, I.. *bera*, gall. *beru*, cf. l. *ferri*, gr. φέρεσθαι.

Berger, berger 375-376; du fr.

Berglez, « vergier », Ca, *vergez aualou* Cb ; du plur. fr. Voy. *banvez*.

Berit, nom de démon 27-28.

Bern, monceau J 97, P, *bernn* C, B 396 adv. *dre bern*, Cb; pl. *bernou* vie de S. Gw., P; *bergnaou* Nl 181; dim. **bernye,** Cb; **berngnaff,** *berignaff*, amonceler Ca, *bernaff, beringnaff* Cb, *bernygnaff* Cms ; part. *bernet* P, *bernyet* Cb ; *ez bergnet*, il était entassé, Nl 96. Auj. *bern*, m., gall. *bwrn*, corn. *bern*; irl. nom. pl. *bairne*, multitude, cf. sanscr. *gana*, Stokes, *R. c.*, VI, 269.

Bernart, Bernard C ; du fr.

Beronic : *voar an —*, sur la sainte image N 1131; du fr. *Véronique*.

Berr, court, C, P, N 647 adv. *ez berr* Cb ; *en — amzer* J 17, *e — amser* N 760, *en ber amser* B 60, *en berr termen* B 82, *en berr* B 136, J 21 b, bientôt, en peu de temps ; *dalchet —*, tenu de court, gardé de près, J 220 ; *— enterret en e metou*, enterrée tout près de lui, J 192 b ; **berrder,** brièveté C, *berder* Cc, ; adv. *dre berrder* Cb *pez berder a quemeraf* J 191 b, quel parti je dois prendre, lisez *preder* ? **berrhat,** abréger J 78 h ; **berrhoazly,** courte vie, P. Auj. *berr*, gall. *byr*, irl. *bearr*, cf. *Birri m(anu)*, n. de potier (Allier) ; même rac. que l. *brevis*, gr. βραχύς.

Berri, le Berry C ; du fr.

Bers, prohibition ; **bersaff,** défendre, p. *berset* ; **berser,** celui qui défend, C. Auj. *bers, bersa*, cf. b. lat. *bersa*, clôture.

Berteleme, g. id. (Barthélemy) C ; P ; *Bertheleme* Cb ; du l. *Bartholomaeus*.

Beru, « boyt, l. lixamen, » bouillon, C ; **beruet,** bouilli, C, *bervet* J 12 b, (chaudière) bouillante J 98 b ; **birulff,** bouillir C, *birvif* J 12 ; **birvidic,** (cœur) brûlant J 209 b. Auj. *berv, bervet, birvi, birvidik* ; gall. *berw*, etc.; cf. lat. *fervere*, etc., *R. c.*, I, 59.

Berz : *am drouc — am eux guerzet*, « pour mon malheur, j'ai vendu », J 87 (var. *hetz*); peut-être « par ma faute, par une mauvaise inspiration ».

Berzut, miracle J 142 b, C, *burzut* N 411, S. Gw., pl. *berzudou* Cb, *burzudou* J 80, N 397 ; mystères, façons mystérieuses, J 164 b ; **berzudec, berzudus,** Cb, merveilleux ; adv. *dre berzut*, Cb. Léon. *burzud*, vann. *berhut* ; du b. lat. *virtutis*.

Bes, doigt, 262-263, (var. *bez*) ; C ; *bes, bis*, Cb; *bes an troet* doigt de pied, C ; pl. *bizyat* 3 syll. P. Auj. *bes, bis*, m., pl. *bisied* ; v. gall. *bis*.

Bescol, cest ung uer, C *bescoul* Cms. Léon. *beskoul, biskoul*, f. chenille et panaris. Voy. *preff*. Vann. *visscoule*, m., panaris L'A.; sens originaire : cf. gall. *bystwn*, id., de *bys* doigt, *twn* fracture. Trec. *beskôl*, m., panaris.

Bescont, vicomte, f. *— es ; bescontelez,* Ca, Cb; **besconty,** Cb, vicomté. Auj. *beskont*; du lat. *vicecomitem*.

Besou, anneau C ; — *pe clochic ouch an scouarn*, joyau doureille, Cb; **besouyer,** celui qui fait des anneaux, C. Auj. *bizou*, d'où le fr. *bijou*, cf. gall. *byson* ; de *bes*, doigt.

Besq, sans queue C, auj. *besk*; cf. v. fr. *besque*, m., qui désigne qq. infirme, God. ?

Besquenn, dé à coudre C, dim. — **le** Cb ; auj. *beskenn*, f. corniq. *besgan*, gall. *byswain* f., litt. « gaine du doigt ». Voy. *gouhin*.

Beatlnlet. (4 syll.) bestiaux, N 1169 ; gens hébétés, J 72 b ; du fr. *bestial.*

Beatl, fiel, Passion de N. S. (Pell.) ; *vestl,* J 143. Auj. *bestl* f., comparé à l'allem. *bitter,* amer, *Etudes gramm.* 66 ; corniq. *bistel* gall. *bustl,* m. cf. 1. *fēl ? bilis ?*

1. **Bet,** monde N 1, P ; *beth,* C, J 37, f. *enn hy,* B 320 ; pl. *bedou* B 315 *en beth,* dans le monde, J 27, var. *bet ; en bet* (nul) au monde J 9 b, N 629 (je ne sais pas) du tout, N 311 ; (comment) donc, B 509* *Guenn e bet* heureux (est) son sort, J 56 b ; *guenn è bet... an heny...* M 57 v° ; *guen e bet en credas* Nl 93 ; *guenn bet... an heny* M 58 ; *guen bet an bedis* Nl 415 ; *guen da bet* Nl 184, *maȝeu... guen da vet* B 504* ; *guen hon bet* Nl 142, 241 ; *guen ho bet ho credas,* heureux qui les a crus, Nl 86. *Pan finisso ho bet,* P 182 ; *en diveȝ hon bet* P 200 (destinée, vie). *En Rosnbet ne chomyff,* Jér. (Pell., s. v. *bēt*), lis. *Rom quet ?* **bedis,** habitants du monde, gens du monde, B 56, N 688, *bedys* Nl 294. Auj. *bed,* m., monde, gall. *byd,* v. irl. *bith,* gaul. *bitu-* dans *Bituriges,* Bourges. L'expression *Guenn e bet* existe aussi en gallois et en cornique. Voy. *guinvidic.*

2. **Bet,** jusque, jusqu'à, J 55 b, P 257 *beth* Cc ; *bet Mary* Nl 481, — *e ty,* B 211, — *gouȝaff* B 464, — *coll* J 116 ; *bet aman,* C, *bet hac aman,* J 101 b, jusqu'ici ; *bet an troat,* J 33, *bet en* (lis. *an) roe,* B 83 ; *bet en plantou,* B 456, *b. e. Map* Nl 123 *b. e. ouff* B 82, *bet enn haff,* B 84 J 47 b, *bet en haff* B 50 ; *bet emhy,* B 37 ; *bet enhy,* N 202, 259 *bet en och* B 52, 609 *bet enn he* vers eux, J 215 b, var. *bet e'nhe.* Bed, N 48, 1138, 1719 ; *bed guelet* jusqu'à ce que j'aie vu, N 517 ; *bede* B 97, C, J 12 b, N 2, Nl 303 *bede an* N 798, *beden* B 787, J 59, N 159, *bedenn* N 1674 ; *bete* Nl 28 ; *bete maȝ,* jusqu'à ce que, Nl 187. *Bedec enhaff,* N 1736. Auj. *bete, betek ;* v. br. *bit,* v. gall. *bet.*

Bethany. Béthanie, J 161 b ; *Betany* J 17 b.

Bethleem, 3 syll., Bethléem, J 121, éd. 1622 ; 2 syll. Nl 435 *Beȝlem,* Jér. (Pell. v. *amplec) Beȝleem* P, C ; 2 syll., Nl 104, 3 syll. Nl 153 ; *Betȝleem,* Nl 506.

Beu, vivant, C, P ; *beo,* N 7, 476, 904 Cb ; *dre Doe beu,* J 81 b ; *an beu,* les vivants, J 177 b, *han beo* et les vivants, N 963 ; *ann hent beu,* le chemin de la vie, J 177 ; (tombe) dans le roc vif, B 343 ; (hommes) vifs, B 470 ; *compsou beo,* paroles claires, N 1729 *beo* vivement (rime à *tro*) J 188 b ; *en beu,* (connaître) bien, B 133 ; *credet beu,* croyez bien J 50, *ententet* — B 61, cf. 693 ; *gouȝueȝ* —, B 750 *eȝ veo* en vie ? N 286 ; **beuaff,** vivre C, *beuaf* N 248, *bevaf* J 38, *beuafu, befuaff,* H ; *ouȝ beva* (rime en *aff*) en vivant, P 252, *beuaff* je vis B 157 ; *ha re eȝ beveȝ,* et tu vis trop, J 100 b ; sans rime, lis. *hac eȝ beueȝ re,* s'il n'y a pas de lacune ; *beu* il vit J 17 b, P, *veo* Cb ; *bevas* vécut J 205 ; fut. *beuiff* B 203, *bevif* J 235 b, *eȝ bevifme* J 24, *beuyff,* var. *beuyf* B 56 ; *maȝ beuif,* que je vive N 215 ; 2° p. *beuy,* P ; *maȝ veohimp* N 476, cond. *bevhenn* J 59, 3° p. *beuhe* B 599, *bevhe* P part. *bevet,* J 209 ; *eȝomp beȝet... bevet,* nous avons vécu, J 27 b. **beuidiquez** Cb, lis.-*gueȝ* (act. de se nourrir). Auj. *beo, beva* ; gall. *byw,* v. irl. *beo,* ⸗ *bigvos* de *gvigvos,* lat. *vivus,* angl. *quick,* cf. le nom gr. βίος.

Beure, matin C, J 214, 231, P ; trée. *beure,* m., gall. et corn. *boré,* irl. *buarach,* id., gael. *maireach* demain, cf. allem. *morgen.*

Beus, buis, C, *beux* Cc ; **beusit,** C, lieu planté de buis ; auj. *beus,* m., *beuȝit,* f. ; du l. *buxus, buxetum.*

Beuurag *a guin ha mel,* beuurage de uin et de miel, C ; *bevraig,* breuvage, J 143 ; du v. fr.

Beuziff, noyer, C, *beuȝif* P, p. et, Cb, léon. *beuȝi,* gall. *boddi,* v. irl. *bādud ;* propr. aller au fond, cf. lat. *fodio,* ou gr. βυθίζω.

Beuenn, lisière de drap ou de toile C, léon. *béven,* f., id. et ourlet, Pell.

Beuez, coupable C. auj. *beveȝ,* aubaine, *beveȝi,* dépenser, sacrifier ; V. gall. *bibid,* reus, v. irl. *bibdu,* nom. pl. *bidbaid.*

Beuyn, chair de bœuf C. Auj. *kik bevin*; corn. *bowin*, du lat. *bovina*.

Beʒ, m. tombe (*en haʒ* J 154 b) B 126, J 65, N 104, P, C; pl. *iou* S. Gw., Cb; dim. — **Yc, Cb, beʒhat,** ensevelir, P, C, J 230, 153 b, lis. de même J 154, et non *beʒhaʒ*; p. *beʒhaet* 2 syll. J 154 b; prét. *beʒhis,* var. *biʒhis* J 164, *beʒhas* J 163; fut. *beʒhif* J 125 b; **beʒret,** cimetière C P J 97 b, pl. *beʒredou* P. Auj. *beʒ,* m. *bered,* f. gall. *bedd, beddrod*; même rac. que *beuʒiff* ?

1. **Beʒaff,** être, C, P, N 329, H; *beʒafu* H; *beʒaff* B 81, J 13, N 515; *beʒa,* J 9 b, 119; lis. *bout,* Nl 59; *beʒa an,* 2 syll. Nl 18; *beʒaff* rime à *man,* Nl 72; *honneuʒ beʒaff,* nous avons l'être, M 8, cf. B 273; *an proſoet... a lauar hon beʒaff* (que nous sommes) *Douar,* M 8, cf. H 49; *beʒaff a ra il est,* M 5, cf. vann. *bout e hra. Da ueʒaff,* à être B 335, *da veʒaff* Nl 71, *da veʒaf* 145°, *da veʒa* (rime *aff*) Nl 141; *ioaus ueʒaff,* B 682; **beʒout,** N 247, 749, 782, B 517, P; lis. *bout,* J 8; *byʒont* S. Gw.; *da veʒout,* B 315, 346; semble un compromis entre *beʒaff* et **bout,** B 18, P, J 10, N 354, S. Gw. *Ha bout heman...* Et dire qu'il était...1 Nl 337; *ouʒ iff bout digracc... A soingis,* j'ai rêvé qu'il m'arrivait malheur, N 25, 26; *dre he bout,* parce qu'elle était, Nl 21; *claff voe... ho bout,* de ce qu'ils étaient, Nl 270. *Do vout,* B 624, *da vout* B 93, N 1063. Participe (avec auxil. être) *boʒet,* B 341, P, N 655, S. Gw., J 10; *bet* N 1638; *bed* N 1391. Ind. prés. d'habitude, *mar beʒaff* B 381, *ma na veʒaff* N 895, *quen na ueʒaff* B 45, *maʒ veʒaff* B 501; seul *maʒ veʒaff* (sens futur) B 199; *mar beʒaʒ* B 527; *mar beʒ* P, N 443, J 21, *ma na veʒ* B 661, *eʒ veʒ* J 11, *a veʒ* J 203 b, B 385, avec M 8 v°, *punisset veʒ* B 497; fauj. léon. 1e et 2e pl. *beʒomp, beʒit*]; 3e *eʒ veʒont,* B 560, M 67; *pan ueʒer,* quand on est, N 148. Prét. *viouff* 2 syll. B 281, 1 s. B 184, 698, *viouf* 2 s. J 177 b, 230 b, 231, 1 s. J 230 b, 231 b, *vinff* 2 syll. P, *viof* 2 s. J 82 b, 1 s. J 39, 233; 2e sg. *vidut* 2 s. P, *ne vyoude,* 3 s., P.; 3e sg. *uoe* B 678, *voe* B 9; *e sav brashaf voe sa robe* qui était très grande, J 19, *ya voe,* oui cela a été, J 205 b, *voue* N 960, Nl 5, *voae* S. Gw.; Pelh., v. *caʒr; voe an* fut le, 1 s., B 113, *voen* id. J 15, 137, B 245, 434; *diſaccon... voe diff... faʒiaff* N 1545-1547, cf. B 206, 329; *de boe,* voy. *beʒaff* 2. Pl. *viomp* 2 s. Nl 2, 1 s. J 219, 223; *vioch* 2 s. J 117, 1 s. P; *viont* 2 s. P, B 385, N 14, etc., 1 s. Nl 459, *vyont* 2 s. Nl 73. Impér. *beʒ* P, J 101, B 164 *na veʒ* J 183 N 612, etc.; *beʒet* qu'il soit B 411 Nl 185, J 42, N 1523, *veʒet* B 404, N 520, Nl 474; *beʒomp* B 69, Nl 90; *beʒit,* soyez, B 221*, Nl 274 (écrit *heʒit*), *beʒet* J 19, B 304, P, *veʒet* B 24, J 210, *niʒet* B 640, *bet* J 58; *an peoryen beʒent,* N 618. Fut. et subj. *eʒ beʒiff* B 268, *veʒiff* B 267; lis. *viʒiff* B 129, *veʒif* 143°, *uiʒiff* B 645, *viʒiffu* N 67 J 43, B 96, lis. *veʒiff* B 503, *viʒiſu* H, *viʒif* N 542, J 92 b; 2e sg. *veʒi* J 62, *veʒy* B 562, P, *viʒi* B 613, lis. *veʒi* N 1934; *viʒy* B 810, J 61 b, *vyʒy* P; 3e *veʒo* N 29, etc.; *ret veʒo,* N 227; *ne veʒo muy,* N 428, *ne veʒo quen* J 18, 21, voilà ce qui sera; *ueʒo* B 51; *da ueʒo graet,* fiat, H; 1e pl. *biʒimp* H, *viʒimp* N 253, 476, lis. *gueʒhimp,* N 475 ? 2e pl. *biʒhyt,* H, *veʒot* P; 3e *beʒint,* var. *vesint* J 45, *ueʒint* B 663, *veʒint* B 276, *viʒint* N 1202; *veʒont* P 266 doit être au prés. Cond. prés. et impf. du subj. *mar benn* B 740; *venn,* B 403, J 6 b, 1541; *ven,* lis. *veʒ,* J 53 b. 2e sg. *mar bes* B 698, *ues* B 519, 697, *ves* N 609, 1584, *ueʒ* B 689, *veʒ* P 251. 3e sg. *mar be,* J 92 b, N 151, B 140°, P; *ue* B 48, N 195; *ne ue... conuertisset* elle ne veut pas se convertir, B 648; *ve* N 356, J 68, B 121, *na ve* pour qu'il ne soit pas, de peur qu'il ne soit, N 854; *pret ve,* var. *e,* J 100 b, lis. *eu,* rime *dare(u); pa ne ve hy,* sans elle, Nl 474 *pan ve huy... hon lesse* J 72 b; *mar be huy ve a rahe* B 548, litt. « si c'était vous que ce fût qui fit »; *hep gouʒout* [*an*] *caux penaux ve,* J 217 b. *Ra ve,* qu'il soit, B 149* *ra ue* B 178; mal écrit *re ve,* N 1027; *huy ra ve,* soyez, J 183 b. Cf. l'emploi mod. de *pliche* plût (à Dieu), vann. *beês,* sois, *beemb,* soyons; *ha na veʒ muy* J 76 b doit être « et ne sit amplius », cf. *na veʒet quen* B 396 et *maʒ veʒ* pour qu'il soit, N 601. *Ve an,* 1 syl., J 30 b, *veu,* lis. *ven* B 535, pour *ve en. Mar bemp* J 117, *vemp* 72 b, B 252, Nl 50. *Mar bech* N 172, *uech* B 548, *vech seriez* J 6, 112, *eʒ vech* que vous soyez B 89, J 38 b *maʒ vech* id. Nl 66, *ra vech* id. J 7, 50, cf. vann. *beeh; rac na vech,* B 154, *rac... na vet* M 12 v°. *Vent* seraient J 10 b, J 12 v°; qu'ils soient 29 b, B 23; qu'ils fussent 165; *pan vent* 567, *uent* 663. Autre cond. *pan vihemn* si j'eusse été J 82 b; *eʒ vihenn* serais-je J 30 b (cf. *eʒ ve,* ibid.); *pan vihes* J 213 b; *vihe* fût B 574, *vihe* serait J 15 b, 58 b, B 209, eût été J 101 *maʒ vihemp,* que nous soyons, P, *euit na vihomp quet,* Nl 448, *vihomp* nous serions, J 220 b; *bihech* vous seriez P; *vihet* vous serez J 112, N 1504, B 454, *vyhet* Nl 275; *maʒ vihet,* que vous soyez B 103, N 144.

ra vihet B 55, J 48 b, N 1060 mar bihent B 700, s'ils étaient, maɣ vient, 2 s., pour qu'elles fussent, J 219; eɣ viher on sera M 12 v°. 3º cond. vise eût été B 437, serait Nl 410, B 248 N 841, vyse Nl 112; eɣ vise que fût Nl 472, vyɣe Nl 276; pan visent quand ils eussent été Nl 552. Beɣ a gret mat, vous faites bien, S. Gw., Rôe Glaɣren so en Ys beɣ S. Gw., « c'est le roi Gwallon qui est à Is »? beɣ hastyrf dyveɣ, ib., trad. « je me hâte enfin » par Pell., doit être « sois pressé, hardiment. » Penaux pe en stat? J 225 (s.-ent. « êtes-vous »). Voy. le suiv.

2. **Bezaff,** avoir (ordonné) 118, dam beɣaf nouet N 1311, goude **bout** groet après que eera fait, ou après avoir fait, B 244; (le sens de « être » est plus probable dans fruez ouɣ hon beɣaff... claffet En deffoue Doue, Nl 100); graciet am bout... soulacet B 514; beɣet eu B 232, ouɣ eux — lavaret J 21, eɣ omp —... bevet J 27 b. Mar beɣ s'il y a N 278 B 369, pan veɣ B 68; pa em beɣ quand j'ai J 203 b; ma n. b. J 16, em beɣ j'ai (toujours) J 177 b, nem beɣ je n'ai, je n'aurai (jamais) J 226 b; on beɣe nous avions (depuis longtemps) B 727; m'em boa, j'avais, Doctr. 25, pl. hon boa Nl 468; n'en (lis. n'em) boue, je n'eus, Nl 485, pl. nɣ hon boue Nl 59; fut. am beɣo N 302, nem b. 448, 2º sg. te veɣo N 54, neɣ veɣo N 807, P 250, pl. hon beɣo, noɣ beɣo, P, huy roɣ beɣo, avoc. Path.; am be j'aurais, N 695, 1116, nem be B 111, rac nam be B 483; noɣ be 455; an (lis. am) bise, j'avais ordin., Doct. 25, hon bise nous aurions Nl 408. Impér. ho beɣet ayez Nl 562, hoɣ bet Nl 542, 290, noɣ beɣet N 321. La forme naɣ beɣet, n'aie, B 636, est impersonnelle (« ne tibi sit ») ; da veɣ couf, aie souvenance, H, montre une conjug. personnelle « tibi sis »; vann. hé-vé ou pé chonge, L'A. Cf. ham beɣif, que j'aie (mihi sim) J 198, hopyɣy, lis. e pyɣy, que tu aies, Avoc. Path., voy. Etude sur le dial... de Batɣ p. 29-31. Quiquer, Dict. et colloq., Morlaix 1690, p. 171, donne d nɣ hon hemp, ' ô si nous eussions ', mar ô defent, ' qu'ils ayent ', etc., cf. p. 173 ; Grég. Gramm., 1738, p. 92, ho peɣit, ayez, ho beɣénd, ho deffénd, qu'ils aient, etc. M. Stokes, Zeitschr. f. vergl. Sprachf. N. F. VIII, 1, rapporte bihenn et benn à une rac. celt. ba, venir, dont l'existence me semble douteuse, et les autres temps donnés ici à la rac. bhu : bout = φύσις, beɣaff je suis = *buyami, cf. gr. φύω, lat. fio. Corniq. tha vos d'avoir (fait), Creat 2340, cf. 2211.

Bezin, goëmon C, auj. m., vann. behin; = *bethin de *boctin, *bucotinos, du correspondant du gr. φῦκος, id., comme le gaul. rumpotinus, Pline, de rumpus?

Bezuenn, bouleau C; léon. beɣvenn f., singulatif de beɣv, gall. bedw, de *betvos, cf. gaul. betu-lla, Pline, d'où v. fr. boule, dim. bouleau.

Bibl, Bible; **biblian,** « biblien », bibliothécaire, C; du fr.

Bicl, « bicle » (louche) C; du fr. — **Bideau,** « bideau » C; du fr.

Bigam, bigame, — **y,** -ie, C; du fr.

Bihan, petit C, J 51, N 291, P; adv. eɣ —, Cb. Mar dint — J 52 b, où bihan est assuré par la rime, « nos humbles pieds »? Dan — han bras B 438; bian B 580 (var. bihan); byhan Nl 2, bichan, C nedel bichanoch, quominus (néanmoins) C; bihanoch Cc. An bihanaff, le plus petit B 579, Cc; dan bihannaf même su plus petit J 94 ; da bihanhaf au moins J 26, 34 b, da bihanaf J 109, da bihanaff B 171, da uihanaff 663, da vihanaf 171*, da uianhaf 813, da vihanaff 703 ; da bianhaf J 129 b; byanaf au moins J 8; dim. **bihanic,** Cc. — **Bihannez,** petitesse C, misère B 366, dihannez 366*; bihaneɣ misère J 141, N 654; difficulté, N 1708; manque, B 249, bihanes (rime eɣ) Nl 58, byhaneɣ Nl 454. — **Bihanhat,** apetisser C bihannat Cb, bihanat Cc, part. bihanhaet Cms ; **bihanidignez,** amoindrissement G. Anc. livres behan, bec'han, petit, Pell. Auj. bihan, (d'où Morbihan) v. gall. bichan, v. irl. becc, même rac. que σμιχρός?

Bilen, vilain C; adj., B 11, 269, 355; vn — B 140*, an —, J 74 ; vilain, manant, B 274; map an —, B 377; bilen! J 131 bylen J 132, P; pl. bilenet B 479, J 73 b ; villain (lieu) affreux B 325 (rime en in); **vileny,** cruauté, outrage, 210, J 91 b, 113 b, villeny B 374; **vilenlet,** 4 s. outragé J 79. En gall. bilain; Corniq. vyllan, Creat. 1578, du b. lat. *villanus.

Bilienn, caillou C; bilien Cb auj. id. f., cf. gall. marienyn que donne Lhuyd ?

Biou, 2 syll. *me* —, je suis son maître 37, *men* — J 147, var. *me'n biaou ; an re man — glan an bet* B 110; *ny* —, nous l'avons J 88 b, *huy byou* vous le pouvez J 79 b, var. *chuy byaou* ; *huy* — *knech ha tnou* J 237, var. *chuy biaou* ; *chuy byaou reiff* (Marie), c'est à vous qu'on doit (la bonne nouvelle) Nl 256 ; *an mat byaou an madou*, le (Dieu) bon qui possède les biens, *Autrou byaou an trou a knec'h*, Jér. (Pell., v. *piaou*) cf. J 237; *me he biaou*, Jér. je possède cette ville. Grég. donne l'inf. *piaouat*, posséder, vann. *e*, *byeu*, L'A. Gall. *piau*, posséder ; *mi biau*, meum est, etc. Davies, corniq. *me a bev*, impf. *a bewé*.

Bla, *auel bis*, bise, C ; du fr.

Blaalg, visage 595, J 33, N 1022, Nl 54; *visag, Ca ; visaig* B 272, J 96 b, 160, M 56. Auj. *biȝach* ; du fr.

Biscoaȝ, jamais (avec le passé) J 14, Am. du vieill. (Pell. v. *coun*) *byscoaȝ* J 58, 82 b, 103, 141, — *oll*, jamais de la vie J 93, *biȝcoaȝ* B 259, Nl 321, — *franc* J 39 b, *biȝcoaȝ*, lis. *biȝcoaȝ*, J 191. *Beȝcoaȝ* B 386, N 886, M 4, C, *beȝgoaȝ* N 447 *beȝcoat* (lis. *-aȝ*) N 1534, *bescoaȝ* B 269, 488, *beȝcoas* 269°, *biscoaȝ*, var. *biscouaȝ*, P ; « dans toutes les vieilles écritures *biscôaeȝ*, » Pell. Auj. *biskoaȝ*, corniq. *bisqueth, bythqueth*, de *byth*, gall. et corn., toujours, (v. irl. *bith-*), jamais, locatif de *bitus*, monde, cf. *beȝcoaȝ en bet*, B 98, et de *hoaȝ*.

Bisent, « bisexte » ; **bisestus,** bissextile, C, *bisextus* Cc ; du fr.

Bitaill, vivres, C, *bytayll* Jér. (Pell., v. *dispaill*) ; **bitaillaff,** « querir son uiure » Cb, *bitailha* Ca. Du v. fr. *vitaille*, auj. victuaille. Trég. *betail*, m. Gwerȝ. Br. Iȝ. II, 183 (mal rendu « bétail ») ; *betaill*, Ar p. *mab Emon* 348 ; corniq. *vytel*, Mer. 275.

Biȝhuyquen, jamais (avec le sens du futur), 200, C J 11, 178, 213 b ; à jamais, B 34, J 6 b, 8, 99, var. *biȝviquen. Biȝhuiquen*, jamais B 128, P, à j., B 263 (da b.), B 798, *da biȝuiquen* N 1345, *da biȝuicquen* M 5) ; *biȝhuicquen* M 57 v°, *biȝuiquen* jamais N 39, à j., N 215, 979, 1584 Nl 4 ; *byȝvyquon* Jér. (Pell. v. *cousk*), jamais ; *biȝvyquen* à j., J 120 (éd. 1622) *beȝhuiquen* à j. B 355, *byshuiquen* J 89 b, *byshuyquen* J 127 b, *bishuiquen* B 385, id.; *bishuyquen* jamais B 429, *byshuyquen* J 95 b, *bisvyquen* J 122 (éd. 1622) *An ioae biȝhuiquen*, la joie éternelle, P. Le dicton cité par Pell. s. v. *barȝ, Birvik, birviken Riwal varȝ ne c'hourȝ out den*, fait allusion à un événement de 1505 ; mais l'*r* de *birviken* doit être plus récent. Lis. *c'hoarȝ* au présent, cf. *biȝhuiquen ne louenhaff*, B 45, (*bisuiquen* 45°) etc. Corniq. *bys viccen*, de *betbit-quen*. Voy. *bet 2, queȝquement, biscoaȝ* et *quen* ; auj. *birviken, biken*.

Bizyan, Bizyen, l. Bizyanus, C. — **Blaes,** Blaise C.

Blam, blâme, crime, C, P, J 65 b, N 912, *dre hon* —, Nl 187 ; péril N 647 ; **blammic,** petite coulpe Cb; **blam,** blâmer, N 1665 B 208, 484, C, *blamaff* C, *blammaff* Cms, part. *blamet* B 154, puni, J 35 b, 66, C, P, *blammet* Nl 179, Cms; fut. *blammo* B 538, cond. *blamhe* B 775 ; *hon blamher* on nous blâmera B 476 ; **blamus,** plein de blasme ou de crime Cb.

Blas, goût C, P; *quen mat* —, si bonne odeur J 231 ; **blaȝhat,** goûter C, Cb *blaȝaff* Cb. Auj. *blas*, f., gall. et irl. *blas*.

Blason : un —, une image ? N 838 (t. de magie). Du fr. *blason* ?

Blasphem, blasphème C, *blasfem* J 81 ; **blasphemaff,** blasphémer C, *blasfemaff* J 75 b, B 317, — *ma doeou* B 357 ; part. *blasfemet* B 750 ; imp. *blasphem* N 627, *blasfem* (act.) J 141 ; prét. *blaffemas* B 514 ; du fr. — **Blecc,** plaie, blessure, B 189; **blecet,** châtié, blessé, J 108 b ; du fr.

Blein, le haut (de la tête) J 105, 190; *bleynenn an gueȝenn* cime d'un arbre C; **bleyna,** « conduire un ouvrage à sa perfection », Jér. (Pell., v. *bleina*) *Blinchen, brinchin*, cime, Pell.; gall. *blaen* extrémité, v. gall. *bréni*, proue, voc. corn. *brenniat*, prorета, v. irl. *bruinecha*, proretas. Cf. gaul. *Brennos*, irl. *Brian*, « chef » ?

Bleiz, loup C, N 277, dim. — **ic** Cb, fém. *bleiȝes* C, léon. *bleiȝ*, v. br. et v. irl. *bled*, cf. l. *bellua* (Stokes).

Bleu, cheveux, poils, 394, 697, *bleau* C, J 4 b (1 syll.); sing. *bleuenn*, Ca, *bleauenn* 2 syll. B 802; **bleuhec,** chevelu, poilu, C. Léon. *bleó*, v. gall. *bleu;* cf. allem. *(augen-)braue* sourcil. Voy. *abrant.*

Bleut, farine C, J 201 b ; dim. **bleudic,** Cb. Auj. *bleut,* m., gall. *blawd,* m., de **mlātos,* moulu, (Thurneysen) cf. irl. *bleith,* moudre, prés. *melim.* Voy. *malaff.*

Bleuzuenn, fleur C *bleuʒuen* P M 5, pl. *bleʒu* C, *bleuʒu a guiny,* Cc *bleuʒf* Cms; *bleuʒff an groaguez,* Cms, τὰ καταμήνια ; *deʒ an sul bleuʒiou,* le jour des Rameaux, H 21 ; **bleuzuyaff.** *bleuʒuiaff,* Cb, Gc, fleurir, *bleʒuyaff* Ca, *bleuʒif* Cms; *bleuʒuiet* (lieu) fleuri, Cb ; **bleuzuec,** lieu fleuri, Cc, *bleʒuec* Ca; **bleuzuic,** petite fleur Cb. Tréc. *bleû fleurs, sul leiao* j. des R. Gall. *blodyn,* irl. *bláth,* même rac. qu'en all. *blüthe, blume,* lat. *flos.*

Bleuin, 40 (ouvrier) bon, habile. Cf. *Blévin,* nom propre, en Haute-Bretagne. De *blíou,* prompt, vif, Basse-Corn., *blim,* Trég., Pell.; *blyou,* alerte, Grég.; même rac. celt. *brig* que dans l'it. *brio,* etc.; Kelto-rom. 50.

Blisic, « soeff, lat. blesus » C. Léon. *bliʒik* difficile sur la nourriture, Gon.; gall. *blysig* voluptueux, *blys* désir.

Bloaz, m., an, C, N 7, J iij ; *dou —,* B 341 ; *n'en doant quet —,* ils n'avaient pas un an, Nl 441 ; *bloas,* rime *aʒ,* Nl 59 ; *abloeʒ en bloeʒ,* C, *gluiʒ* P, pl. *bloaʒyou* P; **bloazuez,** année N 1909; **blizien,** année N 13 Nl 224 *blyʒyen* Nl 179, *bliʒen* J 117, Nl 82, *blyʒen* S. Gw. (Pell., v. *bloaʒ*) *glyʒen,* m. : *dou pe try —,* P, *gluiʒen* C ; **dou bloazyat,** espace de deux ans C, *dou bloaʒ yat* Cc ; **gluyziffiat,** *gluiʒyffyat,* « annuelier », C, *gluʒifiat* Cms ; **bloazlatdlc,** 1. annulus g. annuelier Cc. Léon. *bloaʒ,* m., gall. *blwydd, blwyddyn,* voc. corn. *blidhen,* v. irl. *bliadan,* ≡ **bléd —* peut-être de **gvléd —*.

Blonec, saindoux C, *blounhec, blouhec,* Cms. Auj. *blonek,* voc. corn. *blonec,* irl. *blonac.*

Blont, blond C ; **blondaff,** être blond, Cc ; du fr.

Blot, « bloquel », marchepied, C, *bloc* Cc ; du fr.

1. **Blouch,** (couper) net, 596, 597, J 75 ; *jaollanc blouc'h* jeune, sans barbe, Am. du vieill., Pell. Tréc. *'n hi hiviʒ blouc'h,* en chemise ; *blouc'h,* en bon état, bien portant ; cf. *blouhus, blouhéus,* qui grandit, Pell., v. *blouhe.*

2. **Blouc'h,** tout, tout entier, S. Gw., Pell. v. *bloc'h ;* vann. *bloh,* cf. fr. en *bloc.*

Bo ! bo ! interj. 28. — **Bôa,** *Bôa hassit brema, disquit ho cadanç* (lis. *hastit,* et *da disquiʒ ?*), ho, ho, hâtez-vous, Am., Pell.

Boas, coutume : *dre guir —,* N 1123 ; *a — net* N 1151; **boaset,** accoutumé N 447 ; *boaset couffhat !* B 185 ; léon. *boaʒ,* v. irl. *bés,* ≡ **béttus,* cf. 1. *con-suêtûdo,* Et. gr. 31.

Bocc *en prenn* nœud dans le bois Ca ; **bocenn,** « boce » (bosse) C ; « boce », épidémie C ; **bozeu,** bossu, Cms, *bocʒu* C. Tréc. *bos, bosen,* pl. *boso,* nœud dans le bois ; *bosenn* f. peste; du fr. « Nos bonnes gens n'osent nommer la peste, mais lui donnent le nom plus générique de bosse, de tumeur, etc. » Pell. V. *breʒe.*

Bocer, boucher C ; *boucher, bouchier,* C ; **boucherez,** boucherie C. Vann. *boser ; Le Bocer,* n. pr., en 1284, R. c. III, 401 ; du fr.

Boch, l. *bucha* (joue) C ; **bochat,** soufflet ; **bochataff,** souffleter Cb, v. *auen.* Auj. *boc'h* f., gall. *boch,* cf. l. *bucca.*

Bodreou : *eur —,* une paire de gamaches ou guêtres, Am. Pell., v. *baudreou ;* cf. fr. *baudrier.*

Boece, Boèce C, n. pr.

Boem *douar, bom douar,* « rayon de terre, » l. sulcus, C, Vann. *boem, bom,* f. syn. de *tôl douar,* litt. « coup » de terre ; corniq. *bom,* pl. *bommyn,* v. irl. *béim,* pl. *bêmen ;* rac. do *ben-aff,* suff. de *han-u.*

Boest, boîte C, auj. *boest, boestl,* f., du v. fr. *boiste.*

Boet, nourriture, aliment, J 6, M 10, C, pl. *boedou* J 6, *boedou* Jér.; **boedenn,** bon (d'une noix), moëlle (d'une plume) C, *boeden* Cb *; boetaff* nourrir Cb *; boeta* Ca *; boetet* repu C ; **boedec,** C nourrissant; **boeder** *larc* « large en uiande » C. M. Stokes trouve ici dans -*er* une postposition ; j'y vois un suffixe, propr. nourrisseur abondant, cf. « nourricier ». Auj. *boed* m., gall. *bwyd* v. irl. *biad,* n., v. gall. *bit* (pour **buit,* v. br. *boitolion,* nourrissants ; cf. *bloaz, blizen*) ; cf. l. *vita* et *victus.* Voy. *beu.*

Bolot, pelote, paume, C ; du fr.

Bols, àrc de pierre, l. fornix C (voûte); *bols, vols,* Grég., *vols* Maun. de **volt,* du l. *voluta.*

Bombart, bombarde, C *Cms, boumbart Cms ;* du fr.

Bondal, « bondier l. bonbizare » C, (retentir) entre les mots *bouci* et *bouderic ; boudal Cms, Cc ;* **bont,** l. bombus, C bruit, éclat, *Gant an boat* (var. *bout,* lis. *bont*) *ouz gront ez sponthe* J 232 (l'éclat de vos reproches) ; auj. *boudal,* du v. fr.

Bonet, bonnet C. (après *boulouart), bonnet* Am., Pell. v. *barret ;* du fr.

Bon Iour, bonjour N 1289 ; du fr.

Bonn, borne C, *bounn Cms ;* **bonnaff,** borner C, p. *bonnet,* Cb (ap. *boug) ;* du v. fr. *bonne, bourne* (Cc).

Bont, « bonde par ou len entonne le uin » C, *bount Cms ;* du fr.

Bontez, indulgences de l'Eglise N 473 ; bonté, faveur, Nl 254 *diouz e* —, Nl 532, d'après ce qu'il mérite ; du b. lat. *bonitatis.* — **Bordell,** « bordeau, » lupanar, C ; **bordeller,** C, débauché ; du fr.

Bordur, bordure C ; du fr.

Born, borgne C, S. Gw., *bornn Cms, Cc ;* **bornet,** éborgné J 136 ; du fr.

Botes, soulier C ; *eur botou pren* une paire de sabots Am., Pell. v. *baudreou ;* **botinea,** bottine C ; du pl. fr.

Boubance, bombance C, *bombans* Doct. 25 ; adv. *dre bombance, Cc ;* **boubancaff,** bombancier, C*b, bombancaff* Cc *;* v. fr. *bobance,* arrogance.

Bouc'h, bouc C, dim. **-yc,** Cb *;* auj. *bouc'h* m., gall. *bwch* v. irl. *bocc,* sanscr. *bukka-.* Voy. Keltor. 91.

1. **Boucl,** boucle C ; **bouclezr,** bouclier C ; du fr.

2. **Boucl,** « boucle » l. bubalus C, *bucl,* al. *boucl, Cc,* buffle ; du v. fr.

Bouderic, huppe, oiseau, C, litt. « petit crieur » voy. *bondal,* comme *houpericg* Grég. de *houpa,* crier.

Boug *an gaffr* barbe de chèvre, l. stirillum C ; *bouyg a. g.,* Cb, **bougle** *an gafr* Cc ; *bouchic-gaür,* id., *bouch,* touffe d'arbres, de cheveux, etc., léon. *bojen,* buisson, (v. *boghen), boden, bod,* touffe, Pell.; *bodatt* et *bouchatt,* L'A., *bochat* Maun.

Bougaran, « bougueran » l. bissus, C ; du fr.

Bouhazl, hache C, *bouchazl,* dim. **bouchazlyc,** Cb, auj. *bouc'hal,* f., v. gall. *bahell,* all. *beil.* Voy. Keltor. 84, 85.

Bouyllouer, « lauouer a mains » C ; du fr. *bouilloire.* — **Boul,** « boule, l. cepa » C ; du fr.

Boulouart, « g. id. ou basse court ou barrière » C ; du fr.

Bourbonnes, g. id., C, le Bourbonnois, Cb ; *Bourbones,* Cc. du fr.

Bourch, bourg C ; la ville, les citadins N 1350; **bourchis,** bourgeois, f. *-es,* C, *bourchy s,* f. *-es Cc ;* pl. *bourchysyen* J 81 ; *bourch ha plouesi* Nl 404, cf. 494, 543, comme en fr. « le cinq ou sixième ».

Bourdal, bourder, plaisanter, C, *bourdall* Cb, Cms ; **bourder** *disonest* « bourdeur deshonneste » C , *bourdeur* Cc; **bourt : gant e cohort nedeu—quet** J 69 b vers rendu par « avec sa troupe que rien n'arrête » (bret. mod. *bourd,* qui est arrêté), je traduirais plutôt « ce n'est pas une plaisanterie », cf. *nen beu* (lis. *deu) goap quet,,* J 223 ; du fr. *bourde.* — **Bourdon,** bâton (de la Mort) N 1914; du fr. *bourdon.*

Bourgoing, Bourgogne, C *Bourgoign* Cb, *Bourgouinn* Cc ; **Bourgoignon,** Bourguignon, f. *-es,* C, *bourgoingnon,* f. *-es,* Cb, *bourguynon,* f. *-es,* Cc ; *Borgignnon,* M 4 ; du fr.

Bourionnaff, germer, bourgeonner, C ; du fr. — **Bourraches,** bourrache C ; du pl. fr.

Bourreau, bourreau, C ; *e peu* (lis. *pen) an* —, son bourreau en chef, B 449*-450* ; *bourreu* B 697 ; pl. *bourreuyen* B 450*, 434-455, 643 ; **bourreuery,** assass 704; Buzti du fr.

Boutaff, bouter, mettre C ; — *en maes,* mettre dehors, C ; *en hirvout ho boutaf* J 13 ; *gryt e boutaf* mettez-le, J 165 b ; part. *boutet* J 230 b ; *ez em boutez* tu te mets (dans l'embarras) B 448* ; du fr.

Boutaill, bouteille, C ; *boutail lerz* « bouteille de cuyr », l. uter, C ; **boutaillet** *a guin,* une bouteille de vin B 368; **boutoiller,** g. id. (bouteiller, échanson) C., auj. *boutaill,* f.; du fr.

Boutez, l. calatus C., g. coffin, Cb, auj. *boutek,* m. hotte ; en tourangeau *butet,* id. Pell.; même rac. que le fr. *botte* et *bouteille* (récipient).

Boutez, 381, P 268, sort; prop. bienfait cf. P 188, 224 ; ⸗ *bontez,* voy. *bondal ?* ou cf. v. fr. *boutée* poussée, boutade, voy. *lignez ?*

Bouuetier « bouuier » l. mandra « establa a bestes », Cb ; du fr.

Bouzar, sourd 105, 314, C, P — *ouz,* à, N 1454; **bouzaraff,** devenir sourd, C ; **bouzardet,** surdité C ; **bouzarie,** petit sourd Cb. Léon. *bouzar gall. byddar* irl. *bodhar,* sanscr. *badhiras,* rac. *bhe(n)dh,* lier.

Bouzellenn, boyau C, pl. *bouzellou* C, B 593, J 98 b, *bouzellon* Cc ; du l. *botellus.*

Bozenneun, « meleuc », l. meledoda C *boezennenn* Cms. Prob. pour **bozennenn,* ⸗ *bosen* sorte de fleur, Pel., du fr. *bosse.*

Brabanczon, 745 (mine) fanfaronne ; du fr. *brabançon ?* cf. *brabanci,* se vanter, Maun.

Brae, « broye » Cms ; **braeet,** (pain) broyé C, *braet* Cb. Auj. *brae;* du fr., comme *aer* de *hoir,* etc.

Bragard, brave (soldat) Am., v. *braga.* Cf. *bragaldiezou,* braveries, Maun. Du v. fr. *braguer.*

Braguesenn, « braier de chausses » Cb. Léon. *bragezen,* singulatif de *brages,* sing., du plur. v. fr. *bragues,* qui vient du lat. *braca* emprunté au celt. **vraca,* d'où gall. *gwreg-ys* ceinture. Voy. *gouris.* (Schuchardt.) — **Brahaing,** « brahaigne », stérile, C. Auj. id., du fr.

Brallaff, « brailer » (branler) C, N 1457, *branlaff,* Cc ; *brallet,* allez-vous-en, B 745 ; auj. *bralla ;* du fr.

Bram, pet ; **bramet,** peter ; **briminyat,** peteux C, *brinmyat* Cms, *brimyat* Cb, Cc. Auj. *bram,* m., gaël. *bram,* corniq. pl. *bremmyn;* de **brag-me* ⸗ lat. *fragmen,* cf. *fragor.*

Bran, corneille, *bran an dour* « cormarant » l. alcedo, Cb ; pl. *briny* corbeaux B 713. Auj. *bran* f. corbeau, v. bret., gall. et gaél. *bran,* ⸗ v. slave *vranŭ,* lithuanien *varnas* corbeau et noir, cf. all. *schwar-z,* noir (Et. gram. 31). — **Branc,** branche, rameau : — *az iouanctet* P ; auj. id., m., du fr.

Brancell, « brancelle » l. oscillum C, g. branle, Cc ; *brancel* agitation, émotion, P ; **brancellat,** « branceller », vaciller C, g. branler Cc ; g. brandeller, Cms ; *brancella,* Pel.; du fr.

Brandonn, brandon, torche, Cms, brandon, Ca, dim. **-ic; brandonaff,** faire brandons Cb; du fr.

Branell, « uertenelle de huys » C; branel f. loquet, béquille, Pel.; tourniquel, Maun.; ar branell le traversier où est appuyée la latte (de la charrue) Grég., gall. branel, m. pièce de la charrue.

Braquemart, braquemart, 597, braquemar 597*, rime à cert(en); du v. fr.

Braquet, « braier de chausse » C; du fr. braguette. Pour le q, voy. aquet.

Bras, grand, gros, 3, J 5 b, N 219, C, P, (chose) importante N 1524 tra — ve ce serait étrange, monstrueux, J 36 b; (songe) extraordinaire J 115 b; (paroles) animées, B 245; dan —... ha dan bihan, aux grands et aux petits, N 1498; holen —, gros sel B 483; amser —, (durer) longtemps, J 36; — casty, grande tristesse J 30 b; en —, (accuser) gravement J 120 b (éd. 1622); bras es quasaff B 273, mar bras hoz casaf J 85, cf. mar meur hon caras, J 4; un sourcy am gruy bras, N 811; adv. ef bras, Cb. Comp. brassoch J 62 b, N 684; sup. brashaff B 91; e sae brashaf voe sa robe qui était très grande J 19, brassaff B 406, 678 brassaf J 10 b, 35 b; an brassa nifver J 145 b; brassa, rime a, Nl 363; **brasés,** grosse, enceinte C, N 682; plur. han groaguez... brasesou B 661; **braseset,** rendue enceinte N 415, brasesset N 384; **brasder,** grandeur C; **brassaat,** grossir (act. et n.) Cb; **brasony,** orgueil N 591, brassony B 796. Auj. bras, grand, gall. et v. irl. bras, gros, d'où argot fr. bras, grand, brasset, gros.

Bratell, « tartenelle de molin » alias trabell, C; **bratellat,** « batelier », Ca, « bratelier » Cb, et tromper C. Pour ce dernier sens, cf. barat ?

Brau, beau, Nl XLII, brauff 249, brao 437. Auj. brao; du fr. brave.

Bre. Menez-Bre, le Ménez-Bré, près de Guingamp (prophéties de Gwinglâf), Pell. v. bagat. Gall. bre, montagne, colline, irl. brigh gaul. briga, cf. allem. berg.

Breauyaff, broyer, Ca, Cb, breauyff Cms, part. breauet Cb, breuet Cms; fut. breuo brisera B 394. Auj. brevi, corniq. brewy gall., même rac. que breyenenn.

1. **Brech,** f. bras C; diou — J 19 b, diu —, N 1600; dyou —, Nl 215; — ant rot rayon de la roue C; dim. **-yc** Cb; **brechyet,** qui a des bras Cb; brichyet Ca; brihyet Cms; **brihadal,** embrasser. Tréc. brec'h; gall. braich, f.; du lat. brachium. — 2. **Brech,** (petite) vérole Cb. Auj. brec'h, f., gall. brech, f., gaél. breac, f.; cf. gall. brych tacheté, v. irl. brec et mrech-t, lith. margas (Stokes).

Breff, bref, en un mot, 374, bref J 99, 184; en peu de temps, bientôt, B 59, 274, 747; en termen —, dans un court délai, B 57; beçaff —, être à court d'argent, B 42, bref 42*; beçaf bref, id., J 143; en breff, brièvement, N 1730; **breulal,** bréviaire C, breuier Cb; du fr.

Breyenenn bara, miette de pain C breyenen Cb. Auj. brienen, f., corniq. brewyonen, singulatif de briwion, gall., pl. de briw, coupure, cf. gaul. briva, pont (allem. brücke), ce qui coupe, traverse un cours d'eau, = *brigva; gaél. bruán, morceau, miette. Même rac. que le lat. frango et l'allem. brechen.

Breig, (pron. brej) 196, 649, J 3 b, trouble, mal; du fr. brèche ? ou cf. brig ?

Brein, pourri C, J, 105 b, 190; **— aff,** pourrir, C, part. — et Cb, prét. — iç N 117, fut. —y, breyno P; **breinus,** pourrissable; **breinder,** pourriture Cb, Cms. Auj. id., v. gall. pl. (arci)-brenou, gaél. breun, de *breg-nos (brisé) décomposé, même rac. que bram.

Breiz, Bretagne C, N 71, P, Nl 245; en — man, N 784, 1784; — byhan la Petite Bretagne, S. Gw.; — ysel, la Basse-Bretagne, N 934; - isel, Nl 509; goelet — B, titre, Breyz Cb, Briz Nl 384; **Breizis** içell, bas-Bretons Nl 332. Auj. Breiz, van. Breih = Βρεττία, Procope.

Brell, « breive » Cms.

Breman, maintenant C, P, N 40, J 15 b brema Cms Am. Pell. v. bóa; breman an pret J 143 à l'instant même ; *breman ia* tout de suite, B 798. Auj. *brema, breman* (n nasal) ; de *(an) pret man*. Le Pell. donne *bremâja, bremíja,* bientôt, tantôt ; *bremíia,* tout incontinent, Maun.

Brenc *an pesq* branchie de poisson C ; auj. id., du fr.

Brenn, « bren », son C, auj. id., m., gall. *bran*, m., = *brennos,* de *breg-nos* brisé ?

Bresel, guerre 677, J 36, 217 b, C ; **breseler,** guerrier C, *breseleur Cms*, v. *bellaff* ; **breselequat,** guerroyer *Cb breselecat Cms*. Auj. *breʒel*, m., v. bret. et corniq. *bresel* = *breselos,* même rac. que l'irl. *brissim,* je brise, et que l'angl. *to burst,* éclater. Maun. a le v. *breselecat.*

Bresq, fragile C ; dissipé, distrait, B 88 ; adv. *eʒ* —, *Cb ;* **breschder,** fragilité *Cb*. Auj. *bresk,* v. irl. *brisc,* fragile ; même rac. celt. que le fr. *briser.*

Breton, un Breton C ; *pep* —, Nl 221 ; adj. : *bro breton*, le pays breton, N 425 *bro bretonet,* lis. *breton,* N 703, *pobl* —, Nl 467 ; pl. *Bretonet* N 725, Nl 255 ; *bro Bretonet* N 394 ; *Bretonnet* Nl 245 ; *bretones,* une « brete », C, N 1300 ; **bretoneri**, le pays breton N 721, *Britonery* N 332 ; *bro Bretonery* N 437. Auj. *breton*, Léon. *bretoun ;* du fr., comme le montre le *t.*

Breulim, meule pour aiguiser C, *breaulim Cms ;* **breulimaff,** aiguiser C. Léon. *breolim,* f., de *brou* et de *lem ;* cf. gall. *breuanllif.*

Breut, débat, plaidoyer, C, pl. *breugou* C, *breuio* C, *breuiou* C, N 1406, *breuigou* N 1413 (pron. *breujou*) ; **breutat,** plaider, C, *brutat* faire un procès N 1623 *breutet* vous plaidez B 7704 **breutaour,** plaideur C. Auj. *breud ;* v. gall. *braut* jugement, v. irl. *brâth*, gaul. *brâtus,* de la rac. *ber* porter, d'où aussi le gaul. *vergobretos* « (magistrat) au jugement exécutoire. »

Breuzr, frère, C, P, J 9, pl. *breudeur* P 49, 148 (var. *breuder*, rime à *quer(ent) ;* J 211 (rime en *er*) ; *breuder* J 54, 61, N 1885 ; 1ᵉ syll. rime en *et*, J 69 b ; id. de *bredeur* P 62 ; **breuzriez,** confrérie C. Auj. *breur,* gall. *brawd,* v. irl. *brâthir* = l. *frater,* all. *bruder,* etc. — **Breuet,** brevet, C ; du fr.

Brezell, maquereau C. Auj. id., voc. corn. *breithil*, de *brith* v. gall., tacheté, bret. *briʒ,* v. irl. *brecht, mrecht*. Voy. *brech 2*. — **Brezonec,** langue bretonne Nl 150. Auj. id., léon. *breʒounek*, m., gall. *brythoneg,* f. de l'adj. *brittânicos.*

Bry, égard, respect ; *heb quen* —, sans aucun égard, 491, 684, 699, 751 ; *rac maʒ voe e bry* traduit « son intention », J 185 b, semble plutôt être « sa parole, son assurance, sa promesse ». *Jesu... Hac enff Roue'n sent... En poan..., pobeʒ bry !* Nl 154 (quel abaissement il daigna souffrir) *He* **bryat,** la respecter, Nl 265, *deʒy eʒ voe bryet Gant an Eal revelet* Nl 57 (promis, annoncé). Voy. *membry.* Vann. *bri* égard, L'A. ; *douguein-bri,* protéger, L'A, cf. s. v. *signaler.* Corniq. *bry ;* v. irl. *brig,* vigueur, valeur.

Bridol, uide in *talm* (fronde) C ; *bridel Cms.* Dérivé de *brit ?*

Briec, Brieuc C ; *natiff a* —, *Cb, a sant Brieuc, Cc*, natif de S.-Brieuc. Auj. *Sant Briek.* Prob. de *brigâcos,* de la même rac. que *bry. —* **Brig,** brigue *Cb*, — **us,** noiseux C du fr. ;

Brigandinou, brigandines C ; **brigantet,** « brigands » Nl 42 ; du fr.

Brignhen, gruau C, *bringhon Cms.* Auj. *brignen*, même rac. que *brenn* et *breyenenn.*

Bris, meurtrissure 650 ; du fr. *bris.*

Brit, bride C *brid Cms ;* **bridaff,** brider *Cb,* p. *brydet* Jér. Pell., v. *cousr ;* du fr.

Bro, pays C, J 17 b, N 4, P ; *tremen dre* —, voyager, Nl 64 ; *en bro man*, en ce monde, J 55 b ; *maʒ eu oʒ bro*, qu'il est de votre pays, J 103 b ; pl. *broeʒou* B 131 ; **brois,** gens du pays, N 1791, *broys* J 81 ; *d'am' brôys* à mes compatriotes, S. Gw. Pell. v. *bro ;* **broha,** retourner dans son pays, C. Auj. *bro,* f. gall. id. ; « *brogæ* Galli agrum dicunt », scolies à Juvénal, VIII, 234 ; v. irl. *brog, mrug,* champ, pays, cf. goth. *marka,* marche, frontière, l. *margo. Broeʒou* = *brogi-oves ?* cf. *traeʒou.* Voy. Keltor. 5o.

Broc an barill bouche dung barill C ; du fr. broc.

Broch, blaireau C. Auj. broc'h, m., gall. broch, v. irl. brocc, de *broccos, id., d'où le fr. broc (pointe), Keltor. 50. — **Brochenn,** broche C ; du fr.

Broennenn, jonc, — mor jonc marin, roseau ; dim. -yc, Cb ; pl. broenn, — mar, Cb ; **broennec,** lieu plein de joncs, — palut, arundinetum, C, — mor, Cb. Auj. broenn, gall. brwyn, de *broxn-. Voy. Keltor. 51.

Brog. Da buhez... so euel horoloig Pan deu ferm e termen a squæ͞dien en cog Ha te dron maru diuez mar ditruez ez brog Emœs az gloat ha ty ... a rencq dilog M 10. Pron. broj; « elle frappe », du fr. brocher?

Bronn, f. mamelle C, J 148 b ; diu — B 592-593, var. broff ; B 593, var. vronn (rime en iv) ; bron Cms ; **bronnhas,** allaita, P. Auj. bronn, f.; « brones dans les provinces les plus voisines de la Bretagne, en parlant des bêtes ». Pell. Auj. id., v. gall. et v. corn. bronn, irl. bruinne, cf. goth. brunjo.

Brotiquin et -aff, vid. in heus Cb ; du fr. brodequin.

Brou, meule Ca, Cms, Cb, breau, Cb. Léon. breou, irl. bróo, gén. brón, = sanscr. grávan, cf. gall. breuan, angl. quern (Stokes.) — **Brouczaff,** brocçaff germer C ; du fr. brousse.

Broudaff, aiguillonner, C, brondaff Cms ; **brout,** pointe C. Léon. broud, corniq. bros ; prob. du germain, Keltor. 47 (angl. brad).

Brouet, brouet l. brodium, C ; braouhet breuvage J 143. Tréc. braouet, sang de cochon, dans zouben vraouet ; du fr. brouet. — **Brouillaff,** Cb, Cms, brouiller ; denn em —, à se morfondre, être confondu, 324, — af 324*; broillaff, C; du fr.

Brout, (feu) ardent J 101, N 1661 Doct. 25 ; auj. broud, gall. brwd ; v. br. brot, zèle ; irl. bruth, chaleur, cf. v. h. a. bru-nst (Stokes), même rac. que beru.

Broz, petite cotte de femme, C, corset Cb. Auj. broz, f., van. broh, = *broth, cf. v. br. brothrac, vêtement brodé ? — **Bruyant,** n. de bourreau J 70 b, 107 b, Bruyannt J 109 b ; du fr.

Bruluenn, burluenn « estoquion » l. elleborus Ca bruluen Cms. Auj. bruluenn digitale, d'où h. bret. berlu ; voc. corn. breilu, rose, cf. R. c. V, 219. — **Brulusquen ?** Petra so fleriussoch eguit... Map den goude e maru...? Charoignn en bet nen deux... A ve quen yffamus han rus e brulus quen, M 7 v°.

Brum, brume C. — **Brun,** brun C ; du fr.

Brusq, vif, prompt, Am. Pell. v. bruscôat ; du fr. brusque. — **Brusquenn** mel « bresche de miel » (rayon) C, brusquen Cc. En esp. bresca, id.; mot celt. correspondant au lat. frustum ?

Brut, bruit, voix, J 61, 99 ; gant —, avec bruit, J 11 b ; na grae —, J 102 b, prob. il ne disait rien (nihil illi respondebat, Luc, XXIII, 9) ; Mary hep — a saludas NI 502, hep ober —, NI 22 ; bruit (qui court), N 639 ; renom, gloire, J 80, N 810 ; un den a —, B 9 ; an — muyhaff B 98 ; groet — he reputaff, tenez à honneur de, B 463 gruet diff hoz brud, faites votre métier, B 470 ; gant brut, avec honneur, avec respect, N 158, 322 (et J 142 b) ; troet eo em — ... dont il n'est venu à l'idée de, N 168. Cet emploi rappelle le v. gall. is brut (mihi), j'ai à cœur ; mais c'est un effet du vague qui envahit les mots par suite de l'abus de la rime. Je soupçonne que he brut P 248 doit être pour hep brut. Auj. brud, f., renom ; v. fr. bruit cf. Amyot, Lycurgus III ; du fr.

Brutuguen, fumier C, brutuguenn Cb, Cms. Bretuguen, Maun., burtughen, blitughen, Pel.

Buallier, fenêtre Ca, Cb, bualier Cc, buhalyer l. rima, C, « petite distance entre les ays » Cb.

Buan, 2 syll., prompt, rapide C ; vite B 372, ez — Cb ; buhan 372*, N 111, 1640, J 19, P 143 quen buhan, aussitôt B 12, J 79 b, P 270, 277, |Nl 229 quen buan P 275 ; comp. buanoch, Cc ; **buanec,** irrité

B 125-126, 640, impatient, P 138, 139, hors de soi J 14, 196; — gant regret, abîmée dans la douleur J 39; me ouʒ groay —, B 397; **buaneguez,** courroucer, colère C, N 626, dim. **-ic,** Cb; **buanequat,** courroucer Cb part. -caet, 4 s., B 407; -cquaet ten J 64 b, -queat Cb; -quaus, Cb, irritable. Auj. buan, etc. Pour buaneguez comme infinitif, cf. marcheguez, laʒreʒ. V. br. buenion, prompts, R. c. I, 363; II, 120; gall. buan. En irl. buan veut dire « durable ». Même rac. que buheʒ ?

Bucell, mugissement, C, brucell Ca, Cc; **bucellat,** mugir C, brucellat Cb, Cc. Bucellat, mucella, Maun.; bucella, h.-l. bruncella, Pel.

Buch, vache, pl. biu C. Auj. buc'h, buoc'h, v. gall. buch, auj. pl. biw; même rac. que gr. βοῦς, allem. den, kuh, etc.; **buguel** an chatal berger C, an — bras, le grand pasteur, J 207; — enfant C, B 688, N 392; — l'homme, B 106, cf. mabden, P; pl. bugaleʒ enfants N 661, S. Gw. Pell. v. gweʒa, P, var. bugale; bugale J 23 b, 206, N 466 Nl 28; Doe an bugale Cb, an vugale Ca, dieu des pasteurs; dim.**-ic,** petit pasteur Cb, pl. bulgaleygaou 5 s. petits enfants Nl 14. L. bugel, enfant, van. bugul, berger; gall. bugail berger, corn. bugel, id., irl. buachail, autref. berger, auj. enfant (O'Don.), de *bou-calis, cf. gr. βουκόλος, Bugaleʒ, gall. bugeilydd, = *boucalies.

Buguelenn, Cms.; id. et goëguelenn, petit houx, Grég., b.-cornou. bug, bukkelen, Pel. Prob. de *vocolind (vo=ὑπό). Voy. quelenn.

Buhez, f, vie : he hoary, B (titre); C, N 109, P; bueʒ J 98; vuheʒ 150ᵃ. Léon. id., gall. buchedd. Dérivé de bèu ; = *biv-id ?

Buyll, bulle, C, buill, Cc; **huyllet,** bullé, l. bullatus, C. Buill, Maun.; du fr.

Bulbuenn, pustule Ca, Cms.; id., bourbonenn, porbolenn, van. burbuenn, brubeenn, Grég.; bourbounen Maun., bourpoullen, Pel. Voy. porfolennou. Même orig. que l'esp. burbuja bulle; cette onomatopée s'est assimilée à la rac. celt. berv.

Bulsun an guiader navette de tisserand C; bulsum, « g. bondon » Cms.; bulsun, bulsul, van. burʒun, gurʒun, f. Gr. D'un dérivé du lat. verto, comme verticillus, b. l. vorteolus?

Burell, bureau, gros drap, C. — **Buret,** burette, fiole C; du fr.

Buron et fulort, tout ung, Cms, le privé; du v. fr. buron, hutte (Stokes), cf. Buron, XIIᵉ s., R. c. III, 403.

Burtell, « blutel », C; burutell, « buletell » Cms (bluteau) brutell Cb. Auj. id., du b. l. barutellum, C. — **Burtul,** vautour C; bultur, Gr., gall. ffwltur; du l. volturius.

Burzut, Nl 84 pl. burʒudaou Nl 550. Voy. berʒut. — **But,** « bute » Cms; du fr.

Butin : daʒ — pour ton profit J 15 b, 1ᵉ syll. rime à caffout; du fr.

Buzuguenn, « bugue » l. buga Ca, Cb, ver de terre, Cb, buʒuguenn Cc, pl. buʒuc M 7 vᵒ. Léon. buʒugenn, en franç. de Vannes bugue Pell. v. buʒuc; cornouaillais bertuguen; cf. brutuguen. Voy. R. c. V, 219.

C

Cabaret, cabane, C ; du fr. *cabaret*.

Cabell, chaperon, C, — **aff**, « chaperonner », p. *-et*, Cb ; auj. *kabel*, fr. chapeau ; du lat. *cappa*.

Cabestr, licou, C, auj. id., v. corn. *cepister*, v. fr. *chevestre* ; du l. *capistrum*.

Cabiten, Cms, Cc, capitaine ; *capiten* Ca, Cb ; pl. *capitenet* B 29 ; *cabiten*, Maun.; du fr.

Cablus, coupable, C, Jér., Nl 103, P, *cabus* Cb auj. *kabluɈ*, v. br. *ceple*, d'une façon répréhensible, gall. *cabl* calomnie ; du l. *cabilla* pour *cavilla*. — **Cabon**, chapon, C, auj. id., du b. lat. *caponis*.

Cacc, « deboutter », C ; chasser, expulser, Nl 332, envoyer Nl 138, N 27, conduire, mener, N 1046 ; *cac* délivrer, faire sortir de, Nl 412 ; *cacs* Nl 59, *cacɈe* B 646, *quacs* Nl 42, *quacc*, C ; part. *cacet* C, Nl 458, *cacɈet* B 327, 477 ; *mar cacɈce*, B 326*, *quacɈet* 326 ; *ho quacet* on les envoyait Nl 181 ; prét. *caccas* Nl 267, pass. *eff… a cacɈat* B 325 ; fut. *cacɈo* B 350, imp. *quecɈomp*, N 1381. Auj. *kas*, envoyer, v. fr. *chacier* ; du b. lat. *captiare*.

Cachet, l. *cacare* ; **cacher**, stercator, C, *chaher* Cms ; **cacherez**, merdositas ; **cachus**, merdosus ; **cauch**, merda, Cb, *caoch* J 104 b ; *caoch hoarn* écume de fer C ; **cachlech**, lieu secret, C. Auj. *kac'het*, *kaoc'h*, corniq. *caugh*, v. irl. *cac*, même rac. que *cacare*.

Cadanç, cadence, Am. Pel. v. *bôa* ; du fr.

Cadarn, brave, Jér., plus. fois (Pel.) ; — *en barnas*, le condamna durement, Nl 45, *cadarnn* vaillamment P 258, terrible P. 270. Léon. et Cornou. *cadarn*, Pel. Le P. Grég. traduit « siège, chaise » ; mais je crois que dans *dirac cadarnn an barner*, N 1572, ce mot veut dire « certes ». Gall. *cadarn*, belliqueux, fort, dérivé du gaul. *catus*, bataille, d'où *Catu-ilus* ; même rac. que κάμ-νω ?

Cadoer, chaire, siège, C, S. Gw.; *eɈ* —, cathedraliter, Cb ; *cador*, rime en *er*, J 36 b ; en *or*, N 693, 1423, P ; pl. *cadoeryou* B 328 ; **cadoeryet** « enchairé », C. Léon. *kador*, tréc. *kadoar*, f. ; v. gall. *catteiraul*, « curulis » ; du lat. *cathedra*.

Caffou, douleur, chagrin, N 21, 348, *cafuou* H, *cafvou* J 25, 1ʳᵉ syll. rime en *an*, J 124 b ; *canuou* H ; *caffaou* Nl 107, 499, M 63 v° ; *caraou*, lis. *cauaou* Nl 500, *cafaou* M 2 ; pl. de *cafu*, H ; **cafuoez**, id., P ; **caffoeaff**, pleurer quelqu'un, P., var. *caffuiff*, fut. *caffuoyff*, P ; *caffaouas*, fut en deuil Nl 52, se repentit Nl 48, *caffaouet* affligé Nl 408 ; **caffuous**, triste, B705, N 1175. Auj. *kany* (n nasal) ; « dans tous les anc. livres *caoûff* et *caouiff*, gémir, et *caouffaoui*, être, devenir ou rendre triste. » Pel.; corniq. *cavow*, chagrin, cf. κάμ-νω, κάματος, travail, peine.

Caffout, trouver, Cb, Cms, atteindre, obtenir Nl 71, J 15 b, 62, recevoir B 656, avoir, N 33, 244, 1662 B 340; rime en *et*, B 111, 231*; *caffoet* B 323, 711, *caffet* 518, 605, 749; *caffet cam*, 363, souffrir du tort; *cafet*, H; *cafaut* J 89 b, 187 b; *hep — clem*, sans proférer une plainte, N 478; rime en *et*, J 97 b; *caffeut* Ca et *caffeur*, Cb, par erreur. Part. *caffet* C, N 942, Nl 436, *cafet* J 76 b, 101 b. Prés. *caffaff* B 262, 784, *caffaf* N 1540, 1611, *cafaf* M 71, *cafaf* J 188, N 286; 3ᵉ sg. *queff* M 71 vᵒ, passif *caffer* Nl 101, 308, 2ᵉ pl. *caffet* N 935; impf. *cafemp* J 219 b; prét. *caffas* Nl 63, *queffsont* 64, *queffsont* 266; fut. et subj. *quiffif* N 1912, 2ᵉ sg. *quifi* 835, *quiffy* M 2, *quify*, *quyffy*, P; *caffo* Nᵉ 281 B 380, *cafo* J 49, N 278; *caffymp* Nl 473, *cafhymp* J 154 b; *queffet* P; cond. *caffenn* C 379, J 218, N 1672; *caffes* B 558, 616; *caffe* B 70, J 25, *quaffe* P, *cafhe* J 224; *da cañe* (lis. *cafhe*) Doe, que Dieu te prenne (en protection) Jér.; *caffech* B 68, J 201; *caffet on trouverait* B 70, 102, 802, M 55 vᵒ, 58, N 773; cond. passé *caffsen* B 259, *caffen*, lis. *cafsen*, 292*, j'aurais trouvé; *cafse* J 234 b; *cafset on trouverait* Nl 140, impér. *caph* J 141; anc. livres *keffomp*, ayons, Pel.; **caffer,** trouveur, f. *-es*, C; **caffidiguez,** adinuentio Cb. Auj. *kavet* trouver, *kaout* avoir; corniq. *cavel*, gall. *cafael*, v. irl. *-cabdil*, rac. *cabh* = goth. *haban*, avoir, saisir.

Cagal, C, auj. id., gall. *cagi*, m., crotte, de **caculos*, dlm. de *cauch*.

Caher, (après le mot *cachet*) chair sans graisse; — *ec* charnu de tele char, C; du lat. *caro*, avec influence du fr. *chair*.

Cahun. *Disgra da —*, P défais ton feu, arrange tes affaires (avant de mourir); *ef ho groa* **cahunet,** M 3, la mort les enlève. *Cahun, cuffun, caffunyet,* couvre-feu, Grég.; *cafuni, cahuni,* couvrir le feu, Pel. prob. de la prép. *com, co,* lat. *cum,* et de *hun,* sommeil.

Caiffas, 3 s. Caïphe Nl 43, *Cayphas* C, J 76; du lat.

Caillareuc, *caillarec,* crotté, plein de boue, C; auj. id., de *kaillar,* boue, corniq. *caillar,* dérivé de **cagl —*. Voy. *cagal.*

Caillauenn, caillou, C, du fr., cf. *cailhastr,* Grég.; gall. *callestr,* fr. *caillasse.*

Caym, Caïn, 691, C, corniq. id., Or. M. — **Calabre,** la Calabre, C; du fr.

Calch, veretrum, C. Pel. doute à tort du sens de *calc'h,* gall. *caly,* id., irl. *colg* épée (Stokes).

Calculaff, calculer, C; du fr.

Caleir, calice C, dim. *-ic,* Cb; *calier* Cc; pl. *calizrou* N 1696; *caliʒr* Maun., Grég., van. *caliçz, calèr,* Gr. Du lat. *calix,* avec influence du suffixe *-ir = -tron.*

Calet, dur, C, J 31 (pomme) fatale Nl 456; *a —,* (courir) fort B 379; *callet* J 230 b, sup. *caletaff* Nl 104; *calet cleauet* C, avoir l'ouïe dure (cf. *R. c.* IV, 162); **caletder,** dureté, cruauté, peine, C, *caleder* Cb, *caleter* J 11, Nl 59, *caletter* B 553; **caledaff,** endurcir C. Auj. *kaled,* v. br. *calat,* v. irl. *calath,* gaul. *Caletes,* cf. all. *hart.*

Callouch, C (cheval) entier, auj. *kalloc'h;* v. irl. *caullach,* verrat, de *cauli* testicule, gall. *caill,* (br. id., Pel.) que M. Stokes a comparé au lat. *callum, callus,* cal, callosité. Le gaul. *calliomarcus,* lis. *-os,* herbe nommée en lat. '*equi ungula*' (Marcell. Emp. xvi) semble identique à un mot gall. **caill-farch,* syn. du bret. *marc'h kalloc'h.*

Calm, calme, clair, — **aff,** calmer, C, — **det,** tranquillité Cb; du fr.

Calon, cœur C, N 19, Nl 70; f. : *he place,* J 123 b; *piou he mir* J 34; *calaoun* Nl 48. Hors Léon, *kalon,* f., gall. *calon* f., corn. *colon,* f., id.; v. br. *Uuin-kalon;* irl. *colin,* chair, cf. l. *caro, carnis*?

Cals, beaucoup, C, J 123 b; — *merit* N 140, — *a hirder,* 116; *eʒ —,* multum; *muy a —,* multo magis, Cb. Auj. id.; van. *caiss,* L'A.; *calsen* monceau, Pel.; corniq. *cals meyn* monceau de pierres et non « pierres dures ». *Lex. cornu- brit.;* **calge,** beaucoup, Meriasek 2046 (rime à *falge,* br. *fals*). Cf. gall. *carn,* f. monceau,

Et. gram. 23, et *calet*, dur, selon M. de la Villemarqué. De *calt*, cf. goth. *hardus*, gr. κρατερός; pour l's, voy. *bois*. *Kals*, « beaucoup de gens, » J 17.

Calvary, le Calvaire Nl 46, *Calvary* 15, 166, J 122 (éd. 1622); *Calvar* J 126 b; du lat. *calvarium*.

Caluez, charpentier, C, dim. — **le** *Cb*; fém. **caluezeres** Ca, Cb. Auj. *kalveξ*, de *carbid* (*ârios*), même rac. celt. que le latin *carpentarius*; v. bret. *cerpit*, chars, pl. du gaul. *carbanton*, d'où *Carbantoracte* « lieu où l'on fait des chars », auj. Carpentras, (cf. Et. gram. 108°), = irl. moy. *cairpteoracht* art de conduire les chars, Irische Texte I, 412. Voy. *caruan*.

1. **Cam**, adj. courbe, tors, *Cb*; boiteux, C, N 1828, f. *-et*, C; mauvais (coup) B 795; (péché commis) à tort, J 65 b; [off] ... *aet camm*, j'ai fait mal, N 1664; subst. *caffet cam*, souffrir du tort B 363; *pep* —, tout outrage, 628, *euit — na lam*, pour tourment ni pour supplice, 648; *blam na* **cammez**, ni blâme ni mauvais traitement 497; **camaff**, courber; boiter, C; *camet*, rendu boiteux, N 1819; **cammell**, crosse, bâton crochu, B 370. Auj. *kam* courbe, (IX° s. *Bis-cam* « doigt crochu »), boiteux; (XIII° s. Le Cam, R. c. III, 404) *camell* crosse, Grég.; gall. *cam* courbe, mauvais, injustice, tort; *cael cam* = *caffet cam*. Du gaul. *cambos* courbe d'où *Cambodunum*, etc.; cf. σκαμβός et κάμπτω; *cammell* rappelle καμπύλη. Cf. K's Ztsch. 27, 450.

2. **Cam**, un pas, 538; *a het* —, (étendu) de son long J 135; *ahet* — (traîné) pas à pas P 274, **camhet**, un pas, C, J 192; renforce une négation, comme en fr. *pas* : *no caraff tam un camhet* B. 555, *ne seciff tam un camet*, 27. Auj. *kam, kamet*, un pas; trée. *hamed*, jamais. Gall. *cam*, pl. v. gall. *cemmein*, v. irl. *cemmen* (d'où le bas lat. *caminus* chemin) dérivé duverbe v. irl. *cingim*, marcher, cf. *cing*, gén. *cinged*, guerrier (gaul. *Ver-cingeto-rix* « le grand chef des guerriers »); gall. *rhy-gyng*, trot. Voy. *lam*.

Camamil, « camamille » C; du fr.

Cambr, chambre, 276-277, C, — *aes* Ca, Cb, — secret, C, le privé; *candr* P 90, var. *cambr*, rimant à *ambr*, doit se lire *cambr*, chambre. *Campr* P, Cb, pl. — *ou* B 198, — *aou* Nl 8; dim. **campric**, Cb; **camerist**, « chambrier » C. Du l. *camera*. Auj. *kambr*.

Camglou, « sarcloir » C. Même suffixe que *huenglou*, avec *cam* mauvaises (herbes)?

Camhet *an rot* cant (jante) de la roue C. *Cammed*, Gr. = *cambitos*, dérivé de *cambos*; voy. *cam* 1, et d'où vient peut-être le latin *cantus*., Keltoromanisches 53.

Camps, aube de prêtre C, auj. id., = b. lat. *camisia*, chemise, prob. d'orig. celt.

Camus, camus, C, du fr., lui-même prob. du celt. (voy. *cam* 1), cf. Keltor. 53.

1. **Can**, chant C, P J 79 b; *greomp* — Nl 144; *voar* —, en chantant, Nl 11; *quentaff* — tout à fait, en premier lieu, N 1466; *bara* —, pain à chanter C.; pl. *canou*, Avoc. Path. ? R. c. IV, 454; — **aff**, chanter C, *a*, rime en *a* Nl 450, p. — *et* Nl 547; prés. *can* Nl 339; — *omp* 90; impf. — *ent* 176, prét. — *as* 296, J 79 impér. — *omp* Nl 137, *quanomp* 475, *quenomp* 109, *quenom* 90, 256; subj. *ganet* (lis. *canet*)... *pep* ... *christen* 183; **canauenn**, chant C, *ca·auen* Nl 62, *canaffen* 105, pl. *canoennou* N 1097; **quinyat**, chanteur, chantre, C. Auj. *kana* chanter, gall. *canu*, même rac. que le l. *cano*. Voy. *quentel*.

2. **Can** *ty* gouttière chalante, C. *Can, caon*, m., Gr., du lat. *canna*, poitevin *channe* f. conduit, tube, cf. fr. *canal*.

3. **Can** : *guen* — tout blanc, H ; auj. id., gall. *can*; v. br. *Hincant*=gaul. *Cantosenus*, *canus senex*.

Cannp, chanvre C, *canab* N 1618, auj. id., du l. *cannabis*.

Cancellaff, canceller. — **Caner**, écrevisse, cancre (auj. *krank*); — **enn**, chancre, cancer, C; du fr. — **Canell**, C, *canel* Cb, cannelle; auj. id., du fr.

Canfard, un galant, ou peut-être pire, Am. Auj. *kanfard*, gamin (*n* nasal); du fr. *cafard*.

36

Cann, pleine lune C, auj. *loar gann*, gall. *lloergan* = « clair de lune, » cf. *can* 3.

Cannaff, battre 367, J 75 b, G, *canaff* B 576-577 ; p. *cannet* J 79, Nl 44, B 492 ; *eʒ cannat* il fut battu J 105, *en cannat* on le battit Nl 148 ; fut. *canno* B 380 ; **canner,** batteur J ; f. *-es ;* **cannerez,** act. de battre Cb. Auj. *kanna*, en particulier battre, laver le linge. Dans ce dernier sens, au moins, il vient de *can* 3 et répond au gall. *cânu*, id. M. Loth, *Voc. v. br.* 66, tire le br. mod. *kann* combat de *kadn, voy. cadarn;* mais d'après *loʒn, eʒn,* etc., on devrait alors avoir en moy. bret. *caʒnaff.*

Cannat, messager 633, Nl 66, J 179 b, pl. *cannadou ;* **cannadaor,** id. Jér.; v. br. *cannat* caution, gall. *cenad, cenadwr* messager, cf. *cenad* f. *caniad* m. permission, irl. *cét.*

Canonic, « reiglement, l. canonicus » C ; du fr. *canonique.*

1. **Cant,** cent C; m. : *try* —, J 15 b ; — mil J 89 b, var. *quant ; cant,* cent personnes, N 638, 1483 ; centaine : *ne gous pet* — Inocantet Nl 359 ; *reiff diouch* —, donner par centaines ; *a cant doubl,* centuple, Cb ; **cantuet,** centième Cb, *cantvet* Ca. Auj. *kant* (n nasal), v. irl. *cét*, gaul. *canton* d'où *candetum* espace de cent pas; même mot que le lat. *centum.*

2. **Cant** *croeʒr* cercle a cruble, C ; du l. *cantus* ou de la même rac. celt.

Cantoell, chandelle, Cb, *cantocll* Ca ; **cantoeller,** chandelier C, *cantoller* Cb. Auj. *kantol*, v. gall. *cannuill*, voc. corn. *cantuil*, du l. *candela.* — **Capacite,** capacité. — **Capadoce,** Cb, *Capadoce* Ca, Cappadoce. — **Capital,** capital C ; du fr. — **Caquet,** 326 J 164, caquet, pl. *-ou* B 488, *quaquet* 745, J 233 ; **q-tal** 77*, caqueter ; *ma q-taf,* me blâmer J 232 b ; imp. *quaquet* B 705; du fr.

Car, ami, 612, C, J 21 b, N 641 ; *ma* —, var. *ma char,* J 60 ; parent N 78 ; *car ha par,* Nl 342 ; f. *-es* amic B 1, J 210, parente B 239, Nl 388, *chares* H, pl. *querent* amis Nl 272, 274, P, B 656, J 7, parents N 330, *caresou* amies B 661; **caret,** aimer C, N 181, *dre hon* - , Nl 236 ; p. id., J 46 b ; prés. *caraff* B 429, N 340, *caraf* B 47, J 130 ; *cares* J 183 b ; *car* il veut J 213, N 1628, *quar* M 3 ; *car* il aime J 22 b ; *querhomp* H ; impf. *care* aimait J 82, 159 b, voulait Nl 175 ; *caret,* voy. *careʒ;* prét. *-as* J 4 ; fut. *-o* aimera B 176, voudra 175, J 25 b, 166 ; *queret* vous voudrez, P ; cond. *carhenn* que j'aime B 101, *carhen* je voudrais J 78 ; *carhe* aimerait J 90, voudrait J 205 b, N 1514, B 381, *care* N 1013 ; *carech* voudriez N 169, 347 ; *carhent* voudraient P ; 2° cond. passif *eʒ carset* que l'on t'ait aimé P ; impér. *car* N 555 ; *caret* B 550 ; **carantez,** amour, amitié, C, N 325 J 27 b ; — *ouʒ* Doue, Nl 339, *charanteʒ* H, *carantes* (rime *eʒ*) Nl 333, *carenteʒ* rime *ant* Jér., Pel. v. *cougant*; B 145*; *quaranteʒ* J 41, Nl 280 ; **carantezus,** aimable ; **careur,** carer, qui aime, f. *careres* C ; **querentiez,** parenté H, *quirintieʒ* C. Auj. *kar,* parent, pl. *kerent*, gall. *ceraint,* irl. *carait* = *carantes,* participe prés. du verbe *caraff,* v. irl. *carim* = *cardmi ;* cf. gaul. *Caratâcos* = bret. *karadek,* aimable, etc. Voy. *quaret.*

Carbont, voie pavée C, arche de pont, Pel.; tréc. digue, m. ; de *carr* et *pont.*

Cardinal, cardinal, C ; **cardineleʒ,** ordre de cardinal, Cb, *cardineleʒ* Ca ; du fr.

Carefoull, 474*, *cacefoul* 474 carrefour ; du fr.

Carez, blâm°, reproche, 288*, N 445, faute, crime, J 91 p ; peut-être adj., blâmé, J 101 b ; **-et,** blâm. N 1666, *cariʒet* (lis. *eʒet*) Nl 4. Van. *care,* f. (et non *gare,* m., L'A.), blâme ; *careein* blâmer, Gr., L'A.; vé gall. *cared,* auj. *cerydd,* m., v. irl. *caire,* blâme ; corn. *cara* châtier ; cf. v. lat. *carinare* invectiver. Je crois que *dreʒ guir caras* P 91 veut dire « parce qu'il l'aima bien », et *goar en caret* 146 « on l'aimait bien ».

Carg, charge, C, *-aff,* remplir C, B 328, *-af* J 20 b, *carguet* rempli, *a,* de, Nl 305, N 700, *gant,* N 1930 ; chargé (d'une torche) J 64 b ; *leun* —, J 12 ; —, remplissez B 482. Auj. *karg,* du b. lat. *carricare.*

Carltez, charité, C, du lat. *caritas,* avec la terminaison du fr.

Carminiatr, carme C ; id. Maun., du l. *carmelita ;* cf. van. *juistr* = jésuite.

Carnel, reliquaire C, ossuaire P, auj. id.; du v. fr. *carnel.* — **Carp,** carpe, C, *carpenn* Gr.; du fr.

Carr, charrette C auj. *kar*, m., du gaul. *karros*, latinisé en *carrus* par César. — **Carre,** carré; **quarreau,** « quarrel de pauement », C; du fr. — **Cart,** quart, « quarte, l. carta » C; du fr. — **Carter,** quartier 29, 130, *quarter* 26, 365, N 1772, *quartyer* Nl 106; du fr.

Cartunal, C, *cartual* Cb, « cest ung libure qui alio nomine vocatur « contemptus mundi ».

Caru, cerf; **caruguenn,** peau de cerf. Auj. *karv*, m., gall. *carw*, de *"carvos,* = lat. *cervus*; gr. καραός cornu, cf. Ἔλαφον καραόν, Iliade, III, 24; v. h. all. *hiru-z*, cerf, auj. *hirsch*. Voy. *quingnet*.

1. **Caruan,** ensouple de tisserand, C; *caruan rot*, lisse, C, *rot caruan* Cb; *carvan*, f. Gr., *carvan ar rot*, rouleau de la roue, Pel.; gall. *carfan*, f., cf. le suiv.

2. **Caruan,** mâchoire, C; *carvan* Gr., Pel., cf. irl. *carbad*, char et mâchoire; le mot aurait la même rac. que *caluez*. En gall. *car yr ên*, le char de la bouche.

1. **Cas,** cas (en gramm.); m, : *dou, try, peoar* — Cb ; cas, affaire, N 232, 814, J 15; *dren* —, en cette occurrence B 338; *ho* — (= *fet, doare*) B 111; (faites votre) besogne J 13a (faire) cas, (avoir) égard, J 79; *a — crim* au cas criminel B 790, — *a penn*, crime capital J 114, m. ; *dreiza*; pl. -ou, actions B 785 ; *drouc* —, méfaits J 79 b. Du fr. *Ez caz*, P 263, lis.*ez eaz*, alla.

2. **Cas,** haine 341, C, Nl 375; lis. *Dan pechet cas ha malicc, a tra sur*, J 11 b; — **et** haïr C, B 548, J 90 b, *cassat* Cb; prés. *casaff* B 555, *quasaff* 273, *casaf* J 85; *caset* J 119; *casont* J 139 b (éd. 1622); fut. *quasiff* mal trad. B 377, cond. *ne casfe car*, J 204 b, lis. *casse* (comme *mirse*) qu'un ami ne le trahirait pas; *cassent* haïraient B759; **cassaus,** *casseus*, haineux, Cb, *casus* C; **cassoni,** C, *cassouny* Nl 53, haine; **cassonyus,** haineux J 11 b. Auj. *kas*, gall. *cas*, cf. allem. *hass*, angl. *hate*, gr. κότος?

Casal, aisselle C auj. *kazel*, f., corniq. *casal*, gall. *cesail* f.

Casec, jument 700, C, XII° s, id., *R. c.* III, 404, auj. *kazek*, f., corn. *casec*, gall. *caseg*.

Casset, caisse, C; du fr. *cassette*.

Cast, chaste, C, adv. *ez* —, Cb ; **castet,** chasteté, C ; du l. *castus*.

Castell, château, — *carr* chartil, l. plaustrum, C, pl. *questell* Nl. 155; auj. id., m., du l. -*um*.

Casty, châtiment, peine, douleur 497, 641, Nl 15, bras — J 30 b; **castizaff,** châtier, Cb, *castizaf* J 108, 164, *castiaff* C; p. *castizet* puni |B 467, J 59, maigre N 1851, *castyset* fatigué N 273, fut. *castizo* B 537; **castigation,** punition Cb. Auj. *kastiza*, punir, *kastizet* amaigri; du l. *castigare*.

Castor, castor C ; du fr. — **Casul,** chasuble C ; v. gall. *casulhetiec* penulata; du l. *casula*.

Cathecoric, catégorique; **cathedral,** fr. id.; **catholic,** catholique, C, f. *catholiques* Cb, pl. *catholiquet* Nl 255, du fr.; **catholicon,** fr. id. (dictionnaire universel), du grec latinisé id.

Caulenn, chou, pl. *caul* C; *coal yruin*, sorte de choux, Cb ; auj. *kaol*, du l. *caulis*.

Caus, cause C, *caux* B 202, 341, J 203 ; *dre caus*, causaliter; pl. *causou* (d'avocat); **causic,** petite cause Cb; **causaff,** causer, l. *causari*, C; *causit... an cas parlez de ce fait*, N 814; *dan drase* **causeant,** cause de cela, J 84 b ; **causeur,** fr. id., l. *causarius, litis amator*, Cc ; **causus,** causatif Cb ; du l. *causa*.

Caut, bouillie C, auj. *kaot* id. et colle, de *"colt*, même rac. que *coulm* 2 et que κόλλα.

Cautel, cautèle, ruse, 442, *cautell* C; **cautellus,** cauteleux C, *cautelus* Cb ; **caucion,** caution, C *a*, Cb ; du fr. — **Cauter,** chaudière J 98 b, C; pl. *iou* J 12 ; auj. id. f.; du l. *caldaria*.

Cauaff, *caffaff*, C, *cafaff* Cb, caver, creuser; **caf,** cave C, dim. **caffic,** Cb ; **cauern,** caverne C, — *ec*, caverneux Cb ; du fr.

Caual, C, *caffal* Cb, roussin ; gall. *ceffyl*, cf. *Caballos*, sur une monn. gaul., et le l. *caballus*.

Cauel, chameau, C, *camel* Cc ; *canval* Maun. Gr., *canvale* L'A.; du l. *camelus*.

Cauell, berceau, nasse à prendre poisson, C; dim. **-ic**, petit berceau C*b*. Auj. id.; v. br. *cauell*, pl. *cauuelou*, corbeille, berceau, v. sax. *cawl* panier, l. *cauuella* cuve (gloses de Cassel).

Cauillation, decepuance C; du l. *cavillatio*.

Caz, chat 700, 739, C, Am. Pel. v. *coun*; *cas*, rime *aʒ*, B 294; dim. **cazic**, f. *caʒes* ; **cazunell**, souricière, C. Auj. *kaʒ*, gall. *cath*, gaul. *cattos*, n. pr. sur une monnaie des Lixoviens; cf. lat. *catulus*?

Cazas lin, graites, l. napta, Ca ; *canastr* lin, C*b*, Cc (entre *caʒ* et *caʒes*). *Calasir, canastr*, le bois ou tuyau du chanvre, Pel.

Cazr, beau 35, C, P, J 156, M 3 ; adv. *ent — Cb* ; *caeʒr impalaeʒres*, Nl 460; sup. *caʒraff* B 51, *-aʒ* S. Gw., *caeʒraf* N 942 ; *caʒret den quel bel homme* ! N 930 *caeʒrhet tra* Nl 365, *caeʒret* N 921, 944, 981, 1012; Nl 137, 138, 141, 143, 145, 148, 230, 256, 281, 313, 390; **cazrder**, Cc, *caʒrdrer* C*b*, beauté; **cazrell**, belette ; **cazrhat**, embellir C. Auj. *kaer* ; v. br. *cadr*, gaul. *cadros* dans *Belatucadros*, « beau dans la destruction », épith. de Mars ; cf. κεκαδμένος, orné. Le suffixe exclamatif *et* n'existe plus qu'en vann.; gall. *et* (comparatif d'égalité).

Cecil, Cécile. — 1. **Cedr**, cèdre, C. — 2. **Cedr**, sceptre J 109. — **Cedulenn**, cédule C; du fr.

Cefn, moutarde, Ca, *ceʒu* C*b*, Cc (entre *cedulenn* et *celebraff*). *Ceʒo*, Maun., Gr., *ceune* L'A.; *seʒo*, ancien dialogue, Pel., gall. *ceddw, cedw* (le *c* gall. se prononce *k*).

Celebraff, célébrer la messe C, *celebraf* N 1703 ; du fr. — **Celestel**, céleste 525, N 1373, Nl 169, B 323, *celestiel* 323*, 677, J 180 b, N 1952 (4 syl.), C, *colestyell* Nl 171, *celestial* (rime *al*) M 53 ; auj. *selestiel* ; du v. fr. *celestial*, C. — **Celidoen**, C, *cydoen* C*b*, celidoine, cydoine. — **Celyer**, C, *celler* C*b*, cellier ; du fr.

Cence, cens. — **Cenclenn**, ceincle (sangle) C ; du fr. — **Cendal**, étoffe de fin lin 629, du v. fr. id., de σινδών. — **Centr**, centre C. — **Centurion**, 4 s. J 168 centurion ; du fr.

Cercl, cercle C ; *cercuit* N 1084, *circuit* C. — **Cerg**, serge. — **Cerimoniou**, cérémonies ; **cerimonius**, cérémonieux, C, *ceremonius* Cc ; du fr.

Cern, (couronne d'épines enroulée) *en e* — J 109 b, autour de lui (*e son*, à lui ; *garlantes* est fém.); *en cernu*, dans les chaînes, P 556; cf. *cernet*, enchaîné B 780 ; (couronne) tressée Nl 44; enlacé, enroulé J 115, lié B 413 ; *a cernet*, qu'on a tressé, P 280; *me en cerno* je le tiendrai fortement B 26 ; du fr. *cerner*.

Certen, certain C, (être) —, J 21 b, (lieu) sûr B 367; adv. — N 4, J 10, B 397 (rime *en an)*; *a* —, B 438, M 58, J 63 b, *en* — B 77*, *ent* —, *dre tra* —, C*b* ; *certenhaff* très certainement Nl 108 ; **certenet**, assurez, avertissez J 185 b ; **certes**, certes B 95, J 25 b, N 162, Nl 64 ; **certiflaff**, certifier C, p. *-et*, C, J 220 b ; *certifiet* assuré, confirmé dans une croyance, J 231 b ; prés. *certiffi* B 63, *certiffy* 169, 636, impf. *certifie* J 220 b ; du fr.

Ceruell, cerveau, C, dim. **-ic**, C*b* ; *cervel* J 110 b. — **Ceruea**, cervoise C ; du fr.

Cesar, César C, J 112. — **Cessont**, ils cessent J 29 b, *cesset* cessez B 619; du fr.

Chabistr, chappistre C, chapitre d'un couvent N 178 ; **-aff**, chapitrer C*b*. — **Chabl**, *chapi*, 'câble C ; du fr.

Chace, chiens N 290, auj. *chas* ; du fr. *chasse* ; **chasseal**, expulser Nl 81, p. *chacceet* 458 ; *hoʒ chaceat on lus chassa* 479 ; du fr., cf. R. c. VI, 411.

Chaden, chaîne, **-aff**, enchaîner, p. *et*, C ; *chadenn*, *-aff* p. *et*, C*b*, dim. **-nic**, Cc ; auj. id ; emprunté au v. fr. *chadeine* vers le XIIe s., R. c. III, 227.

Chaeson, N 1912, *e* —, en décrépitude ? ou à propos ? du v. fr. *choison*, cf. it. *cagione*.

Chaffault, C, *chaffaut* Cc échafaud ; du v. fr. *chafaut*.

Chalami, chalumeau, — **aff,** en jouer, — **er,** celui qui en joue, C; du fr.

Chaloni, chanoine C, pl. *-et* N 1743, *chanoniet* 1751, 1776 ; du fr.

Chambarlanc, Ca, *chaparlanc* C, chambellan. — **Chamoas,** chamois C ; du fr.

Champ, champ ; **Champuingn,** C, *-aign* Cb, Champagne ; **champestr,** -être. — **Champion,** g. id. C; du fr. — **Chann,** Cana P.

Chance, chance 303, C, sort malheureux J 127, Nl 327 ; *pep* —, de toute façon B 64 ; *dre — avancet* J 28 b par pur hasard ; *a — prim,* par un événement rapide B 325, *a — don* avec grand succès N 765, *dam — à ma guise* N 1893; *chanc* Nl 390; pl. *mil chancou* N 776; **chansus** (rime anç), malheureux, fatal Nl 453; du fr.

Chancelyer, -ier C, chancellier, f. *-es* Cc; **chancelieres, chancelery,** -erie, Cb; du fr.

Chancr, chancre. — **Chandeleur,** g. id. C; du fr.

Chang, change (d'argent) C ; *chaing* échange, préférence, J 119 ; *eɀ cheng,* muablement, Cb ; **chanchaff,** changer C, *chenchaff* Cb, N 1439, *hep* — sans rémission J 66 b, mal écrit *crenchaff* Nl 333 ; *chenchaf* N 1484, *chencha* B 648, p. *chenchet* B 607, N 601, Cb, *chenget* Cc ; prét. *chenchas lech* fut disloqué Nl 136 ; impér. *cheyng* P ; *chenchit hent* Nl 274, fut. et subj. *changiff ; chenchy* P, *maɀ chanchy… figur* B 382 ; *cheincho* P, *ma chencho guis… de guysion* Nl 138 ; *pan chenchymp bro* Nl 316, *chenchimp* 473 ; *chencymp* 509 ; *ret eɀ chenchet,* que vous délogiez B 103 ; *eɀ chenchent,* changeassent Nl 31, *eɀ chenchet* qu'on changeât J 136 b ; **chancher,** changeur (d'argent) C, *changer* Cb ; **chenchabl,** Cb, *chengabl* Cc changeable, changeant ; **chenchidiguez,** Cb, *chengidigueɀ* Cc mutation ; du fr.

Chantr, chantre. — **Chap,** chape, C, dim. **-le,** Cb, *-et,* vêtu d'une chape Cc. — **Chapel,** chapelle 812, C, N 1390, pl. *ou* 1228, **-an,** chapelain B 151*, *chapalen* C ; **chapelet,** couronne J 180 b ; chapelet N 1269, Am. Pel. v. *diroll ;* du fr.

Charaing, C, *charoignn* M 7 v°, charogne. — **Charles,** Charles. — **Charnel,** charnier, C ; du fr.

Charreat, charrier C ; *ma charre oar he quys* P 255, s'il se comporte mal, s'il recule dans le chemin de la perfection ? **charretter,** C, *charratter* Cc, charretier ; **charriot,** C, chariot Cb, chariot ; du fr.

Charrouee, vesce C ; *charonce,* m., L'A. — **Chartr,** chartre, l. ergasculum, C; du fr.

Chas, châsse ; — *an saeɀou,* chasse a flaiches, C. — **Chast,** chaste Cc, N 1240; **chastdet,** chasteté C, *chasdet* Cc ; **chastete,** id., N 155; du fr.

Chatal, bétail, animaux, 713, N 1167, Nl 26, auj. id.; du v. fr. *cheptel* — **Chatelen,** châtelain, C ; du fr.

Chatonet, chaton, l. catho, C ; **chatouneder,** l. cathonista, Cc; catonicus, qui ensuit la doctrine de chaton, C a.

Chaucepie, chausse-pied C. — **Chaucer,** g. id. Cc, l. ag(g)er, C; chaussée, auj. id.; du fr.

Chaudouron, chaudron C ; du fr.

Chede, vois, 372, voici, voilà (quand on tutoie), C, P ; explétif, M 57 v° ; — *ary,* te voilà arrivé B 164, *chede te te* voilà 30, 383; — *y* les voici J 18 b ; — *so,* voilà ! J 52 *cheden boutez,* voilà le sort B 381*, cf. 685, *ched en* 381 ; *sede an* voilà le, 3 syl. P 280 ; *sede, selde, chede,* C ; **chetu,** voici, voilà, B 21, 349, J 99, P, H, Am. Pel. v. *diroll,* Nl 141 ; explétif, 253 ; — *hy* la voilà, S. Gw. Pel. v. *cheda ;* — *so,* voilà ! B 475, J 131 b — *an,* voilà le, 3 syl. B 245, 455 ; *setu,* P, *chetuy* J 61, M 58. Auj. id.; de *sell,* regarde, avec *te* (van. *ché* L'A., sens de *chede*), et de *sellet-hu.*

Cher, chère, visage, C, B 417, J 76 b ; aspect, air du visage, J 69 b, 71 b ; humeur, N 1484, caractère P ; — *mat,* bon visage, J 5 b, bonté B 499, J 123 b, gaieté J 9 b, vers 6 ; bonne chère, B 42, 368 ; *gruet— net,* réjouissez-vous J 200, *a — net* cordialement J 54, N 1885 ; *an guelhaf —,* J 8, 125, sérénité, douceur ; *an goazhaf —,* traitement cruel J 32 ; — *disemper,* accès de fureur, B 791 ; *rentomp deçaff —,* rendons-lui hommage Nl 520 ; *gant —,* avec plaisir, J 83 ; *gruet —,* réjouissez-vous B 66 ; *cher,* gaieté, joie, bonheur, 310, 650, J 160 b ; *drouc cheret,* triste, désolé, J 125 b ; du fr.

Cherchas, il chercha Nl 107. — **Chetiff,** chétif, C. — **Cheur,** chœur Cc ; du fr.

Cheuance, chevance, argent, 42, 63, C, Nl 142, chevance 10, cheuançç 108, cheuanc 438, chevance Cb ; pl. *chevanççaou* 251 ; du fr. — **Cheueten,** capitaine C ; du v. fr. *cheuetaine.*

Chilpat, glantir (japper) C, auj. id., du germain : anglo-sax. *gilpan,* se vanter, angl. *to yelp,* appjer (Stokes).

Chimaes, chimaise C. — **Chiminal,** cheminée C, auj. id.; du fr.

Choanenn, C, *choanen Cb,* « choyme », mie, C ; auj. id.

Choas, choix J 42 b, 117 b ; *den a —,* homme distingué N 255 ; *a —,* bon (signe de croix) N 1151, belle (pierre) 1380 ; *guell —,* de meilleure qualité J 231 ; **choasaff,** choisir N 1755, *-af* J 154, je choisis J 99 b ; p. *et,* choisi, élu, J 118, N 1747, Nl 21, impér. *-omp* N 1711 ; *-et* B 24, J 41 b, *-it* N 1751 ; du fr.

Chom, demeurer, rester 63, J 187, M 5, N 878, Nl 118, *chomp* N 1239 ; *hep quel chom,* sans remise J 44 ; *hep chom, hep chom quet* sans s'arrêter P ; **chommel,** id., H ; *chom* il demeure B 312, *chem* il reste N 83 ; p. *chomet* J 213 b, Nl 285, C, *chommet Cc ;* impf. *chomme* Nl 236 ; prét. *chomas* Nl 278, *chommas* 312, 465 ; *chommat* on resta Nl 549 ; fut. et subj. *chomyff* Jér. Pel. v. *bêt, chomif* J 191 b, *chemiff* B 390, *chemmiff* 297, *chimiff* N 1104, *chimy* N 484 (rime en *if) ;* 2° p. *chomy* B 521, J 122 (éd. 1622), *chemy* B 383 ; 3° *chomo* B 395, Gw., N 4, *chonmo* B 263, J 25 b, pl. *chonzmiut* B 356 ; cond. *ne chomenn muy* je ne veux plus rester N 731 ; *eq chomse* il serait resté J 205 ; impér. *chum* J 140 b ; *na chomet gour* N 252, *chemet Devy* N 1067 ; pl. *chomyt* J 46, *chemet* N 517, *na chemmet da,* J 46 b, ne tardez pas à ; **chomadeun,** act. de demeurer, C, *chomaden Cb.* Auj. *chom, chemel ;* du fr. *chômer.* En dial. de Batz *chom,* il faut, cf. *ne chom quen,* il n'en faut pas d'autre (pour vous refroidir le sang) J 109.

Chot, joue — *an pescq* branchie *Ca, choul* Gw. (rime en *ot) ;* **chotat,** soufflet J 77 b. Auj. id., f., ital. *gota,* du lat. *gabata,* cf. *un javedat* un coup, « dans un de nos vieux dictionnaires », Pel. v. *croumm.*

Chouc, cou, nuque C, J 3 b P, *scouc* Gw.; **choucat,** 1. colafus, *Cb,* coup sur la nuque ; **choucatal,** frapper au cou, p. *choucatet,* C. Auj. *chouk.* M. Stokes a comparé l'irl. *scóig,* cou ; mais le *sc* de *scouc* doit exprimer le son *ç. Chouc* veut dire le derrière de la tête, et le dos, surtout pliés sous un fardeau ; cf. van. *choukein* s'accroupir, s'asseoir. Du v. fr. *suc,* provençal *zuc,* ital. *zucca,* courge et tête ?

Christ, Christ J 101, 125 ; *da —,* au Christ Nl 188, *da Crist* J 207 b, var. *Chr-; Jesu Christ* Nl 535 *Jesu Crist* B 28, var. *Christ ; Crist,* C. **Christen,** chrétien B 139° N 438, *Cb, cristen* C, B 132, 26, var. *chr-; cr-* (être) chrétienne B 732, *guir cr-,* très chrétien, *Cb ;* pl. *christenien* Nl 315, *christenyen* N 549 ; f. *cristenes* C, B 136, cf. v. br. *Cristian* IX° s.; **christenet,** baptisé, rendu chrétien, B 145° ; **cristenez,** chrétienté C ; esprit de religion, N 1706 ; **Cristoff,** C, *Cristofl Cb,* Christophe. Du grec latinisé *Christus.*

Cigoing, cigogne, C, du fr. — **Cim,** singe C, *cin* Cc, du l. *simius ;* **sins,** Jér. du fr. *singe.*

Ciment, ciment. — **Cing,** cygne C ; *cin,* Maun. — **Cipres,** cyprès. — **Ciprian,** Cyprien, C ; du fr. — **Circoustance,** C ; circonstance, Cc. — **Circouuention,** C, circonvention *Cb.* — **Circumcision,** C, *circuncision* Cc. G. id.; du fr.

Cirurgien, g. id. C, *cirugien* Cc *; cirurgery,* chirurgie Cc *;* du fr.

Cistern, « cisterne » C; l'abime (de l'enfer) J 89 b, *cystern* 97, 99, *cisternn* B 562, *citern* Nl 364; du fr. — **Citaff,** citer, p. *et,* C. — **Cite,** cité, ville, C, J 115, Nl 372 P; du fr.

Ciuellenn, C surfaix, grosse sangle; *sivelenn* Gr.; du lat. *cingillum*; cf. *Rev. celt.* II, 192.

Claeryen, 181, var. *claerien,* 3 s., clarté, splendeur, auj. *sklerijenn*; cf. corniq. *cleyr,* gall. *claer,* clair, voy. *sclaer*; **clariffiet,** expliqué, éclairci, 667; du fr. *clarifier.*

Claff, malade C, N 341, P, *clafu* H, *claf* N 503, maltraité J 6; **cleuell,** être malade C, p. *claffet* N 1301, affligé 1208; *claffuet* B 410, *clafvet* J 167 b, *clauet* Nl 468; ind. prés. *clavaf* J 233 b; *claf* P; fut. *clafvif* J 192 b; *ciaffuo,* qu'elle devienne malade, B 485; *me he claffo* je la rendrai malade, B 475; **cleffet,** maladie N 75, 1854, Cc, *cleffuet* B 189, Cc, *cleuffet* Nl 104, *clenffet* Nl 314, *clefvet* J 36 b, 160, P 154, *cleuet* C, N 1664, *clevet* Cb, *clesvet* H; *cleuet uhel,* le haut mal, C; **cleuedus,** maladif, C, *clevedus* Cb. Auj. *klanv* (n nasal), gall. et corn. *claf,* irl. *clam*; rac. sanscr. *klam.* Je crois que *mar claff caffou en metou so,* P 273, veut dire « quelque terribles que soient leurs peines en ce lieu ».

Clasq, acquérir, chercher, B 39, N 288, Nl 264, P; *clas,* lis. *clasq* N 268; *clasc gryt,* cherchez J 49; *clasq* est plutôt un nom dans *ober clasq* J 46 b, « faire la recherche », p. *clasquet* J 189, Nl 276, acquis, C. Prés. *clasquaf* J 187; *clesquet* J 186 b, 194 b; *clesquomp* J 71; *clesquet* J 70 b, 71, 185, 199 b; *clescont* J 23 b. Impf. *clasque* J 40 b; *clasquent* Nl 108. Fut. *clasquo* J 184; impér. *clasq* B 41, *da hem —,* prends ton élan, tes mesures (pour frapper) 581; *clesquet* cherchez 457, 486, J 168; subj. *clasquemp* B 71; *clesquet* 471; *clasq ann aluson,* chercher l'aumône, C; **clasquer,** f. *-es,* quêteur, mendiant, C. Auj. *klask*; vann. *klah*; gall. *clasgu, casglu,* recueillir, de *quaesiculare?*

Claudin, Claudin 364, 451ᵃ. — **Claus,** clause, C; du fr.

Cleffr, boiter, C, gall. *cloffi,* de *cloff,* boiteux, du b. lat. *cloppus,* d'où fr. *éclopé, clopin-clopant,* etc.

Cleiz, gauche C; *an laẓr cleyẓ* J 140 b; *a cleyẓ,* P; **cleizyat,** gaucher, C. Léon *kleiẓ,* tréc. *klei,* v. gall. *cled,* gaél. *cli,* même rac. que le goth. *hlei-duma,* gauche.

Clem, plainte Cc, N 478, 1155, accusation J 101; *clem sechet* se plaindre de la soif, J 143; *eẓ — an reman,* 112 b, t'accusent ou se plaignent; *mens em —* (*ouẓ*) je me plains de, N 344; *... a — e merch ouẓ,* il accuse sa fille devant... B 405-406; p. *-et* accusé J 112; **-er,** complaigneur, C; **clemyus,** complaignant Cc; **climischat,** C pleurnicher, *clismichat* Cb. Auj. *klem*; corniq. *rdk clem,* (je dirai) pour ma défense; du v. fr. *claimer,* crier, cf. angl. *to claim,* réclamer.

Clemence, Cc, clement, l. *clemens,* Cc. — **Cleophas,** Cléophas, J 202 b; du fr.

Cleranç, Clarence, n. géogr. M 4; du fr.

Clet *de goasquedaff,* pour le tenir bien chaudement, Nl 140; *tut clet,* gens adroits, N 269; *clet,* (lieu) à l'abri, Maun. Pel. *Clet* « a signifié paisible ou tranquille, comme je le vois dans quelques vieux livres, qui le donnent pour épithète à des personnes de distinction », Pel., gall. *clyd* (lieu) abrité; (vêtement) chaud (Davies); de *clitos,* caché, rac. *cel,* d'où gael. *cleith* cacher et retraite, cf. l. *celare,* ou de *clitos,* incliné, gr. κλιτός?

Cleuz, fossé, l. *agger,* C, mur de terre Cc; *coẓ* **cleusenn,** vieil arbre creux, M 7 vᵒ (*cleuẓen,* Maun.). Léon *kleuẓ,* tréc. *kleu,* v. corniq. *claud,* gall. *clawdd,* levée de terre, tranchée, irl. *clad* fossé, *claidim* j'enterre. Br. du XIIIᵉ s. *cledier, cleẓier,* prob. fossoyeur, auj. *kleuẓier,* R. c., III, 405. Voy. *mengleuẓ.*

Cleuet, entendre N 485, H, P, *clevet* J 6 b, *clefuet* N 467, *cleauuet* C, *cleauvet* Cb, *cleauet,* Cc, *claeuet* H, *cleuet,* l'ouïe P 155; p. *cleuet,* écrit *deuet* N 150; prés. *cleuaff* B 50, *clevaf* J 189; *cleuez* B 273; *cleu* J 135; *cleuet* B 395; prét. *cleuis* B 53, *clevis* J 222 b; *cleuas* B 131, Nl 355, *clevas* J 79 b, Nl 13, *me a clevas hueẓ rost,* Jér., je sentis l'odeur du rôti, (même sens en corniq. et en gall.); *cleusont* P; fut. et subj. *clevif* J 25, 38; *cleuy* B 755; *clevo* J 26, 124; *cleuimp* N 211; *cleuhet* B 670, J 31, *clevhet* J 26 b, 162, 176 cond. et subj. *cleuhe* B 234, *clevhe* J 90, 232 ; *maʒ clevher*, qu'on entendo J 99 ; *cleavech* P 246 peut être l'imparfait ou le cond. « vous pouvez entendre », cf. *nem clevhe nem responte tam*, il ne pouvait m'entendre, J 189 b. Impér. *cleu diff* écoute-moi B 487, *cleu* J 15, P, *cleau* P, *cleo* N 52 ; *na cleuet nemedouf*, B 140*; 2ᵉ pl. *cleuet* B 25, N 1247, Nl 334, *clevet* N 184, *cleuit* (ms. *deuit* ?) N 1213, *clevyt* J 46 ; **cleauldiguez**, ouyement, l. auditus, Cc. Auj. *klevet*, gall. *clywed*, gaél. *cluinn*, même rac. que κλύω.

Clezeff, épée 350, C, N 1422, *cleʒeuff* Nl 238, *cleʒef*, var. *cleʒeuf*, J 39 b ; *cleʒef* N 850 ; m. : *an becq aneʒaf* N 1433, *dou cleʒeff* J 72 b ; *cleʒev* Nl 70, *cleʒu* 218, *cleʒen* lis. *cleʒeu* Nl 479. Pl. *cleʒeffyou* Cb, P. Léon. *kleʒe* m., van. *klean* (n nasal). v. irl. *claideb* = *cladivos*, cf. lat. *gladius*, de *cladios*, Le fr. *claymore* f., représente le gaél. *claideamh mor*, m. grande épée.

Clezrenn, glace C. Cornou. *cleʒr, cleʒren*, van. *cléer*, glace qui se forme de l'eau tombant des toits, Pel.; *scléreenn, sclér*, f. glace légère, L'A., *cleʒrenn* id., *cleʒr* glaçon, Gr., *cleʒren* Maun. Cf. corniq. *clihi, glihi, clehé*, glace. Du lat. *glacies*, cf. *sclace*, avec accommodation au suffixe ʒr, comme dans *caliʒr* ?

Clim, « clime », climat, C. — **Clistoer**, clistère C ; du fr.

Cloarec, clerc, savant, 80*, C, J 167, N 1101, Nl 79, P, f. *cloaregues* savante B 93 ; pl. *clouer* N 1084, *cioar*, var. *clouer*, J 85 b, *cler* N 523 ; *an glouer* Nl 312 (1 syll.); *cloar* 1 s. et 2 s., M 4, Cb ; **cloareguiez**, clergie C. Auj. *kloarek* ; du l. *clericus*.

Cloastr, cloître C, dim. **-ic**, *Cb* ; **cloastrer**, cloistrier *Cb* ; du fr.

Cloch, cloche, dim. **-ic**, *Cb*, *-yc* Cc ; **clocher**, sonneur ou faiseur de cloches ; **clocher**, un clocher. C. Auj. *kloc'h*, m.; du b. lat. *clocca* ; van. *clohér*, m. clocher, L'A.

Clochenn *amanenn* lèche de beurre, C. *Clochen* *amman*, Maun., *clochenn amann*, Gr., id. de *cloʒen aman* boîte à beurre, Pel., comme le montrent les formes *cloʒren aman* « coquille de beurre qui est enlevée avec la cuillière », Pel., et *scloʒren amann*, lèche de beurre, pl. *scloʒr*, Grég., cf. *discloara, disclora, disclorenna*, faire des l. de b., Gr. Voy. *cloʒrenn*.

Clocuce, sourd, C avant le mot *cloch* ; lis. *cloccuce*, cf. v. fr. *clocher*, sonner ?

Cloedat *ann douar* « herser la terre » C. *Clouëdat*, id., Gr. de *clôet, clouet*, barrière, herse, claie, Pel. pl. *cloedou*, Cart. de Landévennec, gall. *clwyd*, v. irl. *cliath* du gaul. *cléta*, qui a passé dans les langues romanes *(claie)*; même rac. que lat. *crates*, angl. *hurdle*.

Clopenn, crâne J 74, 110. Grég. id. *clopen* Maun., Pel., de *cloʒ-penn*, boîte de la tête, van. *cloren er peenn* Gr., cf. Pel. Voy. *cloʒrenn*.

Clos, clos, fermé J 83 ; *lech* —, B 413 ; — *reposet*, bien endormi, Nl 11, 513 ; *en clos maʒ repose*, si bien qu'elle vivait en paix ? P 45 (M. de la Villemarqué y voit un nom, pour *lech'* —, retraite); *dalch* —, tiens bien (ta résolution) J 14 b ; (révéler) secrètement Nl 430; *Doe* — *a disposo*, Dieu en disposera J 25 b ; *en enes* — *hanvet Rosina*, N 135, prob. explétif; de même dans *en pep guis clos*, Am., que Pel. traduit « en toutes manières feintes ou dissimulées »; **closet**, fermé B 531, J 35 b, Nl 180; (nuit) close, J 155, cf. *da hanter nos pan voa hogos closet*, Nl 141 ; *closomp* fermons J 161. Auj. id.; du fr.

Clou, ferrement, C, **clouetenn**, « fer de laz », Cb ; **clouyer**, espinglier, C; v. br. *clou*, auj. *klaou;* pl. *claouyer*, Gr.; gall. *cloeu*, « clavi », irl. *clô*; même rac. que l. *clavus*, clou. *Claweten*, fer d'une aiguillette, Pel.; trée. *klaouiten*, f. trou (d'aiguille, de fuseau en fer); cf. *clao un nados*, chas d'une aiguille, Gr., v. *chameau*.

Clouar, tiède, C ; doux, affable, ord. avant le nom, B 5, 498, 550, H, J 9 b, N 496, Nl 23, 105 ; *douce ha* —, N 564 ; *ma maestr* — J 82 b ; adv., Nl 254 ; (savoir) bien, J 123 b (1 syll., contre l'usage ordinaire); *cloar* doux, P 49, adv. B 496; **clouarder**, *Cb* ; **clouardet**, Cc, tiédeur ; **clouarhat**, tiédir *Cb*. D. Pel. cite *clollareguyeʒ* (victoire remportée avec) lenteur, tiédeur; malgré son assurance, je doute que ce mot diffère de *cloareguieʒ* clergie (ici « lenteur savante » ?) Léon. *klouar*, tiède, 2 s., van. *kloar* 1 s.; gall. *alauar*, cf. gr. χλιαρός, ou plutôt il y a en bret. renforcement de *gl.* en *cl*.

Clozrenn, *Cms*, v. *boeden*, cosse, gousse de fève; *cloeʒrenn faff*, *Ca*, *cloeʒren Cb* (après *clouyer*). Auj. *klosen* et *kloren*, enveloppe, cosse, coque d'œuf; *clocen* Maun., *clocʒenn* pl. *clocʒ* Gr., voy. *clopenn* et *clochenn*. D'un dérivé de *claudere*. Pel. donne *cloʒ* enclos, *cloʒa* clore; pour ʒr de ʒ cf. *caliʒr*, *cleʒrenn*.

Cludenn, gîte, *Cb*, *Cc*. Auj. *klud*, m., perchoir; v. br. *clutam* gl. struo, gall. *cludaf* j'apporte, j'accumule; cf. gaél. *cliath*, to tread, as the male, in poultry? Voy. le suiv.

Clugar, perdrix, C, pron. *clujar*, auj. id. f., gall. *clugiar*, de *iar* poule, et *clugio*, s'accroupir, percher, bret. *kluja*, *clugea*, Maun., cf. van. *cluchein*, *cludein*, id., et le mot précédent.

Clun, cuisse 579, reins, fesse, C; f. : pl. *diouclun*, *dioclun*, *Cc*, dim. **clunic**, *diouclunic*, *Cb*. Van. et gall. id., de *clônis* pour *claunis*, identique au lat. *clûnis* (Et. gram. 16).

Cnot, N 836, cf. gall. *cnawd*, chair? t. d'injure, pour *crot*, cf. léon. *crot*, petit enfant, Pel. gall. *crwt*?

Condiutor, C, du l. id. — **Coaill**, caille, « lat. *calia* », C. Auj. id., du b. lat. *quaquila*.

Coan, souper, cène, C, J 19, M 10; *pan oa debret* — J 64, sans article, auj. id.; dim. **-ic**; **coanlech**, cenaculum *Cb*; **coanyaff**, souper, *Cc*, *coaniaff Cb*, *coanaff Ca*, prés. *coan* J 6 fut. *coanif* J 5 b, impér. *coaniomp* J 6 b; du l. *cena*, prononcé encore *kêna*; voy. *coar*.

Coant, joli 71, N 325, C, *coaent* S. Gw., *coent Cb*; adv. *quant amantet*, B 218°; **coantis**, beauté P 259, amour, amitié, B 392°, 720, J 196 b; f. : *diou —*, J 27; adv. *dre —*, J 12, 232 b; *couantys* Nl 416. Auj. id.; du v. fr. *coint*, *cointise*.

Coar, cire C, N 902; **-aff**, cirer, p. *et*; **-er**, vendeur ou ouvreur de cire, C. Auj. id., du l. *cera*.

Coat, bois, forêt, C; *didan —*, sous bois, N 349; du bois, B 58, 274; pl. *coatdou* N 294; **coadec**, plein de bois, C. Mutation initiale : *aʒr an hoat*, *Cms*, *an tro voar tron choat*, le pourtour du bois, N 274; cf. *Penhoat* = chef (bout) du bois. Auj. *koad*, v. br. *coet*, gaul. *céto-*, l. *-cétum*, all. *haide*, R. c., VI, 485.

Coaʒrell, « carrel de soliers », C *-ʒell Cc*, dans les *coʒ*, du b. lat. *quadrellus*, ital. *quadrello*.

Cocatrice, *Cb*, cocatrice C, g. id., l. basilicus; du fr.

Cocc, C, charançon; du fr. « *cosse* », que donne *Cb*, dim. *cosson*.

Cocou, Cc coucou, *coquou Cb coc*, *coq* C, auj. *koukouk*, f., gall. *cog*, onomatopée.

Cochuy, « cochue » C, halle, auj. *koc'hu*, m., v. fr. *cohue*, id.; cf. gall. *cy-chwyf-* agitation. Cf. mes. *Etudes comparatives sur le grec, le latin et le celtique*, I. p. 8, 9.

Cod, *cot*, code, **codiell**, codicille. — **Coeff**, coiffe C, dim. **-ic**, *Cb*, **coeffin**, g. id. l. ceruical. — **Coeternel**, g. id. C.; du fr.

Coezaff, tomber 654 accidere 210, -af J 231, *coueʒo* H, p. *coeʒet* B 327, J 92 b, N 24, arrivé par hasard Jér., *coueʒet* Nl 354; *a coeʒ dit* B 685, *coeʒas* J 119, arriva 86, 230 b; *-y* B 616, J 115 b; *-o* B 762, *cou-* J 120, éd. 1622, *rac muy torfet na coeʒe quet*, J 158 b, de peur qu'il n'arrive d'autre profanation, cf. *rac na coeʒhent* 169 b; *coese* J 64 = tréc. *koueje*, il tomba plusieurs fois. *Coeʒhont* P. prob. futur; **coezabl**, C, **coezus**, *Cb*, qui tombe. Gall. *cwyddo* = lat. *cédere* (Stokes).

Coezff, enflure C, orgueil, *Cb*; — *en bouʒellou Ca*, Cc; *coeʒffen* b. *Cb*, hernie; **-ulff**, *Ca*, **-unff**, *Cb* enflur, p. et *Cb*, *coeffet Ca*, *coeffuet Cb*; **-idiguez**, *Ca*, *-uidigaeʒ Cb*, inflatio. Léon. *koenv*, m., = *cohueth-m(e)*, voy. *hueʒaff*; le vann. *foanv* = *hueth-m.*, *foanvein* = corniq. *hothfy* (Meriasek).

Coff, ventre C, J 23, N 117, H, *a het e costeʒ* (lis. *coff*) *eʒ diloffas* Nl 54; *cof queyn* P; *coff an garr* le gros de la jambe, *Cb*, *Cc*, — *an lestr*, carène, C; **-euc**, *Cc*, *-ec*, *Ca*, ventru; **-in**, panier C. Auj. *kof*, gall. *coff*, m., ventre; du lat. *cophinus*, coffre.

38

Coffun, adj. : — *ha net*, P, 13 = « integru et casta », cf. gall. *cyfan*, entier.

Coffes, confesser C, se c., P 203, *cofes* se c. J 91 ; *da coffes* (aller) à confesse N 370 ; p. *coffesset* 1254, Cb ; prés. *confess* H ; *he cofes* il la reconnait (pour reine) P 4 ; fut. *confessif*, N 1314 ; **coffessat**, se c. 248, *cofessat* P, p. *confesseat*, Cc ; *confessaompl* fut. *confessay*, H ; **confesser** Cb, -or Ca, -eur Cc, -eur ; **confession**, B 656, J 90 b, N 597. Auj. *kovesat* ; du lat. *confessari*.

1. **Cog**, coq C, *coc* Cb *coq* J 63, *quoc* 79 b. Auj. *kok*, pl. *kigi* ; onomatopée ?

2. **Cog** *saeʒ* coche de flèche C « coge de f. » Cb, *coeg saeʒ* Cc ; *cog*, M 10 (l'horloge frappe sur) la coche, l'entaille ? Voy. *brog*. Pron. *coj* ; du fr.

Cohort, troupe, cohorte, J 69 b ; du fr. — **Coïg**, 414, *coig* 414°, difficulté, retard ? pron. comme *cog* 2 ; c'est peut-être le même mot. — **Coing**, C, *coinn* Cc, coin, angle ; du fr.

Colen, taon, petit d'animal, — *qui*, C ; — *caru*, Cb ; — -gat, Am.; pl. *quelin*, B 713. Auj. id., gall. *colwyn*, irl. *culian*, *cu-lenos*, même rac. que κύων. Et. gram. 6, 7. Voy. *hygoulen*.

Colerie, colérique Cb, l. *colera* (bile), C, par erreur ? **colericus**, colérique Cb donné comme bret. au lieu de lat.? du lat.

Coller, collet, collier, C ; *eren colyer* J 18, la corde au cou. Auj. id., m.; du fr.

Coll, perte, perdition N 1603, H ; — *poan eu* J 90 ; **coll**, perdre 94, B 243, N 1527, Nl 361, — *poan*, *a ret* J 232 b, *col* N 1562 ; p. *collet* B 727 N 23 Nl 455, damné J 94 b ; prés. *colleʒ* N 645, *quell* 1637 ; *collas* J 123, Nl 198 ; -o J 234, -*imp* N 792, *quolhet* J 210 (fut.); *mar em colle* Nl 445, *collsent* 275, perdraient ; **-idiguez**, C, *-idigueʒ* Cb, perte, perdition. Auj. *koll*, perdre, gall. *colli*, gaél. *caill*.

Collateral. — **Collation**. — **Collectiff**, fr. id. C; **colletter**, C *colleter* Cb, *coilleteur* Cc, collecteur ; **colleg**, C, collège, *collaichou* N 1704 collèges, couvents. — **Cololgnn**, M 4 Cologne ; du fr. — **Colory**, P 246 prouesse, lis. *cholory* ; *jolory*, triomphe, gloire, Nl 230, *jolori* plaisir Jér. (Pel.). Auj. *j-, ch-*, tapage, charivari, tréc. *chalvari* ; du fr. *charivari*.

Colouenn, C, *coloenn* Cb, paille, chaume ; *colouenn guenan*, ruche C. Léon. pl. *kolo*, van. *colon*, *calavre*, paille, *colovēnn* ruche L'A.; v. gall. *calamennou* culmos, cf. l. *culmus*, gr. κάλαμος ; voy. *guenngoloff*.

Columpnenn, f., colonne, C; *diou* —, *colupnen* Cb ; du lat. *columna*.

Comanant, pactum, C, obligation, P ; devoir, règle, N 221, 574, 648 ; *coumanant* « conuenance ou louage » Cb, Ca ; tréc. *komenann*, fermage, ferme (fém.); du v. fr. *covenant*.

Comande, commander, C, *comendaff* je loue M 55. — **Comete**, g. id. C ; du fr.

Comaʒr, commère C, pl. *commaʒreset* H, N 921 ; tréc. *komaer*, pl. -*eʒet* ; du l. *com-mater*.

Comin, cumin C. — **Commance**, 63 commencer, *comancē* N 870, p. -*ncʒet* B 62 ; impér. -*ncet*, 64 ; *maʒ* -*ncer* 5 ; **comance**, N 724, commencement ; **commanczament**, B 65 rime *an t(our)*. — **Commemoration**, Cb. — **Comment**, g. id. l. -*um*, C. — **Commetaff**, commettre 716, -*itaff* C, p. *cometet* N 590 ; *cometas* B 488 ; subj. *cometti* 592 ; fut. *em commetter on m'enverra* B 28 ; du fr.

Commoull : *toull* —, et -*ec*, trou obscur, Jér. Tréc. *koumoul*, nuages, gall. *cwmwl* sg. m.; du l. *cumulus* (M. Gaidoz).

Commouaff, commouer C, p. *et da*, poussé à, B 215°, 405 ; **commotion**, émotion J 121 éd. 1622. — **Commun**, g. id., C, réuni, P, *comun en commun*, également, N 85, 437, 917 ; gens du commun, 494 ; *pobl commun*, peuples ! Nl 334 ; -*aff* (la voix) publique N 1754 ; **commun**, assemblée P ; (mon) peuple N 853 *cumun* P ; **-iaff**, -*ier*, -*iquer* C ; **-icaf**, -*iquer*, J 226 ; -*ion*, g. id.; -*ite*, g. id. Cb. — **Compaignun**, 386, C compagnon, pl. *ou* Cb ; B 461 ; -*ingnun* 803, f. *es Ca*, -*ignunes* B 726, C ; -*ez*, J 45 b, N 917, -*ingnuneʒ* C, compagnie ; -*es*, Cb ; -*ingnuneʒ* B 327 ; lis. -*es*, compagne, B 673 ;

compaignunecat, p. -*quet, Cb; (-ingu-C)* accompagner. — **Comparagaff,** comparager C; **comparatiff,** g. id. Cb. — **Comparissaff,** comparoir, C; du fr.

Compas, g. id. C, contour, dimension, plan; *en — iolis* B 8, *e — sclaer* 431, *dre —* 279, J 176 (b avec mesure, sagesse); *dioux an —,* d'après la justice J 179; *nep — a se,* aucun moyen de sortir de la difficulté, J 222; **compassaff,** *Cb, -asaff* C, « compaser »; du fr.

Compassion, 660, J 3, Nl 418, *Cb, compation* g. id. C; du fr.

Compazr, compère H, *Cb, comparx* C; pl. *compaxryen,* H, *compixrien* N 920 (pron. *ir-*, rime *guir*); à Quiberon *compadre*, l'A. p. VII; **complzrlez,** comperage *Ca Cb.* Tréc. *kompaer*; du l. *com-pater*.

Compellaff, -er, C. — **Competant,** convenable C, J 39, raisonnable B 554, (conçue) sans péché Nl 20; d'une façon compétente B 87; bien, tout à fait, 456, N 222, 572, 1197, J 45, Nl 416; du fr.

Compilaff, -er C, -*illaff* Cc; p. -*ilet* arrangé, inventé, B 51, 442; -*ilas,* 274; **-iler,** -eur *Cb*; du fr. **Complexion,** g. id. C., nature, humeur, J 28, 40 b; du fr.

Compoes, plain, uni C; tréc. *kompes, kompos,* van. *kampouis*; gall. *cymhwys* égal, de *com* et *poes*.

Composaff, -er, C, p. -*et* B 319, M 71 v° — **Compot,** g. id. (comput); **-ist,** -iste C; du fr.

Comprehendaff, -er C, comprendre (des mystères) J 62; du v. fr.

Compret, prendre J 44 b, N 230, Nl 5, Jér., *quempret* B 179, C, J 17, Nl 43, *quemeret* B 86 J 17 N 154; p. *commeret* Nl 66, prés. *commer* 173. *Quemeret* pris (sur toi de) J 68 b; *bout... emq. da* B 149°; vous avez (de l'amour) J 126; *em em q-is da* B 300; -*ex* 561; *me a quemer,* je tiens que, J 34 b; *q-her* 43 b; etc.; **quemerabl** prenable, **diq-** irrépréhensible, *Cb.* Tréc. *komer*; de *°com-ber-,* l. *confer-o*.

Comps, parole C pl. *ou* J 117 b, dim. **-ic,** Pel.; *comsou* B 705, N 547, *-aou* Nl 81; auj. f.; **comps,** parler, dire N 171; *dre —,* comme disent ... J 31 b; *coms, copms* Cc; pr. *comsaff* Nl 14; *comsaf* J 24; *coumsas* Nl 326; p. *coumset* Nl 6; *ne comsenn* N 528 ne loquar; *ex compset* J 230 que vous direz; lis. *ha da muy mex, ... ma compsex te* (et pour plus de honte) J 122; *compsent* peuvent parler B 552, *conmsomp* Nl 288; *consiff* 80; **comser,** parleur C, *compser* f. *es*; **compsidiguet,** allocutio Cb. Auj. *komps,* van. *konx*; de *°com-med-tu-* (Stokes), cf. *emexhan,* dit-il, gall. *med-daf*; ou simpl. de *°com-m(e)d,* voy. *bois.*

Con, 623 J 13 chiens, *coun* Am., = κύνες; **conar,** rage C, *conar* P; **conilryec,** enragé C; auj. *kounar* f., rage v. br. *cunnaret,* = gall. *cynddaredd,* f., de *dâr,* m. bruit., cf. θόρυβος ?

Concedaff, -er C, 20, 231'. — **Conceuaff,** -oir *Cb, conceffaff* Ca; prét. *conceuas* Nl 380, -*vas* 84, -*uax* 121, -*uffas* 225; -*uat* fut conçu 152; **conception,** -*cion* Nl 111; du fr. — **Conchiaff,** *Cb, couchaff* Ca (dans les *con-*) couchier, contaminer; léon. *konchexa,* van. *kouchiein*; du fr. — **Concluaff,** concluer C, -*af* B 25°, *cloncluaff* 25; *concluet* résolu 714, accompli 805 *autren... —,* J 26, se résoudre à accorder; **-sion,** g. id. C, B 768, N 1360, -*siou Cb*; du fr.

Concoez, gourme à la gorge, étranguillon, C; m., Gon., de *°co-ang-êd-,* gall. *cyfyng,* étroit, cf. gr. συνάγχη, esquinancie; van. *ancoe,* m. luette, Gr. (entrée du gosier) = *° angêd-,* cf. l. *angina.* Voy. *coexff.*

Concrenn, congre. — **Concret,** g. id. — **Concupiscence,** g. id. C, -*ence Cb.* — **Concurrant,** (nombre) -*ent* C. — **Condamnet,** -né Nl 2 M 12 v° (rime *aff-);* -*mpnet* B 342. — **Condicion,** -tion 235, J 234, C, -*tion* Cc; **-clonus,** -tionnel *Cb*; du fr.

Condon, 497 (prison) abîme (de tristesse) de *com* et *don,* cf. *koundouniou* grandes profondeurs, Troude.

Conduyaff, C, H, *conduy* N 70 conduire; se conduire, vivre, 156; *ma em conduyaf ... so ret* J 23, *condu* élever (un enfant) 392; p. *conduiset* 1235 (rime i-); *condu,* prés. H, *conduet l* B 586, gardez (la chasteté) N 623; *conduer* J 124 b; *ex conduhet,* qu'il soit guidé, élevé N 1032; **conduit,** g. id., *Cb, uyt* C. — **Conestabl,** -ble, f. -*es* C, *conetabl,* -*es,* Cc.

Con-feraff, -rer C. — **-ferm,** act. d'être raffermi J 198, **-firmaff,** -er, **-ation,** g. id. — **-fiscaff,** -quer. — **-fitaff,** confire, **-fitur,** -ure, C. — **-fontaff,** je suis confondu, 386, 731, -*af* J 223; -*font* (la peur m')abat J 70 b, cf. 188 b; inf. *funtaff,* C; **-fus,** g. id. C, B 125, N 518 (rime *on-*) malheureus¹ B 435, ignominieus¹ J 13 b, -*ffus* perfide B 790; **-fusion,** 644, J 99, g. id. C. — **-fort,** consolation C*b*, Nl 338, **-fortaff,** -er, B 348, -*af* J 39 b, *don em confort,* pour nous consoler J 162; *hoz em -et!* 162 b, **-forter,** -eur, f. -*eres,* C, **-fortus,** consolant C*b.* — **-ge,** congé, permission, 234-5, C, J 45 b, 163 b [*hep*] *hon congie,* 230; var. *congez* 45 b; **-great,** lis. -*gieat,* a été permis B 754. — **-gregation,** -tion; *dre* —, N 186. — **-gru,** — **-iugation,** — **-iunction,** g. id. — **-iuraff,** -er C, *men -iur* N 530; *me az -jur,* je t'adjure J 80 -*yur,* prie! P, p. -*iuret* C, fait des évocations N 831; *un* **-jur,** une évocation N 822 (rime *on-*); **-iuration** *dan dyaoul,* id. C*b,* **-iurer,** exorciste C; du fr.

Conniff, C, al. *coniel; connicl* C*b,* lapin, trée. *konnif,* du l. *cuniculus.*

Con-queuro, gagners J 17 b (conquerra) — **-sacraff,** -er, C, (un prêtre) N 1683 -*af* (l'hostie) 1703, *ez* -er on t'ordonne prêtre 1697. — **-sanguinite,** g. id. — **-sentaff,** consentir C, N 358, p. et ayant consenti P; **-ntj,** N 386 id.; **-sent,** souffrir, endurer Nl 72; -*sentaff* je veux que J 56 (rime *ant-*) *a -santas terriff...* Nl 3; **-sant,** J 163 b, **-santamant,** C, H, consentement; **-santus,** consentant C*b.* — **-sciance,** C*a,* C*b,* B 714, f.: *hy,* 746; -*nc* Nl 453, -*scyance* P, -*sianz* H -*cianze* N 265, pl. -*cianzaou* Nl 473 — **-seant,** séant, convenable, N 1752; — **-sequance,** -*ence* J 28 b — **-seru,** il conserve N 395 — **-sideraff,** -er C, *en em* — s'examiner M 2 -*et en...* pensez au... J 28; attendu les... 28 b; -*et vu,* eu égard à, 87 b; vu que, 150 — **-sistoer,** -oire C — **-sol,** N 119, **-solation,** -tion B 605, -*cion* C, **-solaf,** -er N 1295 — **-sonant,** g. id. C; juste (raison) B 70 J 39, (avis) raisonné N 839 admirable B 559 (Passion) divine J 45; **-sonnet,** (tour) fabriquée B 195; *en ... na -sonont* B 553; — **-spiraff,** se résoudre à 610, p. *et,* conspiré, résolu, 714; **-stant,** fr. id., N 207, **-stantinoble,** -ple C*b,* -*stantin noble* C*a* — **-starace,** caque, baril, C*b,* *cou*— coustarac*a* (dans les *con-*) — **-stellation,** g. id. — **-stituaff,** -er C, p. *et* 152°, **-stitution,** g. id. C, — **-stru,** C*b,* construire, p. *et* expliqué? N 1083, **-struabl,** constructible **-struection,** g. id. C; du f.

Cont, comte, f. -*es* C — **Cont** compte P, **-aff,** compter C, Nl 517 raconter B 406; *gra -et,* dis N 3; -*et,* on comptait Nl 213; *a -er,* Nl 66, B 334, *pan —* 351 *ne -om pas* Nl 174; **-ant,** (argent) comptant 66. — **Contant,** content 162, C, *drouc-* 188; **-aff,** contenter, payer 44, -*entaf* J 30 rime *ant-; hoz em -entet* résignez-vous 9 b, cf. B 194; -*ante* 298; du fr.

Contell, couteau C, 598, f.: *homan;* auj. id., v. *corniq. coleell, cultell;* du l. *cultellus.*

Con-templaff, -er C, — *af* N 481; **-atif,** C*b,* -*atiff* C*c;* **-ation,** g. id. C — **-testaff,** C, -*iff* Nl 483, -er — **-tigu,** fr. id. — **-tinu,** fr. id. C; tout à fait (digne) N 1034, -*tenu* B 425, continuellement 134, 588; incontinent, tout à l'heure 168; *an* **contenu** *ouz buhez* histoire, récit, J 229 b, **-tinuaff,** -er C; -*tinuadur,* -uité, *dre* **-tinuadion,** continuellement, C*b;* *en* **continuant,** aussitôt, incontinent, Nl 42; **continant,** bientôt, N 694, 747, 1046; retenu, modeste, 569? **-tenance,** contenance, quantité B 60, visage 745, J 181, (mauvaise) action 783, f.: *houman; -tanance* acception de personnes N 1892, visage P (rimes *an-*), -*tranance* événement, message N 60; *hep contanance* Nl 523, *hep contannanzaou,* 521, incontinent, sans délai.

Contr-act, g. id. C, -*at* avantage Nl 101, *en -at en* cas, capable de, M 67, **-adaff,** contracter, C, H, -*acter* on contracte H, du fr. — **-ariaff,** -er C, -*ria* (3 syl.) J 71 b -*liaff* B 725, -*af* J 22 b, cf. 31 b; -*rihe* B 233; *hep* **-aly,** B 310, N 1357, *sal a* — M 39, sans contredit; du fr. *contrarier,* anc. *contralier,* Romania I, 165, II, 244; **-ariete,** C, du fr.;. **-ell,** contraire C (femme) contrariante B 779, -*el* odieux J 84 b, 712 contraire 314, H; J 217 b; *an* —, le c., 197; *ez -el* contrarieus¹ C*b, en* —, au c. M 71 v°, *econtrel* C*b;* auj. *kontrol;* v. bret. *controliaht,* contradiction; du l. *contrārius.* — **Contre,** -trée 24 C, auj. m. — **Contredit,** J 23, fr. id., -*dy* 113 b, 183 b B 223°, Nl 419; désaccord, contradiction, obstacle B 606 J 28, 34,

112. — **Contrition,** J 90 b, f : *y ; -iction* C. — **Controuersite,** g. id., l. controuersia C ; du fr.

Controunenn, ver de viande, C ; *-tronnenn Cb ;* **-tronnec,** plein de vers C. Auj. *kontronenn,* f. ; Gr. donne *contronenn* et *courônen.* En gall. *cynronyn,* cf. lat. *con-ter-o* briser, gr. τερηδών ver qui ronge le bois ? L'*u* de *controunenn* doit être pour *n.* Le suffixe est *-án-in-d,* comme dans le trec. *kelionenn,* mouche, *merionenn,* fourmi.

Conuenabl, -e 326, C, *couuenabl Cc,* bien J 191, **-uenance,** sagesse B 311 — **-uersaff,** -er, **-abl,** *-ablez Cb,* **-aion,** g. id, **-uertluanff,** -tir C, p. *et* changé (en) B 383. — **Copi,** -ie, **copiaff,** -er C ; **copieux,** g. id. *Cb ;* du fr.

Coquemart, uoissel a chauffer eaue C, g. id. *Cb ;* du v. fr.

Coquet, uide in *gargadenn,* C.

Cor : a — (en chœur) ensemble P, Nl 15, 61, *a gor,* avec ensemble, M 2 ; *a cor, a corr* Jér., mal trad. « à petit (pas) » par Pel. Du l. *chorus* (H. de la Villemarqué).

Corbaill, -aille, C, pl. *ou,* dim. **-ic,** et **corbeillon,** *Cb ;* du fr. — **Cordenn,** corde, C, B 570, *-en* J 96, f : *hy,* dim. **-ic,** *Cb,* pl. *querdenn* C, B 569,*-en* J 73 b ; **cordenner,** cordier Cc, cordellier C. Auj. *korden,* f., corn. *corden,* du l. *chorda.* — **Cordial,** cordial, généreux, Nl 26, J 206, adv. *cordyal* P ; du fr. — **Cordouan,** *Cb, -ouann,* corduan C (cuir) ; du v. fr.

Corff, corps, C, N 94, Nl 23 m. : *ef,* J 159 b ; *corf* N 450, Nl 24 ; au lieu de *coff : a corf Mary,* Nl 88 ; pl. *corffou, corffuou,* H, *corfo* H, 15, 19 ; **corffus,** corporel *Cb.* Auj. *korf,* m., gall. *corff,* v. irl. *corp ;* prob. du l. *corpus.*

Coriandrum, l. id., coriandre C ; du l.

1. **Corn,** corne, m. : *dou* —, C ; *cornn* coin, B 463, endroit du corps, M 7 v° ; cor, trompette, P ; pl. *querniel,* cornes *Cb ;* **cornec,** cornu, C ; **corniguell,** toupie C (haut bret. *cornichet,* Pel.); *auel* **cornouec,** vent d'occident C. Auj. *korn,* m., gall. id., gaul. *cernu(-nnos)* κάρνυ(ξ) ; même rac. que l. *cornu,* v. br. *corn,* coupe, irl. id.

2. **Corn :** *gueҫenn* —, cormier, « l. *cornus* » *Cb ;* du lat.

Cornaillenn, gargate l. *arteria,* C. *Cornaillen,* gosier, trachée-artère, Pel. En gall. *corn breuant* (Davies), etc. En trec. *korҫaillenn,* peut-être par l'influence du mot *corsenn.* Le *Cb* et *Cc* donnent en fr. *corneille* dans ce sens.

Cornart, g. id., l. *gerro,* C ; *-rdet,* fripons ? diables ? B 552 cf. *cornardis,* embûches, Maun.; **cornel,** cornière, l. *suppedale, Cb ;* **cornemus,** *-use ;* **cornet,** g. id. C ; du fr.

Coroll, corolle, danse, C ; danser, *corollen, Cb.* Auj. id., du fr., cf. Rom. IV, 353. — **Corporal,** g. id., l. -ale, C ; (mort) corporelle M 2 ; **corporance,** corpulence *Cb ;* du fr.; *caffout* **corpus** *Domini,* (lat.) B 656.

Corr, corre, l. *nanus,* C ; **corrandon,** cornandon ou nain, C, *coranandon Cb, Cc* (entre *cornet* et *corn*). Trec. *kor, korandon ;* cornandon, Pel.; gall. *cor.* En haut bret. *corandon* (St-Donan). Un éditeur du Catholicon s'appelait Jean *Corre* (et non *Coҫre*).

Correction, -tion C ; **corrigo,** -gera J 106 b, inf. *courrigaff* C ; **corrigibl,** -ible *Cb ;* du fr.

Correenn, courroie C, auj. id., f., du fr., selon M. Loth ; ou du v. corn. *corruui,* qui vient du bas lat. *corrègium.*

Correliar, -aire C, adv. *eҫ* —, *Cb.* — **Correlatiff,** g. id., *Cb.* — **Corrumpaff,** -er C, p. *et*

Cb; *courrompaff* souiller (l'eau) Nl 356, p. *corrompet* J 84 b; **corrump,** corruption Cb; **corruption,** P; du fr.

Corsenn, roseau, C, J 109; tige (du blé), tuyau (de plume) C; **corsec,** C, *corseuc* Ce, cannetum. Auj. id., v. gall. *corsenn*, irl. *curchas*, cf. lat. *carex*.

Corset, g. id. C; du fr.

Coruent, tourbillon C, bourrasque N 877, **-ntenn,** Cb; gall. *corwynt*, de *guent* vent, et *cor*; v. irl. *cor*, *gyrus*, même rac. que *crenn.*

Coruo, profit N 219, Nl 552; mal écrit *coquo* N 1902; **coruoder,** profit, C. V. br. *cormo*, id.; *corvoi*, avaler, Maun.

Coscor, (mes) gens 304, J 156 b, famille C, *cosquor* peuple N 440, famille, amis, Nl 110, 262, P; *quoscor* P 28 (toute) sorte (de soucis). Pel. a lu aussi *quosquor*, *cosquo*; de son temps le mot vieillissait. On dit à Sarzeau *goskôr*, f., Rev. celt., III, 49, 59. Voc. corn. *coscor*, vieux corniq. *casgoord*, gall. *cosgordd* f., et *gosgordd*, f. De *co*- ou *g(u)o* avec *(e)s*-, et *cordd*, m., gall. cercle, tribu, même rac. que *cor-uent* et que v. irl. *cuairt*, circuitus; cf. gall. *es-gordd*, étrangers, *ys-gori*, entourer.

Costenn, côte (du corps) C, -*en* Cb; pl. *costou* B 473, J 33; **costennus,** qui a grans costes, Cb; ce doit être le sens de **costardec** que Ca traduit l. *costarium*, g. costez. **Costez,** côté C, P; *a* — B 772; auj. *kosten, kostez.* — **Coton,** g. id. — **Couart,** g. id. C; 2 syll., B 24, auj. id., timide; **couardis,** -ise C; du fr.

Coubl, coupple, C; *dre* — conjoint¹, Cb; *coubll an garr* le ploy de la iambe, *coubl guelteff an ty* enlaceure de trefs de maison; **coupplaff,** coupler, C, *coublaff* Cb. — **Couche,** g. id., C, lit; du fr.

Coudet, esprit, cœur, t. d'affection 601, 653, P, J, 9 b, 11, 35, 160 b, N 554, écrit *couder* 173; *dan so* dans cette disposition J 56 b; *bet creis an* — jusqu'au fond du cœur 59, *caudet* Nl 169, 209, 216; *dre guir gaudet* 489, *a gaudet* 494, 497; *caoudet* 100, N 499; *caodet* Nl 317; *a gaoudet* Nl 404; pl. *coudedou* J 54. Du b. lat. *cavitatis*; van. *ceudailt*, m., concavité, L'A.

Couen, P, var. *coen*; *coen* J 99 var. *couen* épithète de l'antre infernal et d'une bouche de damné; « maudit »? Je séparerais ce mot de *queinaff*, parce qu'il a 2 syl. et semble un adj.; cf. gall. *cowyn*, peste?

Couff, mémoire Cb, *couff hoz bezet*, Nl343, *couf* H 20, J 177 b, B 139* (avec) attention, ardeur, P 195, cf. *cof* N 1303; *coff* N 540, 775, 1113, 1860 Cb; **couffhat,** se rappeler, penser à, C (v. act.) B 185, *coufhat* J 64 *koufhat* 14, *coufat* M 3, *coffat* N 1863, P; *dam en* (lis. em) *couffhat* B 696; (vieux livres *cofahat*, Pel.) prés. pan *couffhaff* B 233, *goufhaf* 233*, *coufhaff* J 65, -*af* 6 b; 3ᵉ sg. *coffa*, P 225; *couffhay* 3 syl., *songera*, B 657; **coffha,** songer à, B 5; *couf*, souviens-toi J 141 b; *couffhet* que vous pensiez B 494; part. id., Cb; *couffha*, le souvenir, 587, 733, P 181; **couffaus,** l. memor; **couffhaydiguez,** remembrance; **accoffhechat,** oubliance Cb; voy. *ancoffhat* Coun, par *n* nasal, Grég.; gall. *cof*, irl. *cuimhn*, v. irl. *cu-man*, cf. lat. *com-men-(tum).*

Couffabl, coupable C (dans les *con*-) *confabl* Ca, v. *cablus*; *counfabl* (n nasal) hors Léon. *coupapl*, Gr.; du fr.

Couffabrenn, nue, dim. -*ye*, Cb; -*blenn* C; -**brus,** plein de nuées Cb, *coufablus* C; *coffabrenn* nuée B 350, *couabren* ciel, Nl 509, f. : *en gouabren* Nl 141 (3 syll.); *coabren* 2 s., Nl 249, pl. *coabrennou* 3 s., P. De *com*- et *oabl*, voy. *noabrenn*, *ancoffhat*, et mon Étude sur le dial. de Batz, 18.

Couffuerchez, couvrechef C; du fr.

Cougant, certain, assuré, évidemment, P, Jér., peur — N 1420; *cogant* (zèle) ardent P 226; (personnes) distinctes, ou divines, M 2. *Caugant*, abondant, anc. selon Grég., *caougant, couhant*, abondant, fréquent, Pel. V. bret. *int coucant*, certain¹; *Coucant, Bréselcoucant*, cart. de Redon, gall. *ceugant*, certain. De *°co-u(o)-cant*, voy. *can* 3 ; *cogant* peut venir de *°co-cant. Uo-cant* est devenu *Uuicant, Guicant*, auj. *Guégan*. Le sens propre de *cant(os)* est « clair, blanc, brillant. »

Cougoull, C, *-oul* Cb, froc ; lat. *cucullus*, d'orig. celt.

Couhat *glau*, ondée de pluie, C ; *en un-*, var. *gahouat*, P 95, ensemble. Auj. *kaouad*, f., gall. *cawod* f., irl. *caoth*, f., cf. angl. *show-er* ? R. c., II, 337.

Couhenn, chat-huant C auj. *kaouen, kaouan*, f., v. bret. *couann*, noctua, gall. *cuan* ; b. lat. *cavannus*, d'orig. celt.

Couyornn, P 275, var. *couviorn*, (trompette) d'airain ; de *°couevr-(e)nn*, Léon. *koueor*, cuivre, du l. *cuprum* P₁

Coulet, caillibote, **-ledaff**, cailler, C, **-lediguez**, coagulation Cb. Auj. *kaouled*, du l. *coagulare*. — 1. **Coulm**, pigeon, colombe, C, N 1094, f. *-es* ; **coulmty**, colombier, C. Auj. *koulm*, f.; du l. *columba*.

2. **Coulm**, nœud m. : *dou -*, C ; *colm* Cc ; **coulmaff**, nouer, enlacer, C ; p. et, B 465 ; **coulmidiguez**, enlacement, pl. *ou* Cb ; **coulmus**, plein de nœuds Cb. Auj. *koulm*, trée. *skourm*, m., gall. *cwlm*, même rac. que *caut*.

Coulourdenn, concombre C, *-drenn* Cc, pl. *coulourd* Cb. *Coulourdren* courge, gourde, Maun., Pel. id. et *coulouzren*, *coulourren*. Du v. fr. *cohourde*, peut-être sous l'influence du mot *coloren*. Voy. *quelerenn*.

Couloux aussi bien que, 462, *coulous* tant bon C ; *coulx... ha*, M 4 ; *e quen couls goas*, un homme comme lui N 1103 ; *couls eu pouez* il vaut mieux (propr. il est temps de) cesser, J 213 b ; *dreis cours* pendant ce temps ? J 61 ; *cours -se*, C ; **courser**, g. id., l. *cursor*, *cousr* Jér. coursier, cheval ? Auj. *kouls*, van. *klous* ; du l. *cursus*. Pour le second *ou* de *couloux*, cf. *Rev. celt.*, V, 126.

Coultr, « coultre de charrue » C, auj. id., trée. *kaout*, m., v. corn. *cultir* ; du l. *culter*.

Coup, coupe, l. *cupa* ; C. — **Courag**, *-age* C, *-aig* cœur, esprit, disposition, B 125, J 22, N 1256, P ; **-aigus**, J 69, *-gius* 140 b, courageux ; **-aget**, animatus Cb ; **-raillou**, entrailles C ; du fr.

Courentin, Corentin C, auj. *Kaourantin*.

Couricher, voile, mouchoir, J 125, B 625, var. *courricher*. Auj. id., m., coiffe de deuil, van. *courchère*, L'A.

Courouczet, courroucé 218*. — **Courranter**, H 11, danseur de courantes ? *courantenn*, courante, Gr.; du fr. — **Courreter**, « courrateur » (entremetteur) C ; du v. fr. *courratier*, Amyot, *Solon*, XVI (auj. *courtier*). — **Courrezer** *an lerz* corroyeur, C *courezer an lezr* Cc ; **courezaff**, corroyer C ; du b. lat. *con-rédare*, d'orig. celt. (*Keltorom.* 76, 77). — **Courtes**, courtois, doux, C, J 21 ; *an — Jesus* 225, — J. 321 ; adv. N 190 ; *cortes*, P ; **courtesy**, courtoisie B 1, J 153, N 1375, *-i* N 1358, *cortesy* P ; *courtisy* C. — **Courtillag**, courtil. — **Courtin**, courtine C ; du fr.

Courz, vulva C, dim. **-ic**, Cb ; gall. *croth* f. *crwth*, m., uterus, venter, enflure, cf. χρωτός, Stokes ; ou = *crwth*, v. irl. *crot(t)*, *chrotta Britanna*, Fortunat, cithare, rotte. *Ar c'houitou, ar -rien*, trad. « rotes, joueurs de r., » *Barz. Br.* 138, sont prob. pour *c'houitellou, -rien* ; cf. *sutal* et *sutella*, jouer du chalumeau, d'où *suterien* et *sutellerien*.

Cousquet, dormir C, J 60 ; *rime os-*, 208 ; — *out*, 104 ; — ¹ 61 ; pr. *-quaff* Jér., *-if me* (rime *im*) J 60. *-is* 125 b ; auj. id.; du l. *quiescere*, R. c., V, 220. — **Coustaff**, couster, C. — **Couuent**, g. id. C, dim, **-ic**, Cb, *couuant* Cc. — **Couuetaff**, convoiter, **-tis**, convoitise C, *-tys* Cb, *conuetis* B 444*, *couetis* 3 s. Nl 449, *couetys* 3 s. P.; **couuetus**, C, *couetus* N 615, *couuoiteux* Cc, convoiteux ; du fr.

Couuezaff, faire la lessive C ; *côweȝyaff an-dillat*, dans un vieux dict., Pel.; *côweȝ* lessive Pel., tréc. *kou-e.* m., a syl.; propr. arranger, gall. *cyweddu*, voy. *goeȝ*, forme ?

Couul, couui, repas C, *couffy* P, *couuy* Cb, cf. J 4, pl. *couiou* B 298, *couvyou* J 9 ; **couulaff**, convier C, *couviaf* J 22, cf. 226; *cuffias* hébergea Nl 64, *covyas* manda 267 ; *ho covyat* on les avait guidés 271. — **Couurefeu**, g. id. — **Couzoing**, coings, C, en provençal *codoing*, du l. *cotoneus* ; **couzoingnaff**, g. coigner l. *cotanus*, Cb par erreur, comme si coigner était un verbe.

Coz, vieux C ; N 77, P ; *un grac'h* —, Jér.; — *caȝ*, vieux chat, Am. Pel. v. *coun*; *hospital eguit coȝ tut* (vieillards) Cb ; *coȝtut* Cc ; avec nuance de mépris, devant le nom ; -*paillart* B 381, — *ty* Nl 227 ; — *merchauci* 320 ; adv. — *profecȝet* (depuis longtemps) 151, tréc. *koȝ dimet*, mariés depuis longtemps; **cozaff**, vieillir C, p. *et* Cb ; **cozle**, juvencus, C, *coȝ leuhe* t. d'inj., Am.; tréc. *koele*, taureau, et t. d'inj., litt. vieux veau ; **cozny**, vieillesse Cb, *-i* C, N 1277. Pel. donne **coa** et **eosen**, subst., vieillard, Am.; ce dernier doit être fém., cf. *R. c.*, III, 59 ; et *cosgleuȝen*, vieux tronc d'arbre, ≠ *coȝ cleusenn*, M 7 v°. Van. *koh*, corniq. *coth*, gaul. *cottos*, d'où les Alpes *cottiennes*.

Crac archant, à court d'argent, Jér.; auj. *krak*, court ; h. bret. « il est resté tout crac », d'un homme de petite taille ; corniq. *crac*, shortly ; gall. *crach*, court (*crach-hwyad*, Lhuyd, bret. *krak-houad*, sarcelle ; *crach foneddigion*, pl., Pugh, br. *krak-aotrou*, petit monsieur ; etc.) ; v. irl. *croc*, court ; v. lat. *crac-entes*, « grac-iles » (Stokes) ; cf. wallon *crakète*, petite pomme mal venue, etc. (Littré, v. *criquet*.)

Crag, crachat C, auj. *kranch*, m.; **crachat**, cracher Cb, *-chet* B 272, C, p. J 79 *-chyt* ! 82 *eȝ -er* 33 on crachera. Ces deux mots sont après *crampoeȝenn* dans le Cath., comme s'ils avaient *n* avant *ch*. — **Cramallier**, -lière C ; du fr.

Crampoezenn, crêpe, pl. *(bacc) crampoeȝ*, C ; auj. id., van. *krampoah*, gall. *crammwyth*, (pl.), angl. *crumpet* ; même rac. que gall. *cremog*, *crempog* l.

Crapaff, ancrer, C ; *grap* ou **crap**, appui, usage d'appui, Gw., Pel. cite *grapat ar-madou*, ravir les biens, (semble rimé); **crapat** *raesin* grappe de raisin, C. Auj. *krap*, crampon, grappin, gall. *crap* ; orig. germanique.

Cras, sec C, auj. id., gall. *cras*, v. br. *craseticion* gl. spicis ; même rac. que *krin*, id. v. gall. et irl. *crin*, cf. sanscr. *krj*, *karjê*, brûler, rôtir.

Creatur, P 47, prob. créateur, du b. lat. *creatôris*, cf. v. gall. *creaticaul*, genialis, auj. *creadigol*.

Crech, crépu, frisé ; **crechaff**, créper C ; cf. Barz. Br. 217; gall. *crych*, gaul. *Chrixus* Z² 78, 125, = lat. *crispus* ; autre étym. *R. c.*, I, 188.

Creff, fort C, 658, Jér. N 1449 forte (envie) B 43 ; *leun* — N 75 ; (aimer) beaucoup M 55 v°, *cref* M 39 ; *fol cref* J 92 *drouc*— B 295°; rime e, J 24 ; rime *af*, J 71 b, 63 ; lis. *gref*, grief, peine, 203 b ; *cre* B 64, 735, J 34 b, 54 b, Nl 474, N 1807 rime *e*; *pell* — Nl 458, J 42 b, cf. 31, 12 b, Nl 292 ; — *dyheuel* (passion) très cruelle 548 ; *a cre*, à haute voix B 317, *a gre* Nl 102 ; sup. *creaf* J 22 b, *creffaff* B 36, *-ffhaff* 595 ; **creffhat**, enforcer, l. vigeo, Cb. Auj. *kre*, *krenv*; gall. *cryf*, de **cri-mos*, cf. χρα-τύς.

Creguiff, prendre, crocher dans, voy. *dantaff*, C, compl. avec *enn*; pr. *croc* B 390-1 ; *croc!* J 96, *crocq!* N 957; *creguet!* J 70 b, 135, B 453°, *-yt* J 70; *crogo* B 75° *maȝ crequet* que vous preniez J 158; *creguet ho dou e treyt d'an knec'h*, Jér. Pel. v. *cnec'h*, attachez-le vous deux les pieds en haut? **croc**, croc, crochet, C. Auj. *kregi*, p. *kroget* ; du fr.

Creis, milieu 355, C, J 25 b, Nl 264, *creys* 74, J 193 b, *creis deȝ* midi C, J 42, B 245, **en creisic**, au beau milieu P ; auj. id., de **cridio-*, cf. χραδίη, voy. *R. c.*, VI, 390.

Creiz, craie C, *cleiȝ* Cc; id. et *crey*, Gr., d'un normand *creide* vers le X° s., cf. *R. c.*, III, 227.

Creizenn, cicatrice; dim. **-ic**; **-ec** stigmaticosus *Cb, Cc*; *creçenn, -ec, Ca.* Léon. *kleiçenn,* pl. v. br. *creithi*; gall. *creithen,* v. irl. *crechtu,* m., acc. pl.; cf. χαρακτός, entaillé (Rhys)?

Cren : *vn steren a — sy,* étoile de moyenne grandeur, assez grande? Nl 514. Auj. *krenn,* moyen, gall. *cryn,* identique à *crenn*?

Crenaff, trembler C, M 72 N 1857, cf. 883, Nl 52, J 148, P; **-ner,** trembleur, C, **-nidiguez,** frémissement, **-nus,** tremblant de peur *Cb*; *creçna,* Gr., auj. *krena,* gall. *crynu,* de *cryd,* tremblement, fièvre (et berceau, d'où angl. *cradle*), irl. *crith,* v. br. *crit,* auj. *krid-ienn,* frisson, anglo-sax. *hriddian,* Stokes.

Crenn, rond C, J 231 ; *eç —,* rondement, *Cb*; *crenn,* certes, assurément, tout à fait, N 596, B 390, *cren* P 140, 182, N 12, B 81, Nl 269, *a crenn* 87, J 11 ; *cren hon dypenner* (mieux vaut) qu'on vous décapite tout court Jér. (Pel. v. *dibenni*), cf. **crennaff,** décapiter B 782, propr. rogner ; *crenaff,* arrondir, *Cb, crennaff Cc*; **crender,** rondeur, *Cb.* Auj. id., v. bret. *cron,* gall. *crwn,* v. gall. *crunn,* irl. *cruind,* = *cur-ind-,* cf. κυλ-ινδ-έω, et *cor-uent.* Voy. *cron.*

Cres, vêtement C, chemise Jér. vann. *creiss* f. L'A., chemise, gall. *crys,* m., fr. *cres.*

Crespes, char arse, l. *cremium,* C; du pl. fr. *crespes* ?

Cret, pl.ge, **-at,** plegier, C. *hep crethat,* sans doute P 240, *hep cretat* N 350; Nl 17, 261 cf. *ne fel quet —,* 257, il n'y a pas besoin de garant, c'est sûr ; *me en creta,* 369, j'en réponds. Semble confondu avec *cridiff,* dans *cretaff,* je crois, B 345. Auj. id. On dit à St-Donan « créter eune aféra » pour défendre à tous de toucher à une chose. Du radical de *crid-iff.*

Creuseul, croissel, lumière de nuyt ; *creuçeul, cleuçeur,* Gr. — **Creux,** g. id. l. *cavus* ; **creusder,** cavité C ; du fr.

Creuuenn, croûte, C, dim. **-ic,** *Cb*; *creuënn* (1ᵉʳ n nasal) *crevénn,* Gr. gall. *crofen, crawen,* cf. κρυφός, et l. *cru-sta.*

Crez, avare, 778, C, P, J 16 b, 178, **-ny,** avarice 16, B 709, **-ni** C; *creç,* Gr.

Cry, cri 204, C, P, J 76, **-al,** crier 99, *criaff Cb, crial* B 77*, H, *cryent* Nl 556, *crio* B 766; **crieur,** g. id., C ; auj. id.; du fr.

Crib, peigne, C, **-at,** peigner p. et *Cb,* **-er,** faiseur de peignes, **-in,** peigne pour le lin C, Auj. f., v. gall. *crip,* cf. v. irl. *cir,* id., même rac. que κρίνω, et que *croeçr. Crip* = v. irl. *crich,* limite, de *cri-qv-* ?

Cribenn, crête C, **-nnet,** crêté *Cb*; **cribell,** crête, **-llet,** crêté Cc. Auj. *kribenn, klipenn* et *kribell* f. cime et crête, huppe ; gall. *cribyn,* m., *cribell* f., cf. κορυφή, κόρυμβος, κύρβασις.

Cridiff, croire, C, Nl 486 rime *et, i,* J 68, rime *et,* *-yff* Nl 167, *-if* N 1337, 994 (r. et), *credif* Nl 7, B 55, H, *-if* J 200; *credout* pour *ouç —,* croyant 102 b; prés. *credaff* B 105, N 57, j'ose, 481, *-af* 855, J 17 b ; 2ᵉ sg. *-eç* 236, 3ᵉ *cret* J 9 b, Nl 534, N 347, P; il ose J 22 ; *a te na —,* 74 b ; *creth* P; 2ᵉ pl. *credet flour*? J 48; imp. *-e* 119, prét. 2ᵉ sg. *credsot,* 3ᵉ *credas* P, Nl 394, pl. *cretsont* P ; fut. et subj. *credif* J 41, 192 (var. *cridif,* r. et); 2ᵉ *-y* 183, *maç credide* 236, 3ᵉ *-o* 56 b, B 110, osera 26; cond. *crethenn* 364, J 196, N 885, *cret hen* B 147*, *cretenn* N 377; *creteste* P 126; *crethe* N 890 B 122 J 216 ; *crethemp* (var. *-temp*) 220 b; osions, B 250; *crethech* P ; *cretsenn* j'aurais osé N 1141, que j'aie osé 1142, *-en* B 294*; *cret l* 286, J 60, N 86, Nl 184, P, *creten* pour *cret-eff,* B 505*, *cred* P; *credomp* Nl 529, *-it* 43, J 17, B 15, N 1765, P 240 (r. et), *-yt* P, *-et* P 16, N 29, B 9, Nl 279, *-diff* J 5, *-huy* 17 b, P 164 (= croyez que quiconque est baptisé est pardonné); **credenn,** foi, confiance, croyance M 5, J 198, N 1255, B 185, (mon) esprit 189; *-en* 147*, J 197, Nl 460. Auj. *kredan* je crois, gall. *credaf,* v. irl. *cretim,* gaul. **cred-dámi,* sanscr. *çraddadhámi,* où *çrad* a la même racine que *creis* (cœur). Du lat. *credo* viennent **credance,** creance, l. *credulitas, Cb*; audace J 89 b; *dre —,* en conformité de, N 60 ; *hep —,* perfid*, Nl 311 ; *et en* **credit,** confié à J 113, (mettre) en œuvre 26 b, fr. *crédit.*

Crim, crime, obligation, 117, C, J 114 b, *crym* 91, Nl 137; **-inel,** adj., J 149, C, *crymynal* P *creminall*, N 1168. — **Crin,** crinière C; du fr. — **Cringnat,** ronger, C, p. *et Cb ;* **-ner,** rongeur C, auj. id.; du v. fr. *grigner*, d'où *grignoter*.

Cripon, vieillard décrépit C, *coɼ* —, Am., id. P. Maun.; avare, en Léon, Pel.; *crepon, cripon*, décrépit, Gr. cf. irl. *criplach*, angl. *cripple*.

Crisaff, recourser, l. succingere, C ; (après *crisquiff* ; lis. *crissaff) ; criɼa* froncer Gr., *crisa* rider, retrousser, Pel., gall. *crychu ;* v. gall. *criched* ride, de **crix-*, voy. *crech* (cf. *a-us* et *uc'hel*, de rac. *ux-*).

Crisquiff, croître C, *-if* agrandir J 131, *chrisqui* id. N 1784, p. *cresquet* C, J 199 ; *as-, -o,* P; **cresquadur,** accroiss[t]; **cresquer,** accroisseur C. Auj. *kriski ;* du lat. *crescere*. — **Cristal,** -tal C, Nl 140 ; *lin* —, fin lin B 629; du fr. — **Criz,** cru C, barbare P, **-der,** cruauté B 721, J 234 b. Léon. *kriz̄,* tréc. van. *kri*, prob. du lat. *crūdus*. — **Croas,** croix C, fém. : Nl 46, 165, B 264, J 38 b, 131 b; *deɼ guener an* —, vendredi saint, 3 b ; *croeas* Nl 476; *croas* poignée d'une épée Nl 1430; *croaɼ, croaɼ-pren*, H 45 ; *croashent* carrefour C, Nl 63, *croas hent* 507, *croassent* 264, cf. R. c., V, 120; dim. **cronsic,** Cb; *me menn... ma menn* (lis. *mem*) **cronsaf,** je veux faire un signe de croix N 1335, *me hoɼ croaso* je vous marquerai du signe de la croix 1130 ; auj. *kroas*, du b. lat. *crox*.

Crochenn, peau 391, C, J 33, M 7 v°; *-en*, B 467, *croc'hen* Jér. (v. *dispen)* ; *crohenn* Cb ; *crouc'hen* dans quelques vieux livres, Pel. Auj. *kroc'hen*, f., pl. *krec'hin*, cf. gall. *croen*, m., pl. *crwyn*, irl. *crocenn*, id., v. haut allem. *hrucki*, dos.

Croenff, « crocer » C, créer *-af* J 93 b, p. *-et* Cb, P (pron. *croe-et), crouet* engendré Nl 80; prét. *croeas* 24, J 20, B 10, *croueas* Nl 3, N 1007, *croueaɼ* 48 ; *croeat* a été engendré B 691 ; **croendur,** créature J 27, P 120, C, enfant 12, B 210; *a* — depuis son enfance, N 1718 ; var. *croed ur*, J 67; *crouadur* créature Nl 192, enfant 222, *croadur* B 757 ; *croeadures*, une enfant 132, N 175; **croeer,** créateur 193, M 2, *croer* (pron. *croe-er)* J 8, M 2, B 171, P; *crouer* pr. id., N 855, Nl 21, H, *croueur*, rimes *oe, eur,* 300. Léon. *kroui,* van. *crouéein,* L.'A., de rac. *crê,* cf. lat. *creare*.

Croezr, Cb, *croerɼ* Ca, crible, tréc. *kreur*, m., v. gall. *cruitr*, v. irl. *criathar*, de **crētron*, pour **creitrom,* cf. lat. *cribrum*, etc.

Croguenn, écaille de teste, — *an penn,* craneum ; — *an glin*, le gros os du genoill C ; *(crochenn Cc)* auj. *krogen,* f., coque, coquille, pl. *kregin*, gall. *crogen* et *cragen* f. pl. *cregyn*.

Crom, courbé bas devant, C ; *chetu an hec en e* —, voilà le supplice à son comble J 111 b ; **cromaff,** courber Cb ; auj. *krom*, courbe, v. br. *crum*, irl. *cromm*, de **crumbos*, voy. *crenn*, ou, selon M. Thurneisen, du germain.

Cronicou, chroniques. — **Cropier,** cropière C; du fr.

Crou, étable C, P, *craou* Nl 25, 121, auj. *kraou*, gall. *craw*, irl. *cro ;* cf. d'Arbois de Jubainville, *Mém. de la Soc. de Ling.,* II.

Crouc, gibet 581, 291*, J 87 ; *croucpren*, var. *croupren*, 82 = gall. *crogpren* patibulum, Davies ; **crougaff,** pendre C, *-af* J 100 p. *-guet* 16 ; *crougas* 83 b, P, *crouche* pendrait J 234 ; auj. *krouga*, gall. *crogi* ; **crougadenn,** [homme] pendable; **crouguerez,** pendement Cb; dérivés du lat. *crux* ; **crucifiaff,** *-er.* C, Nl 516, *-ffiaf* J 113 b, p. *-fiet* C, Nl 70, *-ffiet* J 30 b; *-fias,* J 140, éd. 1622 ; *mar -ffihenn* 113 b ; *-ffiat* 173 b. — **Cruel,** cruel, *cruelli*, C, J 31, B 688, N 502, terrible J 218 b, *-ell* B 358, sup. *-elhaff* B 573, très cruel Nl 545 ; *an -af marv* J 69 ; **crueldet,** cruauté J 43 B 335 ; violence (d'une tempête) N 874 (dans les) tourments J 31 b ; du fr.

Cruguell *meryen* le lieu des formis C, *crughell merien* fourmilière Pel., *crughell* monceau, tas, gall.

cruz, corn. *cruc*, cf. *Telchruc*, Cartulaire de Landévennec, auj. *Telgruc*, et *Penno-crucium* = v. irl. *cenn-cruaich* ?

Cudon, pigeon sauvage C, auj. id., cf. gall. *cuddon* ; voy. *cuz*.

Cuer. g. id. C ; du fr. *chœur* ; voy. *cor*.

Cuez, chagrin, regret, C, P, *ceuz* Nl 216, 218, 238, *queux* J 152, B 42, 463 ; *queuz* Nl 208, *cueuz, cueux*, H ; **ceuzet,** affligé 216, Nl *queuzet* J 45 b, *cuezet* scrupulosus *Cb* ; *queusaff*, je tourmente, B 463 ; *queusiff*, s'efforcer, C ; **cuezedic,** plein de douleur *Cb* ; **cuezedicat,** dolere C, *cuezeudicat* Cms ; **cuezhat,** molester *Cb*. Léon. *keuz*, tréc. *keu*, gall. *cawdd*, cf. κῆδος.

Cuff, débonnaire, doux C, N 112,'adv. *dre-*, *Cb* ; — *hac vuhel* Nl 292, *na — na car* ni ami ni parent N 78, *na cuf na car* 1798, *cuf* J 20 ; *cuff* (pron. *eu* ?) *dreist pep unan* 187 b ; **cuffelez,** douceur C ; **cuffhat,** être débonnaire, adoucir, p. *-heat* apaisé ; **cuffidiguez,** lébonnaireté ; **cuffhudur,** mulcibilitas, *Cb* ; **cufhaez,** douceur P. Auj. *kun* (n nasal), v. gall. *cum*, v. irl. *coim*, de gaul. *°cômis* = lat. id.

Cuit, libre, quitte, délivré de, 116, N 632, 1276, Nl 334 ; *monet —*, échapper B 693 ; (être) hors d'ici N 542 ; *ny hoz les —*, 139, *me leso oll —*, Am.; certes, B 694 ; *cuyt* quitte, acquitté J 101 b ; *aet —*, 218 b (chute) précipitée B 778 ; *rann cuyt* « franc alleu » J 52 b ; **cuittat,** quitter C ; auj. id. — **Culyer,** g. id., l. *postella*, C ; du fr.

Cuntulli, cueillir C, *cutuyll* p. et *Cb*, auj. id., v. br. *cuntullet, contulet*, réunion, corn. *cuntell*, gall. *cynnull* ; analogues au lat. *con-tul-i*.

Cur, soin, souci, 212*, 262, 345, N 215, 729, J 4 b, cure, guerison, 1012, curation, médecine, C, providence B 311 ; dans les anc. écritures bret. *cure*, charge d'une paroisse, et peut-être le pasteur même, Pel.; **curaff,** voy. *pridiri*, C ; **curat,** guérir Nl 263, p. et B 189 ; *curhe* N 1803 ; **curator,** -teur, C, f. *-tores Cb*, **-toraig,** -aige, C ; **cure,** curé N 1285, C (auj. vicaire) ; **curius,** -eux 613, adv. J 227, soigneux (de qqn) J 140 b ; du fr.

1. **Curun,** tonnerre 793, C, N 888, pl. *ou* 873, C ; *cudurun Cb* ; auj. *kurun*, cf. κεραυνός. — 2. **Curun,** couronne C, Nl 44, P, f. J 109 b, dim. **ic,** *Cb ;* **-et,** couronné ib. P, *-as* J 181 b, *-if* 182, *-o* 110, auj. *kurunen*, de *°corun*, du l. *corôna*.

Cuset. Moyan... *dem lamet a pechet Ha de cuset heruez maz repetaff Guelet an maru ez eo garu e aruez* M 71 ; lis. *deuiset ?*

Custum, coutume H, J 117, (accoutumé, *Cb*) *coustum* C ; **custumiff,** accoutumer C, *-yff* souloir *Cb* p. *et* J 47 ; — *mat*, qui a de bonnes mœurs, *Cb* ; *-er* B (au titre) ; auj. id.; du fr. — **Cusul,** conseil 240, J 191 b, N 180, dessein 37, assemblée J 16 b, B 708, *cuzul* J 215 b ; **cusulyaff,** conseiller qqn, C, *-et* J 214 b, *-o* B 748 ; **-yer,** un conseiller, *Cb* ; auj. *kuzul*, v. gall. *cusil* ; du lat. *consilium*.

Cuz, célement C ; *en —*, en cachette J 77, *ez —*, *Cb* ; **-aff,** se cacher B 794, cacher C, *cuzet* B 364, N 376, id.; p. *et* 529 J 151 C, B 361, *cuzhet* dans les v. livres, Pel.; *-as* B 358-9 ; **cuzidiguez** recondance; **cuzlech,** cachette ; **cuzyat** *aualou* provision de pommes, C, cf. *R. c.*, IV, 160. Vann. *cuh*, L'A., tréc. *kuz*, de *°cuth* pour *°cutt*, d'où le haut bret. *cutte*, *R. c.*, V, 221 ; cf. gall. *cuthan*, ramier, à côté de *cuddan, cuddon*, id., moy. br. *cudon* ; peut-être de même rac. que gall. *cuddio*, cacher, corn. *cuthe*, cf. κεύθω? L'étymologie germanique donnée *Keltorom.* 85 semble peu probable ; voy. *descuez*.

Cza ! 27, 64, J 6, N 128, ça ! ah ça ! — **Czuer,** sucre C ; du fr.

Cxutal, siffler ; **czutell,** sifflet C ; voy. *courz*.

D

1. **Da,** à N 7, etc., d'a (?) Gw., v. baʒ ; *an ael... da,* l'ange de, P 39, *pour (porter)* J 4 ; *peuch... da regnaſ* 8, que la paix règne ; (avoir) pour (mère) 4, cf. N 42, 1717, 1760 ; *monet ... da se faire (religieuse),* 153 ; *da ober* 2 s. B 697, J 47 b, etc.; *da muy* de plus 122 (éd. 1622); *daued ouff* vers moi B 533, *dauedouff* 82, *-nun* 510ʳ, *-ou* N 537 ; *da guitot* (aller) te chercher B 381 ; 3º *dauethaff,* var. *-taf,* r. at, 206, *-taff* 729, *-itaff* 166, *davedaff* J 47 b, *daved aſ* 224, f. *da guitty* N 314, *da guity* B 537, *davyt y* 413, *da uet y* Nl 22 ; *dauet y* B 166 Nl 6, 171, r. *at, dauety* B 223ʳ, *daued y* 158, *deuyt y* 608, *davet y* Nl 16 ; 2º pl. *daued och* B 52 *davedoch* J 49, *daued ouchuy* B 163, *dauedouch huy* N 168 ; *daved e* vers eux J 225 b *de uyt ...* P 21, *dave* J 88, var. *davet* 96 b, *davet* Nl 32, *da guyt* P, voy. *eguit* ; *davede,* vers, 69, voy. *bete* ; *Joseph Darimatias* B 343. *Dam* à mon N 1171, à, de, pour me, 37 ; *dan* au 82, P, *dann* J 8 ; *dant Tatdou* P 271, *daʒ* à ton N 643, P 237 ; *daʒ coffat* à me souvenir de toi 1863, *daʒ hem auance !* B 369, *daʒ em avance !* J 88, *daʒ em coll* 94 à te perdre ; *de,* à son, 5, à la (voir) N 1292, pour le (voir) 95 (est de trop, P 50) ; *de nem pourmen,* à se promener 252 ; *denn em brouillaff* B 324 ; *deoch,* 1 s., à vous, 1 s., J 29, N 138 ; 2 s., J 45, *dech* 126 b, *dich* 226 b, B 40, N 167 *deoch huy* N 732 ; *dichuy* 1077, J 122, éd. 1622, B 258, *dihuy* H ; *deomp* 1 s. à nous J 80, N 232 *deom* Nl 19, *deomp ny* Nl 39, *deompny* J 90 b, *deompni* 86, N 270, *deonny* r. *im,* Nl 111 ; *dimp* B 166 *dymp* Jér. v. *dibenni, dispaill ; dimpny* B 560, *dymny* J 53 b *deʒ em* à se (cacher, elle) B 373 ; *deʒaff* à lui 8, 15, r. *ef,* N 3, *deʒaf* B 8ʳ, *deʒafuH, deʒan* J 204, *deʒaff eff* B 209 ; f. *deʒy* N 1387, *deʒi* 1389, B 166, *deʒy hy* Nl 98, *d'eʒy* Jér. (?) v. *dinoe* ; pl. *deʒo* J 18, P *deʒe* 29 b, 225 b, P, B 426, 549, Nl 12, 31, 103 r. *nen deo* ; *deʒe y* 73, J 178, *deʒei* 2 s., r. *i,* 19 b ; *dit* à toi P, *dide* B 30 J 85 *diff* à moi N 92, explétif B 420 *dyff* Jér. v. *abec, diff* J 21, N 234, J 235 b, *diſt* B 507ʳ, *diſt* P 54 ? *diffme* N 1902, *diſ me* 1089 *diſme* 358 ; r. *im* J 45 b, 59, *dime* B 768 do à leurs N 970, à les B 396 *don* à notre J 69 b, var. *do'n* ; pour nous (instruire) N 70 *doʒ* J 39 b, *do* 9, N 1056, à votre ; *doʒ* 336, J 20, *douʒ* 7 b, B 215ʳ ; à vous (voir) ; *doʒ greay* qu'il vous fasse J 9. Auj. *da,* v. br. et v. irl. *do.*

2. **Da,** ton, ta, tes, N 17, te 122 ; *da em ten* te retirer 11 ; *da em lam a poan te ha ny* J 141, *da hem dihuʒ* 69 ; *dahem avyʒ* pensez-y, 62, *da veʒ,* aie, H 20, voy. *da(ʒ).* Auj. *da,* v. irl. *do,* cf. lat. *tuus.*

3. **Da,** il va : *ne — quet,* 440 ; *mar da gant den,* si on l'enlève B 400, *mar da digueneomp* si elle nous échappe 590 ; *nen daff* je n'irai, P, *ne dahech* n'irez J 62 b, *na day* qui n'aille N 252 ; *mar deont da fin* s'ils viennent à bout de, J 22, *mar det* J 22, vous allez ; *ne dy* tu n'iras 62. Voy. *a* 8.

Dac, digue C ; du fr. — **Daezon,** écho C, auj. *dasson* de *daʒ-* et *son.*

Daezorch, ressusciter, p. *et,* C ; *-as* J 205, *-se* 167 ; *dascorch* N 1207, *-as* 120 ; *dascorch !* P 222 *dassorc'hy* relever un homme tombé (?) ms. ancien, Pel. *danchorcher* P ; *daʒcorchas,* P 153, *daʒorchas* 154, *daʒcorchet* 159, *dasʒorchas* H. De *daʒ-* et lat. *surgo.*

Daes, dais C ; du fr.

Daffar, matériaux 58 ; auj. *daffari,* apporter des matériaux ; *tavarer* aide-maçon ; gall. *daffar* préparer ; de *daʒ-* et lat. *parare* ; voy. *darbareur.*

Daffnet, damné, r. *an*, N 1541, *dafnet* 594; *na hem daffny* 1649; inf. *dampnaff* C, p. *et* J 85 b, 93 b, (var. *damnet*) r. *af*; 99 r. *aff*, B 355; **dampnabl,** qui damne, damnable, 732, 271; **damnation,** N 1577, *-cyon* B 756, *dampnacion* 664, *-tion* P, auj. *daoni*; du l. *damno*.

Daffnez, matière 315, *danfuez* 246 r. *affn*; *danffuez* 59, *danuez* 65, 432, *Cb*, bien, objet, r. *an* N 1588, *dauuez* (son) bien 1654, *danvez* matière Nl 9, *danues Ca*, auj. *danvez* tréc. *danve* (*n* nasal) gall. *defnydd*, irl. *damna*, même rac. que δέμω, δέμας; cf. surtout δέμνιον, lit.

Dal, tiens J 116 b N 977 pl. *et* 1263, C, B 64 J 86, *-it* 109; **derchell,** tenir 56 b, B 23, continuer 378, *delcher* N 286, observer 50, s'en tenir à, rester, 581, persévérer 1461, *dercher* maintenir 1886, *delcheli e querell* prendre le parti de qqn, J 106 b, *de derchel voar he laez*, de l'allaiter Nl 88, p. *dalchet* J 67, retenu 220, regardé comme 61 b; *dalchaff* je crois B 697, 3º *delch* 563, J 12 b N 775, *delech* 1 s. Nl 117; impf. *dalche* J 39, *-ech* 219, fut. 2º *dilchy* 15, 3º *dalcho* B 197, *dacho* 145º; pl. *dalchimp* N 292; *-int* Nl 245; cond. *-ent* J 177; *dalch enep daz prepos* fais honneur à ta parole, *dalch da termenyou* tiens tes engagements, J 61 b, cf. *derchel termen mat* B 48; *dalch clos ... an propos* J 14; *delchomp* N 1493, *delchet* B 185, *-it* J 45 b; *dalcher* on tient M 10; **dalchus,** C qui tient. Auj. *dal, derc'hel*, rac. *dhergh*, zend *darez*.

Daladur, « dalouere », doloire; **-yat,** doler, *Ca, Cb, -ryaff Cb*; du lat. *dolare*.

Dalne, tarder 194, *dale* 198, J 104, 26 b, P, C, attendre B 379, (nous) retarder 58; *dalae!* 538, *dale!* 415 J 96, *daleet!* N 1763 B 162 var. *dalleet* prés. *-eomp* J 17, *-eet* B 282; **daleadur,** demeure *Cb*. Auj. *dale*; du fr. *délai*.

Dall, aveugle 314, C, *anauff evel —*, comme un aveugle N 32, *un —*, 1012; *dal* Nl 16; serpent *dall, euel Cb*; **dallaff,** aveugler C, p. *-et* J 128; **dallidiguez,** cécité *Cb*. Auj. *dall*, v. irl. *id.*, cf. θολός, trouble, angl. *dull* (Stokes).

Damany, domaine, puissance, P, B 26, 33, 349, (à ma) portée, (en ma) présence, 422, 595; quartier, pays 389; *an Map man —*, cet enfant glorieux, divin, Nl 18, cf. 1, 94, 111, et *an guerches gioar* 34; (une lance) énorme, 16, cf. N 899; certes, Nl 467, M 2, *dammany* Nl 366. Anc. livres *damani*, vers Landerneau « soin »; *me a ya dam zy da zamania* Am. je vais dans ma maison en prendre soin, ou passer mon chagrin, Pel. Le 1er sens vaut mieux. *Goas* **damen,** serf (de domaine) C; du l. *dominium*.

Damas, g. id. C. — **Damesell,** damoiselle! B 454, 484, *dem-* 539, 639, *demesel* C, auj. *dimezel*. — **Damien,** g. id. C. — **Dance,** (d'un) pas (mesuré, sage) J 88; **dancezal,** danser C, *-czo* sera B 369. — **Danger,** danger, horreur, J 36 b. — **Daniel,** 2 s. 207 b. — Du fr.

Dant, dent 273, C pl. *dent* J 123, 219 b; **dantaff,** mordre, p. *-et*; *-et*, endenté, *-ec*, dentosus C, *-us*, mordant *Cb*, auj. id., mot celt., cf. lat. *dens*. — **Dantart,** n. de bourreau J 71, 81, dérivé du fr. *dent*.

Dar, « dare », l. *ruder*, C; *dár, darr, dazr* égoût de cuisine ou autre cloaque, Pel. (fr. *dalle*).

Darbareur, aide-maçon 74º, pl. *-areryen* 73º; **-aret,** aidez (les maçons) 77º; auj. id., de *dar* (*do-are-*) et lat. *parare*. Voy. R. *c.*, VII, nº 1.

Darempret, visiter, fréquenter, 240, J 21 b, P, v. in *hastaff*, C; *ouz —*, se trouvant, B 373; **-rediff,** fréquenter C; **-redus,** fréquentant *Cb*. Auj. id., gall. *darymred* de *dar-, em, red(ec)*.

Dareu, prêt 668; J 203; qui a fini, 448º; *drouc —* B 354, *dare* prêt, cuit, J 50; **darevet** clos cuit à point 102. Auj. *dare*; cf. gall. *dar-fod*, finir?

Dargut, « court », Am. Pel. C'est plutôt « sommeil léger » (*dargud*, m., Gon.).

Darn, partie C, Nl 549, J 20, 53, quelqu'un 5, *darnn* B 411, les uns 603, (un) peu 477, pl. *darnou* 473, 566, *-nnou* 293º; **-nouet,** mis en pièces 461, J 147, var. *-aouet*; *-noet* B 640. Auj. id., d'où le fr. *darne*, *Keltorom.* 97.

Dars, gueon, l. *uide in munus Ca, Cb*.

Dart, dard C pl. -rdou J 88 b ; du fr.

Dascompret, environner C, de daʒ- et compret.

Dastum, ramasser, réunir 118, 572, J 20 b, établir par raisonn¹ B 554, relever (l'humanité) Nl 499, p. et P., -clos, bien renfermé J 161 ; -et l assemblez-vous 110, -as envelopps Nl 131. Auj. dɑstum et daspugn ; de daʒ-, et cf. gall. *pwng* assemblage ?

Datiff, -tif. — **Dauffin,** dauphin. — **Dauangier,** C, al. *tauancher, Cb,* devantière, tablier, auj. *davanjer, tavancher* ; du fr.

Dauat, brebis C, cf. J 3o b, dim. **-adic,** Cb, pl. *deuet* B 382, *deffuet* 368, *defuet* C, auj. *danvad* pl. *denved,* même rac. que lat. *domitus,* cf. δαμάλη, Voy. *affuat.*

Dauid, David C, cf. J 207 b ; *Davy* saint David, N 1101, 1133, 1677, 1740 (r. *aff*), *Devy* 15, 996, 1730 (r. *eff*) *Devvy* 7 ; du lat. *David.*

Dazprenaff, racheter, C, P, daʒpren J 126, Nl 60, -renn P, dɑspren Nl 129, H, p. daʒprenet C ; -as J 174, Nl 210, -aʒ 493 r. as ; -o 386 ; **-er,** rédempteur C, B 601, *das-* 512², Nl 177. De daʒ- (do-ate-) et *prenaff.*

Dazquilyat, daʒguyliat, ruminer C ; daʒɡilyat, -ryat, Gr., de daʒ- et cf. κείρω ?

Dazrou, larmes Gw., C, daʒlou J 4 b, P, Cc, -iaou P, Nl 453 ; **dazrouiff,** pleurer C, -louiff Cc ; **dazroueus,** plein de pleurs, daʒrous pleurable Cb. Léon. daelou, van. dareu sing. dar, v. bret. dacr de *dacru,* gr. δάκρυ.

Dea, A — ! interj. 570 ; du v. fr. *dea.* — **Dean,** doyen f. *es,* **-ag,** décanat C ; du fr. — **Deaoc,** dîme, C, *deaug* Cc, dim. **deaocguic,** Cb, *deaguyc* Cc ; **deaugaff,** dîmer C, v. br. *decmint* gl. adecimabit ; du l. *decima.*

Deballl : *reiff* —, faire fi de 488 ; **-aff,** maltraiter 466.

Debat, débat, querelle, 53, 254, J 202 b, **-aff,** contester B 45, *-af* J 3o, *-y* N 1333, Nl 485, M 67, *debat,* B 234 ; p. *et* 372 ; *-et l* 99 *debat !* 643 J 180 *-ech* 147, *-o* B 253. — **Debil,** -ile N 1833. — **Deboner,** débonnaire, bon, pieux, et adv., J 3, 52, 126, r. ou ; N 1269, *-nner* C. — **Deboutaff,** -ter, chasser C, *-et* destiné à J 150 désespéré B 355 ; **-ter,** qui chasse, f. *es* Cb. — **Debraillet,** -llé, sans retenue ? B 28 ; du fr.

Dec, dix, C, N 1142, *decc* 1111 ; *dec bloaʒyat,* dix ans, l. *decennis ; dec gueʒ ha triuguent* Cb, soixante-dix fois ; **decuet,** 10⁰, C, *-vet* P. Auj. id., v. irl. *deich n-,* de *ᵈdecen* = lat. *decem.* — **Decurion,** g. id., C ; du fr.

Decedaff, décéder 664, C, P, M 72 *-y* N 1359, 1304, r. *i* ; part., 1374 ; fut. *-iff* B 683 ; *-y, -o,* P, *deceuomp,* lis. *decethomp* Nl 475 maʒ *— y,* lis. *aff* N 76 (il est temps) que je meure ; **decet,** décès B 424 ; **decea,** 35, C. — **Deceff,** décevoir C, B 274, *-ffuaff* Cb, *-uaff* Cc p. *-ffuet* Cb, B 442, *-uet* 192, cf. J 77 ; *no-ffont* pour qu'ils ne les trompent pas N 1449 ; *-uat* Nl 397 ; **deceuabl,** tromper B 271 ; **-uance,** tromperie Cb, B 42 ; *-ffuance* 747 ; **-uer,** trompeur C, cf. J 103 b ; **-fidiguez,** décevance Cb ; **-uus,** décevant C, *-fus* N 616 ; **deception,** tromperie C ; du fr.

Dech, hier C, J 123 b ; *a —,* de hier Cb ; tréc. *dec'h,* cf. χθές.

Deche, voy. destruction ; **-us,** decheable C, *deceuus* Cb ; du fr. *déchoir.* — **Declinaff,** décliner C ; *-af* hésiter J 3o. — **Decoupaff,** decoupper. — **Decret,** décret C, J 122 éd. 1622 ; **-alenn,** -ale ; **decretist,** decretiste, decretaliste C. — **Decriaff,** décrier qqn B 165, p. 474, prés. *descry* 318. — **Dedal,** n. pr. — **Dediaff,** dédier C, p. N 1788 consacrée (à Dieu) Nl 185 ; **dedication,** g. id., Cb. — **Deduyt,** déduit, joie, C ; *-uy* J 6 b B 425, f. 807, *didui* occupation non sérieuse, divertiss¹, Gw., Pel.

Dedulaff, être heureux M 58. — **Defaet,** de fait J 166 b, *deffaet* B 548 (mal trad.), P 113. — **Deffaut,** deffaulte C ; **desfailli,** défaillant, contumace ; **-aff,** défaillir, l. absum, Ca, Cb; *deffaill, -aff,* Cc. — **Defflaff,** je défie, fais fi de, B 555. — **Deffoul,** foulure, meurtrissure B 532, *-ll* 641*, *destoull* 641 **deffoulaff,** deffouler, casser C ; du fr.

Defri, N 205, *a defry* B 632, *a deffury* 743, *a deuffry* Nl 307, sérieux¹, certes ; *quen deury,* si cruell¹ Nl 466, *ham devry passion* et ma douloureuse passion J 56 b ; *deuet eo a deur'yn Messias* Nl 313 ; voy. *adevry.*

Degrez, degré C, pl. *you,* H ; *dere*ꝣ, van. *derguëy,* Gr. ; du fr.

Dehacher, on met en pièces, J 11 b, du v. fr. *dehachier.* — **Dehaat :** *a dehast,* var. *adehast* (jeté) à la hâte ? B 736 ; du v. fr. *adaster,* hâter, presser.

Dehou, droit 182, *a — da,* à droite de 347, *a — Doen Tad* J 80 b, *an laꝣr dehou* 141, *an laeꝣr dehaou* Nl 48 ; *deho* Ca, *dechou* H, *Cb;* **dehouyat,** dextrier Cb, de *dex-avos,* cf. lat. *dex-ter.*

Deifiet, déifié C ; **deite,** délité, divinité J 178, B 308 ; du fr.

Dela, tout de suite, déjà, tout à l'heure N 71, 1250, *de ia* 26, *deja* 1365, *de ja* 439, 1079, *deꝣa* B 691, 798, auj. *dija;* du v. fr. *desja.* — **Delun,** un déjeuner ; **-aff,** déjeuner C ; auj. *dijun;* du fr.

Del, feuilles, 266 r. *quely(en) delyou,* Cb, sing. *delyenn,* C *-en,* dim. **ennic,** Cb ; **delyaff,** frondere C, *delyet* feuillu Cb ; tréc. *deill, deillé,* gall. *dail,* gaul. (πεμπε)-δουλα, cf. θάλλω.

Delectabl, -able ; **-ation,** -tion C, B 330. — **Deleguaff,** -guer Cb; **delegat,** g. id. — **Deliberaff,** -er C, B 247 ; p. (parti) pris J 100, cf. N 1538 (période) fixée Nl 323 (c'était) décidé que, 273 (homme) résolu B 4, *da,* à, 462 ; (il faut) décidément 711 (parole) sage Nl 51 ; (juge) régulièrement institué B 418, (sa demeure) spéciale N 1386 ; *diliberet* J 21, 22 ; *deliberet l* B 221*, *-het* J 45 ; **-ation,** C, dessein B 224*. — **Delicius,** -cieux B 635, C ; **-ussat,** l. delectare C. — **Dellnquaff,** pécher (être délinquant) Ca, Cb; **delit,** délit, péché, Cb, cf. B 712* ? *dellit* Ca, B 712. — **Delivret!** délivrez J 118 b, fut. *diliro* 22 ; **delivrance,** -ance 96 ; du fr.

Dellit, mériter 303, 336 mérite J 92, M 67 ; *hep —,* sans l'avoir mérité J 85, N 356, *hep ma* — 541 ; *dre e* —, comme il l'a mérité J 149, *dre he* — par ses mérites N 1275, *dellyt* P, pl. *dellidou* B 47 ; p. *delleꝣet* mérité J 98, N 445 ; prés. *delleꝣ* M 67, cond. *-he* B 774, p. *-is* 202, *-sot* 381, *-as* 346, *deloeꝣas* Nl 258 ; fut. *dreꝣ delleꝣo,* P 163, pl. *dreꝣ delleꝣ hont* M 67 ; inf. *deleꝣaff,* C. Cf. la conj. de *gonit* 22. de *gouneꝣet.*

Delt, moite, humide ; **-aff,** amoitir, (mal imp. *delataff*) ; **-onny,** moiture C. Léon. *delt,* Pel.

Dem, daim, f. *demmes,* C ; du fr. — **Demetri,** n. de lieu N 258, 298.

Demon, démon N 766, **-iac,** -iaque, lunatique C, *-iael Cb.* — **Demorant,** *an* —, le reste du temps J 168 b, auj. *an nemorant* le reste, le demeurant ; du fr.

Den, homme, homo, C, l'homme B 131 ; avec nég., personne, J 6 ; *nep den a pep heny* 74 b ; *denn* B 620 *den Doe,* N 1806 ; *den gentil* gentilhomme C. Auj. id., v. irl. *duine.*

Denaff, téter C, impf. *dene* Nl 441, auj. *dena,* v. irl. *dith* il suça, même rac. que θήλη, l. *felare.*

Denes, Denis, C, H ; du fr.

Denessaa, approche ! 611, J 75, pl. *denesset* B 422, J 7, *-et huy* N 184. De *de* pour *di,* de *do-,* voy. *da* 1 ; et *neꝣ.*

Denominatiff, -if C. — **Denonciaff,** annoncer J 179 b, *denunciaff* dénoncer, p. *et,* C, annoncer P ; **-uncieur,** g. id. f. *-ieres Cb.* — **Depandance,** depandant C, penchant d'une montagne ; **depantaff,** dependre. — **Depechaff,** dépêcher C, expédier, tuer, B 711. — **Depoill,** dépouillement

C; -ou, dépouilles Cb. — **Deport,** attendre B 528, -eur on attendra P; du v. fr. deporter, id. — **Depos,** déposer C, p. et Cb. — **Deputet,** choisi, élu (député) B 30, J 5; du fr.

Derch, aspect N 160, pep — de toute façon B 216*; **derch,** beau, pur, 35 P, derc B 199. Gall. drych aspect, v. irl. derc œil, même rac. que δέρκομαι.

Dereat, convenable 209, P, Nl 278, N 466, adv. 1106, J 9 b; **-adeeat,** advenir, l. decere; **-adeguez,** aduenement C. Auj. id., prob. du suiv.

Deren, amener 537, 787, N 978, P 49, dirén demener C, p. dereet B 411, 418, 544, J 75 b, 101, 106, direet C; dereeꝛ tu mènes (une vie) M 10, -it vous passez (le temps) N 330; dere l B 415, fut. -iff 414; **direer,** rameneur C; de de- pour do-, et ren.

Derision, dérision J 115; du fr.

Deruenn, chêne C pl. deru Cb, auj. derven, de *dervos, même rac. que δρῦς.

Describaff, describer, C, p. uet Cb; **description,** g. id. C; **descriuer,** celui qui décrit Cb; du fr.

Descuez, montrer N 1825, C, avoir l'air M 5, discueꝛ J 126, B 193, enseigner 135, trahir 380, trahir 387 (r. euꝛ); p. discueꝛet r. eꝛ J 28 b, r. euꝛ 195 b; prés. descueꝛ N 709, di- J 53 b, B 100, H, il paraît (être) 188, cf. vann.; 2° pl. discueꝛet J 31, fut. di-iff B 378, -in 506*, -o 163, J 47 b; -as 173, disqueꝛas Nl 39, descueuꝛas N 1008 r. eꝛ; da hem discueꝛ! J 190 b, r. euꝛ, discueꝛ bout 140 b, pl. descueꝛet N 1502, di- J 176, B 781, di-her B 21, 720; **discuezer,** montreur C f. es; **discuezadur,** demonstrement Cb. Tréc. diskouéet, montré, cf. v. br. aim-scud-etiead, mutuo reuelauerint? et jolys ha **dyscus,** beau, illustre? Jér., Pel., v. discusi, montrer.

Desertaff, déserter, ober **desert,** faire désert, Cb, -rꝛ le désert C, J 104, -rs Nl 7, du l. desertum.

Deseuout, penser C, cf. J 92, pr. deseuaff B 15, 283 a desevaf J 163, adesevaf 99 b, am deseu P, J 148 b, am desef 106, am deserꝛ r. eau, N 1394, cf. auj. jonch d'ign = jonjan, id.; a te deseu B 448*, a te deseff 652 a te na desev J 90; desef 232; desevont P, -ve J 204; deseu l B 693; **deseu,** pensée J 188 b B 201, (sans) égard 470 (sans) hésitation 646, heb deseff 652; -sseu 203. Léon. deꝛo, résolution; de de- et l. sapere.

Desir, désir 136 C, N 1702 J 236, -yr 192 b, P; **desiraff,** -er C B 90, -af J 182, pr. -aff B 157, desir 155; -o M 58 v; desideraff desiderer C; **desirus,** désidératif Cb. — **Despitaff,** despiter l. despicere C, dep. défier, irriter B 272, 706. p. -et J 85; despite méprisât B 398; gant **despit** da, en dépit de J 93; mépris B 318 colère, méchanceté, J 157, Nl 430; depit B 25, 693, 415, 449*, J 118 b, Nl 13, an despet do dent B 31, an fin d. d... 232, an d. glan d... J 139 éd. 1622, an d. d... 78 b, en dépit de; du fr. — **Despez,** dépit J 178, N 800, despes 442; **-zus,** méprisable Cb; du l. despectus. — **Destinaff,** -er, detinaff C p. destinet J 36 (temps) marqué 60 b, detinet N 1785; dre **detin,** exprès, dans cette intention N 533; (prouver) par des raisons certaines? 1624 pan eo duet an pret dre ditin (le moment fixé) 900; dre didin Nl 141; da detyn, ton destin, ton sort, P, a detin finaff de la meilleure sorte N 1610; **destinabl,** fatal; **destiner,** qui dit la destinée Cb; du fr. — **Destriz,** contraindre, p. et C, fut -o, (var. di-) J 88 b; **-er,** f. es, qui contraint C; du lat. destrictus. — **Destruction** g. id. C; du fr.

Detaill: me cret an bet eshemdetaill, se dissout, J 148, var. en em d.; du v. fr. detail, ruine.

Detal, certes J 47, P, M 2, 53, 66 b; certain, a tra — 93 b. Cf. v. fr. a estal, de pied ferme.

Determinaff, -er C, p. et, fixé, réglé N 1881, B 356, J 46 (dont j'ai) parlé M 71; -as J 41 b; **-abl,** -able; **-ation,** g. id. Cb. — **Detestet,** -té, B 758, -ech 304; **abl,** -able. — **Detraction,** g. id. C; du fr.

Detry, bien, tout à fait, soigneusꝫ, certainꝫ, 12, 63, 486, J 29, 53, 27 b, 23, 157, P, Nl 11, M 55 detri N 186, M 55, B 705, 58, a detry N 1469, 1727, Nl 346, J 180 b. Cf. v. fr. a estri, à l'envi.

Deunff, (1 s.) je viens 131 ; *deuʒ* J 89 b, *duet* lis. *dues* Gw. v. *baʒ* ; *deu* 68, 119 b, N 1113 ; *duet* J 153 b B 292* ; *deuont* J 13 ; imp. *due* B 372, *deue* Nl 16 ; 2 s., B 13, *deuent* Nl 141, 2 s. 250, 272, pr. *duiʒ* B 53, 83, P ; *deuʒout* P ; *deuʒ* P, B 20, 172, Nl 6 N 101, J 4, *pan deuʒ dit donet,* quand il t'est arrivé de venir, 67, *dueʒ* B 153*, *deux* P 96, 116, *deueʒ* (ord. 1 s.) Nl 347 ; 2 s. 195 ; *deuʒoch* J 174 b ; *deuʒont* Nl 12, 13, *deuʒsont* 305. *Deux!* N 130, B 101, J 183, *deuʒ* 112 b ; 3ᵉ *deuet* H, *duet* 70, N 1252, *deut* J 49 b ; *deomp* 48, B 167, N 127, 2 s. J 47 b, *demp* B 42, 804, *deomny* N 294, 1047, *-i* 124, *dempny* B 369 ; *deuet* Nl 66, *duet* B 60, N 208, *deut* J 97 ; *deuent* 226. F. *duiff* B 240, var. *-iʃ*, *duyff* 243, 2 s., *duy* 677 ; 2° *duy*, 2 s. N 981 ; 3ᵉ *deuy* Nl 17 H, *duey* P 29, *duy* 244, J 49, N 7 ; *donet a duy* litt. venir viendra 291, *dui* B 219* *duy ann* 1 s. J 125 b, *duy'n* Nl 432 ; *deuhymp* J 210 ; *duynd* B 665, *duhynt* P. Cond. (2 s.) *deuhe* J 192, N 829, J 223 b ; *-hech* 5, *-hent* P, *duehent* B 207 ; *deuʒe* 180, *-ʒech* J 7 ; *deuʒien* B 294* ; *-ʒye* 345, J 232, Nl 291, 190, *-ʒie* 354, *deuʒy en* 2 (*deuʒye ann*) ; *-ʒyent* 161 ; *deuʒ sel*, P 52, lis. *deuʒye*. *Deuet* venu Nl 5 J 70, N 1319, *duet* 76 P, J, 50 b, *deut* 50, *-mat* 7, *duet mat* N 1060. Auj. *deuan*, etc., de **do-ag-âmi*, voy. R. c., VI, 30.

Deuff, gendre C, auj. *dan*, v. gall. *dauu* client, même rac. que l. *domare*.

Deuruout, *deruout* vouloir C (impersonnel) *(me) nem deur (quet)* J 221 b, N 244 *non deur* J 118 b *a huy... oʒ deur quet* B 226* cf. 478, *a chuy hoʒ deur* Jér. *noʒ deur* vous ne daignez J 42 b, *n'o deur quet* ils ne veulent pas Gw., *ne deuʒeur quet?* elle ne veut pas B 231*, imp. *nem deurie* 287* ; prét. *en deurfoe* 260*, *ne deuruoe* 20, *no deruoe* P, *deuʒrvoe* il voulut, Jér.; cond. *nem deurffe* B 363, *nam —* 403 *ma hon deuʒrffe* Jér. *mar oʒ deurfe huy* J 72 b, *ouʒ deurfe* 225 ; *ne deuruihe* B 379. Inf. *teurveʒout*, vieux dialogue *-it,* vouillez, Pel. v. *teür*. Gall. *tawr, dawr* refert, curae est, Davies.

Deuer, devoir J 234 ; du fr.

Deuesquer, jambes N 1599, *diuesquer* 1820, B 396, cf. J 52, auj. *div-esker*, cf. σκέλος, voy. *garr*.

Deulff, brûler C, avant le mot *debat* ; lis. *deauiff?* auj. *devi*, cf. δαίω.

Deulsaff, deviser l. *addico, Ca* ; ajouter (des fenêtres) B 307 ; je choisis, 39 ; p. arrangé, choisi, 55, cf. J 197 (avoir les égards) convenables B 549, *deviset* var. *di-*, décidez, ou choisissez J 45 ; *de deuls*, à son gré B 728, cf. 57, *a —* 'souffisant sur un bon plan (devis) 195, *dre devis* à dessein J 12 b ; choix, préférence, 22 b ; récit 33 b ? Du fr.

Devoat, 3 s. (je vais vite) à l'instant, ou certes, J 224 b, var. de *diuoe* créée pour la rime ?

Deuoraff, *-er* 737, C, cf. 790. — **Deuot,** dévot, pieux Nl 29, P, *deout* H, *peguen deuot doctrin* J 209, *an —* 'hypocrite 106 ; **-amant,** dévot' Nl 173, 510 ; **-ion,** *-tion,* N 192, B 14, *-cion* 353 pl. *-tionou* N 229 ; du fr.

Dez, jour, C, N 268 ; m. *try-* J 78 b ; *-cre* grand —, 184 b, *-nos* — et nuit B 31 ; avec nég., jamais, J 62 b ; *deʒ mat*, J 7 b, *— -golou* N 929, *deʒmat goulou* 1725 (bien le) bonjour ; *deʒ guener* vendredi, Nl 177, *dicʒul* dimanche J 231 *deʒquent dech* le jour devant hier, C *deiʒ* r. *eʒ* Nl 83, 250, pl. *deʒyaou* 531, *-iaou* 549, *-you* H, *-rou* lis. *-you* M 10 ; **dezuez,** journée C, B 702, H, N 964, *deruez* Nl 542, P. Léon. *deiʒ*, tréc. *dé,* de **diy-*, cf. lat. *dies*.

Dezreuell, raconter C ; *disrevel*, Maun., cf. *eʒreuell*.

Dezrou, commencer 170, C, J 236 b, 69, *-aou* Nl 9, 248 ; *da —poan* 35, cf. *deʒrou chancc* P *-ou*, étrennes, gratification, présent, B 65, *-ou mat* 67, 169, J 166 b, C, *-aou m.* Nl 251, 392, id, dim. **-ouyc** *mat*, Cb. *Deʒrou* commencer B 38, P, N 1729, C, *-aou* Nl 473, p. *-ouet* N 873, créé, formé B 104, *ouf —*, j'ai commencé J 158 ; *-auet,* r. *ou*, N 1412. Pr. *-ouaff* 1267, je vais raconter B 170 ; *-eʒ* 317, *-ou* M 3 ; prét. *as* B 4, *-soch* 248, *-et* on a créé, imaginé, 108 ; *-ou!* J 146 ; *desrouomp,* 107 b, cf. B 73* ; *-ʒrouet* 457, 781, *-reuet* 61, 480 ; f. *-ouiff* 461, *deʒ reuhomp* 452* ; *deʒrouhet*, var. *der-* 486 ; *desrouher* on commencera J 33 ; **dezrous,** l. *inchoativus* Cb. Tréc. *diʒro mat*, étrennes, léon. *derou mad* ; gall. *dechreu*, commencer.

Dezuiff, pondre C ; *deȝwi,* tréc. *doȝvi,* Pel., gall. *dodwi,* id., cf. *dodi* poser, même rac. que τίθημι (Pictet).

Dy, là, avec mouv¹, N 694, Nl 65, M 57 v ; où, avec mouv¹ : *en ty dy ho couyat* Nl 271, *un lech dy ne dahech deȝ* J 62 b. Auj. *di*, de *da* 1 et pron. dém. fém.

Dyabry, sans abri Nl 60, *di-,* sans secours J 165 b, sans excuse B 783, 707 (fin) inévitable N 1360. — **Diacbiff,** non achevé C. De *di* privatif et *abry, achiff*.

Diacr, -cre C ; -**cret,** ordonné diacre N 1687 ; **diacone,** -nat Cb ; du fr. — **Diactiff,** inactif B 24. — **Diadreff,** par derrière 255, -*re* Nl 138 r. *eff.* — **Diaestet,** malaise C, *diastet* faim Cb ; **dies,** mal à l'aise Nl 353. De *di-* et *a...*

Dialahez, là-haut J 182, 236 b, 4 s., P, *dy-*, P, 3 s. De *di, a,* et *laëȝ, laë,* van. *lehue, lehe,* Gr.

Dyalog, dialogue C, *di- Cb.* — **Diamant,** g. id. C ; du fr. — **Diamiabl,** désagréable B 491 ; **diamour,** 419 ; **dyamourabl,** 688, cruel. — **Diampechaff,** délivrer C ; **diampelg,** délivré J 117, sans manque 106 b, B 393, sans obstacle N 1353, *dy-* Nl 430. — **Dianaff,** sans tache, sans défaut B 81, P 197, N 1328, *-af* 1246, Gw. De *di* et *a...*

Dianc *diouȝ,* libre de, N 253, échapper à J 191 b, —*a,* sauver de Nl 252, échapper J 73, l. *deuiare* C ; fut. -*co* P, -*equo* J 73 ; *heb dianc* sans pouvoir échapper J 12, *hep diang* sans aucun doute N 80. Auj. *dianket,* égaré ; gall. *diengu* échapper, prob. même rac. que lat. *angustus*.

Dianeraff, désancrer C. — **Dianhezet,** (il est) parti J 189 ; *diauneȝet,* pillé Gw. v. *anneȝ.* De *di* et *a...*

Diansaf, renier J 82 b ; prét. -*avas* 78 b, cf. 63, prés. *diensaveȝ* 82, de *di* et *ansav* avouer, gall. *addaf,* v. irl. *ataimet* profitentur, même rac. que *gou-ȝaff*.

Dianteg, non entaché de mal C, de *di* et du fr. *entacher.* — **Diapeli,** de loin N 336, -*bell* B 549, C, *a diabell* N 1489, J 88 ; 2 s. B 621. — **A diaruc,** auparavant, ci-dessus, H. — **Diarchenaff,** déchausser. — **Diarm,** sans armes. — **Diascornaff,** désosser C. — **Diasezaff,** s'affermir (dans la foi) B 428 part. établi J 28, formé de B 59 ; *diaseȝ (ouȝ)* convient à (toi) B 441 ; *tut ... a* **diasez,** les gens bien placés, les grands N 300, cf. B 100 ? *en* —, (ordonner) expressément B 170, (statue) posée 436 *en o* — (matériaux mis) à leur place, 246. — **Diatachaff,** desatachier. — **Diatretaff,** ôter les décombres ; -**ter,** celui qui le fait, C, f. *es, Cb, diattreteres Ca ;* de *di* et *a...*

Diaulou, diables 726-7, *dy-* J 97, *diaoulou* N 763, sg. *diaoul* N 797, *dy-* J 15 b, C, *dyoul* 99 b, *dyaoull* B 274 pl. ou 316 ; **diabolic,** -ique 446*, *dy- Cb.* Auj. id ; du l. *diabolus*.

Diaunesour, étranger C, -*asour Cb* de *di, a, maes.* — **Diauance** *a,* dissuader de B 743. — **Diauantaig,** indolent, misérable 649, 790. De *di* et *a...*

Dibab, élire C. *hep ho* —, inséparables J 27 b. Auj. id., choisir, de *di* et rac. *kak,* secouer ?

Dibadez, non baptisé Nl 556, auj. *divadeȝ.* — **Dibaleet,** vous venez (de) B 130. — **Diber,** il raccourcit M 5, inf. *diuerraff* C. De *di* et *b...* — **Dibili** *glan* sans acception de personnes ? N 1467, pour *dibirill ?* De *di* et *p.* — **Diblam,** sans reproche Nl 399, B 290*, *en diablam* J 120 b éd. 1622 ; **diblam,** excuser B 712, f. -*mmo* 288*, auj. *divlam.* De *di* et *b...*

Dibla, incommode, terrible, odieux, cruel, et adv., 404, J 10 b, 15, 113, — *casty* 155 b, r. *iff* B 716 ; r. *aȝ* J 11 (par except.), *diablas* 78 b, pron. *divlas ; dyfflas* Nl 247, 72, *difflas* 53, *dyulas* 45 ; **diblasdet,** cruauté, trait¹ cruel B 342, 503 ; **dyufflaster,** Nl 217, *diablaster* J 97 b, peine, infamie. — **Dibleuiff,** ôter le poil C. De *di* et *b...* — **Diboell,** furie, délire, C, J 123 b ; -**aff,** forsenner, C, p. *et,* furieux B 730, C ; -**us,** id. *Cb ;* -**ement,** fureur C. De *di* et *p...* — **Dibontaff,** débonder C, de *di* et *b...*

Diboubou, (ni lin ni étoupe ni —) N 1616, cf. *dibab?*

Dibouzello, éventrera B 400, inf. *diuouęellaff* C, de *di* et *b*...

Dibriff, manger 568, C, Nl 478, J 5 b, -*if* 20, -*ifu* H, *dibri'n tam* Nl 511, *dybri naual* 179, *dibr'in aual* 327, *dybr'in a.* 478, p. *debret* C, J 19, vous mangez Gw. v. *doc*; -*as* J 4, -*o* M 7 v; *debre*! lis. *debr-eff* J 60 b; fut. 1ᵉ pers. *dibriff* r. *ebr* B 43, 2° *dibry* J 208; **dibriat** *bras* grand mangeur, C, **deabrer** Cb, v. *distrugaff* f. **debreres** *bras* Cb; **debrunn,** démangeaison C; **debradur,** mangerie, **deabreres** voracité Cb. *Dibriff pan en debr den e crochenn Ca*; *dibriff: pan enemdebr crochenn den Cb*, démanger. Léon. *dibri,* v. br. *diprim.* — **Dibunet,** dévidé (du lin) N 1614; auj. id.; inf. *dibunaff* chez les anciens, Pel.; de *di* et cf. van. *punein,* se masser (en parl. des abeilles) *L. et Lab.* 186, 188.

Dic, (roi) légitime 34, entièr[1] (guéri) 260; exact, convenable, just[1], P; cf. cornouaillais *dik,* exact, de *jurdik* id.? Ce dernier vient du fr. *juridique.*

Dicaczc, amener 198, *diquacc* J 219, *digaęc* B 536, *digas* Nl 14, *digac* 434, -*cc* B 261, J 20 b, N 109, 1205; p. *acet* J 79, B 537, Nl 524, *gygacęet* 318, *digacęet* B 608 -*acęet* Nl 103, -*ąęet* N 1745, *diguacet* Nl 6, -*acęet* 138; prét *digachas* P, *dygacas* 142, -*acsont* 297, *dyeacat* 171, *dig-* 502, *digaet*, id, 481; etc. Auj. *digas,* de *di* pour *do,* et *cacc.*

Dicaffou, sans douleur P. — **Dicar,** cruel, cruell[1], B 420, J 59 b; **dicarantez,** B 381, N 640. De *di* et *c*...

Dicc, diz (dé à jouer) C, pl. *dicęou* J 145 b. — **Dicernaff,** décerner C; du fr. — **Dicoant,** désagréable N 640 -**ia,** cruel B 701, 563, *digoantis* Nl 543, *dicouantys* Nl 89; *diçcoantys* (lieu) obscur Nl 175; *dicoantis* méchanceté J 12 b, 118 b. De *di* et *c*...

Dicoezas, il se mit (en colère) 300, *dicoueęet* (il est) arrivé Nl 425; *digoeęaff,* advenir C, léon. *digoueęa* arriver (des évén[s]), de *di* pour *do,* et *c*...

Dicoffes, sans confession P. — **Diconsciance,** sans conscience B 783. De *di* et *c*...

Dycoumeret, (me) recevoir Nl 120; de *di* pour *do,* et *compret.*

Dicoulnaff, *digolmaff,* dénouer C. — **Dicouraig,** sans cœur 649, -*ag* découragé C. — **Dicourtes,** impoli, et adv., N 374, 520. De *di* et *c*...

Diction, g. id. C; -**ar,** dictionnaire Cb; du fr.

Dicuff, sans pitié 420, 687. — **Dicustumaff,** désaccoutumer Cb, *dicou-,* Ca. — **Dicusul,** non conseillé C. De *di* et *c*...

Didan, sous, 23, N 125, – (peine de) 189, J 77 b, en dessous J 133, B 305; *didann haff* sous lui B 34; cf. *en dan,* sous, M 4, *dindan* H; **didanhat,** soubztenir l. subire C. Auj. id. et *dindan,* de *di, (en)* et cf. gall. *tan,* sous = l. *tenus* (Rhys). Le sens de *tan* semble influencé par celui de *guo* = *imó,* son associé dans le v. gall. *guotan.* **Dideurell,** deietter Cb, -*leil* Ca, *ditaulas* P de *di* et *t*... — **Didinva,** *didiva* sortir de terre, pousser, germer, Gw.; vieux livres *didyffa* Pel. De *di* et *tinva* prendre, s'attacher (en parlant d'une plaie qui guérit, d'une greffe, etc.); gall. *tyfu* croître, cf. lat. *tum-eo*? — **Dider,** Didier H; du fr. — **Didornet,** sans mains P, *diç-* C, de *di* et *d*... — **Dydreu** *an môr* « au travers de la mer » 2 fois Jér. v. *corr; didreu* au delà de, cf. gall. *draw*? Pel., van *didrai* d'outre en outre, L'A.

Diec, paresseux C, J 18 b, *dieug* 11 b; **diecat,** devenir paresseux; **dieguy,** paresse, C, N 644, (sans) regret, difficulté B 700, Nl 34, *dy-* H, *dieguy* J 11 b. Auj. id., v. gall. *diauc,* de *di* et cf. ὀκύς (Stokes).

Diegraff, desenaigrir C, de *di* et *aegr.*

Dien, bons (matériaux) 68 guéri 546, 549; cf. — *net* J 47 b, – *gian* 176 b; *ent* — 250, en *dyen* 4, *dyen* 358, Jér., *dien* M 10, J 145, N 1367, P, certain[1], tout-à-fait; gall. *dien* à l'aise, certain.

Dienep, sans égard 693, J 119. — **Diestim,** sans pitié 447ᵛ. De *di* et *e*...

Diet, boisson C, J 12 b, gall. *diod*, de *°diât*, cf. irl. *deoch* ?

Dieznea, misère, 174, 671 ; r. *en* J 192 et N 1268, manque, défaut (de prière). Léon. *dieneʒ,* f. misère ; tréc. *diannes,* regret *R. c.,* IV, 150, van. *diannéss,* m. pauvreté, L'A.

Diffacçon, méchant Nl 42, *-ccon* N 1545 ; *-accçon,* r. *acc,* avec injures, J 75 b., de *di* et *f.*

Diffaczaff, *difa-* effacer C, p. *et Cb, difacet* C, défiguré J 98, *diff-* (bonheur) évanoui 130 ; **diffaczadur,** effact C. — **Diffnet,** défait, difforme J 11. — **Diffamaff,** -er C, -mmaff B 624. — **Diffazias,** détrompa Nl 31. De *di* et *f...*

Diffenn, (sans) défense 570, défendre, N 1188, *-en* B 349, C, *den emdiffen* J 179, *difen* défense, H, *difenn* N 386 ; p. *diffennet* protégé B 120, prohibé Nl 456 (arbre) défendu B 332 ; — *na vihet temptet* 185 ; *difennet* P, *diffennas* empêcha J 186 b, *diffen (ouʒ) !* 115 b ; *na -nnet,* ne vous en défendez pas, n'y manquez pas B 577 ; **-nner,** f. *es* défenseur ; **-nnadur,** défense *Cb.* Auj. id., du l. *defendere.* — **Differaff,** (sans) différer B 99, gagner du temps 773, — *diouʒ,* me soustraire à la surveillance de ? 165 *hep guer -af* sans aucun délai J 225 b, cf. N 851 *diferaff* N 263 ; *differ !* tarde, J 80. etc. *difforhe* différerait B 742 ; **diferant,** différent M 2 ; **differance,** différence B 310, P 236, manque d'équilibre B 473 *dyfferancʒ* (sans) tarder, Nl 77. Lis. *N'a bruit dispar, o diffarance* P 234 ! — **Difficil,** -ile, grave, C, B 38, 269 ; sup. *-aff, Cb* ; **-cultez,** -té, H, *-te Cb ;* du fr.

Diffiet, (archevêché) vacant N 1742, *difiet* accablé (de vieillesse) 1277 ; van. *dihuiguét* fatigué, épuisé, gall. *diffygiol* id., *diffygio,* manquer ; tréc. *divian,* s'épuiser, se tarir, *divi, -et* las, cf. *R. c.,* IV, 151 ; *Diviet,* n. d'homme, en 1268, *R. c.,* III, 408 ; v. gall. *dificiuou,* diminutiones ; du l. *deficio.*

Diffigur, défiguré 389, J 122 b, éd. 1622, *difigur* méconnaissable 209 b. — **Diffiniaff,** diffinier, déterminer ; **-ition,** g. id., C ; *evit* **difinitif,** définitiv¹) 121 éd. 1622 ; **deffyn,** fin, terme, P. De *di* et *f...*

Difforch, départir C *diforch diouʒ* me délivrer de J 192, *quent ... eʒ diferchiff* avant que je quitte la place B 620, *difforch* discorde, *Cb,* (sans) interruption P 204 ; décédé ? 154 ; *-as,* partit, P ; **-idignez,** séparation ; — *a dimiʒiff,* divorce C. **-gueʒ** divisibilité, **-cher,** qui divise, **-chus,** divisant, -sible *Cb.* v. *diuidaff.* Léon. *diforc'h* avorter, van. *diforhein,* séparer, distinguer, de *di* et l. *furca.* — **Diffrae,** rapide, vite 634, et J 175 ? (faire) diligence B 43, 295° (sans) secours, ou repos, J 181 b ; **-aeet,** 180 b, *-aet* r. *ae* B 194, délivré, *-reet* (clou) arraché J 158 b. Tréc. *difréan,* se hâter, de *di* et fr. *frayer.*

Difframet, déchiré 464 auj. id. — *A* **diffrap,** en l'entraînant, soudain, 526, cf. *R. c.,* IV, 153. — **Diffretaff,** fuir en hâte ? déchirer ? N 284 cf. *R. c.,* ib. De *di* et *f...*

Diffur, insensé 392°. — **Diffurm,** -orme C. — **Difournis** *eux a,* dépourvu de N 1792. De *di* et *f...*

Digant, de, de la part de, C, M 3, N 1535, Nl 409, J 163 b, *degant* lis. *di-*48 b ; *digueneff* de moi B 671 (loin) N 1854, *-ef* J 74, cf. 31, 130, B 403, *diguen enff* Nl 560 ; *digantaff* de lui 12, r. *at* B 8, *digant af* (hors) de lui J 108, *digataff* N 1826, f. *digant y* B 125-6 ; pl. *digueneomp* 3 s. 590, 2° *digueneoch* J 70, *-ech* B 400, cf. J 221, 3° *digante* 61 b, cf. 183 b. Auj. id. de *di* et *cant,* forme anc. de *gant.*

Digarez, excuse, prétexte, 701, 298, N 1581, P, f. : J 119 b ; (meilleure) solution B 769 ; *-ret,* N 361. Auj. id., de *di* et *c...*, cf. *R. c.,* V, 221.

Digeraff, -er ; -gest, le digeste C ; **-ion,** g. id., *Cb ;* du fr.

Diglys, var. *dielys,* 2 s., r. *iʒ* J 78 b, (chasser) durement, cf. **digryziadur,** exacerbatio *Cb,* v. *diegraff.*

Digoar, dessus 593 cf. 592 ; — *an maes* (venu) de la campagne N 1307, *diuoar* B 812, cf. J 122 b ; *diuar,* H (prendre) de (la main) 650-1, *dioar an lech* 301, cf. J 16, — *penn* au sujet de 202 b, *- e tro* (s'éloigner) de lui 73 b *dy uoar pennaou he daou glin* (adorer) à genoux Nl 424, *dioarnouf* de moi J 65; tréc. *dioar, divoar*, léon. *divar*, de *di* et *oar*.

Digor, (ciel) ouvert Nl 555; *eʒ guereu —*, il fit s'ouvrir, J 128 b; **digueriff,** ouvrir B 792, *-if* J 37, p. *digoret* J 217, *dy-* 200, 213, Nl 202; *digor* il ouvre B 538-9, *diguer*, r. *er*, (mon cœur) se fend J 34; *diguery* il ouvrait, r. *i*, 209 b, pl. *digorent* Nl 471, *ne dygoret* (la porte) n'était pas ouverte Nl 180; *digoras* B 358-9; *digor l* 415, 790, J 231 b, ouvre-toi B 737; pl. *digueret* 478. Léon. *digeri*, de *di* et *cor*, d'où *dascor*, rendre, etc. *Di* a remplacé une autre prép.: **igueriff,** ouvrır; **igouridigaez,** ouverture, C, voy. *egorant;* cf. gall. *agori* ouvrir, *agoriad* clef, irl. *eochair*.

Digouris, sans ceinture C, de *di* et *g...* — **Digousquet,** desdormir C, de *di* et *c...* — **Digouzuez,** ignorant C. — **Digrace,** disgracieux, cruel, et adv., B 552, 687, J 75 b, N 25, affligé, sans secours, 382, J 123 b, *dygrac* sans pitié Nl 458, *di-*, lis. *dilace?* B 504; *dre* **digracdet,** par malheur N 385; **digracius,** (parole) dure B 754; de façon déshonorante J 10 b. — **Digrougaff,** dépendre, Cc. — **Diguar,** cruel Nl 197. De *di* et *g*...

Digues, épeler, C *-eig* N 367; *-ech*, Gr., *digheis, dighick*, Pel.

Diguir, (va,) infidèle (= démon) N 798 cruel, sévère, et adv., N 862, B 413, sans droit 526 r. *eff* 413; *diuin*, r. *ir*, lis. *diuir*, P 111; léon. *divir*. De *di* et *g...* — **Diguiset,** déguisé Cc; du fr.

Dihaer, (eau) pure B 257. — **Dihaet,** indisposé, malade 187, N 1301. De *di* et *h*...

Dihaffal, sans égal, sans pareil, P, *dyheuel* étrange Nl 237, adv. 548, *diheffuel* B 487; **diaheuelep,** inouï 744, extrême 693; **diheuelebet,** défiguré N 1152. Tréc. *diʒhanval*, cf. lat. *dissimilis*.

Dihast, perdre qqn, 754, cf. *dehast*.

Dihegarat, cruel 715, *dy-* Nl 419; **dlegar,** désagréable M 7 v. De *di* et *h*...

Dihelchat, -*chaff*, C, -*shaff* Cms, estre laz comme chien qui baaille; léon. *dielc'ha* perdre haleine; cf. R. c., IV, 150.

Dihinchaff, égarer C, de *di* et *hent*. — **Dihoant,** sans goût, lâche, odieux, B 649, 497. — **Dihunaff,** veiller C, éveiller, P; p. J 124 éveillé; *-et!* éveillez-vous Nl 334; **-er,** Cb; **-us,** C, veilleur. Auj. *dihuni*. De *di* et *h*...

Dihuzaff, consoler C; *da hem dihuʒ l* J 69; **dihuz,** (pour votre) bien, commodité, 128 b. Cf. tréc. *dihud*, amuser, R. c., IV, 151.

Dijoint, non conjoint C, *dij-* Cb.— **Diluniff,** déjeuner, B 43— **Dyluat,** injuste B 715. De *di* et *j*...

Dilaczaff, (tirer d'un lacs), C, s'échapper? B 455; **dilace,** délivrer J 87 b, renvoyer, absoudre, 112 *dilacet* délivré Nl 414, P, -*cʒas* Nl 105 b, *hon dilaçe l* 97; -*cʒo* délacera? B 622; **dilace,** (place) libre 198 (habile et) dégagé 69, libr⁺ J 8; sans souci, sans délai, vite, 124 b, B 43, 619, 643, Nl 267, 518. — **Dilamet,** ressaillir C, accouru Nl 103, -*mas* (Dieu le) fit naître J 4, -*aʒ* s'en alla P. De *di* et *l*... — **Dilation,** délai B 453⁺ -*cion* 453, 198, 643, 684; *gruet...* —, cessez, 607; du l. *dilatio*. — **Dilechyet,** disloqué J 137, *dylechet* Nl 215. De *di* et *lech*.

Dileffn, (enclume) dure 577, de *di* et **leffn* poli, uni, gall. *llyfn*, v. br. *limn*, v. irl. *slemain* de **slib-nos*, cf. ὀλίβρός (Stokes), voy. *breulim*; all. *schleifen*, aiguiser, van. *arlehuein*, repasser un outil, *libonicq* Gr. *limoniq* L'A., émouleur.

Dylein, var. -*em* il envoie, P.

Dilesell, délaisser, quitter M 71, v, N 752, -*el* C, p. -*set* J 142; (crime) odieux B 805, *dilaes l* 651 *dilaeʒ*, H; *ann exes heuʒ em dileset* éloignez-vous de ce crime 772. — **Dileuzri,** envoyer, députer, Jér., p B 629, *disleuʒret* J 116 b, *dileuret* 103 b, *diliuʒret* Nl 1; *dileuʒ eat*, lis. -*ʒrat*, fut envoyé 381; cf. B 348, 338, 182 P, etc. De *di* et *l*...

Diligant, -gent, et adv. 3o, 44, C, N 648, Nl 375, J 46 b, -ent Cb; **-ance,** (faire) diligence B 473, J 88, C, -ence Cb; du fr. — **Dilignez,** qui dégénère; **-aff,** forligner C. — **Dilivraf,** var. de-, délivrer J 118, p. 117 cf. 198 b, 183 b; diliuaraff C, -varaff H, -uuraff; **-uurer,** libérateur f. es Cb. De di et l...

Dillat, habits C, J 134 b, cf. B 450*; dy- Gw. Auj. id., gall. dillad, voc. corn. et irl. moy. dillat.

Dilloenter, délier, l. solvere, p. dilloet C. De di et *loenter de *lung-ter, d'où aussi gollonder, p. golloet.

Dilloffa, (le sang) jaillit, coula, Nl 54.

Dilog, déloger M 10. — **Dilug,** déluge C, dyluyg P; du fr. — **Diluzlaff,** démêler (les cheveux) C, de di et l...

Dimalice, sans malice N 1438, diu- 630. — **Dimanyer,** sans façon, sans égard B 717, J 15 b. — **Dimat,** mauvais, cruel, et adv., 33, B 710, r. iff 754, dy- 403; diu- 515, 688, div-, dyv-, P, dif- Nl 419, difv- J 11, dyfflat lis. -uat Nl 135. — **Dimemprafi,** disloquer, Pel., diu- C. — **Dimenn,** (je vous) prie J 229, diuenn elle mande B 158 -aff je demande 653. — **Dimerit,** sans justice B 716; infamie? 721 -lit, sans vertu, J 150; heb dymerit sans avoir démérité B 774. — **Dimez,** sans honte 592, P, J 78, r. if 178, et diueζ, -ueζζ, C. De di et m... — **Diminuafi,** -er, C; du fr.

Dimiziff, marier qqn, 37, se marier C, cf. 227*; mariage C, cf. un dimiζy, citat. de Pel.; part. dymeζet Nl 501, de-, P, B 20, 211, cf. 221*; **dimezabl,** nubile; **-zer,** épouseur C. Léon. dimiζi, tréc. dimeign de do, em, et rac. vedh; angl. to wed, gall. dyweddio se marier, gwedd joug, irl. fedan.

Dimoder, exalté 718. — **Dymusur,** démesuréḿ P. De di et m...

1. **Din,** digne, saint, précieux et adv., J 15, 46, N 909, 1054, dyn M 71, divinement (inspiré) 3; un dyn baζat, Gw. v. baζ; sup. dinhaff B 536; **dignite,** -té C; du fr. — 2. **Din,** siège de l'homme, Am., gall. tin, Pel. (?) — **Dinach,** dénier C, dy- Cb. — **Dinam,** sans tache, innocent J 4, 24, N 46, 430, P, a, de, Nl 354, dy- 101; sans faute, certes, 106. — **Dinatur,** dénaturé, cruel, et adv. B 515, 710, J 11, P, dy- Nl 148; **-abl,** (action) dénaturée B 688. De di et n... — **Diner,** denier N 1537, J 210, digner r. in J 18 b; pl. dinerou B 46; du fr. — **Dinoas,** innocent, C, N 1102, Nl 140, dy- P, sans bruit B 330, J 186; bien, pieuxˢ, Nl 268 -haf (la mort) la moins dure J 41 b. — **Dinotabl,** méprisable B 270. De di et n...

Dinou, fondre, épandre, verser (à boire) C, verser J 51, -aff, Cb, -noet H, id.; a dinou (pleurer) litt. à verse 190, dinaou en coulant Nl 16 p. dinouet C, N 1794 f. -o 1790, -aouas Nl 54, dy-382 (des prodiges) parurent, gall. dynëu, cf. irl. snuadh, fleuve, rac. sneu, gr. νέω, ἔνευσα.

Dinozelafi, déboutonner Cb, -oleζaff C, de di et n... — **Dioboissant,** désobéissant 761. — **Diobscur,** sans une ombre J 66. De di et o... — **Dioces,** -èse C; du fr. — **Dioscorus,** -ore B 2; du lat. — **Diot,** sot, tut —, J 72, un — B 614, cf. J 104 b; 1 s., 106; dy-, Gw., v. chot. En h. bret. diot; du fr. idiot.

Dioueret, (vous) perdre, être privé de (vous) J 21, léon. id., van. dioverein, id., diovér f. misère, privation, de di ou do et cf. gall. ofer, vain, van. voer fade = gaul. *omeros, cf. lat. amarus. Le gall. dioferaf, (Les Bardes bretons ... du VIᵉ s., p. 436; Skene, The four anc. b. of W., II, 196) doit signifier « il ne me manque (que Dieu) »; diffère de diofryd renoncer = di, gofryd.

Diougan, promesse C, prédiction M 3, aveu? N 1621, menace, Jér., pl. -ou Gw.; promettre C, diogan H; p. diouganet P, Nl 51; 3 s. N 63, 233, 551, 1700, changé de place? 375, 4 s. 722; -at 409 -sont promirent Nl 65; **-er,** promotteur Cb. Gall. dyoganu, de *do-vo-can-.

Diouguel, sûr C, P, hardiment, sans peur, N 1676, assurément P, dy ouguel en sûreté M 10; **diouguelhat,** défendre, garder, Cb; **diouguelroez,** sûreté Ca, Cb, Cc. Gall. diogel; de di et gogelu éviter?

Diouz, 1 et 2 s., (libre) de, N 253, 632, d'après B 47, 65, J 45 b de la part de J 189, *dy-* Nl 358, *diouȝ* J 234 b, *-oux* J 224 b, Nl 264, *-ouȝ* M 4 *-ous* B 13, *dyoȝ* P, *diouȝ ma minif* si je tarde N 858, *diouch* J 42 b, 110; *diouȝ if* de moi 100, *dioutaff* de lui B 206, N 532, f. *diouty* 163, B 156, cf. 411, P, *a diouȝ, a dy-*, au-dessus Nl 62, *a dyouch* 147, *a di-* d'en haut 430, *aiouȝomp* au-dessus de nous 89. Auj. id., de *di* et *ouȝ*. Dans le sens de au dessus il y a peut-être confusion pour *di-us*, *di-uc'h*, rac. de *uchel* ; cf. gall. *o dyuchtaw*, au-dessus de lui, *Mabin.* II, 246.

Dipennaff, décapiter 768, C, cf. 729, 782; *dib-* 782, C; *hon dypenner,* qu'on nous décapite Jér.; **dipennidiguez,** décollation Cb. — **Dipistice,** r. ic, sain, sans maladie N 1814. — **Diplace,** elle sort B 477. — **Dipoan,** soulag' N 1156, repos, joie, 1931, *dib-* Nl 19 *dyb* 27; **dypoanlaff,** tirer de peine 99. — **Dipolice,** sans vertu B 269. — **Diposidaff,** déposséder 25. — **Dipouruae,** *-ue, dibouruae,* dépourvu C. De *di* et *p...*

Dipr, *bibr* selle ; **dibrer,** sellier C ; **dybret,** sellé Jér. v. *cousr.* Auj. id., pl. v. br. *diprou.*

Dipreder, sans souci P, *dib-* B 103, P, *dyb-* P. — **Diprennaff,** *dib-*, defermer C. — **Dyprisoniaff,** tirer de prison Nl 137, p. *diprisonet* 1911, cf. P. — **Diproflit,** sans profit B 716. De *di* et *p...* — **Dipton,** diphtongue C; du fr. — **Diquemenn,** il (vous) envoie ses ordres J 49, *dyguemen* commander, mander de faire, Jér. v. *dinoe.* — **Dyquemmeret,** prendre, ms., Pel. De *di* et *q...*

Dir, acier C auj. id., gall. *dur,* cf. l. *durus.*

Dirac, devant C, J 28 b, J 177, Nl 133 *dy-* 134, *dirag* J 114; *diraȝoff* — moi B 22 *-ȝ ouff* 411, *-ȝ y* -elle Nl 171, *-ȝoch* -vous J 24 b. Auj. id., gall. *dyrag,* de *di* pour *do,* et *r...*

Diraes, atteindre, toucher, C, *dires* Ce, fut. *burȝudou bras a dereso* Gw.; *dirés,* Maun., *dérésa* d'ap. un v. dict., Pel. cf. gall. *cyrhaeddu.*

Diraeson, sans raison 201, 707 C, J 12 b, *-reson* N 90; **-aesonet,** B 515, J 128, Nl 551, *-nnet* Cb, *-resonet* 42. — **Dyrebeig,** sans reproche Nl 430. De *di* et *r...* — **Diredet,** accouru Nl 522, *dy-* 506, Gw.; *diredet accourez* J 126 b. De *di* pour *do,* et *r...* — **Diremet,** malheureux' J 233 b aussitôt ? 225, *-mhet cruell*' 79, *dyresmet* P irrémédiable ? De *di,* avec remède, et *remettre.*

Dirinon, Dirinon (ville) N 1389.

Dirobaff, dérober C ; **-ber,** dérobeur C; du fr. — **Dyroll,** déréglé Gw.; **dirollet,** (voilà mon chapelet) défilé, Am. — **Dyroudet,** dérouté ? P. De *di* et *r...*

Disacort, révoltée 652 *-ccort* discordable ; **-ccordance,** discordance C. — **Disaeren,** délivrer J 20 b, 91 b, 129, 162 b, *dyseren* Nl 293 ; *diaeren* payer, *dieren* délier C; p. *disaereet* J 108 b, 119. De *dis* et *a...*

Disaezun, cruel, cruell'; désagréable, J 42 b, 196, B 119, *diss-*, dégoûtant J 11, *discascun* N 25, 382, 1347, *disascun* (quantité) extraordinaire ? 84 *disacȝun* Nl 193, *disaecȝon* lis. *dif* ? J 13, de *di* et *s.*

Disaesizaff, dessaisir. — **Disall,** non salé C. — **Disnotren,** décrotter Am. — **Disaour,** non savoureux C (peine) amère J 175 sans pitié, cruel, cruell'!, B 494, 569, N 1444, infâme J 96 b, sans esprit B 649; **-et,** (traître) odieux J 69 b, de *di* et *s.* — **Disauanturdet,** mésaventure B 210: **diauantur,** malencontreux 757. — **Disavoeaf,** désavouer, renier J 196 b, cond. *dysavouhe* P, *en diauoehet* on le désavouerait B 758. De *dis* et *a...*

Discantaff, tirer les écailles C; de *di* et *s...*

Discar, abattre C, auj. id., de *di* et même rac. que gall. *ysgar,* séparer, angl. *to share.*

Discargaff, désemplir C, *-guet a,* dégagé de (péché), B. De *dis* et *c...* — **Disclaeryaff,** déclarer, expliquer, B 98, C, *-iaf* J 10 b, *-yaf,* avouer, 24 b *-leryaf* N 679 ; *disclaer !* J 10, *me dyscler se* je le déclare Nl 118, *-leriet* 487 *-yas* J 39, *-aeryas* B 15, etc.; *-lerhier,* qu'on éclaircisse, *-cira* N 1407, 1573, *-leryet !* J 26,

-leriomp! N 119a. De *di* et *s*... — **Disclos**, non fermé Nl 329, de *dis* et *c*... — **Discoazcaff,** détacher des chiens? blesser un gibier? N 272; *discoazyaff* desepauler C. De *di* et *s*...

Discomboe, humble (prière)? N 120, *dic-* (rendre hommage) humblé? 320. De *di*, *dis*, la prép. *com*, une rac. commençant par *b*, et *oe*, suff. dans *Nomenoe*, *Erispoe*, etc. Cf. v. bret. *acomloe*, gl. insolubile, = *an-com-lo-oe*.

Disconflet, déconfit, détruit 794, 796; du fr. — **Disconfort,** désolation; (lieu) désolé, C*b*; **-aff,** désoler, C. — **Discordance, -ce** ; **-daff,** discorder C; **discord,** descordance C*b*, (mort) injuste J 36 *-rt* discorde C*b*, homme impie, 86 b. De *dis* et *c*... — **Discouarnet,** qui a l'oreille coupée J 74. — **Discourraff,** couper les branches C, *-ouraff* C*b* ; **discourr** *bihan*, l. surculus C*b*; *discoultret* (orage) déchainé N 888. De *di* et *s*... — **Discret,** discret, sage, savant, C, M 3, N 924, B 2b, 8 ; *en —* (c'est mon avis) motivé 207; *discre* (Saul gardait) à l'écart (leurs habits) Nl 558 ; **-etion,** *-tion* C ; du fr. — **Discribaff,** je prescris, j'indique B 471 ; du l. *describo*.

Discroignent : *ho dent... a —,* ils grinçaient des dents Nl 553 ; *disgrogna*, Pel., tréc. *raskognat*, léon *skrigna*, onomatopée? cf. angl. *grin*.

Disculz, non las C ; **-aff,** délasser B 475, *-haff* 485, cf. 76*, J 133 ; auj. id., de *di* et *s*...

Dyscurlu, var. *discursu* P, en décomposition?

Discussion, g. id. C, *-ution* C*b* ; du fr. — **Dysechas,** se desséchа Nl 220 auj. *diɀec'haɀ*, de *di* et *s*... — **Disemper,** désespoir B 721, J 95 b, *diss-* 167 b, B 578, **-aff,** désespérer C, cf. B 782-3, *as* J 83 b, fut égaré par l'orgueil Nl 304, *-et* fou, furieux, 184, J 234 b, cf. 38 (moyen) désespéré 96 (température) excessive M 58 v, *dy-* Jér.; *dissemperaf* je désespère J 196 b ; p. *diss-et* C*c*; **disemperance,** g. id., forcennerie, C, *-ce* C*b*, B 784, J 88, var. *disesperance*.

Disenor, déshonneur C, J 179 b, N 1424, méchanceté B 2, auj. *diɀenor*, de *dis* et *e*... — **Diseruigaff,** desservir, mériter, C, p. B 564, *des-,* p. *des-chet* C*b*; angl. *to deserve*, de *di* et *s*... — **Disfizyaff,** se défier C, *diff-* C*b* ; *na disi quet e Doe!* N 52, de *dis* et *f*... — **Disgroaet,** défait, perdu, B 799, fut. 3° *-ray* N 793 ; *-ra!* P. — *Disgruyat* découdre, C, B 569, p. *et* 546, C, fut *-io* B 575. — **Disgruizyaff,** arracher C, *-zaff* C*c*; **-zyennet,** déshérité C*b*. De *dis* et *g*... — **Disheritaff,** déshériter C, B 25, p. J 150. — **Disheul,** l'ombre. — **Dishonest,** déshonnête, C, infamant J 99, *diso-* injust[1] 224; malhonnête B 235 (mort) infâme 696. — **Dishourrnaff,** déferrer C, (dans le *dih-*) B 416. De *dis* et *h*...

Disych. *Dan seig na disych de quichen* (que nous allions) près de lui, au séjour éternel, litt. qui œ manque point, ne manquera jamais, Nl 350 ; *gladou hep trig na diffigo* P 184, pron. *-ijo*, lis. *dissigo*. Du fr. *dessécher*.

Disifferno, qu'il se désenrhume J 109 b, de *di* et *s*... — **Disleal,** déloyal et adv. C, Nl 478, J 82 b, *oɀ*, à, N 1361, cf. J 16 ; *diffeal* lis. *-sleal* Nl 81 ; **dislenltet,** déloyauté C. — **Disllu,** mal coloré (pâle) C ; **-aff,** déteindre C. De *dis* et *l*...

Dismantaf, faire rage N 882, je me meurs J 189 b, *-et* détruit B 799, *dy-* P, *di-o* ruinera B 775, auj. *dismantra*, cf. gall. *dismanu*, disparaître?

Dismas, n. pr. J 114 b. — **Disober,** défaire, détruire B 147* J 23 b, de *dis* et *o*... — **Disoloet,** (répondre) sans détour, J 93 b; **dissolo,** mis à nu 107 de *dis* et *go*... — **Dison,** sans bruit, sans voix, tranquille et adv. P, B 285, N 310, Nl 467 (promis) sûr[t]? M 71 v, de *di* et *son*. *Dissonn* (jeu) mou, (coups) peu fournis, B 592, peut être de *dis* et *sonn*; **disonet,** (chiens) impurs B 623, pour *disonest*, ou de *di* et *son* (cf. *consonant*). — **Disordren,** désordre, chose déraisonnable J 139 éd. 1622 ; vil, injuste, illégal 36, 64, B 275 (personne) désordonnée 652, J 86 b ; **-et,** (mort) injuste 32 (pécheurs) déréglés 43 ; de *dis* et *o*... — **Disouzan,** sans peur B 522 inébranlable J 176 b, *-aouɀan* Nl 554 *-aousan* (lumière) inaltérable M 71 *dysauoɀan* (routes) qui n'égarent pas Nl 97, *di[s]aouɀan* délivrance, consolation 352 ; **disouzanet,** délivré B 510*, cf. 257. De *di* et *s*...

Dyspayllet, (provisions) épuisées Jér. v. *dispaill*, du l. *despoliare*. — **Dispansaff**, dépenser C, -*ensaff*, -*ancc*, Ca, Cb, -*ensation*, g. id. C, -*enseur*, g. id., -*ancer*, dispensateur Cb, despenseur g. id. Ce, du l. *dispensare*. — **Dispar**, non par (impair) C; sans égal, sans pareil, J 22 b, Nl 87, B 39, N 1456 étrange B 282, extrêmt 519, J 52 b, largt 16, de façon extraordinaire 152 b, *dy*- Nl 338; **disparhat**, deseparer C; **diparaig**, J 96 b, sans égal; **disparaill**, extraordt 148, *dib*- B 361. — **Dispartiaff**, departir, s'éloigner, C, B 362, Nl 1882, *aff* 37 b, décéder N 1313 -*ty* il part B 636-7, (qui nous) sépare J 27 b, -*tiet* mis en lambeaux B 467, *ho try eq -tiat* ils se séparèrent Nl 275. — **Dispenn**, détruire 409 C être réduit en poussière N 117, cf. P; -*en* il détruit, perd, B 120, J 12 b, p. -*nnet* déchiré 108 b, *dy*- Jér. -*nnher* sera déchiré J 43 b, cf. 32 b, -*nnhet* que vous déchieriez B 465 -*ensont* Nl 135. Auj. id. de *dis* et *p*... — **Disping**, dépense, -*ser*, p. -*ngnet*; -*ingnus*, qui dépense C, auj. id., cf. l. *dispendo?* — **Displantaff**, arracher C, s'abattre, descendre B 794; *dipl*-Cb, *dibl*- C; **diplanter**, celui qui arrache, Cb. — **Displegaff**, déployer, étaler, C, -*ec montre*! J 88 b. — **Displigaff**, déplaire C; -*gadur*, déplaisir B 212, -*giadurJ* 158 b, -*geadur* H; -*gus*, déplaisant Cb. De *dis* et *p*... — **Disposet**, -*sé*, arrangé, décidé B 413, 711, J 115 b -*so* 25 b; du fr.

Dispourbellet, reboulé, écarquillé C, auj. (yeux) effarés. -*lla* ouvrir grandement (les yeux), *disparbuill* débraillé (Troude).

Disprisaff, mépriser 398 C, *des* Cb, *dis*- 70 B 755; **dispris**, sans égard 206 J 60 sans valeur 103 mépris B 209, sans payer Nl 390 *dysprys* (lieu) misérable 175, *despris* méprisé J 178 b; **disprisadur**, deboutement Cb; -*sance*, mépris B 426; -*ser*, qui méprise Cb, de *dis* et *p*... — **Disput**, discuter Nl 551 -*aff* -ter C; *eq disputeve creff* Nl 75, lis. -*te eq creff? -tation*, g. id. C; -*teur*, g. id., f. -*eres* Cb; du fr. — **Disqueat**, ôter la haie C, -*eaff* Cb; de *dis* et *quae*. — **Disquenn**, descente Cb, descendre C, B 409, -*en* J 12 b; p. -*nnet* B 629, *dy*- Nl 378 *di*- *a Adam*, J 66 b, -*nnis* je (le) descendis 164, en -*nnas* le fit descendre B 343, -*ensont* J 152, -*ense* descendrait Nl 116, *dy*- 114; etc., auj. id., du l. *descendo*. — **Disquient**, insensé C, B 701, de *di* et *s*... — **Disquiff**, apprendre C, instruire B 87, N 1056, -*if*, r. *l* apprendre 1040, -*ifu* H, *desquiff r. esq*, id., B 88; part. *disquet* 99, H; -*er*, on apprend M 4 -*as* B 9, *disc*! H, *desq l* 151°, N 239 *disquit dety*! B 91; *desquo* N 1044 *hoq desquet* (il faut) qu'on vous apprenne B 639; **disquibl**, disciple C, 202, *desquebl* N 1104; *disquebl* f. -*es*, Cb; pl. *disquiblion* 1117, P, -*yen* P, J 19 b, 47 b, 165. Léon. *diski*, p. *desket*, du l. *disco*. **Discipl**, C, disciple; -*in*, B 154, 313, -*inc*, *dicimystère* (de la Trinité) 152°; **diciplinaff**, instruire B 87, *disc*- Cb; **disciplinance**, -*inc* C; du fr. — **Dissension**, g. id. Ca. — **Dissillab**, -*abe*; -*baff*, -*ber*. — **Dissimulaff**, -*ler* C; — ... *gruet l* B 367, -*af* mentir? N 531 p. caché J 10, B 773 (conseil) prudent 240; -*lation*, g. id.; -*ler*, l. *simulator* C, f. -*es* Cb; du fr.

Dissollt, celui qui fuit l'école, l. *discolus* C; propr. indocile, de *dis* et lat. *sollicitare*, d'où van. *solitte* persuasion, L'A., v. *induction*, pl. -*iteu* sollicitations, v. *persuasif*.

Distac, détaché P, (tout à fait) perdu, Am., (refuser) net N 360, ; -*aguet*, détachez J 159, de *di* et *s*...

Distavaff, r. *au* P 264, calmer? Cf. gall. *dystewi*, de *dis* et *tevel*.

Distempr, destrempé, C, -*br* Cc; -*pret*, détrempé C; du fr. — **Dysten**, -*enn*, P, (sans) consolation, ou rémission; du l. *distendo*. — **Dister**, chétif, peu important, P, B 719, Nl 67, J 16 b, auj. id., gall. *diystyr*, de *di* et *ster*. — **Distingaff**, -*guer* C. -*guaff* Cb, p. -*guet* C; -*ction*, g. id. Ca, Cb; du fr. — **Distlabeza**, enlever les ordures, Am., de *di* et *stlabez*, 'souillure. — *E* **distiegiff**, je la traînerai (de là) B 414, de *di* et *stleja*, traîner, cf. angl. *to slide*. — **Distribilla** et *istribilla* (suspendre); être attentif à un discours, Am. Léon. *a-qistribill*, en suspens. — **Distreiff**, détourner, p. *distroet*, divers, C; *diqreiff* se tourner (*oq Doe*) N 966, *distreit* retournez B 580 tournez (votre visage) 550, passez (ici) J 131, cf. 190 b, -*troit* Nl 65; -*tro*! N 1791 J 126 b; *a distre r. e* revient, échoit à 45; -*tro* H, -*osont* Nl 66, -*osent* 376, *dy*- 161; **distro**, retour B 271 séparation, division Cb, (lieu) désert 36, C; —**oer**, retournant

Cb. Léon. *distrei*, tréo. *digrein*, p. -*oet*, de *dis* et *t...* — **Distribuaff**, -er, -uer, -eur, C, -uter Cc; -**ution**, g. id. C; du fr. — **Distrugaff**, détruire C, Nl 14 dy- 65, cf. P ; *di-af* J 118 b ; **distrug**, destruction ; -**er**, dévoreur Cb, auj. -*a*, du l. *destruo*. — **Ditaluez**, sans valeur B 432, vaurien, paresseux, 649, N 1591 ; *did*- C, de *di* et *t...* — **Dite**, uide in *lauareʒ* C, du fr. *dite*, cf. une *redite* ? — **Ditechet**, enfui B 373, *didechlt* 301. — Den **ditest ditestabl**, homme vil et détestable ? B 709. — **Ditruez**, sans pitié M 10, *dy*- Nl 44, de *di* et *t...* — **Ditumpaff**, précipiter qqn, B 793*, var. -*rumpaff* ; de *di* et *tumpa* ; du fr. *tomber*.

Diua *deʒaff* malgré lui 381, auj. *daoust*, van. *deust*, de *da*, *gouʒout* (û savoir).

Diua, élection C, élire Cb, Cc, *diusaff* Cb, p. *et*, élu, choisi H, Nl 36, B 144*, J 225, N 5, 9, 1762 ; v. irl. *togu*, je choisis, de *do*, *to*, et rac. *gus*, d'où l. *gus-tare*.

Diu, deux, f. 462, 576, N 1583, C, *diou* J 19 b, 80, *dieu* 137, *dyou* M 7 v ; *dieux*, lèvres, 2 s., B 533 *diu gueux* 462 ; *niu* dans *crochen an-niuquell* C. Auj. *div*, *diou*, gall. *dwy*, cf. sanscr. *dvê*.

Diuach, croc C ; *divac'h*, Gr., f. Gon. ; de *diu* ou *di*, et *bach*.

Dyvalau, laid, odieux, P ; léon. *divalo*, id., tréc. *divalav*, lent.

Diuan, germer C ; *dioana*, *dic'hoana*, Gon. De *di* pour *do* et cf. gall. *cy-chwynu*, partir, venir, *chwyn*, mauvaise herbe, moy. br. *huen* dans *huenglou*.

Diuarraff, émonder. — **Diuempraff**, démembrer C. — **Diueraff**, dégoutter C, cf. J 111. — **Diuerglaff**, dérouiller C, de *di* et *b...*, *m...* — **Diuergont**, dévergondé B 406, terrible, monstrueux, et adv., 737 cf. J 188 b, 219. — **Diuers**, divers; -**ite**, -sité C ; du fr.

Diuez, une fin C, mort J 129 b, *en* — enfin N 962, cf. J 65 ; r. *iff* B 763, *dyu*- P, *dyʒ*- Nl 65, *digueʒ*, r. *iu*, N 324 ; **diuezaff**, dernier C, B 669, cf. J 67 b, dernièr Cb; *da* — en dernier lieu M 62 ; -*af* N 964 -*aʃu*, -*ʒhaʃu*, H ; *diveʒhaf* J 45 b ; **diuezuat**, tardif C, *eʒ* —, tard Cb ; *dy*- en retard Nl 266. Léon. id., gall. *diwedd*, v. irl. *dead*, peut-être même rac. que v. irl. *diith*, mort, et goth. *dauthus* ?

Diuidaff, diviser, diviser ; -**der**, diviseur ; **diuision**, g. id. C, B 34. — **Diuin**, divin C, Nl 5, divin N 723 ; *dre divin Myster anterin* J 56, r. *e*, 41 b, cf. B 152*; *diuin illuminet*, adv., M 55 v ; pieux, N 569 ; **divinamant**, divin* J 56 ; **diuinite**, divinité B 319 cf. J 93 ; **diuinaff**, deviner C, -*nit l* N 816 ; -**nadell**, -**nation**, C, -**nadur**, Cb, divination ; -**ner**, devin C, N 769 ; -**nus**, l ominosus, *dre diuin*, l. ominose Cb. — **Diuis**, conduite, air, façon N 924, gré, disposition, 1793, *dre*,— B 795, *dre guir* — N 1229 avec le respect convenable ; *de dyuys* à son gré Nl 175, cf. P ; **diuisat**, parler, r. *es* B 151*, *diuis* il parle 68-9 ; *diuis* [omp] causons, devisons, J 112 b ; -*saff* je choisis, je veux B 242, 2e pl. -*set* J 48 b ; -*sas* B 245, -*ssoch* 249 ; *divis*, fais (ton testament) J 97 ; -*set* arrangé, disposé B 8, 200 ; choisi Nl 346, J 235 b. Même mot que *deuisaff*, qqf. confondu avec *dius* : *diuiset*, choisi, r. *us*, Nl 399, *dy*- r. *u*, 113 ; *diuset* divisé B 29, var. *diuiset*. — **Diuisat**, f. rédaction, inscription J 138 b, éd. 1622, cf. fr. *devise* ; du fr.

Diuisquaff, déshabiller C, N 96, -*af* B 450*, -*caff* 622, se d... 370, -*caf* J 107, p. *diuisquet* B 626, cf. J 133 b, *dyvy(s)quet noaʒ* Jér., v. dispen, *diguysquet* J 134 b ; prés. *diuisq* B 454 ; *divisquet !* J 104 b (actif), *diu* — B 455 (sens réfléchi) ; **diuisquer**, spoliator Ca. De *di* et *g*...

Diuoe, certes 363, 685, M 62, N 199, 600, 642, 1395, Nl 496, sérieus*, B 371 ; hastiff —, 504. — *affo* 538, très vite ; *ent divoe*, vraiment J 86, *diffoue* Nl 291, 455, = net 66, *quen* — 355, = peut-être « aussitôt » ; *quentaff dinoe*, B 322, var. *diu*-, cf. 83 ; J 19, 145 b, *ent dinoe* 33 b, *dynoe* Jér. Pel. a lu dans ses mss. *dywoe*, *divoe*, qu'il traduit « divin » (v. *dolle*, *dighemenni*). Dinoe n'est pas une forme certaine, ni *dinoet* B 455, var. *diuoe*.

Diuout : *aʒ* —, à ton sujet J 112 b, *ho* — 182, *e* — 188 ; vann. *a givout*, au sujet de.

Diuulgaff, divulguer C; du fr. — **Dizantaff,** ddenter, p. *et.* — **Dizemez,** non marié, de *di* et *d...* — **Dizoen,** apporter, C, *didoen* emporter Cb, p. *diouguet* C, B 567; *diʒouguet ! 74**; v. br. *dodocetic,* inlatam, de *di* pour *do,* et *d...* — **Dizonaff,** sevrer, p. *et ;* **dizouldignez,** sevrage C; tréc. *didonam,* de *di* et *denaff.* — **Dizoumaʒ,** sans dommage. — **Dizreinaff,** ôter les épines C, de *di* et *d...* — **Dizremen,** repasser C, de *dis* et *t...*; voy. *distreiff.*

Dle, dette 346, J 44 b, C; *euel maʒ eu* — comme il faut B 788; **-out,** devoir, p. *dleet* C, J 12, N 625, *e caret* — *ueʒ,* B 612; pr. *-aff* N 1453, *-of* t 537; r. *a,* J 67; *-eʒ* N 646, *dle* J 3, *a* — *deʒaff,* c'est son devoir de, N 1477; *cridiff a dleomp* Nl 7; *-et* J 37 b; imp. *-e* 129 b, cond. *-henn* 18, *-hes* 66, 149 b, *-he* ib., 114; *-hemp* N 197, *-hech* J 190, — ... *da dilivraf* 118, vous devriez délivrer ; *-hent* B 123 ; *-ses,* 703; **dleouryen,** débiteurs, H. Auj. id., v. irl. *dligaim,* j'ai droit à, rac. *dhlgh,* goth. *dulgs,* dette.

Dluz, truite C, auj. id.; du l. *tructa.*

Doan, peine 333, J 141, ennui; **-yaff,** ennuyer C, *-yaf* je suis en peine J 187 b, p. *-iet* affligé 31, fut. *-yf* 191 b, cond. *-hye* 192 (actif) *na -yet* ne vous affligez pas 46, n'ayez pas peur 50 b, *na -yt* ne vous déplaise 49. Auj. id., f.; doublet de *doen ?*

Doare, sort 776, J 123 b, façon 10, N 1310, manières, mœurs 1280, histoire, nature J 86, P, pl. *-ou* B 131 ; auj. id. f., cf. gall. *dwyre* se lever ?

Docer, dossier, et pertinet equis, Cb, Cc ; du fr. — **Doctor,** docteur N 748 pl. *et* Nl 75; **doctrin,** doctrine, f., J 76 b, r. *ot,* 209, C *dotrin* B 17, 154, *-yn* P ; **dotrinaff,** instruire 87, *doctrina* prêcher N 1783, r. *a ; -aff,* C ; *dotrinet* soignez (vos plats) J 202; **dotrenal,** doctrinal, l. *-ale,* C ; du fr.

Doe, dieu, 1 s., N 6, C, P, *eʒ dichent ... beʒaff ... aʒeulet ... eual Doe* B 123 *doue* Nl 3, B 512*; avec article, *Doen penn,* le dieu suprême 561, *Dou'en aeleʒ* Nl 88, *Doue'n tat* J 122 b, éd. 1622, Nl 329; *Doen tad,* P, *Doe ha den* l'Homme-Dieu, 79, B 342, *Doue den* Nl 44, *doueden* 108, pl. *doeou* C, B 98; *doueou* 443, f. *doeeʒ ;* **doeel,** divin; **doeelez,** déité C. Van. *doe* 1 s., ailleurs *doue* 2 s.; v. gall. *duiu,* gaul. *dévos,* gr. δίος.

Doen, porter 1 s. 477, J 4, 87, B 388 (témoignage); supporter, N 176, faire (attention) B 105; — *uitoer* 658 ; *dauen* Nl 35, M 7 v, *dou'en* Nl 367, *duen* 104; *douen feiʒ deʒy* 265, *dôen feʒ* avoir foi ou confiance, Jér.; cf. *doen* (2 s.) *pris deuiset* B 549 ; *dou'en,* 2 s., Nl 516; *douguen* faire (pénitence), et rendre (gloire), Gw.; *douga,* dans un vieux dialogue; *an dôuen,* l'act. de porter, dans un ancien catéchisme, Pel.; p. *douguet* Nl 238, tenu (secret) J 233, prés. *-gaf* 133, *dogueʒ* P, *douc* 48 b, *buheʒ quement he* —, tout ce qui a vie M 3, *ouʒ -guer huy,* vous allez B 130, prét. *-gas* 180, fut. *-guiff* 56, *-if* J 131 b, *y* (1e p.) B 75*; -go N 234, J 151, *huy en* — 119 b, vous en subirez les conséquences; *crouc ram* —, B 291*; *-que* portât J 28, *-cque* porterait B 275 *en -quer* on le porterait J 25 b ; *gueʒ* que tu portes, B 316; *douc !* J 181, *da em — da,* va à... 96 b *douguomp* N° 497 *-guit* 9 r 5, *-get* J 151 b ; *cleuet dot melody* P 109, var. *doe,* lis. *doen ?* **doc** cam, lentement Gw., litt. en portant le pas, voy. *adoc-cam ;* **douguer,** porteur C; *-erez,* déportement Cb. Dial. de Batz *douen* (aill. *dougen*) de *°d-uem,* irl. *tuccaim.*

Doetaff, douter C, hésiter N 1531, r. *et ne fell quet e douetaff* il n'en faut pas douter Nl 141, *douetaf* N 580; *doutaff* C, B 502, r. *out ; heb* —, 352, sans doute; pr. *nen doetaf* N 1534; *ne dautaf gouʒaf* je n'ai pas peur de, J 62 b ; *non em doutomp* nous ne nous défions 168 b ; *en em doutas* B 19, *nen em doutiff* 88, *a le em doeto* hésiteras-tu N 1635; *na douet !* Nl 484 *naʒ em dout* n'en doute pas J 198 b, *n. e. douet...* ne t'inquiète (a, de) 214 b ; *ne'n em douetet den,* qu'on n'en doute pas Nl 391; *doetet douteʒ* J 168 b, *na doutet nstra* 220, *noʒ em doutet* n'en doutez (pas) B 59 ; *na gret* **douet,** n'en faites pas de doute J 81 b, *na lequet* — Nl 322 *doutet* J 103b, B 33, M 4, hésitation N 321, angoisse B 351 ; *an holl* —, (savoir) ce qu'il en est, 206; *douet,* r. *out* N 957; **doetance,** doute, inquiétude 265 C, *douetanc, -ce,* Nl 492, 438, *doutance,* péril P; **doutus,** (gémiss') anxieux B 334, qui hésite, 288*, *doeteux* douteux C ; du fr.

Doff, apprivoisé, doux, N 772, P, impotent, 1115, *ez galhe douf boza prouzvet,* on pourrait bien prouver J 220 b; **douaff,** dompter C; auj. *donv,* v. gall. *dometic* dompté, même rac. que l. *domare.*

Dogan, cocu; **-aff,** rendre — C; auj. id.

Dom, dom (Jean) C. — **Domaig,** dommage J 91 b, *doumag* C, *do- Cb;* **doumagaff,** faire du d., C, *do- Cb.* — **Domicil,** -cile 99 b, C; du fr.

Don, profond, profondément C, N 261, J 13; *-melcony* 34, cf. 234 b, (péché) grave B 757, avec soin N 295 (pardonner) entièrt, B 427; sup. *-af* J 97 b; **donder,** le fond, Ca; léon. *doun,* aill. *don,* gaul. *dumnos, dubnos,* même rac. que l'angl. *deep.*

Donaeson, *-aison,* C, don; *-neson* Nl 160, pl. *-nezonnaou* 522; **-aesonaff,** donner; **-oner,** donneur C; forme franç. du lat. *donatio.*

Donet, venir N 192, C avoir lieu, J 116 b; *de —,* (instrument) de sa venue Nl 233; *da —* (mes repas) à venir B 266, *dazonet* C; *donnet* Nl 194, *dont* 11, N 161; auj. *donet, dont,* corn. *dones.* Il doit y avoir eu quelque influence analogique entre *donet* et *monet.*

Dongerus, dégoûtant J 11 b, h. bret. *dangereux,* id.; du fr. — **Donoat,** Donnoet, Donatus; **-oader,** donatista, qui lit ce livre C; du fr.

Dor, porte; *azor en dor,* C; *an nor* Nl 180; **doriech,** huysseirie, C; auj. id., v. corn. *dor,* même rac. que θύρα.

Dorn, main C, N 901, serret, poing, C; *lech an —* poignée d'une épée 1469, *daou —* N 901; *dornn* B 463, N 1580; m. *dou —,* J 100, **dornaff,** battre C, *na dornnher* qui ne soit battu B 463; **-nat,** mannée, (cf. *dournat* uide in *conzpainguncz*?); **-nec** *bras* qui a de grandes mains; **dornguenn,** anse d'un vase C. Léon. *dourn,* aill. *dorn;* irl. *dorn,* poing; gaul. *durndeos = dornec.*

Dou, deux, m. C, N 376; *a — en —,* 2 à 2, B 566; *flambesou dou,* 567, *an dou man ces deux-ci* J 117 b, *hoz daou* vous deux (r. ou) N 1529, *daou* Nl 8; composés: *douzant* deux cents; *dou blozzyat* espace de deux ans, C, v. *bloaz; douglinaff, doulignaff,* s'agenouiller C, voy. *glin; douhanter* mi-parti, *doupennec,* à deux têtes, *douzec* douze C, J 74 b, *daouzec* M 55; léon. *daou,* v. gall. *dou,* même rac. que δύω.

Douar, terre C, 2 s. 10, N 1491, Nl 6, J 4, M 8, (1 s. B 106) *oar —* 269, *en —* Nl 122, *doar* 2 s. N 1330, C, v. *doe;* avec article, *roue'n nouar* Nl 254, *rouen nouar* 46, *roue nouar* 15, *roe nouar* P; *a zouar,* de terre, C; *na* **dounret** *muy,* ne tombez plus par terre J 72 b; **douarha,** acheter des terres P; **-rus,** terreux C. Van. *doar,* 1 s., aill. *douar* 2 s., m., gall. *daiar.*

Doubl, double; **-aff,** -bler C, *-a* (actif), fut. *-o* (neutre), P. — **Douce,** doux C, B 35, J 20, *ma —,* ma chère N 342, *-cz* B 89, dim. **douezie,** B 89, f. *douces,* douce (fille) N 327, dim. **douceaic,** (vierge) très douce Nl 7, « doulce, l. glicerium », C; **douezat,** adoucir C; **douceder,** douceur B 277, *-zyder* 653, J 3 b, *-zeder* B 533. *-zder* J 126; du fr. — **Doueil,** g. id., l. clepsedra. Gr. donne *doulsizl* clepsydre, *doulcil,* arrosoir, l'*l* vient sans doute d'une fausse étym. Du v. fr. *dousil,* fausset, robinet, à Montbéliard *deusille* (Contejean); argot de la Roche-Derrien, *zousilla,* s'enivrer. — **Douffès,** fossés d'un château, Jér., du pl. fr. *douves.* — **Douglaff,** craindre B 93 respecter 387, *-af* J 22, *-geaff* H, *-gaf* 194 b, *-gaff* C, *douigaff* N 559, 1443; *en douger* on le craint Nl 541, impf. *dougenn* N 1145, *-e* Nl 75, fut. *dougiff* B 521; *douchech* craindricz 364; *douig !* N 556, *douglet !* B 418; **dougance,** crainte J 96; **dougus,** craintif C; auj. *douja;* du v. fr. *douter,* redouter.

Doulas, Daoulas, en Bretagne, N 1397.

Dour, eau C, N 935, J 47, (f., 12 b); composés *douryar* râle (poule d'eau), *dourqui* [pl.] *dourgon* loutre (chien d'eau); **dourus,** plein d'eau C. Auj. id., m.; v. br. *dubr,* gaul. *dubron,* d'où *Douvres,* cf. sanscr. *dabhra* océan (Pictet).

Dourpilat, he —, la frapper à grands coups (de marteaux) 579, var. -ant. Composé de pilat.

Dracc, Gant an druill — maz eu cazzet, du train dont on la mène 477, var. drac.

Draff, « draffle ou huisset, l. hostiolum » C ; auj. draf, m. pl. drefen, claie, barrière.

Dragon, dragon C, pl. et J 13, n. de bourreau 70 b ; du fr.

Draillaff, dépecer, découper C, -af mettre en pièces J 108 ; **draillou,** « drailleures » ou sarments de vigne C ; tréc. draillan ; gall. dryll, morceau, voy. druill.

Drant, dispos, alerte, éveillé, Am.; auj. id., même rac. que dreau.

Drapell et bratell tout ung C, voy. trabell.

Drapen, drapeau pour... torcher les escuelles. C ; du fr. drap.

Drastaff, châtier N 1477 ; a **drast** hastaff, se hâter vivement B 595 ; drasta, retenir, arrêter, Pel.

Dre, par, à travers N 6, C, à cause de J 3, pe dré abec Jér. dre se c'est pourquoi J 41, B 36, dre den (mourir) pour l'homme 67 b (s'arrêter) pour (qqn) B 128, cf. 489 dre penn à cause de (ta foi) 522 ; dre bout foll par sa folie Nl 456, dre ma caret par amour pour moi B 497, cf. N 181, 558, Nl 236 ; dre caras comme il l'a voulu B 431, dre de gnou 64, dre ma parce que N 338 ; dre na parce qu'il ne (faisait pas) J 102 b, dre naz eux 91 b ; notifiet dre Gabriel B 339 ; ho quelennat ... dre, ils furent avertis par, Nl 515, cf. B 192 (vann. dre avec passif, aill. gant) ; drezouff par moi 696, cf. P, dreizo B 28 ; dreizoude p. toi, P ; dreizaff lui M 3, B 83, cf. 500, -af J 116, -a 114, dreiaf N 621, f. dreity B 674 r. ez 771, dreyty Nl 129, dreiz y 364 drez i 410 drezy 514 dreizif r. ez, i, N 1017 ; 2° pl. dreizoch J 50 b, cf. 194, P, dreizouchuy B 168 ; 3°, dreize J 207 ; dren par le B 43, N 178, Nl 442, J 67, dr'en 89, drenn B 402 dre'n M 4 ; dren pez ma parce que, litt. par ce que, B 188, J 120 b, éd. 1622; dren credaf comme je le crois 46, cf. 27 b, B 113, dre'n lavaraff Nl 12 ; dren deveux car il a, J 100 b, dré'n deuez hoant comme il veut M 4 ; dre ho par leur J 215, 1 s.; cf. 54 b, 189 b ; drez guelet comme vous voyez B 47, drez dellezo (comme) P 163, drez great pendant qu'on faisait Nl 558 ; dre zoa 406, drezoa N 1724, drez vizimp (tant que) N 476, an bet drezedy (tel qu'il est) B 122, cf. 347, J 30 b, -i 75, drezede P ; dra eneff ma tat Jér., dran Doe par le ciel ! N 819, 848, dram fez par ma foi 1508, J 201 b, B 537, cf. 232, 622; **dreist,** par-dessus J 66 b, Nl 23, B 84 plus de (cent fois) N 804, dreyst Nl 113, Jér. v. dienn, dreis B 56, contre (le droit) J 79, dreiz B 53. Auj. id., v. gall. trui, troi, v. br. tro, même rac. que l. trans.

Drecet, arrangé, préparé, 567, J 49, cf. 47 b ; du fr. dresser.

Drem, visage, face C, N 383, en hoz — devant vous 344 cf. J 55 b, 101, Nl 42, rac da — N 47, dirac hoz — 177, dremm J 112 b, auj. id., même rac. que derch.

Dren, épine C J 111, pl. drein 105 b, 190 b ; **dreynec,** spinetum C ; **dresen,** épine 109 b ; léon. drean, gall. draen ; et léon. drezen, v. irl. driss, pl. v. gall. drissi ; cf. v. irl. draigen, poire, et τραχύς?

Drester, « drestrier », cheval C ; du fr.

Dreu, joyeux J 6 b, dren Jér., dreau Nl 107, dreao 163 ; auj. dreô, cf. irl. derbh, sûr ? voy. drant.

Drital gant ioae sauter de joie C, auj. tridal.

Driuaff, dériver. — **Dromeder,** dromadaire C ; du fr.

Drouc, mauvais, méchant : Riualen —, 370-1, mal, malheur, faute, J 3 b, 66, 100, 120, 233 ; — stat N 1125 — Eal Nl 332, — speredou N 968, cf. 93, etc. — preder, buhez, liam, Nl 305, 306, 354; — eur malheur J 11 b, — hanu mauvais renom C, a droucatret de mauvais caractère P 93, droucteig vice J 84 b, cf. P 115, 121 ; — contant B 188, — reputet 551 ; droucober forfaire Ca, dre — par suite de son crime J 83 b, drouc graet mal agi 61 b, impf. ne droucgrae quet 164 b, — tretaf maltraiter 22, mar ho drouctretech si vous ne les traitiez pas bien, (des convives) 6, droucomps médire C ; **drouguiaez,** 3 s., r. i, B 239,

-yaez 730, -iez 762, J 22 b, -yez 166, -cyez C méchanceté, pl. - guiaezou B 626. Auj. id., v. irl. droch-, rac. sanscr. druh, nuire.

Drouhin et *drôuin*, sac, malle, havresac, Am., du fr. *drouine*.

Druill, *gant an — dracc*, du train (dont on l'a menée) 477. Cf. *druilla* battre, briser, Pel., et *draillaff* ?

Du, noir C, J 11 b, N 283 ; *du eiese mis du*, le mois noir, novembre, C, **-aff**, noircir, **-der**, noirceur C ; auj. id., v. br. *du*, v. irl. *dub*, gaul. *Dubis* ; même rac. que τυφ-λός.

Duc, duc, f. *duches* ; **duchie**, duché C ; du fr.

Duea, dru, serré, 1 s., 581, *does* (tenir) fortement (une pierre) 75° ; gall. *dwys*, id., *cynnwys*, compacte, et contenir, v. br. *Jud-condoes*, « solide au combat », Cartul. de Redon ; du lat. *densus*.

Duyll *lin* l. linipulus, C ; auj. *duill*, m., paquet, poignée (de lin, etc.)

Durabl, -able C ; **durant**, durant, pendant N 1694. — **Duzleenn**, ointrole C ; *dúei*, sing.! *duhelen*, robinet, Pel., gall. *dwsei*, voy. *doucil* ; du fr.

E

E son (à lui) 7, 207, C, N 6, J 3 b, *he* ib., 64 b, 76, *darn*... *e ty* 5, *ne viof e re* (des siens) 81 b, *e guenou*, de sa bouche B 250, *e grat* de son plein gré J 3 b, *e acceptaf* l'accepter 46 cf. N 1264, *he* B 188, *heb e deillit* sans que je le mérite 528 ; *e beʒaf din* (je pense) qu'il en vaut la peine N 908-9, *vng mab bihan e bout ganet* (on annonce que...)N 421, cf. 68 ; *quent e donet An termen* avant que le terme vînt, P 36 *Doue a voue... e buheʒ* la vie de Dieu était Nl 253 ; *he son*, à elle, J 4 b, *hac he* B 38, 593 cf. 38, *ha he* N 245 (au monde, *bet f*, cf. 1279); *feʒ J. C. he ministret* les ministres de la foi B 28 ; aspire : *he tro*, r. *eʒ*, B 609, cf. *de hespediaff* à l'expédier 739 ; redouble la cons. : *effolaeʒ* sa folie 643 ; *he digacc* l'amener N 202, *he merat* le pratiquer (le monde) 244 ; *nac he* ni la (ravir) B 8, *ha he* 410 ; *gruet he donet*|409, litt. faites son venir ; *eguit anfeʒ he neueʒhat* pour renouveler la foi N 121. Auj. id., d'un pron. dém. au gén., avec désinence masc. = *sanser*. -*ʒya*, et fém. = -*tyâs*; voy. mes *Études bretonnes*, III, 13. (*Rev. celt.*, VII.)

Eaoust, août ; **eaustic**, *eustic*, rossignol, C, léon. *eost*, *eostic*; gall. *eos*, rossignol ; du l. *augustus*.
— **Ebat**, ébat, divertiss' C, P. cf. B 791, -*aff* s'amuser, se réjouir C, B 42 N 982 cf. J 226 ; -*us* joyeux, pompeux 225 Nl 381 ; du fr.

Ebeul, poulain C, auj. id., du gaul. **epdlos* dérivé de *epos*, cheval, lat. *equus*.

Ebil, cheville, — *an lagat*, la maille qui est en l'œil C ; auj. *ibill*, v. corn. *epill*, même rac. que lat. *aculeus*.

Ebre, hébreu ; **hebreïst**, hébréiste ; du fr. — **Ebrell**, avril ; du lat. *aprilis*. — **Ecclesiastic**, -ique. — **Eces**, excès C, *exces* indignité, violence, B 206, N 404, crime, péché J 149 b, excès de misère 124. — **Excedaff** -der C. — **Eceuaff**, excepter C, *exceptaff* J 66 b, (sans) égard pour B 387, p. J 12. — **Echarnaff**, écharnir C ; du fr. — **Echec**, (fais ton) coup J 19 ; du fr. *échec*. — **Ecitet**, excité B 752, inf. *excitaff* C. — **Eclips**, -se. — **Ecuczon**, écusson, écu. — **Ecumaff**, -mer.|— **Edeflec**, g. id. *Ca, edifficʒc* r. *eff* B 193, -*ifcc* 38 ; -**iflaff**, bâtir Ca p. M 55 ; du fr.

Edy, il est, 97, 481, J 126 b, M 39, N 8, *eʒ aedy* 4 s. Nl 302, *dreʒede* P 88, r. *e, maʒ edi* où est N 459, *maʒ idy* Nl 130, *medy* M 62, interrog. *ma edy*? Nl 106, *nen dedi* J 186, -*y* 185, *ned edy* 218 b ; 1° *maʒ edouff* B 494, *eʒ edoff* N 769, cf. 1862 ; 2° *edout* M 8 v, pl. *edomp* N 349, B 583, *edouch* 55 r. *och* cf. 69, 397 ; *eʒ ed ynt* M 10 ; impf. *edoa* J 134, 221 b, *edoae* P, *edo* 139 b, éd. 1622, *han beʒ a edo* 200, cf. B 344 ; *edoamp* Nl 137 r. *omp*, 190, *edoent* r. *ont* B 334, *edont* J 217 b. Voy. *aedy*.

Edit, volonté 308 décision J 26 b, décret (divin) 117, 167 b ; autorité, puissance N 1894 ; du fr. *édit*.

Eff, il, lui, 12, J 4, *eff ehunan* soi-même C, *eff eu so*, c'est lui qui est M 55 v, *ef* M 3 ; *hac enff comps* et lui de parler Nl 306, *hac enff* et lui (notre roi !) 227, *hac en* 210 ; *eff*, fût-il (Alexandre) P *ef so* il y a (longtemps) J 55 *enff a voe* il fut (dit par) Nl 238 ; *ac eʒ* (dites) si... N 194 *eff* complém. d'impér. B 671, *careʒ*, *douigef* N 556 *cret ef* crois cela J 74 b; *setu eff* N 324; *emeuʒ ef clasquet* je l'ai cherché J 189; auj. *hen* (*n* nasal), v. gall. *em*, de *sem, v. irl. *som*.

Effacet, -cé 541, -cʒenn je détruirais 316, *na* -cʒher qu'on ne défigure J 33; du fr. — **Effereet,** (enfants) infirmes N 1904, prob. du fr. *affaire*, cf. léon. *efèruʒ* curieux, R. c. IV, 299, poitevin *afféroux*, délicat, à Montbéliard *aiffairu*, méticuleux. — **Effectiff,** qui a de l'effet, C; *en* **effet,** en effet J 5, absolum¹ 26 **=** *gant* — 184, B 212, -*so*, il le faut, J 42, 208 b; teneur, objet (d'un message) B 143°, (de) nature (très pure) N 579, -*ect*, puissance B 309; du fr.

Effn, droit; -**aff,** adrecier C, p. B 577 (enclume mal) polie; van. *eann*.

Efforcaff, -cer C. — **Effreiz,** effroi M 3, 12 v, -*eyʒ* Jér., r. *es*; *esfreiʒ* J 151; -**aff,** effrayer C. — **Efornaff,** enfourner C, *eff*-, *Cb*. — **Egal,** g. id. C, B 310, *equ*- J 176 b, *jng*- égal¹ N 1767; **egalaff,** -*ler* C; *jng*- relever, sauver (des troupeaux morts) N 1207. — **Egipt,** -ypte C, J 117, -*ypt* Nl 71, r. touj. *it*; du fr.

Egorant, (la terre) immense 121, propr. large, ouvert, voy. *digor*, cf. *igueret* (port) ouvert Jér. v. *egori*, *ygoret* B 416, cf. 736.

Eguetou, dernièr¹ N 296, 664, voy. *aguetou*.

Eguile, l'autre, m., M 67, cf. J 54 b, *map* —, t. d'inj., B 380; auj. id., gall. *ygilydd*, irl. *a chéle*, litt. son compagnon.

Eguit, pour 40 P, N 121, (souillé) d'(aucune tache) 565, — *maʒ duy* pour que, 522, -*yt* P, J 6, au lieu de, 98; — *maʒ* 54, *euit* B 41, N 27, — *maʒ* 1156 cf. J 3 b, -*yt* Nl 293, -*id (an)* 384, cf. J 140, Pel. v. *baʒ*, commeri; *eguidoff* pour moi N 1861 *eguit douf* à ma place J 140 b, cf. B 139°, 504°, *eguidafu* H; *eguidot* p. toi N 1831; *eguyt af* 93 b, r. *et*; *euit hy* B 363; *euid omp* Nl 444, -*yd omp* 37, cf. H; *euite* 561, cf. H, *eguyte y* J 29, *euit ey* B 666; *eguyt se* c'est pourquoi J 58, *euit se* pour tant Ca; cf. B 191, 760, r. *iec*, tróc. *vi-se*, syn. d'*eguyt se*, malgré cela J 67, 90 b, cf. B 75°; — *bout* quoique étant J 65 b, — *ma bout* quoique je sois 67 b, — *na* quoique ne pas 16, 67 ; —, que après comparatif, 234 b, -*it*, r. -*et*, B 399, -*et* J 80 Jér., N 356, *euit* B 306; *eguetoff* que moi N 685, -*doff* 773, cf. J 35 b, 37 b; -*idoff* N 711; -*edot* 834; *eguit* (aussi dur) que, B 582; *de uit dich* (aller) vour chercher (des gens) B 40. Léon. *evit*, pour, *eget* que avec comp.; corniq. *ages*; voy. *da*.

Ehaffn, assez (de matériaux) 246 cf. h.-br. *hardiment*, beaucoup; *e hanu* audacieux, trop hardi, 271, *ehanffn* P 281, id.; hardim¹, vite, B 737, *chaffn* hardim¹, N 1649, 2 s., mal trad., Z² 822; gall. *eofn*, sans peur, v. irl. *essamin* gaul. *Ex-omnos*, voy. *aoun*.

Ehanaff, s'arrêter, cesser, se reposer P, J 69 B 452°, N 105, rester, demeurer 479 résider 1787, -*af* 514 -*a* 236; *ehan!* tarde 10, -*et!* 1501, -*nnet!* J 135; *ehanet* (je suis) resté N 499, -*nnent* cessaient Nl 556, *eʒ eanhet* que vous reposiez J 135; **ehan,** repos Nl 454; léon. *ehana*, gall. *echain*.

Ehet, vous irez, que vous alliez, 24, P, *eheut* r. *et* J 37, 227, cf. 210, *nen dehet tro* vous n'irez nulle part 165 b, cf. B 141°, *net elot* J 201 b, lis. *ned ehot?* 10 pl. *maʒ ehomp* Nl 149, -*emp* B 540; *iff* j'irai P, cf. J 162 N 997, *eʒy* que tu ailles J 65, *y* P; cf. B 798, *eʒont* allèrent Nl 428, *eʒ ont* 515; *eʒ eʒ* tu vas J 127 b, *maʒ eʒ* où tu vas N 646, *eʒ eont* ils vont B 238; *eomp l* 1 et 2 s. B 608, cf. 369, 786, J 6, 155 b; *et!* 46 b, *eth!* 185 b, C, Gw. v. *cador*, *ed oll* N 513; *dalet ed yt*... tenez, allez 1908; cf. J 47, N 1364 *eat ouch hoʒ hent* vous avez fait votre chemin (fortune) J 201 b. Voy. *aff*.

Ehoazaff, reposer à midi — C, léon. *ec'hoaʒ* repos du bétail à midi, gall. *echwydd*, m. repos, cf. *ehanaff? heʒaff* (cessare), **ehoc,** saumon C, -*euc Cb*; auj. *eok*, gaul. *esox*.

Ehuedez, huedez, alouette C, tréc. *ec'houeder*, van. *huide*, corniq. *ewidit*, gall. *ehedydd*, *hedydd*, *uchedydd*.

Eyen, sources N 1794; **-nnet**, (fontaine) qui a jailli 941 ; inf. *eyenennaf* 984, 3 s., r. *eun*, lis. *eyeunaf?* Auj. id., sing. *eienen*.

Eil, second 339 N 1445, *an — guet*, Gw.; — *Person*, abs., la seconde Personne de la Trinité Nl 291, *eyl* C, J 70 b ; *an eil* l'un (à l'autre) 54 b, auj. id., gall. *ail*, de **alios*, voy. *all*.

Eillet, al. **eilledenn**, Cb, syn. de *maillet*, g. cillet ; tréc. *ailledenn* anneau, chaînon ; du fr. *œillet*.

Eintaff, veuf, f. **eyntaues** ; **-afidet**, veuvage, C ; auj. *intanv*, id., v. irl. *ointam* célibataire, de **oinotamos* tout seul, voy. *un*.

Eiz, huit P, C, *eiʒdec* dix-huit C ; **eizvet**, 8e H ; auj. id. gall. *wyth*, du bret. primitif **octî*, gaul. **octû*, cf. lat. *octo*.

El, ange C, voy. *ael*. — **Elanvet**, annoncé N 61, promis 585 ; (l'Esprit) qu'on appelle (Saint) 951 ; *elhanva*, prononcer, de la Villemarqué, *Dict. br.* de Le Gon.

Elas, gésier C, foie J 137 b, fig. cœur 85, léon. id., m., cf. gall. *afu glas*, litt. foie vert ?

Elchades, f., justicière, P, du fr. *alcade*. — **Election**, g. id. — **Elefant**, *olifant*, éléphant, C, auj. id. — **Element**, g. id. C, pl. *ou* J 147 b. — **Elenches**, g. id.; du fr.

Elese, c'est à savoir C, cf. ib., v. *du*; — *an den man a deu à Rom* Jér., c'est-à-dire ? De *e-lec'h-se* au lieu de cela.

Elestrenn, glaïeul C, auj. id., v. bret. *elestr*, gall. id., fleur de lis, moy. irl. *elestar*, glaïeul, cf. b. lat. *alestrare*, humecter (Stokes).

Elfezen, l. *zizannia* C, *elpheʒen*, « niele » Cb, auj. *elveʒenn*, ravanelle, raifort, etc., Troude, cf. *iruinenn*.

Elguez, menton ; **-ec**, mentosus C, léon. id., gall. *aelgeth, aelgerth*, f., de v. gall. *ail*, sourcil.

Elin, coude C, pl. *ylinou*, cité par Pel., auj. *ilin*, v. gall. *elin*, cf. ὠλένη.

Elysabeth, r. *eʒ*, P; -*iʒabet* Nl 348, -*eth* C, Elisabeth.

Eluenn *tan* étincelle C, auj. *euflenn*, atome, duvet, *ulvenn*, duvet du lin, Trd.; gall. *elfen*, portion, du l. *elementum*.

Em, indique verbe réfléchi : *emrentaff*, se rendre (vaincu) C, *emcollationet* (ils étaient) rassemblés P ; *eʒ eu em laquaet* J 53 b ; *em tennet !* N 536 après pron. régime : *em em tenniff* N 307, *mem em tenno*, 378, etc., cornouaill. id.; *en em* B 88, J 101, etc., voy. en 2. Auj. *em*, v. br. *im*, du gaul. *ambi*. Voy. mes *Etudes bretonnes*, V. *(Rev. celt.)*

Ema, il est actuellt, 371, J 220, — *ann esquep*, 61 b, Nl 548, N 1722, *e ma* r. *eʒ* Nl 503, *eʒ ma* 520, *emaʒ* H; *eman* est le N 189 ; auj. id., et *ma*, gall. *y mae, mae*, rac. *ag* selon M. Thurneysen, et *mag* selon M. Stokes, qui me semble avoir raison.

Emancipaff, -per C. — **Emaux**, 2 s. r. *aux*, Emmaüs, J 203 ; du fr. — **Embann**, ban, C, pl. *ou*, H ; publier, annoncer N 1405 ; **-aff**, C id.; **-er**, l. preco, Ca; du fr. *en*, bannir. — **Emboudenn**, ente, greffe ; **-daff**, enter C ; du b. lat. *impotus*, ente.

Em breghere : *m'ho —*, que je vous saisisse à pleins bras, Am.; *da embreder*, (d pour la rime), te toucher, P 243 ; (Dieu naquit) *en un presep da embreugueur A corff un Guerches* Nl 300, r. *eur* = « tout joignant une crèche » ? Léon. *embreger*, manier.

Emdluat, orphelin C, f. -*ades* B 690 ; *emdyvat* abandonné Gw.; *dre* **emdyvatet**, en l'état d'orphelin Nl 391, *em diuatet* triste état, B 571 ; **em dyu mazder**, misère Nl 527 ; léon. *emʒivad*, de *em, di, mat*. — **Emellaff**, entremettre C ; *hem doʒ emmell*, lis. *doʒ hem —*, à vous mêler de, B 304, cf. J 225 b ; *emellit*, lis. prob. -*iff*, (fut.), 168 ; du fr. *en*, mêler. — **Emenian**, n. pr. géogr. N 1787, 4 s. — **Emerillon**, g. id. C ; du fr.

Emezaff, dit-il Nl 65, f. -ɣy P, B 288*, *e men quentel* dit la légende Nl 549, *emèn grague{* disent les femmes J 205 b, *eme{ voe an Eal* dit l'ange Nl 274, *emet hy* lis. *huy* dites-vous J 29 ? *emend y* disent-ils, dit-on, Nl 403; léon. *eme{han*, gall. *medd*.

Emolch, *hemolch* chasser C, de *em (ambi)* et cf. v. gall. *helcha*, chasser, irl. *selg*, id., cf. lat. *silva*, forêt.

Emolument, g. id. C; du fr. — **Empalazr**, empereur C, B 33, f. *es*, C, *impalae{r* Nl 81, f. *es*, 460; -a{r M 3, auj. *impalaer*, du lat. *imperator*. — **Empli{**, employer B 700, *impligeafu* H, p. J 57, *da em empleig* occupe-toi B 30, cond. -*iche* 481, du l. *implicare*. — *En* **empoance**, sous sa protection, Gw., r. *oe*, dérivé de *apoe, ampoe*.

1. **En**, en, dans, à, sur, C, N 70, J 21, *enn* 14, *hen tolle{* au milieu Am., *en sal r. es* M 2, *e* N 24, J 4 b, B 14, *e neb guis* B 376, *enep manier* Nl 448, *he* 100; *enouff* en moi B 510*, cf. J 63 b; *enot* B 270 cf. J 14 b, 150, 149 b; *ennhaff* B 198, cf. 208, N 901, 1466, 1589, J 8, 25 b; *ennhy* N 260, cf. 180, J 55 v, Nl 5, 6, B 33; *en omp ny* J 209; *enoch* 26 b cf. 27; *en he* B 29, *ennhe* H, *en heu* N 652, *enn hey* 3 s. J 234 b; *eno là* (où il est), sans mouv¹, 4 b, N 4; *en se* en cela J 78; *en*, dans le N 1, J 5 b, *enn* 7, 9 b, B 28, *hen* J 96 b; *em* dans mon 9 b, N 19, *hem* J 188, *em guiryone{* sur ma parole? B 366; *e{* dans ton 631, J 57, N 235; *en ha*, H 16, 17, *en a* 18, 20, id.; *en mat*, bien N 441, en vérité J 11, lis. *a vat* B 520; *en beu* vivant, en vie M 7 v, *en berr* bientôt J 164, *e berr* N 1949; *en certen*, certain¹ Nl 515; cf. J 26, 40; *endan* sous, 18, 77, B 252, C, *en dan* M 4, voy. *didan*. Auj. *en, e*; v. br. *in*, cf. lat. *in*.

2. **En**, que, et explétif, dev. pron. complém¹, 42, H 12, J 5 b, van., id., voy. *Et. bret.*, V.

3. **En**, le, lui, cela, avant le verbe, N 35, 513, J 4, *enn* 163 b, B 12 *hen* J 149, en fém. Nl 495; *en deueux* il a B 425, etc. auj. id. — 4. **En**, article 584, Nl 20, N 176, J 59, 219 b; voy. *ann*. — 5. **En** et *uaen*, tout ung, C (vain).

Encardaff, charpir laine C; du fr. *carder*. — **Encerg**, exercer; enquérir C; du v. fr. *encercher*. — **Encharnet**, P, (juge) sévère ? ou vêtus de chair ? fr. *acharné* ou *incarné*. — **Enclasq**, enquérir C, il cherche M 4 *enclysquyt!* r. *esq*, Jér.; -**ascou**, recherches, H, de *en* et *c...* — **Enclinet**, enclin; -**nation**, penchant J 95. — **Enclouet**, encloué C, *en -laouat* on le cloua Nl 213; du fr.

Encres, chagrin, inquiétude, H, Nl 496, outrage J 84; -**et**, troublé Nl 525, -*o* il inquiètera N 277. Auj. id., v. irl. *ancride*, de *an* priv. et voy. *creis*.

Enderu, C, soir, tréc. *enderv*, gall. *anterth*.

Endifferant, indifférent. — **Endiuisibl**, indivisible. — **Enduaff**, *i-*, enduire; **enduction**, (l. *inductio*) C; du fr.

Eneff, âme, 670, P, J 15 b, N 556, m., B 671, cf. J 36 b, Nl 560; -*ef* 21, N 1329, -*enff* Nl 555; pl. -*effuou, -effou, -efuou*, H; dim. **enefflc**, P; **ennouet**, allumé Nl 140, animé, zélé 499, -*auet* 103, *ennouet* P, *ennouif* j'exciterai (des regrets) J 124 b ; Léon. *ene*, m., cf. lat. *animus*; voy. *anaffon*.

Enebarz, douaire H, v. br. *enep-uuert*, « prix de l'honneur »; **enep**, visage : *dirac e —*, 643, cf. 602, *eneb* J 28 b; *war ma enep* sur ma face, N 1152; (tourner son) visage, M 57 v; *dalch —* fais honneur (à ta promesse) J 61 b, *doen — ... da* porter du respect à, B 806; *contre* N 410 *a enep* contre H, *-b*, B 8; *am -p me* J 23 b; *he —*, contre elle B 405; *ou{ —* 766; *o — y*, J 22 b, cf. B 495, 516; — *botes* empeigne C, *onebran* (sans) égard Nl 44, -*nt*, r. *an*, 557, litt. portion d'honneur; auj. *enep*, contre ; v. corn. *enep*, face, v. irl. *enech* visage, honneur, cf. *ἐώπιον*, de *in* et rac. du lat. *oc-ulus*.

Enes, île N 135; -**enn**, 738, C, -*en* N 53, pl. *inisi* P; auj. *enes*, v. irl. *inis*, cf. lat. *insula* ?

Englenaff, *eg-* (v. *consantaff*) aherdre, l. *adherere*, C, de *en* et cf. gall. *glynu*, v. irl. *gle-nim*.

Engoestlaff, engager C, de *en* et *g...* — **Engrauadur**, encharneure l. *incastratura*, C, de *en* et fr. *graver*.

Enguehentaff, engendrer, habiter avec femme, l. coire, C, *-a* Grég., de *en*, et *eo(m)*, *henta*, hanter ? pour le *g*, cf. *gueffret*.

Engueruell, C, appeler, *engalv !* P, de *en* et *g...* — **Enloentet,** formé (de plus. natures) P, du v. fr. *enjoindre* —. — **Ennorm,** énorme C. — **Enoe,** ennui, peine B 805, N 1211, J 86, *-oue* Nl 427, *-uoe* 60, *ennoue* 515 ; **enoeiff,** ennuyer, chagriner, C, *enouiff* r. oe B 296, *enoe(a)ff* être inquiet N 1263, r. *af*, p. B 372, 232. — **Enor,** honneur C, N 65, P, pl. ou J 62 ; **-aff,** honorer C, P, 436, cf. N 604 ; *-iff* Nl 514, H, *-ifu*, H, *-i* N 693 ; impf. *henorent* Nl 471 ; **enorus,** honorable M 8 v ; léon. id.; du fr.

Enquelezr, géant C, *ankelher* feu follet Pel., corniq. *enchinethel* géant, de *ande* et cf. corniq. *kinethel* génération.

Enserret, enfermé, enserré J 164 ; du fr.

Ent *seder* sûr[t] 35, J 28 b, M 53, — *espres* B 478, *en mat* bien, r. *ent*, Nl 272 ; *ent abil*, habil[t] C, etc. — *aereet* (amenez-la) enchaînée B 535 ; — *lech*, en ce lieu 541 ; v. br. *int*, cf. ἀντί (Stokes).

Enta, donc J 36 b, vann. id., aill. *eta*, gall. *ynte*.

Entasset, (Satan) étant entré (dans les Juifs) P, p. 152 ; du fr. *entassé*. — **Entent,** comprendre B 91, se rappeler N 524, entendre J 24 b, *-iff* id., C ; *eɀ -et* vous comprendrez B 169 *-et a* entendu dans (une science) 102, *-enn* j'avais l'intention J 163 b, *-as* apprit, sut que Nl 439 *a -aff*, comme j'entends dire, 428, *-af* J 32 ; *drouc- et... eu guen et*, mal compris, 94 b ; *entent se*, sache-le N 840, *an maru — dre henn*, c'est-à-dire la mort M 5 ; *maɀ -af* pour que je comprenne N 515 ; *em -et* écoutez-moi J 26 b, *-et ouɀ if* 200 b, cf. B 653, Nl 109 ; *ouɀ an lit -it*, célébrez cette fête 334 ; *entent diff l* B 693 ; r. *ent*, qqf. *en*, N 13, 596, 1298 ; **-endamant,** entend[t] B 71 ; **-encion,** intention, désir J 24 b auj. *entent da*, soigner, du v. fr. *entendre à*, id. — **Enterraff,** enterrer C, N 1949, *-af* 98 cf. B 813 etc.; **-rament,** enterr[t] C N 1379. — **Enterrogaff,** interroger C, cf. B 13, *int-* C. p. *e-guet* J 83 b ; **interrogation,** g. id. C. — **Enterual,** intervalle C. — **Entimaff,** *i-*, intimer, notifier, C, *me enctim* r. *ent* B 527 ; **intimation,** g. id. C ; du fr.

Entre, entre, parmi, avec C, J 4, N 1222, P ; *entredou* entredeux, l. interim C, *entre dou* B 238, J 147, pourtant 54, *entromp* entre nous 17, cf. 70, nous tous 227 b, *-om* Nl 316, *-ompnet* 149, *entreɀomp* r. *eɀ* 139, *entroch* entre vous J 5 b, vous tous 222, B 55, cf. v. fr. *entre vous*, id., Mélusine, II, 349, str. 19 ; *entreɀe* entre eux B 212 parmi eux J 86, 197, 225 b, corniq. *yntredhé* ; pour P 234, voy. *differance* ; *entren* entre les J 17 b, N 982 *-nn* J 128, B 760 *etren* 615, N 1526, *entr'en* Nl 140, *entre'n* 9. *entre an* 3 s., M 2, 2 s. B 636, *entre en* 2 s. J 102 b, *entreuase*, entre *eno*, entre la, l. interibi, C. Auj. *entre*, *etre*, gaul. *inter*, lat. id.

Entredit, g. id., l. interdictum. — **Entrelaczaff,** entrelacer C ; du fr. — **Entroit,** introduction à une pièce, B 21 ; du fr. *introït*. — **Eol,** huile C, auj. id.; du lat. *oleum*.

Eon, écume C ; auj. id.; v. bret. *euon*, rac. *ab(h)*, cf. ἀφ-ρός ?

Eontr, oncle C, *-nt* H, auj. *eontr*, pour *avuntros*, cf. lat. *avunculus* de *avuntlos* ?

Eoull, volonté 762, 2 s., r. *ol*, C, pl. ou Jér. *eoul* B 586 *eoll* 717 *eol* M 53, *youll* r. *e*, *ol*, J 42 b, désir ; *e — mat* de son plein gré B 127, *aɀ — mat* de ton — J 94, r. *ol*, *a — mai*, volontiers, 153 b, 1 s., *a un —*, r. *ol*, d'un commun accord 136 b, — *franc* libre arbitre 94, cf. 20 b ; lis. *da — dan hol re* 10 (pensée) ; *youl* zèle, 2 s. N 1189, consent[t] 414, r. *ol*, *a —*, volontair[t] H, *drouc ioull* 2 s. r. *ol* B 412, *ioul Doue* Nl 292 ; *eoull boet*, faim B 232, *elboet* Jér., M 58 v ; *ma* **youllaf,** 3 s. r. *ol*, me satisfaire J 42 b ; **-llus,** voulant Cb ; v. br. *aiul*, ultro, gall. *ewyllys* volonté, même rac. que lat. *avidus*.

Eozen, Yves J iij, *Euɀen* C, *Eusen*, etc. Pel.

Epac, épacte. — **Epichen,** épicène. — **Epilogation,** g. id. — **Epitaff,** -phe. — **Equipollaff,** -ler C. — **Equite,** équite J 118 b, 151, r. *et*. — **Equiuoc,** *-que*, adj.; **-aff,** *-quer* C ; du fr.

1. **Er**, aigle C, Jér. *èr, érèr*, Gr. gall. *eryr*, cf. all. *aar*, gr. δρυις. — 2. **Er,** car B 6, 9, 28, etc., M 8, 55, *her* B 243, 223*, 229*, Jér. v. *morhet ; er non be* de peur que nous n'ayons B 159, cf. *rac non be ;* v. bret. *ir,* car, gall. *er,* car, pour, v. irl. *ar,* id., gaul. *are,* cf. angl. *for.*

Erbet, recommander, intercéder pour (act.), *ouz,* près de : *groa ma* — P ; *-edafu,* id., H ; prés. *-edaff* N 697 ; *em emerbedy* que tu me recommandes ; *erbed !* P, cf. Nl 48, 561 ; *-t,* il supplie, P ; **erbet,** (notre) recours 98 ; auj. *erbedi,* de *are-* et *pidiff.*

Erch, neige C, Nl 285, *han nerch* P 2 ; auj. *erc'h,* gall. *eiry,* cf. gaul. *Argio-talus,* au front blanc, grec ἀργός.

Erdiguez : *en-,* en la parfin C, de *er* et *diuez.*

Ere *an chouc* (pendre) par le cou 400, J 100, 119, — *e chouc* 88 b, *eren colyer* (amener) par le collet 18, *e ry an bleu* (traîner) par les cheveux B 394 ; voy. *aeren.*

Erea, jalousie, malice, 133, situation odieuse 624, outrage 275 ; **-af,** tromper, chagriner, J 213 b ; **ereux,** (eau) dégoûtante 12 b, auj. *erez,* f. jalousie, répugnance, gall. *eres* étrange.

Erguerz, pas, voyage, C, de *er-* et *q...*

Erlecguez, l. mutuum Ca, autant pour autant Cb ; le P. Gr. donne ce mot comme suranné, s. v. *prèt ;* cf. irl. moy. *airlicim,* je prête, allem. *leihen.*

Ermin, hermine. — **Ermit,** ermite C, B 13 ; **-nig,** -age. — **Erraff,** errer C, B 99 ; **-or,** -eur a, J 85, pl. *ou* 80, B 108, *-ol* 104, 482. — **Errea,** arrhes C, B 136 ; **erresaff,** donner des arrhes C ; du fr.

Eru, sillon C auj. *erv,* cf. lat. *aryum.*

Esachaff, *ens-,* ensacher. — **Esance,** encens C, Nl 142, *-cs* 38 ; **-ncer,** encencier, l. thuribulum. — **Esant** *a,* exempt de J 141 b, *exent* C ; **eximet,** *a* id., 127 b ; du fr. — **Escop,** évêque, C, pl. *esquep* J 61 b, *escop an melin* (partie d'un moulin) ; **-det,** évêché C, **-ty** H auj. id.; du l. *episcopus.*

Escuit, prompt Nl 274, *-yt* vite 287, cortes 67, ent — J 215, iscuit B 166, N 133, *y-* 69, B 537, P, *-yt* J 194, auj. id., gall. *esgud,* irl. *escith,* de *ex-* et rac. de *scuyz.*

Escumunugaff, *exc-,* excommunier, C, p. *excommuniet* J 164 b ; subst. **escumunuguenn,** *ex-, us-,* C ; du lat. — **Escus,** excuse B 705, ordre N 2, *excus* Nl 453 ; *excusaff* excuser C, prét. *escusas* J 103, *ex-* 224 ; **escusabl,** 91 excusable ; **excusation,** g. id. C, B 223* ; du fr.

Esel, membre 473, 574, pl. *ysily* 480, N 1833, (r. *el* J 99, B 546, etc.) *isily* Nl 15, auj. *ezel,* v. irl. *asil,* cf. lat. *axilla ?*

Esempl, exemple P, *ess-* Nl 370, *ex-* J 54 b, pl. *ou* B 105 ; **exempler,** -aire C, du fr.

Esgôar, douleur Gw., M 58 v, de *ex-* et *goar,* doux.

Esmae, émoi 194, 634, J 6 b, ou *-ahe* Gw., *esmoa* J 116 ; *naz em* **esmae,** ne t'inquiète pas, 75, r. *a ; esma!* 220, N 1370, na *esmayt* ne soyez pas troublé (par la joie) 136 ; du v. fr. *esmoi.*

Esou, (fille) effrontée ? 357 ; de *ex-,* contraire de *hasou ?*

Espediaff, (te) dépêcher, me débarrasser (de toi) 702 ; vite 413, 466, *-af* id. 453* ; *-et !* dépêchez-vous 474, tué 374, 786, cf. 590 ; vite 288*, *expedy !* explique N 1633 ; **espediant,** vite 1149, B 53, J 97, 13a b, convenabli 39, *ex-* convenable N 1376. — **Esper,** espoir, 35, 518, J 54 b, N 153, désir 241, demande 1307, avis 194, opinion B 125, *em* — dans mon esprit B 71, — *mat* bonne intention 208, *drouc* — 187, 108, J 234, lis. *apert,* B 29 ; **-aff,** j'espère 605, *exper* il espère, r. *es* N 1571 ; lis. *e speret,* P 255 (qui dans) son esprit (n'a pas d'autre désir) ; **esperance,** -ce, C. — **Espern,** (sans) ménag', sans pitié J 96 b, 109 b, *-nn* P ; *-rnaff* épargner C, prés. N 285 ; *-net !* J 9, B 458 ; auj. id.; du fr. — **Espet,** (court) espace de temps P, *berr respet* N 1062, J 124, 144 b, *hon respet* notre séjour (ici-bas) P 285 ; du l. *spatium.* —

Espice, g. id.; **-cer,** épicier; **-cerez,** épicerie C; du fr. — **Esplet,** affaire B 780, du fr. *exploit*. — **Espos,** *exposaff,* exposer, C, *esposet* vous prononcez B 121; **-er,** expositeur C. — **Espres,** exprès, expressémt, 93, N 388, J 14, certes, tout à fait, bien, 17 b, B 340, ent —, 236, J 66, — Jesus, divin J. J 69, *-ssaff* très humble (servante) B 517, *exspres* N 238, *expres* 189, etc. C, *en* — B 133, *-ssaff* très grande (sainte) N 1533; **espressamant,** expressémt J 49; **espressif,** exprimer, Nl 483, *expresaf* je dis N 680, *-ssaf* 513; *-et,* tout à fait (poli) 535, ent —, *expressi* P, *-eset* vraie (sainte) N 1300, 1515, *es-* B 673, exprès 167, *-sset* J 25; **exprimaff,** *-er* C. — **Espurgaff,** expurger C; du fr.

Esquem, (donner sans) échange, en pur don, Jér. (ou sans réserve?) (sans) exception, B 532; (pour quel) motif P; léon. id., échange, du gaul. **ex -cambion*.

Essae, essayer C; *da* —, (lin) en gage, N 1653, *essa* P; *me ... a gray essae* J 106 b, r. *a, me essaeo* B 76*, *me a essay* N 516, j'essaierai. — **Essance,** essence B 311, *-ence* C. — **Essony,** essoine, délai juridique B 539, répit, 702, J 95, *-i* C, *essonny* délai Nl 377, *esony* répit, soulagt, B 563, *exoni, -y,* C. — **Essu,** issue, fin (de la vie) Nl 103, *issu* C; du fr. — **Estell,** dévidoir C, auj. id., m., plur. d'*astell,* attelle, Gr., du b. l. *astella,* voy. *ascloedenn*.

Esteuziff, *st-,* éteindre le feu C, p. (cœur) percé (d'un glaive) Nl 218, 238, épuisé (de douleur) J 152; léon. *steuẓia* fondre, de *ex* et *teuẓiff*.

Estim, (faire) cas 324 J 232 b, (n'ayez) peur B 475 (sans) difficulté, égard, 415, 791; **-aff,** estimer, croire C, *estym* P; p. *-imet* J 117, jugé B 72*, *drouc* — (envie) méchante 692 (crime) résolu 714; **-acion,** estime 101, raison 756, *-tion* avis 70; du fr.

Estlam, étonnt, émoi, trouble, misère 775, N 430, 115, P; **-af,** s'effrayer J 22 b, p. affligé 152 inquiet N 1075 trompé Nl 327 (mort) horrible J 32, *-nmet* Nl 49; **-amdet,** effroi Gw. P; auj. id., de *ex* et *lam*.

Eston, étonnt, émoi 529, J 83, 162 opprobre B 617 (c'est) étonnant Nl 466 *-aff* j'accable N 1914, je m'étonne 19, p. 766, *-nnet* navré Nl 70. — **Estortion,** g. id. C, *-cion* rapine J 234 b. — **Estraing,** étrange J 119, *-ang* C; **-aff,** l. alienare; **-erl,** chose étrange C, **-erien,** étrangers J 232; du fr. — **Estren,** n., étranger P, adj. B 282, étrangt J 232 (mort) affreuse B 696 (mille) tourments 482, mil *-eun* J 128; **-enua,** action horrible B 691; *-va* tourments, outrages, 326, cf. 587; J 175 b, 149, (avec) dureté, 153; (sans) peine, 112 b, P, *-uan,* r. a Nl 468, misère, du l. *extraneus*.

Esuezaff, être absent C, *eẓveẓand* absent, Gr., de *ex, b...*

Etabl, équitable 326, 710 bonne (eau) 265 bon (remède) 557, suffisant J 91; du fr.

Eteau, tison C, auj. *eteô*, corniq. *itheu*, gall. *etewyn*.

Eternel, *-nel* C J 176, *-al* 36 b; **-alamant,** adv. 56; du fr.

Eth, blé, *doees an net* C, *yd*, *yth* Gw. v. *eit*; auj. *ed, it,* v. irl. *ith,* de **(p)itu-*.

Etheroclit, -ite. — **Ethimologiaff,** *-gier* C; du fr.

Eu, il est, c'est, mar — *gruet* 742, *eẓ* — *me* 652, *eẓeu ret* J 95 b; *me eu,* moi qui suis, 22 b; *nen deu* 186 b mar deu me eu 73; *maẓ* eu qu'il est, 40 b eu si, il est, 77 b, B 785; eo M 5, N 7, J 56, Nl 27 j. r. e 103; *petra eo da qu'est-ce que* (Dieu) a donc (pour vouloir...) N 34; *e* 1617, vn *vertuẓe* c'est une vertu 625, nen de Nl 140, B 120 *dre de* 64, *eẓe* J 217; *eu ann est le,* 1 s., 60 b; *eon* N 1183 eo'n Nl 82, *e'on* 334, *e'o nor* est la porte 202, *on* J 62 b, M 3, B 430 enn 62; léon. *eo,* voy. *ameur et eux*.

Euff, œuvre C (le maître d') B 68-9, *-ffur* 715, *eufr* J 164, 6 pl. *ou* 206 b, *-ffrou* 53 b, B 98, *-iou, -you* H; *a drouc -ffurou* à la malcheure 108, *euraou mat* Nl 473; **euuriff,** œuvrer C; du fr.

Eugenn, bœuf C, *-en* Nl 470, H, *eg-* 8, pl. *-nnet* B 460, léon. *ejen,* gall. *eidion*.

Eur, 2 s., chance, sort, 603, J 103 b, 43, *drouc* — malheur 11 b, B 722 — *mat* Nl 192, *eür* m. 222 (heur *mat* 1 s, N 946); **eurus,** 3 s. heureux B 603, C, J 209 b, *-ux* H, sup. *-ssaff* Nl 544; voy. *aeur*; auj. *evuruẓ* heureux; du l. *augurium*.

Eurchat, grogner comme les pourceaux, C ; léon. *urc'ha, urcha, urja.*

Eureden, noce Am., *euret* H, pl. *eureugou* C; léon. *eured.*

Euryen, bord (d'une fontaine) N 955; trdc. *orien* (d'un chapeau), v. bret. *orion* (d'un vêt¹) pl. de *or,* v. gall., *margo,* du lat. *ora.*

1. **Eux** *a* (dire du mal) de, N 1590; (sortir) de 71, — *a hanen* d'ici 11; *eus* Gw., *ves* Nl 458; *ves e saff,* étant debout, 53; léon. *euj.*

2. **Eux,** il y a 67 N 37, *ej* — J 10 b cf. N 1505, *euj* J 11 b; *nac eux* 28 b, B 789, *mar deux* N 97, *nen d.* B 12, *ne d.* J 14, N 649 cf. 938, P, *ne deuj* J 23 cf. B 598 *n'en deus* Nl 419. *Memeux* m'est (avis) B 207, cf. N 260, *emeus* j'ai C, *-j* J 189, *mar em eux* N 445 *emeux* que j'ai B 673 *am euj* 59, cf. 763; nég. *nemeux* N 78, *nam eux* J 21 cf. 119 b; *te aj eux* tu as B 384 *te jeux* J 84 b, *te eux* 76 b, *a te teux* ? B 370, *ej eux* 564 cf. J 57, que tu as 142 b, *a heus bejet* H, *nej eux* B 272; *en deuj* il a Nl 500, *en deueux* B 633, N 1415, cf. J 92, P, qu'il a B 425; *nen d.* 211; *en deuex* r. *eux* Nl 101; f. *he deueux* N 192, B 373; *he -s* (elle) qui a Nl 57 *ne -x* B 768; pl. *ny* *onneux* 2 s. J 135 b, *honneux ny* 23, cf. 80 b, B 42, 246; *nonneux* 640, *n'on ouj* Nl 298, *no neux* N 289; *huy oj eux* 2 s. vous avez 1613, *h. ho eux* 2 s. J 174 b; *hoj eux* 27 b, *oj eux* B 426 o. e. *bejet* vous avez eu Nl 234 *ouj eux* J 44 b, que vous avez 21, *hoj heuj, oj eus* P, *nouj eux* B 216*, *noh eux* J 21 b; *ho deux* ils ont Nl 451, *ho deveuj* P, *no deueux* B 115, 432, cf. J 99. Prés. d'habitude : *nej uej* tu n'as B 771, *en deuej* N 561, B 135, 542, *(en deues bet paeet* il a payé Nl 445, *he d.* elle a 259 etc. peuvent être pour *deueux) : mar on bej* B 254; *oj bej* 479, *mar ho bej* J 194 b; *ho deuej* Nl 450, *no d.* B 649. Impf. n'en *doa* il n'y avait Nl 115, 413; *emoa* j'avais B 283, J 103 b, *amoa* N 697, *nemoa* B 733, cf. 85, 733, J 130; 3ᵉ *en doa* Nl 499, *en deuoa* B 330, *nen d.* 6 *nen deffoa* Nl 72 cf. J 92 b; pl. *hon oa* 207, B 250, *huy oj oa* N 704, *ouj oa huy* B 304; *ho doa* Nl 524, *po doa* quand ils avaient 47 1, cf. Nl 436; *amoae* j'avais P 157, *en devoae* il eut P *ouj oae* que vous avez eu J 181 b, *ho devoae* qu'ils avaient 175, cf. P 117, *nem boe* je n'eus N 447, *naj voe* tu n'avais J 120 b éd. 1622, *doe* qui avait P 44? *en deuoe* il eut, eut, qu'il eut, B 632 cf. J 102 b, *-ffoe* 4, *-ffoue* Nl 15, *en deffou'en* eut le 248, *nen deuoe* B 327; f. *Eua...* *he deffoue* Nl 3, *ne d.* 156; *noj boe y* — que vous ne les eûtes N 1521; *ho deffoue* Nl 460, *-ffue* 459, *no -oue* 4, *no devoe* J 28; *mem bejo* j'aurai N 540 *nem b.* 1234; *ej v.* J 77 b, *nej u.* B 616 *naj u.* 562, *ne jfejo* 755; *en devejo* J 107 b, *nen deu-* N 1268; *on b.* B 244, *non b.* J 17 b; *ron b.!* 50; *oj b.* 73 b, *o. b. eff* vous l'aurez 159, *ouj b.* B 766, *nouj b.* J 236 h; *na noj b.* choas, et vous n'aurez pas la liberté de choisir 132; *roj b.!* 48 b, N 1078, *ro b. huy* J 161 b; *no deuejo* B 271; *em be* j'aurais, que j'aie, J 37, 214 b; *es te,* var. *effe,* B 373, *nej ve* J 113; *en deffe* 216; *on be ny* B 58, *ret on be* 45; *ma ouj be* 302, *quen nouj be* J 62 b, *ho deffe* B 355, *o deffhe* 105; *en divihe,* qui aurait J 90 b, *he diuise* elle aurait eu B 675; *en divise,* lis. *a deury an,* J 207? *Ham bejet !* B 395, 517, 672, cf. 26, 1557, *naj b.* N 626, *naj v.* 957, *hon b.* B 63; *hoj b.,* N 1122, B 587, *houj b.* 280 cf. 139*, *noj b.* 102, N 321, *nouj b.* J 73. Personnel : *hajuej,* aie, C v. *Crist*; *nep he deffe hy,* celui qui l'aurait (elle) P 174 cf. *hon bejet hy,* ayons-la, J 49 b. Auj. *euj* ; gall. *oes*; peut-être de la rac. de *eu* il est, avec un suff. de passif; *eux : (am)eur = goux : goar,* voy. *goujuout.* Ce verbe a au moins 2 rac., s'influençant qqf.; voy. *bejaff* 2, *oa.*

Euzic, horrible et adv. 620, C, J 11, *yc* 232, P, *-icq* Am.; *excidet,* J 32, r. ic, lis. *eujicdet,* horreur ? Auj. *euj* horreur, van. *eah,* corniq. *uth* irl. *úath.*

Eua, Eve C, Nl 3, *Eva* 142, J 66.

Eunff, boire 258 C, *-af* 79*, cf. 43, J 54 b, *efvaf* 143; *efuyt !* 143 b; **euer,** buveur C ; auj. *eva,* v. irl. *ibim* je bois, sanscr. véd. *pibámi.*

Euangellat, -ste C; du fr. — **Euel,** comme C, *-ll* B 767, *evel* N 32, *eual* B 124, 123 *evel ma* ainsi que J 23 *-j* 22, lorsque 144, cf. N 429; *euel quent* pourtant Nl 274; *eueldot* comme toi B 270; *-daff* c. lui 579; *euelhenn* ainsi 167 cf. 79*, J 56, N 599, 1302; *-alhenn* 1184 cf. 480, Nl 26, 295; *euelse* B 380 cf. 134, J 56, *-alse* B 313 cf. J 77, 78; auj. *evel,* v. gall. et irl. *amal;* doublet de *haual.*

Euez, laqua — fais attention N 1648, eʒveʒ H.; **euezhat,** surveiller B 208 cf. J 166 b, faire attention N 852, -ʒat sauver Nl 143, eʒveʒhat H ; aʒ eveʒha ! veille sur toi J 213 -has remarqua 17, eueʒhet ! faites attention B 1, 95, gardez(-moi) P 191. Hac en euerhas var. eueʒhas. r. er J 76, lis. en e uerhas il le toucha (voy. en 2), de merat ? Auj. eveʒ, van. eueh.

Euidant, évident et adv. 97, 600, N 141 cf. J 92, evydant N 218, euident C (science) exacte B 90 r. ent; du fr.

Eulen, cest ung arbre, l. coluis, Ca, Cb ; evlenn, evor, bourdaine Gr.

Euor : drenneuor par cœur C, auj. evor mémoire, du l. memoria. — **Examen.** — **Excellant,** g. id. C, B 35, N 1432 ; **-ance,** -ence J 28 b, Nl 384. — **Executaff,** -er Ca. — **Exibaff,** exhiber. — **Exigaff,** -er. — **Experiance,** g. id.; **-pert,** g. id. — **Explectiff,** explétif C; du fr. — **Exquis,** étrange J 103, difforme, horrible N 1022, ignominieust 1528, auj. iskiʒ étrange, vil; du fr. exquis. — **Extremite,** g. id., cf. estreun, r. em spectacle odieux, J 124 ? — **Exuly,** exiler N 37 ; **Isail,** exil C; du fr.

1. **Ez,** que, conj.; partic. verbale C, J 3, N 7, 14; eʒ, ex, es, e, H; penaux … ma guenou Eʒ caffe lesir J 25, eʒ eʒ oamp 219 b, lis. eʒ edoamp ; parfet eʒ hoʒ pedaf N 269, voy. en 2 ; es guelas Nl 40 ; eʒ yihet B 95 etc., effihet 549 effiet 481 ; effen je serais 140°, 2° -ʒ 697, 3° effe 71, 84, J 166 b ef e 216 b, pl. effemp B 58, -nt 116; effoe 152°, effiont 344; ef fiʒe qu'il fût 342 ; ef fiʒiff que je serai 65, ef feʒo 402, eff- 62, -int 597; effeʒ il est toujours 220°, effen, lis. eʒ eu 638 ; ef fell il faut 169 ; e, 53, 177, J 44, é M 4; em, de eʒ et pron. 1° p. J 5, B 28, N° 694, 2° eʒ J 52 b, N 645, B 391, es 720, N 835, voy. eur 2; eʒaedoff je suis N 341, eʒedou 1110, 2° eʒout J 66, 3° eʒedy 178, eʒaedi N 5, Léon. eʒ, v. gall. it.

2. **Ez,** dev. adj., en fait adv., eʒ louen P, eʒ mat J 45 b, eʒ veo N 286; de ent, comme eʒa de enta ? — **Eza,** donc J 34, 50, 67, 74 b, allons ! B 390, les teʒa J 201 b, cf. 126; cretéste ʒa aurais-tu donc cru cretsont ʒa P ; auj. eta, 'ta, corniq. ytho ; voy. enta.

Ezechias, 4 s. n. pr. J 207 b.

Ezeff, besaiguë, C; eʒe, neʒe, doloire, Pel., v. gall. nedim hache, cf. all. schneiden.

Ezienn, tremble C, -en Gr., corniq. aidlen sapin.

Ezn, oiseau C pl. et Nl 95, M 10 ; **-etaer,** oiseleur C; auj. evn, v. br. etn, cf. l. penna de *pet-na.

Ezneu, il connaît 133, J 25 ; den beu ne eʒneuhy Gw., hy pron.; r. eʒ 101 b ; r. en 195 b, M 3, B 669 cf. 646 -neo N 905, r. en 1728, eʒnuoff (vieux catéch., Pel.), -ueʒ tu reconnais B 448° -vomp ! Gw., -uet ! B 470; d'aʒnauout.

Ezom, besoin 63, J 205 Gw. Nl 498 -mp (r. om) N 525, 1924, cf. B 67 ; **-mec,** indigent C pl. eʒen J 12 b ; **-cat,** être indigent C. Léon. id., corniq. ethom.

F

Fablen, n. pr. — **Fabl,** -le C, B 265 (sans) mensonge Nl 175 pl. ou B 108, aou Nl 78 ; **-aff,** fabler; **-er,** fableur, chanteur en place publique. — **Fabours,** faubourg. — **Fabric,** -que. — **Fnce,** face C, B 101, J 34 b, N 166, fac M 57 v. — **Facet,** g. id., c'est un livre, l. facetus C. — **Fachneson,** refus B 235; **faich,** (par) fâcherie N 1144 faig (sans) vous fâcher 1124 ; **fachus,** facheust B 125, méchant 790. — **Facli,** -le, sup. -hafu H ; **faculte,** g. id , possibilité, richesse, C. — **Faeczon,** façon B 54, 69, 101, 111, faecon r. acc N 788 en fæcon comme, M 5, cf. léon. e -giȝ ; faeçon (sans plus de) façon B 206 faecȝon 299, en — arall C ; dre grace ha — avec grâce et politesse J 4 b, dre — 233, a — (votre grâce) courtoise 161 b ; tut a — onest 7 b ; r. acc, 27 b ; a faeçon (rois) vénérables Nl 331, cf. a stat ; fecçon Nl 304, cf. B 72*, 74* ; du fr. **Fae,** (faire) fi, mépriser N 1656 ; hep quet —, sans mentir P, foi hélas Am. v. piou ; auj. fae, foei, gall. ffei. — **Faeczenn,** fesse C, faescenn v. crochen. — **Faessant,** faisan C. — **Faet,** un fait B 205, fet N 52 action J 59 les choses (de ce monde) 38, 'N 654, Nl 32 (ton) cas J 93 (sur les) entrefaites B 407 en e — (croire) en lui Nl 394 dre — par le fait de, à cause de 468, pe dre — B 107, palamour da — ..., Nl 453 ; dre nep — aucun¹ J 13 b, B 630 en guyr — J 210 b a — don 229 b, a — plen B 48, certes; poingnet a — hec, un poignet très solide ? N 1436, voy. affet ; pl. -ou 18 ; actions, sort, histoire B 108, J 119 b, M 2, N 1628 décrets (de Dieu) J 68 b ; du fr.

Faez, vaincu 481 C ; **-aff,** vaincre C, P, -af J 95, p. B 181, fut. feȝo P ; **-er,** vainqueur C, fesor Am.; léon. id., corniq. fethe vaincre, lasser, de *spac-tos, cf. σφιγκτός.

Faffuenn, faff fève C auj. favenn, du l. faba. — **Fagodenn,** fagot C, du fr. — **Falch,** une faux ; **-at,** faucher; **-er,** -eur C, auj. falc'h, du b. lat. *falcis; **fals,** faucille C, auj. id., du lat. falx. — **Falchun,** faucon, -c'hun Jér., auj. falc'hun, du b. lat. *falconis. — **Fall,** faible C, B 484, N 860, 987, an creff hac an — M 4, duet — (je suis) perdue N 1668 ; vil, mauvais, méchant, 673, B 314, 640, au tra — 600, un — ampris 717 cf. J 233 ; han falhaf poan et la plus faible peine J 10 b, auj. id., faible, vil, mauvais, cf. fr. failli ; **fallet,** affaibli, malade N 1595; **-ony,** méchanceté J 233 ; **-neryez,** maléfice N 777, auj. fallagrieȝ, méchanceté, de fall et haer; **-nee,** fallace C, -acou tromperies N 1644; **fellell,** défaillir C, manquer J 56 b, 30 b, 18 b, pécher 197, felel Gw., me so fallet j'ai failli J 148 b, cf. 164, mar felleȝ si tu y manques 62, fell il faut, il manque, M 53, B 31, 781, J 71, 81, 134 b (ma, que) ; (que vous) faut-il N 1550 cf. J 73, 49 b, mar — deoch si vous voulez N 550, ne — brallaff, qu'on ne peut remuer? 1457, ne — tam J 15, lis. na dout ou na doet tam ; fel, M 3, J 182 b ; mar fallech 6, lis. fallet ; fellont B 542 ; mar falveȝ d'a..., si... veut, Gw.; fallas J 95, Nl 16, B 19, fellsoch 249 ; filliff 243, N 1225 -if 997, fy- Jér. v. dinoe ; mir na filli garde-toi de tromper N 1574, -y B 778 ; fallo 60, J 15 b, N 306; falho P 188 ; fell homp B 452* felhet 222*; falȝher, lis. fallher, on manquera J 33 ; cond. falhe J 10, 31, N 1566 -llhe P, -lle 1456 ; false eût manqué B 675; fallet ! qu'il manque J 42, 14 b, 70 b ; fellomp N 1193, Nl 149 -om 351, 2ᵉ fellet B 95, 458, J 14 b, 59 b, 97 ; du lat. fallere. **Fals,** faux C infidèle, traître, B 48; den —, J 77 — marchadour 16,

— *musur* N 616, — *testeny* 1658, B 316, 382; **-entez,** fausseté C, J 151, N 1667; **faussonnier,** faulx escriuaing, pseudographus, faulseur de vérité, C*b ; -onier* faire des faux H 50; du l. *falsus.*

Falpen, pièce, morceau Am.; léon. *felpenn,* gros morceau, lopin, tréc. *chilgen ;* Gr. donne *felpenn gelqenn,* et van. *chalgenn.* Même rac. que *faut* 2 ?

Familier, -lier 520, 4 s., J 18 b, 3 s., C; adv. **-ament,** N 49. — **Fanc,** fange, saleté C, J 10 b, auj. id.; **fanquet,** boueux. — **Fanoeill,** fenouil. — **Fanon,** uide in *dornat ;* g. *fouon,* b. id., maniplus C. — **Fantasi,** -aisie C, B 553, -*y* 7, résolution N 1524, vision J 115 b, (une) imagination B 111, erreur, tromperie N 1546 Nl 395 pensée 485 *fe-* B 707, *fantaꝯy* 771 pl. *-siou* 104, auj. id. — **Farezal,** lis. *farꝯꝯal* 77*, dire des farces, *farsaff* farcir C. — **Fardell,** fardeau. — **Farisien,** g. id, C, pl. *pharisianet* J 86; du fr.

Fat, accablé (de fatigue) J 108; **-aff,** défaillir, être ébahi ou troublé C; léon. *fata, fatiga,* s'évanouir.

Fau, (en bois de) hêtre P; **-enn,** un hêtre; **fauec,** lieu planté de hêtres C; auj. *fao,* pour **fagvos,* du lat. *fagus.* — 1. **Faut,** (sans) faute, J 40, N 293, *hep quet a ffaut* B 38, 608, crime Nl 500, *faot* 193, *faout* H, *fault r. aut* N 668, H *dre feut* par malheur B 731, *a drouc* — de mauvais caractère 568, r. *eut,* pl. *fautou* J 14; du fr.

2. **Faut,** fente C, léon. *faout,* gall. *hollt,* cf. allem. *spalt.*

Fauor, faveur 774, C, N 439, respect B 399 *-eur* 601 ; du fr.

Fazi, *hep* — *peꝯ* N 1464, *hep -y quet* Nl 421, sans se tromper ; *hep -iaff* B 86, J 47, s'égarer Nl 74, *af* J 163, *-yaff* H, C; *-iaff* égarer (qqn) N 512 ; avoir des torts (*ouꝯ,* envers) 1547, B 335, 734, *eꝯ ouch* — *yet* J 163 b ; *mar* — *iet* si vous êtes dans le faux N 1525; *deꝯy ... mar -yomp* si nous l'offensons Nl 90, *-ias* pécha 96 ; *oꝯ Herri huy a -ihe,* démentiriez-vous Henri N 1520. Léon. *faꝯia* se tromper ; du fr. *faillir,* R. c., V, 126.

Feal, fidèle C; du v. fr. id., — *calet* P, bien dur, lis. *real?* **Feiz,** foi, fidélité, N 578, 1784 (r. *eꝯ,* J 30, Nl 39 etc.), r. *eiꝯ,* P, Nl 527 ; *feꝯ* B 1, C, N 72,497 ; f., B 28, 135, N 121, (en bonne) foi B 583, 299; *eguet* —, var. *seꝯ,* par ma foi ? J 107 b; *na* — *na reꝯ* 444* *tout da* — *voe* qui étaient de ta religion ? J 120 b, éd. 1622, *e ffeꝯ* dans la foi B 170 ; **fidel** *cusul* -èle conseil, H; léon. *feiꝯ,* v. br. *Fid(lon),* du l. *fides.*

Felch, rate C, auj. *felc'h* irl. *selg,* de *spelga,* cf. σπλήν, σπλάγχνον.

Felicite, g. id. C. — **Fell,** méchant, félon B 381, 690, odieux J 149; **felon,** perfide, félon, 75 b, B 687 (mort) infâme 453 *-llon* (péché) grave 664; **fellony,** félonie, 707, J 234 b, C. — **Feltr,** *feultr,* feutre. — **Femelin,** g. id.; **-mell,** -lle C; **-minin,** de femme J 28. — **Fenestr,** -nêtre C, al. *penestr* C*b; try frenest* B 248, 283-4 ; **penestret,** l. fenestratus C*b ;* auj. *prenestr.* — **Fenix,** phénix C. — **Fent,** (sans) feinte N 491, B 56 (sans) faute 495, mensonge Nl 146 *dre* — par l'art B 273, (dieux faux 563 pl. *ou* 293*, **-is,** feinte 57, *-ys* Nl 30; du fr.

Ferchy, (avant que) tu échappes 616, van. *forhein* séparer, voy. *difforch.*

Ferf, ferme C, -*rv* P, fort J 110 b, -*rou* austère Gw., *fer* (dites) donc P ; **ferfdet,** fermeté C, du l. *firmus ;* **ferm,** ferm̄, bien, certes, J21 b, 81, comp. *-och* P ; **fermet,** (colonne) solide 106 b ; du fr. — **Ferial,** férié. — **Ferrament,** ferrement. — **Ferul,** paumelier, l. ferula C. — **Feruant,** fervent B 524. — **Fest,** fête C, N 459, *gant* — J 144 b, B 630, *dre* — 242 *ober* — 348 cf. 565, chose heureuse 694; *don* —, (nous vous punirons) à notre gré 298; adj. dans — *eꝯ ouff hoantec* Jér. je suis très empressé? pl. *ou* J 61; du fr. — **Feunteun,** source, fontaine Nl 342, N 941 r. *en ; -ten* 1789, C, P 191, B 255 ; r. *eun* 256, 259, pl. *you* Nl 1790, H, auj. id., du b. lat. *fontana.* — **Feur,** (à aucun) prix J 118 b, *seur* B 226*, *dan feur,* à mesure P ; du lat. *forum.* — **Feuzr,** fourreau J 74; fourrure Jér.; du v. fr.

Fy *a fi* de, malheur à, 270, 276. —**Fiacr,** Fiacre C. —**Fichaff,** ficher, attacher C; **fich,** (personne) bien habillée Am.; **fichell**, pieu C*b*. — **Fier**, 2 s., fier, noble, J 3, N 332 (démarche) sage, sérieuse 1523 bien B 156; (venez) donc N 1084 — ... *seẓlaouet* Nl 277, *fyer* J 60 b; *fi-* 1 s., rude (guerre) 36, B 154, 171, 463, 767; **-det**, fermeté J 197; du fr.

Fifual, bouger 275, auj. *finval*, gall. *finval*, voy. *cochuy*.

Figuesenn, figuier, figue, C auj. *fieẓen*, gall. *ffigysen*, du plur. fr. *figues*. — **Figur**, -re C, J 55 b; **-et**, -ré C, marqué, écrit B 180, dessiné, construit 196, représenté J 55, formé, engendré B 710 *drouc —, mal inventé* 515; *me -ro*, je tracerai (une croix) 263. — **Filip**, Philippe. — **Filosoph**, philosophe C *ph-* B 11, f. *-es* 96; **filosophi**, C, *ph-y* B 90, -ie. — **Fin**, (vin) fin J 208 b, (argent) 15 b, belle (idole) Nl 370 (beau) temps N 907 (eau) pure J 51, *bleut —*, fleur de farine 201 b sage, (oẓ, envers) N 568 sérieux, prudent 563, *gant — ancquen* B 482 cf. J 20 b, 126 b, *dre — freneẓy* Nl 270, *fyn* Jér., sup. *finaff* N 1610; **fin**, vne fin, N 660, m., *peuar —* H, M 2, *fyn* ib., *en fin* enfin Nl 538 *dan — man* à cette fin J 55, *dre nep par qq*. moyen N 1625 *pe dre — eẓ opinet* quel est votre avis J 28; **finance**, -ce, argent, C, B 42; **finissaff**, finir N 343, C; **finitiff**, g. id. C; **finuez**, fin, mort B 562, 699, Nl 18, N 657, cf. J 115 b; **-aff**, finir, mourir N 1244, B 595, cf. 449*, J 35; p., (sa vie fut) tranchée Nl 557; *-at*, fut fini 201, *-ifu* je finirai H; du fr. — **Finchaff**, feindre C, *drouc fing* perfidie B 515, r. *inj*; **finction**, feinte, fiction 16, 112, J 229 b, raillerie 115, *-ccion* B 553, *-gion* 49, du l. *fingere*. — **Firmament**, g. id. C, *-ant* B 121 J 53 b. — **Firmin**, n. pr. — **Fiscal**, l. fiscalis. — **Fisic**, la physique C, *ph-* B 90; **fisicien**, fisicien naturel C. — **Fistul**, -le C; du fr. — **Fizyaff**, 2 s., se fier C; *-iaff* je confie (en, à) B 430 *-yenn* je confierais 101; *fiẓ* il se fie (en) M 3 na *fiẓi* (1 s.) *quet aman bed an hoaẓ* ne compte pas en ce monde sur le lendemain N 1915, *na fiẓy* (1 s.) ... *en nygun* ne te fie à personne P 261; *y, i*, indiquent une pron. chuintante du *ẓ*; **fizyance**, 2 s. confiance C, B 141*, *-iance* 747, N 584; **-yanczaff**, fiancer C, auj. id., du lat. *fido*. — **Fizyol**, filleul f. *-es*, C, *fillor*, J 995; **fizyoldet**, affinité de compérage C; auj. *fillor* (l mouillé); du fr.

Fiac, épuisé, vidé, Am., en bas cournouaill. faible, lassé, Pel.; tréc. id., vide; du fr. *flasque*.

Fiach, béquille C, léon. *flac'h* f., id., et creux de la main.

Flaeryaff, *-iaff* flaeryer, sentir (bon, mauvais), *fleryaff* puer C; **flaer**, puanteur J 11 b *fler* 11, C, Nl 82; **flaeryus**, puant J 10 b, 13 b, *fle-* 98, *-ius* N 620, comp. *-ssoch* M 7 v, auj. *fleria*, v. br. *fleriot*, quæ redolet; du l. *fragrare*.

Flaich, *diflaich*, bouger, Am., *flaig* Jér. J 11 b, 96 b; *flach* B 797, *-aff* id. 595 cf. J 138; *flayghaf* je bouge Gw. *flaychas* il partit Nl 54 cf. B 177; *na flaich da cher l* 525. Auj. *flach*.

Flam, flamme C; ardent J 27 b, brillant N 46, heureux 144 (agneau) sans tache J 55; (neuf mois) entiers Jér.; *neueẓ*, cf. fr. tout flambant neuf, Nl 83, *ha n. f.*, désormais N 975; *en berr —*, dans très peu de temps J 125 b, bien, gaîment, N 330 tout à fait 50, clair* 49, *ent —*, B 307; cf. J 15, 32; **flambeau**, g. id. C, *peuar -bes* (B) B 573, *-beux* 575, r. *eus* pl. *-esou* 566; **flammet**, (amour) ardent J 41; **flanesenn**, flanc, ... flamèche, C, du l. *flamma*. — **Flataff**, flatter C; *Pilat ho flatr bepret*, Pilate les flatte toujours Jér.; **flater**, flatteur C, J 141 b, menteur 163 b; et 76 ? *flatrer* délateur N 612, f. *flateres* C; **-erez**, flatterie C, H. — **Flaut**, flûte C, *flêhut* Am.; **flautat**, fluter C; du fr. — **Flem**, (coup) d'aiguillon (de la Mort) N 1923, M 3; auj. *flem*, aiguillon, gal. *fflaim* lancette, du fr. *flamme*.— **Fleumatic**, flegmatique C; du fr.

Fleusqueur, *drouc —*, exhalaison maligne P 67; du l. *fluxus* ?

Floch, écuyer C, J 206, pl. *flech* B 534, *flec'h*, Gw.; auj. *floc'h*, id., corniq. *flogh* enfant.

Floig, *hep — eẓ loigent* ils n'avaient pas de demeure fixe, Nl 459.

Flot, flotte; **-aff**, flotter C; du fr. — **Flour**, fleur (de farine) C, *flourdelis* fleur de lis P, C; *flour*, doux, poli, bon, N 188, 1442, 327, P, J 25, B 809, (héritier) légitime 34, avec bonté J 24, sup. -*rhaff* B 268, auj. *flour*, doux, du b. lat. *floris*, fleur. — **Fluaff,** *fluyaff,* fluir; **flus,** diarrhée C, du l. *fluere*. — **Fo, er fo eus e glévet** dans l'ardeur de sa maladie Jér. v. *affo ;* auj. id.; du l. *focus*. — **Foar,** foire, marché C ; du fr.

Focunnenn, c'est une fleur blanche qui chiet tantost, l. ligustrum, C ; auj. *feon* renoncule, v. gall. *fionou* roses, irl. *sion,* digitale, cf. (σ)παιωνία? Stokes.

Foerell, foire, colique, C, auj. id. — **Foeson,** troupe (d'amis) J 168 ; du fr. *foison*. — **Folliez,** feuillée ; -**aff,** l. frondere, C ; **fouillezec,** feuillu C v. *delyaff ;* du pl. fr. *feuilles*. — **Foll,** fou C, J 70, 42 b, (un) fou 104, N 645 — *spy* fol espoir 93 *ha fur ha* — B 73*; -**nff,** affoler C, p. furieux Nl 551 ; -**nez,** folie B 239, 699, etc., *follet* 312, 381, J a33, Nl 55, P, C, auj. id. — **Follenn,** feuille de livre C, -*en* H, du l. *folium*. — **Fonce,** fonce pour baptizer ; **font** *a heritag* fons de heritaige C, *en font* au fond de J 99 ; **fontet,** fondé N 582, 1723; **foudamant,** -ement B 70, C, J 197, (jusqu'au) fond 97 b, *fun-, fundement* C. — **Forban,** g. id. C ; -**y,** bannir, chasser, N 38 auj. id., du fr. — **Forch,** fourche C, pl. *ferchieur* Cb, auj. *forc'h,* du l. *furca*. — **Forest,** forêt C, N 280 ; **forecher,** forestier ; **forestag,** foretaige C. — **Forg** *ann aour* la forge dor; -**aff,** forger C, *quent — an bet* avant la création du monde J 69 b, créer (l'homme) B 329, -*giaff* 669, fabriquer 434, cf. J 43, 85, -*get a* fait de (pierre) B 433. — **Formante,** -tee, l. farratum C. — **Forn,** four; -**es,** fournaise C, *formaes* v. *efornaff ;* **fournaesat,** contenu d'une f., B 356 ; **fornier,** fournier C, auj. id., du l. *furnus*. — **Fornication,** g. id. — **Fortun,** -ne C, B 552, J 85, *en e* — selon son rang J 110 *dreist* — au-dessus de tous 181 b ; malheur 142, N 1180, tourment B 642, pl. *you* H ; -**net,** châtié 366 malheureux J 196 -*yet* N 1004 ; du fr. — **Forz,** force C — *chevance* force richesses Nl 297 — *ne raff* cela m'est égal B 381, cf. Jér., J 210 b ; -**aff,** forcer, violer N 359, p. 385, *forret* 371, auj. id., van. *forh,* du l. *fortis*. — **Fos,** fosse C, grotte J 83, retranché Jér. ; -**asyat,** fouir C, *fosser* (il faut qu'])on creuse Jér.; v. br. *fos*, du l. *fossa*. — **Fouen,** foin Nl 26, etc., *foenn* C, auj. *fouen,* du l. *fenum.* — **Fouln,** g. id., l. hinulus. — **Foul,** foule Nl 74 ; -**aff,** fouler (le drap, etc.) [C, -*af* oppresser N 1462, -*ifu* H ; *no -ont* pour qu'ils ne les oppressent pas 1450 ; *pen diaoul ram -o* ou que le diable m'emporte 820 ; *mar bez foull... nep sceurt jolory,* Am., lis. *eouli ?* — **Foultr,** foudre N 874, B 526, -*lt* 793 *foeltr* C, *foldr* Cb ; du fr.

Founny, *maz* — que tu augmentes (ta force) N 1832, *fonnaff* augmenter C, *ouz -af* abondant, qui déborde J 25 ; auj. *founn,* abondant.

Fourcel, forcier l. forcerium. — **Fourm,** forme C, *furm* C; **fourmal,** (eau) pure N 947 ; **fourmag,** fromage ; **furmaff,** former C, p. J 27, N 730, marqué, écrit B 347 ; -*at* fut formé 691, Nl 24, J 127, P, auj. id., du l. *forma*. — **Fournis,** entier, complet C, B 36, 65 bien fait N 1390 bonne (manière) J 13 *sag* 116 b, (parler) tout au long N 676, tout à fait (fini) Nl 424, *quen* —, extrêmement (ravi) N 335 -*ys reyouyssomp!* Nl 137 -*is* (voir) bien B 650 ; *quen fornys,* P 276, aussitôt? -*issaf* très bon (prix) J 18 ; **fournissaff,** -nir C accomplir N 1670 -*af* J 33 b p. (neuf mois) entiers Nl 25 -*ysset* (terme) accompli Nl 294 ; -*isser* que soit accompli J 46 ; du fr.

Fourondec, fromage C, *fouloudec* Cb, du bas lat. *formaticum*.

Fouzaff, g. foutraff (lis. -re) l. *futuere* C ; du lat. — **Fraction,** la — (du pain) J 221 b ; **fragilite,** -té J 28, Nl 334, du fr. — **Fraeill,** fléau *freill* C, v. *fust ;* — *an lagat* l'anglet de lucil C ; pl. *ou* fouets B 464, auj. *freill ;* du l. *flagellum*.

Fraez, (payer) entier[1] P ; *frez* bon (pasteur) Nl 411 (penser) bien 78, (aider) généreus[1] (à nourrir) 309 (chanter) haut[1] 29, (parole) claire Jér., (trois jours) entiers Am., auj. *freaz,* clair gall. *ffraeth* éloquent, de **spractos,* cf. all. *sprechen*.

Fraill, fente ; -**aff,** fendre C, p. J 148, -*as* se fendit 144, auj. id.; du lat. *frango ?*

Fram, charpente Go, *drouc* **-et,** infirme N 1828, auj. id., cf. angl. *frame*.

Franc, g. id. C, libre J 20 b, N 253 (voir clair[1]) 1804 (jamais) certes J 39 b, *-cq* N 1868, *-cc* Nl 448; **-chiu,** *-sc* C, auj. id. — **France,** *-cc* C, Nl 343, *Franc* 384, *-ç* M 4; **-nces,** français C. — **Frang,** *-ge* C ; du fr.

Frau, chouette C auj. *frao*, de **sparva*, cf. angl. *sparrow*, moineau.

Freals, frans, l. *emanceps*, C ; **-af,** racheter J 24 b, délivrer (une femme enceinte) N 871, consoler (vos maux) J 25, p. délivré 23 b, 182 b, 198 b, dispensé (de la mort) M 7 v, (maladie) soulagée B 189, consolé J 174 b ; **freals,** bonheur B 346, consolation J 123 b ; léon. *frealʒi* consoler, du germain : anglo-sax. *freols,* libre.

Fregaff et *hegaff*, tout ung C.

Fremill, fremail, boucle ; **-mouer,** g. id. — **Frenaisi,** frénésie C, *-nesy* Nl 275, *-ʒy* 197; **-ayet,** transporté (de dépit) 13 ; du fr. — **Fres,** conséquences d'un procès B 496 ; du fr. *frais.* — **Fresq,** frais, nouveau C, (plaie) vive J 109 b, vite B 486, hardim[1] 88, nett[1] 70 b ; *frisq* vite B 93, 370, 622, *-ysq ysquyt* frais et dispos Jér.; **fresquaff,** rafraîchir, C, *-yff* renouveler Jér. p. guéri N 1153 ; du fr.

Fret, grêle de coups 461, cf. tréc. *fret*, act. de remuer, *R. c.*, IV, 153.

Fry, nez 272, J 78 b, *-i* C, N 1002 pl. *-you* J 104 b ; **friec,** qui a gros nez C, auj. id., cf. *froan*.

Friant, g. id. C, sensuel N 637 ; du fr. — **Fricaff,** froyer C, du l. *fricare.* — **Frim,** *-me* C frimas J 11, froid, glace B 790, *-ym* P, du fr. — **Fringinaff,** briser C ; du l. *frango*.

Fris : *ar -fris Marquisa,* la sotte ou la folle Marquise, Am.; *frisen* fille légère Pel.

Fritaff, frire C, *-ttet* perdu, usé, ruiné Am.; **fritur,** *-re.* — **Friuol,** frivole C ; du fr.

Froan, narine C, *fron Cb,* auj. *froen*, v. irl. *srôn*, de **sprogna*, cf. l. *spargo*, Stokes.

Froc, froc. — **Froesaff,** froisser C, *-af* être écrasé B 75e, *-o* brisera J 110 p. *froyset* C v. *breauiaff* auj. *freuʒa;* du fr. — **Froez,** fruit C, B 33, 685, J 149 b, *-oueʒ* ib. N 419; **-oezus,** fructueux C ; auj. id.; du l. *fructus*.

Fromet, abattu, consterné N 1840, enflé de maladie, (souv. dans Jér., selon Pel.); *fromet* replet Pel., tréc. effrayé, cf. gall. *ffromi,* s'irriter.

Frost, (voir ses côtes) à nu 593 (plaie faite) cruell[1] J 214, léon. *fraost* (terre) en friche, du fr. *fruste* ?

Frotaff, frotter 485 C cf. B 456, 486 ; du fr.

Froudenn, g. het l. *volupe* Cb, auj. caprice, cf. *froud* torrent, v. irl. *sruth*, cf. all. *sprudeln* bouillonner.

Frustet, (prières) inutiles, N 22 ; du fr. *frustrer*.

Fubuenn, moucheron C, auj. id. et *c'houibuenn R. c.*, V, 222.

Fulenn *tan,* étincelle morte, ou fule C, auj. id.

Fun, corde, cordeau P ; **-yenn,** func ou corde C, auj. id., pl. v. gall. *funiou,* du lat. *funis.* — **Fur,** sage C, J 4 b, P; sup. *furaff den so en bet* Jér. v. *dienn, -haff* N 1160; **-hat,** ensagir ; **-nez,** sagesse C, N 443 ; auj. id., corniq. id., prudent, du lat. *fur* voleur. — **Fusill,** g. id., fer à faire feu. — **Fust,** manche (de fléau), fût (de lance), **-aff,** bastre de fust ou de baston C, battre B 367, *e -af*, frappons-le J 108, cf. *R. c.*, IV, 299.

G

Gabriel, g. id. C, P, B 339, Nl 22, J 127 b ; du fr.

Gadales, meretrix ; **-lez,** (luxure) ; **-lus,** (-rieux) C ; *gadal* impudique, *-déleʒ* -cité Gr., prov. *gaʒal* meretrix, b. lat. *gadalis* id., v. fr. *jaal,* adj.

Gadiffer, n. de bourreau J 77 b. — **Gae,** gai 6 b, Nl 378, heureux B 34, adv. 41 P, joli C ; du fr.

Gaes, 1 s., plaisanterie, moquerie C, P 100, 166, M 53, *gaeʒ,* r. *aes,* B 383 ; du v. fr. *gavois* ?

Gaffr, chèvre, pl. *guefr, -ffr,* C auj. *gavr,* v. br. *gabr,* gaul. *Gabro-(sentum).*

Gagoillon, bègue C, van. *gaguillautt,* L'A., léon. *gak.*

Gaign ʒ coʒ —, (la) vieille charogne, t. de mépris parl. d'un vieillard, Am., auj. *gagn* et *kagn.*

Gaillard, avec plaisir N 1699 ; du fr. id.

Galant, belle (plante) M 5 ; *(bagat) -et* galants C. — **Gale,** galée (galère). — **Galeri,** -rie. — **Galice,** -ce. — **Galile,** -léc C, J 63 b, *lee* 3 s. Nl 502, P ; du fr.

Gall, France ou Gaule C ; **-ec,** français H, auj. *bro-C'hall,* cf. lat. *Gallia.*

Galloet, puissance, pouvoir, 105, M 4, *-out* N 716, B 87, r. *et ;* 88 r. *out ;* J 56, force N 956 ; *guellat,* pouvoir, inf., B 571 ; pr. *gallaff* 408, J 29, cf. 112 b, N 1567, *guallaʒ* 509 ; *galles* J 92 b, *ne elleʒ* B 290" ; *guell* 360, J 116 b, 197, *guel* 177, B 419, *ne ell* 391, J 188, cf. B 349, 210 ; *guellomp* N 795, *ne ellomp ... outy* B 641 ; *guillit* N 1830, *guellet* B 302, *e* 647 ; *guellont, e-,* H ; *galler* on peut B 21, *gua-* M 7 *guillir* H 53 imp. *gallenn* N 386, cf. 36, *guilly* il pouvait N 336 ; *gallas* J 186 b ; fut. *guilliff* B 587, 516, cf. J 5 b, N 392, N 1089, H ; *i-* B 461, cf. J 89, *hilly* B 730 *elly* 614 ; *gallo* 91, N 431 ; *dreʒ quelhomp* Nl 137 ; *guelhet* B 595, J 45 b, *gallent* lls. *galleut* N 774, r. *eut,* 3ᵉ *gallint* B 623, *galher* on pourra J 34 b ; cond. *galhenn* B 111, cf. J 133, *gallenn* B 33 ; *galhes* J 88 b, *-he* 28, cf. 128, *galle* N 878, *galhemp* 223 b, *-hent* B 551 ; *-het* on pourrait 547, *gallet* N 1112, 1180 ; *galses* tu aurais pu J 15 b, *-sesde* N 664 ; *-se* (s')il avait pu J 205, pourrait B 7, 335 ; *sech* J 153, *ne alsent* Nl 552 ; **galloedus,** puissant C, B 124, *-oudus* 114, J 140 b, auj. *gallout,* cf. lith. *galiù.*

Galu, appel P ; **-et,** appelé, nommé 32, N 1756, cf. J 55 ; *galu !* B 520 *gueluomp* crions (Noël) Nl 110, *ʒ-* 137, *gueluet* N 1499, *guiluit* 1604, inf. *gueruell* C ; auj. *gervel,* p. *galvet ;* même rac. que l'angl. *to call.*

Gamaliel, n. pr. C, J 155. — **Gandelet,** gantelet C ; du fr. — **Ganes,** (vieux) fourbe, Am., cornou. *-nas,* léon. *-nés* Pel. du b. lat. *gannum* tromperie, ital. *inganno.*

Ganet, né C, J 28 b, (aveugle)-né N 1003 ; *ma mab ... ma en ganer* pour que mon enfant naisse 893 ; *-as enfanta* B 340, J 124, *gua-* Nl 133; *ganat* est né 17 B 582, *maʒ —,* où il est né N 927, *oʒ —* vous êtes né B 178, *-o enfantera* N 119, *-se* -rait Nl 483, *-set* naquît 114, N 1780 *-het* naîtrait P ; inf. *guenell* C, N 868,

49

-*el* 391, Nl 88, enfanter; **guiniunelez,** naissance C, *guynyvelez* Nl 299; auj. id., gaul. *-genos*, né de ; même rac. que lat. *gigno*.

Ganiuet, canivet (canif) C tréc. *ganivet ;* du v. fr. id.

Ganiuedenn *an glau* l'arc-en-ciel C, *g* par confusion avec *ganiuet ;* auj. *kanevedenn*, corniq. *camniuet* de *cambo-nemeton*, sanctuaire courbe ? *R. c.*, VI, 391.

Gant, avec C, N 21, par 6 (étonné) de 17 (soin) pour 913 (prier) pour 1267 — *cridyff* pourvu qu'on croie Nl 167 — *cacc* J 223 b, r. *at* J 83, *gat* N 136, B 714, *gant ez clevas* lorsqu'il entendit Gw., *gueneff* avec moi, par moi B 255 cf. 161, J 5 b, 20 b, 52 b, 54 b, H; 2ᵉ p. *guenez* N 93, B 602 cf. 503, J 183 b, *guen ez* r. et 198, *guenet* B 698 cf. J 94 b, *guenede* N 1507, B 312 cf. J 190 b; *genty de* 146, lis. *guenyde ?* 3ᵉ *gantaff* N 97 cf. J 47, 6 b, f. *ganty* N 683 cf. B 103, N 1292, *gaty* Nl 232 cf. 152 r. *at, ganty hy* B 750; pl. *ganeomp* H, *gueneomp* N 1932 cf. J 161 b, *-eompny* N 1067, *-nompny* B 546, *guen empny* J 228 ; 2ᵉ *gueneoch* 55 cf. 5 b, *-nech*, 6, 39 cf. 147, *-noch* B 55 *-neochuy* N 694, *-nechuy* B 541, *guynihuy* J 104 b, cf. 45 ; 3ᵉ *gante* 103 cf. 86. Auj. id., v. gall. *cant*, gaul. *canta-*, cf. grec κατά. Voy. *digant*.

Garan, instrument à caver boys C, auj. id. f., jable de tonnelier, Troude.

Garderob, -be. — **Gardian,** l. *gardianus* C; du fr.

Gardis, dur¹ 405, Nl 449 hardim¹ J 57 b (garçon) vif, ardent, Gw., *-ys* dur¹ Am.

Gargadenn, gorge ou gueule C *-en* gosier Am. auj. id., v. fr. et h. br. *gargate*.

Gargan, le mont Gargant C. — **Garit,** -te, (guérite); du fr. — **Gariantes,** guirlande C, J 109 b ; -*eset,* enchappelez C; du pl. fr. *guirlandes*.

Garlostenn, perce-oreille C auj. id., gall. *gorlosten*, de *ver-lost-ind*, voy. *lost* et *R. c.*, III, 236.

Garm, clameur C, P; -*et*, crier C, Jér., -*ent* criaient Nl 553, auj. id., même rac. que *galu*.

Garnn, *bede* — (être utile) jusqu'à la corne P, pour *bet e carnn (carn,* sabot des chevaux, auj. et dans le Cartul. de Landévennec). Voy. *corn*.

Garr, jambe 458 C, Nl 136 *guarr* 220, *gargam* jambe torse C auj. id., f., irl. *cara*, voy. *deuesquer*, même rac. celt. que le fr. *jarret*.

Garredon, récompense 605 C ; **garedonet,** -sé B 418, cf. 168*, auj. id., cornou., Troude ; du v. fr. *guerredon*.

Gars, jars, oie, C auj. *garz*, cf. fr. *jars*.

Garu, dur, cruel, C, P, *han cuff han* — les hommes doux et les cruels M 3, grave, noble 1710, dur¹ 355, cf. J 21, *garo* Nl 42, 1 s., *caru* N 283, sup. *garuhaff* 94 cf. J 27, *an carfaff* M 2 ; **garvder,** rigueur J 28 b; **garuentez,** âpreté C; auj. *garv*, de *garvos* = grec γαῦρος.

Garz, buisson C auj. id. f., haie gall. *garth* = gr. χόρτος, enceinte, voy. *liorz*.

Gascoignn, Gascogne M 4; du fr.

Gast, C, meretrix auj. id., en gall. chienne, en irl. vieille, sorcière.

Gat, lièvre C, N 285, Am. v. *caten ;* auj. id., f., corniq. *gad*.

Geant, g. id. C. — **Geaulyer,** geôlier J 216 b. — **Gener,** genre; *-al,* g. id. C, J 66 b (créateur) universel M 2, — *tevalder* J 148. — **Genet,** genet, cheval Jér. v. *cousr*. — **Geneuef,** *Genovefa* H, Geneviève C. — **Gent,** gent, beau B 629, adv. 91; *-il,* bon 316, J 115 b, 158 b, *ha — ha bilen* nobles et vilains B 274, gentilhomme N 1349 *tut —* gentilhommes Nl 404 gens de bien, braves gens 127, B 472, *an — Pylat* J 116. — **Geomancc,** -cie N 771, 827; **geometri,** -ie C. — **Gerarchi,** -ie C (hié-). — **Germen,** germain C; n. pr., N 1104. — **Gerundiff,** g. id. — **Geruoes,** Gervais. — **Get,** get de robe, l. fimbria; **getoer,** g. id. — **Gibet,** g. id. C. — **Gibicer,** bourse ou poche B 66, var. *-ecer* (gibecière); **gybyer,** gibier N 305. — **Git,** gîte 1895. — **Gildas,** n. pr. 453, *Gueltas* C et auj. — **Gilet,** Gilles. — **Gingibr,** ginginbre C ; du fr.

Glachar, douleur J 4, N 77, *glar* 1 a. Nl 109 ; **glacharet,** affligé P ; auj. *glac'har*, van. *glar L. el L.* 72, v. irl. et gall. *galar*.

Glan, pur N 151 saint J 14 *Patric* — saint Patrice N 48 mon bon (ami) J 5 b délivré (*a, de*) B 663 *an bet* —, tout le monde 442 *quement* —, tous ceux Nl 17 ; tous N 550 J 42 (jamais) de la vie 13 b (payer) entièrt 18 (croyez) bien 10 b, N 29, certes 54 *an fet* —, le fait est sûr 52 *a* — *coudet* de tout cœur 970, B 176, *an* — *Speret* 309, N 973 M 2, *an S. g.* J 127, *an* — *croas* B 185, — *ro.nnes* J 40, auj. id., gaul. f. *Glana*, même rac. que l'angl. *clean*.

Glann *ann dour* rive de rivière C, gall. *glan* f., cf. br. *englenaff* ?

Glas, vert C, *ha*— *ha sech* B 59 (pomme) fatale J 4, cruelle (mort) 107 (peine) 85, Nl 459 ; — *ha serç* infirmes et valides J 129 ; **-aff,** reverdir ; **-art,** lézard ; **-der,** verdeur ; **-tannenn,** C, *-tennenn* Cb, chêne vert; auj. id., v. br. et v. irl. *glas*; gaul. *glastum*, teinture bleue.

Glau, pluie 106, C, P'; auj. *glao*, gall. *gwlaw*, m.

Glazren *Roe* —. le roi Grallon Gw. v. *beç*; pour *Graçlon* ?

Glenn, pays 312, N 40, Jér., *de* —, dans sa juridiction J 103, *glen* id., N 111 ; la terre, le monde, 34, P, Nl 62, 94 *en hon clen* 398, glenn, id. M 5 gall. *glyn* vallée, irl. *glean*, cf. *glann*. Il y a qq. erreur dans *Judas en guerças glenn* Jér.

Gleu, puissant 156, J 177 b, hardiment B 543, var. *gleo*; gal. *glew*, vaillant, corniq. hardi. R. c., III, 412.

Gleur, lueur J 230 b, *sçleur*, Gr.

Glin, genou N 900, m. : duel *dou glin* 909, *douglin* B 256-7, *doulin* 276-7, cf. Pel. v. *elin* et Nl 40 ; plur. du duel *dauglinaou* 310 (*dan*) *non glynou* P, auj. id., v. irl. *glûn*, de *gnû-n* cf. γνύξ.

Glisi, goutte, crampe nl 1899, *-y* Gr. cf. *gloas*.

Gloan, laine C, N 1618 ; **gloanennec,** qui a laine C, trée. id., v. gall. *gulan*, cf. lat. (*v*)*lana*.

Gloar, gloire 279, H, *dre* — J 176 b, *greomp* ...*-e memoar da Mary* Nl 379, *an guerches* — 34 litt. la Vierge de gloire (cf. *damany*) ; *ent uhel ha* — P ; *gant glor*, avec respect B 124, r. or ; du fr.; **gloria !** (les anges chantaient) —, Nl 230, du lat.; **-riflaff,** -er C, cf. J 94, 179, N 1223, P, B 110 ; **-rifle,** glorieux J 236 b ; **-rius,** -eux 19 b, H, Nl 257 ; auj. id.; du fr.

Gloas, douleur 489, f. : *he,* J 28 b ; *gloes* P pl. *gloasou* J 69, N 669, *-aou* Nl 78 gloesou Gw.; **gloaset,** blessé, malade, N 1214, J 175 b, *glasaf* percer 137 b, auj. id. f., gall. *gloes*; f., cf. *glisi*.

Gloat, royaume, P 4, 24 ; *mam Roe an* — *ha Paradis* 132, *an glat an paradis*, le royaume du ciel N 1527, *mam a glat* mère céleste P 209, *dan* — *padel* au royaume éternel M 10 ; *gloat* fortune, argent B 38, 42, 79*, M 10, Gw., *glat* B 45, J 9, 17, N 621, 1641, Nl 195, pl. *gladou* P; v. gail. *gulat*, irl. *flaith* domaine, f., gaul. *vlatis*, cf. all. *walten* dominer.

Gloeb, humide H, *glueb* C, *gleb* N 939 ; **gluebour,** humidité ; **gluybyaff,** mouiller C, p. *gluibyet* J 60, *glibyet* B 262-3 ; **gluipyadur,** moiteur C ; trée. *gloeb*, v. gall. *gulip* = *vliqvos*, cf. lat. *liqu-idus*.

Glos, glose C ; du fr.

Glou, charbon J 12, *poaç* — tout brûlé P, *tan* — feu vif Gw., *tan glaou* M 10, Nl 181 ; *glouenn* un charbon, C ; *Roe an glou* P, lis. *Roen golou* ? Auj. *glaou*, gall. *glo*, irl. *gual*, R. c., VI, 24.

Glout, glouton C, *an dyaoull* — B 274, *tut* — 649; lis. *an tut (re)* —, J 13; **-on,** n. de bourreau B 452ᵃ; **-oni,** gourmandise C, N 632, *-y* J 13, H, *-onny* H; **-onius,** gourmand 12 b; du v. fr. *glout*. — **Gludaff,** engluer; **glut,** (glu) C; du fr.; cf. **gludat,** pontelet C.

Gluesquer, C, *-que Cb,* grenouille, raine des champs C, tréc. *gloesker, goesklev,* corniq. *guilschin.*

Gluiz, rosée (et *glueiʒ,* non traduit?); **gluizaff,** rorare C; auj. *gliʒ,* gall. *gwlith.* Macsoth *gluiʒ* P 195 tu (l')as nourri (de ton) lait? Voy. *bloaʒ.*

Gnou, manifeste, évident, 261, C, Gwinglaff (Pel.) J 236 b; adv. 119 b, P, B 47, 512ᵃ; *a — plen,* évidemment 384; *gant —,* avec évidence, publicité, 52, 661, J 177 b; **gneulff,** apparoir C, p. *gnouet* B 513ᵃ; fut. *gnouo* qu'on voie, sache N 299, 304; **gnouhat,** éclaircir, expliquer B 99; même rac. que *aʒ-nauout.*

Go, levé, fermenté; **-aff,** lever comme la pâte; **-ell,** levain C, auj. id., cf. all. *gæhren* et ζέω.

Goa, malheur J 179, N 1657, C, P, — *me* J 126, 233, *goae* 15 b, P, *goany* 223, Nl 90, — *ann heny*... B 441, — *pien an den*... J 92 b, — *so* malheur à qui est 14, — *veʒo eff* ce sera malheureux pour lui B 264, *hep* — sans mal J 112 b oʒ *goae* de mal P; *na goa,* lis. *nac oa* quelque (ferme) qu'elle fût 148; souvent *goaff,* une fois *goa,* Jér.; gall. *gwae,* cf. angl. *woe.*

Goablenn, *gabienn,* petite anguille C, auj. id. f.

Goae, mou 24, C, de matière subtile 442; **-der,** mollesse C, auj. id. gall. *gwag,* vide, vain, cf. lat. *vacuus.*

Goachat, croasser C auj. *goac'hat;* cf. *evid na rahy* **gouac'h,** pour ne point crier? Am.

Goacol, C, bourrelet, auj. id.; en Touraine *jacole,* sangle de portefaix, Pel. — **Goadyza,** agir foll⁴ P, auj. *gaodisa* se moquer; du fr. *gaudir.*

Goaff, 1 s. lance C, Nl 53, *-af* J 148 (m., e), *goa* 144 b, pl. *goeffyou* P; **emguaffet,** (quand ils) se (furent) armés de lances P 114; auj. id., m. cf. fr. *gaffe.*

Goagrenn, petite glande entre la chair et le cuir C, auj. id. f. gall. *chwaren.*

Goalchaff, rassasier C, p. P, *de* **goalch,** à sa volonté B 647 auj. *goalc'ha,* gall. *gwalyo,* cf. *gwala* plénitude, de **valg-*; voy. *guelchiff.*

Goalenn, verge C, sceptre B 23, J 178 b, autorité N 1400; — *real* sceptre, — *musur* aune C, *goalen Doe,* fléau de Dieu, Gw., *-nnou* fléaux H, *-enn* anneau (pastoral) N 1767, auj. id., gall. *gwialen,* cf. fr. *gaule.*

1. **Goall,** av. le nom (affaire) importante P 119, méchant J 23, N 1596, mauvais 987, B 576, malheureuxˢ N 672 (il fallait) absolumᵗ Nl 515 *goal* terrible N 797; *guell* excellent B 67 très (excellent) N 1432; auj. *goall* tréc. *goell,* cf. lat. *valere*? R. c., III, 415.

2. **Goall,** faute, manque, J 73 b, vice, crime B 314, P, J 15 b, 95, 148 b, B 484, malheur 719, N 33, 1840; *goal* 67, 306, 1823, *gouall* Nl 458; *a goall nen cafaf* faute de J 217, *goall nen cafaf* 188, cf. 215 b, *a goall... e guelet* 188 *goall e guelet* 130, faute de le voir; — *bout fier* faute d'être hardi (sans respect humain) 79, 196 b; *goal nen guelaf* si je ne le vois pas 193 b; **goallec,** négligent C, B 640; **-ecat,** être n.; **-eguez,** *goalegeʒ,* négligence C; **goallet,** infirme N 1110; vann. *a pe hoalle... doh-t-ou* quand (qq. ch.) lui manquait, Rue er sænt Van. 1839 p. 229; gall. *gwall* défaut, négligence.

Goanac, espérance C, gall. *gofynag* confiance, de *vo-* et gall. *mynag* rapport, br. *menek* mention.

Goanaff, C, p. *et* châtié N 763, malade 1907, *-no* tourmentera J 110, N 88, de *gwan* faible, gall. id., l. *vanus.*

Goap, moquerie, tromperie, 17, P, J 8, 27 b, *-ab* B 260, N 157, 1619; *dre ma goap* B 403; cf. 790; **goapat,** moquer C, *-ppa!* N 610 *goapeyt!* 2 s., r. *it,* Nl 277; *em goapaher* on me raillera J 33, auj. id. cf. fr. *gaber,* norm. *gouaper.*

1. **Goar,** doux, humble, 527, N 1939, P; *Guerches* — Nl 113, *an* — *Mary* 70, 431, etc., miséricordieus¹ J 91 b, *gouar* heureuse (chose) P; **goarec,** arc, — *an glau* arc-en-ciel C, *-ac* Cb ; **reguer,** archer C, *-raguer* Cb ; **goarez,** abri N 417, *gouarez* séjour bienheureux Nl 342, *gwarez* protection Gw.; **goarezet,** abrité, réchauffé Nl 140, *maz -zset* pour qu'il fût abrité 413 ; **gorrec,** ɪ (sans) fatigue, » Jér. v. *corr,* ou plutôt sans [être] lent, cf. *R. c.,* III, 414; auj. *goar* courbé (gall. *gwyr,* irl. *fiar*), *goarek, gorrek* lent, *goarez* qui abrite, gall. *gwaredd* tranquillité.

2. **Goar,** il sait J 14, N 198, P, *a te na* — B 614; auj. id., gall. *gwyr,* irl. *fitir,* déponent, même rac. que *gouzuout,* R. c. VI, 42.

Goarant, garant, protecteur N 1798, celui qui autorise J 163 ; **-aff,** garantir, protéger, fortifier N 1245 *-az* respecter 603 *me az goarant* je te l'assure J 97, B 611 *gorant* il protège, lis. *goar-,* 612, cf. 559, J 232 b, *mez -o* je te promettrai de 14 b, défendra 184, B 660 ; *-et* vous garantissez, vous voulez faire authentiqt (votre testament) N 1323 ; **goarantez,** (les Anges, votre) garde, Gw.; auj. id. — **Goarnisaff,** garnir C, p. Nl 170, C, auj. *goarnisa.* — **Goart,** (sous bonne) garde 366, auj. *goard ;* du fr.

Goas, serf C — *lig* homme lige N 35, pl. *guisien lig* M 56, *guysion* serviteurs (de J.-C.) Nl 138; *goas,* garçon J 131 b, Am., v. *euz ;* homme, mari, N 447, Nl 485 ; *calon* —, le cœur de l'homme 565, *goases* servante B 174 ; **goasant** *da,* rendre hommage à Nl 268 ; **goasoniez,** hommage N 497, C, auj. *goas* garçon, v. gall. *guas,* irl. *foss,* gaul. *vassos,* d'où fr. *vassal.*

Goascaff, p. *-squet,* étreindre C ; **goasq,** oppression P; en serrant ? B 581, auj. *-a,* v. br. — *guescim ;* irl. *faisciim* je serre; *R. c.* V. 263.

Goasquet, abri Nl 413, 470 *en he goua-* (la Vierge le prit) dans ses bras 131 ; **goasquedaff,** tenir chaudement 140, *gouasquedas* abrita 401, auj. id., v. br. *goascotou* ombre, de *vo-* et *squeut.*

Goastaff, dévaster, C auj. *-a;* du lat. *vastare.* — **Goastell,** gâteau C, du v. h. all· *wastel.*

Goat, sang C, J 16, H, P; **gondaff,** saigner C, p. Nl 212, *goat* il saigne B 599 *goatsont* ensanglantèrent Nl 135 ; **-deguenn,** boudin C; auj. id., gall. *gwaed;* cf. le suiv.

1. **Goaz,** ruisseau C *guez dour* J 160 ; **goazretdennou,** ruisseaux N 1790 ; **goazenn,** veine, B 546 C, *-en* Nl 356 *-zyen* B 459, pl. *-zy* 394, 569, *-ziet* N 1899, *-yet* P; auj. id. f., van. *goeh,* XIIIe s. *goiz,* R. c., III, 413, gall. *gwyth* f. canal, veine, pl. v. gall. *guithennou,* cf. lat. *vēna?*

2. **Goaz,** oie C, pl. *-y* J 200 b, Jér. auj., id. f., gall. *gwydd,* v. irl. *géd,* cf. χήν.

3. **Goaz,** pire 714, N 1111, J 234 b, — *pret* B 488 cf. J 120 b; sup. *-haff* B 455 *-haf* J 32 ; *-het bell,* cruel désastre ! P 265 ; **goazhat,** empirer, faire mauvais C, *goazhas* devint plus malade Nl 174, auj. id., gall. *gwaeth.*

Gobelet, g. id. C; du fr.

Godoer, petit lit C ; auj. cabane, m., *goudor,* abri m., de *vo-* et *toer* couvreur ?

Goeffaff, se flétrir C, auj. *goenvi;* gall. *gwyw,* flétri.

1. **Goel,** fête C pl. *you, gouelyou* H auj. id. m., irl. *féil,* du l. *vigilia.* — 2. **Goel,** voile (de navire) C, N 125 auj. id. f.; du l. *velum.*

Goelaff, pleurer C, J 99, P, *goue-* Nl 219 *gouelaf* N 1208 ; *goelez* tu pleures J 186 b, 194 b, *goelhet* vous pleurerez 125 b ; **goelnnn,** pleurs, C, M 7, cf. J 190, 223; **goelann,** l. ulula, C. Auj. *goela,* cf. angl. *to wail;* v. br. *guilannou,* d'où fr. *goëland.*

Goelet, fond C, B, titre, J 165 b, P *goulet,* r. *oul,* B 792, auj. id., m., gall. *gwaelod,* cf. *gwael* bas, vil.

Goestl, gage ; **-aff,** gager, vouer, C, *-as* voua, recommanda N 1513, cf. 1901 ; *ny ho* **goestlouo,** nous les gagerons (des gardes) J 166 b ; **goestlouer,** stipendiarius C, auj. id., gaul. *-geistlos* otage, d'où l'allem. *geisel.*

1. **Goez,** sauvage C, av. le nom, B 385, 388; -*et* bêtes sauvages, gibier N 268, 288, auj. id. gall. *gwydd* v. irl. *fiad*, cf. all. *weide* pâturage.

2. **Goez,** (en) forme (humaine) 432; tréc. *goes tē* à la mode d'(un tel), gall. *gwedd* f. façon, cf. εἶδος.

Goezreu, maladie des yeux C; catarrhe, fluxion sur les yeux, Gr.

Goff, forgeron; **gouel,** forge C, auj. *go,* gaul. *Gobann-icnos,* cf. γομφόω (Windisch); *R. c.,* III, 413.

Goyunez, vœu C, cf. gall. *gofuned,* f.; v. br. *guomonim* promettre, cf. lat. *submoneo*.

Golchet, couette, *golchet poente* couete pointe; **-chedenn** *march* stramentum C, auj. *golz'hed,* f., v. br. *colcet,* du l. *culcita*.

Golff, sans queue C; van. *qui-golvēc,* mûtin, L'A., tréc. *gōl,* qui n'a pas d'oreilles, h. br. *golvet, R. c.,* V, 222.

Gollo, vide; **-et,** vide C, *goloet* B 344, *goulloet* 328; inf. **gollonder,** C; auj. *goulo,* vann. *goulihue,* v. gall. *guollung,* vide, auj. *goilwng* laisser, lâcher, quasi ὑπολήγω, cf. ἄ-λληκ-τος, lat. *langueo, laxus,* angl. *slack.*

Gon, gond C; du fr. — **Gonn,** truie ? 593.

Gopr, salaire C, *gobr* C, récompense, prix, J 83 b, N 593, P; **gopra,** louer C, auj. id., m., gall. *gwobr,* de *vo* et de même rac. que *prenaff*.

Gor, (feu) ardent 790; furoncle C; **-et,** chauffé B 736, auj. id., *gwiri* couver, gall. *gori* suppurer, couver, v. irl. *goraim* je chauffe, rac. *gher,* θέρομαι.

Goret, (je ne puis) qu'y faire 304, — *an cas* me préserver de ce crime J 95 b; cf. *ne hallan gorret andra-se,* (dialogue anc.) trad. « je ne puis rien au-dessus de cela », je ne puis rien davantage, Pel. v. *gorren*; gall. *gwared* délivrer, secourir, de *vo* et rac. de *redec,* cf. *R. c.,* VI, 16.

Gorgaff, engorger, dévorer C; du fr.

Gortos, attendre C, J 61 b, Nl 449, *-oz* 224, *gourtos* J 36 b, 37 b, 46, Nl 59, veiller N 231, *-oz* J 162 b; *gourto!* 183 b, B 538, *gorteomp!* J 6, *gourtoet!* N 183, p. B 76° *gortoit!* Pel. fut. *gourteif* 291°, lis. *-oif* (r. o), *-eiff* 572, *oin* 572°; cond. *gortose* voulait attendre 379, auj. et corniq. id., cf. gall. *gwartu* garder, all. *warten* attendre.

Gou, mensonge, erreur P, N 24, J 4 b, *hep comps guer* — sans dire un mot de faux B 433; le faux N 1472; tort, mal, 104 b, 133, B 484; *gaou* 735, J 41, Nl 81, M 55, N 1509, *e* — (jurer) à faux 1539; **gouyat,** 1617; **-yer,** C, J 80, var. *gaouier,* menteur; *ho compsou so gouyer* (var. *gaouyer*) 219 b; (erreurs) mensongères B 108 cf. 432, auj. *gaou* v. irl. *gō* cf. γωσσέλας menteur.

Gouaff, 2 s. hiver N 1448, *-af* J 190 auj. *goanv,* irl. *gaim-red,* cf. χεῖμα.

Goude, après J 13, P, il y a (3 jours) 206, — *ma ober* après qu'il m'a fait (pape) 82 b, — *e quempret* a. qu'on l'eut pris 75 — *meruell e tat* B 435; ensuite N 1630, J 144 b; *ho* — après eux H, — *se* après cela Nl 302 *goudese* B 13; *gouden* après le 727, N 1366, J 9 b; **goudevez,** ensuite 67, auj. id., v. gall. *guotig,* de *°vo-eti-c, R. c.,* VI, 58, cf. gaul. *etic,* et?

Gouhereff, juillet C auj. *gouere, -ro,* van. *gourhelin,* de *vo-* et *hezreff*.

Gouhez, bru C auj. id. gall. *gwaudd* de *°vaduya* cf. sanscr. *vadhû.*

Gouhin, gaine C, auj. id., corniq. *guein,* du l. *vagina*.

Goulazenn, latte C, auj. id., van. *glouahenn,* de *vo-* et *laz,* irl. *slat =* *slatta,* d'où fr. *latte*.

Goulen, une demande Nl 241, demander 74, H, *-enn* C, N 329 (*ouz,* à) J 41, *goullen* Nl 16, 340; p. *golennet* N 296, *gou-* B 672, pr. *-ennaff* N 1312 *-enaff* 1243, *-enaf* 1283; *goulennas* Jér. v. *dinoe, -ensount* P;

-*nno* (nul ne me) voudra (pour maître) N 42; imp. *goullennent* Nl 106; *goulensot* tu demandas Jér. v. *glen*; *goulenhet* vous demanderez J 49, *gol-* B 402, *ez goulenher* on te jugera 717; part. *goullet* demandé Gw.; *goullet*, demande ! ib., Pel. doit être une erreur. Auj. id., p. *goulennet* et *goulet*, corniq. *gulen*.

Goulfenn, n. pr., l. Coluinus C, *goulvenn* H, auj. id.

Gouly, plaie 484 C, H, Nl 15, P, f., J 236, pl. *ou* 43, 2 s.; 105 b, *-iou* 214, B 482, *-yaou* Nl 214, 3 s.; **-liaff**, blesser C, p. H, *en -lyat* on le blessa Nl 279 auj. id. gall. *gweli* m., cf. οὐλή.

Goulyeau, barre, l. clatrus C, *gouliaw, gouriaw* planche attachée au travers d'une porte, en dedans, pour la fortifier, pl. *-iewen* Pel., cf. *gourrin* L'A, *gourin, raoulin*, Gr., linteau; "de *ver* comme gall. *gwarddrws*, ὑπέρθυρις ?

Goultenn, fanon de taureau C, auj. id. f.

Goum, gomme C ; du fr.

Goumou, lis. *-mon*, l. alga C, auj. id., d'où fr. *goëmon*.

Gounit, gagner, acquérir, vaincre, H, N 790, Nl 552, *gonit* B 79°, 303, mériter, obtenir 712, J 92; gain, profit, prix, avantage, 84 b, N 141, 1372, B 644; prés. *gounezet* 77°, fut. *-if*, *-o* J 146, 145, H, *gonezo* B 25, *gouezhimp* 3 s., lis. *gon-* N 473; cond. *gouneze* P; **gounidec**, cultivateur; **gonideguez** *en douar* agriculture, *gounidigaez* C, v. *labourer*; auj. id., gall. *gweini* servir, irl. *fognfu*, de *vo* et rac. de v, irl. *gnim* action, gall. *gnif* effort.

Gour, homme C, valet (de bourreau) B 697 personne, avec nég. 405, N 188, 252, J 96, 134 b; v. gall. *gur*, v. irl. *fer*, cf. lat. *vir*.

Goural, corail C, Gr. id., gall. *gwylar* m., cf. br. *goularz* m., ambre, Gr.

Gourchémenn, commandement 85, N 1913, P, J 41, *-en* 33 b, N 177 — Doue les c. de Dieu 464 pl. *-nnou* 952; *gourhemenn* 113; *-chemmen* H; *gourchemenn* commander C, il commande N 536, B 84 *-en* N 240, p. *gourhemennet* 12; *gourch-*, recommandé B 683, *-nnaff* je recommande 261, *-af* J 198, *-enaf* N 651 auj. *gourc'hemennt*, de *ver-* et *quemenn*. — **Goureher**, couvercle C, *goulc'her* Jér. et auj., gall. *gwerchyr*, m., = *ver-cor-*, corniq. *gorhery* couvrir. R. c., VII, 151. — **Gourdornn**, poignet M 7 v de *dorn*. — **Gourdrous**, menacer C *-et* ! Gw.; *-ou*, menaces J 164 b, auj. id., de *trous*.

Gouren, lutter; *-ener*, lutteur C, auj. id., et *gourin*; gall. *gwrthryn* m. lutte, de *gwrth* contre, br. *ouz*, et *rhyn* agitation ?

Gourfauterecat, abonder C, dérivé de *ver* et *paut* abondant. — **Gourffenn**, une fin C, *goufen* M 3, gall. *gorphen* de *penn*, R. c., VII, 151.

Gourfoullet, cahoté 474; du fr. *fouler*.

Gourhe, ladrerie des porcs; *-eec*, (porc) ladre C, auj. id., m.

Gourhet, brassée; *-higaff*, étendre les bras C, *hedaff* Davies, auj. id. gall. *gwrhyd* m. de *gour* et *het*.

Gourhiziat, hennir C, auj. *gourrizia* v. br. *guirgiriam* je hennis; irl. *fergaigim* je suis irrité, cf. ὀργή.

Gouris, ceinture C, P; *-aff*, ceindre C, auj. id. gall. *gwregis* m., rac. *vrac*, d'où l. *braca* (Schuchardt).

Gourien, mousse d'eau l. muscus C, ce que la mer laisse en se retirant, Pel., Trd., cf. gall. *gwyrlen* guirlande?

Gourm, *gorm* gourme de bride C; du fr. — **Gourmandet**, reproché, blâmable J 85; du fr. *gourmandé*. — **Gourmant**, *-nd*, sensuel 442, 494, J 12 b; *-ndery*, *-ndise* 13 auj. id.; du fr. — **Gourmy**, lis. *-ny*, fils du neveu ou de la nièce C, de *ver* et *ny*.

Gourre, sommet, l. superficies C, *gorre* le dessus B 592, *oar he* —, sur elle 464; **gourren,** lever C, J 185, élever (en dignité) 129 b, élever (un enfant) N 906, *gorren* P, monter au ciel, p. *gourreet* J 23 b, 45 (relevé, secouru); 118 b, (var. *gourroet*); B 326, 437 *gorroet* H, J 180; *gorre!* N 1580, *gourre!* J 203, B 677, *goʒreomp!* lis. *gorr-* N 493; *guerreyt!* Gw. imp. *gourree* J 231; -*cas* B 347, cf. P; *eʒ goreat* ils furent élevés 112, fut. *gorreif* N 383; *gorrohe* P, auj. *gorre*, v. br. *gorre*... ils s'élèvent sur (gl. *fulciuntur*), cornlq. *gorrd*, mettre.

Goursez, baut C, l. tarditas C*b*; gall. *gorsedd* trône, cf. fr. *surseoir*.

Gourt, roide C; *a debro* — *sourdet* des sourds les mangeront, certes M 7 v, du fr. *gourd*.

Gouruez, être étendu, couché N 104, C, P, reposer B 809 cf. J 160 b, P, p. -*ʒet* C cf. J 161, *gour-veʒet!* couchez-vous 135 -*ʒse* serait couché 167, auj. id., gall. *gorwedd*.

Goualfyat, épieu C, v. bret. *guedom* serpe, tréc. *gwif* fourche.

Gousper, vêpres N 462, -*ou* C, H auj. -*ou*; du l. *vespera*.

Goustadic, (coup) mesuré, peu violent J 111, auj. *gouestadik* doucement, gall. *gwastad* plain, uni, ferme, = ὑπόστατος.

Goustill, goustille l. pugio C, du fr.

Gouuern, gouverner 24, 707 rendre (justice) 695 -*nn* 34, 502, -*arn* gouverner, garder C, il gouverne B 122, *gouarn* garder P, H, *eʒ em gouuerneʒ* tu te conduis B 709 -*nhe* 121, p. -*arnet* C; **gouuernamant,** gouvernement, direction B 86, van. *goarn* garder; du fr. *gouverner*.

Gouzaff, souffrir 127 C, M 3, J 35, -*af* 13, permettre N 1472 *goʒaff* B 466, 617, p. *gouʒaffuet* 503, cf. 476, J 37, 41 b, 80; -*afveʒ* tu souffres 67; -*affuas* H, -*affas* Nl 78, -*avas* 240, -*aouas* 165, -*afas* J 75 b; -*afhet* vous souffrirez J 38, r. *ef;* 44 b, cond. -*afhenn* 28 b, -*affenn* N 884, -*afenn* 355; -*auèfeʒ* lis. -*afueʒ* 802; -*affhe* B 758, -*afve* J 114; -*afhech* 37, 44, r. et 34, -*hafet* lis. *afhet* 32; cond. passé -*afsech* 40 b; **gouzyfyat,** souffrant, C; auj. *gouʒanv*, v. gall. *guodeimisauch* u vous avez souffert n, composé comme ὑποδαμάω.

Gouzouc, cou C auj. id. gall. *gwddwg, gwddw, gwddf,* m., irl. *feidm,* joug.

Gouzroucquet, baigner; **-ncqueder,** baigneur C, *gouronkedi,* coroncqat, Gr., v. irl. *fothrucad* de *vo-trunc-*.

Gouznout, savoir C, P, M 3, -*ʒout* B 365, P, J 145, N 163, *goèʒa, gouèʒa* Am. p. *goueʒeʒ* 3 s. N 832, *gouʒve(ʒe)t* J 221; *mar goueʒaff* tant que je pourrai N 848 (cf. léon. *mar gouie,* tant qu'il pouvait); *gouʒueʒ!* B 286 cf. J 184, -*et!* N 326, cf. J 9 b, 59, *goueʒet* B 19, 117, Nl 36, Gw., v. *gweʒa, gouʒuiʒit* N 1414; fut. *gouiʒiff* B 440; *gouʒueʒy* 522, cf. J 52, -*o* B 92, 191 cf. J 224 b; -*uihet* B 462 cf. J 39 b, 164 b, *gouviet* 219 b, *gouihet* B 163, vous saurez, *maʒ -yhet* qu'on sût Nl 472, *gousyet* 3 s. id., 382; *gouʒueʒher* on saura N 781; *gonn* je sais 20, 311, *goun* J 114, P, *gon* 21, N 527, (*ne*) *onn* B 107, 361, *oun* 282, J 78, 135, *on* B 771, Gw.; *gousot* tu sais 598, J 52, -*ʒout* H, lis. *an gousode* J 112 b; -*somp* J 210 b, -*ʒomp* H, *ne ousomp* M 3; *gousoch* J 222, N 360; -*sont* H, Nl 562, J 139 b; *gous* on sait: *ne* — *pet* N 779, Nl 359, *eʒ* — 104, (ou on sut) *eʒ goux* on a su J 221 b, *na goux rann* on ne sait point M 71; *gouʒyenn* 2 s. je savais B 188 -*ien* Jér. v. *glen;* -*ie* P, *a chuy na gouʒye quet,* ne saviez-vous pas Nl 76; *gouʒyech* (si) vous saviez B 5; -*ent* ils savaient 443, cf. P, cond. *gouffenn* 361, J 210 b, -*en* Jér. v. *evit;* -*es* M 5, -*e* B 149*, goffe* P; *gouffemp* B 481, -*fhemp* J 58 b; -*ʒffech* B 367 *a* **gouez** *an bet* devant le monde Nl 551; **gouyzyec,** savant B 188 3 s. r. *iʒ* (*gou-ʒʒ-yec*); **guizuidiguez,** science, connaissance N 419, *guʒʒuyʒigue[ʒ]* notoriété (publique) 1393; auj. *gouʒout* cf. lat. *videre;* R. c., VI, 20.

Goz, taupe C, auj. id. f., gall. *gwadd* f., corn. *god,* irl. *fadh*.

Gozro, traire C auj. *goero,* v. br. *guotroit* vous trayez, de *vo-* et *treiff*.

Grace, grâce 100, C, Nl 101, P, J 4 b, N 84, 119, *dre* —, de grâce, 1554, pour te remercier de J 180 b, *en muyhaff* — de votre mieux B 466 (voir votre) Grâce N 166, *-cʒ, -cs* H, *-eç* Nl 97 *-aç* M 57 v *-ac* B 111, Nl 304 pl. *-açou* C, B 678 (rendre) grâces 261, N 489, J 40, les grâces, *avant* le repas 50 b, — *Doe* id. 8 b, — *mat* bonnes grâces B 157 *-açaou* Nl 105, 129, *-ccou* 189 *-acou* N 58, B 813 ; **graciet,** remercié B 632, Nl 379, J 183 b, cf. 116 *-tiet* Nl 288, *-ci* il remercie N 1221, *-cy* B 681, *hep ober* **graziery,** sans qu'il soit fait de grâce M 67 ; **-cius,** *-cieux* C, B 635, J 20 adv. 117 b ; Nl 298, *-cyus* 98, *-tius* 292, sup. *ciussaf* J 46 ; **-ciusdet,** 3 s. B 497 *-cyusdet* 4 s. Nl 182, *-tiustet* 257, *dre craciustet* 297 grâce, miséricorde ; **grat,** gré 64, C, J 9, 153 b, B 88, 520, N 1106, consentement J 107, B 229* (à votre) disposition N 1732, volonté N 362, 443 (ce serait mon) vœu 1760 a — (mon Père) chéri J 142 — *mat* bienveillance 153 ; **grataff,** je confie N 1048, souhaite 1886, *men gret a* lis. *grata* je promets B 508*, *gratha,* P, *gratas* promit J 127 b, 153 b, Nl 92, *grattas* P, p. *-taet* B 676 ; **gre** *mo gre* bon gré mal gré N 1761 ; **greabl,** agréable C ; auj. *gras ;* van. *gratat* promettre. Du lat. *gratia, gratum.* — **Grafaz,** rodellec civière à roue, brouette, — *treux* civière C auj. id., van. *gravah,* du lat. **grabattus* pour *grabâtus.* — **Gragaillat,** gargariz l. garrire C, *-lhat* piailler Gr.; du lat. *gracillare?* — **Gralichet,** gralichet, « le petit uoile qui monstre dont est le uent. » — **Gramel,** grammaire; **-len,** *-rien.* — **Grang,** *-ge.* — **Granoill,** *-lle* (grenouille). — **Grauel,** gravelle ; du fr. — **Grazal,** greel (un graduel); du l. *graduale.* — **Gre,** troupeau de grosses bêtes ou de brebis, du b. lat. *gregis,* voy. *re.* — **Grec,** grec; **-ec,** Grèce ; **-ecim,** grécisme, c'est un livre. — **Greer,** greer (cheval étalon). — **Grefaff,** grever C *-evet* affligé J 59 cf. 230, *-efvet* 232 b, battu au jeu 147, *em -ever* je suis affligé 196, *gref* il afflige 123 b ; **grefus,** grief, C, *-ffus* (peine) cruelle Nl 40 ; **-euance,** malheur B 742, H, cf. J 28 b, gravité d'une peine ; *-vane* lourde obligation Nl 415. — **Gregoar,** *-oire* C, *-oer* H ; du fr.

Gret *en — deʒ,* au milieu du jour J 117 b, *dre* — par l'opération (du St-Esprit) Nl 119. Cf. *grues?*

Greunenn, grain, C, pl. *greun* Am.; **greunyaff,** grener C, auj. id. f., v. irl. *grân,* cf. l. *granum.*

Griffon, g. id. C ; du fr.

Grigonczat *an dent* C grincer des dents, *-ççat, grignoçça* Gr.

Grill, gril. — **Grill,** grillon C auj. id.; du fr. — **Grynol,** grenier Gw. auj. id.; *(grignol)* f.; du l. *granarium.* — **Grisill,** la grêle C, auj. *griʒill* m., grésil ; du fr.

Groach, une vieille C, *coʒ* — B 779, *un grac'h coʒ* Jér. v. *cos,* auj. id., gall. *gwrach,* cf. v. irl. *fracc,* femme ; de *gour.*

Groachel queunet C amas de bois, *gra-* Ce v. *bernn,* auj. *grac'hel,* gall. *gwrychell* f., un fourré, de *gwrych,* haie.

Groaet, fait, devenu, rendu, 38, 54, *graet* N 525, J 24 *great* 36 b, Nl 414, B 212*, *gret* N 910, *eʒ voe* — *ordrenet* on ordonna Nl 276, *groat* B 17, 189, 351, *gruet* M 55 ; prés. *groaff* B 776, *graff* N 20, *graf* J 52 *grafme* (que) ferai-je 113, *raff* 51, B 51 *raf* 47, J 15 ; *grueʒ* M 10, N 1155, P 251, *groeʒ* H, *greʒ* 1562, J 77 b, *reʒ* N 361, M 8 v ; *groa* 6-, B 104, N 164, J 59 *gra* N 1290, *quement a — ouʒ da caset* tant il te hait J 90 b, *ra* 9 b ; *grueomp* B 224*, *graeomp* H, *reomp* 786 ; *gruet* 222*, J 112, *gret* 18, *ret* B 481, *gruyt* J 104 b ; *grueont* B 107, *greont* J 139 b, *reont* 112 b ; *graer* on fait 127, *raer* B 602, *rer* 587, 756 ; imp. *gren* N 36 ; *grae* 373, J 102 b, Nl 403, *rae* B 805, *graer* Nl 105 ; *grent* 141, 230, *rent* B 333 ; *graet* fut fait, on faisait, J 84, *great* Nl 490, 558, prét. *gryis,* var. *gris,* J 164, *gris* 91, B 187 ; 3e *greʒ* J 129 ; *gresomp* 230 ; *gruesoch* B 249 ; *gruesont* 342, *gresont* Nl 28, 74, *resont* B 650 ; *groa !* 30, *ma sintif* — obéis-moi 225*, N 872, *gra* 2, J 19, 62 *ra* B 82, *groaet* qu'il fasse 236, *gret* Nl 87 ; *grueomp* 1 s. B 461, 2 s. 69, *greomp* 1 s. J 17, N 656, Nl 98, 2 s. 344, B 212, *gruemp* 581 *graeomp* J 161 ; *gruet* 49, B 5, 297, 367, 137, *groet* H, *graet* J 47, 181 b, *gret* N 601, Nl 487, J 16, *gret e aeren* liez-le 82, *gruyt e eren* 70, id., 79 b, *grit* 9, N 826, Nl 334, *gryt* 281, J 7 b, *ret* 10, B 33, 59 ; fut. *gruiff* 56, M 53, *gruif* N 778, *griff* 1706, *grif* 123, J 21, *grifme* r.

im 230, *riff* B 521; 2° *gruy* J 52, N 1149, B 614; 3° *groay* 144°, N 284, *gray* 155, Nl 65, J 62, cf. 78 b, *greay* 9, *grai* N 633, *ray* J 18 b, B 28, *me — de¸y* je lui en donnerai ! 462, tréc. *me rei out-i ; groahimp* N 131 *grahymp* J 118 *rahimp* 27 b ; *gruehet* B 55, *greheut* J 51 b, 56 b, 131 b, *grøhet* 54 b, Nl 120, *reheut* J 131 b ; *groaint* B 428 *grahint* J 43, 43 b *raint* B 767, M 63 v, *raynt* 7 v ; *graher* on fera, qu'on fasse, J 23 b, 178, N 1387 ; cond. *grahenn* 1510, J 218 ; *rahenn* N 169, B 316, *-en* 243 ; *-es* 708 ; *groahe* 774 *groae* 1 s. 209, *grahe* N 1014, J 90, *rahe* 234, *rae* 1 s. B 209 ; *groahemp* 252, *gra-* N 347, *ra-* B 481 ; *grahech* J 147, 225 *rech* B 304, *rechuy* 248 ; *groahet* qu'on fît 247, *gra-* J 40, on ferait, P ; *raher* on ferait B 720, *raer* 1 s. 756 ; *groasenn* que je fisse 287, *grasenn* J 197 b, j'aurais fait 82 b, *rasenn* B 188, *ne graesen* je ne veux pas faire Nl 117 ; *grases* B 286 ; *groase* 437 *grase* Nl 162 *grace* J 102 b *gras en* ferait le Nl 410 ; *rasemp* B 250 ; *groasent* 438 ; **groaer**, faiseur C, *drouc graer* malfaiteur J 101 ; tréc. *groa*, il fait, corniq. *gwra*, gall. *gwna*, R. c., VI, 31. Voy. *gueure*.

Groce, crosse d'évêque ; — *an buguel*, — de pasteur ; — *morte¸* C pilon. — **Groign**, action de grogner Nl 553 ; **gront**, grondement, bruit B 794, J 112 b, gronderie 232, N 1448 ; *na* (var. *ho*) lis. *ha hy hep —* et elle (répondit) sans bruit P 86, cf. 69, 122 ; du fr.

Gronnet, 593, J 148 b (cœur) enfermé dans la poitrine ; auj. *-nna*, amasser, envelopper, *gronn* amas, paquet, irl. *grunnadh*, gathering in heaps, O'R.

Grouanenn, *greanenn*, sable ; **grouanus**, sablonneux C auj. id., corniq. *growyn*, R. c., V, 245.

Grozuolat, murmurer C, *-volat*, Gr. ; *crosmola*, dans un v. dict. *grosmolat*, Pel.

Gru, grue C ; du fr.

Gruec, femme N 898, J 115 b, C, *-ouec*, H, *-oec* H, P, *grec* J 14, *gruech* N 687 pl. *groague¸* Gw., C, v. *doees*, J 219, *gra-* 128 ; **gruequel**, féminin ; **ozechgruec**, virago C, tréc. *groek*, v. corn. *gurehic*, de *gour*.

Gruech, ciron C, *grech* P 257, auj. van. *groëh*, léon. *grec'h*, m., pl. *end*, Gr., gall. pl. *gwraint*.

Grues, *en —* au milieu (des vierges) 679, *dam —* près de moi 527, (venu) vers moi P, *dious e —* (s'éloigner) de lui J 192, *em gres* dans mon sein 141 b, *e¸ —* sur ton sein 149 b, *en he —* dans sa poitrine 148 b, cf. *gret ?*

Gruy, couture, C, *gry* J 145 ; **gruyat**, coudre C, *gruy* (un souci me) point, N 811, *gryat* clouer (à la croix) J 136 b, piquer (parl. de l'envie) Nl 197 ; *en un —* en un instant (?) Jér. *-iat* H, p. *gryet* J 42 b, (cœur) percé d'un glaive Nl 218, *-iet* J 43, P, *greyet* Nl 15, *gryas* perça (d'une lance) 16, *en gryat* on le cloua 466, *e —* qu'on le clouât 45 ; **gruyer**, couturier, f. *-es* C ; van. *groui, gouri*, gall. *gwni* ; v. br. *gruiam* je couds ; R. c., VI, 31.

Gruizyaff, enraciner ; **gruizyenn**, racine C, pl. *grityou* J 233 b, *iou* 222, le fond (du cœur) léon. *grisienna*, cf. ῥίζα, βρίσδα.

Gualern, *auel —*, vent de septentrion C, auj. id. (nord-ouest) cf. fr. *galerne*.

Gueaff, tisser ; **guyat**, toile (d'araignée) ; **guyader**, tisserand f. *es ;* **guendur**, tissage C ; **gueden**, lien, hart, Gw. v. *kerc'hein ;* auj. *gue¸ ;* v. br. *gueig* textrix cf. l. *vieo*.

Gueautenn, herbe ; **gueuta**, herber ; **-tount**, lieu où croît l'herbe C, auj. *geoten*, v. br. *guelt-*, lith. *valtis*.

Guedaff, guetter, C, *-dal* garder P, fut. *-do* N 276 ; **-dour**, guetteur ; **guet**, guet C, J 193, *guyt* C ; du fr.

Gueen, masque C, *guëenn* Gr.

Guefl, gueule C, *gueaul* Gr. ; gall. *gwefl* f., lèvre, de *vo* et gall. *byl* f. bord, irl. *bil*.

Guegen, n. pr. 368 ; au XIII⁰ s. id., *R. c.*, III, 415, 417 ; auj. *Guégan ;* IX⁰ s. *Wecon,* = **Vo-cunos,* cf. gall. *gogon-ed* élevé, glorieux.

Guelchiff, laver 265 C, J 51, *-if* 53 b, *-i* N 985, *guelhy* 1016, p. *golchet* 954, C, J 19 b, cf. 52 b ; *gulchy* lavait, lava H 45, cond. *golche* 52, *-ech* 51 b, *goulchet* qu'on lavât 53 ; *guelchy* tu laveras 52 ; **golcheres,** lavandière ; **-hidignez,** ablution ; **golfaz,** battoir C ; **goalch,** expiation ? Nl 498 auj. *goalc'hi,* irl. *folcud,* rac. *velg* cf. *goalch* et *R. c.,* II, 332.

Guele, lit C Nl 227 ; **-uout,** (être en)couche C, auj. id. m., v. corn. *gueli.*

Gueleiff, couvrir, 631, C *golo* id. C, H Jér., B 625, *goulo* 629 ; *golo* couverture C ; p. *goloet* Jér., caché B 773 ; *gouloet* 630, cf. 624 ; *gouloy* couvrira 630, auj. *golo,* gall. id., v. irl. *fullugaimm* je cache, de *fo* sous et *laigim* je me couche, cf. λέχος.

Guelelouenn, *-ouuenn, guerelouenn* l'étoile du matin C, *ar verelaouenn,* van. *er vourletlen,* Gr., cf. gall. *llewyn* éclat ?

Gueler, bière à porter les morts C ; *ghelher* Pel., gall. *gelor,* id., corn. *geler* cercueil.

Guelet, la vue P, N 991, J 148 b, voir 31, C, N 166, B 354, P, p. *guelet* J 9 b, 121 (vu la plainte) ; pr. *-aff* B 725, *-af* N 158, *-llaff* J 9 b ; *-eṭ* 112 b, B 273 ; *-er* on voit N 485, J 148, *guilir* B 544 ; *-yly* voyait P prét. *-elis* 301 *-ilis* 100, 48, P, *-ylis* J 107 ; r. *el* 175 b ; *-elsot* P ; *-elat* on vit 93, Nl 62, *-llat* 392 ; fut. *-eliff* B 487, *-iliff* 43 *-illiff* 128, *-yliff* P, *-if* J 193 ; 2⁰ *-yly* 88 b, *-ili* N 1156 ; *-elo* 821 ; (ce qu')elle trouvera (bon), B 236, *-ello* 350 ; 2⁰ *-elhet* J 190, B 60, 1, *-elliet* 1⁰, *-elet* P 40 ; *-elheur* on verra J 58, r. *er, -her* 33, B 454, P, *gueler* J 63 ! *-lhe* verrait B 234, *-het* on verrait 630 *-lse* aurait vu 365, verrait J 102 b, *-ses* tu aurais vu 213 b ; auj. id., cf. ὁράω, l. *vereri.*

Gueleuiff, *-yff,* briller ; **-euyat,** (ver) luisant ; **golou,** lumière C, M 55 v, *roen goulou* le roi de lumière, Dieu, N 1794 *goulaou* Nl 140, *deṭ mat golou* B 53, N 929 ; **goulaouaff,** briller N 141, p. *golouet* brillant B 680, 813 ; *pan -ouas deṭ,* quand l'aube parut P, *goulaouas* Nl 330 ; **goulouenn,** une lumière N 978, *teyr goulaouen,* f. Nl 94, *gol-* H auj. *golo* lumière, de *vo-* et cf. l. *lux.*

Guell, meilleur Nl 392, C, *-el remet* meilleur remède Jér. v. *evit, -ell* mieux J 7, B 291*, N 356, *-el* N 773 ; sup. *guelhaff* B 41, *-haf* 5 b, *-llaff* N 36, *-llaf* 682, *-llhaff* M 2, *-lhaf* J 214, *-afu* H ; *-elhet tra* quelle bonne chose, Nl 325, 381, — *cas* 156, — *stat* P ; **-llat,** amender, châtier, J 106 b, auj. et v. corn. *guell ;* cf. *goall* 1 ?

Guelouenn, sangsue C, auj. *gelaouen* f., irl. *gil* cf. lat. *hirudo.*

Guelteff, *-ef,* (enlaceure de) trefs (de maison) C, auj. *-tre* ciseau *Et. bret.,* IV, 4.

Gueltresenn, C guêtre auj. *geltren ;* du pl. fr. *guêtres.*

Guen, joue C, J 76 ; f. : *diou -,* 80 ; pl. *-ou,* lèvres, bouche N 591, J 25, B 131 ; **-ouat,** bouchée ; **-nuouec,** buccatus C auj. genou cf. γένυς.

Guenanenn, abeille C auj. id., f., voc. corn. *guenenen.*

Guener, vendredi J 230 b, H, *deṭ -* 80, Nl 78 auj. id., du l. (dies) *Veneris.*

Guenet, Vannes C du gaul. *Veneti.*

1. **Guenn,** coin, l. *cuneus* C, auj. *genn,* m., v. br. *gen,* irl. *gein.*

2. **Guenn,** blanc 625, C, N 152, J 43 b, beau, en bonne santé, M 7 v, cher (fils) J 159 b, *-en* 175 b (enfants) heureux, sages, Nl 105, sainte (Marie) 229 *-enn* blanc (d'œuf) C, J 201 b, le blanc (de l'œil C, *guen-*

cann tout blanc H, cf. J 233, *eʒ veʒo guenn hoʒ bet* votre sort sera heureux B 427; *maʒ eu guen da vet* 504°, *guenn bet... an heny...* heureux celui M 58, *guen bet an bedis* Nl 415 *guenn vet ma speret* B 184, *guennvet... an mam* J 174, *guenn è bet... an heny* M 57 v, *guenn e bet... a credas* J 236, *g. ma bet* B 518, *g .da bet* 629, 807; **guennuidic**, bienheureux C, *guenu-* M 55, cf. J 127 b; *-ydic*, r. *et*, B 179, *guynv-* J 193, *-idic* 209, P, *guinu-* C, cf. P 142; *-iʒuidicq* N 1215, *-iduidic* P, *-nuiʒic* H; **guennuidicat**, rendre bienheureux; **guinuidigaez**, félicité; **guennaff**, blanchir; **-nnder**, blancheur; **guenngoloff**, septembre, (paille blanche); **guiniz**, froment C (blé blanc) *gwynyʒ* Jér. v. *heis*, *guinith* Cartul. de Quimperlé, Pel. Auj. *guenn*, v. irl. *find*, gaul. *vindo-s*.

Guennel, hirondelle C, van. *guignel*, f., voc. corn. *guennol*, cf. fr. *vanneau* (d'A. de J.)

Guennhaenn, verrue C, auj. id. f. gall. corn. *gwenan* irl. *faine* cf. angl. *wen*.

Guenole, saint Guénolé Gw., v. *kerc'hein*; XI° s. *Guingualoeus*. Cart. de Landévennec.

Guent, odeur; **-at**, *ann net* éventer le blé C; auj. *guenta*, vanner; du l. *ventus*. — **Guentl**, la goutte C, v. *bannech*, douleur de l'enfantement N 870 pl. *ou* 858, *oar* —, en couches P; *gw-* tranchées Am., auj. id.; du b. l. *ventris*. — **Guentus**, ventouse C, v. *boest*, du l. *ventosa*. — **Guenueur**, janvier C, auj. *genveur*, du l. *januarius*.

Guer, mot 98, 154, J 7, N 314, P, *quentaff* — tout d'abord B 336, *an q. g.*, au 1ᵉʳ chef 108, au plus tôt 165 *hep gou* — sans mentir d'un mot 321 *ampechaf ne mennaf* — je ne l'empêcherai pas d'un seul mot J 31 b, *heb*, lis. *peb vn* —, (expliquons) tout ce qui est arrivé N 1192, pl. *you* B 286, J 62, *iou* 15, *yaou* Nl 277 *iaou* 422, *guiryaou* 380, *-you* J 25, P, B 245, *-yriou* 252; dim. *quic* 568, *guic* 568°, lis. **gric**, (ne dire) mot ; auj. *ger*, cf. *galuet*.

Guerbl, «caple» C, auj. f. bubon, v. br. *goerp* stigmate, irl. *ferb* pustule.

Guerch, ord' adj., vierge 82, N 384, P, Nl 7, *conceuet* —, conçu par une vierge 226; **-es**, une vierge J 4, B 1, C, H, P, N 160, *-eʒ* 391, H, J 84, Nl 170, pl. *-eset* 361, P, B 636, *-esou* 675, M 71 v, *-aou* Nl 352; **-chdet**, virginité 261, B 6, C, J 149 b, auj. *guerc'h*, du l. *virgo*.

Gueryn, *etren* —, dans le peuple N 1427, v. gall. *guerin*, factio, v. irl. *foirenn*.

Guern, mât; **-enn**, aune ; **-nnec**, aunaie C, auj. id., gaul. *verno-* d'où fr. *verne*.

Guerr, 2°, *guerch* 2, violence, du fr. *guerre*.

Guerz, vers C, pl. *-rʒou* H, auj. id., du lat. *versus*.

Guerzaff, vendre C, *-af* J 86 *-eur* se vend iij, *-rʒse* vendit 129 b ; **-er**, vendeur ; **-idignez**, vente C, auj. *-ʒa*, cf. l. *verto*. — **Guerzit**, fuseau, — *pressouer* arbre de pressouer ; **-zidier**, fuseillier, l. *fusarius* C ; auj. id., f., v. br. pl. *guirtitou*, cf. lat. *verto*.

Gues, truie C auj. *guis*, v. br. id., irl. *feis*.

Guespedenn, guêpe C, auj. id., du l. *vespa*.

Gueun, marais, r. *en*, N 878, léon. *geun* f., voc. corn. *guen* champ, Et. gram. 24.

Gueure, il fit 124, 179, J 137, *a* —, 2 s., 27, *geure* Nl 240, — ... *bout laʒet*... 429, — ... *eʒ vise laʒet*... 472, il fit tuer *guere* P, — *ann* 2 s. B 106, *monet a geur'en aer*, l'air devint... Nl 340, *guereu forgiaff* fit faire B 434, *guereu* (nous) rendit (délivrés) Nl 206, *guereu*, *guerue* J 128 b, *geureu* Nl 133, 76; auj. *eure*, gall. *goreu*, de *'ver-âge*? R. c., VI, 31.

Gueus, lèvre C, f., *dyu* — Jér., *dyou -ux* M 7 v; **-usyec**, qui a grosses lèvres C léon. *gweuʒ*, *geuʒ*, gall. *gwefus* de *vo* et cf. irl. *bus*, l. *bucca*.

Gueuel, tenaille C, auj. *gevel* m., v. corn. *gebell* ; v. irl. *gabaim* saisir, l. *habeo*.

Gueuell, jumeau C, auj. *gevel,* du l. *gemellus.*

Guez, fois, 632, J 71, 119, P, *nep* — (si) jamais Nl 90, *un-* (ouvrez) donc, un peu B 478, *an eil* — C tour à tour; f., *honneʒ* B 669, *teir* — M 8 cf. J 63; — *aral* autrefois C, *un* — *arall* une autre fois N 671, — *aral* autrefois C; *ne fyllyf ves* Jér. v. *gwesch* doit être différent. Léon. *gueach,* van. *gueh,* v. irl. *fecht* cf. l. *vices.*

Guezenn, arbre 332 C, *guʒen* P, pl. *gueʒ* N 890; **guezuout,** chèvrefeuille C, léon. *gueʒen,* gaul. *vidu-,* cf. angl. *wood* et *woodbine.*

Guezn, fort à rompre; **-odenn,** sentier C, auj. *guen,* souple, v. br. *weten,* de *victo-, Et. gr.* 41°.

Guezr, vert, C, *gweʒr* Jér.; **guezret,** verdeur P 243? auj. *guer,* v. gall. *guird,* du l. *viridis.* — **Guezrenn,** verre C, *-en r. eʒ* Nl 94, 95, r. *er* 356, léon. *gueren* ; du l. *vitrum.* — **Guy,** gui de chêne C; du fr. — *Aʒr* **guyber,** couleuure deaue C, tréc. *gwiber* f., vipère ; du l. *vipera.* — **Guiblenn,** uide in *lestr* C, *gutblenn* girouette, Gr.; **guimelet,** foret, guinbelet C, auj. id.; du l. *vibrare.* — **Guichet,** pourissir par darriere l. *postica* C, *gwichet* moitié supérieure d'une porte qui s'ouvre en deux parties Pel.; du fr. *guichet.*

Guydal, piper l. pipiare C, *quichat* piailler Gr.

Guignal *an noulagat* guigner des yeux C ; du fr.

Guilchat, tondre ; **-cher,** tondeur C, *guilc'hat* Gr., gall. *gwelleifio* ; v. br. *guiltiatou* tonsuras, voy. *guelteff.*

Guilhelm, C, *-llerm* H, Guillaume; **-llemet,** Guillemette, l. *-meta* C ; du fr.

Guillous, *-oux,* ménétrier C ; *gouilh* larron de nuit Gr., gall. *gwill* vagabond, corniq. *gwilleiw* mendiant.

Guimpl, *-ple* C, *guympl* Gr.; du fr. — **Guin,** vin C, P, *-yn* J 56, *oar an -in* comme pourboire B 42, pl. ou Jér.; *guin aegr* vinaigre, C, J 143 ; **guinyenn,** vigne C, léon. et v. corn. *guin* ; du l. *vinum.* — **Guinchaff,** eschiuer ou se garder de mesprandre, l. *cavere* C ; cf. angl. *to winch, to wince.*

Guinhen, uide in *breinder* C; *gilignen* aubier Gr., gall. *gwyning,* cf. *guenn.*

Guinhezr, veneur C, *-ʒ* N 273, *guiʒneʒl* 272-3 ; du lat. *venator.* — **Guintaff,** guinder C, tréc. *gwintan ;* du fr.

Guipat, C petit-lait; *laeʒ gwipat* Pel., *guitott, guitott-leah* m., L'A., cf. gall. *chwibl* aigre ?

Guir, vrai 176, N 34, P, H juste N 1183 *-yr* J 17, B 159, 337, Nl 339 ; *tut -ir,* gens de bien N 920, — reson 190; **guir,** droit, raison C, B 496, 707, 769, pl. *-yriou* P; **-iryon,** juste, fidèle, 5, — Leonis Nl 127, vraiment B 54, J 27, Nl 184, N 518, *-ion* 266, 446, P, *-yrion* B 277, *-ionn* Nl 314, *-yon* J 77 pl. *-yriounou* P; **guiryonez,** vérité, fidélité, justice, C, B 134, *-es* 245, *-ioneʒ* N 470, 526, *guyr-* Nl 63, *-ionneʒ* 314, *-yoneʒ* B 285, J 151; auj. id., v. gall. *guir* cf. l. *verus.*

Guis, guise, façon, mode, 8, f. : *homan,* 306, J 13 ; *a — yeu,* d'un genre mauvais B 209 *pep* — P 83, *e nep -ys* J 6, H, *enep* — Gw., d'aucune façon, *da —* ton sort M 10; *quis* N 328, 398, 544, 1143, 1351, 1434, auj. *gis, kis ;* du fr. — **Guisponaff,** enduire (de plâtre) C, *gussconnein* L'A.; du fr. *guipon,* br. *guispon,* Gr.

Guisquaff, vêtir, revêtir C, N 237 *-af* 217, *-caf* Gw., v. *dillat -aff* H, p. *-quet* N 1672, *guy-* J 108 b, cf. 109; *guiscas* 103 *-quenn* je revêtirais B 487 *-squ y* revêts-la 628 ; **-squamant,** vêtement C, N 1695, *-ysc-* J 43 b, P 227; **-isquadur,** id. C; auj. *-ska,* cf. *Guiscuhiarn* « au vêtement de fer », Cart. de Red. 225, et l. *vestis.*

Guitebunan, tous jusqu'au dernier, tout entier 23, *guy-* 642, J 71, 80 b, P, *-am r. an* B 438, *guytibunan* 390, Nl 97, J 10, *gui-* N 457, *-ty* — H, Nl 559, *guyty-* 176, J 101 b, *guitti-* H, *guitib unam r. an* Nl 350, *guitebuntam* B 445*, *guy-* 775, J 97, *-ti-* 38, *guit eb un tam* B 121 *guityb un tam* Nl 345 *guytebontam, -bomtam* Jér., *goetebetam* Gw. L'av.-dern. syll. de *-untam* rime ord. en *et.* Auj. *gwitibunan,* corniq. *keteponon;* van. *cotibunan* L'A., *go-* Chalons.

Guiufher, écureuil C, tréc. *gwiber,* f. gall. *gwiwer* m. cf. l. *viverra.*

H

H : *ha neueʒ flam* désormais N 975 ; *ha fell* (c'est moi) qu'il (vous) faut J 73 ; *habil* -e B 578 ; *habit* 13, -it, *habitation* g. id. C, J 37, *habitacle* g. id. C ; *ham beʒet hy* que je l'aie 132 b, cf. B 494 ; *haʒ veʒet aie* J 141 b ; *her certes* (lis. car) mss. Pel. *her na* de peur que P ; voy. *a, abil,* etc.

1. **Ha !** ah! 6 368, 576, J 21 b, Nl 245, *ha ha!* B 583, ouf! J 132 b, cf. fr. — 2. **Ha,** et C, N 6 (dev. cons.) ; 277, 338 (dev. h), *hac* 112 (dev. voy.), P 27, *ha eʒ* B 63 ; *hag* J 13 ; *hac...'ha et...* et 125 b ; *soeʒet ha cruel,* troublé, et viv^t N 502, *ha cret se crois-le bien* J 60 ; *ha maʒ* quand même (je dois) 67 b, (un pays) où (vous alliez) B 24, *ha pan si* (je trouvais) 316, van. *a pe ; ha hy* quoiqu'elle soit N 707 cf. B 16, 644, J 126 ; *ha est-ce que* 54, voy. *a* 6, 7 ; *an froeʒ... ha me... ameux ganet* (que) J 149 b, *dec scoet Ha so manet* (qui) N 1505-6 ; *quen coʒ hac* aussi vieux que P, *ha an* 1 s., var. *ha'n* et le J 44, *han, hann* B 486, *an* Nl 342 ; *ham* et *mon* J 7, et me 38 ; *haʒ* et *ton* 80, B 383, *ha e* 1 s. et son (à lui) J 49, *he* B 325, 384, 634, *ann eil tu he guile* C ; *ha he* et son (à elle) N 165, *he* et le (quitter) M 53 ; *hac hon* et notre N 587, *hon* J 232 b ; *ha hoʒ* et votre N 133, B 423, *ha ho* J 28, *ho* B 406, *hoʒ* J 5, N 1057, et vous 541, 1322, B649 ; *ha ho* 1 s. et les J 219 ; *piou he mir ha* (lis. *hy*) *na diguer* 34. Auj. id., v. corn. *ham* et *mon.*

Habasq, tranquill^t 596, mou, paresseux, lâche, Am., l. *facilis, suavis,* C ; **-aater,** patience Nl 174, auj. id., *abaster* interruption d'une chose violente Trd.

Haberlt, nom de démon N 787. — **Hacc,** haceau ; du l. *ascia ;* **hache,** g. id.; **hachedenes,** hachedenoise. — **Hache,** ache, l. *apium,* C ; du fr. — **Haer,** vilain 354 impur J 53 b -cre ort C, -craff la plus infûme (mort) Jér., corniq. *hager,* gall. *hagr* ; du v. fr. *heingre?* (Stokes).

Hael, généreux, doux, P 27, douc^t, heureus^t N 1812, B 670, (voir) bien 478, certes N 433, B 85 var. *hæl* ; 157, J 30 b,sup. *haenaff* lis. *-laff* B 323, *hel* (bel et) bien J 155 b (je crois) bien 213 b, certes N 1109, 1816, B 204 poli, doux N 1185, douc^t, dévot^t 1069, 1228, *hell* Nl 169, 565 *heel* B 568 ; v. br. *haelv,* gall. *hael,* de *sag-los,* cf. *haer* entêté, irl. *sār* très, ogamique *Sagramni, Nettasagru, Sagarettos* (Rhys), et ἰσχυρός, ὀχυρός.

Haetaff, *nem em* — je ne me plais 555, *-af* je ne m'en soucie pas J 6, *em em -aff* je me complais N 337, *emem* — 1075 ; **haetus,** joyeux, heureux, et adv. B 32, 604, 635, Nl 99, 515 *hæ-* M 8 v, *he-* B 17, agréable N 29, J 181, fort 158 élégamment 44 ; auj. *heta ;* du v. fr. *haiter.*

Haezl, manche de charrue ; **hezler,** (celui qui la tient) C, *heal, hæl* (la fourche) Gr., gall. *haeddel,* de *sagetl-* cf. ἐχέτλη, Hésiode.

Haff, été C, M 5, N 908, P 248, *haf* J 190 ; auj. *hanv,* irl. *sam,* sanscr. *samd.*

Hal, crachat C ; *hal, -o,* Gr., gall. *haliw,* cf. lat. *saliva.* Le fr. *hale,* C, doit être h. br.

Halaczou, g. id. l. *cariobellum* C; *haraçon* m. chevilles (de moulin) L'A., cf. v. fr. *hairiꝫoneꝫ* de chaux et de sable, God.

Haleguenn, saule C auj. id., gall. *helygen*, cf. l. *salix*.

Hamblit, *deꝫ yaou* — jeudi saint H, *diꝫyou camblit* Cb, v. *coan*; auj. id., gall. *cablyd* corn. *hamlos* irl. *caplat*; du l. *capitilavium* (Stokes).

Hambrouc, conduire C, J 88 b, 104 b; chasser, expulser Nl 332, p. *hanbroguet*, r. *ouc* P 281; *hambroucq* Gr., gall. *hebrwng*; voc. corn. *hebrenciat* directeur, et. *Abrincatui*.

Hanaff, hanap, coupe C et Gr., corniq. *-af*; du germ.

Hanbout, état, manière d'être P, *hambout* (son) pouvoir M 4; gall. *hanfod*, de bout; voy. *beꝫaff* 2 et *ahano*.

Hanter, (la) moitié 264, N 1394, J 11 — *nos* minuit Nl 329; *da — an creis deꝫ* à midi et demie? J 42 à moitié, à demi 234 b, C; demi (dieu, etc.), — *cant* cinquante, — *lesquiff* demy bruler, — *lech* demy lieu, grec *ticon*; **hanteraff,** diviser par moitié C, auj. et v. br. id., de *samiteros* cf. lat. *sémi-*.

Hanu, 1 s. nom C, N 534, P, *hano* Nl 253 *han* P 175; **henuel,** nommer Nl 36, *-ll* C, p. *hanuet* N 74, B 6, *-vet* Nl 18 *hanuat* qu'on nommât N 1384; *henvet* r. *en*, vous appelez J 54; **hanuer,** nommeur C; auj. *han, -v, -o*, v. gall. *anu*, v. irl. *ainm*, cf. ὄνομα.

Happaff, happer C; du fr. — **Harnce,** engeance J 98, *-anec* r. acc 7 1 b; van. *-aꝫ* troupe d'enfants Gr., v. *haras*; du v. fr. *hara* troupe, *harace* poursuite, God., *harans* troupeau de cochons, Du Cange. — **Hardiz,** hardi C J 21 b, *-is* Jér.; **-izdet,** hardiesse; **-izhat,** oser C; auj. id.; du fr. — **Harell,** douleur, tourment Nl 549, Gw., Jér.; *n'on eus arell a helle hon sicour* Gw. (appui, protecteur); *h-* secours, troupes auxiliaires, *Hist. de Bret.*, II, 234, 329 (Pel.) du v. fr. *harelle* émeute, tumulte. — **Harinc,** hareng. — **Harnes,** douglin arme du genou; — *march* harnais de cheval. — **Harp, -pe, -er,** harpeur C; du fr. — **Harpa,** appuyer Am. p. *et (en haff)* N 901, auj. id.; du fr. *harper*, accrocher.

Hars, obstacle C, *oꝫ* — à côté de Nl 426, 470, N 899, *oꝫ harꝫ* 904; **-saff,** arrêter C, *harsl* P; *-rꝫa* dissuader Jér., auj. id., van. *harꝫ* résister, *B. er s.* 117; *R. c.*, V, 222.

Harz, aboiement, **-aff,** aboyer C, auj. *harꝫal*, aboyer, v. br. *arton*, gall. *arthal* grogner, cf. ἀρχζω?

Hasart, hasard J 27 b, 146; du fr.

Hasou, *ent* gloricus[1] 182, avec bienveillance P, *en hasaou* Nl 8, peur — 140 (Marie l'enfants) heureus[1]; peur — 426; *hasaou* (souffrir) patiemm[1] 78 *ha saou* respectueus[1], pieus[1], 250, 422, 424; **hasouez,** (avec) honneur J 177 b; *aꝫaoueꝫ* bonheur, heureuse rencontre, Pel., pensée obligeante (Roussel). Cf. *Asoi-ucar, Ri-assoe, Uuor-asoe, -hasoeu, -hasoui, -asou, Wr-hasoui,* etc., Cartul. de Redon, et gall. *aswy*. gauche; pour les sens, cf. ἄριστος et ἀριστερός.

Hast, *a* — en hâte 594, J 78 b; **-aff,** se hâter B 726-7 C, *-afu* H, — *et !* J 7 b *hoꝫ em!* 126 b, *hastit*; 202, *em -et* vous me hûtez 133; **-iff,** hâtif, pressé C, vite B 50 *a hast* — en toute hâte 594; *-if* précipité J 235, 101, *-yf* Gw. v. *beꝫ, -iꝫ* var. iv, r. iv J 60; *has tiꝫ?* J 115; **dehasta,** dépêcher, hâter d'aller, Gw.; auj. id.; du fr.

Hat, semence C, P, J 94 race 36, B 209 (d'une vile) manière 274 (de toute) espèce 38 (d'aucune) sorte J 134 b; *hadou* descendants B 329; **hadaff,** semer C, *ada* Am. Auj. id., cf. lat. *satum*.

Hau, ohé! 371, J 88 *hau ! hau !* B 45 *heu* C. — **Hautain,** g. id. C; du fr.

Haual, semblable C *-val* J 176 b, *-fval* 68 b, *-nval* H, *heuel* B 270 *-ffuel* 388; *dre nep* **hevel,** en aucune façon J 126 b, *d. n. hefvel* 213 b *un hevel* de même sorte P 234; *am* **haval,** ce me semble P, *heueleꝫ* tu ressembles B; *havalet* rendu semblable P; *a* **haualler,** est comparé N 1427; **heuelep,** tel

C, *en -eb* de telle sorte (que) B 263, *heuelep den*, homme en pareil état J 58; (faite) uniformém¹ 145, égal¹, néanmoins 93, *e — aueguen* une pareille douleur 128; **heuelebecat**, ressembler, p. *-quaet ; -hidignez,* ressemblance C. Auj. *hanval, henvel,* XIII⁰ s. *(But-)heuel,* IX⁰ *(Lou-)hemel ;* cf. l. *similis.*

Haurec, guéret C, auj. *havrek,* prov. *garag ;* du b. l. *warectum.*

Haznat, connu C, évident, manifeste, et adv. Jér. M 63 v, Nl 474, — *am croeadur* visiblⁱ enceinte N 483, cf. *haχat a droucatret* P 93 ; *haχnat* r. *an,* B 182, 580, M 67, N 408, 1640 (publiq¹), etc. Nl 17 ; var. *hasnat,* r. as P 54 ; **haznattat,** apparoir C ; tréc. *haenat,* gaul. *Ate-gnā-tos* = ἔτι γνωτός.

He, son (à elle), la, *he mestr he les he hunan* 125-6, cf. 379 ; *he guelas, hen saludas* Nl 380 *he pardonas* J 4 b, cf. B 6, N 234, *he deueux* elle a 192 ; *hac e reo* B 79*, *he haeren* 569 (tréc. *hec'h aeren*) la lier ; *ne haχeulo* qui ne l'adorera 264° ; *elliquiff* 567, lls. *ellesq-* je la brûlerai ? *ehem discueχ* elle se montre 479 ; *ma e gueliff* 487. Voy. *e.*

Heaul, 1 s. soleil 10 C, H, M 55 v, P ; m. : *e,* J 148 ; *eaul* Nl 95 *heol* N 908, *heul* C, auj. id. m., voc. corn. *heuul* cf. goth. *sauil.*

Hebiou, 3 s., *eχaff ...* — je passe 131, *tremen —* 378, *ead eo ho biou* il est parti Am. v. *piou ;* léon. *ebiou,* gall. *heibio,* v. irl. *sceo,* de *seques-o* (Rhys), voy. *hep.*

Hec, vil, laid, odieux M 7 v, C, J 14, 59 — *touceget* d'affreux crapauds 11 sup. *heccaf* 98 b ; *dre —* de force 109 b, (auj. id.) *an —* la violence, le supplice 111 b.

Hector. Hector C, P, 246 ; du fr.

Heder, enfer, supplice N 594, cf. gall. *hyder* hardiesse.

Hedro, mobile, changeant N 55, J 139 éd. 1622, P, de *he,* sanscr. *su-,* bien, et *tro.*

Hegaff, secouer C, *penn* **helg,** tête branlante B 303 ; auj. *heja, hija* ; h. br. *héger,* déjà chez Pel.; orig., germ., cf. fr. *hocher ?*

Hegar, aimable H, J 52, P, N 338, — *Mary* Nl 34, adv. N 181, (croyez) bien Nl 435 ; **-at,** aimable, agréable 27, N 564, J 9 b, C, P, B 695, bons (matériaux) 68, adv. N 257 *-ad* Nl 222, sup. *-ataff* 362, N 948 ; **-atdet,** bénignité C, *-atet Cms* ; v. br. *-hocar, -hucar,* gaul. *sucaros,* voy. *car.* — **Hegas,** odieux *Cms,* J 97, P 280 ; voy. *cas. —* **Hegredic** da crédule à N 1455, voy. *cridiff.*

Heiz, orge C *heyχ* Jér., léon. id., gall. *haidd* ; gaul. acc. *(s)asiam* seigle, Pline, sanscr. *saχya* semence (Stokes).

Helzea, biche C, N 277, léon. id., f. de gall. *hydd* cerf.

Helena, Hélène Gw. v. *caeχr. —* **Hely,** Elie Nl 86, 461 ; du fr.

Heman, celui-ci 186 C, Nl 285, 421, N 906, J 223 — *gret* faites ceci 139 éd. 1622 ; fém. *homman* C, *homan* P, J 13, B 340, N 402, Nl 94 *hou-* 114, 302, *a hounman* de celle-ci 80 ; **hennez,** celui-là 126, N 803, J 71, B 15, 312, cela 482, N 450, P, J 51, f. *honneχ* 114 ; **hen hont,** celui-là (là-bas) 130 b, *henn* ont B 351 ; auj. id.; composés de *henn* ; **heny,** l'un C, *ann —* celui B 621, *an —* N 510, P. *heu-* H, *voen heny* fut celui-là J 16 *ma — me* le mien Jér., — celui de, J 85 b ; avec nég., personne 62, *pep —* chacun N 1223, J 3 *vileny hiny bras* une grande vilainie Nl 72 *enn he-* original dans le (péché) originel J 68 b, *pe hiny* lequel (acc.) 56 *pe dre he-* var. *hy-* par lequel 92 b, *nep heni* aucun N 611 *a pep sceurt —,* de chaque sorte N 282 *den a nep y* absolum¹ personne J 36, *kiny* 208 b, M 3. Léon. *hini,* cf. gall. *hynny* cela, et **henn,** (comme) cela N 480 (après) cela P (entends par) là M 5 (regardez) ceci J 116 b (croyez-)le 32 b, B 23 *veχo —* (quel coup) ce sera 350 *hen* (je) le (reconnaîtrai pour Dieu) J 149, *enn* 12, 437, *en* N 35, 283, *nep... en menno* celui qui la demandera Nl 495 ; *m'en cret* je crois cela 69, *huy en goar* vous le savez J 22 b, *enn autreas* 163 b, *enn amanto* B 485 ; auj. id., v. gall. *hinn* ; v. irl. *sin,* cf. v. lat. *sam, sos.*

52

Henaff, aîné C, -af J 88 ; -**ñnelez**, droit d'aînesse C ; léon. -na v. corn. hinham ; v. irl. sen vieux cf. l. senex.

Henoez, cette nuit P, -oaz J 200 b, Nl 60, B 729, -uoaz, var. -nnoaz 394, henoz J 63 b, id.; henoaez aujourd'hui Gw.; henos en nos cette nuit même (r. os) J 58 ; van. hineah, v. irl. in nocht ; cas oblique de nos.

Hent, voie, chemin C, N 331, (allons en) route 523 (je vais mon) — B 137, me aya gant ma — je m'en vais J 85 b, pe a — d'où B 434 (de bonne) part N 980 (par le) moyen B 495 (trouver) — 231*, J 62 ; façon ; dre nep — 21 b, (e) pep — 35, P ; hep fellell —, sans y manquer B 174 ; moyen, matière M 8 ; a pep — de tout côté, r. en J 12 b ; r. en t(y) Nl 157 ; pl. hynchaou 97, -ou P ; **hentez**, (tes) proches J 120 b, éd. 1622 ; (le) prochain H, N 643 (son) — 1462 ; diouz — (reconnaître ses parents) des autres P ; e hente ses proches, r. e, B 759 ; auj. id., v. bret. hint, gaul. -sentum cf. goth. sinths chemin, allem. gesinde compagnon.

Hent, pratique, commets ! N 612 -et fréquentez J 21 b ; auj. henti, fr. hanter.

Hep, sans 8, J 4, 34, N 30, 1901, Nl 467, P, heb J 12, B 18, 23, — un nebeut dans un peu de temps N 774, hep quet sans J 57 etc. hep quen sans plus, seulement 53, B 242, hequen H, hep muy id. J 52 b, 65 b, heb muy B 95 (r. em: 422, hep mu 134, -y J 94, 227, cf. hemiken Gon.) ; hep muy quet C, J 80 b, heb m. q. B 659 ; auj. et v. gall. hep, irl. sech, cf. l. secus.

Her dre tant que 399, 457, 594, Nl 280, P, J 149, 120, h. d. zoa 159 b, h. drem bezo B 160, h. dra 56, (var. het dra) 461, J 100 (var. her dre) ; her da B 203, hendra Am., v. andra ; entre bathe, var. p-, J 39, tant que durerait ; entre ma H 42 ; her may, H ; auj. endra, corniq. hedre ; cf. dre.

Heraut, héraut J 180 b, pl. -udet 181. — **Herberch**, herbreige, l. hospicium ; -**yaff**, C, -iaff B 198, héberger, loger. — **Heresi**, hérésie C, -y (r. is) B 444*, eresy 706 ; **heretic**, 777, C, hérétique, f. -iques B 115, 731 ; du fr. — **Hericin** (poisson qui arrête les navires), l. hereinus C. — **Heritaig**, -age C, Nl 499. — **Herodes**, Hérode Nl 13, 161, (r. eus 472), J 84, Erodes C, Herod Nl 162, 305, -ot 66, 355. – **Herr**, a — en hâte N 98 ; du fr. erre. — **Herri**, Henri N 1416, auj. id.; du fr.

Hersquinaff, moquer C, auj. heskina importuner.

Herve, Hervé H auj. id., v. br. Haerwiu « propre à la guerre », R. c., II, 405.

Heruez, selon 543, N 160, Nl 253, C, -vez P, H, J 13 b, erwez Jér., auj. id., v. gall. heruid, de er 2, goez 2.

Hesent, peur — certes ? Nl 439, he sent 106, 161, P 89, en sent (r. es) 254.

Hesq, lesche, l. carex C, auj. id., voc. corn. heschen, irl. seisg, de *sesed ou *siscd, d'où prov. sescha, angl. sedge.

Hesquemez, chabuz C, cf. escamet, eskemmet billot Pel.; du fr. eschamel, -mer, escabeau. — **Hesquenn**, scie ; -at, p. et, scier C, auj. id. gall. hesg-lif ; du lat. ascia.

Het, longueur C ; — ha ledan en long et en large, d'un bout à l'autre B 22, 106, Nl 20, — ledan N 1165, J 236 b ; treux ha — B 69 ; a — dez tout le long du jour P, a — decc blozt N 1111, a — ma amser toute ma vie 1786 a — cam (la mort qui vient) pas à pas J 38, peu à peu B 712, successivt Nl 423 (étendu) de son long J 135 ; a — space en un instant B 682, pour qq. temps 197 a — hent (dormir) en chemin Nl 273 ; auj. id., gall. hyd, cf. irl. seta, long.

Het guenan essaim d'abeilles C, auj. id., gall. haid irl. saith, de *satis, cf. lat. satio, voy. hat.

Hetledan, plantain C, auj. id., voc. corniq. enlidan, gall. henllydan, composé de ledan.

Heul, suivre 261, C, M 53, N 122, 605, J 17 b, 155 b (r. el) ; il suit B 447* r. eul suis ! N 636, 1579 ; -yet ! J 47, -iet B 423 ; -yas r. el J 207 b ; fut. 2º -iy N 592, 3º -yo B 271, auj. id., v. br. ol, cf. all. folgen.

Heur, heure, P, N 1319 (r. ur) J 18 dan — sur l'heure 175 b, pep — toujours 91, B 6, eur 178, C, Nl 545,

N 927; *heuryou* heures, prières 1267, *eu-* C; auj. id. v. br. *-aor*; du l. *hora*. — **Heurtaff,** *-ter.* — **Heus,** heuse, bottine C; du fr.

Heulziquen, dorénavant 89, C *-icquen* M 58 v, *hiuiʒiquen* N 254, *hiviʒyquen* J 182 *hy-* 56 *hyu-* Nl 87; auj. *hiv-*, de *bʒviken*, et *he* dans *henoaʒ*; **heulene,** cette année C *heflene* N 1808 auj. id. et *helene* gall. *eleni*, cf. *blynedd* année, voy. *bloaʒ*.

Hezr, hardi C, certes J 97 b; *heʒr, eʒr*, Pel., gall. *hydr*.

Hezreff, octobre C; auj. *here, hero*, gall. *hydref, hyddfreff*, corniq. *hedra*.

Hy, elle 9, 103, C, J 4 b, 21 b, P, Nl 3, N 198, 372, *hi* 373, Cb, *y* P, *hac y* N 1096, auj. id., v. gall. *i*, = *'si*, voy. *heman*.

Hibernia, -nie N 134, *Hy-* 70. — **Hieremias,** Jérémie J 207 b, Nl 86. — **Hierusalem,** Jé- B 14, J 125, Nl 74, P, *Je-* Jér. v. *gwa*; du lat.

Hiffula, chemise (de femme) C, *hiuis* Cc, *hyvis*, pl. *y-visou* Am., auj. id., gall. *hefis*, cf. l. *camisia*.

Hygoulen, pierre à aiguiser C, auj. *higolen*, v. corn. *ocoluin*, de *aculëna* cf. l. *aculeus*.

Hyll, sauce C, *hily* Cb, auj. *hili, heli*, saumure, cf. *holen*.

Hyllicat, chatouiller C, *hi-* Cc, *illiguat* Am., p. *hilliquet* Cb; **illicq,** chatouill' Am.; **hilligadur,** enflammation de luxure Cb; auj. *hilligat*, cf. *liguiannein* id., L'A., *licaoui* caresser, Pel. cf. rac. du l. *pellicere, illecebra?*

Hympn, hymne C, *-mn* Cb, pl. *ou* P, dim. **hinipnic,** Cb; du fr.

Hynon, (temps) clair C; *hinoni a ra* le ciel est clair, Pel. gall. *hinon*, cf. *hin*, température, irl. *sin*.

Hir, long C, H, P, N 119, *hyr* Cb, Nl 358, — *amser* longtemps P, *hir termen so* il y a l. J 165 *a* — *spacc* B 101, *hir* l., depuis l., 155, 496, 727, N 1461, — *pret* retard B 159, longue angoisse 682; adv. *eʒhyr* Cb; **hiraez,** longuesse C-*reʒ* impatience, désir ardent Am., angoisse Nl 299; **hirder,** longuesse C, ennui, angoisse B 116, 334, 578, 638, J 10 b, 150 b, *hy-* 188 b, longueur C; **hirhoazlus,** *-huaʒlus* de grand âge C; **hiruout,** gémiss, douleur B 334, 351, N 444, *-voud* P, *-vout* H, P, J 13, Nl 322, *hy-* P, J 188, *-uout* Nl 223, *-uuot* r. *out* 190, *hirvot* 2 mss Pel.; **-uoudaff,** gémir C, Nl 138, *-voudaff* P, *-af* J 26, *-if* 182, *-uoudif* N 1113, *-vodyff* 2 mss. Pel.; *-oudet* affligé J 14, *hy-* 219; **hiruoudus,** gémissant, malheureux B 603; *-vaudus* Nl 103, *hy-* J 209 b; auj. id. (d'où fr. *menhir*), v. gall. *hir*, v. irl. *sir*, cf. l. *serus*.

Hystor, histoire Cc, *ystoar* B 1, *i-* Nl 85 (r. *est*), 141, *e-* C; **hystoriae,** raconterait P; du fr.

Hiziu, aujourd'hui C, P, B 576, *en deʒ* — 724, e. d. *yu* J 152 b, *yo en deʒ* 160, *-yeu* 214, *-ieu* 3 b, *-io* 121 b, éd. 1622, *-iou*, *hy-* H, *-yeu* Jér.; léon. *hirio* gall. *heddyw*, v. irl. *in diu*, voy. *deʒ*.

1. **Ho !** ho! J 200 b. — 2. **Ho,** leur (adj.) 672, H, J 22 b, M 55 v, N 1872, 1911, Nl 14, *hoʒ* 146; *ho hunan* d'eux-mêmes J 71 b; *ho* les (pron.) 11, 20 b, *(ha ho)*, 125 b *(hac ho)*; 4 b, Nl 304, H, N 285, 286, P, *hoʒ* J 29 b, *hos em caffas* (ils) se rencontrèrent Nl 428; auj. id., gall. *eu*.

Houlat, charpir l. *carpere* C, attirer, prendre douc' Gr., gall. *chwy-lu* tourner, *chwy-l* tour, van. *a-hoel* du moins.

Houuenn, puce C; *-us,* plein de puces Cb, auj. *c'hoanen*, cf. all. *wanʒe* punaise, Stokes.

Hoant, désir P, J 60, N 220, empress' 1052, *heb e* — contre sa volonté B 207, *cho-* Nl 143, 266, *hoent* P; **hoantat,** désirer C, J 77 b, *so ... ouʒ da* — (ils) te désirent B 228*, *houanta* il désire, H, p. *hoantet* C, N 1291, *-aet* Ce; fut. 3e *-ay* r. i M 58 v; *-taus,* affectuosus Cb; *-tec da*, désireux de B 697; à souhait 164, P, bien, avec ardeur, N 122, 490, *cho-* Nl 57, 150; **hoantidigaez,** souhait C; *-tus,* désireux B 144*. Auj. *c'hoant*, gall. *chwant*, irl. *sant*.

Hoar, sœur 788, C, P 235, J 9 b, *hoer* 130, *choar* Nl 342, dim. **honric,** Cc, léon. *c'hoar*, voc. corn. *huir*, de *svisúr*, v. irl. *siur*, cf. l. *soror*.

Hoaraya, Cb, 3 s. r. a, *an* — le carême N 1250, H, *-is* C, auj. id et *koareis*, gall. *y grawys*; du l. *quadragesima*.

Hoary, jeu 369, 575, J 145 b; *dre nep* — en aucun besoin 21 b, évén¹ B 803, *-ri an bolot* jouer à la paume C, *-y* J 145 b, — une pièce B (titre); de nos outils 73*, *c'hôary* Am. v. *disaoutren*, pl. *hoariou*; **-riabl,** partenant a ieu, Cb; **-rier** *dan bolot* joueur de pelote C, *h. an b.*, — *rieres* joueuse; **-riye,** *-rye,* petit jeu; **-rius,** plein de jeu Cb; auj. *c'hoari*, d'où h. br. *hoari*; v. gall. *guarai*.

Hoaruout, advenir C, cf. J 92 p. *-ueʒet* N 506, B 228*, cf. J 147 b; — *a hoarueʒo* arrive que pourra N 1593, cf. B 769, J 119 b; *-veʒ* il advient 206 b, *voe* arriva 221 b, Jér. v. *dinoe*; cond. *-ffhe* B 282, var. *-fhe; -ffe* 309, 746, *-fe* J 92, 167; tréc. *c'hoarvout*, corniq. *wharfos*, composé de *bout* et rac. de *hcalat?*

Hoaz, encore H, P 241, N 28, J 119 b, *-as r. aʒ* B 13, *-atʒ* J 31, var. *aoaeʒ*, *hoaʒ* r. *o(e)ʒ*, *(a)eʒ* 235; anc. *hoaeʒ*, Pel.; *choaʒ* Nl 523, *-as* 302, J 132; auj. *c'hoaʒ*, gall. *chwaith*, du pron. *sva* comme le lat. *sic?*

Hobregon, g. id. C; **-nnet,** vêtu de haubregon Cb; du fr.

Hogos, près; — *dan deʒ* près du jour C, — *da* près de (Joseph) Nl 186 *mar* — *eʒ eu diuet lis. duet* quoiqu'elle (la nuit) soit très proche J 121 b, éd. 1622; presque 50 b, B 640, Nl 141, M 5, *-oʒ* 185; *a hogos* a bien près, l. fere, Cb; léon. *hogoʒ* presque, corniq. gall. *agos*, v. irl. *ocus*, cf. l. *angustus*.

Ho great, (moi, piqueur, je sais) chercher le gibier ? N 275.

1. **Hoguen,** cheuelle (cuenelle) C auj. id., gall. *og-faen*, normand *hague*, du germ. (all. *hage-dorn*).

2. **Hoguen,** mais H, N 55, P, J 25 b, Nl 96, M 8 v, C, mss. Pel. *houguen muy* mais plus Ca, *ho-* Cb, léon. id., v. gall. *hacen*, cf. *ha*, *hac*, et.

Hola ! hola! J 200 b; du fr.

Holen, sel 481 C; **-er,** vendeur ou faiseur de sel C; tréc. id., voc. corn. *haloin*, cf. l. *sal*.

Holl, tout, adj. av. le nom, N 1098, Nl 377, P, H, J 8, 25, *an* — tous 17 b; *hol* 10, N 276, B 676, H, Jér. v. *dispaill*; *holl galloud* toute-puissance Cb, *-us* tout-puissant B 604, *-oedus* C, v. *Doe*, *holl goalloedus* C; *oll* adj. 112, C, N 191, 513 *hac* —, et tout cela J 44; tout à fait 10, B 730, 114, 239, *da quentaʃ* — J 70; *seiʒel* — N 1600; — *glan* B 135, — *a strolladou* Gwinglaf, Pel., v. *bugat*, — *eren colyer* J 18, — *pep un guer* B 680, — *da pep re* N 571, — *ann holl stat* B 109 cf. 120, 63, 560, J 44 b, 45; *ann* —, entièr¹ H, N 645, B 412 *ann* — *dann* —, litt. du tout au tout 802, J 42 b, *ann oll oll* de tout en tout, l. *omnino* C, J 43 b; *ann* — *ma holl joa* 130 c, B 600. Auj. id., v. corn. *hol*, v. irl. *uile* cf. goth. *alls* (Loth).

Homicit, homicide, meurtre 692; meurtrier 694; du fr.

Hon, notre 1, J 3 b, Cb, P, N 131, *an trede poent* — *leffr* M 39, cf. Nl 244, 452 *ha* — et notre 89, *honn* B 42, 459, 799, Nl 83, *on* J 3, 30, Nl 60 *hon dou* nous deux (r. ont) B 608, cf. 475; *honneuʒ* nóus avons M 8, etc.; *hon* nous compl. dev. verbe, H, J 4, P, Nl 18; *ny hon guelo* J 165; *non beʒo hon priso* nous n'aurons personne qui nous estime 17 b; *ha hon* N 1765, Nl 365, *hac hon* B 25; *honn* B 254, 454; *on* 252, J 17, qui nous (créa) 142 b, *onn* B 158; auj. id., gall. *ein*, corn. *agan*.

Honest, honnête H, o- N 127, J 7 b, C, B 208 etc., comp. *-och* 248, sup. *-aʃ* 307, *-aʃ* 1049; **honestet,** honnêteté B 635, *nac* — 694, o- 630, N 692, 1493; **onesthaet,** rendue sage B 599. — **Honissaff,** honnir (après *houlier*) C, *hou-* Cc; du fr.

Hont, *-là*, là-bas P, J 21 b, Nl 431, N 3, *an rehont* ceux-là 869 cf. J 130 b; *en tu hont* au delà H, r. *un t(y)* B 163; *en neʃʃ* —, au ciel là-bas 525, *en bet* — dans l'autre monde 556, J 90; auj. id., gall. *hwnt*; v. irl. *sund*, cela.

Hoppellant, houppelande C; du fr. — **Horell!** cri en jouant à la soule, 370, cf. **horellaff,** -at, vaciller C; -**Hadur,** crollement Cb, horr- Cc, angl. *to hurl?* — **Horoloig,** horloge M 10, -og Cb, -llog C; -**ologer,** horloger Cb, auj. *horolach;* du fr. — **Hoatis,** o- hôte f. -es, C, -sses Cb; -ostys hôte, qui reçoit, Nl 89, J 48 b, 200 b, pèlerin, étranger, Jér., pl. *ien* hôtes (reçus) J 208 b; **ostalg,** otage C; -**aget,** logé 97 b; -**alery,** hôtellerie 208 b Cb, -eleri C; **ospital,** hôpital; -**yer,** g. id. C; auj. *ostis,* = l. **hospitensis.*

Houarn, fer C, -nn Cb, pl. *heern* 2 s. B 395, *hern* 396, -nn 413; **houarnaff,** ferrer C; *hoarnet* 3 s. mis aux fers B 492; -**ner,** ferron C, *houa-* Cb; auj. id., v. br. *(Cat)ihernus,* gaul. *isarno-,* goth. *eisarn.*

Houat, canard C, auj. id., gall. *hwyad,* voc. corn. *hoet.*

Houch, porc, — *lart spaçet* porceau gras senné, — *gueç* sanglier C, — *goeç* Cb; auj. *houc'h,* gall. *hwch* (d'où angl. *hog),* de **succos,* cf. l. *sus.*

Houller, g. id. l. lenio C, f. -es; -**ez,** lenocinium Cb. — **Houp!** hau! hau! interj. B 76°; du fr.

Houtonner, sorte d'oiseau de chasse, Jér.

1. **Hoz,** cheuielle l. ura, urica C.

2. **Hoz,** votre H, P, N 133, J 37, — *trugareç* merci 9, — *unan* 125, — *hunan* N 1608 vous-même(s); *hoç* de votre 40, *oç* id. 15, 21 b, 103 b, H, N 216; *houç* J 7 b, 113 b; B 53, 65 (r. o), 131 (de votre); — *dou* vous deux 186; *ouç* de votre 423, J 9, *douç* à votre, r. o, B 57; *ho* H, J 18 b, 25, 73 b, C, N 166, 325, B 95 *ho* de votre Nl 221, o id. B 178; *hoç beçet* ayez 423, *huy houç eux* vous avez 354, etc.; *hoç* vous, compl. av. verbe 489, P, H, N 139, *hos* B 42, *ho* 43, H, Nl 306, J 5, *houç* 22, 14 b, *ouç* 9 b, (r. o, 28, 59 b), B 47 *oç* H, J 7 b, o B 486, Gw. v. *c'hwec.* Auj. *ho, hoc'h,* gall. *eich.*

Hu, huée, cri public 626, J 206, P, *na cryo* — Jér., *eç grent* — ils criaient (de joie) Nl 141; du v. fr. *hu.* — **Hual,** entrave B 56a, C; -**aff,** enheuder C. Auj. et gall. id.; du l. *fibula?*

Huanat, soupir 576, N 1933, C, J 77 b, Nl 41, P; -**adaff,** soupirer C; -**adus,** gémissant B 334, 705; tréc. *huenad,* gall. *uchenaid,* irl. *osnad,* cf. *uhel.*

Huc lien, hucquet de toile, — *pillotet* hucque pillotée C, — *da bugale* Cb; *vn* — *antrugar* misérable linceul M 7 v; du fr.

Hudur, sale, infâme N 364, J 11 b, mss. Pel., *an* — l'infâme Nl 107; auj. id.

Huec, doux, aimable, C, Gw., N 338, P, J 24 b, adv. 20, N 480; sup. -*af* J 231 b; *chuec* Nl 37, auj. *c'houec,* gall. *chweg,* de **svdducos,* v. slave *sladuku.*

Huech, six 534, J 146 b, C, *ch-* Nl 523, *husc(h)* Cb, Cc; **huechuet,** 6°, 51, Cb, P -*vet* H; auj. *c'houec'h,* v. irl. *sé,* de **svex,* cf. l. *sex.*

Huedaff, vomir, C, -*diff vn nebeut* petit vomiss* Cb; -**dadenn,** vomiss* C; *c'hueda,* -di, Gr., gall. *chwydu,* irl. *sceith;* cf. all. *scheissen, cacare.*

Huen, *a* — sur le dos P, *oar* — J 11 b, M 4; *oar da* — P, *oar ho* — J 71 b, 175, *a chuen* Nl 177, 444; auj. *a c'houen: torc'hwenia* se rouler par terre, Pel., corniq. *gwen* anus; de **wino-* pour **u(p)-ino-,* cf. l. *supinus.*

Huennat, sarcler C; -**englou,** sarclé C; -**nnaer,** sarcleur Cb, auj. *c'hoenna;* gall. *chwyn* mauvaise herbe, de **vid-n,* cf. saxon *wiod,* et *goemon?*

Hueru, amer C, dur (bâton) B 457, -*ro* Jér. v. *barbaou;* -**ruhat,** rendre amer; -**ruentez,** amertume C. Auj. *c'houerv,* v. irl. *serb,* cf. all. *schwer* lourd (d'A. de J.).

Huerz, (le) rire Cb; -**in,** id. P, rire C, *hoarshe* rirait P, tréc. *c'hoerçin,* gall. *chwerthin,* id.; v. gall. *guardam* je ris; *R. c.,* VII, 158; cf. *c'hoari.*

Huea, sueur C, *ch-* Nl 210 ; **huesaff,** suer C, *-af* J 124 b, cf. 64, 231 ; **-us,** plein de sueur C*b*, auj. *c'houes,* gall. *chwys;* de **svidy-*, cf. *Bleo.*

Hueual, gannir (crier comme le renard) C cf. gael. *sgiamh* ?

Hueurer, février C, auj. *c'houevrer,* gall. *chwefror ;* du b. l. **vebrārius.*

Huez, soufflement C, odeur B 500, Jér. v. *clew,* — *mat* C, P ; **-abl,** soufflable; **-adur,** -fleure C*b* ; **-aff,** souffler ; **-eguell,** vessie C ; léon. *c'houez,* gall. *chwyth,* irl. *fed,* souffle, *sétim* souffler.

Huffelen, aluine l. absinthium C, Gr ; *huzelen* Pel., voc. corn. *fueisin.*

Huguee, g. id., l. vgutio, onis C (nom d'auteur) ; C*b* renvoie à *hugutionem,* v. *hoalat.*

Huy, vous 293*, C, H, P, J 22, 17 b, 32 b, 74, 34 b, 132, N 168, 184, *hui* C*b,* *chuy* Nl 76, *hu* (enclit.) B 133, J 229 b, *u* 26, auj. *c'houi,* v. br. *hui,* de **svi.*

Huyban *den,* sifflet (de bouche); **-at,** siffler C, auj. *c'houiban,* gall. *chwiban,* de *chwib* pipeau.

Huyl, escarbot C auj. *c'houil,* gall. *chwil.*

Huyslguenn, ampoule, pustule, *hui-* v. *huezeguell,* pl. *ou,* dim. *-ic* C*b ;* gall. *chwsigen, gwy-,* v. br. pl. *huisicou ;* du l. *vesica.* — **Humaff,** -mer. — **Humen,** -main C ; *tut —,* la race humaine B 118, *ligneʒ —* J 20 b ; grec —, *femme mortelle* 39 b, *—douezder* humanité, douceur 41 b ; (se faire) homme Nl 231 ; *-maen* H ; **-manite,** -té, J 23, 93, *-teʒ* H ; **-menidiguez,** susception de humanité C*b*. — **Humplaff,** le plus humbl*t* N 1675, *-afu* H ; **-mblez,** humilité Nl 171, 379 ; **-mbldet,** bienveillance J 41 b ; **-milliaff,** -ier C, M 2, — *deʒe* leur obéir B 427, *ho em —* (et tous trois) de s'h. Nl 428, *-ilaff* C*c, hy en em -as* 291, p. J 53 b, humbl*t* 161 ; **-lite,** -té Nl 225, *-teʒ* H ; tréc. *hump,* affable. — **Humor,** -eur C ; **-eux,** g. id. C*b ;* auj. id.; du fr.

Hun, sommeil C, N 26, Gw., dim. **-ic,** C*b ;* **-egan,** hérisson ; **-ure,** songe C, *-vre* J 115 b, *-fre* N 267, *humbre* Jér.; **-nureaff,** songer C; tréc. et gall. id., cf. ὕπνος, Au lieu de *hunegan,* C*c* a **hureuhin,** auj. *heureuchin,* cf. fr. *oursin.*

Hust *gruec* robe de femme à longue queue C ; *hust,* pl. *ou,* Gr., v. *habit.*

Huzel, *udel, hudel* C suie,*-ʒeyl* C*b ;* **-zelyaff,** noircir de suie C p. *-ʒeylet* C*b ;* auj. id., gall. *huddygl,* cf. *hudd* sombre ? ou angl. *soot.*

I

Y, ils (sont) 3:5, *hac y* et ils 4, et eux (d'aller) Nl 303 *y ho*ȝ 1 s. ils vous J 22, *grahint y* 43 b, *lochint y* Nl 18, *indi* P; eux, les: *goae y* P, *setu y* B 52, N 1216 cf. J 71, 18 b; *ro y* ! N 1209 cf. B 660, H 16, J 18 b, *miri* N 606; auj. *hi*, gall. *hwy* de *sé*, gr. οἱ, voy. *heman*.

1. **Ya,** oui 2 s. J 134 b, 168, 184 b, N 1522 Nl 302, C, *ia* J 48; auj. *ia*, gall. *ie* cf. all. *ja*.

2. **Ya,** il va : *me* – 365, J 18, N 95, *me a-* 2 s. 98, P, *me a ia* N 163, 18; cf. 45, *a yaff* je vais Jér. v. *corr*, *ayae* allait J 115 *a yea* Nl 389 *a ye* J 202 b, *a yeȝ* alla 151 b, Nl 69 *a ieȝ* 277, *ayeȝ* P 104; *nag a* ! ne va pas J 208, il ne (s'en) va pas 201. Léon. *me a ia*; voy. *a* 8, *aff* 1, *yelo*; pour l'*y*, cf. *me a (y)oa* j'étais. Eȝ *resech* B 49 que vous le laissiez, voy. *groaet*.

Yach, sain 189, 499, C franchi, résolûm¹ J 63, 216 b; *i-* C; **yachat,** guérir C*b*, p. *jachet* N 1210, 1869; **yechet,** santé C, H, J 199, *j-* N406 *i-* B 401, Nl 298, P; auj. *iac'h*, v. br. *iac*; v. gall. *iechuit*, v. irl. *icc*, salus, cf. Iaxxa, ville d'Espagne, auj. Jaca (Coelho).

Yahan, Jean C, H, *I-* C, H, P, Nl 49, J 124, *-nn* 60, P, *Y-* 71, *Iehan* M 71 v; *Ia –* J 140 éd. 1622 et *-nn* 162 b, 1 s.; *Ian* Nl 313; auj. *Ian*, du l. *Iohannes*.

Yalch, bourse, pl. *yelcher* dim. **yalchic,** C*b*; *-cher,* boursier f. *-es* C; auj. *ialc'h*.

Yar, poule 713 C, pl. *yer* J 200 b, dim. **yarlc,** C*b*, auj. id., v. gall *iar* auj. *iar, giar*, cf. irl. *cearc?*

Ic, g. ioquet al. loquet C*b*, *an yc* le dernier soupir, P, auj. *hik*, van. *hak*, gall. *ig*, cf. fr. *hoquet*. — **Yeomedi,** Nicomédie 32, *-y* 2, 129. — **Id,** ide. — **Idiot,** idiot. — **Idol,** -le C, Nl 370, *y-* C*b*, B 437, pl. *-ou* 11, *i-* C*b*, *-et* H; **ydolatry,** idolâtrie 435. — **Ydromancy,** hydromancie N 771, *-nce* C; **idromancer,** hydromancien C*b*, *y-*, C*c*; **ydropic,** hydropique C*b*; **idropisi,** hydropisie C*ms*. — **Yell,** nielle C, *hiel* mauvaise herbe Pel.; du fr.

Yelo, (après le sujet) ira 128, N 40, *me a –* Jér. v. *corr*, *me aielo* N 308, *ny aiel* 1299, *me aiel* P *...ayel* P, *me yel* 694, J 224 b, B 40, *ef a-ydlo* Gw. v. *iéla, me yal* B 161; auj. id., gall. *el* Z² 599.

Yen, froid C, P, N 876, J 9, (être) de sang froid 116 b, perfide 16, *a coudet jen* troid N 1478 *y-* (douleur) vive 870, (la mort) cruelle 355, cf. *meruell mic yen* B 600; *yenn* 115; **yenaff,** se refroidir J 109, *-e* (le sang) se glaçait 105; fut. *-o* B 394; **yenhat,** refroidir, l. frigere, C; **yenien,** le froid, 3 s., B 369, *-nn* C*b*, *-yen* 106, *iennien* Nl 286, *yynien* C. Auj. id., gall. *iain* glacé, de *ia* glace, v. irl. *aig*, de *iagi*, v. nor. *iaki*.

Yeu, joug C, **yeugaff,** accoupler au joug C*b*; auj. *ieo*, vieux corn. *iou*, cf. lat. *jugum*.

Yez, langage C, *iais* façon de parler Pel.; auj. cri des animaux, gall. *iaith* langue, cf. l. *pro-jecti-o*.

Iffam, infâme 217*, C, J 32, Nl 179, P, déshonoré, vaincu B 582; *j-* adv. N 1659; *y-* J 128 b; *ifam* Nl 391, *inf-* C, B 551, *-mm* 795; **iffamaff,** infamer C*b*, p. confondu, avili J 220 b, *-mmet* B 589; **iffamydiguez,** infamation C*b*; **iffamite,** infamie 722, *y-* J 132; **ifammus,** (Adam) confus Nl 458, *yffamus* dégoûtant M 7 v; auj. id., du l. *infamis.* — **Iffern,** enfer 271, H, C v. *auonn*, *-nn* v. *anauon*, B 181, *y-* M 72, *ifern* H, J 97, Nl 2, *yff-* M 39 f.: *he*; pl. *infernou, -iou,* H; adj. **infernal,** H, J 36 b, Nl 234, B 736, *inff-*562; *infernalet* êtres infernaux J 97; auj. id., du l. *infernum.* — **Ignoraff,** -rer C; **-rance,** -rance C*b*; **-rant,** -rant B 554, *y-* 761, *yno-* J 234; **ignorance,** .ce C, -ce C*ms.* — **Igromance,** g. id. C*ms*, -cc C, *y-* N 765 (nécromancio); **igromanceur,** -cien C*c*; du fr.

Iguenn, hameçon C, auj. id., voc. corn. *hyc*, cf. v. irl. *ec-ath*, gr. ἄγκ-ιστρον.

Ilyeauenn, lierre C, *ilio* Maun., *ilyau* Gr., *eliaw* Pel., corniq. *idhio*, gall. *eiddew*, irl. *eidhean*.

Ilis, église C, *y-* v. *boest*, J 81, 197 (f.: *enn hy*), N 307; *-ys* 1349, *i-* Nl 127; pl. *ylisou* N 477, P, *ilysou, iliçou* H; auj. id., du l. *ecclesia.* — **Illuminaff,** -ner C, p. éclairé 57 v, Nl 409; du fr.

Illur, brillant, glorieux, éclairé J 204, Nl 100, P, évidemment N 175; gall. *eglur*.

Imag, -ge C, -aig C*ms*, Nl 499, pl. *-agou* B 551, *-giou* 105, *y-* 433; **imaginaff,** -ner C, *y-af* J 41 b; **imagination,** g. id. C*c*; **-ner,** -neur C; **-nus,** -natif C*b*; du fr.

Imbliff, 754, *-briff* 754*, 10 syl. *r. em*, sévérité?

Jmmy, n. de lieu N 1105. — **Impacient,** -tient -tience C; **-cientet,** -tience C*b*, C*ms*. — **Imparfet,** imparfait C, B 105 incrédule J 213 b. — **Impechaff,** C, -*schaff* C*ms*, voy. *a-.* — **Impersonal,** -nnel C. — **Impetraff,** impétrer, obtenir C, B 606, inf. *-iff* H; prét. *-as* P, fut. *j-o* N 1789; **impetration,** -trance C*b*. — **Impligeafu,** employer, fut. 2ª *-gy*, H; *no implicker* H 11; voy. *emplig.* — **Imposicion,** g. id. C, -*tion* C*b*, C*ms*. — **Imposaibl,** -ble B 115, J 9 b. — **Impotant,** -tent C. — **Imprimaff,** -mer C*b*, p. M 71 v; **-presaion,** g. id. C*b*. — **Imprudent,** -dent N 639; du fr. — **Incantator,** enchanteur N 768; du l. — **Incarnation,** C, -*cion* C*ms*. — **Incessaabl,** -ble, continuel J 191. — **Incitaff,** -ter C, *isc-* Nl 376; *incit* il excite B 726-7. — **Incomplet,** C. — **Incomprehensibl,** -ble Nl 500. — **Incongru,** non congru C*a*, incongruité C*b*. — **Inconstant,** N 640. — **Incontinant,** -nent, aussitôt Nl 513, N 691, *j-* 1381. — **Inconuenabl,** inconvenant B 271; **-niauce,** g. id. C*a*, -cc C*b*; **-nient,** chose inconvenante B 204, angoisse 662; du fr. — **Incredabl,** incrédule, P, de *cridiff.* — **Incurabl,** -ble B 688. — **Indaff,** l'Inde C. — **Indition,** g. id. C, -*cion* C*ms*; du fr. — **Induczou,** C; du l. *induciæ?* **Inestimabl,** -ble, indicible B 325, 737, 790, J 191. — **Infinit,** -ni C, J 62, 198, Nl 240; **-itif,** g. id. C*b*. — **Inging,** engin C, *-ingn* C*c*, *-inn* B 435 (mauvaise) invention, *-ynnou* engins, outils, Jér. v. *fôs*; **ingingus,** subtil C, -*ngneus* C*ms*; auj. *ijin*, du l. *ingenium.* — **Ingneau,** Ignace C. *Ig-* C*b*. — **Ingrat,** g. id. B 403, C, J 150 b, N 566, cruelli N 1182; **-eri,** 612; **-itud,** C*b*, ingratitude. — **Inhibition,** prohibition C*c*, -*cion* C*a*. — **Inhumen,** -ain B 717, J 32. — **Iniquite,** g. id. C, Nl 334, J 93, 114 (f.: *honnet*). — **Inlur,** injure C, B 631 pl *ou* 785, *injur* J 164; **-iuriaff,** injurier C, p. B 466, -*juriet* victime d'injustice J 91 b, *inystriet* lis. *-uriet* Nl 530; *-juriat* on a offensé J 36; **-iurius,** injurieux C*b*. — **Inlegitim,** illégitime B 692. — **Inlicit,** illicite J 85. — **Innocent,** g. id. C, *un inocçant* J 114, *y-* 118 b; *an Inocantet* les Saints Innocents Nl 429, -*santet* 14, *-çantet* r. ent 71, *Innoc-* 472; **ynoczantet,** J 45, **Innocence,** C*b*, -cc. — **Innumerabl,** innombrable P. — **Inracsonabl,** B 270, *irr-* 270*, déraisonnable; du fr. — **Inrenabl,** (lieu) détestable B 491 (douleur) intolérable 556, *ire-* 556*, propt ingouvernable, de *renaff.* — **Insolubl,** (argument) insoluble C. — **Insortabl,** B 492, *inf-* 492*, non sortable, non convenable. — **Inspiraff,** inspirer N 1670, p. 1236; *i-*57, B 129; *dre* **inspiration,** du fond du cœur J 90 b. — **Instance,** g. id. C, -cc C*b*. — **Instigaff,** instiguer C, *-guet* C*b*; **-gation,** g. id. C, -*cion* C*ms.* — **Instituaff,** -uer C, p. N 737, -*uher* qu'on mette B 810; **-tut,** C*a*, C*ms*, -*tution* C*b*, institute, livre des lois. — **Jnstruaff,** instruire N 1749; **instruction,** g. id. C; **-ument,** instrument, objet B 273, — *a music, istrumant Cb*. — **Interlection,** C. — **Interpretaff,** -ter C, *e*- *Cb*; **Interpretation,** g. id. C; **-eter,** interprète *Cb*. — **Interrogaff,** -ger, p. *-guet; -gua,* -gatif *Cb*, voy. *e*-. — **Intollerabl,** intolérable J 191. — **Intretabl,** intolérable B 736. — **Introduaff,** -duire C, p. B 168; **-ucteur,** g. id. *Cb*; **-uction,** g. id. C, B 4-5; du fr.

Yot, bouillie C, auj. id., v. corn. *iot* v. irl. *íth*, cf. l. *jus*.

You, de*ʒ yaou* jeudi H, *iou* P, di*ʒiou* 3 s. J 19, N 1409, auj. id.; du l. *Jovis*.

Younl, crier C auj. id., cf. *iou!* interj.

Youner, iuvencel, f. *-es*, *Cb*; **youanc,** jeune C, — *flam* B 648, *-cc Cb*, *i-nc* Cc, J 39, *ioanc* P; **Iaouancdet,** jeunesse H, M 5, *youanctet Cb*, *i- P*; **youancat,** devenir jeune *Cb*, *-cquat* Ca, *-chat Cc*; auj. *iaouank*, v. irl. *óac*, gaul. *Iovinc-illos*, cf. l. *juvencus*.

Yourch, chevreuil, f. *-es* C, auj. *iourc'h*, v. gall. *iurgchell*, cf. ἴορκος, Suid.

Youst, mou C, mou, blet, Gr., tréc. *iôst* fatigué, R. c., IV, 157.

Ipocrisy, hypocrisie; **-crit,** f. *y-es* hypocrite. — **Ipolit,** Hippolyte. — **Ipotecaff,** hypothéquer, C, p. *-quet Cb*; **-thetic,** hypothétique C, *-tetic Cb*; du fr.

Iryen, instrument à tisser C, *-nn trame*, cf. *ilyanenn*, morceau de toile que coupe le tisserand, Gr., d'une prép., (cf. *ere, igueriff*) et *lien*.

Irineun, prunelle, *y-* prunellier C, auj. id., gall. *eirynen*, irl. *airne*, cf. sanscr. *arani*, R. c., V, 274.

Irritaff, -ter C; du fr.

Iruinenn, navet, dim. *-ic,* pl. *iruin Cb*; **iruinec,** lieu où croissent des navets C, auj. pl. *irvin* gall. *erfin* cf. ῥαφάνη, R. c., VII, 158.

Ys, la ville d'Is, Gw. v. *beʒ*; auj. id.

Is : *a is tomp* au dessous de nous Nl 89; **isel,** bas 91, C, N 1811, *y-* 3a *Breiʒ* — 934, *Breiʒis iʒell* Nl332, *iʒel* 88, *y-* M 10, *isell* humble Nl 347; comp. *iseloch*, C, *-ouch* H 52, sup. *-lhaff* B 337; **yeselhat,** abaisser C, *yselhat* baisser, parl. du soleil J 208; **iseldet,** bassesse C. Auj. *is*, v. irl. *is*.

Ysabel, Elisabeth P. — **Isac,** Isaac C. — **Ysayna,** 4 s. Isaïe, M 4, J 30 b, *-ias* 207 b, *Ysay* 3 s. 23, *I-* Nl 86; n. pr.

Iscur, N 1575, *ystur* 615, fais tort ! *yscurer* 365 on injurie, *yscureʒ* 1463 tu as tort ?

Isiguet, (chair) fatiguée 511*, *y-* tourmentée 474; cf *acicq* extrèmt fatigué Gr., gall. *ysic*, v. gall. *leuesicc* vermoulu de *ed-tic- cf. l. *edo*.

Isop, hysope. — **Israel,** g. id. C, J 207. — **Italy,** -lie C; du fr.

Ytron, dame 162, N 1896, P, J 65 b; r. et 151; — *an Bretonnet*, Anne de Bretagne Nl 290, *i-* 342, P, J 161 b, *-oun* C, Gw. v. *c'hwec*, pl. *itronneset* J 5 b. Auj. id., v. br. *eltroguen* noverca. Voy. *autrou*.

Yudal, hurler, crier C, J 99; Pel. traduit *sellit-ar iuhal* Am. par « écoutez le cri ». Auj. *iudal,* van. *udein,* gall. *udo*.

Yun, *voar* — à jeun N 382, v. *jun* 27, *yeun* jeûne C (dans les *yu*); **iun,** jeûner H, N 227, Nl 7, *yunaff Cb*; fut. *yuno* B 657; auj. id., du l. *jejunium*.

Yusin querch C criblure d'avoine, gall. *eisin, usun,* son, balle, pl. v. br. *eusiniou* gl. senis, cf. *usien kerc'h*, Perrot 176, *usien* criblures Gon., *ussien* Pel., léon. *ucʒyen* Gr., gall. *usion* balle, paille, voc. corn. id., pl. de gall. moy. et mod. *us*, cf. tréc. *us-mol* Gr.; sur *-ion* et *-in*, voy. R. c., VII, 149.

Yuzeau, juif, f. *-ʒeues* C, *yuseu* P, pl. *Iuʒeuien* 3 s. Nl 134, *-yen* 85, cf. J 81, 122, 139, *Yuʒevyon* r.

en 111 b, -*yen* r. *on* 129, -*yon* 115, *Iuʒeuion* Nl 551, -*yon* 43, *Yuʒevyen* Gw.; **yuzeauyaff**, judaïser Cc; **yuzeueri**, juiverie C, *i-* Cc; auj. id., du b. l. **judevus*. — **Yuzet**, Yuzetha C, du l. *Judith*.

Yuen, Yves, l. Ivo, H.

Yuerdon, mal écrit *Ynerdon*, Irlande N 123; *Hiverdon* 130, moy. gall. *Iwerdon*, de **Iveryoṅ-*, cf. v. irl. *Eriu*.

Iuez, aussi 655, H, Nl 17 cf. J 28, *y-* B 59, r. *i* 143*, r. *if* 428, 215*; C, cf. J 7 ; c'est pourquoi, B 697 ; *eueʒ* 19, N 33, 526, r. *eu*, 963, *yves, hyueʒ* P. Léon. *iveʒ*, tréc. *iwe*, corniq. *ynwedh*, de en 1, *goeʒ* 2. Pel. cite un anc. *eff, ef*, aussi, trompé par la locution *hac eff he mam* ?

Iuin, ongle C pl. *yuynou* N 1626 auj. *ivin*, v. gall. *eguin*, v. irl. *inga*, cf. l. *unguis*.

Iuinenn, if C pl. *yuin* Cb ; auj. *ivinen*, gall. *ywen* cf. b. l. *ivus*, v. all. *îwa*.

Yuray, ivraie C, *ivrai* Pel., corniq. *ivre*; du fr.

J

Le *j* ne se distinguait graphiquement de l'*i* qu'en minuscule.

Ia, jà : *breman ia* J 98; voy. *breman* et *deja*. — **Iaq,** iaquet l. iaqueta ; *Yacob* Jacques, *hent sant Ialm* chemin de S¹-Jacques, voie lactée, C, *sant Jalm bras* J 72 b; *pirchyrin a sant iaques,* pèlerin de St-J., *Cb ; Mari* **Jacobe,** Jacobé J 184 b ; **Iacopin,** jacobin ; **Iacquedenn,** Jacquette, C, *Iaq- Cms ;* **Iacquer,** bourreau C, *iaq- Cms.* — **Iahin,** iahine (gêne, torture) C, *iain Cms,* B 562, *-yn* 798, *j-* J 150 ; **iahinaff,** torturer C *iai- Cms.* — **Iambon,** jambon. — **Iangler,** iangleur, bouffon, C, *-eur Cc ; -erez,* jonglerie C. — **Iardrin,** jardin C, *-yn* Nl 40, *jardin* J 81 b; auj. *jardin, -drin.* — **Iaspar,** roi mage Nl 142, 159; du fr. — **Iaudel,** l. ceparium C, une manière de potage *Cb, souben iaudel* Maun., soupe à l'oignon ; *souben ar jaudel,* chaudel soupe d'herbes, de gruau ou d'oignon Pel., du fr. *chaudeau.* — **Iauelinenn,** javelot, *-line* C. — **Ierem,** g. id. Ieronimus C. — **Iesse,** Jessé P. — **Jestus,** n. pr. J 114 b. — **Iesus,** Jésus C, H, J 5, 72, N 740, 891, *r. u* B 126, *su* 14, 133, 168, 173, 265, J 6, 25 b, P, N 892, 1019, Nl 17, auj. *Jezuz.* — **Ioachim,** g. id. C, 2 s. Nl 460. — **Ioae,** joie C, 1 s. B 148ᵃ, P, J 180 b, *j-* 6 b, N 1738, Nl 378, *y-* B 194 ; *ioa* 5, *Cb,* N 78, J 182 ; *a i(oa) r.* à *(cour)aig* 195 ; *joa* 48 b, N 233, B 238, Nl 230, *y-* M 57 v; *ioy C, ioaꝫ* H 7, p. *ioaeou* P, *j-* N 576, *ioaou* B 726, *j-* Nl 1, M 67, *y-* 53, N 1365; 1 s., Nl 555 ; *ioaꝫou* H 2 ; **Ioaeus,** 2 s. B 18, N 2, J 181 b joyeux, joyeust ; *ioaus* 228 *Cc,* B 15, 84, *y-* M 57 v; *ioaitus* Nl 98, *j-* ten très j. 147 ; *joayus cre* 292, *-ius* 497, *joayus* 490, *i-* 521, *ioyeux, -eus, Cb,* sup. *joeusaff* N 1076, *joyeussaff* 1071 ; **Joaiussamant,** joyeus¹ Nl 33 ; **Ioneusaut,** se réjouir *Cc, ioau- Ca, ioeu-, iou- Cb,* en em *joayushat* Nl 259, *don j.,* pour nous réjouir Nl 188, *-iushat* 204 ; *joeuseomp* ! N 1773, *joaeusomp* Nl 19, *ioaiussait !* 334; part. *ioausseat Cb, -ssaet Cc, ioussaet* lis. *louenaet* B 635 ; **Ioausdet,** joie *Cb,* Nl 519, *y-* 513, *joae-* N 1778 ; **Ioulasaff,** *(en e madou)* jouir (de ses biens) B 424. Auj. *joa,* du fr. — **Iobert,** iobarde (joubarbe) C. — **Joendr,** jointure, articulation Nl 136, *ioentr* v. in *goaf* C ; *dre ioent* joignabli *Cb,* pl. *joentaou* 1ᵉ s. r. *et,* Nl 213 ; **Ioentaff,** *-intaff,* joindre C, *iontaff Cb ; yointaff* j'ajoute M 12 v; **Ioentabl,** joignable *Cb ;* **Ioentur,** jointure *Cc, ioin- Ca ;* **Ioentus,** jointiff *Cc.* — **Johel,** n. pr. J 207 b. — **Iolis,** joli, bon, agréable B 8, 195, N 352, *j-* 1096, J 108 b, *-ys* Gw. v. *coant, yolis, -ys* dans les 2 ms. de Pel., *goly(s)* P 259, *ioliff* C, sup. *iolishaff* B 36 ; **-lisdet,** joliveté ; **-lissaff,** iollueter, mignoter, l. lasciuo *Cb.* Pel. semble avoir entendu *jolis* et *yolis ;* Gr. *a jolis ;* du fr. — **Ionas,** Jonas C. — **Jonisc,** (fièvre si) violente N 1856, du fr. *jaunisse.* — **Iort,** Georges. — **Iosaphat,** Josaphat, P, *Cb, -phat Ca ;* **Ioseph,** Joseph C, B 343, r. ep Nl 353, *Josep* r.

ef 145, r. *ep* 186; cf. J 151 b. — **Iosuel,** Josué. — **Iourdan,** le Jourdain. — **Iubilation,** g. id. C. **Iud,** Juda C (ap. *iustification*); **Iudas,** Judas C, Jér. v. *glen,* H 12, *Juzas* P, J 50 b, r. *ut* 5, *Y-* 86 b, r. *ut;* prononcé prob. *judas* auj. id., et *iuzas;* **Iudea,** Judée, Juda, Nl 443, 372, P, *Iude* Cms. — **Iulian,** Julien C, N 1416; **Iulius,** Jules fils d'Énée C. — **Iuncheenn,** iunchie de lard C. — **Iuno,** Junon. — **Iupiter,** Jupiter B 114, C. — **Iuridic,** droit disant C, *iurdic* (vivre) selon la règle N 215; *guir* **iuridicial,** le droit (juridique) C*b;* **Iuridiction,** g. id. C*b, -ition* Ca; **Iurist,** juriste M 4; **iust,** juste C, N 6, adv. B 463, *j-* J 86; **Iustice,** justice 30, B 695, Nl 406 (f.: *he*), gibet C; *j-* N 630, B 444*. *y-* C; **Iustifiaff,** *-ier;* **-ication,** g. id. C. Auj. id.: *jurdic stricti, Kan. santel* St-Brieuc 1842, p. 180. — **Ius,** du jus. — **Iusarm,** gésarme C; du fr.

K

Kaer, ville 244 C, P, N 1772, Nl 468, f. : *hy* J 21 b; sans art. : *monet e* — 17 b, cf. 61, *en maes a quaer* 132 b, *didan kaer*, dans la ville N 1873; *kaer a legion*, urbs legionum 1707; avec art., *han ker a Landerneau* 1397; *dan kaer* (aller) à la maison, 1536, 1875, *dan ker* 369, *dan queer* Nl 66; *kær* ville B 452*, *ker* Nl 440, N 1386; pl. *kaeryou* B 425, *kerou* Gw.; *an kerya a Ys* les bourgeois d'Is, Gw. v. *ghis*; **kaerius**, plein de villes C*b*. Auj. id., v. irl. *cathir*, cf. l. *castrum*.

Kalander, calendrier; **-lent**, calende C, *qualan mae* le 1ᵉʳ mai P, auj. *kalan mae*. — **Kathelin**, Catherine C *pe* **Kathell**, C*b*, auj. *Katel*; du fr. — **Keriticus**, n. pr. N 248-9 v. gall. latinisé, auj. *caredig*, aimé; d'où **Keritic**, r. *iſ*, n. de province N 256.

Kneau, toison C, *cnev* C*ms*, *creon* Maun., van. *kaneau*, gall. *cnaif*, cf. κνάω, κνόω.

Knech, montagne C*b*; *ouſ* — en haut B 373, Nl 298, *cnech* 220, *oſ crech* 215, *ouſ an knech* J 133, B 74 *, cf. N 481; *dan* — B 305, C, *d'an knec'h* Jér.; *dan knech dan tnou* de haut en bas C; *knech an tnou* en haut et en bas, partout J 40, B 32, *kenech* 32*, *kn(e)ch h. t.* N 554 *knech ha traou* Nl 330, *traou ha k.* M 12 v, *an autrou ha tnaou han knec'h* Gw., *knech tnou* J 13, 53 b, *kn(e)ch tnou* tout à fait (affligé) N 1175, cf. 929, Nl 382; *na tnou na kn(e)ch* N 940; *en kanech ha tnou* P, *dyoſ an knech* P; *quenech* en haut; **quenechenn**, tertre C, auj. *krec'h*; v. br. *cnoch* irl. *cnoc* = *cuno-cc-*. du gaul. *cunos* élevé, participe de la rac. de κύω.

Knoenn, noix, noyer C, *knou-* v. *boedenn*; *cnouenn* C*ms*; *kanouenn* pl. *kanou* C, *cnou* C*ms*; *cneau a froiſ* noyau de fruits C*ms*; anc. livres *craouſ*, *-ff*, Pel.; **knoennic**, petite noix C*b*; *craouen* Maun., van. *kaneuen*, gall. *cneuen* irl. *cnu*, cf. v. all. *hnuſ*.

L

Labezet, lapidé 420, J 58 b, accablé de coups Nl 44 ; -ʒent lapidaient Nl 553 ; -ʒat on frappa (J.-C.) 134; on massacra 198; du l. *lapidare;* **lapidet,** lapidé B 600, impf. -dent Nl 559, du fr. — **Labour,** travail, ouvrage B 3, 7, 45, J 48 b, — *a douar* labourage de terre C*b ;* -at, travailler J 157 b, B 25, p. -et 44, vous travaillez 196; *labour l* P, -*omp l* B 475, -*et l* 64, fut. -*o* 57, -*homp* J 155 b, -*het* B 241 ; -er, laboureur C, — *da douar* C*b ;* -*et* lis. -er, travailleur, ouvrier B 284, pl. -*eryen* H ; -ouradur, ouvrage de labeur C*b,* auj. id., du fr.; **lafir,** douleur, peine, Nl 248, 263, *hep* — sans doute 309, *laur* 2 s. B 280, 392*, J 122 b, P 280, var. *laour,* r. *ur,* du b. l. *labôris.* — **Lacat,** mettre C, J 11, faire (doute) 30 b, -*quat* H, P, *hep* — *ʒy* sans hésiter N 1522, (me) rendre (content) 898, (se) faire (homme) Nl 182, p. *laquet* C, N 243, 594, -*queat* C*b* -*quaet* H, J 45, 216 P, -*caet* C*c,* B 413, -*quat* P, -*cquaet* B 299, *laequaet* 752, *laecaet* 205, *lequaet* J 59, 215; prés. *laquaf* 29, -*caff* B 9; *lequez* 603, 717; *laqua* Nl 88, -*ca* J 23 ; *lequeomp* B 589 ; *lequet* 202 vous mettez (obstacle) J 112; *laquaer* on met B 491-2, -*quaaer* H, -*cquaer* 1e s. r. *ec* B 118 ; impf. *lacaech* 305 ; prét. *liquis* 732 ; *lequesot* J 183 ; *laquas* 33 b, Nl 131, B 7, P, -*cas* 3, ... *hoʒ astenn* il ordonna de vous étendre J 157 ; *lequesont* 115, Nl 136; *lacat* on mit 122 b, B 342; *laca l* 519, 722, J 74, 153, prends (garde) N 1645, -*qua ; lequeomp l* 2 s. N 587, J 212, 3 s. 109 b ; *la-* N 794; *lequet !* Gw. v. *bec,* ayez (soin) B 94 ; Nl 46, 322, J 43, var. *la-* 137 b, *la-* 27 b, *lyquit ʒy* 2e s. r. *is,* 208 b ; fut. *liquiff* B 82, 391, 686, 3e pers. *laquay* 2 s. 365, N 1079, J 163, -*cay* B 26, -*cquay* H ; *lequehet* H, J 26 b ; *eʒ laquaher* on te mettra P ; cond. *lacahe* J 74 b, B 760; **laqueue,** mettable C*b,* -*caeus* C*c;* **inquidiguez,** -*quediguez* C*b,* act. de mettre. Auj. lakat, du l. *locare ?* — **Lace,** lacs, filet C, *laʒc,* dim. -**ic,** pl. *laʒcou* C*b, laʒou* M 10 ; **lacer,** laceur C*b, laʒcer* faiseur de laz C*c ;* **lacʒaff,** C, *laʒcaff* enlacer C*b.* — **Laes,** g. id. (legs) C, *laësa læsa* léguer Gr., du fr.— **Laesenn,** loi, C, N 113, *leas-* 176, *laseen* C*b, lesen* H, N 238, Nl 460, *leʒen* H, pl. *laesennou* N 1406, auj. *léʒen,* du fr. *lois.* — **Laet,** laidangie C, blâme P, *meur* — grand honte J 61 b ; -at, vitupérer C p. -*et* méprisé N 1526, *emem laetaf* je m'accuse J 197, *meʒ laedo* je te punirai N 1638; **laedus,** infâme 620, injurieux 610, du fr., cf. *laid.* — **Laez,** lait C, J 200 b, Nl 88, *hac y voar ho* —, eux à la mamelle 164, *leaʒ* C*b,* auj. *laeʒ, leaʒ, léʒ, leah,* du b. l. *lactis.* — **Laezaff,** clunagitare C, du b. l. *lactare,* deficere in pondere ? — **Laffn** *houarn* lame de fer C, *lavn, laon* Gr., du l. *lamna.*

Lafuaez, v. i. *licit* c'est tout *ung* C*a, laefuaeʒ* C*b,* cf. gall. *llafasu,* irl. *luisim* (Lhuyd), corniq. *lavasy* oser, (se permettre) v. irl. *ro-laimur ;* de *lăm* main, voy. *lau ?*

Lagaas, *na — tam,* var. *legaff* P 262 ; lis. *nacaff,* je plaisante ?

Lagat, m. œil C, J 95, P, -*guat* Nl 565, N 1002, pl. *doulagat* 1125 C, *daoul-* N 1157, *daoulaguat* 986, *daou lagat* J 190, *an noulagat* C*b;* **lagadec,** qui a grands yeux C*b,* — bras C*c.* Auj. id., anc. gall. *licat.*

Laguenn, lac, fosse C, Gr., du l. *lacus.*

Lam, saut C, P, chute B 778 ; *vn* — (nul n'échappe) d'un pas (à la mort) M 4 ; **-erz** sauteur, f. *es* C, *lammer* f. *es,* Cc, dim. f. **lameresle,** C*b* ; **lamet,** sauter C. Auj. id., v. br. *lammam* je saute, v. br. *lemenic* qui saute ; v. irl. *léim* saut, de *lingim* sauter, rac. sanscr. *valg.*

Lambeau, g. id. C, *-beu* C*b*, du fr. — **Lames,** *he mam dynam* — P 270, lis. *dames,* dame ?

Lamet, ôter C enlever N 902, tirer, délivrer, sauver P, J 129, 183, B 254, Nl 39 acquitter (notre dette) 287 effacer (nos péchés) 352, *dem* — *a de se retirer du* (péché) M 71, *lammet* C 628, Nl 333, p. 414, *lamet* 93, B 396, N 740, J 117, issu (d'Adam) 65 ; *lem* il sauve Nl 417 ; *lamas* 87, J 19, *-mmas* Nl 96, B 523 ; *lamo* 358, *-mmo* 175, Nl 142 ; *ez lamher* on te tirera P ; *lam l* J 208, *hoz em lemet !* B 742 ; *quent nen lamhenn* (je courrais...) plutôt que de ne pas l'arracher J 146 b, *lamhe* enlevât 167 ; *rac ne lamset* ne rapta csset B 8 ; auj. *lemel,* prob. de *lam.*

Lamp, lampe C. — **Lampereuet,** lapereaux N 286 ; du fr.

Lampr, glissant ; **-aff,** glisser C ; **-us,** l. *lubricosus* C*b* ; *lampr* Pel., gall. *llimp* ; même rac. que *dileffn ?*

Lamprezenn, lamproie C*b*, *-zec,* Ca ; *-zen,* Pel. — **Lancc,** *a quentaff* — Nl 384 en premier lieu, au premier chef, *quentaff lancç* tout d'abord 77 ; *dre lanc,* d'un bond J 73, et *cafo* — il trouvera moyen J 166, r. *ank ;* c'est pourtant le tréc. *kaout lans,* Pel. *lancç,* élan, Maun. occasion ; **lancet,** mis Nl 77 (confiance) placée (en vous) Nl 343, (géomancie) transcendante N 827, r. *anz,* du fr. *lancer.*

Lancroas, 1e s. r. *an,* crucifix 180, Nl 323, *lancgroas* N 1128, *langroas* J 122 b ; *lamgroas* Pel. De *croas* et *lamet ?*

Lander, landier (chenet) C, Pel. du fr. — **Lanfacc,** g. filace C*b*, N 1643 ; **-açç** étoupe grossière P., norm. *lanfais,* du l. *lanificium.* — **Langaig,** langage, paroles B 650, J 165, *-gag, -gaige* C. — **Langour,** langueur B 485, N 856, Nl 209, J 96 b, *-guour* Cc ; **langourus,** *-goreus,* C*b*, *-guoureux* Cc, langoureux ; **-gula,** langueur J 12, B 506*, Nl 490 ; languissant ? N 836, *-ys* Nl 91 ; **-issaff,** languir C ; du fr. — **Langoustes,** sauterelles B 383*, r. *es, -tez* 383, du v. fr. *langoustes,* id. — **Lanyer,** g. id. C, *laner* Gr., du fr.

Lann, lande, C, pl. *ou* P ; **-ec,** *landetum* C. Auj. id., v. gall. *lann,* v. irl. *land,* germ. id. *Lannec* est proprt le lieu où croît l'ajonc, br. *lann,* h. br. lande. De *lann* viennent **Landerneau** auj. id. N 1397, et **Languen** *vvmendi* n. géogr. 1105.

Lantern, *-ne,* dim. **-ye,** C*b*. — **Lantiguenn,** landie ; **-us,** *tentiginosus* C*b*. — **Lapoucc,** g. pichon l. *pullus* C*b*, *-boucc* Cc ; *-oucç* oiseau, Maun., *-oucz* id. Gr., vieux dict. *laboççic* oiselet, Pel.; tréc. *lapous* ver blanc R. c., IV, 160 ; du l. *locusta,* par le fr. *langouste,* voy. *langoustes ?* — **Lappadenn,** (glouteron) C, du l. *lappa.* — **Lardaff,** engraisser, act. et neut., C*b,* oindre C, cf. J 5, N 1699 ; **lart,** lard ; C, *lard,* dim. *-ye* ; **lardus,** (gras) ; **largez,** lard C*b* ; **-ezaff,** larder ; **-ezour,** lardoire C, auj. *lard gras,* voy. *meurzlargiez,* du fr. — **Larg,** large, planturcux C, loin B 768, *ez* — *och* plus larg[t] C*b* ; *-oc'h* (charge) plus lourde, Jér., *bader larc* C ; **larguentez,** largesse C, Nl 63, présents 146 ; du l. *largus.* — **Las,** *scuiz* — très las J 130 b ; (peine) accablante 127, 142 b, du l. *lassus.*

Lastez, ordure 562, P, misère, peine, N 1598, Nl 58, 328, J 215 infamie, ignominie 78 b, 150 ; *lastez* Pel., *lastre* misère, Ste-Tryphine p. 168, 208 ; pet. Trég. *lastrian u, b.,* faire des misères à qqn ; corniq. *last* ordure ; *lestezius pediculosus, lastezus* Maun.

Latin, le latin 92, C, H, science, P ; pl. *-ou* (vos) discours B 293* ; **-ist,** latiniste C; auj. id., du fr.

Lau et *drouc* tout vng C, cf. v. br. *nahu- lei* néanmoins v. irl. *lau,* petit, mauvais, = ἐλαχύς ; ou lis. *dourn* pour *drouc,* cf. v. br. *lau,* main de *(p)ldmá,* παλάμη;

Lausq, lâche C, (coup) faible J 111; **-acaff,** lâcher C; **-aquentez,** lâcheté J 197, auj. *laosk* v. gall. *lais,* du 1. *laxus*; **laxatiff,** g. id., C, du fr. — **Lauaer,** fontaine, lavacrum, B 257*; **lauer,** on lave (le péché) N 595, du fr.

Lavar, *hon oll* ... — toutes nos paroles H; **lauaret,** dire B 746, N 1169, Nl 76, cf. J 48, 106; **-rez,** id. B 161, 223*, M 7, C, pl. *lavareʒou* paroles H 60; part. *lauaret* dit C, Nl 6, cf. J 21; prés. *lauaraff* B 39, Nl 307 *lav-* 12 J 69, *-af* 214 b; *leuereʒ* N 505, Nl 185, cf. J 78; *lauar* N 1509, Nl 312 cf. J 52 b; *leueret* B 133 cf. J 17, 34, *lyvirit* 162, 206; *leveront* 227; *lauarer* on dit M 57 v, *eʒ — aneʒaff* ... *Doe* on l'appelle Dieu B 804, impf. *lauare* 741, Nl 555, cf. J 167; *lavaret* on disait P; prét. 1ª p. *liuiris* N 1143, *livyris* P; 3ª *lauaras* Nl 291, cf. J 39; *lauar!* B 440, N 668, *lav-* N 5, J 10; *leueret!* B 360, N 1309, *lev-* 194, J 59, 72, Gw. v. *iaen,* Jér. v. *hostis, lyvyrit* J 222, *-irit* 47, 101 b; fut. *liuiriff* B 723; *lauaro* 215*, cf. J 92; *leuerhet* B 195, *lev-* H, *leueret* B 195*; cond. *lauarhenn* B 363, *lauarenn* N 678; *lavarhe* J 191; *lauarher* on dirait B 720. Léon *lavarout, lare;* v. br. *dar-leber,* devin; *lauareʒ* = gall. *lleferydd,* v. irl. *labrae,* de **labariá,* cf. λάβρος.

Laurec, braie, C, *laffrec* Jér.; **laureyaff,** brayer C, auj. *lavrek,* voc. corn. *lafroc,* de *reffr.*

1. **Laz,** dans *laʒaraʒr* l. buris C, queue de la charrue Cc, la plus longue pièce de la charrue, h. br. *late,* Pel., voy. *goulaʒenn.* — 2. **Laz.** *Pe — dimp ny* que nous importe B 371, *pe alaʒ deompni* J 86, *laʒ* Maun., *las* Pel.; cf. gall. *lles,* corniq. v. irl. *les,* intérêt? ou du suiv.?

Lazaff, tuer 688, C, H, N 795, *-af* B 757, J 114, p. *laʒet mic* 209; prés. *laʒ* 189 b; *ha o laʒet* et on les tuait, r. *et* Nl 441; *laʒat* fut tué 345; *eʒ laʒset* qu'on tuât 71, 311; *laʒ !* B 739, J 95 b, *las* 114; cond. *laʒhe* 123 b, B 749, *-hech* 364; *-fe,* lis. *-se,* eût tué, 292*; ce verbe signifie « choquer, offenser », ou « nuire », dans Jér., selon Pel.; **lazadenn,** occision C; **lazerez,** id. Cb; **entre lazidigaez,** entretuance C. Léon. *laʒa,* v. br. *ladam* je tue, irl. *slaidim* je frappe.

Lazar, Lazare J 7, du fr. — **Lazr,** larron C, B 790, J 42 b, *laeʒr* Nl 48, *dan — sarpant* au serpent trompeur 396 *larʒ* Cc, f. *laʒres,* dim. **lazric,** Cb, pl. *laʒron* C v. *doees,* H, J 125, M 3; **lazrez,** voler C, *-ret* Cb v. *leenn,* p. *laʒret* var. *laeʒret* J 221; **lazroncy,** larcin C *-ci* Cc; auj. *laer,* du 1. *latro.*

Le, serment C, J 61, *dre maʒ-* 109, B 591, 48, *ma lle* 48*, 191, §malle 191*, *dram le* Jér. *le doet* serment de droit Cb, N 1512, *ledoet* 1565; **leaff,** je jure B 122, M 3; **leanes,** religieuse Nl 409, N 153; 2 s. 187; pl. *et* 184; **leanty,** couvent C, *-ndj* N 159. Auj. id., gall. *llw,* v. irl. *luige,* cf. λητζω, 1. *ligo*?

Leal, loyal C, H, P, N 6 fidèle (*ouʒ,* à) J 221 juste 93 b, adv. N 1400 bien, heureusˢ B 661, *lael* J 180 b; **lealtet,** loyauté 36 b, C, N 248, B 208*, *leatet* 208, *lealdet* J 194 b; auj. id., du fr.

Leat, lécher C, gall. *llyaw,* cf. λείχω.

Leau, lieue C, léon. *leo,* du gaul. *leuga,* d'où fr. *lieue.*

Lech, lieu 131, C, P, N 3, J 11, *oar an —* sur le champ 125, *en —* id. 219 — *dorn* poignée d'une épée N 1431, *nep —* jamais 347, *pep —* de toute façon J 113; (avoir) lieu de 21, moyen M 71, B 292*, *en, e —,* au lieu H, pl. *you* 190, *lichou* P, N 1704 dim. **lechic,** J 154; **lechaer,** local, adj., Cb. Auj. *lec'h.* gall. *lle,* cf. v. irl. *lige* lit, λέχος, v. norr. *lëg* place, all. *lage.*

Lector, *-teur* C; *-tur,* légende, leçon, texte sacré, B 132, 149*, J 58, N 1064, instruction, sermon 1705; **legent,** légende B 142*, *legem* r. *ent* Nl 547, du fr.; **leenn,** *leen,* lire C (ap. *lenn*), *lenn* B 135 H, P, J 116 b, N 1106, *len* 464, p. *lennet* C, cf. B 18, J 116 b, N 764; *lenet* 1083, *len* il lit Cb v. *Lucan,* cond. *lenhe* P; **leenuer,** lecteur; *-nnabl,* lisible Cb, auj. *len* lire, corniq. *lyen* étude, du 1. *legendum*; *ouʒ lenn* P 238 tirant, lis. *tenn*? **lisibl,** -le C, du fr.

Ledaff, étendre; **ledan,** large C, en large N 1165, P; **-nhat,** élargir, p. *-het* Ca, *-haet* Cb; **-nder,** largeur C, auj. *leda;* v. gall. *let* largeur, gaul. *litanos* large cf. πλατύς.

Leff, gémisst, pleurs, cri, douleur 359, 671, P, N 1871, *lef* J 160 *leuff* Nl 441 ; **leuffhl**, crier, se plaindre 138, *leffis* je criai P. Auj. *lenv*, gall. *lléf* voix.

Leffr, livre C, M 39 *lefr* M 2, P pl. *-ou* J 30 b, *-ffrou* B 17, *lefryou* 3 s. 234 b, *leiffriou* 2 s. N 1106, *lifryou* J 207 b, dim. **leffric**, C*b* v. *libell*. Léon. *lcor*, du l. *liber*. — **Legat**, g. id. C ; *-gacy*, message J 180 b, Nl 171. — **Legion**, g. id. C, J 74 b, du fr.; *kaer a* — N 1707, — ... *galuet an kaer* 1756, du l. *legionum*. — **Legist**, *-te* ; **legitim**, *-me* C, B 792*, *-etim* 792 2e s. r. et, adv. 336 ; **legitimaff**, *-er* C*b*, p. justifié, dispensé B 117, 663, *li- 117** ; du fr.

Leheryet, 3 s. (jambes) malades, N 1599, 1820, cf. gall. *clefyd y ller*, langueur, fatigue ?

Lehet, largeur Jér. v. *let* ; *lec'het* Maun.; *lec'hed* van. *lehed*, largeur d'étoffe Gr.; pour *le-et*, d'après le v. fr. *leesse* ?

Leiff, un dîner 232, C, *leif* 232* ; **leiffaff**, dîner C, *leyfiaf* 2 s. J 127 b, var. *leynff* ; *lein* Maun.; auj. id., corniq. *li*, un déjeuner.

Lein *an ty* le faîte de la maison C, dim. *-ye*, C*b* ; *lein* sommet Pel., de *blein* ?

Leiz, plein 66, *leis* Maun., tréc. *leiz*, van. *leih*, cf. br. *leiz* humide, gall. *llaith*.

Lem, aigu 598 C, viv[t], vite H, J 46 b, Jér., N 47 (blasphémer) violemm[t] 627, (il faut) absolum[t] 346, (ce qui est) gravé (dans l'esprit) B 10, un tranchant, N 1439, 1445 ; *lemm grav[t]* (trouble) J 59 b ; explétif P 7 etc.; *pur lein*, r. em P 20, lis. *lem* ; **lemaff**, aiguiser C, p. *-mmet* B 596 ; **lemder**, l. acumen ; **lemer**, aiguiseur C, f. *es* C*b* ; **lemidigaez**, aguisance C. Auj. id., v. br. *lim* cf. *breulim* et *dileffn*.

Lencquernenn, ver intestinal ; *-rnus*, C*b*, *lenqu-*, *-uz*, qui en est plein C ; auj. id., gall. *llyng-yren*, cf. all. *schlange*, R. c., VII, 146.

Lener, glissant C, *lencr*, *linc* Pel., *link*, *linkr*, id., gall. *llithrig*.

Lenn, étang C, auj. id., v. br. et voc. corn. *lin*, irl. *linn*, d'où *Dublin*, eau noire.

Lent, lent, paresseux C, timide B 86, 527, N 329, Nl 30, aux sens émoussés 273 (propos) délibéré 31, dur, cruel 701 ; *-aat*, faire lent[t] C*c*, *lentet* tardé Nl 451 ; van. *nent*, sourd (aux conseils) ; du l. *lentus*. — **Lentil**, lentille, — *en visag* tache rousse, dim. *-ic* **:** **lentileux**, g. id., C*b* ; du fr. — **Leon**, lion C, pl. et B 713, auj. id., du b. l. *leonis* ; *Leon* Léon, n. d'h., H. — **Leon**, Léon, évêché de Bretagne, l. *Leonia* C, H, Nl 232, 255, 377 ; *-is*, les Léonais 125, 332, *-ys* 203, 221, du l. *legionum*. — **Leopart**, léopard C, du fr.

Lerch, suite : *oar* — après 292*, voy. *adilarch*.

Les, cour 677, C, P, N 1373, J 121 éd. 1622, tribunal B 616 ; *lez* 323*, *en* — *r. es en aciel* Nl 544 ; *laes* N 1398, audience 1493, *tut à lés* Gw. gens de justice. Auj. id., v. br. *lis*, irl. id.

Lesell, laisser, quitter 234 C, H, J 192, M 53, Nl 486, P, *-el* N 222, — ... *hep cesser du 1868* p. *-set* 333, *laesset da ober* (bien qu'on a) omis de faire, H ; prés. *les* B 125, il évite (la mort) M 2, N 139, *laes* 729, 2e p. *leset* B 481 ; *-ser* J 55 b, *-sat* N 251 ; *lysis* Jér., *lesoude* laissas-tu P *laesas* Nl 28 ; *les!* J 141, N 10, B 307, *less y* 371, *lessi* 371* ; *leset !* 280, N 1327, J 5, etc., *lest* 38, B 624 etc., *lesint* N 1211, *ly-* J 145, *-sid* 45 b, *list* 73, B 77*, N 514, Nl 243, (*y-* J 213 b, Jér. v. *dispen* ; fut. *lesiff* B 37, *li-* je (ne) laisserai (pas de vous aimer) 606, *lisif* J 45 b, *-sin* B 507* ; 2e *lesy* P, *laesy* H ; *leso* B 230, P, J 106 b, *lae-* N 62 ; *lesset* que vous laissiez B 229* ; cond. *ne lessenn quet... caret* je ne veux pas cesser d'aimer 432 ; *lesho* laisserait J 216, *lesse* 72 b, laissât B 749 (la mort ne) veut laisser (personne) M 4 ; *lesfech* J 21, lis. *lessech*, comme plus haut *marvsech* ; *lesser*, lis. *lessech*, r. *ech* 70. Auj. *lezel*, du l. *laxare*.

Leshanu, surnom ; *-aff*, surnommer ; **lesmam**, marâtre ; **lesmap**, beau-fils ; **lesmerch**, belle-fille ; **lestat**, beau-père C ; *le(s)hanuaff pe gueruell dioar e leshanu* C*b*. Auj. *lezhano*, gall. *llysenw*, irl. *lesainm*.

Lesir, loisir J 25, (être de) — B 137, *a — martyres,* martyre d'un long tourment J 40 ; du fr.

Lesquiff, brûler 566, C, *-if* P, p. *losquet* B 122 C, J 87 ; **lisquidic,** (cœur) brûlant 209 b, *-ydic* P 254, *lesquidic* 138, var. *-edic ;* **losquadur,** embrasement C ; **losq,** *Cb ;* **losquan,** *Ca* ardeur ; **losquer,** incendiaire H 50 ; **losquidignez,** brulance C. Léon. *leski,* irl. *loscad.*

Lestr, vaisseau, l. vas ; — *a mor,* nef C, *lest* navire N 68, pl. *listry,* dim. **lestric,** *Cb ;* **lestrat,** contenu d'un navire N 129 ; **listrier,** lieu où l'on garde les écuelles C. Auj. id., v. gall. *lestir,* irl. *lestar.*

Letani, *Cc, -y* C litanie, prière pour les morts C, supplication, prière Nl 546 ; chant des anges à Noël, Nl 102, 403, *greomp can ha — da Mary* 144, *-i* (chant de) joie 427 (que nous allions tous) *dan -y,* à la gloire, au ciel 168, P 285, *en -i* id. N 1934 ; *gant -y,* avec chants joyeux Nl 368, avec cérémonie N 1146, 1929 ; pl. *-niou* H, du fr. — **Letenn,** *a diber da —,* (la mort) rabat ton caquet, litt. raccourcit ta langue, M 5, 1º s. r. *at,* lis. *latenn,* auj. id. à La Roche, etc. du fr. *latte ?* (Quellien). — **Leter,** litière, l. *lectica,* C, Maun. — **Letou,** g. id. — **Letrin,** g. id. (lutrin). — **Letu,** laitue C, *letus Cc,* pl. *letus* Maun., du fr.

Leun, plein C, H, N 15, P, J 11, — *carguet* tout plein 12, — *tenn* B 259, sup. *-aff* 256 ; **-yaff,** remplir ; **-ydignez,** plénitude C. Auj. id. v. irl. *làn* cf. l. *plenus.*

Leur, aire C auj. id., v. br. *laur,* v. irl. *làr* sol, cf. angl. *floor.*

Leuzr *carr* timon C, *leur qarr* Gr., cf. le suiv.?

Leuzriff, envoyer C, p. Nl 409, prét. *-as* J 16, *-at* B 324, fut. *-yff* Jér. v. *dinoe, et -het* que vous envoyiez B 145° ; *et leuzret,* qu'on envoyât Jér. v. *evit ; leuzri* Gr., cf. irl. *ladh ?*

Leul, g. id., n. pr. C, *Levy* J 222 b, du fr.

Leuyaff, gouverner C, *leuiat* piloter un navire Maun. gall. *llywio ;* voc. corn. *leu* gouvernail.

Leuiatan, g. id., prince des démons *Cb, Leuitan Ca.* — **Leurer,** levrier C ; **leufran,** *Cb, Cc* id. (ap. *leur),* pl. *liffrini* N 284, *-j* 270, du fr.

Lezr, cuir, *boutaill ler* C, auj. *ler* gall. *lledr,* cf. all. *leder,* v. norr. *lēdhr.*

Ly, lie (de vin) C, (d'huile) *Cb ;* du fr. — **Llam,** lien B 26, C, N 1895, *drouc —* captivité Nl 354, *d. ly-* 417, J 174 b, pl. *liammou* H, du l. *ligamen ;* **liance,** société, alliance B 311. — **Libell,** -lle C, accusation N 1502, *em —* sous ma loi B 616, *-el Cc,* petit livre M 2 ; **libraer,** -aire ; **-aeri,** -airie C. — **Liberal,** g. id. C, N 617, adv. B 524, (de mon) plein (gré) J 29 ; **liberte,** -té C. — **Libouron,** Liburnie C, du fr. — 1. **Lic,** laïque C, P, J 85 b, M 4, *pobl lyc* 2, *licq* H, voc. corn. *leic,* du l. *laicus.*

2. **Lic,** lubrique 446°, mauvais, sale 568, paresseux, mal doué 9, (voleurs) infâmes J 122 b, éd. 1622 ; *termen —,* nouvelle fausse 199 b ; *licq* Gr., cf. *linc, lencr ?* (Pel.)

Licc, *poingnet a fet —* N 1436, un poignet propre à la lutte ? **licenn,** g. lice l. *platea Cb.* — **Licel,** linceul C, dans les *lin-,* auj. *linsel* drap de lit. — **Licenciet,** licencié C, autorisé J 72 b ; **licxance,** licence C, (contre) la justice B 715 ; **licit,** permis 694 C, J 62, *ly-* 194. — **Lichezr,** licherre (lécheur, débauché) C, *l. es Cb ;* **-ezri,** friandise, lecherie C, *-y* (débauche) *Cb.* — **Licorn,** -ne C ; **Licour.**

Lien, 2 s. toile C, linge B 629, J 231 b, *ly-* 152, P, Jér. v. *dienn ;* **lienaf,** ensevelir N 1376 p. J 156, *lyenet* Gw. ; auj. et v. br. id., vieux corn. *liein,* rac. *les-, R. c.,* VII, 241 sq.

Lies, beaucoup 17, souvent C, M 53 — *furm* l. multiformis C, *a lieux f. Cb, lies re* beaucoup de gens B 282, *lyes guez* souvent Nl 104, *quen lieux bloaz* tant d'années, *an liessafu* le plus souvent H, *lieux* Jér., Nl 102 ; auj. *liez,* v. gall. *liaus* v. irl. *lia,* propr* comparatif, cf. l. *plures.* Voy. *alies.*

Liff, lime ; **-aff,** limer C, du l. *lima ;* **limaff,** C, du fr. *limer.* — **Liffyer** *houarn,* pel de fer C, espieu de fer *Cc,* du fr. *levier.* — **Liffr,** une livre, m. : *dou —,* dim. **-ic,** *Cb,* du l. *libra.*

Liffrin, douce (joie) P, *lizrin* 1° s. r. *iz* Am., joyeux ; cornou. *livrin* sain, dispos, Pel. ; tréc. *lirzit* joyeux ; gall. *llefrin,* fresh.

Lig, (homme) lige N 35, P, M 56, serviteur ? 4. — *Dre* **lyngn,** en ligne, ensemble P ; **lignag,** -ge; -**gnez,** lignée C, Nl 423, J 8, le genre (humain) 20 b, B 342, -*gnneʒ* M 7, *lingneʒ* Nl 397, *lineʒ* P 231 ; **liguenn,** lis. -*gnenn* ligne, *linenn an penn* (bandeau des cheveux), — *maçzon pe caluez* (cordeau) C, pl. -*ou* B 67, *lignenn maçzon* ; **lignennaff,** (a)ligner *Cb*, *linennet !* B 74° ; **lignelenn,** *ni-* C ligneul, du l. *linea.* — **Lim,** les limbes C, enfer Nl 59, 224, *lym* 137, 508, du l. *limbus.* — **Limitaff,** -*ter* C, p. préservé, exempté B 116, 663. — **Limon** *carr,* timon C, du fr. *limon.*

Limoes, *liuoes,* mousse d'eau ou d'arbres C, tréc. *libous(t)* viscosité, cf. angl. *slime.*

Lin, lin 629, C, N 1610, m. : *eff* 1613 ; **linec,** le lieu où croît le lin ; **lintac,** *lindac,* trébuchet C, voy. *tagaff* ; **linhadenn,** ortie (plante textile) ; -**dec,** lieu où il y en a C ; -**daff,** l. *urtico* g. ortier *Cb* ; auj. et v. gall. *lin* ; voc. corn. *linhaden* ortie, du l. *linum.* — **Linx,** lynx C, du fr.

Liorz, courtil, jardin C, 2 s. J 64, auj. id., v. gall. *luird* (pl.), v. irl. *lubgort* de *lub* plante cf. all. *laube,* et *gort* cf. l. *hortus,* voy. *garz.*

Lipat, *lippat,* lécher C, tréc. *lipan,* du v. fr. *lipper.* — **Lysen,** lys, H, du fr.; cf. **Halnenn,** sorte d'herbe, l. *helibium* C ? — **Lislu,** lessive C, -*iou Cc,* auj. *lisiou,* v. br. *lisiu, liusiu,* vieux corn. *lissiu,* du l. *lixivium.*

Lit, fête Nl 334, *lyt* 67, 78, *lit* acte, façon d'agir N 356; auj. id., v. irl. *lith,* gaul. *litu-,* cf. λιτή.

Litarg, -ge. — **Lytargl,** léthargie C, *li- Cc* ; **litargic,** léthargique *Cb.* — **Litiglus,** -ieux *Cc,* -*gieux* C, du fr.

Liu, couleur C, N 1583, *da scruiuaff* encre ; **liuaff,** teindre ; **liuadur,** teinture ; **liuer,** f. *es* teinturier C ; **liuafibl,** l. *tingibilis Cb.* Léon. *liv,* v. br. *liu,* v. irl. *lí,* cf. l. *livor.*

Liunt, eleuance deaue C, (ap. *liff*) *lifvat* torrent J 105, *a livat plen* 190; *linvad, livad* inondation Gr., gall. *llif,* irl. *lia.*

Llueg, liuecche l. *lupestica.* — **Liuraff,** livrer C, B 490, *he — cuit* 415, *liuuraff* 471, p. *liuret* 594 cf. J 60, 113 ; *liffret* B 342, cf. 643 ; **liufre,** livrée, vêti, N 977, *livrae* J 179, *liffrae, livfrae* P, du fr.

Liuriz, (lait) doux, l. *mulsum* C, auj. *livriz,* voc. corn. *leverid,* gall. *llefrith,* cf. irl. moy. *lemnacht.*

Lizer, lettre, écriture *Cb,* P, B 91, missive 154° *ly-* J 116 b, m. : *ef* ; écriture sainte 205 ; **lizerenn,** lettre de l'alphabet 32 b, C, pl. *ou* H ; -**ret,** lettré *Cb* ; auj. id., du l. *littera.*

Loa, cuiller — *an dour,* une herbe, l. *plantanus,* — *maçzon* truelle C, pl. -*ou plat* B 67. Auj. id., gall. *llwy,* irl. *liadh,* cf. *leat.*

Loaer, *Cb,* -*cre,* -*agr* C, louche ; tréc. *loacr,* Gr.

Loar, lune 106. C, H, P, J 147 b ; r. *er* B 321 cf. 502 ; f. : *entre diou —,* interlune ; *cann an —,* pleine lune, *loarguenn* clair de lune *Cb, loer* r. *er* P ; auj. id., voc. corn. *luir,* rac. *luc* ?

* **Locance,** g. id. C, *loqu-* P, B 747, *elo* -747° ; **locanceux,** facond *Cb,* du fr. *éloquence.* — **Locman,** pilote, locman N 73, *loumman* en 1632, Pel.; du fr. — **Loes,** louche C, van. *lues,* du l. *luscus.*

Loet, moisi, chenu C, *loët can* blanc de vieillesse Jér., *leun a loet* plein de moisi *Cb* ; **loedaff,** moisir, et canescere C, *loueda* Am.; **loedadur,** canities C, moissure (du vin) *Cb.* Auj. *loued,* v. br. *loed* moisi, *loit* (tête) chenue ; gall. *llwyd,* irl. *liath,* gris. Il y a prob. 2 rac. différentes ; pour celle de *loet* moisi, cf. *louan.*

Lofr, lépreux C, P, N 1851, pl. *lefryen* Jér.; **lofrnez,** lèpre C, *lofr-* N 1839, Jér.; tréc. *laour,* v. gall. *lobur* irl. id., faible.

Log, loge ; -**aff,** loger C, B 198, var. -*geaf; -giaff* 191, *loigaff* N 1873 ; p. *loget* J 165 b ; impf. *loigent* Nl 459 ; fut. *logo* 65, -*gio* B 148° ; *eʒ lochet* que vous logiez Nl 306, *ma hon lochint* qu'ils nous placent 18 ; **logerlezc,** logis B 191, -*geiczc* 3 s. 198. — **Logic,** la logique ; -**ian,** logicien C.

Logodenn, souris, — *dall* souris chauve C, dim. **-ic**, pl. *logod* ; **logodec**, lieu où sont les souris; **logotaer**, occiseur de souris *Cb*. Auj. id., voc. corn. *logoden*, gall. *llyg*, irl. moy. *luch*, cf. R. c., III, 89.

Lom, goutte Nl 465 auj. et irl. id.

Loman, ici 466, J 132 b, ici-bas P, *lo man* J 212 b, 223, *louman* Nl 412, *louan* var. *louman* P 3, *loman* Gw., Jér. (Pel. n'a pas compris), du lat. *locus* et de *-man*, cf. voc. corn. *luman* ; **Lomichael** *an trez* Saint Michel en grève C, du l. *locus Michaelis*. — **Longius**, Longin, Nl 16, 53, du l. *Longinus*. — **Loquet**, g. id. — **Lorance**, g. Lorans C, du l. *Laurentius*. — **Lore**, (couronne de) laurier *Cb*; **-enn**, laurier C, auj. id., du fr.

Lost, queue 486, C, — *an alazr* q. de la charrue *Cb*, *lostlouarn* l. proleos, herbe qui fait les cheveux chanus C, (... iaunes *Cb*) ; **lostec**, caudatus C; auj. et corniq. id.

Lot, lot, sort 382, 563, *un — cosquor tut* qqs gens Nl 489, *vn — a enor* des gens d'honneur 522. — **Loth**, n. pr. — **Lotruce**, autruche C, du fr.

Louan, (pieds) sales 2 s. J 51, cf. van. *luan* et *luaihuë* moisissure L'A., irl. *con-luan* dogs' dung et λῦμα, Voy. *lost*.

Louarn, renard C, 2 s. r. *ern* N 285 auj. id. voc. corn. *lowern*, gaul. Λουέρνος, cf. l. *Laverna*.

Louazr, auge C, *laouezr*, *lou-* *Cb*, auj. *laouer*, gaul. *lautro* « balneo » cf. λούω.

Loudour, sale 649 f. **-enn**, *Cb*; *loudour* saleté, *-enn*, *lidourenn* souillon, Pel., cf. *lous*.

Louen, joyeux C, P, J 6, adv. N 166, *en —* 119 b, B 47, hors (de peine) 88 ; var. *laouen* J 162, H ; *louenn* C ; *lauen* Nl 169, 280 ; *louan* r. *an* B 344 ; *laouenhaf* très heureus*, r. *a* N 699 ; **louenhat**, réjouir B 183, 499, satisfaire (sur un doute) 109, se réjouir 292*, J 9 b, N 254, *lau-* Nl 17, *laou-* N 396, *laouhenat* Nl 188, 397, *-nnat* 190, *louhenhat Cb* ; p. *louuen haet* B 513*, prés. *louenhaff* 45, *-af* J 203, *louenaf* 187 b, 3ᵉ pers. *laouhenna* Nl 364 ; *louenhet !* J 199 ; fut. *-hif* 182 ; **leuenez**, joie N 418, Nl 33, 346, P 31, *lev-* 214, J 98, *leunez* P. Auj. *laouen*, gall. *llawen*, cf. gaul. *-launos* et grec λαϝω.

Louenan, bévrichon l. nicticorax, icter, gen. *ictris* C ; auj. roitelet, prob. de *laouen*.

Louenn, pou; **louhec**, pouilleux C, et B 779 ? **louherez**, pediculositas *Cb*. Auj. *laouen*, voc. corn. *louen* cf. all. *laus*.

Louff, vesse ; **-aff**, vesser C ; **-er**, puant *Cb* ; **louuidic**, fat, sot, vil, mauvais, B 446*, 779, *loui-* 316, 738, pl. *louuidien* 4 s. 479, *loui-* J 165. Auj. id.; van. *louvidiguiah* fadaise L'A., provençal *louffa* vesse, bêtise, rouchi *lonfée*, vesse.

Louffan, courroie à lier les bœufs C, *loff-* *Cb*, *lollan* Pel., voc. corn. *lovan*, v. irl. *loman*.

Loumbart, f. *-rdes*, lombard *Cb*, *lom-* *Ca* (dans les *lou-*) ; **Loumbardy**, Lombardie *Cb*, *-i Cc* ; du fr.

Louncaff, engloutir *Cb*, *lonc-* *Ca* (dans les *lou-*), *loncaff* *Cb*, cf. B 360, *hanter loncaff* entregloutir *Cc* ; **loncadur**, (act. d'avaler) *Cb*, léon. *lounka*, v. br. *roluncas* il avala, irl. *sluccim* cf. λύζω.

Loupart, n. de bourreau 451*. — **Loupen**, loupe, maladie, Am., du fr.

Lous, sale 316 C, auj. id., cf. *loudour*.

Lousouenn, herbe, — *an caluez* l. ioberti herba C, *lus-* *Cc*, pl. *lousou* v. *amplastr*, *losou* plantes N 401 ; **lousouaff**, herber, glacier derbe, l. herbo ; être enherbé ; **-ouabl**, herbeux l. herbilis ; **-ouec**, plein d'herbe ; **-ouennic**, petite herbe *Cb*. Auj. *louzaouen*, voc. corn. *les*, irl. *lus*, de *°lub-s-*, voy. *liorz* ?

Louzr, chausse, l. caliga C. Auj. *loer*, bas, voc. corn. *loder* ; gall. *llawdr* braccae.

Lozn, bête Am. *lozṇ* N 283, — *mut* Nl 300, pl. *et* 58, 95, *lozṇet* Gw., N 276, B 10ʳ, *lonzet* 10, auj. *loen ;* gall. *llwdn* petit d'animal, corniq. *lodn,* cf. irl. *loth* poulain.

Lucan, Lucain. — **Lucas,** Luc C, J 203, P, *Luc* H. — **Luce,** sainte Luce C ; **Lucie,** Lucete Cb. — **Lucider,** lucidaire ; **Lucifer,** l. fossorus C, *(luchier* g. cler l. fossorus Cc), *Lucifer* Lucifer J 96 b, Nl 82, B 21-22, 31ᵛ, -*ffer* 31, 322 ; **luychaff,** reluire C (par *ch* franç.) ; **luysant,** lumineux, clair (luisant) M 2 ; **luminer,** (ouvriers) éclairés, B 40, (face) brillante J 125 ; -**nez,** r. ez lumière P ; du fr.

Luchedenn, éclair C, pl. *luffet* N 877 ; **luguerniff,** briller C, -*guerniff* Cb. Auj. *luc'heden,* voc. corn. *luhet,* cf. l. *lucere.*

Ludu, cendres C, P, H ; -**aff,** réduire en cendres ; -**ec,** plein de cendre Cb. Auj. id., gall. *lludw,* irl. *luaith.*

Lue, veau C auj. id. v. gall. *lo,* irl. *laeg.*

Lugud, *quy mut —* « chien muet de stupidité ou d'étonnement », *ur* **luguder,** un fainéant, Am., sot, Maun.; *lugut* lenteur, stupidité, Pel. cf. *amser-lâg* temps lourd.

Lum : *tiz mat a lum* P, bien vite, lis. *alum,* auj. id. allumé, cf. *afo* vite, de *focus,* et *dez mat golou.* Voy. *alumaff.*

Lun, lundi H, du l. *(dies) lunœ ;* -**atic,** -que C. du fr.

Lusenn, l. vacinium C auj. id., airelle, gall. *llûs ;* hᵗᵉ Bretagne, Anjou et Maine *lusset,* Pel. R. c., V, 223 ; cf. *lousouenn* ?

Luxur, -re C, 1ᵉ s. r. *us* N 620 ; **luxurius,** -ieux J 13 ; 3 s. r. *ur* 13 b, -*ieur* Cb, du fr.

Luz, embarras Jér. (tirer de) captivité J 129 ; *en he —* sur son chemin, devant elle ? N 376 ; **luzyaff,** mêler C, *luia* Maun., léon. *luzia* embrouiller, cf. *Luziet,* surnom en 1258, R. c. VII, 62 ; gall. *ludd* obstacle.

M

1. **Ma,** mon 31, C, H, N 22, P, J 5 b, — *quen hirvoudet* qqn aussi affligé que moi 14, *mautrou* Monsieur N 1289 ; J 76 var. *ma'utrou ; matrou* 228, *maheni* le mien, *me mahunan* moi-même Ca, *ma* me (prendre) N 154, — *mir* garde-moi 147 cf. J 18 b, H, P ; *va* mon Am. v, *diroll, disaoutren, distac, va list* laissez-moi v. *gargaden ; ma em soeʒaff... a raff* je m'étonne B 233, cf. 198, 23. Auj. id., cf. *me*.

2. **Ma,** où : *-cafhymp?* J 154 b, *medy* où est? 126 b, *medy an* 2 s. où sont les...? 145 b, *ma ʒa* où va? 104 b, *maʒ eu* 151, B 360, *maʒeo* N 1548, où est? *maʒoude* ? J 88, *maʒ ouchuy* B 607 *maʒ oa* Nl 374 *max oa* 62 (demander) où était ; *maʒ tremenet* N 330, *maʒ ae* B 13 ; *ma em* (l'endroit) où on me (mettr a) 28, *maʒedi* où est N 459, *maʒint* J 13 b, *an lech maʒueʒ an bugale* Cb, *ma voa* Nl 304; *mas voe* 136 ; sous-ent. : *un merchaucy... na chomme den* (où) nul ne demeurait 236. Relation de temps : *ma em dalche* 3 s. (l'heure) où il me tenait J 39, *ma en grif* 2 s. où je le ferai 21, cf. 52, *maʒ ganat* où il est né N 927, *maʒ* où (je mourrai) 76 ; et même *maʒ mennet hoʒ em soumetaf* (la mort) à laquelle (v. fr. où) vous voulez vous soumettre J 34 b. Auj. *ma, van. men,* cf. *ma* 3.

3. **Ma,** seul *ma en* (3 s.), litt. tant plus que je (pense à) lui J 6 b, *ma'en* 1 s. (il faut) que vous le (sachiez) 39 b ; *euel ma en* ainsi que le (déclare)... 23, *euel mae discleriet* comme vous le dites Nl 487 ; *rac... maʒedouf* parce que je suis, *rac maʒ out* J 65 ; *diouʒ ma minif* en cas que, si je tarde N 858, *maʒoa* (de la façon) que c'était (ordonné) J 69 b, *ma* (à l'heure) que (vous voudrez) 18, *maʒ* (le mieux) que (je pourrai) 5 b, cf. P, N 36, *dren peʒ maʒeo* parce que (litt. par ce que) c'est 220 ; *quement maʒ ne cafaff* (il faudrait ma), tant que, si bien que 339. Antécéd. sous-ent. : *maʒ safo* pour qu'il se lève 110, *ma mab... ma en ganer* 893 ; sens de subj. ou opt., *ma em beʒo* que j'aie 1812, *ma hon gray* J 63 b *ma on* 1 s. Nl 533 *ma ho* 1 s. J 25 que je les ; *ma emeux* si bien que j'ai 123 b, *maʒ off* N 75, cf. 162, J 105 *mas songas* B 7 *maʒ galses* si (précieux,) que tu aurais pu en (avoir 30 deniers) 15 b, *ha ma* si bien que Nl 396 ; *an bleut maʒ rer an bara can* la farine dont on fait l'hostie C, litt. qu'on fait, sous-ent. « avec elle », qu'auj. on exprime. Auj. et corn. id., gall. *mai*.

4. **Ma,** si, lat. *si*, 5, H, P, J 16, 52 b, Gw. v. doc, N 1509, qqf. *maʒ* dev. le verbe, 169, P, J 36 b, *mas* 108 b. Auj. corn. et v. irl. id.

Macabre, Macabre P, voy. *arre.* — **Machaff,** mâcher ; **manchouer,** mâchoire C ; du fr.

Mach, *a* — en pressant P, *a mac'h* avec pression Gw.; **-aff,** oppresser C, *mac'h* (mon sac me) blesse, Gw.; auj. *mac'ha* presser.

Maczon, maçon C, *-nn* Cc v. *lignenn ; -onet,* maçonnez ! B 74° ; **-onyez,** lis. *-yeʒ* maçonnerie Ca ; **-onerez,** Cc, *-nnereʒ* Cb, auj. id. — **Maczu,** massue. — **Mae,** mai C, P, auj. id., du fr.

Maerat, toucher J 11, *merat* manier B 75ᵃ, pratiquer, fréquenter (le monde) N 244, voy. *eueʒ ; mera, -rat, meʒa, mecin,* manier, pétrir Pel.

Maes, champ C, *voar an* — à la campagne N 249, *oar an* — (en 2 s.) J 216, lis. *en* — dehors, 12 b, C, B 540, H, P, N 513, *en meas Cms* v. *boutaff, emaes* Nl 539, J 167 *emœs* M 10; *maesou* champs B 383, dim. **maesic,** *Cb.* Auj. id., cf. gaul. *magos ;* voy. man 1.

Maestr, maître C, J 5 — *a ty* majordome 129 b, *Mæstr Jehan* M 71 v, *mestr* B 31, 45-6, C, N 662, *mest* 501, *mestr a ty* maître d'hôtel ou concierge C, *maistr* H, f. *maestres* J 40, Nl 20, *mes-* P, B 93, *ma mes-* madame 137 ; **maestroni,** *mes-* maîtrise C ; **-iaff,** maîtriser *Cb.* Auj. id., du fr.; **magister,** id. B 83, 91, du lat.

Maezur, nourrir C, Nl 140, *mea-* P, *meʒ-* Nl 309, C, H, J 235, Jér.; **maguaff,** *Cb, -gafu* H, p. *maguet* J 23 b, C, Nl 122, B 698 ; prés. *mac* 713, prét. *macsoth* P, *maguas* Nl 132, *ouʒ magat* B 178 ; *eʒ macquet* (il faut) que vous nourrissiez N 1033, *maeses* tu nourrirais B 700 ; **magadur,** mal trad. nourrissable *Ce,* = **-urez,** nourriture ; **-guer,** nourrisseur f. *es* nourrice C ; **-gus,** nourrissable *Cb.* Auj. id., gall. *magu,* cf. μῆχος.

Magdalen, Madeleine J 4 b, 87 b, *Cb, Mada- Ca.* — **Magic,** -ique B 611 ; **-ician,** 4 s. -ien N 761. — **Magnificat,** (le Magnificat) ; **manificance,** -cence *Cb,* -ance *Ca* ; **manifinaff,** exalter P. — **Mahaingnaff,** blesser C, p. *mac'haignet* estropié Am.; auj. *mac'hagna,* du fr. *mehaignier* estropier. — **Mail,** g. id. C ; **-let,** g. id. marteau, dim. **-ille,** *Cb.* — **Maillet,** g. œillet (une maille) C, du fr. — **Mailluraou,** maillots Nl 9, 186 ; **-uraff,** emmailloter 140, cf. 133, envelopper C, cf. P, B 755, J 152, *so dif ...* **-uret,** (cent maux) m'assiégent 128, *en ordur —,* (chose) pleine de fange, honteuse N 622. Auj. id., cf. fr. *maillot.* — **Mainghez,** famille C, du v. fr. *mesnie.* — **Majestat,** majesté M 59, mai-N 1691, dignité 1058; r. *aut,* J 103 b, mot savant, du l. *majestas* ; *-gestez, -iestez* H, *-te* B 308, C, J 93, N 695, 1401, (avec) respect 461, *gant meste* 1519, *dre cals mese* 695, du fr. — 1. **Mal,** mâle. — 2. **Mal,** une malle C ; **-et,** chargé de malle *Cb* ; du fr.

Malaff, moudre C ; **mal,** mouture N 1558 ; **malouer** *ann espiec, maloer,* mortier d'épices C ; auj. *mala,* v. irl. *melim,* l. *molo.*

Malazn, gerbe de blé C, *malan* Maun., van. et corniq. *manal,* cf. l. *manipulus.*

Malbrun, n. pr. J 6. — **Malchus,** n. pr. 73 b. — **Malediction,** g. id. C, *-icion* B 276, 721 ; **maleur,** 3 s. 387, 688, *malkeur* 210, *mal eur* J 128 ; **maleurus,** malheureux C, 4 s. Nl 457, 3 s. B 345 ; **malice,** -ce 269, P, 'J 11 b, *Cb,* N 1546, *-ice* C, *-icʒe* B 748, (une tour sans) défaut 193, *hep maliczaff,* sans mentir 193, *-icet* (justice) offensée J 30, *-iciet* id., r. *iʒ,* Nl 406, *-icet* méchant J 128 ; **-icius,** -ieux B 2 ; **malluolance,** malveillance C ; **maugracius,** (malgracieux), horrible (tristesse) B 334, du fr.

Malgon, n. pr. N 1942, de *maglo-cuno-s « noble prince ».

Mall, ce qui presse 368, hâte, P, Nl 455, Gw. *mal* Nl 512, Gw., *mall* (il est) temps 252, P ; *mal* vite P 52, auj. et corniq. *mal,* cf. μῦλιν, gall. *maliaw.*

Malloez, malédiction 381, J 74, *-oʒ* 85, r. *eʒ* 235, van. *-oeh,* léon. *-oʒ* ; **millizyen,** maudire C, *mili-, -ʒien, -lliʒyenn Cb* ; **milligaff,** Jér., p. *-guet* Gw., C, B 315, J 71, mili- 12, *myly-* P; *millic !* N 628 ; **milligadern,** malédiction C, *mili- Cb* ; auj. id., du l. *maledico.*

Malu, mauve, C, auj. id., voc. corn. *malou,* cf. l. *malva.*

Maluenn, paupière ; **-ec,** l. *palpebrosus* C, auj. id., v. irl. *mala.*

Mam, mère 703, C, P, J 41, N 174, dim. **-yc,** *Cb,* pl. *-mmou* B 661, *-aou* Nl 441, — *coʒ* aïeule C, — *paʒron* marraine H ; auj. et v. corn. id., cf. μάμμη.

Man, *an guerches* —, cette vierge-ci 6, N 1, J 7, H, P, *Map* — ce fils Nl 119; r. *af* J 35 b; auj. *man, ma,* corniq. *ma,* gall. *yma,* voy. *aman.*

Manach, moine f. *-es,* C, pl. *menech* Cc *;* **manachty,** monastère C, *-i* Cb v. *leanty,* auj. *manad'h,* du l. *monachus ;* **minihy,** maison de refuge C, du l. *monachia, R. c.,* VII, 101. — **Manc,** manchot C, P, estropié Jér., *mang* id., et *lent,* Am., du l. *mancus.* — **Mandamant,** mandt, ordre C, J 163, N 59, act. de mander B 53 pl. *ou* command^{ts}, recommandations, N 247, 553, du fr.

Mandoc, gargueton, poisson C, *-cq* gardon Gr., cf. van. *mandroghenn* grosse gagui, Pel.

Mandragora, *-gore* C, du fr. — **Manec,** gand C, sacoche, bourse J 18 b *;* **-eguer,** Cc, *-heguer* C, gantier, auj. id., du l. *manica.* — **Maner,** manoir, C, demeure, maison Nl 67, pl. *ou* B 425 auj. id. — **Mang,** manche Cb v. *milguin.* — **Manier,** manière C, Nl 319, J 17 façons, conduite N 1148; santé 1310 *; e pep -yer* 1279, *pep -ier* J 10 b, cf. P, *nep* — N 1559, *dre -yer* en qq. façon J 80, *a — bras* de grande dimension 157 b ; sorte (d'insectes) B 384. — **Manifest,** vrais, braves (matelots) N 128, nu B 617 manifest^{s} J 77 b, N 1482 ; **-aff,** *-ter* C, cf. J 78. — 1. **Mann,** la manne C, J 199, P, du fr.

2. **Mann,** *ma meux na* — J 14 « nullus ordo, » Job x, 22, auj. *man* apparence et rien, corniq. *man.*

Mansion, g. id. (demeure). — **Mantell,** *-teau* C, J 208, *-el,* dim. **-llic ; -llet,** vêtu d'un manteau Cb, auj. id., du fr. — **Mantua,** Mantoue C, du lat. — **Manuel,** un manuel ; **manumittaff,** manumitter C, *-itaff* Cb, du fr. — **Maour,** mor, éthiopien ; **-ien,** g. id. C, *maourien,* pl. *morianet* Cb, auj. *morian,* du l. *maurus.*

Map, fils, enfant, C, H, J 6, Nl 13, *mab* H, J 24, N 63, 123, — *den* l'homme 20 b, P, Jésus-Christ J 58, *map an lagat* prunelle de l'œil C, pl. *mibien* Nl 311, *-byen* 105, *my-* 164, dim. **mabic,** 2, Cb, *-yc* Nl 283 ; **-baff,** devenir enfant ; **-berez,** enfance Cb *;* **mibiliez,** C, *-ylyez* Gw. id.; **mibin,** agile Am. Auj. id., v. gall. *map,* v. irl. *mac,* == *maqvos, de **mac-vos,* cf. *maga.*

1. **Mar,** doute P, N 66, J 16 *na lequet* — n'en doutez pas 147 b, B 694, *ne liquiff* — scrupule 391, *voar —* en danger N 31. Auj. et corn. id., cf. μέριμνα.

2. **Mar,** si (elle fuit) 401, H, J 5, 116, P, N 107, 458, — *be* si c'est 151, — *oz eux* 1121, — *doude* si tu es J 95, *mardeo* N 1082 ; cf. H 10 ; — *doa* J 129 b ; — *deux* s'il y a N 97 ; — *deu mar fer ez leveret* quoique vous l'affirmiez si bien, P 124; **martese,** peut-être B 302 C. Auj. et corn. id., de *ma* 3 et *mar* 1 ?

3. **Mar,** si adv., tellt 301, 360, — *doucz* lis. *huec,* r. *eg,* H 46 ; P, J 43, — *meur tant* (il nous aima) 4, — *bras tant* (je vous hais) 85, *un den* — *sanctel hoz guelaff,* si, quelque saint que je vous croie N 1919, — *hogos si près* (qu'elle soit) J 121 b, éd. 1622 ; *nac eu* — *fier* si fier qu'il soit 3, *nac eu* — *net* 36 b, *nac oa* — *fur* B 11 ; *nep melcony* — *bihan* nul chagrin, si petit qu'il soit M 58 v, — *dint bihan* (ne lavez pas seuls mes) pauvres (pieds) J 52 b. Van. id., Pel., cf. L'A. v. *insupportable ;* corniq. id., gall. *mor ;* == *meur* sans accent.

Marbr, *-re* C, *men mabr* B 382-3. — **Marc,** 1. n. pr., 2 — *an resin* le marc du raisin C 3 marc (d'or, d'argent) Cb. — **Marcel,** Marceau C, du fr.

March, cheval 700, H, C ; dim. **-ic,** Cb *;* mâle, dans *marchbran* C, *-rzbran* Cb, corbeau ; **marhec,** f. *-egues,* chevalier C, *marec* J 103, 223 b, pl. *-rc'heien, -on,* Jér. *-cheyen* v. *morhet ; -rehyen* J 142 b, Cb, var. *-rchyen* J 123 ; **-rhegour,** f. *es* chevaucheur C, *mare-* Cc *; -*rheguez,** chevaucher, C, *-reguas* chevaucha Jér.; **-heguiez,** chevalerie C, *-cyez* Cb. Auj. *marc'h* gaul. acc. μάρχαν, cf. angl. *mare* f., et *R. c.,* VII, 157.4

Marcharit, Marguerite C, *-rgarit* H, auj. *Marc'harit,* du l. *margarita.* — **Marchat,** marché C, B 79^s, *marchatlech* C, *-rchlech* place du marché ; **-chataff,** marchander Cb *-ta Ca* cf. J 17; **-chadour,** marchand f. *es* C ; traître J 16, var. *-chantour* 86 b ; **-adourez,** marchandise C, auj. *marc'had,* du l.

mercatum. — **Marchaucy,** écurie C, établie Nl 301, -*aocy* 34, -*aucy* 286, *merchaucy* 60, 153, -*i* 329, auj. *marchosi* écurie, du fr. *maréchaussée.* — **Marchepie,** marchepied C; **-chas,** il marcha Nl 250, *marchet!* J 133. — **Margin,** margine de livre (marge) C, du fr. — **Mari,** Marie C, J 4 b, N 391, -*y* 496, -*y* H, J 14, 68 b, *Maria* 46 b, 195, N 743, Nl 325, P, pl. *Mariet* les 3 Maries 156 b, B 344, -*yret* J 184 b. — **Marquisn,** marquise Am. v. *fris.* — **Marr,** houe, marre, C, Jér., *douar* —, gaubu, C, pl. *ou* Jér.; **-nt,** houer; **-er,** houeur de terre C. — **Martha,** Marthe J 9 b. — **Martin,** Martin. — **Martyr,** *Cb,* **-*ir*** C un martyr, *groaet* — martyrisé B 448*, adj. (regardée comme) martyre 760 ; pl. -*iret* H, f. -*ires* C, B 677, -*yres* 5 18 Cb, J 40, pl. -*yriset* 3ᵉ s. r. *es* B 148*, -*yrisou* 3ᵉ s. r. *es* J 40; **martir,** martyre, douleur, B 525, N 444, 1660, -*yr* J 150, B 606; **martiraff,** martyriser 573, p. 468, -*yret* 648 ; **-iriset,** Cathell 26 ; van. *martir* ; du fr. **Merzer,** martyr C, Nl 7 ; **merzer,** le martyre 445 ; **-yaff,** martyriser, C, p. -*eret* P ; **-inti,** martyre C, -*y* P ; auj. id., du l. *martyr.* — **Martr,** martre C, du fr.

Maru, mort, adj. N 94, *ez* — mortellᵗ *Cb ; maro* Gw. v. *gwir, marou* v. *lian,* Cathell p. 5, *an marv* les morts J 177 b, *a(n) maru* N 963, *an maru, an veru* H; **maru,** la mort 82, C, Jér. v. *cousk,* cf. J 16 b, Nl 42, m. : *aff,* etc., M 3, 71 ; **meruell,** mourir C, H, N 356, B 116, -*el* Jér. v. *dibenni* cf. J 18; *mervell marv mic* 122 b 6d. 1622, *ez maruo maru mic yen* B 620, (*mervel marv mic,* Goezbriand *Fables,* p. 1), prés. *maruaff* B 776 cf. J 188; *marue*z B 611; *meru* 610; *maruor* 118; impf. *maruent* Nl 224, prét. *mirvys* 1ᵉ s. r. *eur,* J 175 b; *maruas* Nl 177, cf. J 3 b; fut. *mirviff* 95 b, *ez* -*if yen* 21, 2ᵉ p. *meruy* B 684, *mirui* 230*, -*vy* J 65; *maruo* B 590, var. (*na*) *varuo* 628 ; cf. J 124; *meruhomp* r. *omp* Nl 475; *marvhet* J 37 b; -*uhynt* B 656, -*uint* Gwinglâf, v. *bagat,* -*vhont* P ; cond. -*vhenn* J 218; -*vhes* B 706; -*uhe* 599, *vhech* J 35 b; *ez* -*usen* je serais mort B 259, *pan* — dussé-je mourir, 294*, -*vse* qu'il mourût J 64 ; -*vsech* que vous mourriez 21, -*uset* on mourrait Nl 456; **maruel,** mortel C, H, M 3, B 464, 664, (heure) dernière 725, cruel 574, -*vel* N 283, J 149 ; **mernent,** pestilence C, mortalité Nl 109, misères 89 ; maladie contagieuse Gr. Léon. *maro,* v. irl. *marb,* de *marvos,* cf. μαῦρος.

Maruaill, merveille C, N 1793 merveilleus¹ 207, B 28, -*vaill* J 217 b, 148, — *a graf* je m'étonne 167 b, pl. *ou* 103 b, N 399, contes J 165, *maru-* N 550, Nl 1092; **maruaillaff,** s'émerveiller C, pronom. J 217, neutr. 233 b, p. N 16, Nl 171 ; **-uaillus,** merveilleux C, Nl 226; auj. -*vaill,* du fr. — **Marz,** merveille C, P (*an* deux — Nl 333, r. *ar,* lis.*nen d. mar?*); **marzus,** merveilleux, magique N 1476 ; *tredemars,* Pel., corniq. *marth.,* du l. *virtus* (Stokes). — 1. **Mas,** *dre* — en masse, en gros N 1470, *a* — en foule P, v. br. -—, étain, du l. *massa.* — 2. **Mas,** *diuinit na grit* —, N 816, syn. de *quen,* plus, du fr. *mais.* — **Mastin,** mâtin C, B 736, t. d'inj. 515, -*yn* Jér., -*in quy* id. B 290* pl. -*et* J 98, du fr.

Mat, bon C, H, N 1, *Gueguen* B 371, *nos* — *l* J 48 b, — *aduocades* P 4, *quen* — *blas* J 231, *pan voe* — *gantaff* quand il le jugea bon B 338, *a* — certes J 203 b, *petra a* — l. *quidnam* N 164, — *ha drouc* tant bien que mal J 104 b; *an* — *din* la souveraine bonté 85, *vn* — un bien, un bienfait N 1826, pl. *madou* 245, J 9, -*aou* Nl 108, M 3, *madoun bet* les biens du monde N 1578; **madelaez,** bonté J 141, -*aele*z 6 b, 107 b, N 805, -*dele*z B 142*, 223*, Cb, pl. *ou* H, -*ae*zou J 150 b. Auj. id., v. irl. *maith,* gaul. (*Teuto-)matos.*

Matematic, -*que.* — **Materi,** matière C, B 54, affaire 137, N 185, 1354; -*y* B 62, 97, 124, J 18 b, P, f. : *hy,* 94 b ; **-rial,** -*riel* 55, *Cb ;* **-riet,** matérié *Cb.* — **Maternel,** -*nel* 28 b ; du fr.

Matez, servante J 77 b, C, Nl 292, anc. mss. (Pel.); dim. **-ic,** *Cb.* Auj. id., v. irl. *macdacht,* R. c., VII, 154, cf. all. *magd.*

Mathias, n. pr. — **Matinesou,** matines C, H, du fr.

Mau, agile, persévérant, non paresseux C, B 40, 103 avec plaisir 162, (donner) un bon coup (sur la mâchoire) 377, *mat ha mao* bel et bien Nl 34, *m. h. maou* 301, grande (pluie) P ; *mao gai* Maun. Pel., de *mag-vos,* voy. *moues.*

Maudez, Maudé, l. *Maudetus* C, H. — **Maximian,** n. pr. 33, 773, du fr. — **Mazeu,** Mathieu

C, H, -ʒe H, J 71 b, 211 b, auj. id., du l. *Matthæus*. — **Mazron**, marraine C, auj. *maerones*, du l. *matrona*.

Me, je, moi C, H, P, J 18, 23; N 40, 80, *me preder* 59, *me a* (a s.) *lao30* 62, *me a cret* 2 s. J 57 b, 1º r. ec 14; *metaou* je le jure Nl 565, *medest* je l'atteste B 208, Jér.; *me am eux*, 3 s. J 7 b, *me moux* N 1489, *mem be* B 160, *memoa* 286, *mem em clem* N 344, *me mem ro* 177; *me aʒ je te* 1 s. B 808, N 1531, *meʒ* 91, *meʒ car* je t'aime J 152 b, B 519; *me e* (1 s.) je la 381; *men* je le 442, J 18, var. *m'en* 56; *m'en* M 53, *menn namanthe* B 296; *me oʒ* je vous 1 s. J 7 b, *me ho* 1 s. 27, *moʒ* 34 b, B 64, N 183, Nl 255, *mouʒ* J 184, *mous* 63 b, id.; mo je les N 276, *moʒ* id. J 158. *Me ʒaa goar*, var. *ne a goar* 3 s. J 92, lis. *me a goar*. Auj. id., v. gall. *mi*, cf. l. *me*.

Mecanic, mécanique, adj., C, artisan B 49 (cf. angl. *mechanic*) du fr. — **Mecher**, besogne C, (hommes de) métier B 49, œuvre 51, affaire N 649, (mon) histoire 368, sujet (d'une affaire) 185, désir 1619, M 56 besoin H, J 15, 80 b, N 289 *ne deux* — *a*, il ne faut pas (différer) 1753, f. : *deʒy*, B 51, *honneʒ* 118; pl. *ou* instruments J 135 b, affaires P; **-erour**, ouvrier C, B 43-4, pl. *yen* 3, f. *es*; **-ererez**, negociatio Cb. Auj. id., du v. fr. *mestier*; ital. *mestieri* besoin.

Mechien, -*en*, morve; **-chiec**, morveux C, -*c'hiec* Am.; *mec'hi*, *meri*, Pel., corniq. *mechiek*, putidus.

Medecin, -*cine*; **-et**, medeciné; **-icinabl**, -ble Cb. — **Mediator**, -teur C, -ter Cb, du fr.

Megium, l. follis (soufflet) C; *meghin* van. *beghin* Pel., gall. et corniq. *megin*, cf. angl. *bag*?

Mel, miel 266, C, auj. et v. gall. id., du l. *mel*?

Melancolie, -que C, *mele*-; **-encoli**, mélancolie Cb; *meleony* souci, peine B 334, J 29, M 58 v, N 170, Nl 96, *mlc*- Ca, *melconi* Cc, P; **-et**, affligé 13, B 800, N 1194, du l. *melancholia*. — **Melchyor**, n. pr. Nl 142, -*on* 158 r. *on*; -*ion* r. *on* 308. — **Melchisedec**, n. pr. C, du fr.

Melchonenn, trèfle C, -*enenn* Cb, auj. id., v. gall. *mellhionou* violettes, v. br. *mel-gabr* ligustra, cf. l. *milium*. R. c., VII, 149.

Melen, jaune, -*nn* Cc; *melen vy*, jaune d'œuf C; auj. id. voc. corn. *milin*, du l. *melinus* (Gaidoz). — **Melenn** *a ascorn* moëlle C, m. *ascorn* Cb, auj. id., du fr.

Melhuedenn, limas; *melhuenn croguennec* limas o escailles, l. testudo C; **-edennus**, le lieu où sont limas Cb (adj.). Auj. id., pl. v. gall. *meluet*.

Melin, moulin; **-inhezr**, meunier C; auj. *milin*, v. br. *molin*, du l. *molina*. — **Mell**, du mil C, Gr., du l. *milium*.

Mell, phalange (du doigt) Catthel 33, pl. -*ou kein* épine dorsale Gw. v. *mac'ha*; corniq. *mal*, pl. *mellow*, gall. *cym-mal*; irl. *mella a* [*dromma*, 'Ir. T.' I, 685; cf. **mellat**, jouer à la soule B 370, *mell* soule, ballon, Pel.

Melle, fontaine de la tête, l. sinciput C, *mellenn an penn* Cc, *melleʒ* la suture de la tête Pel., cf. irl. *mullach*?

Mellicrasis, sorte de pierre précieuse C, (l. melichrysos?) — **Melodi**, -*die* C, -*y* P. — **Membr**, membre C, dim. **ic**, Cb; pl. *ou* B 473, J 33, -*prou* H, -*praou* Nl 207; **-braff**, faire membre p. membru Cb, -*pret* C; du fr.

Membry, certes 37, 122, 435, Nl 111, J 10, 207 b, 1º s. r. en 43 b et B 651, *menbry* var. *mem*- 378, 431 et 630; *menbry* 592, *men bry* r. en 569, *dit men bry* je te le déclare J 141 b. C'est un verbe; voy. *me* et *bry*.

Memor, 10, C, H, *e* — en mémoire, en l'honneur de Nl 379, (avec) respect B 611, (sans) raison 701 avis, conduite 236, dessein N 1684, esprit (troublé) J 59 b, -*mor* 56 b, N 1422, var. -*moar* J 29; r. *er* 38 cf. van. *mimoer*; **memorial**, (g. id.) Cb, *memm*- C; **membrance**, souvenir H; du fr.

1. **Men**, pierre 75*, P, J 185, N 376, noyau; — *hars*, pierre bornale C, -*rɛ* C*b*; m. : B 262-3, 76*; *mean* J 148, pl. *mein* 144 B 58, Nl 557, M 55, -*yn* ib., Gw., J 192 b, Cms, v. *benaff*; dim. **menie**, -*ye* C*b*; **menec**, pierreux C. Auj., id., v. br. *main*.

2. **Men**, l. Mevennus, n. pr. H.

Menauet, alène C, auj. *minaoued*, irl. *menad*, cf. σμινύη, Stokes.

Mendiant, g. id. C, du fr.

Menell, rester 642, C, rester, tomber mort, mourir, N 868, 1487; p. *manet* 533, J 5 b, (être) arrêté B 58; -*naf* je succombe J 133, *men* il reste N 1480, pl. *menont* B 385; impf. *manenn* N 118, prét. -*nas* B 340, -*aɛ* P, — *mennas* Nl 136, *mensomp* nous sommes restés Jér. v. *glen*; *manet* qu'il reste, v. *hu*, J 5 b, B 23, fut. *minif* J 192 b, N 858, 2ᵉ p. *miny* M 10, 3ᵉ *mano* J 33, B 28; -*nse* resterait 119, Nl 461; auj. id. cf. l. *maneo*.

Menenian, 3 s., n. pr. géogr. N 1720, 1884.

Menez, montagne 368, C, Nl 15, P, Gwinglâf v. *bagat*, J 13, pl. *iou* 10 b, dim. -*ye*; -*zus*, plein de montagnes C*b*; léon. id., gaul. *minio*-, cf. l. *emineo*, *mons*; R. c., VI, 482.

Mengleuz, *men gleuɛ*, *mencleɛ*, mine, carrière C, m. *gluɛ* C*b*; auj. id., gall. *mwynglawdd*, de gaul. *meind, d'où fr. *mine*, et *cleuɛ*.

Menn, chevreau C, dim. -**ic**, C*b*, auj. id., voc. corn. *min*, cf. R. c., V, 223.

Mennat, demander 294*, C, J 90, N 1674, P, vouloir B 409, 554, penser J 141 b, *mannat* B 20, p. *mennet* C*b*; prés. -*aff* N 329; -*af* 451, je souhaite (le bonjour) J 153 b, *menaf*, N 1313, *menna* r. *aff* B 281, *eɛ vennaff* 517; *menneɛ* 317, 769; *menn* N 259, J 113 b, *men* 16, M 55, B 648, *me a uenn* 2 s. 656, *me venn* J 25 etc., *eɛ venn* B 51, 233; *mensont* demandèrent Nl 12, *menn l* demande (grâce) P 130; fut. *menhet* Nl 241; -*nnse* aurait demandé B 675; **mennat**, demande 676, — *paillardieɛ* pétition de luxure C*b*; -**nnadur**, demande; -**nner**, demandeur C*b*; *menna* Pel., gall. *mynnu*, du l. *mandare*.

Ment, quantité, grandeur, C, P, taille Nl 10, la mesure (d'une intelligence) B 92, J 94; *nep* —, en aucune façon N 1462 *en muyhaff* — beaucoup B 272, — *a soulace* beaucoup de joie P; *un meut* r. *ent* égalt d'une même façon N 643. Auj. *ment*, gall. *maint*, v. irl. *méit*, cf. *meur*.

Mentenn, la menthe C, *mendt* Gr., du gaul. *menta*, par le lat.? — **Mention**, mention J 235, du fr.

Mer *diaoul*, du diable si... 468; cf. *mer dëm deu*, juron tréc.

Merc, marque, caractère C; -**chaff**, marquer C*b*; auj. id. — **Mercer**, -cier; -**cerez**, -ceric C*b*, du fr.

Merch, fille 2 C, H, N 156, P, J 88, pl. *et* 125, dim. -**ic**, B 89, vierge Nl 5, P. Auj. *merc'h*, gall. *merch*, cf. lith. *merga*.

Mercher, mercredi J 16 b, *deɛ* — H; **Mercurio**, Mercure B 114, auj. *merc'her*, du l. *Mercurius*.

Merchodenn, poupée C, dim. -**enic**, C*b*, *merchoden* Pel.

Merci, rouille; -**adur**, rouillure; **merglaff**, rouiller, p. -*clet*; -**clus**, rouillé C; auj. id., irl. *meirg*, cf. μάργος, sot, R. c., VII, 157.

Merenn, C collation, goûter; -**a**, faire la collation, Am. v. *gargaden*. Auj. id., du l. *merenda*, patois fr. *mérende*.

Meryenenn, fourmi, dim. -**enic**, C*b*; pl. *meryen*; -**ryenec**, fourmilière C; auj. id., gall. *morionen* cf. μύρμηξ.

Merit, mérite C, Nl 533, J 45, N 133, grâces 140, *gant* — par faveur 108, *a* — adorable J 117, *doen* —

un *traytour* porter la peine de ma trahison 96 b; *melit* B 319, *meulit* J 46 b; **meritaff,** mériter B 700, *euit da* — pour tes mérites 678; *-tet* qui a deservi Cb, *-to* récompensera B 350; *-tas* Nl 501; *-tet* vous méritez J 40; **-toer,** méritoire 30, B 811; **melidur,** 2ᵉ s. r. *et* mérite, grâce J 128; **-ridus,** méritant Cb. — **Merlin,** Merlin N 423. — **Meril,** merle de mer, l. alga C. — **Meschandet,** méchanceté N 1668; **mechantis,** id., et malheur, B 209, 388, 719; **-chance,** méchanceté 27, malheur 303, 727; g. id., l. ve; **-chant,** méchant, misérable C, H, J 84 b, P, B 649, cf. 290*; adv. 237, N 802, pl. *-niet* J 234 b, f. *meschantes* B 538, mech- 706; **mechif,** méchef, malheur J 101; **meffetour,** malfaiteur 134 b, pl. *mesfectouryen* N 1402, *mesfae-* 1444, *meffaeteryen* C; **mezeur,** 2 s. 1ᵉʳ. *eʒ* B 769, malheur, du fr. — **Mesclenn,** une moule C, auj. id., du l. *musculus*.

Mesenn, gland, *mes* du gland Cb *meʒ* r. *es* Am., Am. v. *tolieʒ* dim. **mesennic; -sec,** abondant en glands Cb. Auj. id., gall. *mesen*; gael. *meas* fruit.

Mesper, *gueʒenn* — néflier Cb; **-enn,** nèfle C; **-rec,** lieu où croissent les nèfles Cb. Auj. id., du l. *mespilum.*

Mesq, *e* — au milieu J 42, 97, Nl 75; auj. id., irl. *measg,* cf. l. *misceo.*

Messager, g. id. 39, *-aiger* C, Nl 409, f. *-ageres* Cb. — **Messias,** 3 s., le Messie (sans article) J 104, Nl 249. — **Metal,** métal Cb, J 12 b, *a drouc* — de matière mauvaise 94 b, *e* — son argent M 3; *-tail* C, du fr.

Metou, *en* — au milieu P, *dam* — près de moi B 214*, *em* — en moi 64, près de moi N 529, Gw, *eʒ* — P, *en e* — à côté de lui J 192 b, *de* — vers lui, vers elle N 1094, B 37; *en on* — 373; *en hoʒ* — chez vous (toi) N 1614; *en* — dans l'assemblée, parmi nous 667, J 103 b; *pe en* —, au milieu desquels 12, *dre nep* — par aucun moyen N 1627; *de -taou* en elle Nl 218, *en hon* — 499 gall. *mewn,* irl. *medon,* cf. l. *medius.*

Metr, mètre; **-iflaff,** métrifier; **-ler,** métrificur C. — **Metropolitan,** *-tain* N 1775. Du fr. — **Meu,** racingnie (famille) C, du v. fr. *mex.* — **Meuy,** muid, m., *try* — Cb, *mu* (après *me*) C, dim. **meuyc,** Cb, gall. *mu*; du fr.

Meuliff, louer C, Nl 228, p. M 62, N 1027; *-isont* Nl 196; **-ler,** f. *es,* laudator Cb; **-leudy,** louange 19, gloire 133, 2ᵉ s. r. *et* 1, 176, *-ledy* H, r. et B 666; *mel-* 680, 726, N 1145, 1930, *maleu- r. et,* B 508*; **melodius,** (prière) avec louange Nl 98; **meulidyguez,** louange Cb, *-igueʒ* Cc; **-lus,** louable, louant Cb. Auj. *meuli,* irl. *molaim.*

1. **Meur,** grand C, P, — *ve* ce serait difficile, Nl 37; *hoant* — J 228 b, cf. Nl 300, — *trueʒ* J 175, Nl 63, B 501* (*meuʒ* 501); cf. 383, 513*, Nl 526, J 43, 61; *mur, r. ur,* P; *meur anaf* grand trouble J 101 b; *astut* — très misérable Nl 300, cf. J 206 b; — *claf* 203 b; *meur a* (avec sing.) plus d'un, 21, B 603, P, Nl 530, — *a heny* plusieurs M 53, — *a re* N 1454; *mar meur,* tant, *telit* J 4; **meurbet,** très C, H, N 152, Nl 42, P, — *seder* très sûr J 126 cf. 36, *parfet* — 7; adj. grand, N 727, *grace* — 147 cf. 1793, B 32, Nl 369; *tra* — *eu da cridiff* c'est une chose difficile à comprendre J 68; **morfoll,** tout à fait fou, var. *mor jol* 104 b; **morglau,** l. nimbus, pluye ou espessecté de nue C. Auj. id., v. gall. *maur,* v. irl. *mdr,* gaul. *má-ros,* voy. *mar, muy, ment.*

2. **Meur,** mûr; **-afi,** mûrir; **-det,** maturité C, du fr. — **Meurz,** mois de mars C, *deʒ* — mardi, Cb, H, *meurʒlargieʒ* mardi gras C, *-geʒ* Cc. Auj. id., du l. *Martis.* — **Meus** *boet* meux (mets) de viande C, — *a froeʒ* mets de fruit Cb; tréc. *meuʒ,* m., v. gall. *muiss,* du l. *mensa.*

Meut, pouce C, J 137 b, auj. id., v. gall. *maut.*

Meux, *na* — *na mann* (il n'y a en enfer) rien de rien, rien à sa place, J 14, cf. gall. *moes* règle, mœurs.

Meuel, valet Cb, *-ll* C, cf. J 106 b, pl. *ou* B 609; auj. *mevel,* de *magu-illos* cf. *moal, moues, mateʒ.*

Mez, hydromel, C; **mezu,** ivre; **-iff,** s'enivrer; **-yuti,** ivresse C, *-inti* ivrognerie N 637, *-y* Cc; **-zyer,** ivrogne H, *-ier* ivre, dim. **-ic,** Cb. V. corn. *med* hydromel, léon. *meʒo* ivre, cf. μέθυ.

Mezec, chirurgien C, J 188, P, f. *-egues* ; **-egulez,** médecine C, *-gniez, -decniez* Cb ; Cc ; **-zeyaff,** médeciner C, *-eguaff* Cc, *-egaff* p. *-eyet* Cb, *-eguet,* guéri P ; *mezecq* chirurgien Gr., gall. *meddyg,* du l. *medicus.* — **Mezel,** maille, demi denier C, *-ell* Cb, du b. l. *medallia,* médaille. — **Mezelour,** miroir C, M 2, *melezour* (ap. *mezell*) Cb, Cc, *mellezour* dans les vieilles pièces, Pel.; **melezouraff,** mirer Cb. Auj. *mezellour* et *mellezour,* du b. l. *miradorium.* — **Mezer,** drap C, pl. *ou* Jér., dim. **-ic,** Cb ; auj. id., van. *meher, mier,* du b. l. *maderia.*

Mezeuen, juin C, auj. *mezeven,* van. *mehellen,* gall. *mehefin.*

Mezz, honte C, *mez* Cb, J 16, B 521, N 55, P; **-aff,** avoir honte Cb, p. honni, confus N 1531, J 62 ; **-equaet,** id. 6, 220 b, B 589 ; **-zus,** honteux C. Auj. *mez,* van. *meh,* corniq. *medh,* id., cf. gall. *methu* manquer, corn. *mothow* qui manque, irl. *meata,* all. *miss-.*

Mic, (voir) entier[t] 618 ; *maru micq* N 1217, *m. myc* J 231, *m. — yen* P raide mort ; *mervell mic* 110 b cf. 15 b, *finuezaff* — B 737, *et ou... d'an marou myc* Jér., *lacat dan maru mic* B 701, cf. 568, *ez laziff — yen* 699, cf. P 227 ; *myc,* mort, Jér.; **moue,** de façon serrée, étouffante J 88 b. Auj. id., pet. Trég. *na grik na mik,* (n'entendre) rien ; *mouga* étouffer, gall. *mygu,* v. irl. *muchaim* ; voy. *moguet.*

Michael, Michel C, H, J 98, *-chel* N 1924, Nl 342, auj. *Mikel.* — **Micheas,** Michée J 207 b, du fr.

Midiff, (moissonner) seer C, seyer, p. *medet* ; **medabl,** seyable ; **-der,** l. *messor* Cb. Auj. *medi* ; v. gall. *metetic* coupé, cf. l. *meto.*

Mignon, ami J 5 b, 160 b, *ma tut —* mes amis B 536, 607, bell[t] 622, pl. *et* J 145, f. *es* Cathell 27 ; auj. id., du fr. *mignon.*

1. **Mil,** animal, pl. *et* C, B 384, Nl 25, 130, *my-* 227 ; *myll* pl. *mylet,* Jér. ? *Mil* Pel. v. irl. id., cf. μῆλον.

2. **Mil,** mille C, N 170, P, m. : *daou —,* H ; *— ioaou* B 508*, *— joaeou* N 576 des milliers de joies ; *chancou* 776 ; *—, pe-pas,* un mille Cb ; *myl* P ; **milvet,** millième J 13 b. Auj. id., v. irl. *mile,* cf. l. *mille.*

Milan, Milan C, du fr. (orig. celt.). — **Milguin,** manche C, Gr., de *manegin,* du l. *manica.*

Milhezr, maladie des pieds, l. *porrum, Cms* (porreau), cf. fr. *mules,* engelure au talon.

Milhuyt, mauvis C, auj. *milvid* ; corniq. *melhuet* alouette, cf. fr. *mauvis.*

1. **Min,** (bouche) C, auj. *museau,* corn. et gall. id., cf. fr. *mine.*

2. **Min,** mine (d'or) ; **-aff,** miner, l. *mino,* C, du fr.

Mynbulguenn, mie de pain C, *minhuy-* Cc, auj. *mirv-,* cf. corniq. *minow* mince, et l. *minuo.*

Ministr, ministre 14, C, (Jésus, le grand) prêtre B 20, 265, 430, pl. *et* 28, Cb ; *ma minist* mon garçon ? J 206 ; **-traff,** ministrer C, *-af* administrer (la communion) N 1264 *maz -trenn* (il faut) que je demande (l'avis de chacune) 179 ; **-tration,** g. id. Cc. — **Minor,** mineur C; **-ez,** minorité Cb, auj. id., du fr. — **Minot,** mine, mesure C, du v. fr id. — **Minten,** g. *mintene* l. *mitta* Cb, du fr. — **Mintin,** matin C, N 231, P, (se lever) le matin, H ; *— mat* de bon — N 465, *oar an — mat* J 83, *my-* 186 ; **mitinguez,** matinée Cc, *mint-* C ; **-nius,** matineux Cb. Auj. id., corniq. *myttyn,* du l. *matutinus.* — **Mintr,** mitre C, N 1769 ; **-aff,** mitrer Cb. — **Myr,** myrrhe J 143, Nl 142, *-rr* 309, *mir* 38, *mirr* C, du fr. — **Mir,** garde, l. *custodia* Cb, **-et,** garder B 727, C, J 25 b, P, N 450 retenir (un salaire) H ; *— oz* garder de (danger) N 93, se garder de 248, cf. B 210, *-permettaff* s'empêcher de permettre 336 *my-* Nl 49 ; p. *miret* B 190 prés. *-ran* Gw; *-reur* on garde J 194 b, *-rer* B 208; *-rez* B 771 ; *mir* N 1399, *piou he mir ha na diguer* qui l'empêche de s'ouvrir J 34, *myr* Jér. Nl 358 ; *mirna filly* garde-toi de faillir N 1574, — *...na diancquo* empêchez qu'il n'échappe J 73, — *... na achapo quet,* J 492, garde (les command[ts]) N 552, *miret ez vihet* gardez-vous d'être B 154*; *-ro gardera* (un jour saint) 657 *Doe roz —* N 1078, *me he* 862, *me —* B 401, je le garderai ; *— ... na noaso quet,* empêchera de nuire N 55, *en em — ne lazo quet* se gardera de la tuer B 769, *-rhet* que vous gardiez J 168, *eʒ -rhe ne laʒhe quet* B 749 ; *-ret* on garderait P 176, — *rse* J 204 b, *maʒ -rsent y... faʒiaff* qu'ils se gardassent de faillir B 335, *mirset* qu'on fêtât P ; **mirer,** gardeur, f. *es* C, *-eur* Cb Auj. id., corniq. *mires* regarder, du l. *mirari.*

1. **Mis,** mois 65, C, Nl 25, P, m. : *daou* — Cb ; *myt* Nl 294, M 10, P, **-iat,** espace d'un mois Jér. Auj. id., cf. l. *mensis.*

2. **Mis,** mise, frais, dépenses 59 ; (le 1er) plan, choix 249. Auj. *miʒou*. — **Misac** n. pr. — C. — **Miserabl,** -ble Cathell 28. — **Missenl,** C missel — **Mission,** envoi P. — **Mister,** mystère C Nl 132 B 319, miracle 340, 360 N 133, 1163 ; *my-* J 142, B 97, le mystère (de Ste Barbe) 5 ; *mi-* explication (d'un sujet) N 511 ; conduite ? H 20 ; pl. *ou* N 670, *my-* J 62 ; *-iou* H ; Auj. id. Du fr. — **Mistr,** beau 430, J 206 ; r. *ist* Nl 140 ; habile, r. *ist*, 177 ; *mist* 206 ; bien, régulièrt N 1686, *mistaff* (la foi) la plus pure B 173, dim. fém. **mistriquen,** gentillette Am. du v. fr. *miste.* — **Moub,** n. pr. C, du fr.

Moal, chauve, **-ldigaez,** calvitie C, *-ueʒ* Cb auj. id., irl. *mail* de *mag(u)-los, voy. *moues.*

Moan, grêle, mince C J 148 b, P, petit N 286 (coup) léger 88, maigre 1907, humble 763 ; auj. id., gall. *mwyn,* v. irl. *mín,* gaul. *(Ad)-mīnios* cf. l. *minor.*

Moch, pourceaux 713, C, v. *crou, moc'h* Am. v. had ; auj. moc'h ; v. irl. *mucc,* f. cf. μήτηρ.

Moder, modération Cb, **-aff**-rer C ; *dre esper -ret* avec un esprit juste B 61, *tri mis antier* — 3 mois bien comptés 341*, *pep quartier* — en tout lieu Nl 414 ; **-ation** g. id., **-eur** g. id. Cb. — **Modulation** (g. id.) C. du fr.

Moe, crinière de cheval ; chevelure humaine ; **moeuc,** chevelu C ; auj. *moue, mouenk,* pl. v. br. *mo(n)gou,* cf. angl. *mane.*

Moean, moyen, façon M 71 v, J 17, 38 b, 58 b, (notre) permission 230 (par l')aide de, B 433, 698 (être) l'instrument de 688 ; *moan* 1e s. r. *e* J 167, *moen* 2 s., r. *en* 120 b, éd. 1622 ; *moyan* M 71, P, — *yen* Nl 139, 269, 1e s. r. *œ,* 355, 2e r. *on* 233 ; *-yon* richesses 514 ; pl. *-yenou* H ; auj. *moean.* — **Moel,** carr moyeu de charrette C, *moëll* Gr. du fr. — **Moez,** voix C, Gw., N 17, P, J 212 b, — *e guer* le son de sa voix 71 b, *moiʒ* N 1754, *un uoeʒ* B 680, *un voeʒ* J 231 b. auj. *moeʒ,* van. *boeh* (*th* pour *f*), du b. l. *vocis.* — **Moguer,** mur 68, C, **-yaff,** faire parois C ; auj. id., van. *mangoer,* du l. *maceria.*

Moguet, fumée, dim. **-edic ; -daff,** enfumer Cb, fumer Cc, *-iff* id., **-dus** fumeux C ; auj. id., cf. *mic* et angl. *smoke.*

Moyses, Moïse C, J 129. — **Molest,** Cb, douleur Nl 208 (sans) faute, contredit N 1901, **-aff,** molester C, *-af* tourmenter J 143, **-ation,** l. -stia Cb. — **Moliquin,** g. id., l. pannus moliquinus Cms. — **Moment,** moment M 10, *moum-* C, Cms. — **Monarchy,** -ie N 720. — **Monden,** -dain C, *moundenn* Cms, *mundain* Cathell p. 11 ; du fr.

Monet, aller C, H, J 17 b, N 30, 1141, P, Nl 28, devenir 340, *oa* — allait B 14, *mont* N 3, 1140, auj. *monet, mont,* gall. *myned,* cf. l. *eminere ?*

Monn, s. v. *digouʒueʒ,* (ignorant) C, cf. *moign* manchot, Pel. du v. fr. id ? — **Monnelz,** *moun-,* monnaie C, *moneiʒ* J 18 b ; **-ezier,** *mou-,* l. monetarius Cb, *monneiʒer, moune-* Ce ; auj. id., du b. l. *moneda.* — **Monosillab,** Cms, *-ilab* C, monosyllabe. — **Monstr,** -re dim. **-ic, -us,** -rueux Cb. — **Mont,** mont J 126, b, P ; **Monione,** Montjoie Cms, **montas,** monta, P, du fr. — **Montre,** nep — en aucune façon, en nulle circonstance N 1450 ; *ho* — leur état d'esprit, P, du fr. *montre.* — **Montrolaes,** g. Montrelaix ou Morlaix C, *-liaes* Ce, *-lies* Cathell 1, *-trelaes* Cms ; auj. Montrouleʒ ; l. *Mons Relaxus.*

Mor, mer 121, C, N 65 P, m. : *daou* — Cb ; *morhouch* dauphin (cochon de mer) C pl *morou* P, Jér. ;

mordeiff, naviguer, **merdeat,** marin C, pl. *-eidi* v. *garm,* N 128, *-eydy* 69, Jér. ; **morgadenn,** g. morgade, poisson C, seiche C*b.* auj. et v. br. *mor,* v. irl. *muir,* gaul. *mori,* cf. l. *mare ; R. c.* VI, 396.

Moralll, verrou, C*c,* -*il* C ; auj. id., du fr. *morailles.* — **Moral,** moral, moralité C **-et** morigéné, **-ite,** moralité C*b ;* **-riginet,** affable J 54 b, (signe) pieux, mystérieux 209 ; Du fr.

Morchet, souci 742, C, J 123 b, P, scrupule B 373 malheur Nl 137 ; *an meur — ... ameux e tretaff* le grand souci que j'ai de le bien traiter J 61, *-c'het* souci Jér. v. *corr ;* **-chediff,** soucier C, p. préoccupé J 50 b; **-dus,** soucieux 19 b, 225, C*b, pur* — J151 b, N 1176 ; inquiétant, affligeant 1172, Nl 453 ; **Morhédiff,** avoir sommeil C, *morch-* C*c,* **morc'het** endormi Jér. v. *ma.* Auj. *morc'hed, moredi,* corniq. *moreth* chagrin, cf. μάλκη ?

Morfontus, qui fait se morfondre de froid J 11 b ; — **Morice,** Maurice C*b, Mou-, Morice* C, auj. *Moris.* Du fr.

Morlucenn, syn. de *morglau* C, *morlus* brume, brouillard venant de la mer Pel., cf. gall. *morlwch, mwrllwch.*

Mors, mors, frein, dim. **le** C*b* — **Mortez,** mortier. — **Mortiflaff,** -er C. Du fr.

Moruan, Morvan, n. d'hom. N 1418, 1604. Auj. *Morvan,* v. br. *Morman.*

Morzat, cuisse C*a,* C*ms,* -*et,* C*b,* C*c* ; auj. *-ʒed,* v. gall. *morduid* de **mări-êtă,* cf. μηρία, *R. c.* VI, 396.

Morzol, marteau C, J. 135 b, m. : *aff* B. 579 ; pl. *ou* 67, dim.-**le** C*b,* auj. id., v. corn. *-thol,* du l. *martellus.*

Moualch, merle C, auj. *moualc'h.* gall. *mwyalch,* voc. corn. *moelh,* de **mêl, *mesl,* cf. l. *merula,* et suff., cf. gall. *alarch* cygne, l. *olor.*

Mouar, mûre, *mouarprenn* mûrier C ; auj. id., gall. *mwyar,* cf. l. *morum.*

Mouchaff, -er, -**chouer,** mouchoir. — **Mouchet,** g. id., oiseau, l. *capus,* et g. id., oiseau de proie, l. *miluinus* C, *-chel* Jér. v. *ma.*— **Moudenn,** motte de terre C, M 5, auj. id. Du fr.

Moues, 2 s., la femme (sans article) 79*,* auj. *maoueʒ, magus.* f. de corniq. *maw,* v. irl. *mug* garçon, serviteur, goth. *magus.*

Moul, C, -*ll* C *ms,* meule. — **Moull,** coin (à monnaie) C*b,* du fr. *moule.* — **Moust,** g. id. C, *must* C*c,* du fr.

Mout, mouton C, *maout* C*c ;* auj. *maout,* v. irl. *molt,* b. lat. *multo.*

Mouz, *e* — (aller)bouder, faire la moue 440, **-aff,** bouder, C*c,* muter C*ms;* auj. *mouʒa,* bouder, cf. fr. *moue.*

Mozrep, tante H, -*eb, moeʒ-,* C*b,* auj. *moereb,* v. br. *motrep,* de **mătr-eqă,* cf. μήτηρ et ἄνθρ-ωπος.

Muguet, g. id., C, du fr.

Muy, plus C, H, J 17 b, P, N 39, (je n'en puis) — 871, *ma — hetaf* me faire plus de plaisir J 153, *ne veʒo* — rien de plus ne sera (sa nourriture) N 428, *ne veʒo* — (nous te tiendrons), nous ne ferons pas autre chose J 20 b; — *greuancc* d'autres maux B 742, *a — bech* avec plus de grièveté J 113, *a — son* à voix plus haute 111 b ; *hep — quet* (vous) sans plus 31 b, *hep souʒan —,* sans aucune erreur N 1468 ; *so —* de plus (litt. qui plus est, il y a plus) 644 ; *a — e —* de plus en plus B 12 — *oʒ —* 429; *ha —* et de plus 90, (joie à vous), et grande joie 238 (le bien venu*),* le très bien venu 55 (sa vie sera) plus grande (que moi), que la mienne) N 711 ; (ma peine ne peut être) plus grande J 188 ; plurimum, g. moult, C*b*; l. *eʒ mui* id., C*b*; *ha — dien,* et très certain¹ B 674; *dreist —* plus que beaucoup, 110, 428, J 116; *muyf* 13; *mu* r. *u* B 168, 768; *muy eguet* 3 s., plus que 515, 2 s. 272, 466, J 27 ; *muy guet* Nl 381, M 3, *muyguet* J 93, 57 b, 187 b, *muiguet* M 55, *mueguit* B 444*; muyhaff* le plus 199, P, *-af* J 130, le plus grand 6 b, 182, N 260,

-*aff* 1737, M 53, J 56 b, B 33, -*ihaff* 33*, Nl 516, -*yaff* B 406, 755, *muyhafu* H. Auj. et v. gall. *mui*, v. irl. *mda*, comparatif de *meur*, cf. l. *major*.

Mul, mulet pl. *et* v. *mirer* C, f. *es Cb* ; **mulot,** mulet, poisson. — **Multipliaff,** -er C, p. J 11 b, Nl 89 -*ply* (votre pouvoir) se multiplie B 585 — **Muntraff,** tuer 418, C, p. Nl 276, **-trer,** meurtrier B 694. H, J 117 b, -*eur* r. *er* 16 b ; **-trerez,** meurtre H. Auj. id., du fr. — **Munut,** menu, petit B 802, H, J 22 b, 104, C*b* v. *lech* ; **-udet,** mis en pièces Cathell 25. Auj. id., du l. *minutus* .— **Mur,** mur C, B 263, pl. *you* f. : - *dirac eben*, un mur devant l'autre, C*b* ; **-yaff,** clore de mur C; auj. et v. gall. id., du l. *murus* — **Murmur,** -re, **-aff,** -rer C, cf. B 11, J 5, *na -ret* pour qu'on ne chuchotte pas N 483, **-ration,** g. id., C, -*cion* C*ms* ; **-rer,** -reur C, f. *es Cb*. — **Musaff,** muser l. mussare C, **-serez,** mussitatio *dre mus*, g. musement C*b*. — **Muscat,** g. muscade, l. muscatum C*ms*. — **Musell,** C bouche, museau, auj. id. — **Music,** -que C, **-al,** g. id., **-len,** g-id. C*b*, du fr. — **Mussat,** odorer C, *musidt*, r. *al*, mendier N 1178 ; *mussa* flairer, écornifler, Pel., cf. fr. *museau*? — **Musur,** mesure C, N 616, P, (outre) — J 11 b, B 634 *à* — modéré 80°, **-aff,** mesurer C, p. Nl 341, modéré, sage B52, 89; *sur ha* — 697, certes? Auj. *muzul*, v. gall. *mesur*, du l, *mensura*. — **Mut,** muet C*b* J 104 B 551 (persécuté) aveuglémt 784 (bête) brute Nl 300, Gw., **mudaff,** être muet C, p. *tut mudet*, muets J 219; auj. id., du l. *mutus*. — **Mutation,** C, -*cion* C*ms*, g. id.; **muet,** changé P. — **Mutilaff,** -ler C B 578, p. 490, **-lation,** g. id., **-ler,** l. -ator C*b*, du fr. — **Muz,** muc C ; *da* — (mettre) dans le cercueil (parmi les vers) M 7v.; du b. l. *muda*.

N

Na, ne (laissez pas) J 5, cf. N 10, 28, *na deu* il n'est pas 755; *na eu* (pas de doute) qu'il soit J 81 b; *na ve* pour, de peur qu'il ne fût 167 cf. B. 192, Nl 341, 355; ni, et ne pas J 3 b; dev. voy. B 614, *na e ni son* 1 s. 292*, *ne* id. N 1641, 1643; *na na* et ne (juge pas!) 611 cf. 520 J 38, 132; *na... ne* et (je) ne (veux pas) N 263; et, avec interrog. : *na te?* B 364 *na piu* qui donc 118, *na pe dre fin* J 28, *na maɣ* (pense où...) et où N 646 cf. 313, 330, Nl 374, J 34, 76 b, 190 b, B 13, 50; et, ou, dans prop. dubitative : *nan* (la plus belle) et la (plus pure qu'on puisse trouver) N 942; quement den... so... ganet, na so bezet na so quet en bet tous les hommes qui sont nés, qui ont été ou qui sont encore au monde J 10, cf. 127 b, N 151; *na mar* et si 1480, J. 24 b; *quen na* jusqu'à ce que 33; *nan doa mar bras* et si grande qu'elle fût Nl 46, *nac dev. voy.*, J 3, 52 b, B 492; ni, et ne pas N 505, J 4, ou, 65, N 97, 503 *nac eu* il n'est pas, et il n'est pas, qui n'est pas, J 148 b cf. 41, 62, 78, 159 b, B 372, 478, 789, *nac aɣ* (défendre) qu'il aille 190, *piou so nac a yoa* qui donc était J 163, *nac euitse* ce néanmoins C, cf. J 117 b, B 373; *nag* J 85, 158 b, 197, 201, 217; ne (je) ne(sais) N 20 cf. 4, J 4, *ne grif* 5 b, *ner raff* je ne fais B 762, *ne comsenn* pour que je ne dise N 528, *quen ne* jusqu'à ce qu'(elle souffre) B 483, *an re nen care* ceux qui ne l'aimaient pas J 84; *nendaff* je ne vais B 617, *neday* n'ira N 1896, *nen dint* ne sont B 105, *nedoff* je ne suis N 1361; la négation est souvent réduite à *n-*; **nebeut,** peu C, B 169, 770, N 385, J 40 b, *neu-* M 67, C, P; *neubet* Nl 436 r. eut, cf. léon. *paot,* beaucoup; **nemat,** guère Jér.; **nemet,** sinon C, J 6, N 148, P, à moins que B 275; *roue... — aff,* un autre roi que lui Nl 124, 429, cf. gall. *namyn*; **nemeur,** (s'il vit) quelque peu J 17 b, *nep meur guer* (je n'ai dit) mot N 1143; **nepret,** jamais 1112, P, B 51, 37, Nl 419, J 28, 88 b; **netra,** rien, quelque chose 143 b, 9, P, *nepira* C; **nep,** nul, aucun C, N 67, — *vnan* personne 1114, *den a neb heny* un homme quel qu'il soit B 175, *den — heny* 166, *eneb* en aucune (façon) 8, *en nep* (demander si), sous quelque (rapport) J 28 b; *nep* quiconque, celui qui 12, N 561, B 40; qui relatif, J 12 b, 22 b, 95, N 1007, Jér.; v. gall. *nep,* v. irl. *nech.* Auj. *na, ne,* v. br. *na* qui ne, *na, nac,* ni; v. gall. *ni,* ne pas cf. l. *ne.*

Nac, (sans) contredit N. 986; *neb oun* — allons donc! B 26 cf. J 164, litt. sans peur de contradiction? **Nacat,** escondir, l. abscondere C, *naquat* (me) refuser, repousser N 360; gall. *nacau* refuser.

Nach, nier C, renier qqn J 197, p. (chose) cachée 10; *-eɣ* tu caches B 377, — *et* litt. vous (me) refusez (de deux demandes) J 34 b, *-is* je cachai (un péché en confession) 91, *-enn* je nierais B 376, **-idiguez,** négation Cb. Auj. *nac'h* cf. l. *negaro.*

Nadoez, aiguille C. Jér., léon. id., v. corn. *notuid* cf. v. irl. *snáthat* goth. *néthla;* voy. *neudenn.*

Naffn, faim C, *naon* J 230 b, Jér. v. *meɣee, -nn* P; **naffnec,** affamé, C, *-net* Cc; **-nyaff,** avoir faim C, *-ynaff* Cc, **naounder,** faim, famine Jér. v. *disemperi, naouder* v. *dibenni;* léon. *naoun;* voc. corn. *naun.*

Naffuet, Nantes C, auj. *Naoned,* du gaul. *Namnetes.*

Nam, vice 446°, faute, tache 92, Jér., N 659, 976, (sans) faute, doute 1377 ; gall. et corn. *nam.*

Namanthe, menn — je le paierais 296, voy. *amantaf.* — **Naou,** voar — en bas Nl 181, voy. *dinou.*

Nary, da gloar bet — biʒhuicquen M 57 v ; *eno... ne veʒo muy Angoes nac esgoar bet* — 58 v ; bet nary syn. de biʒhuicquen ?

Narraff, raconter ; **-ration,** narration C, *-cion* Cms. — **Nason,** n. de bourreau J 169 ; du fr.

Nasq, cornière C, lien P ; auj, *nask,* d'où h. br. *ndche ;* irl. *nasc,* cf. l. *necto.*

Nation, nation 112, C, J 129, Nl 221 N 725; *-cion* B 515 ; **-tiuite,** nativité C, Nl 128 cf 226 ; **-tur,** nature C, N 397 J 147 b, 152, — *humen* les hommes (avec plur.) 29 b, *am* — (née) de mon sang B 82 ; force, santé N 621 ; deʒ *mat* —, bien le bonjour B 85, *gant* —, bien N 1318, *a stat* — de bon caractère B 80°, *tat a* — vrai, bon père 149°, *tat* — Nl 260, *merch...* — B 89, *mat ha* — très bon 263, N 1716, J 211 b, Nl 133 (*mat a* — B 238) ; *quen* — parfaitement N 275 cf. B 94 ; **-turel,** naturel Nl 173, J 187 b, r. *al* 68 b, *-ral* 94, B 629 ; du fr.

Nau, neuf C, P, *naʊ* Nl 35, Jér. v. *mis ; nauntec* dix-neuf C, **nauvet,** neuvième H ; auj. *nao,* cf. l. *novem.*

Nazareth, n. pr. J 71, Cb, Nl 122, *-et* 235, J 206 b, C, **-renus,** de Nazareth, Jér. v. *dienn* — **Neant,** (homme) de néant, méchant J 84 b, 233 b ; B 207, vil, odieux, fâcheux 698, 706, N 354, 1799, J 12 b, 91 b, P, ruine, mort, B 760, 775 ; *a* — (te tenir) pour un homme de rien 721 ; **-ntat,** anéantir C, p. *-ntet* Cb ; **-ntis** anéantiss. B 801 — **Necesser,** *-aire* J 61, *-aer* P ; **-asite,** g. id. C, B 721, *neccCms*, nécessitez H ; du fr.

Nech, chagrin, peine, souci 340, C, P, N 149, Nl 459, J 19b, **-if,** s'affliger 21, **-y** se fatiguer Nl 523, *nichif* N 1113, *-iff* C ; p. *nechet* C, N 940, B 576, *nech* il chagrine, oppresse J 123 b, 188 b, *na -et* / 24 b, 136 b, B 59 ; **nechamant,** chagrin J 189 b, *-ement* C, *-ant* Cb. Auj. *nec'h,* gall. *nych.*

Nedelec, Noël C, Nl 34, P, H, auj. id., du l. *Natalicium.*

Neff, ciel 670, P, Jér., Gw., *neuff* Nl 144, *nefu* H, *nef* J 20 b, B 148°, *eff* 10, Gw., *euff* Nl 246, *ef* J 174, *efu* H, pl. *neffou* P, B 677, M 55 cf. J 40 ; *effuou* B 182, *effou* 180, N 1344, *effaou* Nl 27, M 71 v ; auj. (n)*env,* v. irl. *nem.*

Negatiff, g. id. ; **-tion,** g. id. C, *-cion* Cms. — **Negligent,** g. id., **-gence,** -ce Cb, du fr. — **Negun** nul C, personne M 4, B 552, *ni-* Cb, N 83, *ny-* J 12, 204 P, *nyʊ-*, *nich-* H ; auj. *nikun* du l. *nec unus.*

Neyzor, hier au soir Gw., -*ʒour* la nuit dernière Jér. ; auj. *neiʒeur,* gall. *neithiwr.*

Neruenn, nerf C, *-en* C ms. pl. *neruou* nerfs de bœuf B 457 ; **-uennus,** plein de nerfs Cb, **-uaff,** nerver C ms ; auj. *nerven,* du l. *nervus.*

Nerz, force C, N 1821, P, **-hat,** enforcer Cb ; auj. id., v. gall. *nerthi* tu fortifieras ; gaul. *nerto-,* cf. gr. ἀνήρ.

Nes, plus près C, B 661, *nessoch* id. Cb ; *nessaff* prochain C, le plus proche, le plus intime B 35, 239, 520, Nl 110, 388, *-af* (son) prochain N 568 *-afu* H ; **-afdet,** parenté J 129 b, *-ffdet* C, **-ffaeleʒ,** affinité C ms, *- ffaleʒ* ; **nessaat,** approcher C, B 37. Auj. id., v. irl. *nesam,* cf. angl. *next.*

Net, net, pur, saint, 255 C N 92 J 23, adv. N. 156 ; toutʒ fait 2, sur-le-champ 343, B 635, *en* — entièr[t] 46, certes J 74 b, sup. *-af* N 942 ; **-at,** purifier Nl 452, *-ttat* C, p. *et* ; **netadur,** *-ttadur* netteté Cb ; **nectery,** pureté (de cœur) Cathell p. 4. Auj. id., du fr.

Neudenn, fil C, *neut* Cb; **neutaer,** filotier C, f. *es* Cb; auj. id., v. irl. *snáthe*, cf. nezaff.

Neuff, nager, Cb, *neuf* C; **-er,** nageur C, *-eur* f. *-eres* Cb; *-ffer* Cms; **-ffabl, -ffus,** qui nage, **neuf,** la nage Cb. Auj. *neunv*, irl. *snámh*, cf. l. *nare*.

Neum, ncume C, du fr. — **Neuse,** alors Nl 28, J 24, N 516, P, auj. *neuze*, de *enn eur se*, cf. v. irl. *indorsa*, Z² 244, irl. moy. *innósa, anosa*. — **Neutr,** -tre, *neutrpassiff* g. id. C, *neutr-p-* Cms, du fr.

Neuz, forme, figure P, (ta) nature M 5; *drouc —* mauvais naturel B 387, *neux* 720; léon. id., trec *neu*, van. *né*, de **nddd*, **(g)nády-*, gall. *naws, gnaws*, même rac. que *haznat*.

Neuez, nouveau C N 506, comp. *-och*, sup. *-aff* Cb; *nevez* N 663, *dren — Testamant* J 55, *neu- amser* printemps C; *— crichen, — marhec* Cb; *— ganet* nouveau-né N 990 Nl 130, *—duet* B 409, *nev- graet* J 154 b, *a neu-* nouvell' N 943 B 212, *neu-flam* tout nouveau 154*, *a n. f.* de nouveau Nl 417 cf. J 189 b, N 975, 1378; **neuezaff,** rendre nouveau Cb; **-vezhaet,** renouvelé J 55 **-zinti,** nouveauté 19 b. Léon. *nevez*, v. br. *nouuid*, gaul. *novios*, cf. l. *novus*.

Nez, *nezz*, nid C, *neiz* pl. *-ou*, dim. **-ic,** Cb; *neyz* lit, Gw.; auj. *neiz*, cf. l. *nidus*.

Nezaff, filer C, N 1609, p. 1613; (arbre) tordu 890; **-zer,** fileur, f. *es* C; léon. *neza*, cf. νήθω.

Nezenn, lente C. dim. **-ic; nezeuc,** plein de lentes Cb. Auj. id., v. irl. *sned*.

Ni, nous C, P, *ny* J 23, P, N 139, *nin* nous le 673, *niz* nous te 670, *ny az* 1 s. J 86 b; auj., v. gall. et v. irl. id., cf. l. *nos*.

Ny, neveu C, J 130, P, H, pl. *nyez* Gw.; **nyz,** nièce C, *niz* H. Léon. *niz*, neveu, v. br. *nith* nièce, cf. l. *nepos, neptis*.

Nycc, étroit' (serrés) J 12 b, du v. fr. *nice*. — **Nichodem,** J 224 b, *-us* 151 b, Nicodème; **Nicholas,** g. id. C, *Nico-* Cb. — **Nycromance,** nécromancie N 825, *nig-* C; *nigroumance* Cms; **nicron,** id. ? N 790, du fr.

Niff, chagrin 56, 64; trec *ninv*, v. irl. *snim*.

Nigal, voler, (en l'air) **nig,** vol C; auj. *nigal*, corniq. *nyge* voler, gall. *neidio* s'élancer.

Nymus, lis. *Ninus* Ninus 435 — **Niuer,** nombre C, troupe (choisie) N 154, 195, *ny-* B 328, *nifver*, nombre, beaucoup de J 12; *em —*, parmi les miens 141 b; **niueraff,** nombrer C, cf. P, J 42 b, 134; **-rabl,** numerabilis Cb; auj. *niver*, v. gall. *nimer* du l. *numerus*; **nombre,** *nompr*, nombre, Catell n° 4 et 21, du fr.

Noabrenn, nuée, P, pl. *ou* P, J 80 b, auj. *oabren*, gall. *wybren*; **coabrennou,** P 271, de *co-oabr-, R. c.* VII, 313.

Noas, noise C, bruit, querelle, mal, B 253, 716 N 865 Nl 156, J 36 b, 132 b, **-aff,** nuire C, *nosaff noassat da* J 150 b, *noasat* (act.) B 423, *noas* id. N 817; *noasha* il nuit J 213; fut. *noaeso* P, **noasdur,** nuisement, **noasabl,** Cb, **-aus** C, nuisant, *noe-* C ms., v. brigus, auj. *noazout* nuire, du l. *nocere*.

Noaz, nu 394 C, P, N 850, Jér., Nl 60 *en —* J 82, *en — pur* B 618, *en noas pill* 450*; *noaztroat* nu-pieds C, *noaz troat, en aztroat* Cb; **noazder,** nudité C, N 116, *-dur* Cb. Auj. Id., irl. *nocht*, cf. l. *nudus*.

Nobl, noble C, P, J 82 b, N 494, **-anc,** noblesse 332, **-cc; noblaff,** ennoblir Cb, *-af* C. — **Nocturnal,** -turne Cb; du fr.

Nodas, il produisit 274; van. *nodein* mettre bas, léon. *nodi* éclore.

Noeaff, extrémiser N 1887, p. *nouet* 1286, 1303, cf. 1322; **nouenn,** extrême-onction 1283, 1298, *-en* H, auj. *noui*, du l. *ungere*.

Noeant, être, créature N 395, 843, 1352, **noeance,** Nl 77, *-cz* 137, *noueance* 433, **noenn,** 2 s. P 121, id.; auj. *nouanz* race, Troude; gall. *nwy, nwydd* essence, irl. *nia* héros.

Noman, maintenant, ici 199, 565, 779, M 8, Jér. v. *loman ; no man* P ; *noma* alors M 67, cf. *nouse* et *loman* ?

Nominatiff, g. id. — **Non,** l'heure de none C, H. — **Non** *obstant* nonobstant B 209, J 224, 139 b, éd. 1622, *nonobstant,* 2e s. r. *os,* 92 b, *onestant* Catell p. 9 ; *non parail* sans pareil N 16, 399, sup. *nomparailhaf* J 148 b ; *non sauant* qui ne sait pas 168 b, B 218° ; du fr. — **Nonita,** Nonne N 235 ; n. pr. — **Nort,** le nord J 180, auj. *nord,* du fr.

Noz, nuit 100, C, H, P, N 231, Gw. J 11 b, *noz* N 1706 ; r. *os* Jér. v. *mont,* J 155 ; **nozvez,** nuitée 63 ; auj. id., cf. lat. *nox*.

Not, note, **-abl,** -able C, noble, généreux, de valeur B 326, 492, 710, Nl 78 ; **-tadur,** l. notificatio Cb ; **-taff,** noter C, *-yt !* remarquez Nl 281, *-et* / 29 ; **-enn,** note (de chant) ; **-er,** notaire C, pl. *et* N 1495 ; **noternq,** office de notaire C ; **noter,** notoire, J 77 Nl 66, adv. B 611, noble, divin Nl 85 ; **notiflaff,** -ier C, *-ffiaff* B 51, p. *-yfiet* annoncé Nl 11. — **Nouel,** un noël Nl 1, l. : *homan,* 98-99 ; pl. *ou.* — **Noulee,** novice Cb ; du fr. — **Nozelenn,** nodelle, bouton, dim. **-ic,** Cb ; *nozelen* glande, nouv. dict. *nodelen,* Pel. ; du l. *nodellus,* Cath.

O

1. **O,** ô! oh ! C, J 133, Nl 450 ; auj. id., du fr. — 2. **O,** leur (race) B 337, ho 335, o enep y contre eux J 22 b, o les (recevront) B 110, o, ho Nl 64, ou B 596*, 597*. Auj. id., gall. eu.

Oalet, foyer C, auj. id., voc. corn. oilet, cf. αἴγλη (d'A. de J.)

Oan, agneau C, J 19, Nl 99, f. es C, dim. **oanle,** Cb ; oen P, auj. id., v. irl. uan, de *ognos cf. l. agnus.

Oann, j'étais 530, J 183b, oan Jér. v. dinoe, voann N 384, voan 117, maʒ e doenn me où j'étais J 231 ; 2ᵉ p. oas N 666, cf. B 290*, 3ᵉ oa J 4, 209 b B 5, oae 54, voa 444*, N 132 dre maʒoa 1951, maʒ edoa Nl 62 ne doa 9,307, an n'en doa n'était-ce pas 330, an doa 349 ; ioa 1 s., qui était 294, a yoa J 4 b, N 1702, B, 256, a ioa 330 Nl 10, J 160 b, aioa N 681 ; voan était le 677, oan J 219, cf. Nl 11, 131 ; oae J 196 b, r. e ; voua r. oe Nl 25 ; oe fut J 129, maʒ foue qu'il fut Nl 10, vo' en fut le, 1 s. 96 ; 1ᵉ pl. oamp 68, J 219 b, voamp Nl 455, edoamp r. omp 89, 2ᵉ oach J 128 b, 3ᵉ oant B 348, Nl 163, voant 11, n'en doant 441 ; oat on était J 123 ; auj. id., v. gall. oid était : voy. ouff.

Oar, sur 33, P, N 1644, à (cheval) ; en (arrière) C ; en (un mot) J 7, en (fuite) B 364 sous (peine) 190, 397 (répondre) sur (sa vie) 404, -lerch à la poursuite de B 372, — an oll surtout, avant tout Nl 472, — eʒ veʒint pourvu qu'ils soient J 168 b, cf. B 428 ; oartro environ C, oar ʒu se par là B 393, cf. R. c. V, 126 ; oar se là-dessus, donc B 411, J 35, 68 oarse C, voar se N 216, 1763, van. arʒe ; oarnouf sur moi J 112 b, cf. B 704 ; oarnot 382 ; oar neʒaff J 166, -ʒy B 395, cf. 592 ; oar noch 400, oarnochuy J 50 ; oar neʒe 72 b, 230, oarneʒe y B 495, oar neʒoy 664 ; var. uoar J 73 b, voar Nl 7, (le jeûne) au (pain et à l'eau) N 1232, voar pen diʒiou jeudi prochain 1412, — penn maʒ iff quand je m'en irai 1316. Trec. oar, v. br. guor, gaul. ver, cf. gr. ὑπέρ.

Oat, âge 269, P, C, ouat H ; auj. id., gall., oed, du l. ætas.

Oaz, jalousie plus mauvaise que bonne C, **-us,** jaloux Cb ; auj. id., gall. aidd zèle, cf. gaul. Aedui et gr. αἶθος.

Obediant, obéissant N 247, **obeissant,** id. Cb ; **obeyssance,** obéissance Nl 77, oboissance ; **oboissaff,** obéir C, -sset l N 544, p. -ysset J 40, du fr. — **Ober,** faire B 244, C, P, J 113, Nl 20, 317, N 227, dober pour faire 1746 ; auber 584, 1107, 1437 ober œuvre J 53, en pep — de toute façon Nl 550, (il n'y a pas) besoin B 454, M 55 v, van. dober : pl. oberou B 317, H, N 246, -viou J 119 b, -you 2ᵉˢ . r. eur, 206 b ; **-rer** mat bienfaiteur C, f. droue obereres malfaisante Cb. Auj. ober, du l. opera ; **œffr,** œuvre,

61

pl. -*you* H, **operation**, g. id. *Cb*, du fr. — **Obiczaff**, oblcer, opposer. — **Obit**, g. id. — **Oblation**, g. id. C, J 56 b, dim. **-ic**, *Cb*. — **Obligaff**, -*ger* C, -*gont* ils obligent M 56, **-gatiou**, g. id. C. — **Obscur**, obscur, ténébreux, B 688, J 11 b, 1° s. r. *os* 83, 230 b, *oscur* B 11, 489. — **Observ**, observe ! N 551, **-uance**, observance. — **Obstinaff**, -*ner* C, p. J 222, **-nation**, g. id., *Cb*. — **Obtatiff**, optatif *Ca*. — **Obtinaff**, obtenir J 22, -*ny* que tu obtiennes 198 b. — **Occasion**, g. id. C, B 664, Nl 269, *dre* — *ma* vu que Catell 17, 21. — **Occident**, g. id. — **Occupaff**, -*per*, **-pation**, g. id. C. — **Odeur**, odeur, r. à *saour*, J 212 b. — **Odiance**, audience C, B 746, N 826 **-ncer**, (audiencier). — **Oesiff**, oisif, **-sus**, oiseux. — **Offensaff**, -*ser* C, B 331, -*sat* on a offensé J 36, Nl 500, *offens!* N 560, inf. *offansiff* Nl 4, p. -*set* 2° s. r. *anç*, B 727, -*ncet* 740, fut. -*nçro* 747; **offance**, offense 548, J 35 b, pl. -*ncaou* Nl 529; **-nczabl**, coupable B 743, 784; du fr. — **Offeren**, messe H, N 239, -*nn*, 307, C, P, pl. *ou* N 1230, B 153°, -*aou* Nl 509; **-nnaff**, dire la messe C, auj. id., du l. *offerenda*; **offerent**, offrande, offertoire C, **oftr**, offre Nl 530, offrir 521, **-aff**, offrir C, J 69 b; **offranc**, offre, don Nl 473, -*cc* 10, pl. -*ncaou* 108. — **Office**, -*ce* C, B 697, pl. -*icou* N 1100, -*rcou* 1054; **-icer**, officier 1438, C; **-icial**, **-idet**, officialité. — **Ogrou**, orgues C, **organist**, faiseur ou joueur d'orgues *Cb*; auj. id.; du fr.

Oguet, herse C, auj. id., v. corn. *ocet*, cf. l. *occa*.

Oignament, g. id. C, -*mant* onguent, parfum *Cb*, J 15, **-aff**, oindre *Cb*, p. N 1284, embaumé J 156 b, cf. Catell 20. — **Oingnon**, g. id. C, *oignon* Cc, du fr. — **Oleau**, chrême C, *oleo* huile sainte N 1699; **oliuenn**, olivier C, *oliff* olive, olivier, *Cb*, -*ivet* (Mont) des oliviers, P; **oliuus**, portant olives *Cb*; auj. id., v. gall. *oleu*, du l. *oliva*; **Oller**, Olivier C, du fr. — **Oliffant**, éléphant C, auj. id., du v. fr. id. — **Omnypotent**, l. omnipotens Nl 178, r. *ant.* — **Once**, once C. — **Onestis**, Nl 451, -*ys* 490 honnêteté, joie, voy. *honest*. — **Opinion**, g. id. C, B 70, N 132, confiance 587, intention B 22, *hopp*-C, *omp*- N 165; **opinet**, vous opinez J 28; **opinionet**, manifeste *Cb*. — **Oportunite**, g. id. — **Opposaff**, -*ser* C. — **Oppresset**, forcé, violenté N 442, 374, cf. 404; **-saur**, oppression 866, B 634, malheur 723. — **Oraeson**, oraison C, P, B 492-3, Nl 496, dim. **-ic**, *Cb*; *oreson* Nl 384 N 162, pl. *ou* 228; **orator**, C, -*teur* pl. -*toret* Catell 14 orateur. Du fr. — **Orauant**, allons! C, du fr. *or*, avant; *or czn*, N 1605, *orçza* B 65, J 76 b, *orçca* N 216, *orça çra* 809, or çà; **oarsus**, J 203 b, or sus. Du fr. — **Orcel**, petit vase d'autel C, du v. fr. (l. *urceolus*).

Orchnedis, galanterie, crime amoureux 217°; **orguet**, *a vez*, amoureux de, Am.; orgued et or*yadez* amourette, Gr., cf. ὀργάω.

Ordiner, C -*naire*; **ordonet**, ordonné, établi J 27,56 b mis en rang 74 b; **ordren**, ordre, sagesse, N 717, 1037, *gant* — *mat* B 181, *dre o. m.* J 87 b; *dre* — par ordre, régulièr' 145, *en un* — 162; **-aff**, ordonner C, B 793, *peç tremen*, lis. *ter*- *a* -*af* quel parti je prends J 191 b, **-nhet** vous arrangerez N 1325, B 55, *moç ordren* je vous l'ordonne 29, *men* — je l'o. J 56; p. commandé B 4, rangé, assemblé N 487, établi, préparé J 37, *appeit humen* — désir tout humain 40 b; (souverain) légitime B 407; comme il faut, 60; **ordrenabl**, ordinable, **-ner**, ordonneur *Cb*, **-nance**, g. id. C, -*cç* H. — **Ordous**, g. id. C, *ort*, sale B 275, **ordur**, -*re* C, impureté J 13 b, méchanceté N 284 outrage B 741, malheur 387 — **Orfebrer**, *off*-, orfèvre. — **Orfelli**, orfroy C. — **Orfelinet**, orphelins B 799. — **Orgouili**, orgueil N 565 -*gueill* C, v. arrogance, -*goill* N 609, *ou*- B 324, **-ouill** 323, Nl 394, **-ouil**; **-guilloux**, C orgueilleux, *orgouilly* -*yllus* J 10 b; **-illet**, *Cb*; auj. id. — **Orient**, g. id. C, Nl 10, -*yent* 157. — **Origenes**, n. pr. B 16. — **Original**, -*el* C, J 68 b, première (fin) M 2, -*nel* B 337, Nl 115, **oryginet**, conçue (sans péché) 170, **orin**, origine, race N 1424, auj. *orin* id. — **Oriller**, horiler oreiller C, *orillier Cms*. — **Orin**, urine, **-aff**, uriner, **-al**, urinal. — **Ormant**, f. *es*, normand; **-ndi**, Normandie C, -*y Cb*. — **Ormelen**, g. *ormeu Cms*, *hourmell* sorte de coquillage, Pel. — **Ornaff**, -*er* C, p. N 1431, **-namant**, ornt C, pl. -*entou* Catell 5, **-ner**, orneur C, f. *es Cb*. — **Orpiment**, g. id. —

Orribl, horrible C, J 97, -ill 34 b, 40 b ; sup. -plaff B 470 ; **orror,** horreur 737, orreur J 150. Du fr. — **Orsaill,** batterie, Gwinglaff (Pel.), voy. arsaill. — **Ortolan,** jardinier J 186, du v. fr. (l. hortulanus).

Orz, mail, marteau C, auj. id., v. br. or(d), irl. ord, gall. gordd.

Ost tut armou ost de gens d'armes ; **ostiff,** hostie C, -yf Cms, (auj. hostiv), du fr.

Ouff, je suis 32, 84, 87, ouʒ g 5 b, N 987, off 17, 24, of 233, eʒoun B 511*; out tu es 259, N 1685, J 15, Nl 503, edout, oʒ out M 8 v, oude es-tu J 18 cf. 70, B 286 ; pl. 1º p. omp 477, N 940 Nl 32, oump 129, eʒomp J 71 -pny B 298 ; 2º ouch 481, N 487, J 163 b, r. och 206 ; och N 1747 ; ouchuy B 743, eʒouchuy 580, J 165 ; 3º int 215 b, B 112, N 1792, ynt 1500, J 62, ind y B 109, ind i 553. Auj. oun, gall. wyf, cf. gr. εἰμι je vais, rac. i.

Ouhen, nouhen bœufs C ; auj. id., gall. ychain, cf. angl. oxen.

Oun, peur 26, 728, N 1541, voy. aoun.

Ounenn, frêne, C, ounn du frêne **-ec,** frênaie Cb. Auj. id., voc. corn. onnen, de *osinos cf. l. ornus.

Ouret, dorade C, du l. aurata. — **Ourl,** C ourlet, -ll v. bordur ; **-rlaff,** ourler C, **-rlus,** plein d'ourlets Cb. — **Ours,** f. es ours C. — **Outraig,** orage violent N 886 outrageus J 11 b, P, Nl 213, furieuset B 413, (marteau) énorme J 135 b, cf. 137 b ; **outragy,** outrage 91 b, outrachi N 1145 ; **-aget,** outré, fâché B 237 ; **-glus,** 3 s. outrageus J 10 b, -aigius J 157 ; adj. -aius B 754, **oultrance,** (outrance) excès H. Du fr.

Ouz, (traître) envers J 16 (amour) pour Nl 339, oʒ envers N 568 (parler) à B 16, ouch (ressembler) à Cb, v. lousouenn ; muy ouʒ muy de plus en plus B 103, Nl 556, J 197 b ; goaʒ oʒ g. N 1111 ; ouʒ, (membre) à (membre) C ; ouʒ pen en outre de Nl 438 ; ouʒ donet en venant B 52 cf. 600 N 1096, Nl 59, so ouʒ e heul 3 s. sont à le suivre J 17 b, ouʒ e cannaff en étant battu 75 b, ouʒ miret (où il est) gardé 188 b, oʒ B 25, 357, P, J 11, N 18, Nl 50 ouch Cb, v. louncaff ; ous J 3, o N 912, ho Am. v. barret, signe de part. prés.; ouʒ (garder) de N 856 ; oʒ 93, de la part de 1449 ; ouʒ iff à moi 25, J 5 b (pitié) de moi, r. i, 43 b ; ouʒif N 1829, -ifu H, oʒif N 1122, -ff B 1122 ; ouʒ ifme J 231 b ; ouʒ it B 441, cf. J 95 b, ouʒ ide 230 ; outaff N 321, -afu H, -af ne allaf quet je ne puis [rien] contre lui B 76* ; f. out y J 131 b, cf. N 314 ; ouʒ omp J 221, Nl 234 cf. N 505, ouʒ imp B 205 ; oʒoch N 1314, ouʒochuy J 59 b, ouʒouch N 344, -uy 329, ouʒ ich B 48, oʒ ich 724, ouʒech H, N 1909 ; oute B 550, J 175. Auj. id., gall. gwrth, v. irl. frith, rac. vert, cf. l. versus.

Ouid, Ovide Cb, -it C ; du fr.

Ozech, homme, l. vir C, P, oʒac'h, dim. **-iq,** Am., pl. eʒech garçons B 534, gens J 211 ; oʒechgruec, virago C. Auj. oʒac'h.

P

Paciant, patient, 520, 628; -ent N 563, -et, patience B 495, N 631, r. ant Nl 563, -antet B 636, J 44 b, r. ent 35, -entet, -cience, Cb, -ce ; -cifiaff, pacifier C, p. -ffiet, paisiblı J 195 b; -ific, -que B 34, C, -cq en bon état N 1216. — **Pae,** paie, prix, P; *da quentaff* — au premier chef, tout d'abord B 34, q. — 194; -taf pae J 6; -aff, payer C, B 66, H, Nl 287, P, J 44 b, cf. 68 b, p. *paeet* 175, B 45, Nl 202, *paet* 2 s. J 210, P; prés. B 44, impér. J 210, -eher on paiera M 67 ; *paher* P 163 **paenmant,** paiemı J 86 b, *paem-* 3 s., 2ᵉ r. *am* 168 b, pl. *ou* B 47, **paemanter,** payeur, **paerez,** l. solibiltas Cb. Léon. *paea* payer. — **Pag,** un page C, *paig* J 206, Cc. — **Pagenn,** une page Cb, v. *leff,* auj. *pajen.* — **Payen,** (demi-) païen C; Catell 25. — **Pailhart,** Cms; -llart g. id. C, B 381, -rd Cb, pl. et J 73, f. -et B 357; -rdiez, luxure Cb, H. — **Pailleur,** paille Cb, -lur, -ec, de paille C, *paillur* Pel. — 1. **Pal,** pâleur C, *pall,* Cb ; *pall* pâle, Pel. — 2. **Pal,** pelle C, an bal, P 262, auj. pal, f. — **Palnes,** palais C, B 525, -les 636, Cms, M 53, N 250, ciel B 672, auj. id. — **Palafrener,** palefrenier, C, -nier Cc ; -frez, palefroi C, Jér., du fr. — **Palamour,** pour C, B 299, H, N 43, Nl 70, J 29 b, — ...da caret parce qu'il aimait 75 b, *palo-,* var. *pola-* 32, auj. id., du v. fr. *par amour.* — **Palastr,** emplâtre C, dı fr. — **Palazr** *an brech* le gros du bras Cb, Cms, -arȝ C ; pl. *peleȝr, peler,* timon de charrue Pel., gall. *paladr* rayon, timon, tige, pl. *pelydr,* du l. *palus?* — **Palelce,** palis, clôture Cb, -ce C, du fr.

Palem, l. furmus, i. Cms; tan, Gr., cf. gall. *paill* farine.

Pallas, Pallas B 114, du fr. — **Pallenn,** couverture de lit Cb, auj. id., gall. *pallen,* du l. *pellis?* — **Palm,** palmier, palme, C, P, du fr. — **Palon,** et *palaȝon* peillete, l. patella C, *paȝalon* Cms, du b. l. *padella,* cf. voc. corn. *padel.* — **Paltoc,** palctot C, Cms, Jér., *pale-, palletoc* Cb, du fr. — **Paluhat,** pesseller, -benn, pessell C, -hen Cms; auj. *paluc'hat,* du l. *palus* pieu ? — **Palut,** -ud paluz, (marais) C., -ec, l. paludosus Cb, auj. id., du fr. — **Palv,** paume de la main J 76, *palf* C, pl. -*lvou* J 214; **palfuata,** manier, -**fuesenn,** paulmier Cms, -*luesenn* C, — *an reuf* paume de l'aviron ou du gouvernail C, -*en a. r.* Cms; *louenn* **parfalec,** morpion Cb, voy. R. c. vii, 147. Auj. *palv,* voc. corn. *palf* du l. *palma.*

Pan, quand Gw., N 56, H, J 4, P, puisque 5 b, N 37, quoique 331, si (j'étais) J 6 b, 118, B 188, 689, (l'on servait?) J 49 b est-ce que B 77°, *a pan* quand 328, *pa* N 328, Nl 553, si J 58 b, B 379, *pa na cum non* (parcat) 240, *pa na ve huy* si ce n'est vous, J 183 b, *pa na ue* B 301 ; *pa em* 1 s. J 34 b, 42 b, *pa eȝ* 69, 2 s. N 560, *pan* pour *en* 593, 1293, *pan on* 1 s. B 44, *pan ouȝ* 2 s. J 37 b, 1 s. 116 b, B. 95, *pa hoȝ* 2 s. N 1294, *pan oȝ* 1 s. J 37 b, *pım ho* 1 s. 26, *pı ouȝ* B 168, 256, *pa ho* 43, *poȝ* N 1138, 1331. Tréc. *pan, pa,* gall. *pan,* cf. l. *quando.*

Panell, *Cb*, *pann-* C, g. panelle *Cc*, du fr. — **Panenn**, C, *pann-* Cms, bara panen, C, pain sans levain; p. bara id., panen insipide, Pel., cf. gall. *pain farine*, du l. *panis* ? — **Paner**, panier C, **-rer**, faiseur de coffins *Cb*, **-neteri**, -ic; auj. paner, f. — **Panesenn**, penais C, pl. panes *Cb*; **-ennec**, stupide, Am.; auj. panezen. — **Panaion**, pension C, **-iat**, pensionnaire *Cb*, du fr.; **-Pant**, courbe C, du l. *pandus*. — **Panthecoat**, pentecôte. — **Panther**, panthère C, du fr. — **Paout**, nombreux Gw. léon. *paot*, corniq. *pais*, gaël. *pailt*, voy. *nebeut, pautr*, et R. c. II, 340. **Pap**, pape C, H, J 82 b, P, **pabaelez**, -laez, papauté C, Cms, *pap-* *Cb*, auj. id., du fr. — **Papaillon**, papillon, ou pavillon Cms, *papo-* C, (ap. *pap*), auj. papillon, du fr., anc. parpaillon. — **Papauer**, pavot, C, du l. id. — **Papegaut**, g. id., perroquet C, *pape- gault* Jér. — **Papellart**, papelard, hypocrite J 80. — **Paper**, papier, dim. **-yc**, *Cb*, auj. id. — **Paplas**, n. pr. C. — **Par**, égal, semblable Am., B 51, 63, J 39 b (sa) pareille N 339; *car ha* — et ami et parent Nl 342, — épouse 528 P, auj. id., du l. *par*; **parall**, pareil, C -llCb, du fr. — **Par** *force* avec force, Catell 24; *par tout* partout N 163, 1662, M 5. — **Parabol**, -c. — **Paradur**, pareure, l. paripsima; **-raff**, parer C, -ras il fit (la terre) Nl 95, cf. preparet; — **ramant**, parem, C, pl. *-ou* orn[ts] P, N 223, *-aou* Nl 8 ; **-rer** *an lezr* pareur de cuir, f. contell pareres instrum[t] a purgier cuyr C, du fr. *hanter paret*, demi cuit, **-rediff**, cuivre C, auj. paredi, cuire, voc. corn. *parot cuit* ; gall. *parodi* apprêter, du l. *paratus*. — **Paradoes**, paradis N 138, 573, paradis r. *is* 1527, P, voy. *baradoes*. — **Paralisi**, -ysie *Cb*, *an re* — les paralytiques P; **-litie**, C, *-ytic* -ique B 260, 3[e] s. r. *et*. — **Paralogesim**, -gisme C, **-gismaff**, en faire *Cb*. — **Parant**, parent P. — **Paras**, brilla Nl 249, auj. *para* briller, du l. *parere*. — **Parasomet**, (être) abattu B 519, du fr. *par*, assommer ? — **Parauant**, d'avance B 64e, *-amant* 64, du fr. (au) paravant. — **Parc**, g. id., C, auj. champ. — **Parchemin**, g. id., C, voc. corn. id.; *-imin*, C. — **Pard**, g. id. C, dim. **-ic**, *Cb*. — **Pardon**, g. id. C, Nl 324, J 99 b, indulgence P, fête, assemblée religieuse N 460, 472 ; *-nn* Cms, pl. *ou* H; **-onaff**, pardonner (v. act.) B 427, Nl 232, neutre 47; *-af* J 149, *-nnaf* Nl 307, *-ff* 432, *Cb*, *-onifu* H, *-ny* N 589, Nl 447, 467, p. (rançon) remise 415, cf. 82 ; *don -onno* qu'il nous pardonne 316, *-on diff net am pechedou* l N 92 ; *-onhe* B 742 *nez* — *quet* il ne saurait te pardonner J 93 (cf. tréc. *-nſe*, id.); *-nhet* 2e pl. 236 b ; *ez galhenn* (lis. *-lhe*, r. e).... *em -nhet* qu'il se pût qu'on me pardonnât 87 ; auj. v. *pardoni*. — **Parfet**, parfait C, adv. J 29, *-fait* Nl 100, 158, *-faet*, *-ffaict* H, *-fet* attentif, sérieux, grave, sage B 710, J 7, N 198, adv. 5, 258, J 24 b, 34 b, *en* — 230, B 423 ; sup. N. 568, Nl 105, J 197; tréc. *parfet sage*, du fr. — **Perfez**, parfez, P 122, parfet r. *ez* B 95, gall. perffaith, du l. *perfectus*. — **Parfont**, profond B 556, 737, J 188 b; entièr[t] B 386, du v. fr. id. — **Paris**, Paris C, auj. id. — **Parisaant**, qui a belle apparence B 195, N 1390. — **Parisailen**, persil Cms, *-nn* C, *-isillenn* Cc, *-en*. — **Parlur**, l. perjurus C, *-rium* *Cb*, **-aff**, parjurer C, *-i* inf., r. *i*, N 1659, *na paiur* l 1638, *na pariuri* l ne te parjure pas 1575, p. *-ret* perfide B 382. — **Parlamant**, *-ement* C, du fr. — **Parraff**, paragraphe C, *para- Cb*, *-aph* Cc, du fr. *parafe*. — **Parroes**, paroisse C, *paroes*, Cms, *-rres*, H, parhos M 71 v, **parrochien**, *-nn* paroissial *Cb*; léon. *paroz*, du fr. — **Partabl**, roturier B 274, P, v. fr. *partable* ; **party**, partie (de jeu) J 146, auj. id.; *dyouz* — du côté (de l'Orient) Nl 146, 176, 523 ; **-ticipaff**, *-er*, **-pal**, g. id., adj. *Cb*; un participe C, *-pl Cc*, Cms; **-ticulre**, *-ier*, **-titiff**, g. id. C. — 1. **Pas**, un pas C, *a pasou* pas à pas, à pas de loup B 378, *an pas man* cette fois, maintenant, tout dernièr[t] J 76 b, 162 b, *dan pas* tout de suite ? B 24, 331, lis. *dan pas et an cas* 351 ; *pep pas* de toute façon, toujours, 579, J 115, *un* — (pas) du tout 4, Nl 476, B 441, *nep* — 46, *na tardit* — ne tardez pas N 1414, cf. Nl 22, 47, J 33 b, 41 b, 85 b B 342; — *nen groase* 437 , — ... *ne falhe ez ve quet* J 10 ; sans sens nég. *impossibl ve* — ... *ez hoarffe quet* B 309 ; **pasanig**, passage, péage *Cb*, *-ag* Cms ; **-aiger**, C, *-eur* passaiger, petonnier, Cc, potonnier, Cms ; **pasen**, (un degré) Cms; auj. *pas* m., du fr.

2. **Pas**, toux, **-ssat**, tousser C, auj. et gall. id., irl. *casad*, cf. all. *husten*.

Pasc, la pâque J 47, *-sch* H, *-sq* C, P, *da* — à Pâques J 117, *ober* — faire ses pâques N 1249, **-schal**, (agneau) pascal J 46 b ; auj. id. — **Passif**, g. id., **-aion**, g. id. C, J 3, Nl 15, P, auj. id.; martyre

B 657, **-et**, martyrisé P. — **Pastel**, pièce de pain ou de chair C*b*, *-ll* C, dim. **-ic**, C*b*, **-ilaff**, dépecer C, *pastell* Pel., du l. *pastillus* ; **pantez**, pâté, *bara* — l. *artocica* C, auj. id., du v. f. id. — **Pastur**, paître C, nourrir P, *-scaſ* id. J 129, *-squer* on nourrit 13, p. *-squet* l. *pastus* ; **aquadur**, paissement C, **-ez**, pâture C*b*, auj. *paskein*, du l. *pasco* ; *pastur* a même suff. que *maeʒur* ; **pasteur**, g. id. C*b*, v. *log* ; *-tor* Cathell 24, pl. *et* bergers Nl 27, *-ouret* B 375, adj. **-oral**, N 1768, du fr.

Pat, durer, continuer (pouvoir), y tenir C, B 57, N 1180, 1866, J 94 b, *haval da* — égal en durée 176 b ; il dure B 370 ; *so padet* qui a duré J 36, *ra pell pado* ! N 1880, *pathet* B 457, *pathont* P 265, *entre bath* ; J 39, var. *p-* ; *patse* durerait Nl 461 ; **padel**, C, éternel M 10, Nl 95, **-ez**, perdurableté C, *-aeʒ* Cms e auj. *-id*, cf. gall. *paid*, act. de cesser, de laisser ; *arbed*, épargner, irl. *airchissim*.

Patant, (frapper) en plein N 1362, du fr. *patent*. — **Pater**, (Rév.) Père N 1258, un pater H, pl. *ou* patenôtre C*b*, auj. id. *-our* C, Cms ; **Patern**, n. pr. ; **-triarch**, *-e* C pl. *et* Nl 449. P, **Patricius**, Patrice N 2, *-ci* 52, 1714, *-cc* 1946, *-ic* 48 ; **-trimoen**, *-oine* C, *-mon* C*b*, **-trom**, patron N 122, *-on* H, modèle J 234 b, prélat N 1748, r. *on*, pl. *-onmou* 2e s. r. *om* B 67 modèles, plans ; **-tronomie**, *-ny-* mique C, auj. *-trom*, *-tron*, modèle ; du fr. — **Pau**, patte C, auj. id., voc. corn. *pau-* pied, irl. *poi*, cf. angl. *paw*. — **Paul**, Paul C, Nl 558, P, **-in**, Paulin N 1046, *-nus* 1071, *Puulatinus* id. 1076, n. pr. — **Paun**, paon C, voc. corn. id., f. *es* C*b* ; auj. *paün*, du b. l. *pavônis*. — **Paus**, pause, **-aff**, pauser C, **-er**, l. *pausator* C*b*, du fr. — **Pautr**, garçon B 380, pl. *et* 580 ; *paotr* Am. v. *disaoutren*, dim. **-icq**, v. *euʒ* ; f. *pautres* (t. méprisant) B 357, 652, *po-* 448* ; léon. *paotr* ; cf. v. fr. *peaultraille* canaille, angl. *paltry*. — **Pauaff**, paver, **-amant**, pavemt C, *paʒa-*, *-ment* Cms ; **paue**, pavé C*b*. — **Paule**, Pavie C, Cms, *-ia* C*b*. — **Paulllou**, pavillon C ; du fr.

Paulot, al. *banquer*, g. *banquier* l. *banchale* C*b*.

Pazron, parrain C, *-oun* Cms, *mam-paʒron* marraine H ; auj. *paeron*, du l. *patronus*.

1. **Pe**, ou C. H, J 12, P, *pe me mat* ne que je sois bon ou (non) B 696, *pe* ...*ou* (savoir) si ...ou si N 1630, 1631 ; *pe huy na guel* est-ce que vous ne voyez pas J 147 b, *pen* ou le N 820, ou du J 101 b ; *pe eʒ*... 1 s. B 96, *peʒ* id. 776. Auj. *pe*, *corniq. po*, litt. « soit », voy. *beʒaff* ?. — 2. **Pe**, quelles (nouvelles) ? J 48 b, quelle sorte de (marchands) 76 b ; *pe a nation* B 112 ; *pe da cas* à quel effet Nl 482, *pe dre* par quelle (cause) Jér. *p. d. hent* parq. lieu C, *p. d. fin*, de q. façon J 28, *p. d. nerʒ* par laquelle force, par la vertu duquel M 55 v, *p. d. edit* loi par laq. J 67 b, *pe en* dans quel 2 s. 25 b, 1 s. 34 b, B 233, *pen* 112, 750, *pe e* id. 2 s. J 27 b ; *pe*, l. *quid* : (voir) ce qu'(il veut) B 84 (ne savoir) ce qu'(on doit faire) 481, cf. 302, 282, M 8, *per if* lis. *pe riʒ* (je sais) ce que je ferai J 189 b, *pe riʒ* ? que ferai-je ? 191, cf. 227, N 1516, B 133, 77° ; *peʒ eux te* qu'as-tu ? 364 ; *pe cleu*, *pe guel* quoi qu'il entende ou voie J 135 ; *pe* (je ne sais) ; pourquoi (tu la gardes) B 771, (pas de raison) pour que (vous tardiez) 247, cf. J 161 b ; (je remarque) que 88 : **pe heny**, lequel ? 72, lequel, qui, que relatif 28, 36, 57 b, 222 b, B 125-6, 514 ; *Jesus peheny nep a clesquet*, Jésus que vous cherchez J 185, *pe-heny* qui M 3 B 17* (*eny* 17), *pe hiuy* B (au titre) ; *peheny* (je dirai) quelle (est), ce que (c'est que la mort) M 3, *pe heny gloar* laquelle gloire, et cette gloire 53, *peheuny* H ; *pe heny* dont, J 40 b, *pe a heny*, id. Nl 360-1 ; *pe en h*. dans lequel H, J 37, M 3, *penheny* P ; pl. *re re* lesquels, qui J 207, *pere* M 2, H, *pe a re* desquels 7 v, 71 H ; *pe gant re* J 216 b, *pe uit re* B 112 ; dans les vieux dict. *pereff*, Pel ; *dren marv pe gant eʒ marvas* par laquelle, dont J 64, 64 b ; *nep pe gant* celui qui par qui 58, 231 b, *na pe gant* ni de quoi, ni organe pour (sentir) B 273 ; *pe dre* (je ne sais) par qui 754, par où J 217 ; par où ? 213 ; à cause duquel 187 b ; *pe da* (celui) à qui 60, Nl 90, par qui J 70 b ; *pe euit* pourquoi B 645 ; **pe han**, d'où ? 109, *peban* d'où 13 P, J 18, Jér., dont (je parle) P, cf, M 8 ; *peb a'n deueʒ* d'où, dont il a (l'être), 3 ; *peban* (Rome) où (je demeurais) Jér. ; **pebez**, quoi, quelle chose N 527 (gall. *pa beth*, voy. *peʒ*) ; quel 662, 1190, J 15, B 112, P, *pe beʒ* Jér. v. *abec* ; *pedu* vers quelle part, *pe eur* quand, **peguement**, combien C, Nl J 37, *p. pennac* l. *quamlibet*, quamvis C, **pequen**, combien J 84 b, *pe quen* B 173, *peguen* 372, 389, C, J 198, M 59, *-nn* P, *pe a quen vil maru* de quelle vile mort B 489 ; **pe lech**, où J 191, *pelech* N 313, *pe a l.* d'où B 745, 5, P, N 313,

pe alech C; *pe en l.* en quel lieu J 36 b, 3 s.; là où Nl 298, *pen l.* J 210 b ; *pețalech* à quel lieu, l. quo, *peț-drehent* par quel lieu Cb, Cc, *pețrchent* Ca ; **penaux**, comm¹ ? J 24, B 357, comm¹ P, N 677, que (conj°n) 1453, J 21, M 3, B 180; *p. pennac* quoique 571, *-aulx* 773 *-aus* C, P, voy. *neux* ; **perac**, pourquoi C, J 52, P, N 504, *p. abee*, *p. tra* pourquoi C, devant quoi B 371 ; **petra**, quoi C, N 1550, 506, J 18, *p. en 2 s.* quel est le 82, *p. eo da Doe* qu'est-ce que Dieu a, pense donc, N 34, *p. voe d. D. ma croeaf* pourquoi D. m'a-t-il créé J 93 b, *p. hoarfe na venn* comment ne serais-je pas 92, *pe da tra* pourquoi 70, 131 ; **pet**, combien, — *gueț*, c. de fois N 779, *pe a petgueț* Cb ; *pet deț* c. de jours J 168 b, *peth* C ; **plu**, qui, l. quis C, B 13, 216*, N 330, 510, J 22, *pion* 18, 34, *pyu* Jér. *pyou* P. Auj. id., v. gall. *pa–*, *pui*, v. irl. *ce*, *cia*, cf. l. *qui*, *quis* ; voy. *pep*, *peț*. Pe *veț* J 233 b, lis *ne veț*, (jamais la douleur) ne sera (arrachée de mon cœur).

Pebr, poivre 43, C **-et**, poivré C, auj. id., du l. *piper*. — **Pec**, poix C ; **pegus**, *... en* il prit dans, saisit P ; auj. id., du l. *pix*. — **Pechen**, pêches Cb, sing. *-en* Cms, *-nn*, *-ncc*, lieu planté de pêchers C, auj. id., du fr. — **Pechet**, péché C, N 147, J 4, m. : M 81 v, *-eut* B 119, pl. *-edou* 356, N 81, J 12, M 10, *-aou* Nl 139 ; **-chezr**, pécheur C, M 10, pl. *-ien* H, *-eryen* J 43, *-ien* Nl 243; f. *-ețres* C J 87 b, *-eț* H, *-eres* 14. **-chiff**, pécher C, B 31, *-ifu* H, *-if* J 4, *pichiff* C, pecher H 11 ? *pecheț* tu pèches 113, cond. *-che* P. Auj. *pec'hed*, du l. *peccatum*. — **Pecun**, argent J 85, *pec'hun* Jér., du v. fr. *pécune*. — **Pedenn**, prière C, N 150, *-en* B 229*, H, J 64 b, pl. *aou* Nl 517, *-nnaou* 509, *-nnou* H, N 22, P ; **-nner**, f. *es* deprieur, **-nnus**, l. exorabilis; **-der**, prieur, f. *es* Cb ; *-deur* Cc ; **pidiff**, prier C, N 469, P, B 428, (1° s. r. *et* 176, 399, J 5); *-if* N 392, (1° s. r. *et* J 5 b, 29 b, 41); *-y* id. 2° s. r. *i*. N 1117; *pe-difu* H ; *pedaff* je prie B 614, *-af* je souhaite N 732, *pet* il prie, il souhaite 183, J 7 b, 228 b, 104 b, P, B 276–7; *pe (t)* 382, *ped* Cb ; *pet !* Nl 342; fut. *pediff* N 1860, *-do* 142, *petet* Nl 343 ; cond. *-thenn* J 74 b, var. *-ten* ; *-tes* P 195, *-the* J 42 b. Auj. id., du l. *peto*. — **Peleter**, pelletier, **pellyat**, peler Cms, *pely-* C, *p. et* Cb, v. *pluenn*, Gw. — **Pelican**, g. id. C, *pell-* Cms. — 1. **Pell**, paille, balle, C, Am., *-enn* id. C, dim. **-nuic**, Cb ; **pelleuc**, pailler, l. palearium Cc; auj. id., du fr. — 2. **Pell**, loin C, H, J 42 N 1430, P, *-cre* très loin Nl 458, *a pell* de loin C, *a p. bras* de très loin Nl 250, *a p.* de beaucoup (le meilleur) B 596, 763, cf. l. *longe* ; *un p. meurbet* très loin d'ici 208 b, très longtemps Nl 538 ; *p. a amser* l. diu C, *pel* J 208, *pell* B 281, 370, 616, N 1504, 1880, J 102 b, *pell amser* N 241 ; *a p. a.* 115, depuis longtemps; comp. *-och* plus longtemps B 590, désormais M 55 v, J 54 b, *pelhoch* 21 b, 100, B 588 ; *pelloc'h*, *-lleoc'h* Gw ; **-llat**, s'éloigner M 53, *-llhat* C, Nl 149, *pelhat* 416, *-llahat* aloinger Cc, fut. *-llay* s'éloignera, 1° pl. *-ahimp* H. Auj. et gall. id., cf. éol. τῆλυ ? R. c. II, 340.

Pellenn neut C, pelotte de fil, *pele-* Cc; auj. id., voc. corn. *pellen* globus, gall. id., du l. *pila*. — **Pel quent**, la nuit de Noël Nl 32, *pelgent* moment M 10; *pelghent* (messe de) minuit, Pel.; gall. *pylgaint* aurore, du l. *pulli cantus* (Stokes).

Pemp, cinq 534, C, H, Nl 336, J 146 b, P, **-et**, cinquième C, H, **-pzec**, *pemdec* quinze C, N 103, *pemțec* Cc, P ; **pempes**, l. cicuta (litt. cinq doigts). Auj. id., v. gall. *pimp*, gaul. πεμπε–, cf. l. *quinque*.

Pen, Péan C, **Pencel**, pièce Cb ; **-yaff**, tabonner C, taconner Cb ; auj. *pensel*, d'un dérivé du fr. *pièce*. — **Pendagog**, pédagogue Cc, pl. *et* Cb ; *penndagog* Cb, *penn d* Ca, du fr. — **Penet**, peine, châtim¹ J 68 b, N 601, douleur 484, 1003, Nl 223, **-edour**, malheureux 1851 ; gall. *penyd*, v. irl. *pennit*, du l. *pænitentia* ; **penitance**, pénitence Nl 137, du fr.

Penn, tête C, P, J 52 b, (sous peine de la) — B 189, — *troat* de la tête aux pieds 466, pl. *ou* 374, H, *aou* Nl 14 , *dirac penn henn* ont devant celui-là B 351; personne J 8, nul, aucun 179, 35 b, B 23, *nep* — N 1563, *pep* — chacun 180, (plus que) personne 1139; chef, maître 53, B 34, 120, M 55, J 82 b, guide 64 b, *pennael* archange 141, *penner* fils unique P (Peț. id) *pen*, *penn* bout J 110 b, C, — *da* — d'un bout à l'autre 32 b, 44, *a pep* — des pieds à la tête 105 b, *-oar* — (pieds) l'un sur l'autre 137 b, *oar pennou ma dou glin* 54 b, *dy uoar pennaou he daou glin* à genoux Nl 424 ; *da penn* au bout de, dans (30 ans), N 7, Nl 25, (venir) à bout, à ses fins B 780, *pen* le bout, le terme (arriva) Nl 294, *voar* — pour (une autre fois) N 671, *oar penn*

J 49, *voar ben du hont contaff* pour le temps où il faudra rendre ses comptes là-haut Nl 517, cf. *oar pen an barn* M 12 v; *quent penn try deʒ* B 449"; *a pen queffridy* (venir) pour une affaire, exprès, Nl 291, *dre penn* au sujet, à cause de (cf. irl. *dar cenn*\, B 408, J 116, cf. Nl 2, 234; *dre hon pen* 165, 295, Jér. cf. Nl 231, *pe da penn* pourquoi J 153 b, 229, B 317, *a nep* — pour nulle raison N 118; *pen gouris* blouque de ceinture Cc, *penn oignon* tête d'ognon, — *queff* tison C, — *gap. freill* l. cappa Cms, (pengap freil chappe de fléau Pel.) **pennadur**, chef, roi Nl 107, (père de famille, Pel.); em -**nnaig**, dans mon esprit N 1144, -**nnec**, têtu C, **penn doc**, l. hic capito Cms, (*pendoc* têtu Maun., chabot Pel.); **penfestr**, l. chamus C, *penff*· Pel. licou (gall. id.); **pentoill**, C, -*il* Cms, sans trad., lis. *pen boill?* cf. *penn bayl* eau chaude qui jaillit de terre C, — *bouy·ll* Cms. Auj. *penn*, v. irl. *cenn*; gaul. *pennos*.

Pennac, quiconque 107, 364, H, J 37, 154, *penaux* — malgré cela B 698, certes, litt. en quelque sorte, J 218 b, *petrap-* l. quidquid C, *piu penac* quiconque Cms; auj. *bennag*, v. gall. *pinnac*, cf. l, -*cum (que)*.

Pentaff, peindre C, p. B 273, Jér. v. *dienn*, -**tadur**, peinture, -**ter**, peintre C; *dre* **pent**, l. pictim Cb. — **Penultim**, -e C, du fr.

Pep, chaque 263, C, J 3, P, N 54, (en) tout (lieu) 147, -*stat* en tout cas B 5, — *nnan* C, cf. B 32, *pepheny* Jér. v. *dienn*, chacun; *pep un darnn* chaque partie B 416, — *try* 3 à la fois Jér. *peb antier* tout entier, de toute mon âme J 15; *pep* chacun, tout le monde 366, Nl 254, B 350, J 227, *dre den na* — par personne N 1625; — *a carter* chacun un quartier B 24, cf. 29, *gant* — *a rouueʒ* Nl 428; **pepret**, toujours B 428, C, P, J 14 b; *pep deʒ* chaque jour H 41, *pemdeʒ* H, C, M 4, *dan* — P, -*mpdeʒ* Cms, *pendeʒ* H, **pemdiziec**, quotidien Cb, -*eʒyec* H. Auj. *pep, pob*, v. gall. *paup, popp*, v. irl. *cdch*, cf. l. *quisque*, voy. *pe* 2.

Perchaff *an guini* percher les vignes, Cb, *guin* C; -**chenn**, perche (de bois) C, -**nner**, qui en fait Cb v. peul. Du fr. — **Perchenn**, propriétaire, maître de N 42, 1208, -*en* Cms, M 4, *pechen* 3; auj. *perc'hen*, gall. *perchen*, id.; *perchi, parchu* respecter, du l. *parco?* — **Perchet**, perche, poisson. — **Perduraff**, -e, du fr. — **Pereun**, poire, pl. *per* Cb; **perec**, l. piretum C, auj. id., du l. *pirus*. — **Perfection**, g. id. C, B 102, Nl 139, du fr. — **Perguen**, pur, purifié J 198 b, (parler) pertinemment B 91°, clair expressément J 10, 21 b, certes 52, P, B 796, -*gen* 91, 200 -*ghen* Pel., corniq. *poren*, l. *purgare?* — **Perlermenias**, (nom grec d'un) livre de logique C, *peria-* C. — **Perles**, perle C, des perles Am. v. *had, perll-* Cms, auj. pl., du fr. *perles*. — **Permetaff**, permettre B 655, -*taff* 336. — **Perpetraff**, perpétrer, commettre J 66. — **Perpetuel**, (g. id) C, adv. B 798; -*al* Cc. — **Perplexite**, g. id. C, du fr. — **Pers**, bleu, livide Jér. v. fr. id. — **Persecutaff**, -*er* B 175, *maʒ* -*ter* qu'il sera persécuté N 786, -**tion**, g. id. B 778. — **Perseueraff**, -*er* C, B 811, cond. -*erhe* 753, -*ere* N 155; -**rance**, endurcisst B 784, -*ce* g. id, C, adv. -**rant**, N 200. — **Person**, personne C, Nl 223, B 339 m. : *tri-* 308, *try* Nl 564, personnalité, rôle 80, pl. *ou* M 2; -**onaff**, -*er* Cb; -**onaig**, Cms; -*ag* personnage, -**onel**, g. id. C, -*al* Cb, -*nnel* Cms. — **Persuadus**, -*da* Cathell 24. — **Perturbaff**, -*er* C, p. J 222; -**ation**, g. id. Cb. — **Peruers**, g. id., -**ite**, g. id. C, adversité, malheur B 722; du fr.

Perʒ, *a* — de la part de J 80, N 318, Nl 226, à cause de 389, auj. *peurʒ*, voy. *abarʒ*.

Pesenn, pois, Cms, -*en, pes logot* l. citrulus C, auj. *peʒen*, du l. *pisum*. — **Pesq**, poisson C, m. : *dou-* P, pl. -*quet* M 10, dim. -**quic ʒ** -**qunbl**, pêchable Cb; -**queta**, pêcher C, -*taff*, *p. et* Cb; -**quezr**, pêcheur, poissonnier, C, -*er* Cb **-quezrez**, pêcherie C, -*es* Cms, -*ereʒ*; -**quus**, plein de poisson Cb. Auj. *pesk*, du l. *piscis*. — **Pestilance**, -lence C v. *mernent*, -*ce* Cms; -*nance*. — **Peticion**, g. id. C, -*tion* Cb. — **Petrall**, poitrail de selle, **petrin**, poitrine C, (2 fois, dans les *pe* et dans les *peu-*) *peu-* Cb, J 60, le sein (de la Trinité) Nl 5, 463; auj. *peutrin*; du fr. — **Petro**, B 114, lis. *Pluto?* — **Peuch**, paix B 238, C, H, J 8, 50, r. *eoch* N 732; *peoch* J 7, Nl 27, 392; **peuchhat**, apaiser, pacifier C, -*chat* Cc, *peo-* réconcilier Nl 83, 423, -*cha* 417, *peuch ha* N 600; p. — *chhaet*, -*chhet* C, -*chat* Cc, -*chet* Cms; -**chhabl**, l. placabilis Cb, -*chabl* Cc, -**chaer**, placator, -**chhaus**, paisible Cb. Tréc. *peuc'h*, léon.

peoc'h, du l. *pax*. — **Peul**, pieu C, **-ler**, qui en fait *Cb*. Auj. id., du l. *palus*. — **Peur**, très, tout à fait, devant adj. et adv. J 96 b, 129, Jér. v. *dienn*, N 320. 454, Nl 40, 72, *e poursiff* —, le poursuivre tant à fait 525. Auj. id., par confusion du l. *per*, fr. *par-*, et du br. *pur*. — **Peuriff**, paître C. Auj). *peuri*, gall. *pori*, du lat., cf. *pabulum*.

Peux, *peuȝ* élargi C, cf. *peus- foll* folâtre Gr., gall. *pos* accroissi ?

Peuar, quatre, m., 451*, C, *pev-* H, J 26, — ... *uarnuguent* 24 H ; *peoar Cb* ; *peuar doubl* « double en quatre, » l. quadruplex *Cc*, *doublet e peuar Cb* ; **peuare**, quatrième, m., B 809. C, M 53, Nl 50, *pev-* H, J 38 b, P ; **peuareec**, quartenier *Cb* ; **-rzec**, quatorze C, *-rdec*, *Cms*. **-uet**, 14* C, *-ȝecuet Cms* ; **peder**, quatre, f., C, H, **-vet**. (la) 4* J 37 b. Auj. *pevar*, v. gall. *petguar*, v. irl. *cethir*, cf. l. *quattuor*.

Pez, pièce 480, 598 J 86 *peȝȝ*, *peȝ* C; *ne deuȝ* — *aneȝy* (cette robe) est intacte J 109, *ne fallas* —, il ne manqua point Nl 428, *hep faȝi* — N 1464 ; *an* — ce qui H, J 21 b, *an* — *so preparet gloar* ce qu'il y a de gloire préparée Nl 565, *an* — ce que J 57 ; — ce qui, ce que (quid) B 183. (voy. *pe-tra*), J 21, 135, Jér. v. *dinoe*, N 20, 310, 525 ; *dren* — *maȝ* parce que, litt. par ce que 220, 1034, 1048, B 188; pour *pebeȝ*, quel : *pebeȝ fest*, *peȝ tempest* Nl 490, cf. 60, B 726, J 76 b, 82 b, N 518 ; que, quoi, (interr. dir.) J 27 b, P 74, cf. B 73*, (peut aussi être pour *pe*). Auj. *peȝ*, v. gall. *peth*, v. irl. *cuit* ; *pièce* est d'orig. celt.

Pezel, blonce C, *-ll* mou, pourri Pel., cf. corniq. *pesach* pourri ?

Pezel, jatte, — *clos* écuelle close C. auj. id., du b. l. *padella*, — **Pezr**, Pierre C, H, J 7 b, P, **-on**, id. C ; auj. *Per*, du l. *Petrus*. — **Phellp**, Philippe P, **philosoph**, *-e Cb*, v. *Plato*, pl. et *Cathell* 14 ; **-phien**, *-phe Cb* voy. par *f-*. — **Phiton**, *an scrit a* — le livre de Python N 764. — **Py**, g. id. l. malleolus C, espieu *Cb* du fr. — **Pic**, pic C, auj. id., du l. *pica*. — **Picher**. g. id. C, auj. id. — **Pichon**, pigeon, — *goaȝ* oison C, auj. id. — **Pleln**, piscine *Cms*, *pistin* C (dans les *pic-*), du fr.

Picmoan, g. id., *sem aliquos*. 1. *hec proma*, *prome Cms* (après le mot *picous*).

Picol, grand : *coȝ-p. badin*, vieux grand badin, Am, auj. id., avant le nom.

Picous, chassieux C, **-aff**, rendre chassieux *Cb* ; **-enn**, chassie *Cms*, *-cosenn* C ; auj. *pikous*, cf. bourguignon *bitoux*. — **Pieton**, piéton, messager à pied, 3 s. B. 16. — **Plfflt**, pépie C, et *pibit Cb*, auj. id., du l. *pituita*. — **Pig**, pic, houe C, gall *pig* bec, cf. fr. *piquer*. — **Pignat**, monter P, C, *pinnat Cb*, *pingnat Cms*, p. et H ; *pignet!* J 158, *-gnas* P, Nl 565; fut. *pynhomp*, cond. *pingnech* P ; **pinnadur**, montement, **-nnldiguez**, ascension *Cb*, *-gaeȝ Cc*. Auj. id., *en pign* en suspens du l. *pendere* cf. *stigna* de *extendo*. — **Pignon**, *Cc*, *Cms*, pigon *Ca*, *Cb*, pignon auj. *pignon*, du fr. — **Pilat**, battre, frapper C, B 457, *-llat Cms* ; *pilet!* B 467, *-ent* J 123, auj. id. du fr.*piler.*—*so preparet gloar* Pilate J 82. — **Piler**, pilier, colonne C, N 485, J 197, *py-* 106 b, auj. id. — **Piliczon**, pelisson, pelisse C du fr. — **Pill**, noaȝ — tout nu J 134 b, cf. B 450*, 626, auj. id. ; **-nff**, piller, dépouiller C, *-llyaff Cms* ; **pillart**, g. id. C du fr. — **Plllic**, poêle C, auj. id., f., gall. *pilig* cuve, f. fr. *poêle* ? — **Pillotaff**, découper robes, **-tadur**, *Cb*, *Cms*, *-dadur* C découpement, du fr. *piler*, voy. *pillaff* ? — **Pilory**, id. C, *py-* Cb. — **Pimant**, piment C, du fr. — **Pinenn**, pin, C, *a pin* de pin, *Cb*, **pinec**, l. *pinetum* C. Auj. id., du l. *pinus*. — **Pinigaff**, se repentir C, *nen -ger* on n'en fait pénitence N 595 cf. *pynychet* Jér. ; **pinigenn**, pénitence C, N 378, *-en Cb*, H, J 14 b, Nl, 495, *py-* M 3 *pyny-* Gw. v. *gwêl* (auj. *pinijen*). Gall *penydio* ; voy. *penet*. — **Pint**, pinte C, du fr.

Pinuizic, riche C, *plui-* N 83, *pynviȝyc* P pl. *pinuidien* Nl 383, *-ȝien* 12, **-zicat**, s'enrichir C, *-viȝioquaat* H, **-uiziguez**, richesse M 7 v, *-gaeȝ* C, pl. *viȝigaëȝou* Gw. Léon *pinvidik*, riche ; voc. corn. *pendeuig* prince, gall. *pendefig*, de **pennotamicos*, dérivé de **pennotamos* généralissime ? Voy. penn.

Pioche, g. id.— **Pip**, pipe, C, tonneau, f. (*hy*) B 469 ; **pipet**, *pirot* C ; déçu, trompé *Cb*, *Cc* ; du fr. — **Pirchirin**, pèlerin C, B 125-6, *-yrin* J 206, pl. *-irynyen* H ; **-irindet**, pèlerinage C, B 126, *pich-* N 230 ; auj. *pirc'hirin*, du l. *peregrinus*. — **Pirill**, péril B 159, C, J 168, P, Nl 358, *-il* 527 ; 2° s.

r. touj. en *ir* ; **-llaff,** périr C, cf. B 615, P ; P; être en danger C, B 626; **-llus,** périlleux C. — **Pyromancy,** -ie N 772. Du fr. — **Pistigou,** points de côté Am. v. *loup,* auj. id. ; maux, douleurs B 260 ; **-gaff,** blesser p. *-guet* C, malade, qui a des douleurs cuisantes B 467, N 1217, J 111, *py-* 231, *pistigadur* blessure C, **-guer,** blesseur, **-gus,** blessable C*b* ; **pistri,** poison C, Auj. *pistik* point de côté, corniq. *pystyc* magie, *pystry* id., v. br. *pis imfer* gl. pithonistarum, irl. *pisoc* charme magique ; du l. *pyxis* boîte (Bugge). — **Pitance,** -ce B 266.

Piz, chiche, C*b*, v. *prim* ; *pyꝛ* exact Am. v. *liꝛrin; piꝛ* zélé B 475, avec zèle 485, (prier) bien P 195, (coups) drus B. 637 (battre) fort 463, (voir, regarder) bien 580, P, J 61 b ; *-mar tiꝛaf,* le plus soigneusᵗ que je puis 125 ; — *ha tiꝛmat* B 416, 294ᵛ, cf. 41, P. 132; *caffout* —, trouver en cherchant bien J 117, cf. B 188 ; (se reposer) un peu 76ᵛ, J 133 ; *pis* Gw., *pyꝛ,* Gw., Jér. ; tréc. *pis,* van. *peh,* de *°pitt-,* cf. *paꝛ* et le fr. *petit,* ou de *°pict-,* cf. gaul. *Pict- avi.*

Place, place, lieu C*b*, B 350, 655, 468? J 8, N 10, Nl 304, *-ce* C, *-aꝛ* M 55, *-ac* Nl 412, *-acꝛe* B 536, pl. *-cꝛou* P ; **-acenn,** place C, P, N 204, f. ; *he,* 861 ; **-acaff,** placer C*b,* v. *lech, so -cet,* a lieu B 716; fut. *-cꝛiff* 683. — **Plaesant,** plaisant, agréable, doux, B 330, adv. 767, *ple-* C, J 15, N 327, P, Nl 21, adv. *quen na pligo -gantaff* tant qu'il voudra bien B 615; sup. *-aff* N 575, *-af* très heureux 696 ; **plesir,** plaisir C ; du fr. **-Plaicenn,** plie C, *play-* C*ms* ; tréc. *plaïs,* du v. fr. *plaïs.* — **Planczonenn,** plante C, *-nnenn* C*ms* ; *-cꝛounenn,* plant Gr. ; du v. fr. *plançon.* — **Planet,** C, P, B 106, pl. *-edou* 321, M 55, *-aou* Nl 52 planète, du fr.. — **Planquen,** planche, P, *-nn* C, dim. **-ic,** C*b* ; *-equen* C*ms,* auj. id., du l. *planca.* — **Plant,** plante, — *an troat* — du pied C, H, J 105, Nl 41 ; *quentaf* — en premier lieu N 1433, (âme de) créature ? P 252, pl. *-ou* B 456 dim. **-ic,** C*b* ; **-tec,** qui a les pieds larges C, **-ten,** plante M 5 ; **-taff,** planter C, p. H, enfoncé J 29, *plant,* (celui qu') il met (dans son amour) B 612, *-o* établira, fixera 798; **-ten,** (jusqu'au) fond J 12 b. Auj. id, du latin *planta.* — **Plaouhyet,** attaqué (d'une maladie violente). Am., *-hiet* blessé d'un coup de griffe d'une bête féroce, Pel. ; inf. *plaouꝛa* Gr., gall. *plau,* du l. *plaga.* — **Plastr,** *-st* plâtre. — **Plat,** plat, adj., C, B 368 (visage) décharné N 988 (pleurs) amers J 204, assis sur ma chaise) N 1423 (tomber sur la terre) nue J 64 *marv gant riou* — tout mort de froid 77 b, (tu mens) effrontémᵗ 201, *an plat* le plat (de l'épée) N 1451 ; un plat C, J. 59; **pladaf,** être écrasé B 75ᵛ, cf. 581, **platen** *an caleir* plataine de calice C, (par confusion, pour *patène*), dim. **-ic,** C*b* ; *pladenn an c.* C*ms* Auj. id. — **Plato,** Platon C, du fr. — **Plec,** pli (de la jambe) *-an quein* l. *spina,* C. *pleq* frange (de vêtᵗ) C*b,* v. *lost*; **plegaff,** ployer C auj. id. du l. *plicare.* — **Plen,** plain, sans fiction C, *tut* — *a enor* Nl 262 ; bon (mur) B 68 *a* — entiérᵗ, tout à fait 328, J 10, — id, certes, 4. 5 b, 19, N 391, B 686, P *plaen* J 20 b, *plean* 6, 9 b, tréc. *plén* ; **plenhat,** aplanir C, fut *-no* P, cond. *-he* B 598; **plenadur,** plainéte C*b*. Du fr.

Plet, attention 105, h. — cornou. *pledt* Gr., tréc. *plé.*

Plez *bleau* tresse de cheveux, C **plezaff,** ployer C*ms* ; gall. *plethu* entrelacer, du l. *plecto.* — **Pilgaff,** plaire C, *pleg-* C*b,* v. *louen,* *pligeout* H ; *plig gant* il plaît à N 107, J 8 b, B 257, Nl 232, — *da* 120, N 1751, *-et* content 619 ; qu'il plaise H, J 26 b, 161 b, P, B 493, 602, fut *-go,* 615. *-gio* 670 ; *maꝛ pliche* qu'il plût Nᵗ 54. *eꝛ-* qu'il plaise J 29 b ; *pliche* plaise (à Dieu) B 149ᵛ ; *pligse* Cathell 25, *-gsse* 26 ; **-gadur,** plaisi r C, B 89, 196, P, N 351, (apprendre) le bien 89, *-giadur* B 333, J 43 b, *-jatur* Nl 148, **-gadurez,** plaisance C*b, hoꝛ* **-gant,** 1ᵉ s. r. *ij* votre plaisir, volonté P. — **gandus,** agréable N 1382, *-gadus* C*b,* sup. *plyganduꝛ haff* Nl 99. Auj. *plijout,* du l. *placere.* — **Plom,** plomb, J 12, — *macꝛon* cordeau ; **plummet,** (courroie) plombée C. Auj. id., du l. *plumbum.* — **Plomeiz,** buette C, al. *baraꝛ,* C*b* ; *pot plommeiꝛ* C*ms* ; *ploumeiꝛ,* mot anc., baquet, Gr. ; de *plom ?* — **Plouaff,** éblouir, surprendre, fasciner N 1474, même rac, que *plaouhyet ?* — **Ploue,** peuple Nl 95, *ploe* J 120 b ; *ploue* village, m. : *e,* 62, *ploe* campagne B 372, 424, N 1511, *oar an* — à la campagne J 221 b, *voar an* — sur le champ N 1852, pays J 204 b, B 104; pl. *ploeou* peuples 260, 584, 813, Gw, *ploueou* N 1029, *-aou* Nl 155, 189, 558 ; **ploeys,** paysans N 1350, *ploue-* Nl 543, *-is* 404 ; *ploys* 1ᵉ s. r. *oe,* gens du pays ? J 48 b, *ploeys* (mes) compatriotes Jér. ; auj. *plou* —, voꝛ. corn. *plui,* d u l.

plebs R. c. VII, 314. — **Plousenn,** paille C, auj. *plouɀ* écorce de la paille, paille. du fr. *pelouse,* avec sens de *peluche, R. c,* VII, 252. — **Plunchaff,** plonger, **-cheres,** plongeon, oiseau C; *plungea* Gr., du fr. — **Plusquenn,** pelure (de pomme), coque (de noix) C; auj. id., gall. *plisg,* cf. fr. *peluche?*

Plustrenn, tache qui naît au corps C, Gr.; *plustra* s'accoutumer Pel.; tréc. *pleustran,* fréquenter.

Pluton, g. id. C, du fr. — **Pluuenn,** plume C, *pluenn* Cb, *-uſuenn* Cms, *-uffenn* C v. *ganiuet,* pl. *pluff* Gw. v. *pelia;* dim. **-uuenuic,** Cb, **pluffec,** traversier de lit C (v. corn. *plumauc).* Auj. *pluen,* du l. *pluma;* **plumaff,** *-er Cb,* du fr. — **Poan,** peine B 748. C, N 54, 105, P, J 5, *a* — à peine 61, *a muyhaff* — avec le plus d'attention B 104, *poen* r. *en* 464, pl. *poaniou* H, *-you* H, B, 706, N 23, Nl 40 P., J 10 b, *poua-* 9 b, *poanyaou* Nl 78, *-yau* 248, *-iaou* 234, M 63 v; **-yet,** peiné B 379, N 1001, *ponyet* 1308, *poaniet* 1841, *puni* Nl 224; *na — quet da,* ne vous donnez pas la peine de, B 227°! *·yont* ils travaillent 649, *·yomp l* J 158, *en -yas* lui fit mal Nl 47, **-yus,** (feu) cruel J 13 b. Auj. id., du l. *pœna.*

Poaz, cuit, brûlé C, Am. J 134, N 1661, P, ardent, brûlant B 569, **-at,** cuire C. **-zus,** cuisable Cb. Auj. id., gall. *poeth,* cf. l. *coctus.*

Pobl, peuple C, J 22 b, P, auj. id., voc. corn. *pobel,* du l. *populus;* **peuplet,** *-é Cc, -blet Cb.* — **Pochaff,** crever, l. *crepo Cms,* entre *Pluton* et *poan,* du fr. *pochɔr.* — **Podagr,** -e, la goutte C, du fr.

Poellat, intention, pensée, 299°, 690, disposition, caractère, humeur 147° 157, 311, J 128, (dans mon) esprit 9 b, 123 b effort B 705, *a — don* (prier) de tout cœur P, *poue-* jugem Am.; *poell* intelligence Pel., gall. *pwyll,* irl. *ciall.*

Poenczou, poinçon C, *-nɟon Cb,* **poent,** point C, B 205 J 26 b, M 12 v, *da pep* — N 225; *an — quentaf* tout d'abord 158, 1261, *dan — ma* au moment où J 233, cf. P; *point Cms, pouent* Nl 12, *ne ſallas* — il ne manqua point 30, pl. *poentou* J 145 b; **-taff,** pointer, **-ter,** pointeur C. Auj. *poent, moment.* — **Poes,** poids B 74°, C, (parole de grand) — J 143 b, (une) quantité (de lin) N 1610, *oar* — (suspendre) par (le cou) B 76°, cf. J 139 b, *voar* — par (trois clous) Nl 315, *poeɀ Cb v. liffr,* **poesaff,** peser C, p. *-sset Cb; poes l* J 110, **poesant,** pesant C. Auj. *poes,* du l. *pensum.* — **Poesell,** boisseau C, *boësell* Gr., tréc. *poel,* gall. *pwysel,* — **Poeson,** poison C, *poi-* v. *ampoeson.* — **Poet,** poète Cb, pl. *et* Catholl 10, **poetri,** poésie C, *-rie;* **-rien,** f. *es* poète. — **Poetier,** Poitiers, l. Pictauium; **Poetou,** g. id Cb, *Poa* — C (dans les *poe-*). **Poingnaff,** poindre C, *poignant* C v. *goanaff,* **-ngnadur,** ponction, **-nus,** pointif, *dre* **poing,** l. *pungitive Cb.* — **Poingnet,** poignet? N 1436, *-nes* poignet C. — **Pole,** pouly, poulie C. *poele, Cb, poulli;* **pouliot,** poulieul *Cms.* — **Pollce,** justice B 715, **-lczet,** (justice) exacte 695, du fr. *police.* — **Polissaff,** polir C, *-cɟaff,* p. *-cet Cms.* — **Pollsillab,** polysyllabe Cc, *poliss-* C, *-ilab Cms.* Du fr.

Pollenn, et *ciuellenn* tout un C (surfaix).

Polot, pelote, esteuf C, *polod,* Gr. — **Pomell** *ty,* le bout d'une maison Cb; *cleɟeff* pommeau d'épée C, N 1432, 1481. *pommell Cms.* — **Pomp,** pompe, faste P — **nt,** fanfaronnade, orgueil C, M 3; pl *-adou* P; **-adaff,** vanter Cc, *-dech* vous (le) disiez (si bon) B 576, **pompus,** (roi) superbe 32; *pompadi* faire le fanfaron. — **Ponce,** *poence.* ponce C, *-ce,* ponce *Cms,* dim. **ponccyc;** **-nccaff,** poncer *Cb,* *-cɟaff Cc.* — **Ponce,** Ponce (Pilate) J 121. — **Poncin,** g. id C, poucin B 713. poussin, auj. *ponsin.* Du fr. — **Ponher,** lourd *Cms* B 75°, J 25 b, *pounh-* 132 b, *ponnh-* C, sup. *ponnerhaff* B 579, cf. 76°; tréc. *ponner,* dérivé du l. *pondus* comme le gall. *ysgeier* criminel du l. *scelus.* — **Pont,** pont B (au titre), *pont ale* pontel, apoial, l. *pontellus* C; dim. **-ntic,** *Cb.* Auj. *pont,* du b. l. *pontis.*

Pontagnet, *lacc* — lacs à pendre par les pieds, l. *pedux* C; de *tagaff.*

Poque, *ne — nep den* que nul ne baise (ma bouche) Jér., sel. Pel. Auj. *pok,* voc. corn. *impoc.* baiser, du l. *pacem.* — **Porchell,** pourceau, f. *es* C, dim. **-llyc,** *Cb,* auj. *porc'hel,* du l. *porcellus.* — **Porchet,** porche C, auj. *porched,* du fr.

Porfolennou, ampoules, tumeurs 566, voy. *bulbu- enn.*

Porpoent, pourpoint C, *-int Cms.* — **Port**, *drouc* — fausse prétention J. 139, éd. 1622; port, prestance P, — **Portal**, portail — **Portion**, g. id., **-cionist**, *-e.* — **Portreuff** (pourtraire) C, du fr. — **Porz**, porte, C, Cathell 31, M 55, Nl 180, port (de mer) C, (Jésus), asile (de miséricorde) N 1136 cf. 1203, pl. *ou* portes C, v. *doe, perțier Cb ; perțer* Nl, p. 107 ; **porzit**, secoure N 1848 ; **porzyer**, portier f. *es -țeres* C. Auj. *porț*, v. br. *Portitoe* adjuvandus, du l. *porta. portus, portare.* — **Position**, g. id. C, *-cion Cms*, **-tiff**, *-tif*, Cc, *-ssitaff* Ca, Cb. — **Possessour**, g. id., C, *-țsor Cms*, **-ssiff**, g. id., **-ssion**, g. id. C, dim. **-ic**, Cb ; **possidaff**, posséder C. — **Possibl**, *-e* C, J 65, **-det**, possibilité, Cb, du fr. — **Post**, g. id., C, poteau B 566, **-ern**, (poterne) Cms auj. id. du l. *postis.* — **Pot**, g. id C, pl. *poδou* vases sacrés N 1696, dim. **-dic**, Cb, v. *plomeiț* ; **podadou** *laeț* potées de lait J 201 b, **poder**, potier, **potaig**, *-age* C, **-aigeur**, g. id, l, leguminarius Cb. — **Poubr**, pourpre J 108 b. du fr.

Poues, cesser, finir 74', C N 1647, *-eț* C v. *hețaff*, J 213 b, var. *paoueț*, r. *es ; paouesont* s'arrêtèrent Nl 437 *; pouesomp !* B 641, *paouysit* J 104 b, **pouesydiguez**, cessation Cb. Auj. *paoues*, v. br. *poues*, repos, gall. *pwys*, cf. lat *qui -esco ?*

Poull, fosse, *-dour* l. torrens C, *he* — *calon* B 593, (trée. *poul hi c'halon*); *poul* ; **poultroenn**, l. vortex, **poultrap**, piège *Cms, pou trap* Ca, *poutrap* Cb. Auj. id, voc. corn. *pol*, du b. l. *padulis —* **Poulsuff**, pousser Cb, v. *lestr* ; *-sas* poussa, enfonça J 158 b, P *; pouls enhaț*, inspire-lui (le désir) N 801. — **Poultr**, poudre, C, **-enn**, grain de poussière B 802, **-traff**, poudrer, **-trus**, poudreux C ; auj. id du fr. — **Poupin**, bon (ouvrier) B 40, *popin* joli (jardin) J 154 b ; van. *poupinel, pouponel,* mignard, Trd, cf. fr. *poupon.* — **Pour**, pauvre N 83. *paur* C, (avant pap) *paour* Cb, sup. *-af* M 4, *-haff*. Nl 307, pl. *-ryen* H, *peauryen Cb*, 3 s, J 12 b, *peou-* 2 s. N 1332, *peor-* 618, *peu-* 2 s. 1447, Nl 253, **paouryc**, petit pauvre Cb, **pourentez**, pauvreté J 201 b, *pau-* C, Nl 35, *paou-* 58, Cb, Gw v. *gweța*, H, *-es* Nl 9, **paurhat**, appauvrir C, *paou- Cb*, **pourisset**, apauvri N 1174, *pau-* 1179, 1197. Léon. *paour*, du l. *pauper.* — **Pouchaee**, se procurer B 558, obtenir 606, J 112, *-ețaf* je cherche à 20 b, *-ațaf* (jamais) je n'obtiendrai 100, *em -acet* vous me fournirez (de) B 518, *-cțas* obtint 341. Du fr. *pourchasser*, cf. angl. *to purchase.*

Pourchen, mèche Cms, *-nn* C, auj. *pourc'henn* f., cf. *pourc'h* m. habit, *dibourc'ho* dépouiller Gr.

Pourmen, promenade B 456, (se) promener N 252, *-aff* promener (qqn) B 475, cf. 417, 589, 621, *don em —* pour nous promener 309, *pormener* on promène J 11 b, *ouț pourmenif* je vous ferai marcher 130 b, cf. B 380; *promeno* 394; auj. *pourmen*, v. n. — **Pourneant**, g. id., vain, sans effet C, *e —* (cela est) désastreux N 1198, *e pour neant* en vain Nl 474, *p. n.* id. B 761, (c'est) inutile 718. — **Pourpy**, g. id. C, *-i Cms,* est quœdam herba Cb. — **Pourr**, porreaux, **-ec**, plein de porreaux C, lieu où ils croissent Cms, auj. id. — **Poursuluaff**, poursuivre, exercer B 24, *-siff* poursuivre, Nl 525, continuer 266, **-suyuant**, poursuivant leur route, Nl 105. — **Pourueaff**, 2e s. r. *ae*, sauver Nl 378, *a meux -uaet* que je me suis procuré B 455, *me ameux a sae -uaet* je me suis pourvu d'une robe 487, cf. 30, J 6 b, fut. *-ueo* N 303. Du fr. — **Prat**, pré, dim. **pradic**, Cb, **-denn**, petit pré, **pratel**, préau C. Auj. id., du l. *pratum.* — **Pratic**, *-ique* C, P, science, étude B 9, 90, **-icq** occupation (mondaine) N 333. — **Prébent**, prébende, **-ander**, prébendier Cb. — **Precedaff**, *-er.* — **Precius**, *-eux* C, J 20, Nl 132, r. *eux* M 55, *-iux*, r. *us* M 55, *-yus* Nl 39, **-iustet**, préciouseté Cb. Auj. id. — **Predecessouryen**, *-sseurs* B 34. — **Predestinaff**, *-ner* C, p. réservé d'avance J 37; Nl 114, *-ystinet* 80, *predi-* N 723, **-nation**, g. id. J 88. — **Predication**, sermon Cb. N 429, **-cator**, *-teur* 693. — **Preface**, g. id. Cms, *-cc* dim. *-ye*, Cb, du fr. — **Prefer**, (mensonge qui) vient, procède (de) J 219 b, du fr. *proférer ?*

Preff, ver, — *an caul* chenille, — *an dillat* teigne, — *an faff* l. curculio, — *gueleuyat* ver luisant, — *an prenn* ver du bois, — *an seiț* ver à soie C, pl. *-ffet* Cc, *-ffuet* B 384, *-euet* Cb, M 7 v, cf. P, J 13 ; **pref-**

fan, voy. *ampreffran* C, *preʒeffan*, Cc; *preʒeuan* (après *preʒec*); **preuedus**, vermineux, vermoulu C *preffe-* Cc; **-ffic**, petit ver Cb, *-yc* Cc. Auj. *prenv*, v. irl. *cruim*, sanscr. *Krmis.*

Preiz, proie Am., H, prise, **-aff**, piller C, **-adur**, spoliation Cb, auj. id,, du l. *præda.* — **Preiudice**, g. id. Cms, *-cc* C, *pref-* J 219 b, **-aff**, préjudicier Cb, prés. *prejudice* J 31 b. — **Prelat**, g. id. C, *prell-* Cms N 923, J 77, pl. *-adet* 207, *prela-* N 726, **-lacy**, prélature 1681, *-cj* 426. Du fr.

Prenaff, acheter, C, Nl 12, racheter 231, B 127, N 961 P, J 44, *-af* 20, *prenaff* Nl 531, *pren'an* racheter les 127, **-nabl**, achetable **-ner**, f. *es* acheteur Cb. Auj. *prena*, v. gall. *prinit* a été acheté; irl. *crenim*, sanscr. *Krînâmi*.

Prendenn, (quel) fléau, malheur N 1190 *-en*, var. *preden* (plein de) méchanceté, perfidie J 64 b.

Prenest, fenêtre, m. *dou*, 242, *try—* 300; *penestr* C, tréc. *vrenest*, voc. corn. *fenester*, voy. *fenestr*.

Prenn, du bois 569, C,†J 133 b, P, *-beus* bois de buis. *-huec* réglisse, *pren* C, H, *croas—* Nl 121, 280, *-croas* 45, 315, *-nn croas* J 114 b; **-aff**, fermer C, p. J 217, P. Pi. v. br. *-prenou*; auj. *prenn*, bois et barre, cheville; irl, *crann* cf. l. *quernus*?

Prenosticaff, pronostiquer C. — **Prenunciet**, l. *prænuntiatus* N 420. — **Preparaff**, *-er* M 2, p. J 50 b, N 297, B 59 *an douar—* 279, cf. N 1330. — **Preposition**, g. id, C, *-cion* Cms. Du fr. — **Pres**, presse C, *a—* vite P, *ha—* id. P 203; hâte, empresst B 17, 135, 136, 371, 731, J 83 b, désir, intention 213 b, *eguyt nep—* pour aucun motif puissant 192, par aucune démarche 92 b, *e lin nam boe— da essae* je n'ai pas du tout eu son lin à travailler N 1653, **-our**, vite B 419, 622, Nl 209, 416, présent B 39, cf, 244, J 48 b, **-ssaff**, presser C, p. pressé, à la hûte B 291*, **-ssoer**, *-sser*, pressoir à vin C, *-ssouer* Cb, 3 s. J 44, **presum**, tyrannie, oppression B 805; du l. *pressus*. Pressour est le v. gall. *pressuir*, adfixa. — **Presance**, présence **-sant**, présent C P, N 1500, présentement, 107, 208, tout à l'heure, 51 aussitôt (que) Nl 102, *en—* à présent B 450* N 1695, *a—* à présent, dès maintenant 844, B 86, *apr-* Nl 416, *pr-* présence B 203, 421, 698, N 696, 714; *-sant*, r. *ent* 491, 643, 1090 *-sent* 507, 542, 1186, B 41, J 86; *-sant don* C, *nep—* (je ne veux) à aucun prix N 1752, pl. *-entou* P, **-entaff**, présenter C, H, r. *ant* Nl 110, *-anti inf.* r. *i*, N 498, p. 1817 J 39, Nl 233, cf. B 417-8, 789, H; **-entation**, g. id. C, **-antelez**, présencialité Cb. — **Prescribaff**, *-ire*, **-iption**, g. id., du fr. — **Presep**, crèche C, Nl 8 130, van. id., du l. *præsepe*. — **Preseruaff**, *-er* B 703, p. 117, Nl 94, cf. 222, B 278 sauvé N 872, *ren -uo l* 1877 *-rffhe* qu'il garde B 749 **-ruation**, préservation 623. — **President**, g. id. Cathell 24, f. *-antes* P. — **Prest**, g. id. C, un prêt Cb; prêt J 7 b, B 208, 235, vite, bientôt, aussitôt 298, 447*, P, J 102 b, N 129, 1049, 1477 —, —, 1085, (avant qu'il soit) peu B 475, *quen—* 332, peur — Nl 414, *-aff* tout de suite 109 **-aff**, prêter C, — prêt, *-is* N 1511, **-nabl**, vaillant, prestable Cb. Auj. *prest.* — **Prestice**, prestige N 770, r, *iç.* — **Presumaff**, *-er*, **-mption**, g. id C,B 217*, *-cion* soupçon, 102, **-elus**, présomptueux C, *-tius* Cb. Du fr.

Pret, temps C, P, (il est) — B 612, J 140 N 68, Nl 49 *pan quelas—* quand il vit qu'il était temps 323, *dan—* quand il sera temps N 981, *un—* un jour (plus tard) J 52, *an—man* en ce mom¹ N 381, 875, *an pretman* J 117 b, *en—* à l'instant 85, *breman enpret* 74 b, *breman dan pret* 169 b, *voar an—* N 1142, *da peb—* à tout mom¹ J 29 pep — H, *a—mat* dès le commenc¹ B 695', de bonne heure Gw, *a bret mat* Gw *an pret quentaf* au plus tôt, J 26. *q.—* 7 b, 23, *-ff—* en premier lieu N 58, *en guellaf—* au plus vite J 6 b, *gant guellaf—* avec empress¹ N 1261, cf. 1053, B 139* 225* *guellaf—* (aimer) au plus haut point N 1071; (pire) action B 488, *gant goaʒhaff —* 706; *hep tardaf—* sans point tarder J 227 b, *hep fellell un—* 30 b; (en ma) présence 103 b; repas B 291* Auj. id., voc. corn *prit hora*; gall *pryd* temps, repas, aspect, cf. irl. *cruth* forme?

Pretendez, tu prétends 701, du fr. — **Preueudy**, prémices C, *prinvidi* van. *permedi* Pel., du l. *primdtia* pour *primitiae*. — **Prezec**, discours, parole J 18 b, prêcher C, H, N 72, Gw v. *baʒ*; parler N 695, P, B 92, *-sec* 49, p. *-ʒeguet* J 77; prés. *-gaff* P, *-guaff* B 397, *-gueʒ* J 76 b, *-ʒec* 58, *-eguet* B 640, H, *maʒ -eguer* pour qu'on parle B 216*, **-eguen,** sermon N 480, **-gour,** prédicateur J 104. Auj. id., du l. *prædicare.*

Pry, argile C, J 35, *pri Cb* v. *pot.* Auj. id., m., corn. *pry*, gall. *pridd,* v. irl. *eré.*

Pridiry, pensement *Cb*, souci B 606 tourment 659, -i 689. — bout la pensée que je suis 184 *prediry* soin 682, *pri-* dessein, 2° s. r. *ir* 155*, r. *er* 201, 411, 800, J 53, 160 b, 219 b, 234, *-i* méditation r. *er* N 390 pl. *-iou* H, J 234 b, *pry-* H, *-yryou* Jér; *pridiry* méditer B 524, M 3, 71 v, (act.); penser C, H, comprendre J 11, *ouʒ da* — en songeant à toi J 127 b, *-i* C, *prydiri leenn,* l. lecturio, *pridyri Cb*; p. *prederet* Jér., B 54 réfléchi 426, aperçu 364 (édifice bien) conçu 196; projeté J. 61 b, (parole) sage Nl 50, entretenu (un désir) N 241; prés. *-raff* j'ai l'intention 1786; *-der* il croit J 18 b; *-derl* P *-rsont* B 342; *eʒ -ret,* on les a inventés 108, *-rhont* penseront M 56; *drouc* **preder,** méchanceté J 234, **pridirydigaez** en *coudet* apercevance **-ryer,** f. *es* penseur *Cb*, **-riet,** soucieux J 116, 225 b, **-rius** cogitable *Cb*, v. *logician, -yus* pensif *Cb.* Auj. *preder pridiri,* souci; v. br. *pritiri* jactura, *preteram* perpendo cf. anglo sax. *predher* esprit (Stokes).

Priet, époux, épouse 211, C, H, J 115 b, N 1171, Nl 431, P, pl. *-edou* H, B 329, **-etat,** épouser 229*, se marier 234, C, p. *-tet*; **-edelnez,** mariage C, *-adeleʒ* H. Auj. id., voc. corn. *gur priot sponsus,* du l. *privatus.* — **Prim,** l'heure de prime C, H, chiche C; (homme) subtil, fin P, prompt, rapide B 825, 691 J 117, adv. 59, 230, B 72* *prym* Nl 111, P, *den prim mat* excellent homme 260; sup. *-haff* B 475. Auj. *prim* vif, vite; du fr. *prime.* — **Prince,** prince B 694, *-ce* C, pl. *-ncet* B 341, Nl 381, J 225; n. *iʒ* 22 cf, 17 b; **-ncelez,** principauté **-ncip,** -e, **-ipaff,** -ipier, l. dominor *Cc* **-ipal,** g. id C, J 163 b, B 732, puissant 194, *-lhaff* très noble N 947 **-itet,** principalité *Cb.* Auj, *prins.* — **Priol,** prieur f. *es* C; **priore,** g. id *Cb.* — **Pris,** prix C, J 16, *mama* — chère mère P, *an tut a* — les grands 217 b, cf. B 228*; respect, égard 56, 732, 766, J 101 b, N 477, 1704; **-aff,** priser, C, *-af* J 6 b, p. N 583, P, B 56 *prys* il estime Gw. v. *ghis*, *prisaff* daigner C, cf. B 509* J 12, *-se* voulait, consentait à Cathell 26, *-seʒ* tu daignerais J 110 b. Auj. id. — **Prison,** g. id. C, J 165 b, f.: *hy*, B 497; **-aff,** emprisonner C, p. B 202, *-iet* 3 s. N 1910; **-oner,** prisonnier C, pl. *yen* J 117. Auj. *priʒon.* — **Priuaff,** priver C, p. B 201, 298, N 1115, cf. J 174 b, *pry-* Nl 83; **-fuation,** g. id. **-uez,** privé, secret C (dans les *pre-*), B 161, *priv-* J 154 b; en particulier 176, *en priu-* id. B 143*, 300, en secret 506*, particulièr. N 1122, *ent* — P, B 15, 479, 762; *un re pre-* quelque particulier 145°, adv. 215*, 305; *prev-* P; **priuilaiʒ,** privilège N 720, pl. *-legou* P; *preuileg*, C, **-aff,** privilégier *Cb,* p. *priuileget* C. Du fr. — **Prob,** joli C, bon (pour) B 811, N 1717, tout à fait, certes J 23 b, 184, 191 b, Van. *propik*; du l. *probus.* — **Probatic,** -que B 260. — **Probation,** g. id. — **Probleum,** -ème C, **-us,** problématique *Cb.* — **Procedaff,** -er C, B 469, avoir recours 501, se mettre en devoir de 718, continuer N 509 cf. 538, *maʒ -der* (temps) qu'on procède, B 543, *-ced* il procède vient (du) J 41 b; **-dabl,** légitime B 744; **-ces,** procès 17 C, J 121 b, N 1663 *en e-* — (il faut le laisser) à lui-même 521, **-cession,** g. id. — **Procuraff,** -er C, effectuer, causer, B 324, 664, *-af* Nl015, p. B 623, *-rses ma laquat* tu m'aurais fait mettre (à mort) 689; **-ration,** g. id., **-rer,** *-eur* C, f. *es Cb.* — **Prodic,** -igue C, **-igalite,** -té *Cb*, J 15. — **Produaff,** produire N 720, **-uisabl,** *-e*, alonguissables *Cb.* Du fr. — **Prof**, offrande C, le don de Nl 521 *daʒ prouff* pour ton bien B 519, *eguit he prof* N 1303; *-ff* offrir C, Nl 10, faire des dons 195, *prof* 29 ; *-fsont* 438; *-ffat* fut présenté P Auj. id., du l. *profero.* — **Proffan,** profane. Du fr. — **Proffeci,** prophétie C, *profecy Cb*, Nl 51, f. 335; J 58 *prophe-* 30 b, *-fici* N 1088, pl. *-phiciou* 1099, *-feciou* 33 b cf. 167 b; **-ffeciaff,** prophétiser C, p. *profecyet* Nl 70 *-ciet* 423, *profi-* 104, N 8, *proffi-* Nl 486, *proffeçyas* 86, du fr; **profoet,** prophète C, M 8, Jér. v. *dinoe,* *-phoët* Jér., *-phet Cc* M 4, J 77 b, pl. *-phoedet* Jér., P, *-ffoedet* J 33 b, *-ffedet* 31 b, Nl 29 *-phedet* H, J 205, *-fedet* Nl 86, f. *-ffoedes* C, *profo- Cb*, *-phedes Cc* j **-ffoedaff,** prophétiser C, *prophe Cc*; *profoe-*; **-edus,** *-etus* prohétique C *b*; vocabulaire cornique *profuit,* du latin *propheta.* — **Proffes,** g. id, **profession,** g. id C. — **Profit,** g. id. C, |N 141 *-fft* B 720, **profitaff,** -er C, **-tabl,** -e *Cb.* Du fr. — **Progilia,** Procilla, n. pr. J 115 b. — **Prohem,** prologue C, mot sav. du l. *proœmium*. — **Prohibition**, g. id. — **Prolog**, -ogue C. — **Prometaff**, promettre B 665 ; a -**mission**, (terre) promise J 129. — **Promoter**, -eur, -**tion**, g. id., -**ouaff**, promouvoir C. — **Pron**, évocation magique N 822, *prosn* prône H, auj. *prou*. — **Pront**, prompt, prêt à Nl 464, adv. 28, N 3, J 29, C*c*, -*ount* C. — **Propice**, propice, favorable, C*b*, B 700, N 1442, J 30 b, convenable var. -*ic*, 194 ; -*ice* C, -*içç* B 191, sup. -*iççaff* 51. — **Proporcion**, g. id. -**aff** proportionner C*b*. — **Propos**, propos, sermon B 155° proposition (hérétique) 121, dessein J 14 b, 161 ; *pre*- 61, B 11, 31, 185, 772, *gant* — bien à propos 220°, *em* — (c'est arrêté) dans mon esprit 711. — **Propr**, -e -**iaff**, -ier, -**iete**, g. id., -**ieter**, -tier, n. d'un livre. — **Pros**, prose C, pl. *ou* ; -**saff**, proser, -**sus**, prosaïque C*b*. — **Prosperite**, g. id. C, H, -*tey* H. — **Protecol**, protocole C. — **Protecteur**, g, id. B 601. — **Prouff**, preuve C, épreuve B 280, éprouver, sentir 333, 521, -*ouf* 140°, J 177 b, -*off* P N 774, prouver, r. *ou*, 1567, -*ouffaff* id. C ; p. -*ffuet* B 140° -*fvet* J 210 b ; -*phas* Cathell 15 ; cond. -*ffe* N 1509, -*offe* 1560 ; -**ouable**, g. id. C, -*ouffabl* C*b*. — **Prouerb**, -e C, -**ua**, -bial C*b*. — **Prouince**, -ce C, f. : *hy* B 32 ; cf. N 256 ; adj. -**ncial**, C. — **Prouision**, *ober* — faire profession C*b*, v. *profitaff*, du fr. provision. — **Prouocaff**, -quer. — **Prouost**, prévôt C, B 406, *prov*- J 100 b, var. *pre*- 111 b ; **prouostiez**, prouoste C. — **Prudant**, -ent, sage B 679. N 196, sup. -*aff*, 501 ; -**ancç**, -ence Nl 77. — **Prunenn**, prune, *guejenn prun* prunier, **prunec**, l. prúnetum C. — **Psaulter**, psautier N 239. — **Puant**, g. id J 98, P, B 344°, -**ery** puanteur 530. — **Publiiaff**, -er C, B 183, N 1458, p. J 10, -**blic**, -*que* C, N 1393, noté d'infamie 1584 ; -*plic* var. -*blicc* J 32, -*plyc* adv. P-**blican**, -ain C, -**blier**, f es l. promulgator C*b*. Du fr. — **Pugnès**, *quen* — *un frenesy*, une si cruelle fureur Nl 429, *Herodes* — 30, — *direson* N 90, *puig*- (excès) odieux J 84 b, -*naes* 234, repoussant P, du v. fr. *pugnes* (H. de la Villemarqué).

Puill, abondant Am. ; *paill* r. *uill* adv. N 465 ; *puill*, bas- corn. *pill* Pel.

Puissant, g. id., 3 s. B 228°, 2 s. N 1434. — **Puier**, g. pulier l. pluralis. — **Pulpitr**, -e C. -**us**, pulpitraire C*b*. — **Punce**, puits C, J 97 b, pl. -*nçou* 13 b, -*au* r. *ou* 13 ; dim. -**ncic**, C*b*, -**ncaff**, puiser C. Auj. *puns* (n natal). — **Punissaff**, -nir C, B 410 -*af* J 13, -*a* Gw v. *gardis* p. -*iset* C*b* ; *oll*... *eç* -*sser* ils sont tous punis N 1351 ; *ma en* -*et* pour que vous le punissiez J 100 b, *maç* -*et* qu'il soit puni ; var. -**er**, r. et 216 ; -*iff* je punirai, r. *i* N 1576 ; -**nission**, -tion B 685, C*b*, J 65 b, -**cion**, C, -**cio** v. *poan*, -**tion** C*b*. — **Pur**, pur C, B 263, P, J 5, vrai 67, N 397, Nl 341 (rien) du tout 9, (de) tout (cœur) N 173 tout-à-fait, très J 58, 222 b, P 44, 190, B 49, 489, 521 sup. -*haff* N 1047, -*hafu* H ; **puraff**, purer, -**rgaff**, '-er, C, -**atiff**, g. id, C*b*, -**toer**, -toire, C, H, -**rgement**, g. id C*b*, -**riflaff**, -er C, -**iabi**, -e. -**ication**, g. id. C*b*. Auj. id. gall. et corniq. *pur*, très (voy. *peur*). Du fr. — **Put**, aigre C, [*un*] *toull* — [*ha*] *hudur*, abîme odieux J 11 b ; vil B 551. Auj. id., du v. fr. *pute*. — **Putonesq**, putois C, -*toasq* C*b*, -*tasq* C*c*, *pudask* Pel. derivé du l. *puteo* cf. b. l. *putacius*.

Puze, chien courant C, pl. *puçeed* Gr., cf. gall. *bytheuad*.

Q

Quadran, g. id. C, du fr.

1. **Quae,** haie, dim. **-lez ; quaeaff,** enclore de haies, C*b*, *queet* C ; auj. *Kae* m., pl. v. br. *caiou,* cf. fr. *quai* (orig. celt.). — 2. **Quae** va ! B 39, J 60 b, N 1, et *cae* Gw., *quea* Jér., r. *a* J 198, var. *que* 100 b, *que* N 798 ; léon *kea,* corniq. *ke,* cf. χἰω Stokes.

Quaez, captif 778, (ce) malheureux J 141, pauvre, chétif C, *caez* P **quaeznet,** misère C ; léon *keaz,* gaul. *(Mæni-) captos,* cf. 1. *captus.*

Quaezour, penil, l. *pubes* C, *ar quez-* la poussière Am., **quaezourec,** pubère C*b.* Auj. *kezour,* v. gall. *caitoir.*

Quayer *leffr* cahier de livre C, dim, **-lez** C*b.* — **Quantite,** g. id. C du f.

Quantren, fureur 556 ; *can-*, p. *-treet,* courir çà et là Pel., gall. *canre* poursuite *cethrëu. cethrain* pousser, de *°cant-reg-n,* voyez *gant, ren* ?

Quaret, aimer, vouloir 399, prés. *querez* 318 ; *queromp* Nl 139 ; *-ret* B 21, 585, 607, N 1147, J 5, 220, *-rit* r. et 26 ; *-ront* 18, B 542 ; fut. *quiriff* 88, *-if* J 116, *— na rif* 89, lis. *grif a* —, que je fasse ce que je voudrai ; 2e p. sg. *-ry* 153, 1e s. r. *er* ; *-ri* N 1680, r. er, *query* J 57, pl. *-rhet* 18, 45, B 297, 428 ; cond. *quarhenn* 270, 763. Voy. *caret.*

Quaserch, la grêle N 876 ; auj. *kazarc'h,* voc. corn. *keser,* gall. *cesair,* irl. *cessair.*

Queff, cep (des malfaiteurs) ; tronc (d'arbre) C, tronc (pour aumônes) C*b* v. *pinuizigaez.* Auj. *kef,* du l. *cippus.*

Queffelec, bécasse C, auj. *kefelek* m. gall. *cyffylog,* de gaul. *com-* avec, et br. *ell* (ou) membres, ergots Gr ? — **Queffelin,** coude C, *keffilin* Pel. ; de *com-* et *elin.* - **Queffin,** e — auprès de B 505°, *e quiff.* Nl 242 ; *en hoz* — près de vous N 1693, *da quifin an nos man* à l'anniversaire, à la même heure que cette nuit Nl 58 ; *ez vyse mat ha din — an Drindet* elle deviendrait parente, alliée à la Trinité 112 ; *kefin* (au) bout (de cette année) Pel., gall. *cyffin* confins, du l. *cum, finis.* — **Queffnal,** mousse (des arbres) C, -*y* v. *gloan*; *qifny, qinvy* Gr., m. de *°co -mn- i*, cf. van. *man,* grec μνίον. — **Queffnidenn,** al. *quenidenn* araignée C*b,* *guyat queffny* toile d'araignée C, *a quenit* d'araignée ; dim. **-idennic,** C*b* ; auj. *keoniden,* gall. *cyffiniden,* de *co-* et cf. angl. *to spin* filer ? — **Queffrann,** partie, H B 34 (var. -*an*), 264 ; f. : *teir-az* C, J 52 b, *pep queffrann* en tout point, tout à fait, 228 b ; *heffran d'a* partie opposée (en justice) à Jér. ; *queffren* H, -*nn* C*b* v. *quent*; dim. **-annic,** C*b* ; **-nnec,** participant C, J 14 ; **-renn,** il communique, fait savoir N 1411 **-annus,** partial, de partie C*b* ; *kefren* Pel., gall. *cyfran,* de *com-* et *rann.* — **Quef-**

fret, ensemble C, N 950, 1154, P, J 27 b, g- 59 b, 110, 199, H, Nl 176, *geuffret* 215, *guefret* J 226 b, *-euret* Nl 561 cf. J 58 b, *-aevret* 166, *-eavret*, 145, *-eauret* 143; *kefred* Pel., *di -cofrit* sans participation, cart. de Redon, gall. *cyffred* comprendre, de **coppret* pour *com- pret*, voy. ce mot, *queuer* 2 et *atfer* ? — **Queffridy,** commission, message, affaire B 509*, 635, N 1908, Nl 291, 431 ; f. : *hy* B 241, 2ᵉ s. r. et 14, 126, 162, 676, 746, -*i* 85. *-j* N 167, *quefr-* 183, *-y* 159, -*ffrydy* B 770, Gw, Jér, Nl 171, *quaevridy* J 155; auj. *kefridi* ; gall. *cyfraid* nécessaire, voy. *ret*. — **Queffrin,** mystère. miracle P, *-ez* respect, esprit de religion N 1693; gall. *cyfrin* secret, adj., de *rhin*, v. irl. *run* mystère, cf. goth. *runa*. — **Queffryen,** *clasq coantys do* — acheter des parures à leur femme P 259, *quevrisa* celui ou celle qu'on veut épouser Maun, *Le sacré collège de Jésus*, p. 126, 127. De **com- rig- sa* (m ?) cf. *kevre* lien, voy. *aeren*.

Queffnelez, 3 s., var. *quessuaiez* P 26, béatitude, pour *cuffelez* douceur, voy. *cuff*; ou compagnie, cf. gall. *cydfa* ?

Queguyn, cuisine J 202, *-in ; -er,* cuisinier f. es C, dcm. **-eric,** *Cb* ; auj. *kegin,* f, du l. *coquina*.

Quehezl, *a* — *mat* (homme) de bon renom N 273, **-ou,** (proprᵗ plur.) nouvelle C, Jér. J 162 (var.- *-aou* 2ᵉ s. r. el B 673; *-aou* Nl 92, 385, *un -ao mat* 502 ; *quaehezlou* 2 s. B 677, *-haezlou* 2 s. 213*, r. el 214*; *quezelou* 2 fois Gw. ; **quehez** [l], adorer B 18, *quellaff* id Cathell 30. Van. *kevel*, nouvelle, léon. *kelou*, de **co- squetlon* (gall. *chwedl* v. irl. *scél*) cf. v. l. *in- sece,* raconte.

Quehit, si long, C, *-id Cc,* **-hidell,** équinoxe C; auj. *keit*, v. br. *cohit-on*, de *co-* et voy. *het*.

Quelguel, quenouille C, auj. *kegel,* du b. l. *conucula*,

Queyn, dos C, Jér, P, *quezn* J 43, *quyn* 190 b; *quein* 79, N 117, *kein* Gw v. *mell*, pl. *queniou* 10 s. r. *ein* B 74* ; dim. **queinyc ; -nec,** tergosus *Cb*, *-ynec* C; auj. *kein*, gall. *cefn*, cf. gaul. *Cebenna*.

Queinyff, gémir C; prés. *-naff* B 518 ; *queynet* / J 190 b, *-nias* se plaignit, gémit 105 b ; **queinuan,** gémissemᵗ C, *-uoan* Nl 181, **-uanus,** gémissant C ; *geini* Gr., v. gall. *cuin-* h br. *couéner*, irl. *còinim* id, subst. *cói,* cf. l. *queror* (Stokes).

Quel, voy. *crou* C ; étable Nl 145 ; *kœl* étable de veaux, Gr ; du l. *colla*. — **Queladur,** C, doloire *Cb*, Maun., *qeladur* Gr., du l. *cœlare*. — **Quelch,** cercle C, auj. *kelc'h*, du l. *circus*. — **Quelen,** instruction N 463, *-nn* Gw v. *menna*; enseigner C, H, N 112, instruire 53, t 187 *-en* guider Nl 105, *ho -nnat* ils furent guidés 196, *-nnas* averti. J 64 b, *-nnet* vous conseillez B 749 *me -nnhe* je lui apprendrais, je le corrigerais B 379 ; **-nnadur,** enseignemᵗ, **-nnus,** enseignable *Cb*, **-lingnadez,** enseignemᵗ C. Auj. *kelen*; de *co-* et *lenn* lire ?

Quelennenn, houx, *a guez quelenn* de houx *Cb*, **-lennec,** houssaie C. Auj. *kelen*, voc. corn. *kelin,* cf. angl. *holly*.

Quelerenn, ardent *Cc*, feu qui fait faillir les gens de leur chemin, de nuit *Cb*, *gue- Ca* (dans les *que-*) ; *qeleren* feu follet Gr.

Quelyenenn, mouche C, pl. *-lyen* C, B 266, — *raden* 4 s. sauterelles 385, *quelhyen raden* 382-3 ; *-lyenec,* plein de mouches C, **-nenie,** petite mouche *Cb.* Auj, *kelienen,* voc. corn. *kelionen* cf. l. *culex*.

Quell, testicule C, f. : *an niuquell* v. *crochen* ; voy *callouch*.

Quellidaff, germer C, *qne- Ca* ; *qellida* Gr., de *qellid* germe, gall. *cyllid* tribut, v. br. *collot*, du l. *collata*.

Quelorn, seau, vase pour traire les vaches C; auj. *kelorn*, f., v. gall. *cilurnn*, gaul. *Cilurnum* cf. gr. κάλπη.

Queluezenn, coudrier, **-zec,** coudraie C, léon. *kelvezen*, de *guezenn* et v. gall. *coll* gaul. **coslos*, cf. l. *corulus*.

Quem, (sans) délai 49, 565, exception 542 ; auj. *kem* f. différence, gaul. latinisé *cambium*

Quemaes, *quouaes* convenant ou champ C, de *com- co-*, *maes*. — **Quemenn,** taille, fabrique (en bois ou en pierre) B 274, **-ner,** tailleur, couturier f. *es* C. Auj. *kemener* tailleur, de *com-*, *benaff*. — **Quemenn,** instruction, recommandation N 1445, faire savoir, annoncer C, mander B 188, J 225, — *bet enhaf* lui mander, en appeler à lui 133 b, il ordonne 47 b, vient chercher B 192-3, *-nne* faisait son message Nl 184, *ho -nnat* ils avaient été avertis 469, *moʒ -nno* je vous instruirai N 540, p. *-nnet* 1141, *-enet* Nl 194, **quimingadez,** annonciation ou message C, *quimy-* Cb. Auj. *kemenn*, du l. *commendo*. — **Quement,** autant, tant B 386, C, P, J 39 b, *quemm-* H ; *quement a gueʒ* l. *totidem*. Cb, — ... *maʒ* tell¹ que J 60, *q. maʒ ne casaff* si bien que je ne trouve pas (sa pareille) N 339 ; adj. ; — *na galhe heny*, si grand, que nul ne pourrait... J 62 — *se* autant Cb, *a — se eu* (mon crime) est-il si grand J 89 b ; *quement hac* (nous n'avons pas de soutien) sinon Nl 298, — *penn so* toutes les personnes qui sont J 8, — *unan* tous ceux 94 b, Nl 47 ; — tout ce que, tout ce qui B 115, 674, N 306, 1348, • *maʒ off* tout ce que je suis, de tout mon être 341 ; — tous ceux qui 1072, — *nen groae* B 209, — ... *a credas*... *ho remedas* Nl 314 ; — *maʒ aff* où que j'aille N 896, cf. B 506² J 20 b ; *nep* — (ils ne songeaient) en aucune façon, litt. en aucune quantité (à la mort) M 10 ; auj. *kement*, de *com-* et *ment*. — **Quemesq,** mêler C, se mêle P, *da* — (allez) ensemble B 566, *-uet* mêlé 793 **-uadur** *a daou par* (coïtus) Cb, *q. par ha parres* Cc De *com* et *mesg*. — **Quemyat,** 2 s. un adieu J 46, *quefnyat* congé 1ᵉ s. r. em B 237, *queniat* permission r. em 209, *quimyat* congé ou licence C. **quymiadn,** congédier Gw. v. *baʒ*, r. *af, quemyat* il prend congé (*diouʒ* ; de) N 245, 2ᵉ pl. *-adet* vous dites adieu J 45 b. Auj. *Kimiad*, du l. *commeatus*.

1. **Quen,** ... *ha* aussi (blanc) que P 2, H, tant (par paroles) que (par actions) H ; *ma* — *drouc* aussi méchant que moi 86 b, cf. B 68, 574 ; 269 ; *e* — *nobl* J 82 b, *e* — *couls goas* N 1103 ; 188, Nl 101, 170, B 100, 48 ; *he quent pur* Nl 260 ; *quen si*, telli C, N 84, 894, Nl 62, P, J 28 b, 40 b, *quenn* 133 b, *quem* 32 ; *quenlies gueʒ* tant de fois Ca, *quent si* longtemps ? P 74 ; *quen* tout à fait, très 22, B 379, N 261, *-nn* 364 ; *quen tiʒ* aussitôt P, *quentiʒ* C, J 144, P. Auj. id., cf. irl. *co*. — 2. **Quen,** (rien) de plus, (sans) plus P. H, cf. B 352, *hep quent* Nl p. 108, r. *en* ; *quen* (n'en pouvoir) plus N 894, (en faire) davantage B 286 ; de plus, par ailleurs autrement B 369, — *cur* (n'avoir) d'autre souci N 215, cf. J 80 b, Nl 295 ; *nem beʒo* — je n'aurai pas autre chose B 266, *ne grif quen* voilà ce que je ferai J 5 b, N 484, cf. 36 ; (si vous faites) autrem¹ B 766, *ne voe* — il n'en fut pas autrem¹ 549, *nedeu* — il en est ainsi J 77 b, *dre* — *nedeu ordrenet* cela n'a pas d'autre cause 68. Auj. *ken*, cf *quen* 1. — 3. **Quen** — *na duy* jusqu'à ce que vienne N 537, cf. P 40, 125. Auj. *ken*, cf. *quent*. — 4. **Quen,** brillant ? P 230, **quenet,** charmes, beauté C. M 55, P, N 337, 407, **-edus,** beau, charmant 1385, Nl 259 ; 381. Auj. *kened* charmes ; v. gall. *cein*, bien, v. irl. *cáin* beau, bon.

Quenan, *so yen* — (var. *guenam*) *e contanance* P 244, dont l'aspect est extrêm¹ horrible, auj, *kena* extrêm¹ (H de la V.) ?

Quenderchell, contenir C, *-delch* il garde, tient P, *-et l* maintenez (-la) B 103, persévérez J 14 b. Auj. *kenderc'hel*, de *com* et *derchel*. — **Quenderen,** mener à bout, épuiser, B 480, de *deren*. — **Quenderu,** cousin, C, H, Gw v. *c'hwec*, *-rou* v. *gweʒa* ; f. *queniteru* C, *qui-* H ; auj. *kenderv*. pl. v. gall. *ceintiru* patruelibus ; **queuenderu,** petite-cousine H, *qevenderv* petit-cousin, f. *qeviniderv*, Gr ; v. br. *conuidder* consobrinis, de *com* et *ny* cf. ἀνεψιός.

Quent, avant, plus tôt N 724, J 7, B 204, — *quelennet* instruit d'avance Nl 357, — *dispartiaf* avant de partir J 43 b, — *ho goat... da yenaff* 109, voy. *chom* ; *quen beʒaff* avant d'être Nl 73, *quent maʒ flachas* 315, cf. 114, J 19 b. — *eʒ flachiff* B 591 *da* — *maʒ* avant que J 64 ; *euel* — (comme avant), toujours N 1460 ; — *se* loin de là, au contraire, B 47, 403, J 10, 31 b (auj. *ken-ʒe*, cf. fr. *plutôt*) ; *ha quent* auparavant P 243, r. prob¹ en *et*, voy. *aguetou* ; **quentaff,** premier C, Nl 3, N 58, *-af* 158, *en* — *guer* (dis) en un mot J 80, *-ff* d'abord B 322, *da -af* N 602, J 18, 135 ; *pep* — au plus tôt 203 b ; *-ta* Gw v. *gourc'hemnen*, P, *-afu* H ; *-aff* 1ᵉ s. r. *ent* B 171 *-af* r. *ent* P 89, r. en J 93 b, r. et 24 b. 26, 30, N 557, *-ff* r. et 1220, B 30, 44, Nl 255. Auj. *kent*, cf. gaul. *Cintu-genos*.

Quentel, leçon H, N 1089, *quetell* C; *quentel* légende Nl 549, foi, doctrine, 1ᵉ s. r. *et*, B 348, r. *en* P 5, discours appris par cœur N 524, *em* — dans mon conseil? J 224 b, *mir hon hent eʒ* — protège notre carrière Nl 91 *goaʒhaff-il* (fais) le plus de mal (possible) B 614 e -*el* son sort, ce qui lui est arrivé J 195 b; *en* — *da*, dans l'intention de 199, B 195, 496, Nl 369, *e* — 1, *en* -*ll* J 183; -*el* moment, espace de temps M 10 ; B 264, 437 (r. *eul*), P, N 741, 1186 *dan* — sur le moment? J 213 b; 1ᵉ s. r. *en*; *un* — 188, 228 b, B 157, *nep* — Nl 565, J 126 b, *en nep* — 217 b, M 63 v; en aucun temps, en aucune façon, J 56 b, *en pep* — de toute façon, P 99, cf. J 107 b. B 190, 354, 399, 600, N 433, -**le**, petite leçon *Cb* Auj. *kentel* f., leçon, v. irl. *cétal* chant, gall. *cethl-edd*, voy. *canaff*.

Quentr, éperon C, auj. *kentr*, gall. *cether*, cf. κέντρον.

Quentrat, vite Nl 264, dernièrt 106 ; (sans qu'ils pensent à la mort, il leur faudra s'étendre) prématurément *eynn guenn*, lis. *enn guenn*, dans un blanc [linceul], P 265 (voy. *goaʒ* 3, *goal*, *affuat*); 1ᵉ s. r. *en* (van. *quentrat* précoce Gr.) ; **quentrez**, aussitôt que P 277, *quentre caras* aussitôt qu'il le voulut Nl 177 ; de *quent*?

Quepr, chevron C, m. *outaff*; dim. -**le ; -prec**, plein de chevrons, -**priet**, enchevronné *Cb*, -*yet* Cc; *qebr* Gr., v. br. pl. *cepriou*, du b. l. *caprio*

Quer, cher, chéri, précieux, 52, 98 C, J 15 b, P, -*mam* N 892, cf Nl 49, B 660, J 15 ; *ma* — mon cher 160 b; (peines) qui coûtent, cruelles, Nl 78 ; comp. -*och*, sup. -*aff Cb* (chéri) ; -*haff* B 51, *an poan* — J 44, *ma* -*haf* ce que j'ai de plus cher 6, **quernez**, cherté *Cb*, charité C, rémission P (auj. cherté, famine). Auj. *ker*, cf. l. *carus*.

Querch, avoine C, auj. *kerc'h*, irl. *coirce*.

Querchat, chercher, aller chercher 181, 344, J 216. N 1931, -*rhat* B 536 p. -*rʒhet* 375 ; -*rchit* ! N 1365, -*yt* J 215 b ; auj. *kerc'hat*, gall. *cyrchu*, du b. l. *circare*.

Qurcheiz, héron C, *qerc'heyʒ* Gr., v. br. *corcid*, cf. κόρκορας (Bugge).

Querchenn, *oar hoʒ* — sur votre poitrine var. -*rhen*, 185, *eʒ* -*rchen* à ton cou N 977, *en e* -*nn* à son cou J 103, 179; *eʒ* -*en* à côté de toi P 264; auj. *kerc'hen*, v. gall. *circhinn*, du l. *circinus* ; voy. *quichen*.

Quere, cordonnier C, auj. *kere*, voc. corn. *chereor*, gall. *crydd*, cf. χρηπίς (Rhys).

Querell, (prendre le) parti de qqn J 106 b, du fr. *querelle*. — **Queresenn**, cerise, et cerisier C, *gueʒenn queres* cerisier Cc. Auj. *kereʒen*, du l. *cerasus*. — 1. **Quern**, couronne, tonsure C, H, (sur son) crâne J 109 b ; 115, -*nn* B; *quern milin* trémie C ; -**rnie**, petite couronne *Cb* ; auj. *kern* f., gall. *coryn*, du l. *corona*.

Querneau, Cornouaille C, H, auj. *Kerneo* de *Cornovia*.

Querz, certes J 18, 44, 132. M 55 v, P, Jér. v. *arabat*, et v. *kerse*, à Ouessant *kerʒ* Pel., vann. *akerh* du l. *certe*.

Querzet, cheminer C, J 203 b, N 4, -*rʒ* / Jér. v. *amplec*, -*ompl* B 159 ; prés. -*rsont* 1ᵉ s. r. *erʒ*, P ; -**rzedec**, chemineur C, -**rzer**, id. f. *es*, -**rzidiguez**, l. progressio *Cb*. Auj. *kerʒet*, v. br. *credam* je marche, cf. all. *schreiten*.

Querzu, décembre C, B 809, 1ᵉ s. r. *eʒ*; *gerʒu*, *qerdu*, *qeverdu*, Gr. quasi gall. *cyfr-ddu* tout à fait noir ?

Questaff, quêter C, -**stion**, g. id. C, dim. -**ye**, *Cb*, -**nnaff**, interroger p. -*onet*, J 75 b ; -*onher*, r. *eur*, on interrogera P, -**stour**, quêteur C f. *es Cb* ; auj. *kestal*, du fr.

1. **Quet**, (ne) pas, point C, H, N 4, 610, P, *nen deux* — sy B 12, *nen devoa hoant* — J 92 b, — *nen gry* 52, cf. 82 b *mervell* — *oarse ne dleaff* 65 b, *na* — *ma entenn ne mennaf* 29, ; emplois encore plus explétifs :

hep — a mar N 340, hep— sellet J 5, hep gou — 9 b, hep tardaff — N 323 ; quent repos — J 58, noh euȝ car... da comps dihuy na — ...houȝ couviaſ. 22, ne deux — nemet N 148 cf. B 6; ne oun piou eu — J 81 b, cf. 25 b, pas ... ne falho... eȝ ve — 10 ; na so — 10, voy. na; ha huy proffe — ? N 1624 cf. J 54, petra — a leveret huy? 48 b; me carhe gouȝout — N 1630 ; ober a prederaff vn tour... an craffaff... beȝaff — je veux faire une tour être la plus forte B 36 ; nen deu — quen 751 cf. 16, hep — quen 136, 81*, heb queȝquen 81, r. et voy. quet 2. Auj. ket, (ne) pas, gall. cat morceau.— 2. **Quet**, avec, en composition : quet acreȝ cohoirs, l. coheres, C, quetaereȝ Cb, queȝamnesec ensemble voisin, quetbreuȝr confrère C, da queȝ par tes compagnons M 7 v, — queffret en même temps N 1127, — gu- J 206, queȝ queffret Nl 551 ;da queȝ quement so pour tout le monde 386, queȝquement den tout homme B 557, cf. 320 ; queȝquen bras si grand J 90, — dyfflat si crucllt Nl 135, queȝqu'en tenn si durt 136, — net très pur 141, quesquen dispar très particulièrt B 550, var. queȝ quen ; queȝquent tra avant tout Nl 471, cf. R. c. VII, 160, 161. Gall. cyd-, voy. gant.

Queudet, ville, cité C, kevaudet, Pel., gall. ciwdod, du b. l. civitatis.

Queuneudenn, bois, bûche C, -nedenn v. queneu-, Cb v. preun, **queuneudec**, le lieu des bûches Cb. Auj. keuneuden, gall. cynnud. cf. cynneu allumer ?

Queusuez, mègue, l. serum C, v. br. cosmid, de cos fromage, du l. caseus, et v. br. meid, gall. maidd, v. irl. medg mègue (orig. celt.).

Queu, cave, creux C, hent queau v. guen ; caff cave ; **queuyaff**, cave, C. voy. cauaff.

1. **Queuer** douar journée de terre aree par deux beuffs en ung iour C, arpent Cb, auj. Kever, de com, arat.. – 2. **Queuer**, em – à côté de moi B 161, a -ver à côté P 128, e queffuer près de lui Nl 229, e -ffer 402 ; eȝ -efver en ta faveur J 142, e -euer au sujet de B 221*, en -fver se à ce propos J 196 b, e pep -euer à tous égards, sous tout rapport, de toute façon N 1425, cf. P 106, J 196 b., B 431, p. q. 359, cf. 57, P 77 ; nep — N 1486, cf. J. 28 b ; — la proportion, la valeur (de moitié) ? B 264. Auj. kever, de *co-ber, cf. queffret ?

Queuez, cheucle de haye, l. silica C, keweȝ jeune bois pliant Pel., de co-, gueȝenn. — **Queulusq**, mouvemt ; mouvoir Cb, -uiff, mouvoir C, -eflusqui se mouvoir P. hoȝ em -eulusquet l B 22, -quas (il l') engagea 18, ma on queȝlusquer, var. ma en queu- puisqu'on nous force (à le dire) J 206 b, **-squadur**, mouvemt (de concupiscence), **-aquer**, l. motor Cb ; ȝefflusq Gr., de com-, br. luskella bercer, v. br. luscou gl. oscilla, irl. luascad act. de bouger, cf. loc'h levier Gr.

Quezguyn, (vous avez fait votre chemin ; vous ne tomberez pas dans la pauvreté, pour) on —, notre teint, nos applications cosmétiques ? J 201 b, semble un plur., syn. de begou : « et encore il faut pour les tenir en bon état, y mettre un peu de farine. » De quet 2 et gueen ?

Quy, chien 272 J 16 b, -i B 555, f. -es dim. **-ilic**, C, pl. quon Cb, voy. con et chacc. Auj. ki, v. irl. cû, cf. κύων.

Quibell, cuve C, qibell, Gr. du l. cupella.

Quic, chair C, H, J 16 P, -yc, Jér. v. arabat, **-iguec**, charnu Cb, -icguec Ca, **-iguer**, f. es boucher, -erez, boucherie C, **-igus**, charnel Cb. Auj. kik m., voc. corn. chic.

Quichen, e — auprès 263, eȝ- M 7 v, J 99 b, en e q. près de lui 187, cf H ; da — (aller) près de J 218 b, cf. N 1146, Nl 350 ; ouȝ — (allé) vers vous ? J 187, — e — l'un près de l'autre B 248. Auj. kichen, voy. querchenn.

Quiguin, geai C, plur. quequin, Jér. sel. Pel., v. gheghin ; auj. kigin f. gall. cegid f., cf. anc. h. all. gâki, d'où fr. gai, geai.

Quil, dos, f. : he, 460 ; J 123, 131 ; — e palv le revers de sa main 76, quilben nuque B 293*, quil id C, B 377, quildant dent molaire C. Auj. kil ; voc. corn. chil cou, irl. cûl, dos, cf. l. culus.

Quilleuardon, C*b, quile-* C*c* pourceau frais ; *qilhevardoun* id., Gr.; tréc. *killevarden,* salope (*l.* mouillé). cf. voc. corn. *culurionein viscus* ?

Quinghenn, de l'ail C*a, -nhen* C*c, -nn* C*b ;* auj. *kignen,* v. corn. *cennin* gl. *cipus,* irl. *cainnenn* oignons, cf. l. *cæpina.*

Quingnet, écorché C, *quig-* J 87, inf. léon. *Kigna,* de *-ken* peau, voy. *caruguenn* ; v. corn. *cennen* gl. membra (na), cf. angl. *skin.*

Quinizyen, offrir C, *quinn-* v. *offraff* ; *quennigaf* j'offre J 45 *mervell... a -ygaf* je suis sur le point de mourir 223 (léon. *mervel a ginnigann*) ; gall. *cynnyg,* de *com* et *doug-,* voy. *doen.*

Quintin, g. id. l. *-us,* n. pr. C.

Quioch, euagon C, « petite becace » C*b; qioc'h, guioc'h* bécassine Gr., gall. *giach.*

Quis, *oar —* C (revenir) en arrière, sur ses pas, *voar ma —* N 117, 479, *oar he quys* P 255, *oar ho guis* J 103, **quiset,** qu'il recule N1 494, *qui set* (leur peine) étant passée 490, *quis* (la fièvre) s'en va N 1856, auj. *kis,* de *co* et cf. v. irl. *éis.*

Quisell, ciseau C, pl. *ou* B 67 ; *qi-* Gr., d'un dérivé du l. *cædo,* comme le fr.

Quisout *outaff,* (il faut) la subir (la mort) M 3 ; *Keigeout ouç* aller à la rencontre de, Pel., van. *kejein* mêler, gall. *cydio* unir, de *quet* 2.

Quistinenn, châtaigne, châtaignier C. Auj. id., du b. l. *castania.*

R

Ra, que (subj.) J 15 b, N 138, *ravihet* soyez 1060 *ram* qu'(il) me 820, B 291*, *raƶ* qu'(il) te N 1813, *ren* qu'(il) le 1877, *raƶ* qu'(il) vous 1057, J 70, *rouƶ* B 162*, *ro* J 9, 70. Auj. *ra*, v. br. *ro* signe de passé, v. irl. *ro* cf. gr. πρό.

Rabat, *dre* — tant moins, l. *quam minus* C*b* v. *peguement*; tréc. *rabad*, rabais. — **Rabin,** rabbin P. — **Rabl,** érable C; Gr. — **Rabot,** g. id, **-at,** raboter, p. *-tet* C, auj. id. Du fr.

Rac, avant 58, 50, *racƶaff* devant lui B 794, *rac enep* vis-à-vis Nl 228, *-drem* tout à l'heure, tout de suite, N 87, 103, 245, déjà 1500, *quae* — *da* d. 47, *gret*...— *hoƶ* d. 1326; — *tal* aussitôt J 36 b, Nl 138; pour (le bien) B 222* pour(quoi) P, — *dougiaf* par crainte de J 22, cf. B 497, — *beƶhat* pour avoir enterré J 230 cf. 232 b, Nl 4, 179,— *se* pour ce C, B 37, N 259, Nl 137, H, *racse* J 7 b, *rac ma* parce que J 23 b, N 402, 1155, — *aoun* de peur que B 165 — (effrayé) de N 869, de peur B 191, 210, — *na* de peur que 8, 166, 483, N 672, 912, 1874, Nl 453; — car C, B 45, J 6, N 52. Auj. et v. br. *rac*, devant, même rac. que *ra*, *re* 1; voy. *arauc*.

Racc, race 218*, du fr. — **Rach,** gale r. *ac'h* Am., de *racca pour **rad'ca*, cf. v. fr. *rasche* du l. *rado*.

Radenenn, fougère, **-denec,** fougeraie C. Auj. id. voc. corn. *reden*, de *ratina, (cf. gr. ἐλατίνη velvote), du gaul. *ratis*, cf. gr. ἔλασις poussée, ἐλάτη jeune pousse de palmier et barque, lat. *ratis*.

Rae, raie, poisson C, Gr. — **Raesinaff,** résigner, C, *resina* Gr. — **Raesinenn,** raisin C, pl. *-sin* C*b*, *raisin* du raisin C*c*, auj. *reƶin*. — **Raeson,** raison C*b*, Nl 13 B, 134, raisonnable 44, J 37, *re*- N 56, 132, 911, *ra*- B 72*, *rai*- C*b*. v. *logician*, ray- C, P, pl. ou Cathell 13, *raisounou* 15; **raesonabl,** raisonnable C, B 326, J 31, *rai*- C*b*, **raesonet,** sage, réfléchi, B 162, H, J 53 b, P, Nl 360, *-nnet* 158, *re*- *sonet* N 555, J 121 b, (propos) délibéré B 664, *-naff* je pense N 261. Auj. *reƶon*. Du fr. — **Raffetou,** vices, crimes B 631. du v. fr. *raffeter*. — **Raig,** rage B 686, — **Raignet,** maigre, décharné Am.; *ragna* rogner Pel. Du fr. — **Raillon,** dard, N 91, du v. fr. id. — **Rallaff,** *naƶ em* —(s. ent. *na greƶ*) et tu ne te convertis pas B 561, *-iet* consacré (à Dieu) N 334 adonné (à l'étude) 1072, instruit 1061, 1066, (lévriers) accouplés 284 (la Bretagne) unie 721, re- admis B 726, ra- (maison) convenable N 1387, du fr. *rallier*, — **Ramaignant,** v. in *terriff* C; à *terriff* C*b* a demorant boet reste de viande, sens de *ramaignand*, *ramaign* Gr., du l. *remanens*, cf. angl. *remnant*. — **Rambre,** rêve, B 775, rêveries J 125 b; 1° s. r. am.; **-al,** radoter, *-re!* Am.; *rambreal* radoter Gr., *ambren* délire, rêverie Gon., être en délire, p. *-rëet* Gr., d'un fr. *ramblée = *re*-*ambulata*, cf. *ambler* et angl. *ramble* errer, divaguer (comme *antren* entrer, de *entrée*). — **Rampaff,** *-er* C, du fr. — **Ran,** grenouille C pl. *et* dim. **ranle ; -nec,** grenouillère C*b*; auj. id, du fr. *raine*. — **Rançon,** rançon Nl 390, *-ccon* 82, *-çcon* 137. *-ƶcon* N 1911, rachat 1893. — **Rancun,**

rancune, méchanceté J 22, rec- indignation C, B 715, renc- Cc; **rancunet**, regretté, causant des remords 85 ; *rencun* aversion Pel.. tréc. *rykun*, dégoût ; du fr. — **Randon,** *a* — vite, P, N 686, — id 127, P 607 (ne pouvoir dire) mot N 431; van. fierté, du v. fr. *randon*, cf. angl. *random*.

Rann, partie, morceau, 264, C, N 938, P, J 14, 52 b, f. *peder* — 145; *na goux* — on ne sait point M 71, cf. B 367 ; *ran* J 13 b; **-nnaff,** se fendre 34, -*af,* N 901, -*ff* l. partiri C ; p. partagé J 145; **-nner,** partisseur C, auj. id, irl. *rann* pl. v. br. *rannou*; cf. πεπρωμένη ?

Raoul, n. pr. C. — **Raoulaff,** être enroué Cc. *raullaff* Cb, *rauaff* Ca (dans les *raou*) ; p. *raulet* Cb, *roullet* Ca; **raouladur,** enrouem' Cc, -*lladur,* rauadur Ca, *raull*- Cb ; *raoula, raouhia* Pel. du l. *ravus.* — **Raphael,** n. pr. — **Rapin,** rapine C, **-aff,** ravir, **-nerez,** ravissem', **-neric,** un petit ravisseur, **-neux,** g. id. Cb. Du fr. — **Rastel,** râteau C. -*ll* Cb ; auj. id, du l. *rastellum.* — **Ratifflet,** guéri B 545, du fr. *ratifié.*

Ratouez, *e* — à dessein, avec réflexion H 48 *a ratoz* Am., v. br *rad..* stipulations, cf. l. *ratum.*

Raulbin, le bois au-dessus de l'huis C (dans les *raou-*) *raoulin* linteau Gr. cf. van. *gourrin,* voy. *goulveau ?*

Raulssaff, ravir C, B 8, p. 220°; ravi, enchanté N 335 ; -*iset* enlevé B 207, -*iet,* 7, **-isseur,** g. id Cb, du fr. — **Rauoquet,** tiré de Cathell 18, du fr. *révoquer.*

Raz, chaux 74°, 78 °, C. léon id, tréc. et van. *ra,* de **rad,* cf. l. *rasis* poix crue.

Razaff, raser C, v. br. *res..* radatis, du l. *rasum.* — **Razas,** certes, N 319, 818, de **radacius,* du l. *rado,* cf. *ressis.* Même suff. dans *favaz, pesaz* Jér, différents de *faff, pés,* fèves, pois, ib., et que Pel. traduit « pâte ou pain fait de fèves et de pois » v. *piz,* et « provision de fèves, » v. *fav.* Gr. a *favas* tige de fèves ; du l. *fabacia.* — **Razz,** rat, C, *raz* Cb, **-unell,** ratière C; auj. *raz* van. *rah,* de **ratt-,* orig. germ. ?

1. **Re,** trop C. N 614, J 13, 44 b. beaucoup, très 113, 188 b, B 131, 710, 774, *re-hardy* trop hardi H *relarg* prodigue, *relarguentez,* prodigalité Cb. Auj. *re,* v. irl, *ro,* voy. *ra.* — 2. **Re,** vn — qqn N 507, 1285 *nep* — personne 1361 ; *pep* — tout le monde 625, *dreis pep* — surtout J 40 b, *an hol* — tous 10, cf. B 84. quement — J 42, da — les tiens 112 b, *an* — *man* ceux-ci 10 b, *an reman* B 665, M 71 v, *an re se* ceux-là N 1403, Nl 343, *an rese* B 443 ; *re* ceux qui, *an (guiryon)* les (justes) P, H. Auj. *re,* corniq. *re,* gall. *rhai,* irl. *ré* f. (Stokes).

1. **Real,** royal C, B 194, J 16, 93, 178 b. — 2. **Real,** réellem' certes, B 123, J 30, 207, P. N 6, fidèle 248, 250, 617, (un coup) fort 1363, fort' 89, J 39 b. 93 b (porter) clair' 23 b, (prier) bien Nl 324 -*ll* 74, J 104, *ryal* P, ri- M 2. *riel* 3, 63 v., **realtet,** réalité Cc. Du fr.

Reau, gelée blanche Cc, N 286, **renuus,** pruineux Cb, **riu,** le froid, C J 77 b, M 58 v, *ryou* Nl 58 ; **riuaff,** C avoir froid, *riouhat* ; **riouec,** frileux Cb v. *terzyenn.* Auj. *reo,* v. irl. *reo,* cf. goth. *frius.*

Rebaru, (sans) pitié, égard 568.

Rebecca, n. pr. J 200 b. — **Rebeig,** reproche B 196, N 366, 1561, -*breig* J 101, -*breg* C; -*beig* blâmer B 649, punir 485 ; auj. *rebech,* van. *rebraichein* l'A. du v. fr. *rebecher,* se *rebecquer.* — **Rebell,** -*o* C, -*el* v, *ourgouilloux* ; **-llet,** résistez ! J 134 b, cf. 208, B 711, -*el* il résiste J 135, **-llant,** qui résiste B 47, **-llion,** g. id Cb, B 616, -*elyon* 539; **-llus,** rebelle C; du fr. — **Rebetter,** ménétrier Am., -*etièr* Gr., auj. *rebed* violon, du v. fr. *rebec.* — **Recedaff,** se retirer N 1073, l. *recedo.* — **Receu,** recevoir B. 670, H. 42, -*ef* N 1255, var. *recau* J 60, -*ceff* Cb, B 823, p. -*effuet* 807, -*euet* Cb, cf. J 41, exaucé 198 b; -*efl* 198, -*ff* N 146, -*euet* B 528; fut. -*effuo* 110, -*euo* 148°; **-euabl,** -*e* J 91, **-euer,** receveur C, **rezet,** recette B 189. Auj. *resev,* du fr.

Rech, chagrin J 199, *rehac'h* Am., auj *rec'h* cf. *azrec,* et corniq. *rach* soin *!*

Reciproc, -*que* C. — **Recitaff,** réciter J 46 b, dire, raconter, révéler 62, B 307, p. obstiné 413.

expliqué N 234, *me recit* je confesse, proclame B 319. — **Recommandaf,** -er N 734, -*mant* id 1844, — **Recompans,** -*ense* Cb, H 11, -**aff,** -er C, -*ensaff* Cb. — **Reconciliaff,** (me) rassurer B 681, p. réconcilié 175, J 94 b. — **Record,** recorder, l. recordari C. — **Recour,** secours B 683, sauver J 166, Nl 207, p. -*et* guéri N 993; cf. 935, B 500, 610; tréc. rekourein. — **Recrenff,** recréer, l. frigerare C, -**eance,** consolation, secours J 96 (pour ton) plaisir 122. — **Rector,** régent, maître (de classe) N 1138, syn. de *gouuarnner,* C. — **Reculaff,** -er, -**lus,** l. retrogradus C. — **Recusaff,** -er C. — **Redarguaff,** -er C. Du fr.

Redec, courir 639 C, Jér., *redont* courent B 386, J 188 b, (ces choses) arrivent (mal) 217 b; -*das* P; -*de* courait (le pays) B 379, coulait J 105; *rethe* courrait 146 b, *dan* **ret,** (aller) en courant N 1288; **redadur,** course, **reder,** coureur, dim. -**euric,** Cb. Auj. *redek,* part. v. gall. *rettetice,* cf. l. *rota.*

Redempteur, g. id. H, J 223, -*tor* 279, B 133, -**tion,** g. id C, Nl 410, -*cion* 111, -**dimaff,** redimer C, racheter B 527 H, Nl 137, -*af* J 23 b, -*ymaff* Nl 59, p. -*imet* N 549, -**imation,** rédemption B 523. — **Redigaff,** rédiger, ramener C. — **Redon,** Redon C. Du fr. — **Redondet,** (ton martyre est) parvenu (jusqu'aux cieux) B 503, cf. fr. *redondant.* — **Redotet,** *te so* —, tu radotes Jér. — **Reduiaff,** être réduit, retourner (en poussière) M 3, 2e s. r. *i.* — **Refection,** joie, consolation J 160 b, B 733, réfection, nourriture 266, **J** 13, N 428, *reff-* B 277; **refectoer,** -oire C. — **Refferaf,** (s') en rapporter, se confier à J 198. Du fr. (référer.)

Reffr, anus C, leon. *reor,* gall. *rhefr,* cf. *laurec;* même rac. que l. *retro?*

Refug, -e C. — **Refus,** refuser N 373, Nl 497, *reff-* B 15, J 228, -*aff* id C, *refu-* Cb; prés, *refus, reff-* M 3; cond. *refuse* J 224. — **Regalice,** g. id (réglisse) C, -*ice* Cb. — **Regent,** chef J 177. — **Regibaff,** regimber C. — **Region,** région C, M 62. — **Regiatr,** -e C. Du fr. — **Regnaff,** régner C, H, -*af* en parl. de la paix (r. en) J 8, *reguy* inf., r. *i* Nl 472; *renaff* régner, gouverner B 33, 398, 516, 502, Gw, N 717, 979, -*af* exister 577, *reynaff* vivre, demeurer Nl 443, *renaff* autorité B 433; ren il règne 430, il vit 501, *regnas* vécut r. *en* Nl 493, *reonas* 177; *remiff* que je vainque B 495 -*no* gouvernera N 1781, *regno* r. *en* Nl, p. 109; *renhomp* str. 475, *regenet* gouvernez ! Jér. (?) **renabl,** menable Cb, doux B 557, cf. *inrenabl; drouc* **renablet,** odieux, mauvais 271, 492 (lis. *ort* pour *dre* var. *oit,* r. *ord).* Du l. *regnare.* — **Regret,** regret, peine J 24, 39, Nl 449. Du fr. — **Regue,** syn. de *hacane* C, (*hinegane* haquenée Gr., tréc. *hankane*) cf. gall. *rhecio,* to hackney; provençal *raca,* rosse.

Reguenn *an bleu* l. discrimen C; *al's diforch* Cb, la raie, v. br. *rec* sillon, du gaul. **ried* de **(p)red,* cf. lat. *porca.*

Reguez, braise C, Gr., basse Corn. *regenad tan,* voc. corn. *regihten,* gall. *rhyzyn,* v. irl. *richis,* cf. l. *lix.*

Regulyer, g. id C, du fr.

Reiff, 1 s. donner 46, C, P, Nl 80, *reyff* 203, Jér. v. *esquem, reifu* H, *reif* N 346, J 15 b, *reit* 12 b, —*da gouçout* avertir 209 b, *rei* Am. v. *rog, rey* Gw. v. *bay;* p. *roet* 2 s. N 719, B 93, 678, J 148 b, 1 s. 66 b, 95, 152, B 66, N 718; prés. *roaff* 2 s. B 30, 1 s. 381, -*af* J 74, 2 s. 56; *rof* var. *rofaf* 1 s. 180 b; 2° p. *ref* B 603, 3e *ro* 440 M 55 v, H, N 177, J 97 b, *re* 140 b, 150 b, 151; il donne, annonce, dit, 207 b; B 98, 353, 502, 557, 603, 678, N 1512; 2° pl. *reit* J 43; prét. *roas* 2 s. 19 b, et 1 s. 140; 94, Nl 49, B 15, *ros* 532, 557, P, N 1564, 1609; *roet* fut donné, 2 s. Nl 46; *ro l* J 152 b, H, B 487; *reomp* 1 s. J 63 b, 109; *reit* 1 s. 26, H, N 351, B 258, *reyt* Nl 97, P, *roit* H; *roent* qu'ils donnent J 214 b; fut. *reif* 1 s. 60; 3e p. *roy* 1 s. 18, B 42, 377, Jér. v. *cousr,* Nl 517, N 138, *royf* mettra (au jour) 708; *roy* 2 s. B 292°; *rehomp* J 159 b; *rehet* 104 b *rohint* feront (la guerre) 217 b; *roher* on donnera B 221°, qu'on donne 657; cond. *rohen* 229°, -*he* 234, N 1568; -*hech* B 656, P, *roechuy* 3 s. 222°; *rohent* N 1118; *rosech* 1626, -*sent* B 329; **roadur,** l. traditio Cb Auj. *rei.* gall. *rhoddi,* cf. sanscr. *râmi.*

Reiz, juste, N 828, sage B 95, bon (pilote) N 73 bien 1098 ; *reƶ* 650, 989, 1368, P 282, B 493, certes N 432, P 271, clairt J 14, *res* r. *eƶ* 214 b ; *reiƶ* droit, justice, r. *eiƶ* Nl 245, loi C, H, *reys* loi, religion Nl 509, *reƶ* C, B 318, 409, 462, J 16 b, 47, f. : *hy* 76 b- 77 ; *an den* (var. *deƶ* lis. *deu*) *on* — *ny a scryvas* n'est-il pas écrit dans (litt. par) notre loi, 204 b ; *na caƶo den* — *aneƶaff* on ne pourra rien en tirer de bien B 730 ; **rezun**, qui porte loys, l. legifer Cb. Auj. *reiƶ*, gaul. *Rextu-(genos)*, cf. l. *rectus*.

Relouissanff, réjouir J 188, p. 212 B 531, *rej*- Nl 123, -*ysset* 129, *rej*- B 513* ; -*issaff* je me réjouis 500, *reiay*- 262 ; *reiouys* J 212 b ; -*is* il délivre (*a*, de) B 498 ; *em rejouissomp* Nl 448, *reyouy*- réjouissons-nous 137. — **Relataff**, relater Cb, exprimer N 1674, p. C, raconté N 923, *pep stat ameux* — chaque affaire dont j'ai rendu compte 1492, *pep stat* — quelque état qu'on puisse dire, toutes sortes d'états 224, 547, 570, *sanct mat* — un vrai saint 1941, *pan* — puisque vous en parlez 1889 ; apporté P ; **relatiff**, -if, **-tion**, g. id C. — **Releffou**, v. in *terriff* C, (reliefs ; voy. *ramaignant*). Du fr. — **Relegou**, reliques C, N 1629, Cathell 31 ; léon. id, du l. *reliquiæ*. — **Rellaff**, -er, -**iglon**, g. id C, N 242, -**glus**, religieux C, -*ieux* Cc, Cathell 33. — **Reliquaer**, -aire C. — **Rem**, reume C, rhumatisme Pel. — **Remedaf**, guérir Nl 103, -*ff* 378, Cc B 336 ; r. *iff* 460, -*ediff* P, N 1112, -*dj* 586, -*dy* Nl 506, -*mhedaƶƶ* C ; -*medas* recouvra (la vue) Nl 54, -*do* N 1813, secourra B 393 -*methe* 591, garantirait 613 ; 1. **remet**, remède B 452*, 557, Cc, J 89 b, Jér. v. *evit*, N 346, *remhet* C, *remet* Nl 138, sauveur 448 ; *hep* — N 1923, B 355, *lacat* — mettre obstacle J 177. — 2. **Remet**, *dam* — *a de me pardonner* P 121, (sans) remise, délai J 224 b ; B 14, 608 ; -**mission**, g. id 768, Nl 408. — **Remonstret**, remontré, expliqué B 667, -*ntret !* 153*, 224*. Du fr.

Remsy, temps 145*, 224*, N 1471 *e remp sy* (abréger) sa vie J 78 b, *a re msy*, var. *a remsy* (mes clients) depuis longtemps 208 b, *a hir remsi* (frappez) longtemps B 465 ; *rems* durée, *remsi* durer Pel., *rempsi* id Maun., irl. *remes*, f. temps, cf. v. irl. *ré*, id.

Remu, (sans) broncher, (sans) faute J 121 b, 215, -*no bougera*, enlèvera 169, brisera Nl p. 107, du fr. remuer. — **Remunero**, remunèrera B 103, 525, du fr.

Ren, mener C, J 115, 123, 155, conduire 82, Nl 33, 411 B 475, 626, jeter 526, emmener, ravir J 34, retirer, sauver (*a*, de) Nl 416 : — *tatin* mener grand bruit N 1428 ; *ren'* B 445*, *nac eren dren mein* lis. *e ren ni* pour être traîné par les pierres J 105 b ; *reet* conduit 30 b ; prés. *re* N 1799, P. voy, *arre* ; *a red en da penet* P 239, lis. *a re den*, conduit l'homme au malheur ; B 650-1, cf. 416-7 ; *re!* 643, *reet* 637, *reit* J 102 2 s., lis. *pan eu an bro* ; prét. *reas* 215, B 19, *eƶ reet* il était conduit Nl 96, *e renat* on conduisit (1º s. r. e) J 83, 122 ; fut. *reiff* B 788, *reo* 60, 79*, 190, 393 ; **reer**, meneur f. *es* C ; *ren* conduire Maun., auj. *rén*, (confondu avec *renaff* : p. *renet*), cf. l. *rego* ; voy. *reiƶ*.

Rencout, devoir, falloir H, *rancaff* je dois J 35, 3e p. *renc* 44, P, -*cq* M 10, 37, *reng* Nl 12 ; p!.-*ncomp* J 25 b, *quement a* — tout ce dont nous avons besoin H 9 ; -*nquet* 34, 108 b, Nl 40, N 222 ; -*ncont* J 24 ; *ranquer* on doit, il faut G, 56 b, 61, B 651, -*cquer* J 157 b, M 7 -*nquir* r. *ir* B 610 ; fut. -*nco* J 110 b ; *rencquet* B 254 ; cond. *ranque* J 36 b ; -*ech* N 175. Auj. id., cf. gall. *rhyngu* intervenir, R. c. VII, 146.

Rengenn, renge, rène C, dim. **le ; -nnaff**, enfrener Cb ; *rengenn* Gr., du fr.

Renn, un quart, l. quartanum, l. *hec renna*, *nc Ca*, Cb, auj. id, de *pévarenn*, van. *pérann* Gr. voy. *peuar* et *rann*.

Renonç, renoncer M 71 v, *re(n)once* N 173, -*ncaff* 967, — ...*he Doe* B 410 '-*ciaff* ...*da* 4 s. 421, -*af* J 98, -*unciaff* B 459, C ; p. (maladie) chassée, guérie N 1870, *ho bout.* . — qu'ils avaient apostasié P ; prés. -*once* J 81 b, -*nçer* M 3 ; -*ncias* J 64 b, -*ncc !* B 651. — **Renq**, rang H auj. id. — **Rent**, rente, -**aff**, rendre C, B 8, réciter N 1090, cf. 1083, 1085 ; -*af* J 85 b, dire (un mot) 434, rendre (grâces) N 909, cf. -*tomp*... *cher!* Nl 520 ; -*tafu* H ; -*tet scaff* allégé, soulagé 500, *so em* — sont allés 451 ; versez (des pleurs) J 190, *don-tet ny* mettez-nous Nl 564 ; -*tiff* je présenterai B 789, -*to* livrera J 18, rendra (l'esprit) B 591, *dit... men* — je te le revaudrai 564 ; 2° pl. -thet J 210 b ; -ther on rendra 220, M 2, cond. -tent J 214 b ; -tus, renté Cb. Du fr.

Rep, méchant, cruel, 401, 744, 798 J 119, cruell¹ B 693, par violence 644 sévèr¹ 11, 766 (pour le nier) résolûm¹ (à tous) J 221, voy. *antre ; ma ren. Diren hevelep den* 58, lis. *ma diren rep. H. d.* (Vous verrez) m'emmener outrageus¹. Un tel traître (n'a jamais été vu) ; *heuelep rep* de tels méchants B 558. Petit Trég. *rip* (temps) dur.

Repant, regret 194, *da hem* **-enty**, te repentir Cathell 29, **-etance**, var. *-entance*, r. et J 96, repentance. — **Reparaff**, -er B 751, C, -*af* J 27. — **Repel**, (sans) délai B 204, *en* — cruel dans une affreuse retraite, 337, (sans maison ni) retraite Gw ; **-llaff**, rebouter, l. repello C. — **Repetaff**, répéter, redemander C, réfléchir N 262, -*af* je répète J 167 b, -*to* B 113, demandera ou montrera (à chacun ses œuvres) Nl p. 107 **-tition**, g. id C. — **Replic**, *eguyt pep* — quoi qu'on puisse dire J 199 b, **-icquaff**, je dis M 4. Du fr. (*réplique*). — **Repos**, g. id C, H, J 46 M 55 v, Nl 328 ; reposer 329, P, J 61, *da* — B 267, *den hem* — J 36 b, -*aff* id. C, -*et* endormi Nl 11, **-ouan**, repos N 231. Auj. *repos*. — **Reprehendaf**, répréhender J 164 b, cf. 232 b ; **-pren**, reprendre, corriger B 11, -*prenet* blâmé Nl 511 cf. J 184, 232. — **Reprim**, il empêche J 45 b. Du fr. (*réprimer*). — **Reprouher**, (les astres) seront détruits Nl p. 107, du fr. *réprouver*. — **Repu**, (sans) répit B 464 ; **-ul**, donner à manger, recevoir à l'hospitalité Gw, trég. *repu* refuge ; cf. v. fr. *e repot lui*, et le cacha, *Romania* I, 165. — **Reputaff**, châtier B 463, du fr. *rebuter* ; pet. Trég. *reputaillo*, choses de rebut. — **Reputet**, réputé, honoré N 1209, 1385 J 17 b, regardé comme B 753, condamné (*da*, à) N 1603 ; -*taf* j'honore J 57, -*tas* 102 b, -*tat* B 112. — **Requet**, requête, demande, B 163, J 21 b, N 169, 687, *en e* — selon sa volonté 490, *dre* — comme tu le voulais 665, m. : *dou* J 34 b, *pevar* 26 ; f. : *teir*, *pedervet* 37 b ; pl. -*ou* B 667, -*aou* prières Nl 473, *regretou* lis. *requ-* J 25 ; **-quetiff**, requérir, C, demander, B 572, prier, inviter P, B 202, voy. *ret* ; -*if* 215* J 41, 89 ; prés. -*aff* B 99, N 1206, -*entaff* 106, -*quet* (Dieu l') exige J 68 b, cond. -*etenn* 74 b. — **Rês** -*ribus*, rés le bord d'une mesure ; *aoûr mil musur rés* mille mesures pleines d'or ; *vn res* mesure (de seigle) N 1552. — **Resydant**, P 249, (nous sommes sujets) assurém¹ (à la loi de la mort), litt. positiv¹. Du fr. (*résider*). — **Resistaff**, -er 725, C ; -*tas* M 4, cond, -*te* J 177, **-tance**, -ance 96. — **Respet**, (sans) égard, respect B 464, 577 ; -*pit* répit, temps 658, -*py* 651 répit, r. i (cf. *contredy*, *dedny*) ; respet (notre) séjour (en ce monde) P 285. — **Resplendissant**, radieux Cathell 22. — **Respont**, réponse B 230* -*1*, J 77, répondre C P, *goude* — après avoir répondu Nl 532, -*ntez* tu réponds J 77, 112 b, 3° p. -*nt* B 109-110, -*nd* 89-90, J 28 b ; *moz* -*nto* B 308 ; **respont**, un répons C, *respun* C, H 35, **-ondadur**, réponse Cb. Du fr. — **Ressis**, certes 506*, en petit Tréguier *resis* précis, précisément, de *rasicius*, du l. *rasus*, cf. *razas*, et *fétis* gros. v. fr. *faitisse*, du l. *facticius*. — **Ressort**, (sans) secours, rémission B 389 Du fr. (cf. angl. *resort*). — **Rest** dent (reste de dents) C, *rest* g. rest, l. resta *Ca*, *Cb* ; (sans) retard B 565, *ez men en* — il est en faute N 1480 (en) repos, joie Nl p. 109, (pour notre) salut Nl 454, 466 — *hac estlam* (tiré) de misère et danger 497 ; **-aff**, rester C, *rest* il reste B 617 ; (il ne) reste (plus qu'à...) J 9 b, *outaff ez* — il lui appartient de (faire) B 208 cf. 236 ; *dre ma* — an *Istoar* comme le rapporte l'histoire ? Nl 141. — **Restauraff**, -er C. — **Restituaff**, -er C, p. 91 ; -*uaz* rendit 83 b ; **-ution**, g. id. C. — **Resurrection**, g. id P, H 8, 11, J 173. — **Resuscitaf**, ressusciter 167 b ; p. P, J 199, *ress-* 180, *resc-* N 114, inf. -*taff* 108 (v. act.). Du fr.

1. **Ret**, quedam parus arbor C ; *réd*, *rêt* Pel., reed, m. myrica Trd, D¹ Liégeard *Flore de Bret*. 13, *réd* m. Gon. — 2. **Ret**, nécessaire 741, H, N 571 J 21, — *eu* il faut 5, P, — *eo* N 178, *red eu* P, J 46 ; *ret ez ve* il faut que... soit 43 b, — *on be* B 45, — *ez out* 611 ; *so* —... *da prenaff* qu'il faut acheter J 44, *untra so* — *hoaruezet scler* il est clair que qq ch. a dû se passer N 757 ; *dre* — par force Nl 82, *hep* — sans être forcé J 94 ; *noz eux aret am requetiff* lis. *a ret*, vous n'avez pas besoin de me prier, je ne veux pas me faire prier B 202 ; *nouzeux aret a arretiff*, lis. *a ret a arretaff* vous n'avez pas besoin d'arrêter, d'avoir peur 246 ;

redy, contrainte Nl 96, J 115 b; *me* **redo**, je la forcerai (à souffrir) B 404, *an redas* le fit venir Nl 43, **redignez**, C (contrainte). Auj. *red*, gall. *rhaid* cf. irl. *rdith* forteresse, gaul. acc. *ratin* ?

Retardet, -é Nl 449. — **Retenu**, (sans) retenue B 761, *en* — en son pouvoir 425. — **Retoric**, rhétorique, **-ien**, g. id., beau parleur en latin C. — **Retorn**, retourner C, *mar* — si cela se détache J 136, *-orsont* revinrent Nl 515; tréc. *retorn*. — **Retractaff**, *-er* Cb. v. *tractaff*. — **Retren**, sauver (a de) B 127*, 500, act. de sauver (de) 419, (sans) exception Nl p. 106; *-reas* (il se) retira B 12, du fr. *retraire*.

1. **Reuff**, *roeuff* rame, C, Jim. **reuffyc**, Cb; -**ffynt**, (ramer) C, *roeu*- Cb, auj. *roonv* v. irl. *rám*, cf. l. *remus*. — 2 **Reuff**, « pale, l. pala » C, *roëv* Gr. pelle, bêche, cf. R. c. IV, 166; van. *reinhuë* t. bêche L'A. pl. v. br. *roiau*; gall *rhaw*, corn. *rev*; même mot que *reuff* 1.

Reul, règle, *-an* maçon (règle de maçon) C; *reoll* Cc, *reol* Cb 2 s., règle d'un couvent N 178, 1321 ; **reulenn**, règle (d'ouvrier) B 67, C, *-en* B 74*, *reuglenn* C; *reol*- Cb; **reulennaff**, régler C, -**nnadur**, l. regulatio Cb, **reolyaff**, 3 s. régler, conduire qqn N 1063. Auj. *reol*, du l. *regula*.

Reun, soie de porc C, crin B 486, *reiln* Gw.; **reuner**, l. setosus C, **rennen** crin Am. v. *gargaden*. Auj. *reun*, gall. *rhawn* irl. *róin*.

Reux, malheur 426, P. N 1005, *oar* — B 611, *oar ma* — 795 cf. 392*, J 86; (faire) du mal 119 b, maladie N 1870 (sans) difficulté B 329, *reuƷ* douleur J 11, supplice 12 b, *roex* malheur Jér, *reus* embarras Jér, v. *lûs*; **reuseudic**, malheureux B 125, 568, 731, J 164 b, *-edic* N 1595, M 7 v, *-idic* B 558; 738 (2e s. r. *et*), 779 (r. *eut*); f. *-eudigues* 690, *-eƷ* r. es 611; *-edigeƷ* H 60; **reuso**, tourmentera B 575, *-set* affligé Jér. Tréc. *reuƷ*, embarras, corniq. *ryth* malheureux.

Revangiaf, venger J 232. — **Reuel**, révélation Nl 147, -**aff**, révéler 526, C, B 677, p. N 745, P, cf J 214, Nl 57; -**lation**, g. id C. — **Reuerance**, révérence C N 1233 Nl 520; 2e s. r. *il*, B 472; *diouƷ eguile chede an -nƷ* voilà ce qui fera une différence entre les personnes M 67 , *-nce* porter honneur ; -**and**, révérend C, N 501, 662, -*nt* honorable 145, 1051, 1148, 1389, cf. 393; Nl 173, respectueux Nl 110, *rev-* honorabl* 278, **reuir**, (porter) du respect, (avoir) égard B 316, 524 *-il* (sans) égard 140* 457, 490 (sans) distinction 274, *rev-* (sans) égard J 96, 123 *revyll* Jér; **reulraff**, satisfaire (ma colère) B 782. — **Reuersaff**, *-er*, l. -are C. — **Ribaut**, g. id f. *-iudes* C ; *rybaot* pl. et Jér, **ribauderez**, ribauderie Cb. Du fr. — **Ribler**, brigand J 117 b, du v. fr. *ribleur*. — **Ribot**, g. id l. irina C, du fr. — **Ribus**, *rés -ribus* rés le bord d'une mesure Am., cf. fr. *rasibus* ? — **Richinaff**, richiner, faire mauluaise chere C, *-nnat* v. *goapat*, du fr. *(rechigner)*.

Richodenn, rouge-gorge C, Gr., *rujaden* Pel., de *ruƷ*, *choƷ*; cf. *bohruƷ* id Gr.

Rifet, g. id, l. intercucium C, -*tium* Cb. Du fr.

Rigne, *hegredic do* — crédule à leur dire, leur intrigue ? N 1455.

Rigol, Cv. *sanell*; -*gal* C (rigole). — **Rigor**, rigueur, -**us**, rigoureux C, (erreur) grave B 125, -*ius* Cc. — **Rim**, rime C, *dre rym* en vers B (au titre); auj. id. Du fr. — **Riolg**, 2 s. (interroger sans) détour, ambages B 414; **riot**, 2 s. querelle, outrage J 84, dispute, mauvaise raison B 307, malice J. 106; *ryot* Jér ; **riotus**, qui dispute J 210. Du v. fr. *riote*, pour *j* de *t*, cf. *bouƷ*, *breuƷou*, *dougiaff*, *fing* feinte.

Ryou, n. pr. Gw. v. *iaen*, auj. *Riou*; **Riuelen**, douar — N 1383, n. pr. (*Rigobelinos*); **Riuoall**, n. pr. 2 s. N 1417, *Rigoal* 1548; **Riuallen**, n. pr. B 370, *-alen* 368 (auj. *Rioallan*, de *Rigovellaunos*). Du v. br. *ri*, roi, gaul. *rix*, voy. *roe*.

Ris, du riz C, auj. id ; du fr.

Risclaff, glisser C, -**lua**, l. labilis Cb; *ricqla*, *risqla* Gr., cf. fr. *risque* ? Voy. *ruset*.

Riuler, rivière Nl p. 108, -*yer* Ca, Cb, *rifier* f. *hy* J 11, pl *riureraou* lis. *riuy*- Nl p. 108 ; tréc. *ren* *vier*, du fr. — **Roazon**, Rennes C, léon. id., du gaul. *Redones*. — **Rober**, voleur J 117 b, (du v. fr.,) cf. angl. *robber*. — **Roc**, n. pr. H. — 2. **Roc**, *rocq*, *roq* vif, alerte Am, du fr. (*rague*). — **Roch**, roche C, dim. **-ic ; -chus**, plein de roches C*b* ; auj. *roc'h*, f., du b. lat. lat. *rocea*, de *rupica. — **Rochat**, ronfler C, auj. *roc'hal*, du l. *rhoncho*. — **Rochet**, chemise C, du fr. *rochet*. — **Rodellec**, grafaʒ — civière à roue, brouette C, **-llet**, enroulé autour J 109 b. Auj. *rodella* rouler, du b. l. *rotella*.

Roe, 1 s. roi J 3, P, N 54, 146, 154, 379, 381, 388, 465 Nl 3, *roy* C v. *curun*, roue H ; *roen* pour *roe* an J 14 b, P, N 34, 441, 1019 var. *roe'n* B 629, *roen* M 55 v, *rouen* Nl 5, 12, *roue'n* 254, 255, *roe'n* 256, 262, P, *roue'n gien* Nl 261, *rouen an glen* 196, lis. *roue* ; *Doe roen flour* N 896, lis. *Doen roe f.* ; pl. *rouaneʒ* 3 s. Nl 38, 63, 299 **rouanem**, reine 3 s. C, J 180, *roa-* 40, P, *rouaneʒ* H, *r. es* Nl 169, 293, *roa-* P 30, *roeaneʒ* H ; **roantelaez**, 4 s. royaume J 141, *-leʒ* P 282 ; f. : *hy* M 55, *roua-* C, H 58, *roea-* P, *rouea-* H 59, van. *roe* 1 s., tréc. *roue* 2 s., de *regans, cf. l. *regens*.

Roedennaff, défaillir, v. in *treudiff* C, *roud-* Cc, du fr. *roide*.

Roegaff, déchirer, desrompre C, p. *roguet*, *roeg-* ; **-gadur**, l. *lacerositas*, **-ger**, déchirant ; — **-gus**, *lacerosus* C*b*. Auj. *regi*, gall. *rhwygo*, cf. ἐρείκω.

Roet, rets, C, pl. *roedou* filets M. 10, N 289, dim. **-dic ; -der**, faiseur de rets C*b*. Auj. pl. *roejou*, v. br. *roitou* ; du l. *rête*.

Rog an *pesq* huchete à poisson, l. *gurgustium* C.

Rogation. *ouʒ mennat hon* — P 23, demandant l'objet de notre prière (*digant*, à) ; pl. *ou* H. Du fr. id. — **Roingnenn**, rogne, l. *impetigo* C, **-gneux**, b. id C*b* ; *rougnenn* Gr. — **Roll**, rôle l. *rotulus* C ; conduite J 104, *nep —* en aucune façon 42 b, *dre —* par nul moyen 177, *heb quen —* (mourir) sans autre cérémonie B 600, *herueʒ e —* de son mieux, selon ses forces M 53 *en un —* à la fois Jér ; *myr ouʒ hirvout dyouty Han —* folleʒ deux aneʒy P, 237 garde-toi du malheur qu'il entraîne (litt. venant d'elle, *bet*, monde, était fém.), et de l'excès de sa folie (*deuʒ*, de tréc. *deuʒ*, voy. *euʒ* 1) ; **-et**, (corps) enroulé, contracté J 136 b ; **-ller**, g id., l. *rotulator ; -lle*, petit rollet C*b*. Auj. *roll*. — **Rom**, Rome C*b*, H, Jér. v. *bet*, Nl 370, *Roum*, **Romanet**, Romains J 121. Du fr. — **Roncet**, chevaux C, *-ceet* C*b* v. *lestr*, Jér. ; **roncin**, g id l. *caballus* C ; auj. *ronset*, du fr. *rosse*, *roussin*. — **Roquet**, roquet d'évêque ou de prêtre C ; *taoll —* un coup de camisole ? Am. v. *rog ; roket* camisole Pel. Du fr.

Ros, tertre C, léon. et v. br. id., gall *rhos* ; irl. *ros* bois, promontoire, cf. *rôe* champ et l. *rus*.

Rosell, rouable C, auj. *roʒel* ; même rac. que *rodellec?* — **Rosenn**, rose C. M 5, *-en* H. P, *gueʒenn ros*, *hust a lyeu ros*, dim. **-ennic**, C*b* ; **-aec**, l. *rosetum* C, rosier C*b*. Auj. *roʒen*, du l. *rosa*. — **Rosina**, n. d'une île N 135. — **Rossecu**, souci, fleur C*a* ; C*b* ; petit Trég. *rosku*, par étym. pop. d'après *rosenn*, *cuff*, comme le gall. *rhuddos* d'après *rhudd* ; mais *rossinel* Pel., *roucing*, *rosinyl* Gr., souci, = gall. *rhuddygl* radis, indiquent un emprunt au l. *radicula*, raifort ; voc. corn. *redic raphanum*. — **Rost**, rôt C, Jér, pl. *-iou* Jér ; **rostaff**, rôtir C, p. B 576, J 98 b. Auj. id. du fr. — **Rot**, roue C pl. *rodou* J 10 b, dim. **-dic**, C*b*, **rolech** *carr* ornière de charrette C. Auj. id, gall. *rhod*, du l. *rota*.

Rou, g. id l. *restis* C, *raou* cordage ou chaîne de fer qui sert à tirer la charrette ou la charrue Pel., gall. *rhau* f. lien, chaîne, cf. angl. *rope*.

Roudoez, gué C, le fil de l'eau Cc, *rodoet* gué Cart. de Landév., bas-corn. *rodo* Pel., cf. v. br. *rit*, gaul. *ritu-*, angl. *ford*.

Rouez, g. tenure l. *rarus* C, *al's tanau* Cc ; *voar roeʒ* 1 s. sur la clairière N 288 ; (parole) facile, P 244. Auj. *roueʒ*, rare, v. gall. *ruid* vacuum, v. irl. *réid*, cf. all. *be-reit* prêt *Keltorom*. 76.

Roufez, don C, *roueʒ* C, P, N 711, 1*s*. *r. off* 775, 1116 ; faveur, *r. o* B 522 ; *roueʒ* présent Nl 428, *roeʒ* P ; corniq. *roweth* ; voy. *reiff*.

Rouhenn, empan C, dim. **-ic,** Cb, auj. *raouënn* van. *rohan* i. Gr., gall. *rhychwant,* irl. *rén, réis* O'R.

Rous, (tache) rousse Cb v. *lentil,* auj. *rouz.* — **Rout,** route, J 209 b, N 478, P, trace M 4, C, *pep* — entièr¹ J 26, toutefois B 19, *a pep* — de toute façon 38, *en nep* — en aucune façon J 140 b, P, pl. *roudaou* traces (de clous) Nl 219; **routa,** faire du chemin P 260. Auj. id. — **Ru,** rue f: *a* — *de ben* B 619; C, J 124 b, Jér, pl. *-ou* P, B 618, *-aou* Nl 141, dim. **-yc,** Cb. Auj. id. Du fr.— **Ruben,** n. de lieu N 1036. — **Rubrig,** g. rubriche, **-aff,** rubricher Cb, *-ichaff* C, Du fr. — **Rudet,** orgeut — amoureux en fureur Am. Du fr. *rut.* — **Ruflien,** g. id C, du fr. — **Ruill,** g. rouler l. *rutorium* Cb, **-aff,** rouler B 476; *ruy- r. aff,* 470; r. *al* 471, *-af r. al* 472, *-a r. al* 469 (auj. *ruillal*) cf. fr. *rouler.* — **Ruin,** ruine Nl 370, *-yn* C, J 28, **-aff,** ruiner C, *-inaff* Cc; *ruhiner* est ou sera détruit Nl p. 108; **ruineux,** g. id. Cb. Auj. *revin,* du fr.

Rum, *do ezrevent hep squet quen tro* (var. *quet quent,* recte), *Dyspar a* — *ouz dastum bro* acquérant de la terre énormém¹, en masse, pour leurs ennemis, certes, P 242, cf. 260, voy. *douarha; a re* — (tonnerre) qui s'abattait à la fois (sur mille cantons) 64. Auj. *rum.*

Rumuillaff, g. ruer ius l. *ruere* C, *ruilaff, prest da* — Cb, Cc (ap. *ruynaff, rui-*). Voy. *ruillaff.*

Runiter, n. p. N 130, *Rumi-* 86, *Runui-* 74. — **Rural,** *tut* — rustres J 72 b, du fr. id.

1. **Rus,** odeur, puanteur? M 7 v. — 2. **Rus,** *heb ober* —, sans mentir J 8 b, **-aff,** séduire, tromper N 1476, p. *rusé,* habile B 6, M 4, P, du fr. *ruse.*

Ruset, traîné J 13 b, qui a erré, péché Nl 103, *-ser* on traîne J 10 b, *ruza* ramper Gr., tréc. *ruzan* glisser, h. br. *érusser.*

Rusquenn, écorce C, *-gen* id. Gr, *-nn* ruche, voc. corn. *rusc* écorce, gall. *rhisg,* v. irl. *rúsc.*

Rust, rude C, B 367, rud¹ 463, cruel 715, Gw, — **et,** châtiez! B 619, **rustony,** grossièreté J 234 b, rigueur 230, Cb. Auj. id, du v. fr. *ruste.* — 1. **Ruz,** rue herbe C, *ruz, ru* Gr., du b. l. *ruda.*— 2. **Ruz,** rouge C, J 44, 56, 128 b, **-der,** rougeur C, **ruzel,** rougeole Cb, **-zyaff,** rougir C; léon. *ruz,* v. br. *rud,* gaul. *-roudos,* cf. l. *rufus.*

S

Saba, n. pr. P. — **Sabat,** sabbat C ; tréc. *ʒabat* sabbat (des chats). — **Sablez,** sablière, **-bron,** sablon C (tréc. *ʒabran*). Du fr. — **Sach,** sac C, *sac'h* Gw. v. *mac'ha*, pl. *syher* ; **sac'hat,** plein un sac v. *gorroi.* Auj. *sac'h,* du l. *saccus.* — **Sachet,** tirez ! J 137 b, *em* — on me tira P, *-chomp* ! 136 b, fut. *saicho* B 797 ; auj. *sachat*, du v. fr. *sachier.* — **Sacr,** sacré B 257 C, N 1687, **-aff,** sacrer C, P, B 259, J 134, P, **-ramant,** sacrt C, N 1245, — *an auter* eucharistie *Cb*, *-mmant* N 603 pl. *-amentou* H ; *ma* **-antaff,** me donner les sacrts 1887, *-af* communier qqn 1258, cf.|1262; *-tet* muni du sacrt (d'eucharistie) 1255, *-to* donnera le sacrt 1320, *saccramantif* je reçoive le sacrt 1315, **sacramantalamant,** d'une façon sacramentelle J 55; **-cramentus,** -tel *Cb*; **sacriflaff,** -er C, *-fie* id Cathell 26. p *-ffiei* B 765 ; **-ifice,** g. id. C, *-icc Cb;* **sacrileg,** l. *-us* C, (chose) sacrilège N 368; **sacrist,** -e C. Auj. *sakr*, du fr. — **Saczun,** entier, certes, Jér. P, J 7 ; var. *saçun* 109 b, *-cçun* Nl 161, *-ʒun* 508, *-scun* N 43, *sc-* 1873 ; van. *saçun* saison, du b. l. *satiônis.* — **Sadorn,** samedi C, H, *-ourn* H, auj. *-orn*, du l. *Saturni (dies).*

Sae, robe, cotte C, J 19, 103 ; f. : *hy* 104 b, 109, 145, *y* B 486 ; *sae oar he enep* robe tournée *Cb* ; m : *aff,* 488 ; *sae an lagat*, l. serilotica (sclerotica) C, dim. *-ic, Cb*, pl. *saeaou* Nl 558 ; **saeec,** vêtu de cotte C. Léon *sae*, du gaul. latinisé *sagum.*

Saereguenn, glouteron C, *saerhe-* v. *lappadenn;* *-regenn Cb*, *serigenenn* l. titinalus, vne herbe qui a jus de lait *Cb* v. *lousouenn;* latuca marina, *Cc* ; *serec* gratteron Pel., *seregueʒn* Gr., voc. corn. *lessurchoc*, l. lappa, cf. gall. *serchoc* amoureux, voy. *serch;* les capitules de cette plante s'appellent en bret. *karanteʒ*, amour.

Saesizaff, saisir C, *-inaf* var. *-iaf,* 2e s. r. i J 22; prét. *-yas* Nl 439; *saësia* Pel. — **Saeson,** temps, moment J 37 b, 99 b, 161, B 559, 605, *en berr* — bientôt 778, *en* — un jour, quand il sera temps 428* (var. *facson*), *ent* — vite 540 ; *saeson* g. id., ce qui est en saison C. Du fr. — **Saez,** flèche C, pl. *-you Cc*, *saeiʒou Cb*, du l. *sagitta.*

Saff, *ves e* — étant debout Nl 53 *en he* — B 600, *sevet ma goaf en e saf* (sonn, élevez tout droit ma lance J 148,*am saff* P 280 ; **seuell,** se lever C, P, cf. H, *-el* relever, sauver qqn Nl 530, p. *saffet* C, *sauet* dressé, élevé N 416, *savet beu* ressuscité J 195 b ; prés. *seff* P 253 *sef* 123 b, *sevet*, *saver* H, prét. *sauas* Nl 249, cf. J 173; *scauas* Nl 229 ; *sauaʒ* B 343; fut. *safo* N 110, *sefhet* J 176 ; *sav7* 126 b, *saf* 183, *saff* 10, *seuet!* B 588, cf. J 69 b, 148. Auj. *sav*, v. irl. *samaigim* je place, cf. *sta-m-*, cf. l. *stare.*

Saffar, bruit, murmure 77*, 440, 598, (lis. *daffar* 354), Am., C., Gw. parole qui effraie J 59 b ; *safar* 99 b, 203, rumeur 214 b; *saff-* faire du bruit Nl 159; *-et !* B 768, J 18 b, *safar !* 100 b. Vann. *safar*, cf. poitevin *savari* m., vacarme (G. Lévrier).

Saflir, saphir. — **Saffroen**, safran C. Du fr. — **Sagaill**, syn. de *saffar* C, cf. poitevin *sargail*, fille galante ? — **Saill**, seau à eau C, auj. id., du v. fr. seille. — **Saillaff**, saillir C, auj. -*a*. — **Sal**, salle C. J 47. N 250. -*ll* Am. v. *fringa* Nl 140 ; *sal* palais M 2, Nl 81, 144. Auj. *sal*, salle. — **Salamon**, Salomon C, *Salo*- Cb (entre *sal* et *saler*; 2ᵉ s. r. am J 39; *Mary* **Salome**, n. pr. 184 b. — **Sall**, salé C. N 65, sel, chose salée B 484 ; -**aff**, saler C, fut. -*o* B 483; **saler**, salaire C, *Cathell* 14, *sa*- châtimt Nl p. 107, *sa*- prix, rançon J 30, 55 b; **salero**, récompensera *Cathell* 14. **salic**, petit sel Cb ; **salinhezr**, saingner salière C, *saudingner* Cb, *sauanigner* Cc ; **sallyer**, salière Cb, *salyer* Cc. Auj. *sal* salé.— **Salm**, psaume C, pl. *ou*, dim. -**ic** ; -**mlat**, psalmiste Cb, -**modiaff**, psalmodier C. Du fr. — **Saludaff**, saluer C, N 322, -*if* id. r. *af* 158 ; -*iff* r. *if* P ; -*lut* il salue 166, H, J 111 b, B 84-5 ; -*das* Nl 22 ; *eʒ* -*det* fut salué J 115; *ny aʒ salvthe* nous te saluerions 142 b (4 s., 3ᵉ r. *ut*); -**lut**, le salut (des hommes) 55, salutation J 69, — *deoch ... a pedaf* N 1051, -*ud* 327 ; salut ! 696; -*ut our* salut d'or l. *salucium*, C ; -**uder**, porteur de salut Cb, **salu**, sauvé l. *salvus* C, — *pesg* tout à fait guéri B 504 — *pesg* Jér., *graet salv* J 76 ; *salu* à condition (avec inf.) B 176, *sal* N 50 *salv eʒ* pourvu que J 7 b, 72 b, 220 ; — *eʒ dilchy pu isses-tu garder* 15, *sal* N 200 ; *sal a contraly* sans contredit M 39 ; **saluder**, 2 s. le salut B 507*, -*vder* J 3 b, P; **seluell**, sauver C, 2 s. Nl 50, guérir Cb v. *pridyri*, p. *saluet* Cb, 2 s. N 550 Nl 167, guéri B 260 ; *Doe day saluo* salut ! C, *Doe roʒ* — N 1057 cf. J 70, 111, B 162*, **saluncyon**, le salut 665, **saluer**, sauveur 172 C, cf J 37 P, f. *es* Cb ; -*veur* H ; **siluat**, id Nl 270, *silyat* P., **slluldignez**, le salut C, -*guet* N 475, *silv*- H. Auj. *saludi*, *salv*, du l. *saluto*, *salvus*. — **Sam**, somme de cheval C, fardeau Nl 405, *som* C, J 44 ; **samaff**, *somnaff* (lis -*mmaff*) sommer ; **somyer**, g. id., cheval C, Auj. *sam*, du l. *sagma*. — **Sampson**, Samson, C, du fr.

Sanc, *a* — à force d'être serré Jér., sel. Pel. ; auj. *sanka* enfoncer, gall. *sengu* fouler cf. angl. *to sink*.

Sanell, syn. de *rigol* C ; *san* conduit d'eau, canal Pel., cf. franç. *saignée*.

Sanguin, g. id C, du fr. — **Sant**, saint C, H N 7, P, *Doe* — Dieu saint J 82 b, cf. 105, Nl 178 *en* — *ylis* dans la sainte église M 3 ; *sanct Devy* N 1222, *sant Anna* sainte Anne Nl 325 ; *an sanct* le saint N 1817, *sancte Devy l* 4.s.N 1932 (mot lat.); pl. *sent* B 497 P Nl 9, N 14; f. *santes* 403, -*nctes* 1300, 1391, *sante Barba* B (au titre), 5 var. *santes* ; pl. -*eset* N 1270, -*esou* H, P 270, -*aou* Nl 447 ; **sanctaff**, l. sanctio, g. sanctir Cb, **santel**, saint, adj H, Nl 296, N 124, -*ctel* 405, 1919, -*ntel* adv. Nl 11 ; -**elaez**, sainteté J 141 ; -*leʒ* Cb, H, **sanctiflaff**, -*er* C, p. N 733, bénie Nl 113, *santi*- C ; -*ffiat*, r. et J 76 b ; *ty* **santimoniel**, maison de religieuses N 209, **santus**, sanctiff, l. sanctitus Cb. Auj. *sant*, du l. *sanctus*. — **Santaff**, sentir C, B 273, voir, savoir 299; -*af* sentir (une odeur) J 98 b; -*tifu* H, -*tout* être sensible B 315 ; -*taff* je ressens 681 -*tan* 511* -*taf* je (le) sens (chaud) J 111; -*ff* je trouve (la tour jolie) B 195, *ouʒ* — je sais que vous êtes 86 cf. N 207 ; 3ᵉ sg *sant* B 484, -*nct* N 1594, 1881 ; *a san lis. a sant* qui sent, r. *ant* J 12 b ; -*ntsoch* P 204, cond. -*ntech* B 641, -*nter* qu'on sente 473 ; -*ntsenn* 188 ; *sentat* r. *ant* B 500 **santidignez**, sensibilité C, **santus**, sensible Cb. Auj. *santout*, du l. *sentio*. — **Saour**, saveur C, r. *eur* J 212 b et B 499; salut, grâce 558 ; *sauour* odeur, 500 var. *saour*; -**lff**, savourer C ; -*j* rassasier N 427, p. *guell saouret* plus savoureux B 259; -**rus**, savoureux C, *sauoureux* Cb, v. *santaff*; *saour* Pel., gall *sawr*, du l. *sapor*. — **Sap**, sapin C, *sap*, *sapr* Gr. — **Saplance**, sagesse B 311, -**plent**, sage N 205. — **Sardin**, -*e* C, auj. id. Du fr.

Sardonenn, bourdon C, *sardon*, *sandron*, *saffron* Pel., tréc. *chardonen* ; v. br. *satron* gl. fucos ; voc. corn. *sudronenn* gl. fucus.

Sarmant, -ent de vigne C, pl. (*ho trouchaff* les couper) Cb. — **Sarmon**, sermon N 470, *ser*- Cb. P; *sa*- parole, discours B 453, prêcher B 134, C, N 454, P; *sermonet* dit, expliqué J 68, *sa*- vous parlez B 201 ; cf. Nl 314, N 504, 528 ; -**oner**, prédicateur 431, B 561 ; auj. id. — **Sarp**, serpe C. — **Sarpant**, serpent C, N13, *se*- Cc v. *lost*, -*ent* Cb v. *leuiatan*; pl. -*antet* J 11 ; **sarpantinenu**, serpentine, herbe du dragon ; auj. *sarpant*.— **Sarqueu**, cercueil C, -*qué* Cb, -*quen* Cc,cf. br. *serck* Pel; au centre de la France *serqueu, sar-*, Jaubert. — **Sarracin,** g. id. ou païen C, pl. *yen Cb.* — **Sathan,** Satan B 664, J 88 b, Nl 101, *-nas* 39, C, J 97, Jér v. *loman*, P, B 722, *Sata-* 433; auj. *Satan.* — **Satin,** satin C. — **Satiafflaf,** satisfaire J 68 b, *-iffaff* B 751; fut. *-o* 298, 2ᵉ pl. *-isfihet* J 14 b, *-iher* on satisfera 36 ; **-afaction,** g. id. 90 b, *-iffaeion* N 597. Du fr.— **Saturnus,** Saturne B 114, planète C. Du lat. (mot savant.) — **Sauff,** sauf, excepté? Nl 140. — **Saug,** sauge C. Du fr. — **Saus,** anglais C, *saux* M 4, pl. *Sauson* Gw. v. *annez*; tréc. id, du l. *Saxo.* - **Sauter,** psautier C, du fr. — **Sautraff,** souiller (addⁿ msle du 16ᵉ s. au Cath. de Quimper, sel. Le Men); un vieux livre porte *sotraff*, souiller, !dit Pel. Léon. *saotra*, cf. v. br. *saltrocion* gl. (uitiosae, ...,) graciles; rac. germ., cf. fr. *sale* (Stokes), poitevin *setrou, soutron*, sale, immoral. (Lévrier). — **Sauant,** savant B 40, N 124. — **Sauter,** fripier, savetier Cb. Du fr.

Snuellec, C; van. *sav-*, râle de genêt Pel.

Scabell, escabeau C, auj. id, du fr.

Scaff, léger C, *squaff* Cb v. *lestr*; *schaf* P 89; *scaff* léger¹, vite, N 323, 601, P, *a* — B 338, *en scaf* J 26, *e* — 13, *ent scanf* 148 b, id.; *en scaf* certus 138; — certus 22, *net -ff* tout à fait pur 66 ; *cas scaf*, cas tout nouveau 216 b ; *an -ffhaf gloas* la plus légère peine 41 b ; **scaffder,** légèreté Cb, **-ffelez,** id. C v. *buan*; **-ffuat,** alléger C, débarrasser B 416, p. *scafhaet* J 198 b. Pel. parle d'une rime de *scaff* avec *randon*, datant de 200 ans. Ce *scaff* était peut-être par erreur pour *don*, explétif. Auj. *skanv*, v. gall. *scamnhagint* ils allègent; voy. *squeuent*.

Scaffn, tablete C. al's *banq* Cb, selle a assoir Cc, dim. **scaffnic,** *banqyc*, petit banc Cb. Auj. *skaon* du l. *scamnum.* — **Scand** *an pesquet* g. escannic C esquaille; **-ntua,** l. squamosus Cb. Auj. *skant*, v. br. *anscantocion* l. insquamosos *; dérivé du l. *squama.* — **Scandal,** *-c* B 269, C, bruit N 1355, B 77°, tourment 562, P, malheur infamant Nl 138, cf. B 23, **-aff,** torturer 471, **-ilzaff,** scandaliser C, p. J 63 b; **-lua,** contentieux Cb v. *striffaff.* Auj. *skandalat*, gronder, du fr.— **Scaph,** petite nef C, nef (pour pécher) Cb v. *lestr* ; *scaff* Pel, du l. *scapha.* — **Scarpuler,** g. scarpulaire C, van. id Gr. ; du fr.

Scaru, *en e* — (le feu) en faisceau ? P 253, cf. corniq. *scarf* jointure, esp. *escarba*; léon. *scarfa* Pel. joindre, tréc. *skarvan*, fr. *écarver*, angl. *to scarf*?

Scau, ceu (sureau) C, P, — *groach* érable C, — *grach* Cb, squauenn ceu C. Auj. *skao*, cart. de Landév. *scaven*, gaul. σκοβιην

Scaut, corruption d'air Cb, corruption, tempeste en blé, l. uredo, **-aff,** échauder C, **-tenn,** échaude l. arthocopus, C; auj. *skaota* v., du l. *excaldare.* — **Sclanc,** *-ence* Nl 373, *-cf* Cathell p. 11, *-ce* C, *-cc* Cb, **scientific,** 3 s. savant B 49. — **Sclsmatic,** schismatique C. — **Sclac,** glace M 10, *-cc* P, J 11, 123 b, *yen* — 34, 71 b, 130, B 477, auj. *sklas*, du fr. — **Sclaer,** clair C, brillant B 98, *sclear* H, *scler* H, N 1696, Nl 340, *-aer* ... *a speret* qui a l'esprit clair B 96 ; clairt, certain J 5 b, 11, 32 b, P, N 1162, *scler* 114, 130, J 25 b, P, Nl 329, *a* — id 62, N 100, *a -aer* B 340; comp. *-och* P, *scler-* M 55 v, sup. *-rhaff* Nl 141, B 322 ; **-aerder,** clarté 502, Cb, J 148, *-lerder* C, Nl 10. 356; f. : *he* M 55 v ; **-aerhat,** resplendir C, éclaircir Cb, éclairer B 307, *-ha* il éclaire 308, p. *sclerhet* Cb, illuminé, instruit M 57 v, — *has* (l'air) s'éclaircit Nl 330, **-aeryaff,** briller Cb, impf. *-lerisse* Catheli. 34 *sclar-* éclairait 20, **-aeryat,** être clair, apparoir, Cb, **-aeryer,** Cc, *-aryer* Cb l. nitor, g. resplendisseur; **-aerion,** 3 s., r. on, clarté B 499 *-ien* 306° *-yen* 530 ; *sclerien* 2 s. Nl p. 107 ; **sclaeryus,** *sclar-* brillant Cb. Auj. *sklaer* cf gall. *dysglaer*, du fr. clair, voy. *claeryen*.

Sclezrenn, ratoire (ratissoire Cc) à raire blé mesuré C, cf. *clezrenn* van. *scléreenn* glace légère, gall. *cledren* plaque.

Sclizeeun *diouch prenn* éclis, *-iscenn crampoez* l. palmula C. (tréc. *sklinsen*); du fr. (orig. germ.). — **tour,** l. cinociclocitorium C, du v. fr. *esclotouere*, retis species, Du Cange.

Scoaz, épaule C, f. : *diou* — Cb ; *-acc* N 1644; *ouz scoaz* Doe à côté de Dieu J 37, cf. *oz* — *an-mur*

Jér; **-lec**, qui a de grandes épaules C, — *bras Cb*; **sconcell**, l. trapeta C, une poutre à soutenir qq ch. débile *Cb*, soustenance *Cc*. Tréc. *skoa*, corniq. *scuid* de *scêdâ cf. sauver *skandha*.

Scobitell, molinet que les enfants mettent au bout d'un bâton pour tourner contre le vent C; et volant *Cb, -el*, volant (jeu) Pel., *scopitéll* id. L'A.; cf. it. *schioppo*, fr. *escopette ?* — **Scocc**, Ecosse *Cb*, *Socc Ca* ; **scocces**, écossais *Cc*. — **Scodenn**, escot, l. surcus C ; souche Gr. Du fr.

Scoet, écu (monnaie) C, N 1505, *ur-scoet heoll* un écu sol pl. *scoetyou heoll* Am., **scoeder**, l. scutarius, faiseur d'écus ; **-dus**, l. scutatus, qui a escus, *Cb*. Auj. *skoet* (monnaie) v. br. *scoit* bouclier, v. irl. *sciath*. cf. *oxid*.

Scol, école C, *a drouc —* qui fait faire le mal B 269, *dre —* régulier ? Nl 178, dim. **-le**, *Cb* **-lastle**, -que, l. -cus ; **-lyer** écolier C, *-ier* N 1148. Auj. id., du l. *schola*.

Scolpenn, (éclisse) v. i. *ascloedenn Cc*; *sclop-*, v. *scliçenn*. Auj. *skolpenn*; cf. fr. *copeau* dont Pel. cite une forme *escoupeau*.

Scorn, gelée C, *scourn*; **-aff**, geler *Cb*, *scor-* C ; **scournder**, gelée *Cb*. Auj. Id. cf. gall. *crawn* amas, pus ?

Scorpion, g. id C, du fr. — **Scort**, vide, épuisé Am., *quen —* aussitôt ? P 277 ; cornou. trop peu, trop court Pel., cf. angl. *short*, it. *scortare*, fr. *écourter*. — **Scot**, écot J 210, du fr.

Scouarn, oreille C 2 s., J 75 ; f.: *diou* 98 b, Nl 556; *-nn* P ; **-rnec**, qui a de grandes oreilles C. Auj. id., v. br. *scobarnocion* gl. auritos, cf. all. *schauen*, lat. *cavere* (Windisch).

Scoul, escouble (milan) C, Pel. ; voc. corniq. id., gall. *ysgwfl*, proie ; tréc. *skouflad*, m. tourmente, cf. angl. *scuffle*.

Scourgez, fouet C, J 107 b, pl *-ou* 105 b, B 465, *-aou* Nl 135 ; **-ezet**, flagellé J 178, cf Nl 148. Auj. id., du f. *escourgée*.

Scourr, branche C, auj. id; *scoultr* branche coupée Gr., voc. corn. *scorren* ramus.

Scrap, *a —* par ruse B 332, (démon) ravissant, avide 526 ; *un —* enlevés ensemble? P, **-at**, gratter (comme les poules) C, *-bat Cb* ; *skrabat*, gratter, dérober, Trd. De l. *ex* et rac. germ. du fr. *grappin*, etc. (Stokes). — **Scribet**, les scribes J 16 b, 207. Du fr. — **Scrihnal**, *oz —* ho dent (eux) grinçant des dents J 123, var. *-ignaf*. Auj. *skrignal*, du v. fr. *grigner* (orig. germ.). — **Scriptur**, écriture B 94, C, H, J 23, Nl 51, N 1705; 1º s. r. it 1086; *-itur* J 144 b, Nl 308 ; pl. *-ipturou* B 96 *-iou* 96*, *-you* 99, J 43 b, *scry-* 234 b, *scripturiaou* Nl 107 ; **scrit**, (par) écrit N 1408, livre 764, 793, *Cb* v. *leffr*, en *seryt* en écrit J 167 b, var. *-ypt*, r. it ; *scruit* l'Ecriture B 560*; **scrultoer**, *-uy-touer* écritoire C, al's *scritol* Cb, **scruyunff**, écrire C, *-uiffaff* P, *-uiuaf* B 145*, *scriuaff Cc -vaf* J 163 ; p. *scrivet* J 30 b, *-yvet* 204 b *-iffet* Nl 111, cf. 549 ; prés. *scruifaff* M 71 ; *scriff Cb*; *scrifl* J 138 b, éd. 1622, cond. *scruiffue* ; **scruyualgner**, *scriffaingner* écrivain C, *scriffua-*; *scriuainer a vermillon* écriveur de vermillon, *-ngner Cb*. Auj *skriva* écrire, v. gall. *scribenn* écriture, du l. *scribo*. — **Scruyuell**, étrille, du v. *Cb*, *scry- Cb*, *scri-*; **-aff**, étriller *Cc*, *scry- Cb*. Auj. *skrivel*, cf. gall. *ysgrafell*, même rac. que *scrap*, avec influence de *scribere*, cf. gall. *ysgrifell*, plume. — **Scubaff**, balayer, **-bellenn**, balai, **-bien**, *-byen* balayure, **scublech**, lieu des balayures C. Auj. *scuba*, du l *scôpæ*. — **Scudell**, écuelle, C, *— an balance* écuelle de balance ; dim. **-lc**, *Cb*, **-ller**, faiseur d'écuelles C. Auj. id., du l. *scutella*.

Scuemp, 1 s. subtil, prompt (à tenter qqn) 27, *squ-* vif, hardi (à faire du bruit) 599, *ha ny —* nous sommes pair à pair, *me a rethe —* je courrais prompt¹ (en 5 endroits) J 146 b ; *skoemp* agile, insinuant, scabreux, R. c. VII, 50 ; *potret skoem r. em*, garçons vifs, éveillés, Collection Penguern, Bibl. Nat. ms. celt. nº 93, p. 60. Cf. gall. *cwympo*, tomber, argot Quimper ; l'expression « quimper la lance » équivaut au v. fr. et berrichon actuel « tomber de l'eau », uriner.

Scuezr, (équerre) C, *seueʒr* lis. *sc-* B 67 ; auj. *skouer* exemple ; du l. *exquadrare.*
Scuyllaff, répandre C, *scui-* H, p. J 42 b, cf. P 181 ; *-llas* 144 b, N 41 ; *squ-* 465 ; *sculise* verserait 70, **-yllabl,** espandable, l. *futilis* ; *dre* **scuyll.** l. *sparsim* Cb, *scuill* v. *squingnaff.* Auj. *skuilla* corniq. *scullye,* irl. *scdilim.*
Scuyz, las C, J 61 b, *-ys* P, *-iʒ* J 108, N 960, B 467, — *stanc* 481 — *-cq* N 1792, *scuys stanc* Nl 210, — *-ng* Am. v. *manc,* très las, *scuyʒ dystryʒet* id Gw ; **scuyzaff,** lasser C, *scui-* se lasser B 463, p. 580, *-ʒo se lassera* 475, **-znez,** lassitude C. Auj. id, van. *chuic'h,* corniq. *squyth,* cf. v. irl. *scíth,* voy. *escuit.*
Se, *en beʒret -se* dans ce cimetière H, *en beʒ se* P ; cela (est) J 33, 230, cf. Nl 305 ; (crois) cela J 17, N 1759, cf. 840, N 117, *em eux se diliberet* je l'ai résolu J 23 b ; *da se* (prêt) à cela B 235, *goude -se, evel-se* H. Auj. id, v. irl. *sin,* voy. *heman.*
Seant, séant, convenable 44, J 35 b ; comme il convient, 153. — **Sebastien,** n. pr. C, *-an* Cc Du fr. — **Sebellaff,** ensévelir C, H, *-aʃ* N 99, p. 102, Cathell 28, *-yet* C, J 97 b, *si-* 175 b, *sebeyet* Cathell 27 ; *-ellysont* 31. Auj. *sebelia* ; du l. *sepelio.* — **Sebelines,** zibelines Jér v. *feuʒr* ; du fr. — **Sebezaff,** être stupéfait N 21, auj. *-ʒa* ; du l. *stupidare* ? — **Sech,** sec C, B 59, (coup) sec 370, **-aff,** sécher C, p. N 1600, *-er est séché* N p. 108 ; *-as* J 4 b ; *-aff* essuyer C, *serchaf r. ech* J 125 ; *seacho* séchera *r. ech* P ; **sechder,** sécheresse, **sechet,** soif C, J 230 b, Nl 50 P 283, *sec'het* Jér v. *elboet* ; **sechedic,** qui a soif B 259, *sichidic* C, H ; **sechydicat,** avoir soif Cc. Léon. *seac'h,* v. gall. *sich,* du l. *siccus.* — **Secret,** secret, adj. N 350, discret J 19 ; *sce-* N 1510 ; *se-* (vous serez) cachée B 200, secrèt, *en secret* 16, 164, *ent-* 36, *en -J* 18, *en- bras* 23, b, *e sce-* N 1564, *secretaff* le plus intime B 520 ; *secret* un secret 245, C, J 25, lieu retiré B 219*, (tu es tout mon) bonheur 225* (cf. irl. *run*) ; pl. *-edou* (var. *-tou*) 186 ; nudité 631 ; *-eter,* secrétaire C. — **Secter,** *ar* — la secte, habit des pénitents J 14 b, var. de *ar ʒecter.* — **Secularite,** g. id, **-ller,** g. id C. Du fr. — **Seczif,** je cusserai J 182, *secif* B 27 ; *-ccel* J 164, *-cʒet* 190 ; prét. *sceʒas* P ; *pan ouch en houʒ pret ouʒ sefif* B 291* lis. *pres, sesif,* maintenant que votre poursuite se ralentit ; voy. *cessont.*
Seder, (en être) sûr J 32, 95 b, (pas trop) rassuré 219 b, tranquille 44 b, — *mecherour* bon ouvrier B 65 ; *ent –* sûrt, certes 60, J 39 b, *en –* Nl 317 ; — (va) gaiemt B 39, sûrt 102, J 18, — *consideret* notez bien 28, certes 12, P, *si-* N 184, 330 sûrt 895, volontiers 123 ; *dre nep se-* J 71 b (ne le contrarier) en aucune façon ? Tréc. *ʒeder,* gai ; cf. gall. *sad, sedr,* ferme, même rac. qu'angl. *steady* ?
Sedicius, *-tieux* J 117 b, du fr. — **Segal,** seigle N 1552, C, *sae-* C. Auj. *segal,* du l. *secale.*
1. **Seiz,** sept C, H, J 13 b, Nl 527, *seyʒ* 179, *seys* 73, 278, **seizdec,** dix-sept C, **seizuet,** 7e Cb Nl 52, cf. H, P ; — **ueder,** l. *septenarius* Cb. Auj. *seiʒ,* v. irl. *secht n-,* cf. l. *septem.*
2. **Seiz,** soie C, al's *sceiʒ* Cb, léon. id, du b. l. *seda.* — **Seizet,** 2 s. paralysé N 1600, *séy-* Gr. ; *séiʒy* paralysie Gr., voy. *saesiʒaff.*
Sellet, regarder C, H, J 5, N 95, Nl 37, B 89, *heb — poan* sans regarder à la peine 116, cf. J 95 b ; regardé 68, — *da auber* (j'ai) visé à faire N 1489, *em —* vous me regardez B 547 ; *sell* vois, veille à ce que N 635, — *ouʒ iff* ! B 440 cf. P ; *sellomp moean,* voyons, trouvons moyen J 17, cf. B *151, 164, 767 ; *sellet an cas examinez le cas* J 36, — *en e cas* 76 b ; cf. B 74* ; impf. *-llech* 304, J 234 b ; *selsont* P ; *seihemp* que nous voyions B 60, *ma oʒ selhet* qu'on vous voie 454 ; *sellet huy* voyez 416, *sellyt hu, chetu huech* J 146 b, *setu* N 126, — *aman* 221, *setluy* 1854 voilà, *sede* 1634 ; *seade a gry* voilà ce que tu feras Jér ; *setun* voilà le N 706, voy. *chede* ; **sellabl,** regardable, **-llus,** id Cb. Auj. *sellet,* v. br. *silim tuitionem,* irl. *sellad.*
Seluestr, *-e* C, du fr. — **Sembl,** faible C N 1866, *-pl* 894, Am. v. *rog,* **sembldet,** faiblesse C, **-der,** Cb v. *vaen,* **-plaff,** s'évanouir C, *-aʃ* J 133, *me a sembl* 108 ; **-plat,** affaiblir C. Auj. id, du fr. *simple.* — **Semblant,** (remis dans) l'état (d'innocence) J 45, *sebl-* (faire) semblant B 164, marque (d'amitié) 522, (faire) preuve (d'affection) N 799 ; air, mine de qqn B 538 ; *a* **sebiant** *diff* il me semble N

1859, cf. Cathell 35 ; -*et qui semble, qui paraît juste* B 71. Auj. *seblantout* sembler. — **Senator**, sénateur C. — **Senemeal**, sénéchal, et uesseau pour recepuoir urine, l. madula C, et *sénéchal* juge Jér. ; **seneschaldet**, g. senechaucy l. senaschalatus C, senessa- Cb. Du fr. — **Senez**, senne de prebstres, l. synodus C, *senet* Cb, Cc ; *sened* Pel., gall. senedd, du l. synodus. — **Sensualite**, g. id C, **-suel**, g. id Cb, du fr. — **Sentiff**, *ma* — m'obéir B 378, -*if* 56 ; *ma sintif groa!* 225*, cf. N 1049 *ma sy- m'accorder ma demande* J 153, *sintif o? obéir à* N 177, cf. B 487, J 5 b *sentiff... da* Nl 3, *syntyff* Jér. v. *dinoe* ; prés. *a sent oute* P ; prét *syntis* J 167 b, 233, fut. *sintif* 41, *-ff* N 542, *sentif* J 95 b ; cond. *pa em sentent s'ils m'obéissaient* 177 ; *na sentes a vout deme?ec* B 228*, lis. *nasente?* voy. *assantaff*. Auj. *senti* ; du l. sentio.
— **Separaff**, -er C, p. P, B 788 ; englouti, abîmé (dans la terre) 361, -*aff* je suis englouti 73¹, -*ro se séparera* J 21 ; *esparet* (toute la terre) immense J 189 b, lis. *se-*; *espacet* 2ᵉ s. r. ar B 496, (je descends sur la terre) lointaine, lis. *separet* ; **separation**, g. id. Cb. — **Sephora**, n. pr. P. — **Septentrion**, g. id B 242. — **Septuagesim**, -e C. — **Sequel**, sequelle C. — **Sequestr**, -ation ; -**aff**, -er C. Du fr. — **Seramantaff**, torturer, litt. tenailler B 410 du fr. serrement.

Serch, concubinaire C, tréc. *serc'h* concubine, gall. *serch* amour, v. irl. *serc*, cf. στέργω.

1. **Seren**, sereine, l. serena Cc (entre *sequestraff* et *serch*); tréc. *siren*, sirène. — 2. **Seren**, (temps serein) N 907. — **Serff**, serf C. — **Serg**, C, voy. *cerg*. — **Sergant**, sergent C, dim. **-ic**, Cb, pl. *-tet* B 577, N 1404. Du fr. — **Serraff**, clore C, *serr!* ferme N 1585, cf. Nl 556, *pan -imp guenaou quand nous mourrons* 533. Auj. *serri*, du fr. serrer. — **Seruiabl**, -e C, du fr.; **seruig**, service B 44, C, M 56, N 199, cf. J 57, P ; piété N 1256, -*ich* 193, cf. H ; dim. **-Igic**, C ; -**uichaff**, servir B 700, 812, Cb v. *pot*, M 4 N 1786, — *Doe* 1238, — *da* (Doe) 1241-1242 ¹ -*af* 131, cf. J 7 b ; -*aff*, r. iff B 177 *serfigaff* C, *serui*- Cb; -*vig... a grehet vous servirez* J 54 b ; p. -*uiget* B 63, *se [ru] ichi* je survirai N 39, -*uichif* 1225, cf. 35, 1211 ; -**icher**, serviteur B 138*-9*, -*iger* Cb, -*vicher* H, J 78, -*eur* r. *er* 8 b, pl. **-erien** 52, -*uigeuryen* Cathell p. 5 ; f. -*cheres* B 496, Nl 464, -*geres* Cathell 28, **seruledenn**, serviette, **-uitud**, -e C, auj. *servich* service, du l. servitium.

Serz, ferme, droit P ; *e? guereu... ho pascaf douce, glas ha* — *e gre? Moyses* J 128 b, 129 il vous nourrit d'un mets délicieux, sain et fortifiant, au temps de Moïse, cf. *glas ha sech* B 59, et vann. *é gré* au temps de, L'A, v. *temps*, olympiade. *Ser?* abrupt, H. de la Villemarqué, Dic. br.-fr. de Le Gon.; fort, Clec'h *Bleuniou-Breiz* p. 8 ; tréc. *?ers* Le Dantec, *Bur?udo* I, Tours 1884, p. 74 ; corniq. et gall. *serth* roide, dur ; irl. *seirt* force cf. στερεός.

Sesuill an bleau, l. forpex ; — *an neut* l. forfex C, tréc. *?i?aill*, ciseaux ; du fr. cisailles. — **Setance**, sentence, jugᵗ J 66 b, Nl 529, B 687, **-ncet**, condamné, condamnable 426. Du fr.

Seu, *a* — Jér. v. *sew*, cf. *hasou* ?

Seul *muy*, plus..., plus J 68 b, litt. tant plus ; — *ma? ve?aff* tant que je vivrai B 199 — *ma? vihet* tant que vous existerez 53, 406 ; — *ma? studiaf* J 197 b, — *ma en couf haf* 6 b, tant que j'y pense ; *ha* — *a glachar ah!* que de douleur 125 b, 125, 126 ; *gradyff* — *a guiry* fais-moi ce que tu voudras Jér, — *gue? chaque fois* H. Auj. id, gall. *sawl*, cf. *se*, et suff. du l. *tális*.

Seulen, rets, filet, l. sagena C, **-nn** *seine* Gr.; de l. *sagenula?* — **Seurt**, *an* — *anquen* une pareille angoisse J 34 b, cf. 28, *dren sceurt lit* N 356, *en sort cas man* B 452*, *da seurt servicheur* un serviteur tel que toi J 8 b, *a? sort ordur* P, *e seurt pechet* (pechet est masc.) 222, cf. H, B 704, *e sort ampris* (m) 719, *e goat* (m.) 217* *he seurt merch* 146*, cf. 218* *he* — *grevance* J 28 b (grevance est fém.) ; *nep* — *cosgour* personne Nl 180, *nep sceurt den* N 355, *a pep* — *heni* de toute sorte 282 ; *den a neb sort* B 230* ; *da pep* — pour tous Nl 338. Auj. id., du fr. sorte.

Seuulenn, fraise C, *sceui-*, pl. *ciuy* Cc ; léon. *sivi*, irl. *suibh*, cf. gaul. σουβης lierre ; R. c. VII, 101.

Seuzl, talon C, pl. *seulyou* Cb, v. sae. Auj. *seul*, gall. *sawdl*, v. irl. *sdl*, de *std- tlon*, cf. l. (ob-) *stáclum*.

Seuen, l. laciuus C, bien venant *Cb* ; fort, solide B 222*, 652, (dieux) existants 115, 354, *beo ha* — vivant et bien constitué N 905, *seven capitenet* chefs légitimes B 29, *tut* — gens honorables J 6 ; heureux 37, joyeux 20 b, 29 b, 187, *louen ha seuen* M 57 v ; cher (fils) P 8, *sev-* sain, fort, Am., Gw ; *seven* fort, qui croit beaucoup, *seveni* accomplir Pel.; de *sta-m-in-*, voy. *saff*.

Sexagesim, -e C, du fr.

Sezlou, écouter 376, C, J 190, N 500, P, p- *aouet* Nl 499, prés. -*aou* 447 ; -*ou !* Jér., N 1647, -*ouet !* B 378. -*ouhit !* Am. -*aouet* Nl 277; fut -*ouo* B 609, N 670, -*ouhimp* 474, -*aouet* que vous écoutiez Nl 547 ; -*louet, che-* Gw. Trég. *chilaou*, corniq. *goslow, golsow*, écoute !

Sy, doute *nen deux* — 67, *na gret* — J 37 cf. 10, Nl 271 P; (sans) faute, manque J 13, H, N 1074, *si* 247, 685, P 34, *ne vezo sy* B 251 ; *nep* - *a dyboan* aucune sorte de consolation Nl 419, *dre neb* — en aucune façon B 709, *oar nep* — id. J 45 b, 95 b ; (étoile de moyenne) grandeur Nl 514 (*dram sy* B 582, *dramsi* 582*, sur ma foi, lis. *fy*, trég. *fi d'em doue !* voy. *fez*). Auj. *si* défaut, du fr. *si* id. — **Sybillet,** les sibylles Cathell 15. — **Sicour,** secours H, B 620, aider 391, 569, 649, C H, J 96 b, 142, N 1447, *sy-*... *e mezur* aider à le nourrir Nl 309, *sicc-* C v. *suffrag* ; p. *sicouret* J 24 ; prés. se- B 585, *da em sycour !* P *sicouret !* J 131 b, N 896, *-it* 1830 ; fut. *-iff* B 487, *se-* 572, -*in* r. *if* 507*; *-o* 622, *si-* 175; *-rhet* 259, cond. *-he* J 90; **-rer,** aideur f. *es* C, **-rus,** suffragant, aydable *Cb*. Auj. id. Du fr..

Sidan, l. *curuca*. Item linofa C, linotte *Cb*, Maun.; linot Gr.

Siell, sceau C, 2 s. N 1503, *syel* P 245 ? **siellaff,** sceller C, p. J 169, **-ller,** scelleur C. Auj. Id, v. br. *siel* du l. *sigillum*. — **Siffernadur,** enrouemt -*net*, enroué C. Auj. id, cf. fr. *enchifrené*. — **Sig,** siège. C, H, P, m. : *try,* *Cb* v. *tricoingnec* ; *seyg* trône Nl 91, *seig* séjour (éternel) 350, *sig* act. d'assiéger *Cb*, pl. *sigou* sièges (des bienheureux) B 320, *sichou* J 20 b, dim. **-gic,** *Cb*; **sigaff,** assiéger C, *sy-* Jér. v. *studia* ; *sich* Gr., du fr. — **Sigur,** sûr, certain B 254, 390, J 58, 230 b, sûrt, certes 66 b, B 212*, N 1047, P 284, Nl 259, *sy-* 362, P 243 ; *oar hon sigur* (J.-C. est mort) pour nous, à cause de nous B 179, 280, *figur* 179*, 280*, *divoar hon sigur* J 122 b, éd. 1622, *voar hon fygur* Nl 148 ; van. *sigur* prétexte, gall. *segur* tranquille, du l. *securus*. — **Silance,** -ence B 5, C -*ncer*, qui fait silence *Cb*, du fr.

Silyenn, -*ienn* anguille C, dim. **-ic,** pl. -*liou Cb* ; auj. id, voc. corn. *selli* cf. gall. *yslywen, slowen* ; br. *stlaon-enn* petite anguille, all. *schlange* ?

Sillabenn, syllabe, C, f. : *diou, teir Cb, pezer v. peuar; sila-* C v. *monosilab* ; **sillabiflaff,** épeler C; **sillaber,** l. sillabificus *Cb* ; petit. Trég. *n'eus ket eur silaben enn-han*, (ce linge est bien repassé), il ne fait pas un pli. — **Silogism,** syllogisme C, **-aff,** l. sillogizo ; **-mer,** l. -izator *Cb*. Du fr. — **Silaiguenn,** saucisse B 368 C -**guer,** celui qui fait saucisses *Cb*. Auj. id., du b. l. **salsicia* — **Simbol,** symbole C. — **Symeon,** Siméon Nl 69, P, J 39, **Symon,** Simon 4 b, *Si-* C, **simoni,** -ie C, **-nieux,** g. id. l. symoniacus *Cb*. — **Simphorian,** n. pr. C. — **Simpl,** -e, C, H, **-diet,** simplesse C. Du fr. — **Symudet,** rendu muet N 666, *si-* Pel.; *ar simud, an droucq simud*, l'état d'un muet Gr.; de *mut* ; et *si* défaut ? ou cf. *sinquerch* ? — **Simulacret,** des simulacres B 354. — **Sin,** signe, C, J 51 b, 209, miracle 102 b, *na ret* — ne bougez pas B 608 ; signe (de la croix) N 1123 ; *dre vn* — terminet, la chose est claire 1108 ; *syn* H, Nl p. 106 ; pl. -*ou*, var. -*aou*, miracles J 147 b, -*aou* Nl 330, 382, *signou* H ; **signaff,** -er C, — *gant penn* faire signe du chef *Cb, me hoz gray synet* je ferai sur vous le signe de la croix N 1126, *me syno hoz drem* 1128 ; **signatur,** -e H, **signiflaff,** -er C, P, prés. -*fi* N 1482, cf. 1440; -*ffy* B 305, 2e s. r. *eff* 308; *sinifi* N 1446, -*ffi* 1434; **signifi,** sens B 91, -*y* 134, 385, *en* **-iflance,** en signe que J 117, 180 b, **-iflcation,** g. id C. Auj. *sin.* — **Synagoc,** -ogue J 77. — **Sinance,** g, cequinance, l. guturna C, *sqinancz* Gr. Du fr. — **Sinchat,** prompt, sans s'arrêter 41, 81, 457, 534, 538, -*chant* 457* ; voc corniq. *sinsiat* tenax, corniq. *sensy*, *synsy* tenir, du b. l. *sacire* saisir (orig. germ.) — **Singularite,** g. id. C, **-ller,** principal, unique B 199, 520, -*yer* J 187 b ; *cusul* —, sage parti 191 b.; -*ier* 17, -*ler* s'ngulier C. — **Synodal,** g. id ; **sinonim,** synonyme C. Du fr.

Sinquerch, menue avoine C, voy. *querch* et *symudet*.

Sins, singe Jér. — **Syon**, Sion P. Du fr.

Syouaz, hélas Nl 71, 389, *-as* 124, 275, r. *aʒ* 14, 66 ; *syuas* r. *aʒ* 429, *sygoaʒ* Jér., P, *ʒyoaeʒ* Gw. Auj. *sioaʒ* corniq *soweth*, gall. *ysywaeth*, cf. *so goaʒ* (ce qui) est pire N 795.

Syoul, tranquille, 2 s. r. ol N 1260, *siul ha dyblam* patient et sans reproche, (pron. *sivl ha divlam ?) deomp en syul* allons sans bruit Jér. Auj. *sioul*, cf. gall. *syflyd* bouger, irl. *siubhal ?*

Syra, sire ! N 293. — **Sistern**, la citerne ; le puits (de l'enfer) B 355, *-nn* 736. — **Sistr**, cidre C, léon. id. — **Situaff**, situer C. — **Sixt**, sexte H. Du fr.

Sizl, (passoire) C, *silʒ* Cc, **sizlaff**, couler, l. *colare* C. Auj. *sil*, gall. *hidl*, de *s(γ)itron* cf. σήστρο·, σήθω, θῶ.

Syzun, semaine M 10, *si-* C, **-ader**, sepmainier l. *hebdomadarius* Cb. Auj. id., du l. *septimana*.

Syzun, *enés cap* — l'île de Sein Gw. v. *seisun*, *enés Cap-siʒun* ibid. v. *tailout* ; auj. id., cartul. de Landév. *Seidhun*.

So, est (après le sujet) H, J 6 b, N 12, P, *me ʒo* je suis J 18 b, *me so neant ma auantur* mon sort est cruel N 363 ; *pemdec bloaʒ so* il y 15 ans 103, *so qui* est 48, *so beʒet* qu'il y a eu, qui a été B 245, *an termen so* 215ᵉ, *eguyt a. t. s.* J 112, pour le moment ; *chede so*, 110 *chetu so* 57 b, voilà ! *so a* est de, 1 s. 41 b, cf. 144 b ; *so e* est dans 2 s. 17 b, *so en* 2 s. B 176, 1 s. 37, J 81, cf. 25, B 255, 522, *so hogos* 2 s. J 143, *so ouʒ* 1 s. 58 b, B 276. Auj. id. ; (mar) *so* équivaut au v. irl. (*ma*) *-ts-u*, gr. (εἰ) ἔστ' οὑ(τός), Stokes.

Soaff, suif C, tréc. *ʒoa*, cf. l. *sébum*; **soauon**, savon C, tréc. *ʒavon*, gall. *sebon* cf. l. *sapo* (orig. celt.).

Sobr, sobre C, **souhrder**, attrempement (modération), Cb v. *recreaff* ; **sobrdet**, sobriété Cb. Du fr.

Sodell, syn. de *rolech* C. (ornière) ; cf. vann. *sodell* sotte ?

Soez, ébahissemᵗ C, *na ra* — 1 s. ne t'étonne pas B 685, cf. 544, J 120 b, N 903, *mar graf* — si je fais un mouvᵗ de douleur 901, *hep* — sans me troubler 268, *eu c'est merveille que* J 167 b, **-aff**, être ébahi C, *-af* J 119, 223, *ne fell* — il ne faut pas vous récrier, n'en doutez pas 231 ; *ma em -ff … a raff* B 233, *emem* — 284 je m'étonne ; p. *soeʒet* 104 N 17, C, J 216 b, *sceʒet* var. *souʒet* 71 b, *souʒeʒet* Nl 145, 504 ; *ne souyt quet* n'ayez pas peur N 1922. Léon. *soueʒa* étonner ; du b. l. **subidare*, prov. *soptar* ; voy. *souʒan*.

Sol *botes* semelle de soulier C, **-yaff**, semeller Cb. Auj. id, du l. *solea*. — **Solem**, solennel C, **solennite**, g. id Cb, P, *soll-* Nl 334 ; **solemnizaff**, *-iser* Cb. — **Solyer**, suler g. solier C. Auj. id, grenier. — **Soliter**, solitaire C, N 246. — **Sollicitud**, -e Cb. — **Som**, *dre un* — (qqn l'a trahi malencontreusᵗ) pour une somme d'argent J 205, *amuy son r, om* (saluer) beaucoup 111 b, *un som* (rester) qq tempsᵗ Nl 312, *en* — id J 208 b, *eguyt un* — pour qq temps 111 b, *bet un* — id 192, *yn* — qq temps N 825 ; *hep quet* — sans tarder Jér. v. *peban*. — **Son**, la Saône C, du fr. — **Son**, son, bruit Cb, B 348, J 99 ; *peʒ* — quelle raison N 518. *oar* — *ebataf* pour leur plaisir J 226 chanter, parler, Nl 137, P, dire C 523, N 431 ; **-aff**, sonner Cb, *sonn-* (dans les *sou-*) C ; *senyff* P, var. *siniff* ; *a son re disonest* (ce refus) est très mal sonnant B 235; *na sonnyʒ guer* ! Nl 67, *nasoneʒ* J 18, ne dites mot; *soun* son, **sonerl**, sonnerie l. Auj. son, du l. *sonus*. — **Songaff**, penser M 3, Nl 138, réfléchir à, v. act., N 18 ; *soingaʒ* 499, *-ff* M3, *soy-* P, *songeal* H, *enn haff pan songiaff* B 682, quand je pense à lui ; *pa em em* — 731, *pan em* — 104, quand je réfléchis (tréc. *p'en im jonjan*), *soing* il pense, est sur le point de N 1882, *pan ho soungas* quand il pensa à elles, à ces peines Nl 41, *soyng* ! P 241 *songeomp* ! B 804, *-gyt ouʒ*, tongez à Nl 78, cond. *sonche*, *soyn-* P; **songeou**, songes H. Auj. *sonjal* penser, du fr. *songer*.

Sonn, arrêté, sans mouvᵗ Gw., *en e saf* — tout droit, dressé J 148 ; raide, mort, B 592 ; *son* (mont) escarpé J 13 ; fort, qui se tient ferme 132 b, (n'est-ce pas) fort, beau, grand Nl 418 ; beʒit soun tenez-vous droit Am., **sonnet,** (désir) ferme, fixe J 193 b. Léon sounn, cf. gall. synu regarder fixement ?

Sor, han douar — (le feu devorera...) et la terre desséchée ? Nl p. 107. Du fr. saur ?

Sorcer, sorcier C f. -cyeres B 611, -rcerez, dim. **-ic,** Cb ; **-cerez,** sorcerie C, pl. -ou ensorcellt⁰ N 777. Auj. sorser ; du fr.

Sorc'hennet, trompé, illusionné Am., **sorochell,** vessie Cc, vessie pleine de pois Cb ; auj. sorc'henn radotage, soroc'h grogn¹, soroc'hell vessie de porc où l'on a mis des pois secs (jeu d'enfant), cf. sarac'ha bruire comme les feuilles sèches agitées par le vent. Trd.

Sornet, e dorn — sa main liée ? N 1478.

Sort, sort C, teureul — tirer au sort J 145 a drouc — (chose) de mauvaise sorte, odieuse B 434, voy. seurt; **sordour,** sorcier J 82. — **Sot,** sot C, B 270, N 835, P, sotte (réponse) J 77, un — un fou 102 b ; scot sot 104, sott¹ Nl 429 ; **sotenet,** ébahi P, **sotin,** sot B 290ᵉ; **sotia,** sottise 307, 741; **sotony,** id. 236, 409, Cb, N 1545, -i 1525, pl. -ou B 317. Auj. sot, du fr. — **Souben,** soupe B 43, J 200 b, -nn C, dim. **-ic,** Cb ; soup Jér., ober soup, ou **soubaff,** faire soupes C. **-benner,** souppier Cc, qui fait (des) soupes Cb. Auj. id, souba tremper, voc. corn. suben offa ; orig. germ.

Soubit, basse-fosse J 165 b.

Soublicq, avec souplesse, agilité Am. v. mibin ; soublaat dompter Trd, du fr. souple.

Souch, soc C, auj. souc'h, v. gall. such, v. irl. socc, de *succos, voy. houch ; peut-être par l'intermédiaire du lat. (Thurneysen).

Soudnet, 3 s. 2⁰ r. ae soudoyé J 168 b, **-dart,** soldat Am. v. braga (auj. id). — **Souden,** tout de suite J 223 b, -haf la plus prompte (mort) 100 ; auj. brema-ʒouden, à l'instant, du fr. soudain. — **Souffiant,** satisfaisant, bon B 195, digne J 41. -ssant B 612; souvi- assez J 233 suffisant id N 352 ; -siant habile B 40, var. sufi- ; souysant instruit N 1040, -isant da capable de J 197 b ; **souffit aff,** suffire. — **Souflet,** g. id. l. fabrum. — **Souffr,** du soufre C, -us, plein de soufre Cb. — **Souffras,** il souffrit Nl 231. — **Souhaet,** souhait, désir J 176, soi- C souiller p. P ; souillas souilla Nl 394, -at N 565, **soill,** tache, **-adur,** id, dim. **souilladuric ; soillus,** souiplein d'ordure Cb. — **Soulacc,** soulas C, consolation, joie B 101, 681, J 79 b (r. as), 124 b, P, N 204, -ac 272, -aç M 10, 57 v, solace P, soull- J 236 b, soulaig r. aç Nl 101 ; **soulaczaff,** donner soulas C, -acet consolé B 514, -acc il soulage N 119, -acy id 166 **-açus,** réjouissant M 8 v. Du fr. — **Soulenn,** escouble, chaume C, auj. id, gall. soft, du l. stipula. — **Soumetaff,** soumettre C, -af J 34 b, summetaff C. — **Soumonaff,** semondre, l. citare C. — **Sourci,** souci, fleur C, -cill v. rossecu. — **Sourcy,** souci, soin H, N 170, peine 742 ; ma — mon nécessaire 452 ; -i 165, soucy B 606 ; var. sourcy, r. ours J 61 ; **sourci,** il se soucie N 1114. Auj. id; du fr. — **Sourcot,** robe de femme C ; du fr. sur, cotte (angl. surcoat). — **Sourmontaff,** surmonter C, sur- Cb. — **Sourpelis,** g. id C (surplis), auj. sourpiliʒ. — **Sourpren,** surprendre B 521, 612, -aff saisir M 3, tromper N 1475; -net éludé M 3, affligé, troublé J 15 b, 70 b, Nl 243, souprenet N 1822 ; sourpren il atteint J 178 b, -o tourmentera B 482, surpreno empêchera 235 ; **sourpren,** peine, douleur 45, 499, Nl 272, P, J 126 ; var. su- r. our 175 ; **ʒoupren** surprendre. — **Sourt,** g. sort, l. s(t)ellio C, pl. sourdet sourds, salamandres J 13, M 7 v.; tréc. ʒourd, du fr. — **Soutaff,** joindre C, oʒ sout outy en s'attachant à mon cas, en l'examinant bien N 367, a goall saout outaff faute de le trouver Nl 107 ; sout (var. saout) ouʒit te rejoindre P, **soutus,** joignable C v. ioentaff ; du l. solidare, cf. fr. souder. — **Souten,** soutien, aide, moyen C 360, 636, alliance 33, protection 184, Nl 298, P, autorité, force B 115, raison J 139, N 1447; **soutenifff,** soutenir B 266, C, -ny N 1332, -ten, porter (sur les fonts baptismaux) 958, souffrir B 587, défendre 357, Nl 322 p. -net supporté J 23 b ; -aff j'affirme B 83, -o servira (la sainte) 655 ; 2⁰ pl. -het J 184 ; cond. -he B 122, -her on supporterait, on peut supporter J 34 b ; -enance, aide Cb, (sans) pitié N 1891 (pour ma) nourriture N 1234. — **Soutil**, subtil C, habile B 38, 274, 315, J 96, P ; -**la**, habileté B 610, **subtilite**, J 115 b. — **Souueren**, souverain B 424, (notre) — M 59, triomphant B 516, suprême M 57 v, J 166, *souv-* habile 146, *souu*. B 83, *-ent* r. en Nl 174, *-eran* P. Du fr. — **Souzan**, tromperie B 105, 149, 443, N 24, effroi J 10 b, P, *saou-* Jér., surprise Gw., (sans) hésiter Nl 310; tromperie 3, N 348, *saouzan* Nl 97; **sauzanaff** *oar an hent* errer Cb v. *querzet, saou- v. treiff, zouzany* (sans) se troubler N 1518 *-net* surpris, troublé 48, B 104, P, J 144, chagriné 187 b, *sauzano* s'étonnera Nl p. 107 ; *ez ouff fallet ha saouzanet en hent* Jér. ; v. br. *soudan*, *hebetudinem*, du l. *subitaneus*. — **Spac**, espace C, place J 160 b, N 1556, espace (de temps) Nl 132, 174, temps, 493, B 54, 656, P, N 385, 426, 880, *gant —* à loisir 272, *hir —* longtemps 119, J 79 (avoir) la patience (de) B 111, (trouver) moyen 518; *spacz* Nl 323; *spac* 512, *en spas maz edy* tandis qu'il est M 3, **spacus**, spacieux Cb ; du l. *spatium*. — **Spaing**, Espagne C, **spaignol**, espagnol Cb, du fr. **Span**, relâche interruption J 79 b, N 1540, (sans) délai 30, Nl 415, P ; discontinuation, Gr., trée. *spanaenn* Trd.; **spanell** *an crampoez, (sclizcenn cr-*, al's) instrument à tourner les crêpes Cb; *spanell* galettoire Gr. ; du l. *expando* ? — **Sparfel**, épervier C, Jér, auj. id. du fr. (orig. germ.) — **Sparff** *dour biniguet* aspersoir Cb, *sparf* Gr., du l. *spargo ?*

Sparll *ann or* fermure de huys C, auj. *sparl* barre, XIIIᵉ s. *-ll*, Cart. de Landév. ; de *sparulus*, dim. de l. *sparus* (orig. celt.)

Sparvent, *ez —* (le feu) sévit (contre le damné) P 253.

Spatulamance, sorte de divination N 776, du l. *spathula* et μαντεία. — **Spaz**, eunuque, -**aff**, châtrer, -**zer**, châtreur C, -*eur*; -**zadur**, châtremt Cb. Auj. id., du l. *spado* — **Spece**, espèce, beauté C; (chaque) espèce, créature Nl p 108; *spes* nature B 311 ; noble J 5 b, *a tra —* la chose est claire Nl 64 ; — bien, tout à fait, certes 319, 525, J 121 b, N 153, 190, 251, 1375, P, B 95, 133; *spessaff* très bonne (philosophe) 96; **specie**, petite espèce Cb; **special**, g. id C, (notre) vrai (roi) Nl 140, cf. B 172, J 70; (lieu) marqué 47 ; tout droit 46 b, spécialt 98 b, M 2, *en —* 3, *en -yal* J 207, *-iel* H, -**ialdet**, bonté ? P, 282, **-lalite**, g. id Cb, **-cyfyat**, fut spécifié, annoncé P ; auj. *spesou* les saintes espèces. — **Sper**, sphère C. Du fr.

Sper, race B 337, Gw, léon. id, *sperius* fécond, fructueux, Gr., du lat. *sperma ?*

Sperance, espérance Cathell 14. — **Speret**, esprit C, H, J 31, P, N 61, (rendre l') esprit 895, (ma) vie B 219* *spehat* P 261, r. *er et et*, lis. *speret ?* pl. *-redou* H, N 93 ; **spirituel**, g. id Cb, H. Auj. *spered*, du l. *spiritus*.

Spern, épines H, J 109 b, Nl 44, *enn* aubépine C, -**rnennle**, petite épine Cb, auj. id, cf. v. h. a. *sporon* éperon (Stokes).

Speur, l. aspar C, une rangée de piliers à maçonner, où à lier les bêtes es étables Cb ; cloison Gr.

Spezadenn, groseille C, *guezenn spezat* groseillier Cb, léon. id, gall. *ysbyddaden* ; corniq. *spedhes* ronces.

Spi, espérance C, J 160 b, N 587, *en e —* dans son esprit Nl 355 ; *spy* espoir J 93, opinion 104 b, **spiaff**, espérer C, j'espère B 682, *spy* il espère 702, J 164, cf. fr. *épier*. — **Spilenn**, épingle C, dim. -**le**, Cb, auj. id., h. br. *épille*, cf. it. *spillo*. — **Splann**, clair, brillant N 908, P, B 29, 359, clair', ouvert', certes 264, 633, J 14, 52 b, 76, *en —* B 34; *-an* H, J 187 ; *-am r. ann* Nl 43, 325; *spann* P 269, lis. *splann ?* Auj. *splan*, gall. *ysblan*, du l. *splendeo*. — **Splet**, les affaires (de ce monde) N 1165, 1279, 1327 ; (par) l'effet (de) 81, P, Nl 406, (par) l'opération (du S. Esprit) 80, (entendre) la parole (du S. Esprit, de Dieu) N 545 — *an pechedou* (renoncer) au péché 226, *an —* le cas (est inquiétant) 1172, *voar nep —* en aucune façon, pour rien au monde 509, 560 ; — certes Nl 503, van. *splet* avantage, cf. br. *displed*, abject; du fr. *exploit*. — **Spoe**, éponge C, al's *spoing* Cb; J 143 ; trée. *spoue*, bouchon ; du l. *spongia*. — **Spont**, peur C, B 386, P, J 70 b, cas épouvantable 10 h, 217 b, *spount* r. ont 223, *spond* Cathell 24, **spontaff**, épouvanter, avoir peur C, j'ai peur B 794, p. N 869, *ey spontat* on eut peur Nl 107, cond. *-the* J 232 ; **spontabl**, épouvantable B 556, 737, Cb, **-ntus**, peureux Cb. Auj. id., du l. *expaventem*. — **Spoum**, écume C, Gr. ; cf. l. *spuma*. — **Spurg**, l. cathapucia C, pilules Cb ; *spurch* épurge Gr. Du fr.

Spusenn, pépin C, *-sen*, *splusen* Gr., corniq. *sprusan*; cf. all. *spross* bourgeon ?

Squacc, aornem¹ à jambes de femme pour cheminer C ; instrum¹ à mettre sur le pied d'une bête pour la garder de cheminer Cb ; g. *abot* Cc ; auj. *skas*, même orig. que fr. *échasses* ; R. c. IV 166. — **Squarlac**, écarlate C ; *scarlecq*, *scarladd* Gr. Du fr.

Squeiff, Cb; tq- Ca, *squeyff* frapper, v. act. M 4, p. *squoet* C, *scoet* C, (clou) enfoncé B 471 ; prés. *sque* C v. *dac*, *squæ* M 10, *sco* J 107 b, il passe (la nuit) 64 ; *squeit* 1 s. B 588 ; prét. *scoas* 144 b, *scoaz* 76, 1 s.; *sco* l B 581, *nem* — ne me touche pas J 195; *squeomp* 1 s. B 158, 2 s. 590 ; *squeit* 1 s. 466, 591; fut. *ne squeif quet outy* je n'y toucherai pas, 1 s. J 131 b ; 3º p. *scoy* 1 s. 35, 74 b, 138, N 89, 1361, cond. *scohe* 72 b, *-het* 133 ; *scose* frapperait 39 b. Auj. *skei*, de *scod-im, cf. *to shoot* ?

Squeignaff, couper C v. *hesquennat*, *-egiaff* B 763, *-eiaff* C, *-egaff*, *-eyghaff* Jér., p. *-eiget* C; *-egiet* l B 593, fut. *-eigo* 597, cond. *-eiche* 596, **squeigndur**, coupure C ; *skigea* Pel., cf. l. *scindo*.

Squerb, écharpe C, du fr. — **Squeul**, échelle C, f. : *homan* J 157 b-8; *skeul*, Jér ; auj. id, du l. *scala*.

Squeut, ombre C, dim. **squeudic** Cb ; auj. *skeud*, cf. σκότος.

Squeuent, poumon, l. pulmo C ; auj. *skevent*, gall. *ysgyfaint*, cf. *scaff*.

Squezrenn, estelle de bois C, al's *squiryenn* éclat de bois Cb; *squezren*, *squirien* Maun. ; tréc. pl. *skilio*; vieux corniq. *scirenn*, gall. *ysgwthr*, et pl. *ysgyrion*. Prob. de deux rac.

Squient, sens, entend¹ C, science H, B 90, sagesse 137, 550 N 15, Nl 272 P, J 62; r. *ed* 69 b; (les cinq) sens H, *squy-* P ; **-lentus**, sensé, sage B 80*, Cb. Auj. *skiant*, du l. *scientia*. — **Squingnaff**, dissiper C, *skigna* id. Am., *squynn* r. *ign* partir, s'en aller M 7, auj. *skigna*, *stigna*, *stegna*, du l. *extendo*. —

Stady, C stade, du fr.

Staffn, palais de la bouche C, auj. *staon*, gall. *safn* voc. corn. *stefenic*, cf. στόμα.

Staguell *an fri*, l. interfinium C (lis. in-) ; l'entre-deux du nez Cb ; *distacq* *-el* attache détachée, lien délié, Am. scl. Pel., **staguet**, attaché J 106 b, imp. 136, pr. *-guer* 10 b, fut. *-go* 138 b, B 570; *-gomp* l J 107 b ; auj. *staga* attacher, même orig. que le fr. — **Stal**, estal C, l. emptorium Cb, état, situation, P 263; **-aff**, établir Cb, v. *lech*. Auj. *stal*, boutique. Du fr.

Stalaff, syn. de *dor* Cb, *-aph* Cb; *-af* fenêtre ou volet de bois Pel.; doublet du verbe précédent ?

Stanc, étang C, *stang* v. *lenn* Cc ; **stanquaff**, faire étang, l. stagnare C, *-ncaff* Cb; **stanq**, d'une manière pressante, cruelle N 870, *stang* (bouillir) fort J 12, *scuiz stanc* harassé N 960, *scuys* — Am ; — accablé (de fatigue) B 482, Nl 444, *leun* — a langour J 96 b. Auj. id, du l. *stagnum*; cf. it. *stanco*, las.

Start, ferme, fort J 99 b, 102, P, (lieu) sûr B 366, (garder) rigoureust 401 ; fort¹ J 146, *stard* (marcher) bien B 159, *estart* fort 1 s. 578. Auj. *stard* id; tréc. *zard*, vif, gai ; cf. all. *stark*.

Stat, état B 388, 660, C, P, N396, 436, 467; condition, caractère, 1048, J 75 b, B 42, *en* — (rester) en état, J 55 b, façon, manière 37, 44, *en* — *quer* beaucoup 36 cf. 15; B 35, 83, 169 365, *en* — *man* ainsi Nl 421, maintenant N 1, 852, *en* — *aman* J 55 b, *en* — se id N 1287, cf. J 9 b, *pep* — de toute façon 231, Nl 24, N 578, toujours 1059, toutefois B 5 ; *nep* — aucun N 566, — rang, 726, majesté J 82, pompe, cérémonie N 223, 245, 333, 953, respect, honneur 1123, 1249, Nl 278, (homme de) condition, de valeur 383, J 229, N 255 ; le séjour heureux (du ciel) Nl 408 ; *gant stadou* J 80 b, *cum gloria* ; **statur**, état, condition, façon 94,

B 80*, 311, N 174, 728, 1157, Nl 173; **statut**, g. id C, pl -udou N 1410, **-udaff**, établir C, p. H, -utet J 67 b. Auj. stad, du l. status. — **Staul**, l. bostar C, étable Cb, staol Pel., du l. stabulum.

Staut, urine C, — tom chaude pisse Cb, **-et**, uriner C, M 7 v, staotet eu an gaffr Jér v. lavrec ; **stauter**, l. minsor f. es C, **-tadur**, (act. d'uriner), **-tus**, pissable. Léon. staot, cf. angl. stale.

Steffan, Etienne C, -phan Nl 547, -phen H, du l. stephanus.

Sten, étain C, stean Cb, auj. id., gall. ystaen, l. stannum.

1. **Ster**, sester, mesure, l. hin C, fester Cb, du fr. setier. — 2. **Ster**, valeur, signification B 97, nature, puissance 308, 309, matière, façon J 95, gall. ystyr, sens, du l. historia, voy. dister, stir.

Steren, étoile H, P, Nl 29, f. : y 514, honnez 269; -ent, 10, -enn C, pl. steret B 279, Cb J 148, M 55 v, P, N 855, ster 123, 1371, B 10, 21, 662, J 6, Nl 272, P, stér Gw., dim. **sterennic ; -nnus**, plein d'étoiles Cb. Auj. id, gall. seren, cf. l. stella.

Steril, -e C, du fr. — **Sternaff**, apparailller ou enseller cheuaulx C, p. (on se sera) préparé, disposé, corrigé, r. arn M 12 v ; **starn da gueaff** instrum¹ à faire toile Cb v. lien ; en un — tout ensemble Nl p. 106. Auj. starna, du l. sterno. — **Steuffenn**, estain de drap et de fil C, auj. steuven ; du l. stamen. — **Stil**, style C, rite, habitude, doctrine N 581, 605, 1672, P, façon, genre, style (d'une tour) B 38 ; mœurs ; politesse 444*, il Nl 127 ; **stilaff**, styler, p. stylo ornatus C ; du fr. — **Stinn**, r. ign l'extension (de ta famille) B 358, stin 358*, styn P 231 ; voy. squingnaff. — **Stir**, effort B 796, dre — a guiryou par intrigue de paroles N 1473, voy. ster 2.

Stlaflesq, lancelee l. lanceola C, stlanvesk petit plantain, et plantain en gén., stlone, grand plantain, Pel., Gon.; stlafesk mercuriale ou foirole Gon., -ffesq mercuriale Gr., cf. stlaon petites anguilles.

Stlam, affet — (voir) très bien B 60, lis. splam, clair*, voy. splan ?

Stlapa, jeter Am. v. rog ; id., stapla, Pel., auj. stlepel, cf. gall. yslapio souffleter, du germ., angl. slap ? — **Stleget**, traîné J 87, cf. 76, 84 ; -eiget 119, B 393, auj. inf. stleja, v. br. stloit(prenou) roulettes, gall. ysled, orig. germ., angl. to slide, v. fr. eslider.

Stluec, C, Cb, estreff, l. scansile, stleuc an louzr auanpies de chausses C, stleuc an lozr Cb, stluec a. l. Ce ; stleuc étrier Pel.

Stoc, d'a — claffier ho ogrou pour toucher le clavier de vos orgues Am. ; les vieux dict. ont stequiff, heurter, Pel.; tréc. stokan. Du fr. estoc ?

Stoeaff, fléchir C, stouet 2 s. pencher (sa tête) J 144, se prosterner 115 ; 1ᵒ s. r. oe Nl 339, hep stonnet pen Gw v. stonn, lis. stouuet; p. stouet 2 s. J 54 b ; stouaff 2 s. je m'incline 51 b, az stoeaz P 196, lis. ez stoeaff a stou dan nouglin B 176-7, ez stouff oar he douglin 256-7, impf. stouent Nl 471 ; prét. stoueaz r. as 561, stouftont 310 ; stousont P 102; fut. stoezyf Gw., stouo N 1693 ; stou da penn ! B 782, stouhomp ! cond. stouenn Gw. ; voar ma stoe (moi) à genoux N 1532, eff a deuz... oar estoe il s'abaissa B 332, stou pe anclin l. flexus, a, um, g. muable, fléchissable Cb. Auj. stoui, gall. ystwng.

Stol, étole C, **stoliquenn**, l. vitta C pendant Cb ; auj. id., du l. stola, cf. vos. corn. stol-lof manuale. — **Stomac**, estomac C, du fr. — **Storeenn**, correye, l. ligula Cb, storr. C, storeen fouet de toupie, stor aiguillette de cuir Pel., de l. ex, corium. — **Stoup**, étoupe, C, stoub N 1616, du fr.; stouffaff étouper C, al. **stelffaff**, Cb, stephyaff boucher, **-yer**, bouchant v. serraff ; **stelffadur**, estoupem¹ Cb; stoupa, stevia, boucher Gon., du l. stuppa. — **Stourm**, bataille H, — ouz combattre (le péché) M 67, storm batailler C, gant — en la frappant r. ourm B 456, **stormer**, guerroyeur, **stourmidi-gaez**, l. pugnacitas C ; stourm orage Pel., orig. germ., angl. storm. — **Stracouillon**, evel ur —, hep lavaret bon jour comme un bègue, sans dire bonjour, Am.; auj. ema ar strakouillon gant-han, il est bègue, Troude, propr. il a l'étranguillon ; du fr.

Stram, odieux 446*, affreus (défiguré) 464, avili, déshonoré 580.

Strantal, étourdi, évaporé P, auj. id., Troude ; van. *frontal* libéral.

Strapaff, triper, tressaillir, l. strepo C, **atrap**, trepissem¹, l. strepitus *Cb*, *en un* — en un instant? B 790, J 165 *eguit e strab* malgré ses efforts, ses trépignem¹⁸ N 1620 ; tréc. *strapan*, fermer violemm¹ ; cf. *stlapa*.

Strehet, voie pavée, l. strata C, *-hat* Cc ; *street, strevet* venelle Pel., cf. van. *streaouein* éparpiller v. br. *strouis* stravi, angl. *to strew*.

Streuyaff, éternuer C, **streuydiguez**, l. stermutatio *Cb*, *-gaeɀ Cc*, *strefia* Pel. gall. *ystrewi*, irl. *sreod*, cf. le précédent.

Strif, effort, ardeur, zèle J 163, *a* — avec — N 1470, *a stryff* P 239, *astriff* B 24 ; *striff* 197, *dre drouc* — 342, *d. d. -if* J 178 ; *dre da stif* 120 b ; *strif* trouble, inquiétude 188, (en) révolution, mouv¹ 101 ; **striffaff**, l. contendere C, **atrivant**, empressé Nl 265, — *caranteɀ* 261 ; *stry-* avec zèle 266 ; *striff* querelle Pel., du v. fr. *estrif*. — **Strill**, (sans) un lambeau (de vêt¹) B 450* ; *neuse an stirill an trompillou* alors le bruit des trompettes Nl p. 108, 8 s. ; ll⁸. *strill* ? *strill* goutte, *strilla* détirer (du fil) Pel., cf. l. *stiria, stilla*. - **Stripenn**, g. stripe l. strutum C¹ tripe *Cb* ; tréc. *stripo* tripes, du fr. — **Striz**, étroit C, J 62 b, *-yɀ* P, *gwelet* — voir de près ; Gw, *-iɀ* (pric) instamm¹ P 195 ; *-yɀ* avec sens déshonnête Gw. ; *-iɀ*, **-adur**, accolem¹ *Cb*, **-zaff**, embrasser, accoler C, *ha'm -yɀet* et embrassez-moi Gw. Tréc. *stris*, du l. *strictus*. - **Stroez**, (broussailles) C, 1 s. P 266, *-oueɀ* Nl p. 106, Pel., du l. *structus* ? cf. *struich* fertilité Gr., voy. *distrugaff*.

Stroll, *en un* — (aller) de compagnie, Gw., **-ndou**, (par) bandes, Gwinglâf v. *bagat* ; *stroll* lien Pel.

Stroncer, *dent gant grigonc à* — stridebunt dentibus Nl p. 107, *stronça* ébranler Pel., tréc. *stronsan* cahoter.

Strop, estrepe (étrape) C, *fals strop* espèce de faucille sans dents Pel. ; du fr.

Stroton, t. d'injure B 616, N 836 ; *stroden* malpropre, coureuse, Pel.

Strouill, ordure J 10 b, *-oill* N 609, *-ouil* 565 ; *ar-coɀ* **atrouillart**, ce vieux vilain Am. ; *strouill* ordure Pel. ; centre de la Fr. *trouiller*, salir de boue (Jaubert).

Stuchyaff, empenner, *-yen saeɀ* pennon C, *stuhenn, -ou ann heul* C ; *stuhenn an héaul* rayon de soleil. Gr ; *distuc'h* sans plume Gr., cf. irl. *stuaic* sommet (crête), O'R. ?

Studi, étude C, N 1080, *-y* 684, B 9, résolution J 22 b, intention 234, B165, P, *-i* N 168 ; *-j* désir 132¹ *-y* plaisir 161, *-i* anxiété J 64 b, réflexion 11 ; **-iaff**, étudier C, N 1053, *-af* r. a 1079 ; comprendre J 188, je désire, j'ai l'intention 29, 187 b ; *-ieɀ* tu t'adonnes (e, à) N 644 ; *-y*, B 198 ; *-iet!* réfléchissez (ai) N 1612, (j'ai) résolu Jér. ; **-iant**, étudiant N 1041, C. Auj. *studi* étude ; du fr.

Stum, presant, *ha* —, in carne præsens Nl p. 106 ; cf. tréc. *stum* façon, mode, gall. *ystum*.

Stur, gouvernail C, *steur Cb* v. *toussaff* ; auj. *stur*, orig. germ., cf. angl. *steer*, v. fr. *estiere*.

Stuz *yen* misère, esclavage ? J 129, *stuɀ* manière, façon, état, Trd ; état, Suppl. aux dict. br., p. 83 ; *drouc struɀiet* de mauvaise mine Pel., cf. *stum* ?

Su, le sud, r. u J 180. — **Subchantr**, sous-chantre *Cb*, *-tre* ; **-bdean**, sous-doyen, **-bdelegat**, l. us, **-bdiner**, sous-diacre C ; **subget**, sujet, exposé *Cb* ; *-biect Cb* ; *sugiet* B 337, 425, *-get* 23, 117, P, J 41, *-jet* 95, B 711 ; *-get* (être) assujéti J 117, sujet (da de) Nl 480 ; pl. *-git* des sujets, var. *-get*, r. *it* J 118 b, **-bgetaff**, soumettre *Cb* ; **sublectif**, g. id. *Cb*, **-tion**, g. id C ; **subit**, (mort) subite B 663, **subscolastic**, l. *-us* C ; **substance**, g. id. C, *sustance* ce qu'on prend pour se sustenter B 266, (mon) sang, (ma) fille 740, (action sans) raison 715 ; **substanczus**, *-ntiel Cb*, **-ntiff**, g. id. C ; **substituaff**, *-er* C ; **subuertissaff**, (le) faire changer d'avis B 728, *-vertissaf* soulever (le peuple) J

101 b.; **succedaff**, -er B 34, C. **-ession**, g. id., **-ssor**, -eur C, f. -oures B 35; **suffocaff**, -quer C; **suffrag**, -eC, -aig Ce. Du fr.

Sug, v. i. *sunȳenn* Cc; *sunȳenn pe sug*, corde C*b*; *sug* Trd, gall. *syg*, cf. b. l. *soca*.

Sugestion, g. id, C, du fr. — **Sul**, dimanche C, J 186, N 531, *dicȳul* C, *deȝ an sul*, pl. *sulȳou* H, auj. id., du l. *sôlis (dies)*.

Suluguenn, pain cuit en cendre C, nl's *panenn* C*b*; *suilla* rôtir Pel., cuire trop, flamber Trd.

Sunaff, sucer C, auj. -*a*, v. gall. *dissunegnetic* épuisé; dérivé du l. *sugere*. — **Superfluaff**, -er C, **-uite**, g. id. C*b*; **superlatiff**, g. id. C; *an* **Supernel**, le Très-Haut B 323. — **Supin**, (g. id.) C. — **Supleaff**, v. in *achiuaff* C (suppléer, compléter); **suplection**, g. id., l. -io C, -*etion* C*b*; **supliaff**, supplier C, H, *supp-* C*b*, Nl 138, prier 232, -*af dif* me supplier J 29 b, *suply* Nl 544, *supp-* id. 298; p. *supliet* (grâce) demandée B 674; prés. -*iaff* N 856, *deoch me suply* J 161, cf. B 662, H, *me a supp- deȝaff* N 1137; *suppli* 391, *me aȝ -y* 892, cf. 1149, Nl 509; *meȝ suppliff* id. N 1807; *supliomp l* 488, *hon em —* recommandons-nous (à David) 1191, *-pplyomp* Nl 533; **supply**, supplication 98, 360, suppliants 56, **-ication**, g. id., *supli-*; **-ppller**, qui supplie C*b*, du fr.; **supot**, *en un — peur deuot ha noter* façon, manière, comportement Nl 85, (du fr. *support* ?); **suppeditaff**, -er C; **supposet**, supposé que B 116; **superscription**, g. id. C. — **Sur**, sûr C, H, J 11 b, 211, sûrt, certes 8b, P, N 175, **-amant**, sûrt 247, B 86, J 33, Nl 138, auj. id. — **Surgien**, chirurgien C. — **Sus !** sus ! allons ! B 393, J 73, 108. — **Suspect**, suspect N 667, -*et* C, -*ent* N 507; **suspiciou**, g. id C*b*, **-aff**, -er, -*tionaff* C; **suspensaf**, suspendre J 38, -*ntaff* C. du fr. — **Sustaran**, siège (de juge) P 267 ; le P. Grég. cite comme anc. *sustarn an pap, an barner* siège du pape, du juge. Du l. *sub, sterno*.

T

Ta. ton, ta, tes C, *ta manier* ta manière C*b*, voy. *da*.

Tabellien, -ion; **-ionage,** g. id C, -*ag* C*b*. — **Tabernacl,** -e C. — **Tablesenn,** tableau; **-blez,** tablier à jouer aux tables C, — *an chenger* table de monoyer, — *an diçou* table à dés C*b*. — **Tabourin,** g. id, **-aff,** en jouer C*b*, **-ner,** joueur de tambour C; tréc. *taboulin* f. Du fr. — **Tachenn,** place C, B 800, endroit, lieu P, J 134, 160, *penn a un* —, la moindre place B 465, -*en* J 62 b. *tai*- Nl 886; *a tachennou* par lambeaux J 33. Auj. id., cf. *tacon* pièce Pel., it. *taccone*.

Taer, impétueux B 147*, Pel., gall. *taer*.

Taeson, statue? B 436.

Taffhaff, goûter C*b*, -*ffaff* v. *sacrifiaff*, *tafha* J 143, -*ffha* id. C, prét. -*has* B 259, -*ffas* Nl 396, auj. *tanvat*, même rac. que *teaut*?

Tag, tache C*b* v. *lentil*, *taig* C, B 650, *hep un tachenn* J 107 (ou lis. *pep un t.*, par tout le corps, cf. B 465); du fr.

Tagaff, étrangler C, s'étrangler (en mangeant) C*b* v. *louncaff*; -*guaff* Cc v. *suffocaff*, p. -*guet*; **-gadur,** étranglement, **-ez,** id., **-guerez,** l. (s)trangulatio C*b*. Auj. *taga*, gall. *tagu*.

Taig, clou C, J 136, m.: *try* Nl 315, cf. J 134; pl. *tachou* 42 b, cf. 121 b; B 471, -*aou* Nl 45; **tachaff,** clouer C., -*ai fut* cloué Nl 201. Auj. *tach* m.; v.fr. *tachier* attacher, voy. *tachenn*. — **Taill,** taille C, — *prenn* taille de bois C*b*, *dre may a — den vaillant* Nl 1052, 1 s. de moins; lis. *a en —*, il va, se conduit à la façon d'un brave homme? **taillaff,** tailler C, **-lladur** *da guyni*, l. putamen C*b*, **-ller,** tailleur (en pierre ou en métal C*b*), **-llezour,** l. rotondale C, **-lloer,** id., syn. de *tranchoer* C*b*, **-llouer** Cc. Du fr.

Tal, front C, N 1362, *rac ma* — (je vais) tout de suite 1184, *en* — auprès de J 192, m.: *nep en deffe dou* — celui qui a 2 fronts; *talpenn* l. frontispicium, g. frontière, la partie devant C*b*. Auj. id. gaul. -*talos*, cf. sanscrit *talas* surface (d'A. de J.).

Talant, *dre e* — selon son mérite J 216, -*ent* besant, l. *talentum* C. Du fr.

Talm, fronde C, dim. **-ic ; -mat,** jeter avec la fronde, **-mer,** (frondeur) C*b*. Auj. id, (d'où h. br. *taoume*); van. coup (de tonnerre); v. irl. *tailm* fronde; cf. *taul* 2?

Taluout, valoir, profiter, C, récompense C*b*, *tal* il vaut H. J 93, *a dal* H, *na tall* vaurien Jér. sel. Pel.; *ne tal quet clem* cela ne sert pas de se plaindre N 1922, cf. J 100, fut. -*veço* Gw; **-voudec,** C*b*, P, -*uoudec* profitable, utile, **-egaez,** valeur C, -*guey* utilité C*b*, f.: *peder —*, 4 avantages H. Auj. *talvout*, v. br. *tal solvit*, cf. τλος, Stokes.

Tam, morceau C, P, J 4, (je ne puis) rien (accorder) 32 b, cf. N 1488, P, *ne cretemp* — ne croyons point Jér., pl. *tammaou* Nl 405. Auj. id., de **tag-men*, cf. l. *con-tamin-are*.

Tamal, un blâme 483, -*ll* blâmer N 1665, reprocher *Cb* v. *vituperaff*, J 164 b, Jér., p. -*llet* 117, B 252, cond. -*alhe* 72°, -*llhe* P, *nam* -*alet* pour qu'on ne me blâme pas P 221. Auj. id., irl. *tamailt*, O'R.

Tamoes, sas, -**at**, sasser C (après *taffha*) p. -*set Cb*, auj. id. du fr. *tamis*.

Tamoesenn, épi de blé C, (ap. *taffha*) pl. *tamoes Cb*; **tamoesaff**, cueillir épis *Cb*; tréc. *taonzen*, gall. *twysen*, irl. *dias*.

Tan, feu C, H, J 97 b, N 1661, P, dim. -**ic**, *Cb*; auj. et v. br. id., v. irl. *tene*, voy. *tes*, *toem*.

Tanau, ténure, menu, C, clair, l, *rarus Cb*, mince P, -**hat**, l. tenuare C, faire clair, l. rareo; -**auder**, l. tenuitas *Cb*; tréc. *tannav*, v. irl. *tana*, cf. l. *tenuis*.

Tane, g. id. l. coccinum, coccus C. — **Tapice**, tapis C, auj. *tapis*. Du fr.

Taraguenn, tique C, al's *teureguenn Cb*, tréc. *teurgen*, h. br. *tarac* Pel., gall. *torogen* ventrue, voy *torr*.

Tarauat, frotter 488, C, *darc'hav* battre Gr., gall. *taro*.

Tarazr, tarière C, et *talazr Cb*, tréc. *taler* m., vieux corn. *tarater*, cf. τέρετρον.

Tardaff, -*er* 159, N 323, -*af* 1087 J 118 b, cf. Nl 504; cond. -*rthenn* B 243, -*rdet* qu'on tardât J 161, -*rdsent* qu'ils tardassent Cathell 27; -**rdiff**, tardif C B 24, du fr.

Tarloncaff, roter C; tréc. *tarlonkan* s'engouer, gall. *tarlyncu*, *darlyncu*, de *do* ou *tu*, *are*, et voy *loncaff*.

Taru, taureau 574, C, auj. *tarv*, gaul. *tarvos*, cf. gr. ταῦρος.

Tarz, syn. de *fraill* C; auj. *tarza* crever, éclater, gall. *tarddu*; corniq. *tardhe* percer, cf. *tarazr*.

Tas, en *un* — (descendre J.-C. de la croix) litt. en un tas, J 155 b; du fr. — **Tasmant**, fantôme C, N 797; -*man* Pel.; du l. *fantasma* ?

Tasoanaff, agacer C, al. *tosonaff Cc*, al. *hoari* (,) *attysaff Cb*, p. *toasoanet* C, *pe attyset Cb*, *pe tosonet Cc*, tréc. *tazonein*; du lat. *tunsus* ?

Tassaff, tausser despans l. taxare C, juger B 433, *guir* — 351; p. J 179, N 1415, condamné (*da à*) Nl 4, 407, *maz oamp*... — auquel nous étions condamnés 415, cf. B 404, 543; *me so dan gloas em* — je me suis dévoué aux souffrances J 33 b, *a goas ne viof* — virum non cognosco Nl 504; **tasser**, taxeur C, **taux**, l. taxatio *Cb*, van. *tauzeu*, taxes, impôts; du l. *taxare*.

Tat, père 19, C, H, N 122, P, J 3 b, *tad* 80 b; *ho tat*, leur père, pron. *ho zat*, 1° s. r. *oz*, P 265; pl. *tadou* patriarches B 181, 344, -*aou* Nl 389, *tatdou* P; *tat coz* aïeul C, *tat-pazron* parrain H; **tadelez**, paternité *Cb*; auj. id., gall. *tad*, cf. l. *tata*.

Tatin, querelle N 1428, murmure 566, caquet J 202; querelleur Pel., cf. fr. *taquin*. — 1. **Taul**, table à manger C, J 58 b, dim. -**ic**, *Cb*, -**ienn**, table à écrivain C, tablette J 138 b, -*en* table H, -**nnic**, tableau *Cb*. Léon *taol*, du l. *tabula*.

2. **Taul**, coup J 111, B 370, *an* — *quentaff* au plus tôt 174; *taol Cb*, N 88, 1363, -*ll* Am. v. *rog*, *taoul* C (ap. *taul*); pl. *taulou* Nl 558, B 465, -*liou* 464; **tourell**, jeter C, -*reul* J 145, -*ll Cc*, -*leur* Gw. v. *mall*, p. *taulet Cb*, J 12, fut. -*lo* B 747, -**lidiguez**, perfection *Cb*, *teulidigaez* gettance C. Léon *taol*, gall. *tafl*; irl. *tabhal*, fronde, cf. *talm* ?

Tauarn, taverne, C, dim. -**ic**, *Cb*, -**nier**, *Cc*, -*yer* g. id. f. *es* C, *taue- Cb*. Auj. *tavargn*, du l. *taberna*.

Te, toi C, J 52, tu N 441 ô toi 1416, te... *a laʒiff* toi je te tuerai 86-7 ; *ten goar* tu le sais J 152 b, *te gano* tu l'enfanteras Nl 119, *da peurtin* de ton sein à toi J 60. Auj. *te,* v. gall. *ti,* cf. l. *tu.*

Teaulenn, morelle l. morella C, Gr., voc. corn. *tavolen* gall. *tafolen.*

Teaut, langue C, 1 s. B 272, J 99, M 7 v, *teut* C, — *eugenn* langue de bœuf, herbe, l. buglossa, C, — *egenn* Cb, — *qui* langue de chien, l. cinoglossa C, dim. **teudic,** *teau-*; *-dec bras* qui a grande langue, Cb. Tréc. *tiaot,* voc. corn. *tauot*; cf. *tanvod* plante simple Pel ; voy. *taffhaff.*

Tech, fuite Cb, *oar* — en fuite 364, *mont voar* — s'enfuir N 3, **-et,** fuir 753, B 800, C, M 53, Nl 71 *-chel* H, *terchet* éviter J 57 b ; *techet* (être) enfui 151, B 361, prés. *-chaff* Jér., *tech* B 401, — *digant* il se garde de, évite (le péché) M 39, **techus,** fugitif Cb. Auj. *tec'het* fuir, cf. v. irl. *techim,* gr. ταχύς.

Teffal, sombre Nl 144, *the-* Cb, *-ffhal, teffoal, teuoal* C, *teual* Cb v. *lech, -val* J 116 *tévall* Jér., *en teual don* dans les ténèbres profondes J 99 ; **tevalder,** obscurité 148, *teffa-, the-, -ffualder* Cb, **teualtet,** id. Nl 138 ; **teffalhat,** obscurcir, **teffoalligen,** obscurité C, **theffalus,** plein d'obscurité Cb. Auj. *tenval,* v. irl. *temel,* cf. l. *tenebræ, temere.*

Teïg, *drouc* — mauvais penchant 485, J 53 ; — *an mecher* la sorte d'ouvrage B 54 ; *teyg* P 263, auj. *tech,* du v. fr., cf. fr. *entiché.*

Teïl, fiens, l. fimus, **-at,** fambreer l. stercorare C, **-lus,** l. stercorosus Cb. Auj. *teil,* cf. gr. τῦλος?

Teïr, trois, f. C, H, P, J 37 b, *teyr* 151, 218 b, auj. et v. gall. *teir,* irl. *teoir,* cf. sanscr. *tisras*; voy. *try*

1. **Tem,** thème C, du fr. — 2. **Tem,** moment, *an quentaf* — au plus tôt J 224, du l. *tempus* ; **temperaff,** l. *-are* C, v. br. *temperam* gl. condio, du l. *temperare.* — **Tempest,** -ête, C, P, grêle de coups B 565, vive affliction J 38, tumulte 128 b, éclats de joie Nl 490, **-aff,** tempêter C, *-er* on bat B 454, *en em -at* il s'est sacrifié? Nl 281, **-us,** *-eux,* g. id Cb. — **Templ,** -e B 105, C, J 39, Nl 238, P ; m., Cathell 5 ; **-er,** templi(e)r Cb. — **Temporal,** *-el* M 3. Du fr. — **Temptaff,** tenter B 22, C, H, fut *-ti* N 613 ; **-tation,** tentation, Cb, J 95, P, (pl. *ou* H) ; *-cion* B 278, tentation H. — **Tenaillou,** tenailles Cathell 27. — **Tenasy,** tenaisie, l. arthemesia Cc. — **Tencen,** tencier, litiger C, al. *tencʒaff* Cb, *tenʒ-* Cc, **tenczon,** tenczon, litige C. Du fr.

Tenchez charnel délectation charnelle C, *-chieʒ* v. *delicius*; même rac. que *tencen,* b. l. *tentiare.*

Tener, tendre, mol C, Nl 276, délicat J 76, auj. id ; du l. *tener.* — **Tenn,** trait, l. tractus C ; (faire un mauvais) coup B 795, *da un drouc* — dans un mauvais but 749 ; *nep* — pour rien au monde N 731, *dre nep* — id J 196, par quelque effort, 225, B 37, *d. n. ten na peden* 231°; **tenn,** dur, cruel 460, J 29, ferme (résolution) B 535, *ten* J 12 b, lourde (croix) 130 b, étroit Cb, *breuiou tenn* plaids solennels N 1406, *ent fort* J 198 ; — dur, fort, instamml 32 b, B 190, 241, 459, N 152, 385, 1404, 1790, P, *c'hweʒvet* — enflé et tendu Am, tout plein, B 259 ; — (aller) tout droit J 47 b ; *ten* 12 b, B 78°, N 380, Nl 509, *hetus* — très agréable 29 ; *teli* var. *tenn* P 237 ; *quen tenn ma* **tennaff,** me tirer si fort J 42 b, C, H, extraire J 44, engager qqn (da à) B 332, marcher fort 158, *ten tirer,* traîner 405, *da em* — te retirer N 11 ; *tennet* tiré P, *at*-tiré B 23, *em* — s'étant retiré 364 ; *ten* il tend à, vers J 94, *tenn* M 53 ; *-at* fut tiré Nl 479, fut. *ouʒ em tenket* que vous vous retiriez B 779 ; cf. 291°, 423, 570, 583, J 14 b, N 306, 536 ; *-nnhe da* causerait B 742, **-nnadur,** atrairement C, **tennoer,** pavillon, l. tentorium C. Auj. *tenn* ; du l. *tendo.* — **Tenor,** la teneur C. — **Tensor,** trésor B 146°, Nl 471, r. *en* N 438, 906, P 264 ; ciel : *Maestres an* — Nl 128, *Rouanes an* — 110, **-yer,** trésorier C, f. *es* Cb. Auj. *tensor*; du l. *thensaurus.* — **Termen,** terme, C, N 391, P, fin B 671, délai pour payer 45, J 151, *derchel — mat, fall,* B 48, *en berr* — sous bref délai J 18, B 52, *an — man* à présent J 49 b, *pép* — toujours B 431, *en — scaff* en peu de temps 421, *dam —,* var. *dan* —, à ce moment J 38 ; arrêt, chose ordonnée 26 b, 41 ; chose, fait, acte, B 71, 123, 209, 613, N 629, Nl 463, J 63, (en aucune) façon 116, B 51, *dreis pep* — surtout 11, 58 ; m. : *e* N 704 ; pl. *-you* conditions d'un marché J 61 b ; *atermoiem*¹⁶, lenteurs, 2° s. r. *in* B 608 ; **terminaff,** *-er* M 53, p. fin´ J

144 b, (signe) déterminé, certain N 1108 ; **-nal,** (fins) dernières M 2. Auj. *termen,* v. gall. *-min,* du l. *terminus*. — **Terrace,** g. terras C, *ta-* (dans les *te-*) quedam species parietis *Cb,* **terrer,** (chien) terrier, **-rest,** terrestre C, B 330, **-rian,** 3 s. seigneur terrien N 1349, *-rien*; **-rouer,** territoire C. — **Terribl,** -e C, B 730, Nl 500, P, J 40 b, adv. 220, **-det,** chose horrible, 34 b, 98 b. Du fr.

Terriff, rompre 301, C, violer (un commandem¹) Nl 511, satisfaire (mon désir) B 686 ; *-if* J 41, 211 b *yf* révéler (un secret) Jér., *-ifu* H, C, B 458, P, cf. J 131 b, Nl 498; *na—* n'interrompez (pas ma prière) Jér, sel. Pel.; cond. *ef —* qu'on ouvrît la terre B 70, **torrabl,** brisable, **-radur,** brisure, **-reres** *da gourchemenn* l. prœvaricatrix *Cb* v. *tremen*. Auj. *terri,* gall. *tori;* cf. *tarf* ?

Terzyen, fièvre C, H, J 129, *-nn Cb, -ien* f. : *hy* N 1855-6, pl. *-yenou,* dim. **-yenlc ; -naff,** avoir, la fièvre, **-nus,** qui l'a *Cb*; léon. id, gall. *teirthon,* du l. *tertiana*.

Tês, *a —* (je suis venu) en hâte, avec ardeur, *r. es* Jér. Auj. *tef,* m. échauffem¹, irl. *tess*; cf. l. *tepor*.

Tescouha, glaner C. *-ff Cb* ; tréc. *teskoa,* de *teskat* poignée d'épis glanés; gall. *twysgo* amasser ?

1. **Test,** témoin 454, C, H, J 3, preuve N 709, 1481 ? *dirac an — an maieste* en présence de la majesté ? B 788, pl. *-ou* J 103 b, **-tabl,** témoignable *Cb*; **teataf,** attester 223 b, *test* il atteste 102 b, 199 b, *me dest* je l'atteste 99 b, 126 b, B 247, 599; **-tamant,** testament, P, *dren nevef —* J 55; f. : *hy* 97 et N 1323-6, **-ment**; **-mentaff,** faire testam¹, **-nter,** f. *es* testateur *Cb,* **teatenl,** témoignage H, N 1171, C, *-y* B 385, N 1658, Nl 219, P, J 23, preuve 80 b ; *-euny, -ni*; **-nlaff,** témoigner, **-nlecat,** id. *Cb, -eniecat* témoignage C, **teatyflaff,** attester Nl 469. Auj. *test,* pl. v. br. *-ou,* du l. *testis*. — 2. **Test,** texte d'écriture C, texte Nl 548, N 458, leçon 1086, *caefret —* quel bon motif (d'allégresse) Nl 281, *palamour don —* à cause de nous (lis. *rest* ?) 281 ; *en un —* en une seule nature B 308; *heruef — an istoar* d'après le récit (ou le témoignage?) de l'histoire Nl 85 ; *trist r. ist,* texte ? M 4. Du l. *textus*.

Teu, épais C, gros J 159 b, cf. 12 b ; massif B 343 (dieux) lourds, sots 354, (la mort) impitoyable 669; (voyager) beaucoup 282, (regardez) bien 61, **-der,** épaisseur C, **teuhat,** épaissir l. crebreo *Cb.* Auj. *teo,* v. gall. *teu,* irl. *tiug,* cf. angl. *thick*.

Teulenn, tuile C, pl. *teul*; dim. **-nnle ; -nner,** f. *es* tuilier *Cb.* Auj. *teolen,* du l. *tegula*. — **Teurgn,** Tours, l. Turonis C, du fr.

Tenziff, fondre, **-zer,** fondeur, *lart* **teuz,** oynt saing, l. sagimen C.; léon *teufi,* gall. *toddi,* cf. angl. *thaw.*

Teuzl, titre C, Gr., de *tefl,* du l. *titlus* ?

Teuel, se taire 711, H, *tevell* P, *-el* taire qq ch. J 217 b, *teuell* taire C, *enem -ll* se taire *Cb*; *teu* il se tait M 3, *ouf e coufhat na —* ne cesse de songer à lui J 123 b ; *theuuosont* ils se turent Cathell 15 ; *tau!* B 371, cf. J 141, *tao d'yff* Am. v. *rambre,* Jér; *teuet l* B 421, *tyvit ... a hirvoudaf* cessez de gémir J 26. Auj. *tevel,* v. br. *taguel,* irl. *tô,* sanscr. *tushyati,* Stokes.

Thadeus, 3 s. Thadée P. — **Theologi,** *-ie* C, *-y* 3 s. N 1066 et Nl 80 cf. Deo gratias 4 s. 56 ; **-gian,** 4 s. théologique, adj. N 1088, **-gien** g. id. *Cb, theou-* C ; **-dolet,** g. id, c'est un livre, l. theodolus C, *theod- Cb* ; **Thephany,** N 1633, Te- 1418, 1608, 1657, *Teff-* 1650, *Teffan* l. Thephania C, Teophany 3 s, N 1604 n. pr. de femme. — **Thomas,** n. pr. C, J 199 b, P. — **Thouchenn,** gazon C (entre *truspluffec* et *tu*), *tuchenn* « gason, touche » Cc, ap. *tu*; *tuchen* butte, motte, Pel. Du fr.

Ty, maison C, H, N 168, P, J 4; m. : *haf7* b-8; f. : *hy* B 281; *ti* N 170, 1305, *tj* 332, pl. *tief* Nl 349 ; **tiec,** chef de ménage J 201 b, mesnagier, despenseur dung hostel l. yconomus C. Auj. *ti,* v. br. *teg,* cf. τέγος.

Tibr, le Tibre C. — **Tign,** la teigne, dim. **-ic,** *Cb* v. *roingnenn, ting* C, *teign* Am., **tignus,** teigneux *Cb, tingnous* C, *-oux* Cc, *teignus* Am. — **Tigr,** le Tigre *Cb, -e* C. — **Tilleun,** orme C, tréc. *till,* du l. *tilia*.

Tiourent, *eʒ* — 4 s. ils présageaient N 840 (sujet collectif, *un blason, des signes ?*) pour *eʒ digorent*, tréc. *e tiorent* ils ouvraient, voy. *digueriff?* Ou *eʒ tiourent* = il présage, cf. v. br. *doguorenniam* perfundo ?

Tir, la terre 137, C, N 55, 1073, P, *roe an tyr* B 516, cf. Nl 102, 358, *roe an styr*, var. *tyr* J 151 ; *tyr ha mor* sur terre et sur mer M 2 ; *tir yen* terre froide C, *tiryenn* Cb. Cf. *Pen-tir*, au bout de la presqu'île de Camaret ; v. gall. et v. irl. *tir*, cf. osque *teerum* territoire, Osthoff.

Tirant, tyran 494, C, N 386, persécuteur, bourreau J 70 b, cruel B 698, *tut* — 497; *ty-* J 169; pl. *tirantet* B 469, **-ntaff**, tyranniser, tuer Cb, *ty-* Cc, **tirannisi**, tyrannie Cathell 35, **-antiez**, C, **-nterez**, Cb. — **Tirce**, tierce H. — **Tisan**, tisane C. — **Tisic**, tisie (phtisie) C, *tisyc yen* fièvre, soif ardente J 143. — **Titr**, -e C, **-aff**, titrer, **titulation**, g. id Cb. Du fr.

Tyz, *a* — vite, certes Jér., *a tiʒ* en hâte B 267, *a — bras* J 78 b, *quen —, quen buhan* — aussitôt P, *tyʒ -buan* vite Gw., *tiʒ mat* Nl 24, B 53, var. *tymat* 81 ; *tiʒm-* 41, 294°, r. *iʒ* ; C, J 47, N 174, 294, Nl 408, *tysm-* B 9°, *tyʒm-* Gw., tim-Jér., *tiʒ* vite B 463, 480, 580, r. *iʒ* ; Nl 81, 147, 462, J 26 b et 214 b, r. *it; tyʒ mat a tyʒ* vite Jér, auj. *tiʒ* hâte, gall. *taith* voyage, v. irl. *techt*, de *(s)tig-t-*, cf. στείχω ; **tiznff**, atteindre C, *tyʒaf* Gw, *mar tiʒaf* si j'y parviens, si je puis J 125 ; cond. *ne tiʒ he quet* elle ne peut arriver 136, *nen tiʒ hent quet* ils ne peuvent l'atteindre 137 ; de *tyʒ*, ou cf. irl. *techtaim* avoir.

Tizoe, eunuque C, *tisocq* Gr. du précédent ? Cf. tréc. *tihet*, blessé.

Tnou, vallée P, — *meur* grande vallée C, *dan — man* ici-bas N 82, 489, *ouʒ an — man* (envoyer) ici-bas B 261, *dan —* en bas C, J 12, 51 b, *oʒ an —* B 400; *an knech dan —* de haut en bas C, *knech —* du haut en bas J 13, *kn(e)ch —* en haut et en bas N 397, *na — na knech* nulle part B 401, *an autrou an tnaou han knec'h* le seigneur du monde Gw, *e pen dan —* la tête en bas Jér. v. *cnec'h* ; *knech ha tnou*, var. *traou* J 176 b; *traou ha knech* M 12 v, *knech ha —* Nl 330, cf. 382, P; *dân —* Nl 16, 54, 405, 407, p. 108; *ouʒ —* 189, cf. 94, p. 107 ; *ouʒ — man* (venu) ici-bas 519; *tnon, tron* Gw; *an tuou Josaphas* Jér. v. *tu*, lis. *tnou*; pl. *treuier* vallées Nl p. 107 ; **tnoueus**, plein de vallées Cb. Tréc. *traou* en bas, *-ien* vallée, gall. *tyno*, vallée, cf. *twn*, fracture?

Toaz, pâte C, auj. id, v. irl. *tâis*, cf. σταῖς, Stokes.

Tobi, Tobie C. — **Tobic**, topiques, livre de logique Cb v. *lech*. — **Toc**, chapeau C, Jér., *diuisquaff an —* ôter le chapeau Cb. Auj. id Du fr. (toque). — **Tochadenn**, syn. de *peltenn* C, cf. *torchaden* ce qui est tortillé en façon de corde Pel., voy. *torch?*

Toeaff, jurer C, *touet* id. 2 s. N 1628, r. *aou* 1529, *toet* 2 s. 1597, 1601 ; p. *(le) doet* 1 s. 1512 ; prés. *toeaff* 2 s. B 363, N 1655, *toue-* 1532 ; *toe* 1 s. 842, B 358, J 108 b, *toue* 159 b, 221 b, *touhe* 1 s. N 887 ; *toeys* 1539; *touel I* J 230 ; *touo* N 1640, cond. *toehe* 1521, *touhe* 1642, 1 s.-r. à *proff* 1567 ; **toueryen**, 3 s., *- Doe* blasphémateurs 1402. Auj. *toui*, gall. *tyngu* irl. *tongim*, cf. v. lat. *tongere?* Voy. *tonquaff*.

Toellaff, décevoir C, prét. *toëllas* Jér. ; *touëlla* Gr., gall. *twyllo*, corn. *tulle*, cf. v. irl. *tellad* enlever, all. *stehlen*.

Toem, chaud C, *tom* P, J 109 (vouloir) ardemm¹ 44, 44 b; comp. adv. *eʒ tomoch* , sup. *eʒ tomaff* Cb, **toemaff**, échauffer C, *tom-* Cb, p. J 111 b, *tommet* 12 ; **toemder**, chaleur, *tom-* Cb, B 106, M 58 v; van. *tuem*, léon. *tom*, voc. corn. *toim* de **têm-*, **tep-m-*, cf. l. *tepeo*.

Toenn, couverture de maison, **toer**, couvreur C, **toet**, couvert Cb ; auj. *tei* couvrir v. br. *toetic* couvert, cf. *ti* et l. *tego*.

Ton, un ton C, J 212 b, air (des Noëls) Nl, *toun*. C. Auj. *ton*, du l. *tonus*. — **Tonnell**, tonneau C, *tone-* Cb, auj. id, du fr.

Tonnenn, couenne C, *tone-* Cb, auj. id, gall. *ton* peau, surface, irl. moy. *tond, tonn*.

Tonquaff, prédestiner C (dans les *toun-*); *toncqadur* destinée Gr., gall. *tynged* destinée ; voy. *toeaff*.

Torch coar clerge de cire C, *torg c.* Cc., *tourche an listri*, le suaire des escuelles C, *torg a. l.* Cc, *torche an refr* C, *torg a. r.* Cc, **torchaff,** torcher, **torchenn** *an bugale da asseçaff* une torche pour faire seoir les petits enfants (auj. id.); **torchoer** *an calch* palefroy l. *cento*, du fr. — **Torfet,** crime, N 450. P, J 98 b, *torff-* 28, B 708 pl. *torfetou* 181; **-etour,** malfaiteur J 100 b; se dit d'une femme, B 418°. Auj. id.; du v. fr. *tort fait* (H. de la Villemarqué).

Torr, ventre 592, C, v. br. *tar*, irl. *tarr.*

Torticet, serré J 12 b, enlacé (dans le péché) 164 b, 234 b, P; tréc. *tortis*, pl. o, corde pour serrer le blé chargé sur une charrette; du v. fr. *tortis*,; **torz,** tourte C, auj. id, du l. *torta.* — 1. — **Tost,** près, à côté J 33, 148 b, N 280, — *dan mor* 1393, *a —* de près 280, 1940, C; —, *piç*, non libéral Cb; (attacher) soigneus^t B 570, cf. 566, 575, violent 461, adv. 626; bien (le bonjour) J 228 b. Auj. *tost*, près; du fr. *tôt.* — 2. **Tost,** rôti, grillade Jér., *tosten* rôtie Pel, du l. *tostus.* — **Total,** g. id. l. -is C. — **Touaill,** touaille Cb, **-on,** id, l. manutergium C, *toūal* nappe Gr. Du fr. — **Toucec,** crapaud C, J 98 b, pl. *-eguet* 11, 13, *-çeguet* M 7 v. Auj. id, provençal *tossee* crapaud, esp. *tosigo* poison; du l. *toxicum* (cf. h. br. *venin,* insecte, vermine). — **Touchaff,** *-ec* (B 533, *touig outy* touche-la J 236, **touchabl,** *-e,* **-chadur,** touchem^t Cb, **-chant,** au sujet de J 26, B 47; d'abord M 3, *dre* **touch,** l. tangibiliter Cb v. *squeiff.* Du fr.

Touez, *en —* 1 s. parmi Nl 131, *hen —* Am., *e toe^* N 639; léon. et tréc. id., qq f. *en touesk*; cf. gall. *twysg* masse, quantité.

Touffoul, tourbillon 792, cf. van. *tufforec* (temps) étouffant, h. br. *touffeur*, Pel.; van. *un défouren,* une pluie d'orage, L. el L. 54; prov. *toufe*, vapeur étouffante; du fr., cf. *étouffer.*

Toull, trou C, Jér. v. *commoll, toul* C, *-ll* J 11 b. r. *oll* 137, m.: *oar neçaf* 165 b -6, pl. *-ou* 43, *-aou* Nl 219; **-llaff,** percer C, p. B 474, r. *youl*; fut. *-llo* J 109 b, *toulher* sera percé r. *oll* 43 b, **-llabl,** l. penetralis, Cb, perçable Cc, **-lladur,** l. foratio, **-llus,** transperçant Cb. Auj. id., irl. *toll.*

Toupyer, touaille, nappe C, al. *touçyer* dim. **-ic,** *-ieric* Cb; *an douçier* 2 s. J 49 b, f. : *hy*; *touyer* Jér; *toubier, tousier, toulsier* Pel., tréc. *an doubier*, f., cf. *touaill* ? — **Tour,** une tour B 3, C, Jér. v. *cougant, an — castell* la tour de la nef Cb, **-ell,** tourelle B 304 *-el* P, pl. *tourrellaou* Nl 155, dim. **-llic; toureux,** plein de tours, l. turritus Cb. Auj. id., du fr.

Tourch, verrat, **-a,** l. subare C, *-aff* Cb. Auj. *tourc'h*, v. irl. *torc.*

Tourmant, tourment B 485, C, *tor-* Cb, P, *tour-* J 85, souci 6 b, tourmente B 794, N 882, bruit B 77°, colère, résistance violente N 1355; *tor ment* Cb, *tou-* pl. *-anchou* Cathell 24, *-antou* J 9 b, *-entaou* Nl 444, **-antaff,** tourmenter B 450°, N 801, *-af* 794, *-entaff* B 30, *-mant* id J 92 b, p. *-ntet* inquiet B 237; *-nter* J 11 b, *tormanto* 22, **tourmanter,** l. vexator Cb; *-mand*, tourm^t Gr., du fr. — **Tourny,** effort violent 476, grêle de coups 577, **-nlat,** id 581, bruit, tumulte de paroles 755; *oarneçy* **-nlet,** frappés sur elle 465; cf. fr. *tournoi, tournoyer.*

Tourz, bélier C, al. *maout tourç* Cb. Auj. id., de *maout hourç* ? cf. gall. *hwrdd*, h. br. *hourr.*

Tousaff, *-ssaff* tondre, C (*toutaff* Cc), *touser* tondeur C, f. *es* Cb (*touleres* Cc). Auj. *touça*, h. br. *touser*, du l. *tonsare.* — **Tout,** tous, tout le monde Nl 180, *— batant*, à l'instant B 131, *— antier* tous N 1352 entiers M 53. Auj. id., du fr.

Tra, chose C, N 368, P, *try —* M 3, H, cf. N 596, auj. *tri çra*, pourtant *tra* était fém. comme auj. : *enn hy* B 101; *un dra* 373, J 95 b, 112 b, 163; *an traman* ceci B 182, *an draman* J 125, N 1488, cf B 580; *an dra man* 104, J 38 b, 62 b, Nl 13, 17, P, *an tra se* B 12, *an drase* 335, cf. 84, J 15, 28 b, 45, 54; *an dra se* 10, B 122, 252, N 1198; *tra*, rien (avec nég.) 55, 1559; *— diuin* sainte personne 1381, *an coç — vil* B 472; *a — sur* sûr^t J 11 b, *a — sclaer* 17 cf. Nl 503; *a — net* certes N 1290, *a — en bet* aucun^s J 138 b, *gant* *muyhaf* — (que j'aime) le plus, de préférence 226 b, (cf. *un -never* une nouveauté 20, gall. *newydd-dra)* ; pl. *traou* 2 s. B 433, J 147 b, N 1050, *traezou* C, H (cf. *broezou de bro*). Auj. et corniq. *tra*, cf. *tro* ?

Trabell, syn. de *bratell* C.

Trabuchaff, trébucher C; **trebuche,** renversem¹ Cathell 1. — **Tracaczet,** malmené B 478, *traquacet* terrassé J 71 b. Du fr. (*tracasser*). — **Tradition,** g. id. C, du fr. — **Traez,** rivage de la mer C; léon. *treaz*, du l. *trajectus*.

Traezer, coulouer l. colum C, *trezer* entonnoir Gr., *treizer* id. Pel; *treza* prodiguer, Gr. Cf. *tressoirer* « laisser tomber de haut un liquide en le transvasant », Jaubert, *Gloss. du centre de la Fr.* ?

Trahinaff, traîner, Cb v. *rampaff*, *trai-* C, p. *trahinet* 3 s. J 119, fut. *-no* B 394; **trahinell,** trai-trainell, chausse-pied C, al. *corn* Cb; tréc. *traïn*, train. — **Traisaaff,** trahir C, *-af* 3 s. J 129, cf 59 b, *-yssaf* 86, cf. 60; **-yson,** trahison 58 b, *-ison* Cc **-ytour,** 3 s. traître J 16, C, *-itour* P, Cb, **-ourez,** trahison Cb; tréc. *trétour* traître. Du fr. — **Tramaill,** rets à pêcher, l. *tragum* C, *-ilh* épervier, filet Gr., du fr. *tramail.* — **Tranchaff,** *-er* Cb v. *trouchaff*; **-nchezour, -nchoer,** l. rotondale; **trang,** un instrum¹, l. occa C (auj. *tranch* pelle.) — **Transaction,** g. id, **-afiguraff,** *-er* C, *tras-*Cc, p. *trans-* B 384; **-agressna,** il transgressa Nl 477, **-agression,** g. id; **transigaff,** *-er* C, p. *-get* Cb, **-aitiou,** g. id. C, **-aitoyr,** transitoire, éphémère Cathell 27; **-aiataff,** transporter C, *-af* J 38 cf. 156; p. B 112, métamorphosé 383, traduit Nl 546-7, délivré 231 b, (yeux) effarés 98 b, **-ainteur,** g. id. Cc, **-amigration,** g. id C, **-aport,** g. id Cb, **-aff,** *-er* C, p. enlevé J 169 b, *ho -at* ils ont été transformés B 389, *-te* enlevât J 168, **-rteur,** g. id. Cb. — **Traolll,** g. trauoill C, dévidoir Cb; *troill* Pel. — **Trauell,** peine, tourment, douleur B 616, 593, cf. J 112 b, 149, Nl 200, travail, soin, B 41, cf. J 106 b, *-el* Nl 195, cf. Jér., *-eill* Cb; *-veill* peine, r. *a fill(if)* J 192 b; *treuaill* Cb v. *treiff*, *trev-* P, *trau-* J 152, Cb; travailler Cb v. *queusiff*, *-ueill* Cb, *-uell* B 41, C, *trav-* J 110 b, voyager 208 (cf. angl. *travel)*; p. *-ueillet* travaillé Cb, *-uellet* B 706, troublé, égaré N 315; travaillez ! B 66, *hoz em* — hâtez-vous 639, *-vaillo* var. *-vello* travaillera J 57; **-uaillus,** laborieux Cb. — **Trauell** *an roncet* travail à chevaux C, *-eill* Cb. Du fr.— **Trebez,** trépied C, léon. id. du b. l. *tripedis.*— **Trece,** *traesce* trace C, auj. *trez*, du fr.

Trech, vainqueur P, (*oar*, de) B 400, **-iff,** apparoir l. eminco Cc, *-ifu* vaincre H. Auj. *trec'h*, v. irl. *tressa*, plus fort, *trên* fort, cf. θρασύς ?

Trede, troisième C, H, P, J 34, 71, *an* *—dez* le 3ᵉ jour 167, B 343, cf. 44-5; *an* —, la 3ᵉ chose M 3; **tredeec,** tiersain,l. tersianus C, **trederann,** le tiers B 264, J 1 3b; auj. *trede,* de *tritios,* voy. *try.*

Treff, treuaix l. treuia, ie, urbs Cb, *quedam urbs* Cc, Trèves ? — **Treffeus,** *-fus,* trève C, g. treucus Cc. Du fr.— **Treffu,** trouble J 191, var. *-ffa,* r. u: *streffu, treffu,* émoi, Suppl. aux dict. br. 82; *strabuilh, stravilh* frayeur, Gr; cf. centre de la France *étrebout, tribou, triboul;* du l. *tribula.* Voy. *tribuil.*

Tregont, trente 341 Jér. v. *cousr,* N 7, J 15 b, var. *-unt* 86, *-ond* C; plur. *a pep -ntou* par trentaines Jér., **-ntuet,** 30ᵉ C, *-duet* Cb. Auj. id., cf. τριάκοντα.

Treguer, Tréguier C, H, **-ea,** qui est de Tréguier Cb. Auj. *Treger,* cf. gaul. *Tricorii.*

Treiff, tourner C, H, Nl 553, P, *tr(e)iff* Cb; *troeiff* faire au tour Cb v. *turgenn*, p. *troet* 2 s., *— eo ... em studi* il m'est venu à l'idée N 168, cf. *pan eu — ... em apperit* B 686, *yn tra so — me em preder* (lis. *— em p.*) 107, *maz troas en e spi ... lazaff* qu'il résolut de tuer Nl 355; *pan troy* (1 s.) *en haf da lazaff* quand il (le Trépas) voudra le tuer P 227; *troet* (1 s.) *eu ..., da* elle est disposée à B 398, *a troas da* (1 s.) vint à (parler) J 231 b, *pan droaf* (1 s., var. *deuaf) da coufhat* quand je viens à me rappeler 204; *p. d. de c.* 203 b; *ez troff daz coffat* je viens à me souvenir de toi N 1863 (rime obligée; de *troaff* cf *ros de roas* : voy. *reiff*); *troet* 1 s. changé (*en en*) J 226 b; *troy* 1 s. tournera M 57 v, **tro,** tour, circuit, C, *treiff oar* — environner, p. *troet oartro* Cb; *— oar* — tout autour J 160 b, M 55 v, *an — voar tron choat* le pourtour du bois N 274;

oartro environ, l. *circum* C ; *oar tro* par ici, près d'ici J 110 b, ensemble B 475, *voar* — *Devy* sur, à côté de David N 1093, — *he tro* autour de lui J 110, *dioar e* — ! éloignez-vous de lui 73 b, cf H; f. : *oar un dro* ensemble, à la fois, en même temps B 76*, 245, 590, J 21, *oar undro* 56; *oar pep tro* par-dessus tout autre 111 b, sur toute chose 21 b, *oar nep* — d'aucune façon 118, 184; *e pep* — toujours N 201, *pep* — 54, J 25 b, 38, *nep* — jamais M 58 v, P, N 389, *un* — une fois, un jour 534, *un dro* 821, cf. 234, 1699; Gw, J 22, 79 b, Nl 142 ; B 349, 522, 669, *an* — *man* cette fois-ci 128, cf. J 60 b, 76 b, 124 ; *an* — *diff* (je sens que) mon tour (vient) N 1594, B 796; *an* — le moyen de 28*; *tro* (quel) bouleversᵗ 350, (je te ferai ton) affaire 616, (voyez son) état J 112, (il ne peut manquer) en rien 56 b, cf. 42, *na fellet* — n'y manquez point 14 b, *na sellet* — B 367 n'y regardez pas, n'ayez pas peur, ou lis. *fellet ? hep tardaf* — 214*; *ne alhet* — on ne pourrait jamais 797 ; *bez sinchat a tro* fais ton tour promptᵗ 538; *a* — *mat* (frapper) de la bonne façon J 107 b, *a* — *scaff* promptᵗ 420, 652, *a* — *sclaer* certes J 225 b, *a* — *yen* froidᵗ 120 ; *a tra glan* lis. *tro* var. *a trog an*, r. *o* certes 63, *a tro goly(s)* bellement P 259; *tro* tournure pour faire le lait; *tro- anheul* souci l. *solsequium; tro arall* autrefois C, **troadur,** environnement C*b,* **troel,** g. iarfell (iarfet, l. zizania, v. *yell*); *troell* C*b* v. *mercl,* **troeus,** l. volubilis C*b.* Auj. *trei,* gall. *troi,* cf. τροχός, τροχάω.

Treill *houarn* treillis de fer C, du fr.

Treiza, faire passer qqn (en bateau) N 73, Pel., cf. *traezer ?*

Trellutaff, (sans) perdre la tête, se troubler, 81, 95, -*af* 453*, p. (visage) altéré N 988; mutilé, déformé 1002, (croyance) changée B 535, *trela*- P, égaré, troublé, B 493 ; *trellatas* fit une transgression Nl 498; *na trellat quet,* ne t'émeus pas J 101, -*et* l B 109, fut. -*if* 289*, *trelato* (le ciel) passera, l. *volvetur* Nl p. 107; *trelati* Pel, du l. *translatus.*

Tremen, l. *meatus* C*b;* passer 19, C, H, J 80, Jér, N 65, — *muy* passer outre, continuer B 481, — *hent* faire du chemin 166, — *amser* attendre 703, — *diouz* échapper à 267, se passer de 765; — *an cas* éviter cette extrémité 742, — *da holl penet* finir tous tes maux J 95 b ; faire (un testamᵗ) 97, (regarde sans) perdre de vue B 677, p. -*net* 45, C, *a maru...* — (ils sont) trépassés 115 ; -*en diouz* il délivre de 184; fut. -*niff* 812, -*no...* *an bet* trépassera 639, cf. P, -*nhimp* nous mourrons Nl 316, -*nhet* vous passerez 65, J 131; -*en an poan* ! passe ce momᵗ pénible B 679, *ez* -*nses* tu t'en serais abstenu 689, **menabl,** l. *meatilis,* -**ner,** trespasseur C*b,* -**nidy,** voyageurs, -*ydy* 3ᵉ s. r. et J 200 b, -**nidiguez,** transmigration C*b,* -*gaez* C*c,* -**menvan.** trépas P ; exécution d'un testamᵗ J 97. Auj. *tremen ;* cf. *tre,* l. *trans,* et *monet.*

Trepas, transgression, forfait J 235, cf. angl. *trespass* de l. *trans, passus.*

Tret, étourneau C, Pel, h. br. *tret* espèce d'étourneau Pel., cf. gall. *drudwen.*

Tretaff, traiter C, J 61, mettre (en fureur) B 730, apaiser (la justice) Nl 406, *ma* — me donner l'onction N 1887; *e* -*af* lui faire son affaire J 216 b ; *tret* (le sommeil m') accable 60; -*as* traita (ces matières) 33 b, embauma, ensevelit 231 b ; -*if* je nourrirai 5 b, -*o* il (le) tiendra bien 73, *ni hoz tretto* nous vous donnerons l'(extrême) onction N 1889, *tractaff* traiter, -**tat,** traité C, **trete,** traité C, convention B 212, J 118, réconciliation Nl 334, P, affaire B 547, circonstance J 222 b, *dre* — l. *tractim* g. *atrait* C*b,* par traité, marché J 214 b, *dre nep* — quoi qu'il arrive 37 b, *gant* — régulier N 1288. g. *trette* 841, 1452, 1762, cf. 131, 1284; *hep trete* sans pitié J 24, 58 b, 119. —**Treungenn,** tronc C, *treug-* C*c,* trongenn Gr., du f.—**Treust,** tref, l. *trabes* C, -**ic,** petit poteau C*b,* -**teul,** tréteau C ; *treust* Pel, gall. *trawst,* du l. *transtrum.*

Treut, maigre 779, misérable 568, *treud* ; -**er,** maigreur C*b,* -**diff,** amaigrir C. Auj. id., gall. *tlawd* misérable, cf. τλητός.

Treux, la largeur de J 137 b, *un taul* — un coup de travers 146 b, *a* — en travers de B 462, de travers C, (faire qq ch) de mal B 373 ; — *ha het* de tout côté 60, 584, *het ha* — M 7 v, *het a dreus* Gw; *treus ha het ha ledan* Nl 101 ; **treusou,** seuil C, -**ouyaff,** seulir luys, l. *limio* C*b,* -*iaff* C*c;* **treusse,** traverserait Am., Nl 70; **treuspluffec,** traversin C*c, trus-* C. Auj. *treuz;* cf. l. *trans.*

Treunt, moisson C, *trévad* Gr.

Trezenn, C, pl. *treʒiaou* 2 s. Nl 9, *-yɜou* langes 186; *trés* hardes, *treʒiou* chemises, linges pour grandes personnes Am., tréc. *trenjo* langes ; cf. v. gall. *brethinnou.*

Try, trois, m. 246, C, H, J 130, N 314, P, — *roue* Nl 108, *rouaneʒ* — 38, 157, cf. 106, 264, *tri* 30, B 248, P; *tribec* 3 pointes l. tricuspis, **try bloazyat,** C, *trib*- Cb ; **triguizifyat,** *trigui*- de 3 ans, C, — *iʒfyat. triglu*- Cb, **tricolugnec** l. triangulus, a, um, C, *-euc* Cc, **tricornec,** id. Cb ; **tricombout,** maison de 3 chambres l. triclinium, **tridantec** croc à 3 dents, *trideʒ quent* 3 jours avant, **tridezguizyat,** de 3 jours , **tridezyat,** Cb id, **tridoubl,** triple, **-aff,** tripler, C, **-ider,** l. triplicitas Cb; *trifurm* à 3 formes, *trihent* l. trivium, *trilifr* mesure de 3 livres, *tri liu* l. tricolor C, *triliu* Cb, *trimeʒell* 3 mailles, l. tressis, **trimisyat** espace de 3 mois, *trineut* de 3 fils, **tripennec,** à 3 têtes **t(r)itroadec,** qq ch. à 3 pieds, **triuguent,** 60 C, **-uet,** 60e Cc, *-guëuet* Cb; **trizec,** 13 C, Nl 266, *try*- 250, **trizecuet,** 13e Cb. Auj. *tri*, gaul. *tri-*, cf. l. *tres.*

Trinci, -e C, *tryacql* thériaque Gr. — **Tribull,** *-ll* trouble, douleur P, *trubill* r. *uill* B 472, (auj. *trubuill*) ; **tribulliaff,** *tru-* « triboiller, l. tribulare », C ; **tribulation,** g. id, C, *-cion* B 605. — **Tribun,** l. -us C. — **Tribut,** l. -um C, P, dette J 69, offrande, présent 5. Du fr. — **Tricheboul,** *an diaoulou* les pompes de Satan N 969, cf. le suiv. ?—**Trichezr,** tricheur ou tricherre C, **-us,** l. perfidiosus, **-chery,** perfidie Cb, *-eʒry* Cc; **tryg,** fraude Jér, (sans) tromperie P. Du fr.

Trinchonenn, « trinchon, » vinette, oseille C, *-chenenn* Cb, *trich*- Cc (après *trimisyat*). Auj. id, h. br. *trinchon,* cf. br. *trenk* aigre, gall. *trwnc* urine, voy. *troaʒaff*. Même rac. qu'all. *dringen ?*

Trindet, Trinité C, N 656, *an D-* N 112, *an Dry-* 5, 182, *an Drei-* 94, J 98, B 309, 339, 347. Auj. id., du b. l. *Trinitatis*; **triuel,** double en trois, C, du l. *trinalis.* — **Tripal,** « triper », danser C, B 472, *trimp*- Cc (ap. *trimisyat*) ; *tripaly* tu trépigneras B 562; tripal, *trimpal* Pel ; du fr. — **Trisin,** le roi Trisinius N 465. — **Trist,** -e C, J 65, P, **-ant,** rendre triste Cb, **-tet,** tristesse 175 b, **tristez,** id. 9 b, 98, B 771, Cc, Nl 537, *try*- 203, tre- C, **tristeuny,** id Cb; **tristidic,** triste J 199 b, P, B 620; 2e s. r. *et* 738. Auj. et v. gall. *trist,* du l. *tristis.* — **Triumph,** -omphe B 352, **-ant,** *-phant* 560, *try-* 623. — **Troae,** Troe Troie C, *Troy* v. *muryou;* **troen,** l. iliades, dis, g. troyane Cb. Du fr.

Troat, pied, 463, H, P, J 33, *oar ho* — 202 b, m. : dou 51 b, *try* Cb v. *pot,* — *cam* qui a les pieds torts C, *troatean* Cb, pl. *treit* J 4 b, 51 b, *treyt* P, Jér. v. *cnec'h, treitou* pieds (de plusieurs) J 51; dim **troadic,** Cb ; **troatet,** pied, mesure 137, C, Jér. v. *let* ; **troadaff,** emmancher, Cb. Auj. *troad,* de **trag-etos,* cf. gaul. οὐέρτραγοι bons coureurs, gr. τρέχω.

Troazaff, uriner Cb v. *stautet.* Auj. *troaʒ* urine, gall. *trwyth, trwnc,* voy. *trinchonenn.*

Trompaff, -er Nl 543, p. B 313, J 17, *-at* fut trompé Nl 498, **-er,** -eur C, J 76 b, **-eri,** -erie C, **-pus,** trompeur N 616; **-pll,** trompette C, *-ll* Cb, pl. *-aou* Nl p. 108, **-liaff,** l. bucinare C. Auj. *trompla*; du fr. — 1. **Tron,** (anges du) ciel J 74 b, *en* — Nl 269, B 308, 654, *en muyhaff* — au plus haut du ciel 352, *en e thron* M 62, *roen firmamant han tron* J 53 b, *roen* — B 148*, N 131, 469, cf. P; tréc. id, *Gwerʒ. Breiʒ-Iʒel II,* 192 ; *porʒier var an trôn* portier du ciel, Antretien *etre daou ʒen yaouanq,* chez Ledan ; du v. fr. *tron.* — 2. **Tron,** trône Cc, *trôn* Cb, *troun* Ca, du fr. — **Tronczaff,** (retrousser), C, *tronʒ* il trousse Am., *troucet!* debout l J 133 b, **tronceres,** surcinote, l. succintorium, tréc. *transan* ; du b. l. *tortiare.* — **Tronczon,** tronc C, **-aff,** tronçonner Cb, du fr.

Tronnos, après demain C, *tronos* Cc, auj. *antronos,* le lendemain, cf. gall. *tranoeth,* voy. *tre* et *nos.*

Tropell *milet* troupeau de bétail C, Gr. — **Trotal,** trotter, **-ter,** f. es trotteur C, *dan drot,* vite B 485, 492, J 77 b, 84, Nl 106, **-tadur,** (act. de trotter) Cb. Du fr. — **Trotant,** cependant N 794, auj. *entretant,* du fr. *entre temps* — **Troubl,** -é C, p. **-aff,** -er C, p. J 57 b, du fr. — **Trouch,** trancheure, **-aff,** trancher C, B 596, p. J 75, Nl 14, *trouhet* Cathell 16; *trouche* couperait B 374, fut. *trocho*

J 133 b, **trouchadur**, coupure C*b* v. *squeigadur*. Auj. *trouc'ha* couper, v. br. *truch* gl. obtusi; du l. *truncus*.

Trous, bruit Gw, J 164 b, auj. id, gall. *trwst*.

Tru, (vie) misérable N 653, 846; **truag**, truage, l. theloneum C, -*gyg* hommage ou soumission Jér., -**ager**, l. thelonarius, cueilleur de truages C*b*, **truant**, g. id C, misérable B 290*, 797, N 1199, 1800, dim. **-ic**, C*b*; **-taff**, truander, **-tis**, truandise C, **truenaus**, lis. *truantus*, r *ant*, *us* (serpent) méchant Nl 457; **truez**, pitié, misère 9, B 479, C, H, J 9 b, P, N 1122, -*hez* 1829, **truezus**, compatissant J 90 b, -*ezus* misérable, r. *ez* M 8 v; **trugar**, miséricordieux Gw, -**ec**, id, -**ecat**, avec pitié C, remercier B 632, J 15, 40, P, -*equat* N 122, *hoz* -*ecquat* merci ! 1691, prés. -*equaff* 1020, -*caf* Gw v. *c'hwec*, 3º p. -*eca* P; **trugarez**, grâce, pardon Nl 55, C, P, J 91 b, *hoz* — merci ! 9, N 740, *a* — *Doe* Dieu merci 992, — *Doe* grâce à Dieu J 211 b, cf. 225, *an* — *Ytron* grâce à Marie Nl 233, *ouz* — *dam* veuillez me (baptiser) B 173, pl. *ou* H. Auj. *trugarez*, pitié, v. irl. *trócaire* id; v. gall. *trucarauc* gl. mitia; voy *caret*. Cf. gaul. *Trogus*, gr. στρεύγομαι, Windisch ; le fr. *truand* est d'orig. celt.

Truffler, g. id., l. nugator C, **trufflou**, tromperies J 80. Du v. fr., cf. angl. *trifle*.

Tu, côté, H, P, m.: *ann eil tu heguile* C ; (de tout) côté N 653, *pep tu* de toute façon 121, cf. B 479; *en pep tu* Nl 370; *nep tu* d'aucune façon J 28; moyen B 163; *tu arall* (passer) de l'autre côté N 857, *an tu man* deçà, *an tuhont* outre C, *an tu hont* plus que Nl 254, *a tu mat* = de bonne aire 362 J 115 b, *a tu glan* picust 230; **tuhas**, s'échappa, se sauva Nl. 312, *tu has* 199. Auj. et v. gall. *tu*, v. irl. *tóib*.

Tudoal, Papu, l. Tugdualus C, Tudgualus C*b* ; de *tut*, *goall* 1.

Tumpet, renversez, faites tomber 472 ; inf. -*pa* Trd, du v. fr. *tumber*. — **Tumult**, -*e* J 101. — **Turbation**, g. id. C*b*. Du fr. — **Turgenn**, le tour, instrumᵗ, l. tornus, C (ap. *teurell*); al. *rot* C*b*, al's *tor* C*c* ; **turgnaff**, l. tornare C; *tuirgn*, *teurgn*, tour, Gr; du l. *tornus*.

Turpion, 3 s. compagnons ? 571.

Turques, tenailles J 157 b, auj. id. f., van. -*éss* pl. -*ézeu* L'A., centre de la France *tricoises*. — **Turzunell**, tourterelle C, auj. id, du l. *turturilla*.

Tut, gent, *pe a* — de quelle gent C, gens, hommes, J 4, N 124, H, P, *tud* H, B 52. *tut* 52*, — *gentil* gentilshommes J 81, N 674, *an dut* B 410, 551 les hommes ; pl. *tudou* (toutes les) nations J 69, var. -*aou*; -*aou* peuples Nl 92, 277, 547. Auj. id, v. irl. *tńath*, gaul. *teuto*-, cf. ombrien *tota*.

Tutor, tuteur C, f. *es* C*b*, du fr.

U V X Z

U ne se distingue pas de V, dans les majuscules.

Vguent, vingt, *dou u-* quarante, *peuaruguent* 80, C, *u-* H ; auj. *ugent,* v. irl. *fiche,* cf. l. *viginti.*

Uhel, haut 349, J 42, 122, P, *vhel* C, N 126, *vuhel* Nl 91, *a —* en haut p. 106, *a uhel* B 284, (pleurer) fort J 194 b, *dioch ufvel* d'en haut 175 b, comp. *vheloch* Cb, sup. *uhelhaff* B 322, *uvh-* Nl 542, *vhelaff* N 1373,; *uhelafu* H ; **vhelder,** hautesse C, **vhelhat,** élever Cb, *a* **vz** *ma penn* au-dessus de ma tête N 889, auj. *huel, uc'hel,* gall. *uchel* v. irl. *ńasal,* gaul. *uxello-* (dunum), cf. ὑψηλός ; tréc. *a us,* v. irl. *ôs,* cf. ὕψι ; même rac. que *gou-, gour-?* Voy. *crech, crisaff.*

Vy, œuf C, pl. *uuyou* J 201 b. Léon. *vi,* tréc. *u,* v. gall. *ui,* cf. ὤον.

Un, un H, P, J 7, *undro* un jour 178 b, encore une fois 114, *vnuanyer* l. unimodus, *vnuent penac* l. aliquantus (de ment), *vnnoet* d'un même âge C, *vnnoat* Cc, *vng calon* d'un cœur l. unicors, *vng coffat* l. couterinus ; *vn courag* l. unanimus, *vng furm* l. uniformis, *vn liu* d'une couleur C, *vn lieu* Cc, *un un,* unique B 310 ; *vn* 294° ; *ung* 596, N 94, *vng* 62, B 139°, *vnn esel* 473 ; *a ung effet* et en même temps 177, *forget ... a un pry* formé du même limon J 95, *a un hat dan dour* B 260, *eɀ tenno an bet ... vn feɀ deɀry* 638 ; *un sae ... mas ve guysquet* (pour *a un*) J 108 b ; *a vn da vn* un à un Nl 559, *un dou guer* un ou deux mots B 186, *dan un pret pan* au moment même où J 130 ; *peb un* chaque (lettre) 32 b ; r. à certen lis. *sacɀun,* 24 b ; *on* P 41, 151, var. *ung* J 31 ; *un r.* en *on* B 382, cf. *un d(ro) r.* à *(pr)ont* 590 ; *en un coll* en perdant 600, cf. 129, H, J 115, Nl64 ; **vnan,** un C, *u-* quelqu'un B 433, P, N 43, *nem sicour v-* nul ne m'aide 1006 ; unique, uniforme B 222° ; *onan,* var. *unan* P, J 26; *pep unan* chacun N 494, *pephu-* B 32, *quementu- so ahanech* J 50 ; *ma humoi seul* B 255, N 41, cf. 1237; moi-même 85 ; *da —* P, B 704, *e —* 120, J 217, *e — glan* 189, *hoɀ u-* (vous) tout seul N 316 ; pl. *a unanou* un à un 292, Jér. ; **vnuan,** syn. de *heuel* C, *unvan* égal (*da* à) J 204, *unan hac — gant* 176 b, *unan, un vɴn, a un manyer* B 310, *vnvan* P, *un van* Gw., *un voan* tous égal°, Nl. 90, *unvoan* 446, *un moan* uniformém¹ 258, *unvanou* réunions? P, **unnec,** onze H, *v-* C, **-uet,** 11° Cb. Auj. *un,* v. br. *un-,* v. irl. *ôin,* gaul. °oinos cf. l. *unus.*

Uny, uni B 310, **vulaff,** unir C, p. J 177 b, B 347, *-yet* 309, **-iadur,** l. adunatio Cb, **unic, -ique** H, **union,** union B 657, f. : *diou* J 27 ; réconciliation Nl 410, *-yon* B 352, **vniuersal,** *-el* C, cf. J 178 b, *v-* tous N 1357, **vnluersite,** g. id. C, du fr. — **Vrz,** le sacrem¹ de l'ordre N 1673, *eurɀ* ordre C, pl. *-ou* H. Auj. *urɀ,* gall. *urdd,* du l. ordo. — **Vs,** usage C, *dre us* selon les rites J 156, **vsaff,** user, l. uti et fatiscere C, employer B 435, cf. N 1339, traiter, agir avec qqn B 114, *droue vsaff* mal user Cb, *usafu* H, p. *vset* employé B 764, *usaeɀ* tu te sers M 7 v; *usas* souffrit Nl 40, cf. 39, 53, **vsalg.**

usage C, N 1124, *ioaeus a — d'humeur gaie* 1023 ; **vaance,** usance C*b*, **vaitaff,** l. -arc, **vaual,** usuel, **uaur,** usure H, *v-* C, *prestaff oar —,* C*b*, *doubl —* C*c*, **vfuryer,** (sic) usurier, **vaurpaff,** -er C, p. u- J 149, **vaurper,** *f es* usurpateur C*b*. **utilite,** -té J 15. Du fr. — **Vuel,**(humble C, 2 s. B 625, P, N 342, 697, *cuff hac —* 931, cf. 1296, 1460, 1953, *vhel* l 12, 210, 1069, *cuff hac vuhel* Nl 11 (*ha vuhel* 205), *cuf ufuel* J 20, cf. 54 b ; *uffuel* B 13, 85, 375, 695, *vuhell* Nl 61, adv. *eyvuel,* comp. et *vueloch* sup. *eyvuelhaff* C*b*, do **uffuelhat,** pour les rendre humbles B 183, *enem vuelaff* C*b*, **vueltet,** humilité C, B 339, *vul*-C*b*, *uffuel-* 533, *ufve-* J 53 b, *vfue-* 16. él. 1647 (var. *uffuelter r. et*). *vu'teltet* Nl 102, 317, *-det* N 1927, *vue-* 783, **vuelder,** C*c*, *vuld-* C*b* ; anc. *vuël* Gr. On prononçait *uvel* ; gall. *ufyll,* du l. *humilis.* — **Vn,** *dre va* sur-le-champ? J 112 b, *vahont* là-bas B 284, *vahunt* N 867, *vase* là 319, J 157 b, 236, *va se* 142 b, *uase* C, *vaye, aye* Gr., voy. *man, se.* — **Vacaff,** (sans) s'arrêter 159, *vacq* il s'occupe (à la prière) N 162, **vacant,** (place) vacante 1741. — **Vacillaff,** vaciller C, -*af* chanceler (dans la foi) N 580 — **Vaen,** vain C, *ne comsaf —* je ne dis rien de faux J 24, *veaz* C*b*, *ven* vain J 41, 165, B 433, C (sans être) intimidé J 47, *vaenegioar* vaine gloire C*c* v. *pompat,* vane- C, **veanhat,** devenir vain C*c*, **vanité,** g. id. C, M 71 v. — **Vagaff,** vaguer, **-abont,** -*bunt,* vaca- vagabond C, -*bont* C*b*, vagabond Nl 459. — **Vailhant,** vaillant C, *vailiant* C*b*, B 30, Nl 416, sage, ferme N 207, (lieu) bien choisi 1382 ; *salud —* l 696 ; *vay-* Nl 170, P, **vaillance,** -*ce* C*b*, -*nce* C*c*, **vaillantis,** fermeté, fidélité B 679, N 583, 691, **valabl,** -*e* J 91 ; **Valentin,** n pr. B 17 — **Van,** v.an C. — **Vanuzson,** venaison C, pl. *vaneso.tou* gibier N 295. — **Vaudanyair,** C, -*dagaff* C*b*, *vendagaff* C, -*langaff* C*b* vendanger, **venilag,** vendange C, **-er,** vendangeur C*b*. — **Vantaff,** vanter C. — **Vapor,** vapeur C, **-eux,** g. id C*b*. — **Variabl,** variable, **-det,** variété C*b*, **variaff,** varier C, N 1471, (sans) hésiter J 70, B 99, changer de croyance 411, -*af* N 580, J 197, **variant,** léger, volage 234 b, B 290*, *-ient* r. *ent* (sottise) étrange 439, -*yant* P. Du fr. — **Varlen,** verveine C, -*nn* Gr., du l. *verbena.* — **Vatielnet,** prédit N 423, *dre -ner* 785, mot sav., du l -*ari.* — **Ve** ... *beyet da* malheur à J 58, mot sav., du l. *ve.* — **Veag,** voyage C, *veig* B 280-1, auj. *béach.* — **Vegetatif,** g. id C, **-ation,** croissance C*b*. — **Vellin,** velin C. — **Vellis,** une herbe, l. mellissa G. — **Vendicaff,** vendiquer, **vengeaff,** venger, p. *-get* ; **-gance,** vengeance C, -*geance* C*c*, *uenganç* Jér, v. *commeri,* **venger,** vengeur C, f. *es* C*b*, **vindicatiff,** g. id C. Du fr. — **Venedotonet,** n. de peuple : *MeMalgon roe—* (1 s. detrop) N 1942 ; d'une forme lat., cf. gall. *Gwynedd.* — **Veniel,** g. id C. — **Venim,** venin C, **-ndur,** envenimure, **-meux,** plein de venin C*b*, voy. *benin.* — **Venus,** Vénus B 114. — **Veritablement,** g. id Cathell 22. — **Verius,** verjus C. — **Vermillon,** g. id C. — **Veronic,** ansainte Véronique J 124 b, voy. *be-.* — **Versiffaff,** -er, **-fier,** -icur C. — **Vertuz,** vertu N 625, C*b*, H, *vi-* C, *vertu* pl. -*yyou* H, -*iou* N 229, -*isou* Nl 473, **vertuzus,** vertueux J 69, (lait) virginal Nl 132, -*yyus* C*b*, *vi-* C; léon. *vertuy.* Du fr. — **Veruen,** verveine C, cf. pl. v. br. *ueruencou,* du l. *verbena.* — **Ves,** *vey a* de H, voy. *eux i.* — **Vessaff,** vexer C*b* ; *vesseaff* C ; **vesseer,** l. *vexator* C*b*, du fr. — **Vetez,** aujourd'hui 762, J 133, Nl 58, *euit —* auj. même B 268, *vet nos,* ce soir J 61, *vey nos* cette nuit 208 ; auj. *fetey,* et *fenoy,* tréc. *vid nos,* voy. *eguit.* — **Veturier,** voiturier C, **voetur,** voiture C*b* (auj id). — **Veu,** vœu N 155. — **Viatiq,** viatique C. — **Vicaer,** vicaire C, **-y,** vicairie C*b*. — 1. **Vice,** vice B 269, C, J 128, N 630, P; péché (originel) Nl 115, (sans) faute, certes N 256, 1723, B 198, pl. *vicyou* J 150 b. — 2. **Vice,** vis pour monter (escalier tournant), — *pressoer* vis de pressoir C, auj. *vins.* — **Victoer,** victoire C, *uitoer* C, B 658, *licit na uitoar* permis ni glorieux 694, **victorianes,** victorieuse 679, **-rieux,** g. id C*b*. — **Vifyer,** vivier C. — **Vigilou,** vigiles H. — **Vigour,** vigueur C, *-gor* P. - **Vil,** vil C, *util* vilain, laid, misérable B 578, *vil* 269, J 13, 82 b, N 1898, adv. *a uil* B 642, **vileny,** -ic Nl 516, *uileni* P, **viltance,** vileté C*b*, var. *vilance* trait odieux, indignité J 127, **vilhat,** devenir vil, auller C*b*.Auj. *vil,* vilain; voy. *bilen.* — **Vincent,** n. pr. C.— **Violaff,** -er C*b*, p. N 385, **-lance,** -ence C, **-leur,** g. id., f. *-leres* C*b*. — **Violet,** violette C*b*, -*ete* C, auj. *violétes.* — **Virginitez,** -té H. — **Visaff,** viser, **visibl,** visibile C, **-der,** visibilité C*b*, **uision,** vue, regard B 627, *vi-* N 837, **visitaff,** -er C, B 194, H, Nl 176, -*af* J 194, N 1228, cf. P; *vy-* Gw v. *fero,* **visitation,** g. id. C*c*, **-iteur** g. id. C*b*. Du fr. — **Vitaill,** uitaile C, voy. *bitaill.* —

Uituper, blâme, outrage B 632, *vi-* C*b*; **-aff** vitupérer C, cf. B 624; **-rabl**, blâmable; **-ration**, g. id, **-reur**, g. id, **-rus**, plein de vitupère C*b*. — **Vocatiff**, g. id C*b*, *vocaff* C. Du fr. — **Vogalenn**, voyelle, *hanter uogolenn* C, **vocalenn**, Cc, du l. *vocalis*. — **Volontez**, volonté N 464, H, *-unteʒ* H, *uolante* B 735, *vo-* C, J 40, var. *volonteʒ*, r. *e* 113. Léon. *-eʒ*. — **Volum**, volume de livre C. Du fr. — **Vont**, charme. sortilège P 238, 242, du b. l. *vostum* (H. de la Villemarqué). — **Vout**, voûte C, J 165 b, **-aff**, courber, **-tadur**, lieu où sont voûtes C*b*, **voutouer**, g. id. l. *scaber* C. Du fr.

Vvmendi, *en enesenn languen* — n. géogr. N 1105.

Xpist, Christ C, voy. *Christ*. — **Zodiac**, -aque C. Du fr.

CORRECTIONS ET ADDITIONS

Page 3, strophe 8, lisez : Une tour épaisse, à son propre goût, distribuée selon un bon plan, pour la garder.
— Note 9, Autentic *(recte)*; *chem* doit se corriger en *e hem*.
P. 5. str. 17, lis. : par Valentin, la vie de Jésus.
P. 7, n. 5, *lisez*.
P. 10, str. 42, *ebataff*.
P. 10, str. 43, je boirai dès que j'en trouverai l'occasion, cf. str. 84, v. 6.
P. 11, str. 46, est-ce que jamais j'ai manqué... sans mentir ? C'est.
P. 12, note 4, *yesech*? voy. s. v. *ya* 2. Peut-être *aesech*.
P. 13, str. 55, v. 1, *ra vihet*.
P. 15, str. 64, sans peine, de la façon que vous voudrez, je.
P. 16, fin, le maître s'entend avec ses ouvriers.
P. 17, str. 69, êtes : tenons conseil, et soyons...; discutons bien.
P. 23, str. 94, que j'aurais à présent le plus.
P. 25, str. 101, durable. Je n'ai (Pour l'alternance de *tu* et *vous*, cf. 225, 226 et N 550, 551).
P. 26, n. 5, *lisez*, troet em preder.
P. 28, str. 114, aussi, de Saturne, de Jupiter.
P. 29, str. 118, et par quelle cause est établi.
P. 35, str. 143, je vais.
P. 38, str. 156, le Dieu puissant et bon.
P. 40, str. 163, v. 5, n. Le mot *dich* semble de trop. Trad., volontiers, sur votre demande, la sainte.
— 166, que personne ne le voie.
P. 41, str. 167, bonjour et joie.
P. 43, str. 178, n. à *magat*. Il faut prob. lire *merat*, on vous a soigné, voy. *maerat*. — Str. 179, v. 5, *meurbet*. Trad., en mourant pour nous.
— note 4, effacer *(recte)*.
P. 44, str. 181, après avoir subi victorieusement toute sa peine en ce monde... aller, de son plein gré, dans l'enfer... majesté, pour y chercher.

Str. 183, prêcher et publier de plus en plus la foi en lui, et le motif de sa Passion.
P. 48, str. 202, j'aille : vous n'avez pas besoin de me prier.
P. 59, str. 246, vous n'avez pas besoin de vous arrêter (voy. *ret* 2).
P. 64, str. 266, du miel d'abeilles.
P. 66, str. 282, mourir pour nous, avec; n. 1, effacer *(recte)*.
P. 70, str. 291, pendant que votre poursuite se ralentit (Voy. *secqif*).
 N. 1, *lisez* pres, cessif.
P. 72, str. 300, v. 4, n. Le mot *holl* semble de trop.
P. 77, str. 325, v. 4 note : Var. quen fin *(recte)*.
P. 78, str. 327, ton Dieu n'eut.
P. 81, str. 345, v. 1, note : Var. cretaf.
P. 85, n. 1. Voyez la préface.
P. 86, str. 365, ajouter en titre : Dioscore.
 — 366, il n'y aura jour de sa vie qu'elle ne passe dans le tourment.
 — N. 1, *lisez* dez he. — La note 2 se rapporte au mot *vann*.
P. 87, str. 371, note au mot *Barba* : ce vers a une syllabe de trop.
P. 89, st. 377, si tu me le caches aucunement, je te haïrai.
P. 92, str. 388, changées, par malheur, en insectes.
P. 102, str. 438, et de le reconnaître tous pour Dieu, faibles et puissants.
P. 193, str. 443, qu'ils priaient et qu'ils adoraient.
P. 106, str. 455, vous n'aurez pas moyen d'échapper.
P. 108, str. 463, je veux m'efforcer de toutes façons de la tourmenter.
P. 112, str. 477, v. 6, *eq eu*.
Tr., si on ne la roule pas bien.
 — 479, vous avez pitié.
P. 116, n. 1. *Dre*, var. *oit*, pour *ort* (sale). A la fin de la strophe, *a pret mat* a dû remplacer *an pret quentaff*.
P. 121, str. 517, v. 3, *a caraff*. — N. 1. Voy. la préface.
P. 123, str. 527, si tu es vraiment martyre pour mon amour.
P. 125, str. 537, v. 5, voy. la préface; n. 5, lisez : men bry.
P. 131, str. 566, allez vite ensemble.
 — 567, voyez s. v. *he*, l. 3.
P. 132, str. 571, puisqu'elle est attachée.
P. 133, str. 574, voyez plus loin la note au mot *goelaff*.
P. 147, str. 632, d'avoir été envoyé.
 N. 1, Bezet huy.
P. 148, str. 637, frappez-la rudement.
P. 151, str. 649, je vous réprimanderai de votre faute.
P. 160, n. 3, (au mot *en*), lisez : em.
P. 164, str. 716, v. 2, *seder*.
P. 168, str. 732, v. 4, Hac. Str. 733, je ne l'oubliais.
P. 182, str. 794, v. 4, *entromp na tardomp*.
P. 185, str. 804, quand vous voudrez.
P. 193. *Abassat* peut être pour *a passat*, qui se passait.
P. 203, s. v. *Amloary* : Ste-Tryphine, p. 182, 256; cf. gall. *pelre* tumulte?
P. 209, s. v. *Aplic*, lis. *alf* au lieu de *alp*.

P. 210. *Ar bourreau* B 449ᵃ-450ᵃ.

P. 212, s. v. *Argoeʒ*. Le mot *argoueʒ* semble signifier miracle, N 902 ; voy. *Rev. celt.* VIII, 409.

— S. v. *Arret*. Voy. *ret* 2, pour B 202, 246.

P. 215. *Astut*, paraît venir du v. fr. *astut* astucieux, habile.

P. 224, s. v. *Barn*, lis. *biʒhuyguen* au lieu de *bihʒ*.

P. 225, l. 5 doit venir après la ligne 2.

P. 226. *Benhuec* instrument, tréc. *benvek*, du lat. *beneficium*.

— Pour ce mot et pour le nom du *biniou*, voy. *Rev. celt.* IX.

P. 234, s. v. *Bourreau*, l. 1, *an*, lis. *ar*.

P. 236. *Bridol*, vient du v. fr. *bridolle*, instrument à lancer des pierres.

P. 237. *Brulus quen* est peut-être une variante de *brutuguen*.

P. 238, l. 9 *den*, doit descendre à l. 10.

— S. v. *Butin* r. out. Cf. br. mod. *boutin* banal, commun (à tous).

P. 240. *Cahun* vient plutôt du lat. *caminus* (Stokes).

P. 245 (et non 345), *Charrouce*, vesce, du v. fr. *jarroce*.

P. 246 (et non 346). *Chilpat... to yelp* japper.

P. 248 (et non 348). *Cleʒrenn*. Voy. *scleʒrenn*.

P. 249, l. 2. χλιαρός de *scliaros, ou plutôt.

P. 253. *Correenn...* ou cf. v. *corn*.

P. 254. *Coruo* est bien écrit N 1902, de *co-er-mo, **co-are-mog-*, voy. *muy* et *R. c.* VIII, 506.

P. 255. *Couricher* est une variante de *couffuercheʒ* ; cf. l'angl. (*hand*) *kerchief*.

— *Courʒ* vient prob. du b. l. *cadurdum*

P. 258. *Croeaff* vient de *cream, du lat. *creare* ; cf. *scruyuaff* de *scribam, du l. *scribo* ; vann. *Krouist* de *Krist*, du l. *Christus* ; tréc. *kroec'h* en haut de *krec'h*, de *knech*.

P. 259, s. v. *Cueʒ* l. 1 *lacat queux* faire effort B 463 ; l. 2 *queusaff* je m'efforce B 463.

— *Cuntuill* vient de *cont-ul, cf. irl. *com-ul* réunion (Loth).

P. 260, l. 22, *da ueʒo graet* qu'il soit fait H 65, tréc. *d'ho krai*, *da vo groet* (cf. la particule verb. irl. *do*).

P. 266. *Diboubou*, auj. m. bourre. Troude.

P. 267. *Diescusabl*, inexcusable, B 790.

P. 269. *Dihuʒaff*, cf. gall. *dyhuddo* apaiser, consoler.

P. 270. *Dilloenter*, cf. gall. *dyllwng* laisser.

P. 274. *Dius... eust* 2 s. B 392.

P. 279. *Eben*, voy. *ben* et *mur*.

P. 280. *Ehoaʒaff... heʒaff* cessare C. — *Ehoc*.

P. 282. *En* 2. Voy. *Rev. celt.* VIII, 44, 88 et suiv.

P. 295, s. v. *Glas*. Pour J 129, voy. *serʒ*.

P. 297. *Goelaff*. Na *ueʒo aguel ne guelo* B 574, lis. *a goel ne goelo*, qu'il n'y ait pas de larmes qu'elle ne pleure ? Ou mieux *a guel ne goelo* qu'il n'y ait personne qui la voie sans pleurer.

P. 301. *Greʒ*, temps J 129, van. *gré*; voy. *serʒ*.

— S. v. *Groaet*, ligne 8, effacer *greʒ* ; voy. *serʒ*.

P. 308. *Hasou*, ent —.

P. 315. *Ya* 2, l. 4, ajouter : peut-être *aesech*.

P. 316. *Illur*, cf. *gleur* ?

P. 323. *Lau*. Le sens de « mauvais » est confirmé par le v. bret. *tiguotroulau*, vilem supellectilem.

P. 333. *Martir* (la rendre) martyre B 760.

P. 334. *Mell*. Voy. *bel* 1.

P. 342. *Neant... neanet* 2 s. hommes de néant B 481.

P. 347. *Oȝech*, semble proche parent de l'irl. *aithech*.

P. 349. *Partabl*. Cf. *nobl a patabl* noble et vilain, collection Penguern II (Léon); p. 5, (Bibl. Nat. f. celt. 90. — *Particuler*.

P. 358, l. 12, anglo-sax. *hrédher*.

P. 361, l. 8. Je traduirais p. 259 « afin de chercher une beauté pour *(en faire)* leur fiancée », i, e, « afin de briguer la main d'une belle »; *Kevre* répond au v. irl. *cuimrech* lien, voy. *ere*, *rum*; cf. lat. *ligare* ? (pour r et *l*, voy. *requeȝ*).

P. 368, s. v. *Redec. Eȝ redont... ma confontaff* B 386 ma confusion est à son comble, du verbe dont le part. est *redondet*, cf. *en redont*, J 188 b, lis. *eȝ r*.

P. 372. *Roudoeȝ... rodoed*, cart. de Land. 38.

P. 373. *Rum*, auj. bande, troupeau, est, comme l'a indiqué M. de la Villemarqué, parent du gall. *rhwym*, lien, de **rémm-* pour **reg-m-*. Le breton peut venir aussi d'une variante **rig-m* (cf. *cahun*), voy. *aeren*, *queffrysa*.

P. 379, s. v. *Serȝ*. Ecrit ȝerȝ, *Parosian romen... troet... gant* l. M. Ar Jann, Rennes 1874, p. 966.

P. 379. *Seuuienn...* gaul. σουδιτης.

P. 380. *Sigur. Oar da figur*, lis. *sigur*. B 392.

P. 383. *Sparvent*, cf. *baluent* ?

P. 397. Le v. fr. *truage, trevaige*, dérive de *treuȝ*, id. du l. *tributum*.

ACHEVÉ D'IMPRIMER

A NANTES

PAR

VINCENT FOREST ET ÉMILE GRIMAUD

POUR LA

SOCIÉTÉ DES BIBLIOPHILES BRETONS

LE XVe JOUR DE SEPTEMBRE

M. DCCC. LXXXVII.

ARCHIVES DE BRETAGNE

RECUEIL D'ACTES, DE CHRONIQUES

ET DE DOCUMENTS HISTORIQUES RARES OU INÉDITS

PUBLIÉ

PAR

LA SOCIÉTÉ DES BIBLIOPHILES BRETONS

ET DE L'HISTOIRE DE BRETAGNE

TOME IV

LETTRES ET MANDEMENTS

DE JEAN V, DUC DE BRETAGNE

DE 1402 A 1406

NANTES
SOCIÉTÉ DES BIBLIOPHILES BRETONS
ET DE L'HISTOIRE DE BRETAGNE

M. DCCC. XIC

www.ingramcontent.com/pod-product-compliance
Lightning Source LLC
Chambersburg PA
CBHW060548230426
43670CB00011B/1728